増補

敦煌佛教の研究

上山大峻著

法藏館

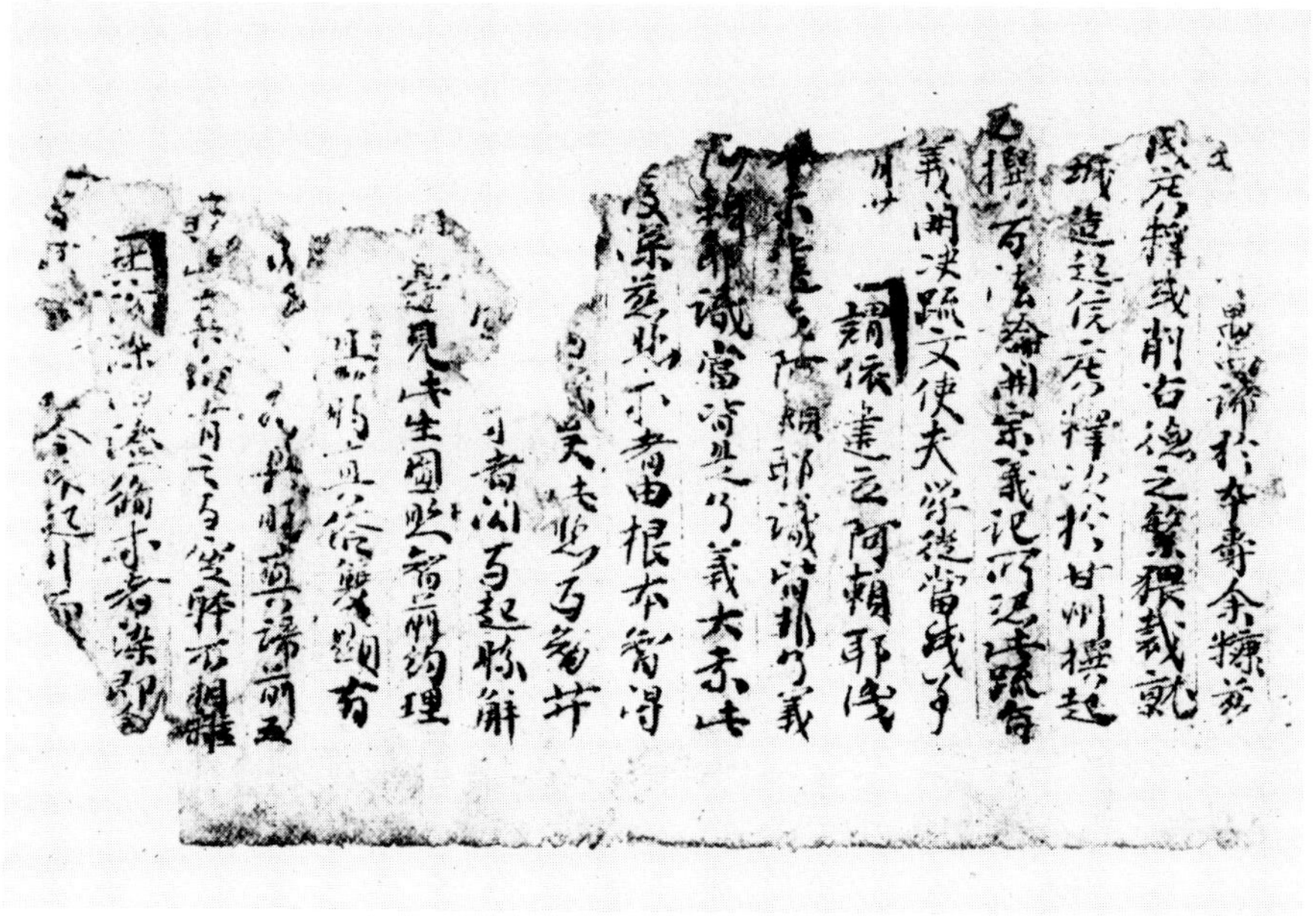

図1　S. ch. 6219 V　『大乗百法明門論開宗義決』曇曠自序　断簡

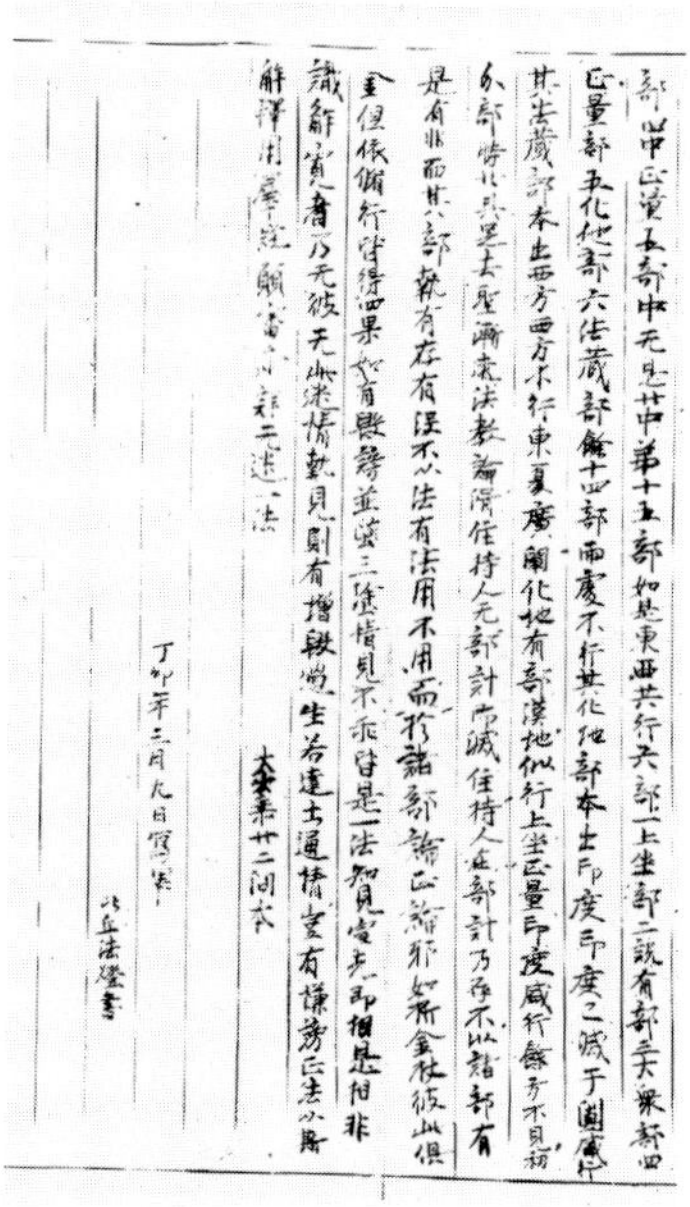

図3　S. ch. 2674　『大乗二十二問』尾部

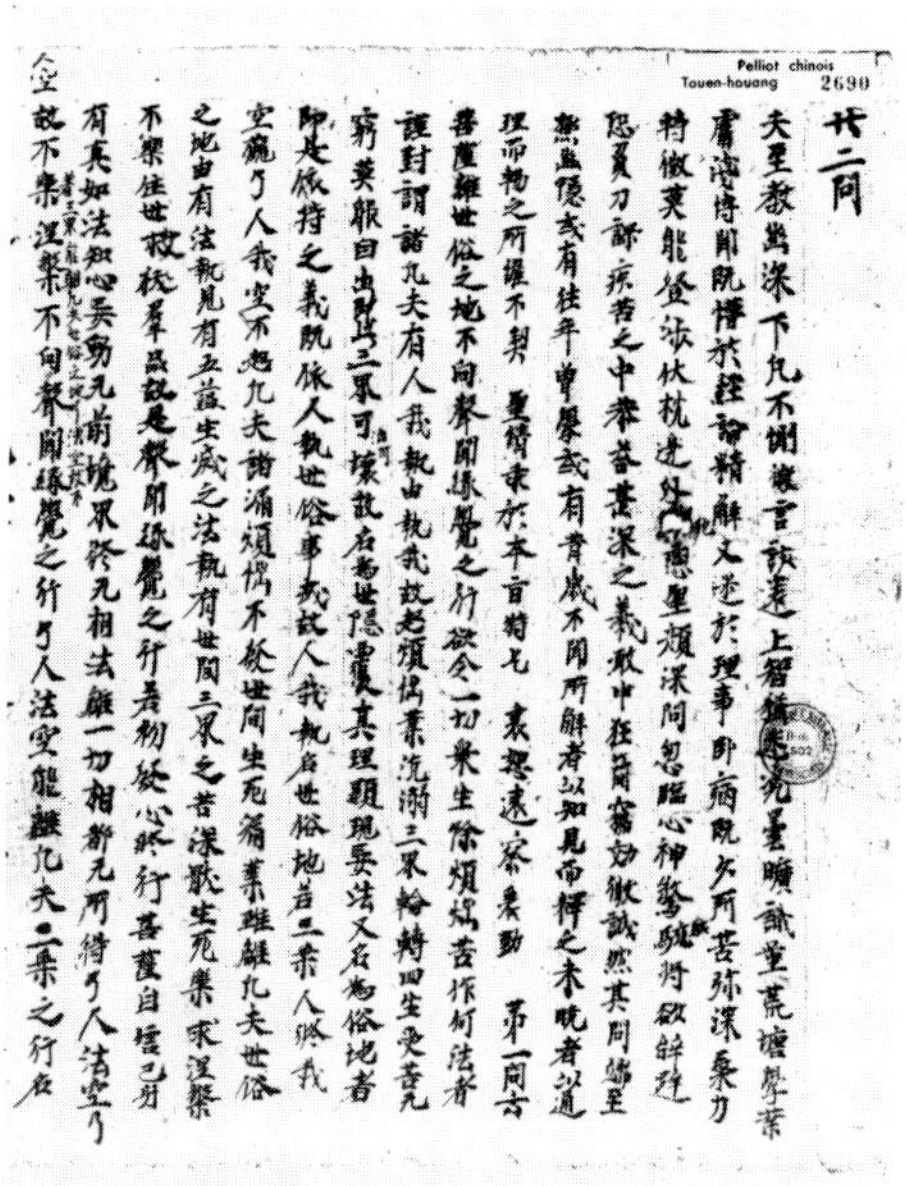

図2　S. ch. 2690　『大乗二十二問』首部

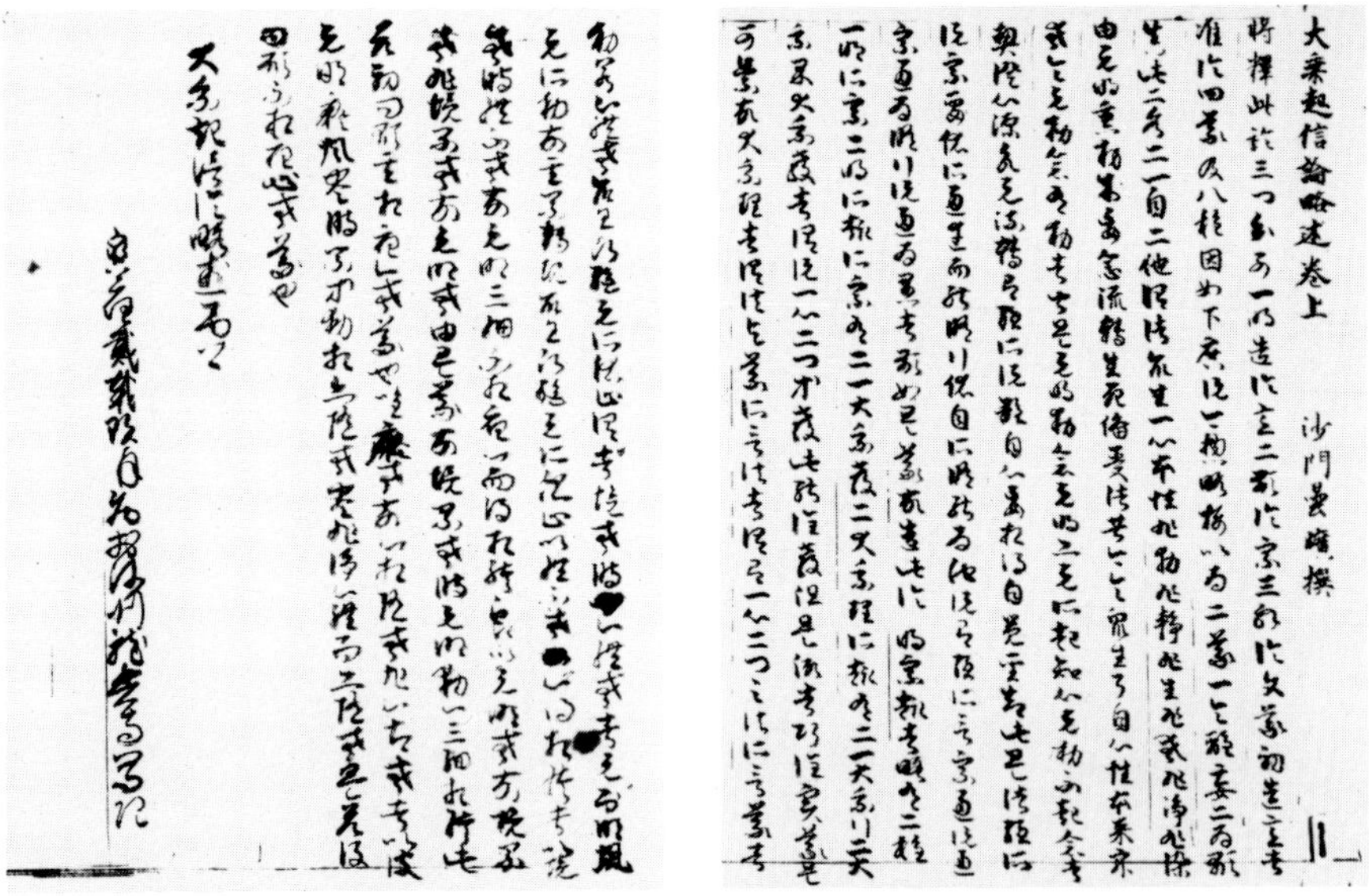
大乗起信論略述巻上　沙門曇曠撰

図 4　S. ch. 2436 『大乗起信論略述』宝応二年（763）写本
（左）尾部　（右）首部

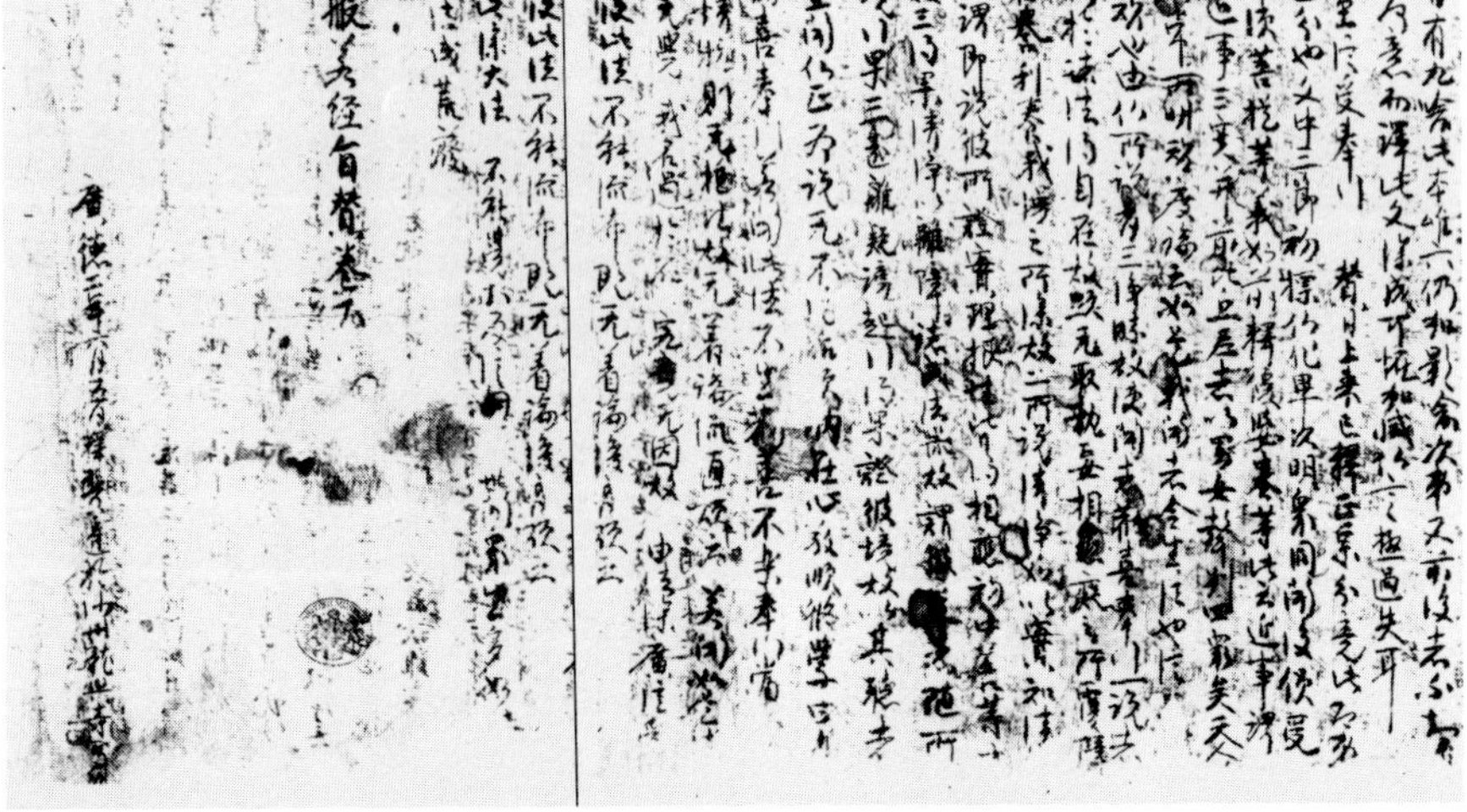
金剛般若経旨賛巻下

図 5　S. ch. 721 V 『金剛般若経旨賛』廣德二年（764）写本 尾部

図６　S. ch. 721Ｖ　『金剛般若経旨賛』修正部分

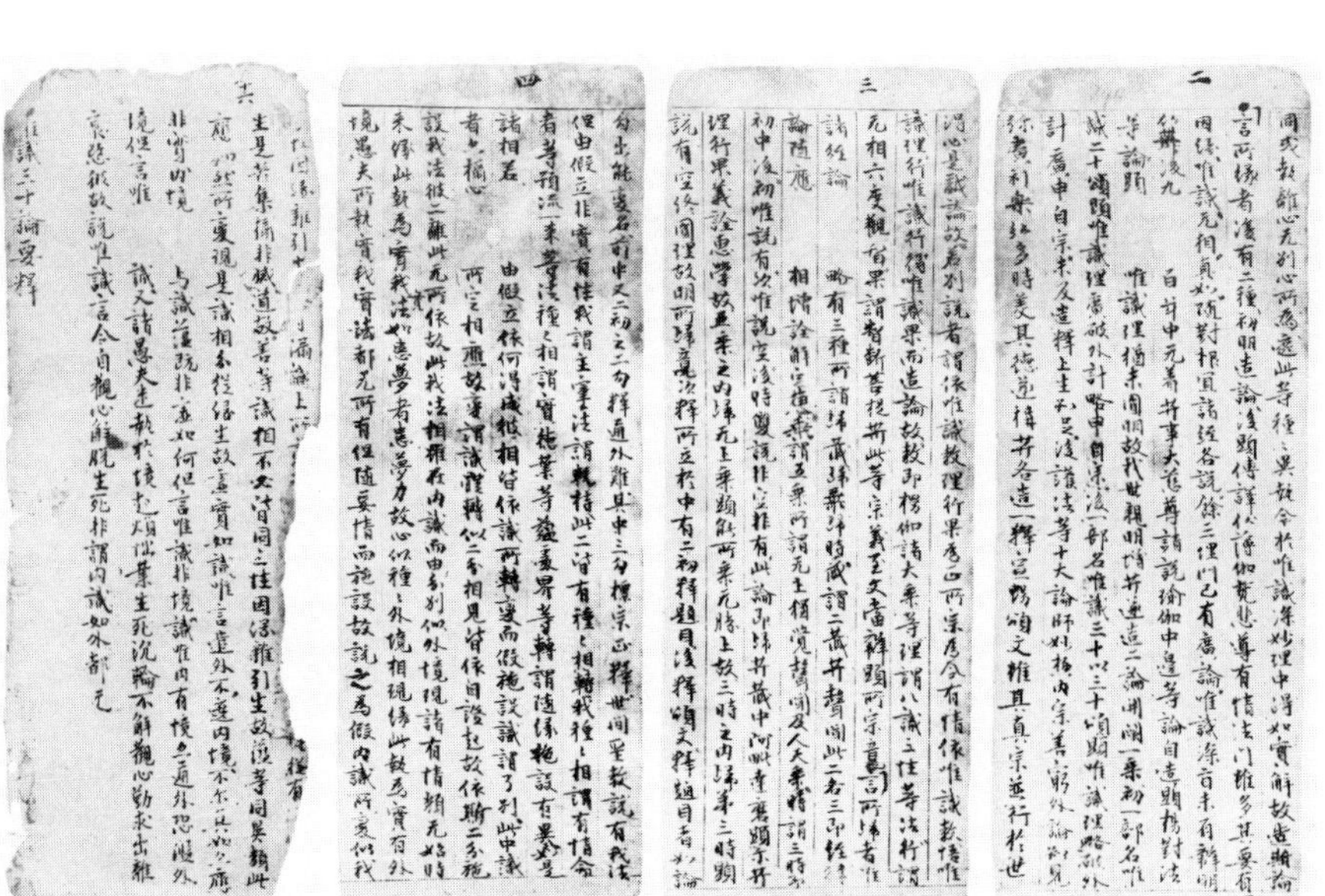

図７　S. ch. 5537　『唯識三十論要釈』二、三、四、五十六（末葉）

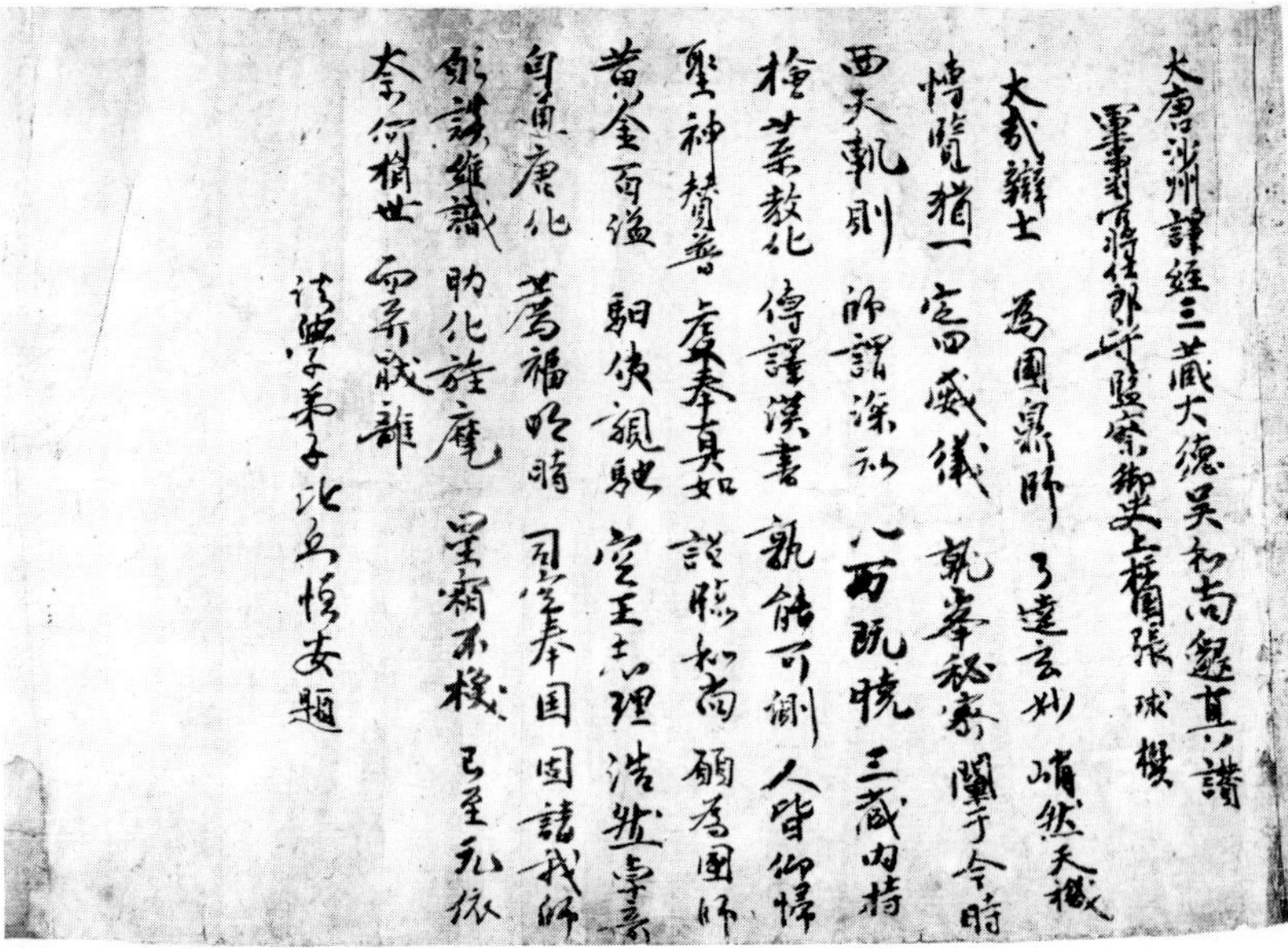

図８　P. ch. 4660（25）『呉和尚邈真讃』

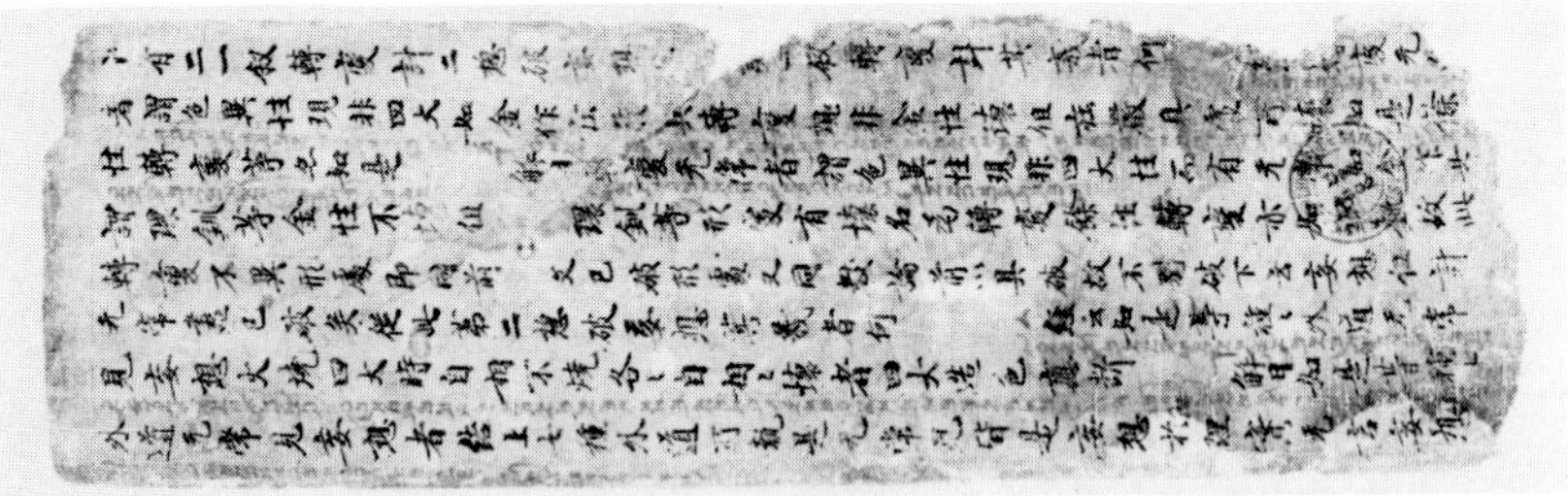

図９　P. tib. 609Ｖ　円暉述『楞伽経疏』残葉

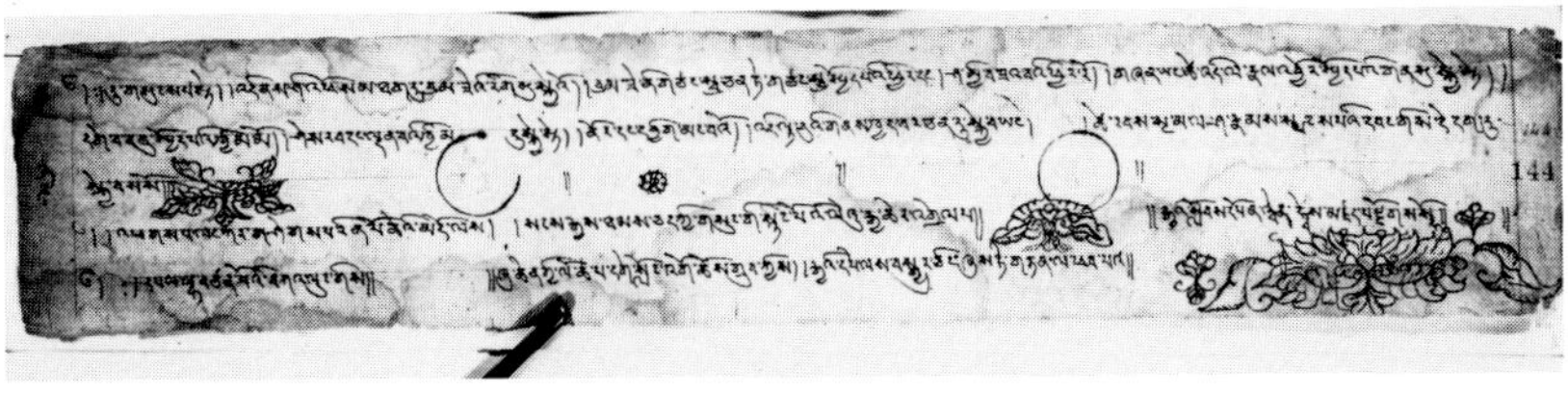

図10　S. tib. 219　チェードゥプ訳『楞伽経疏』末葉

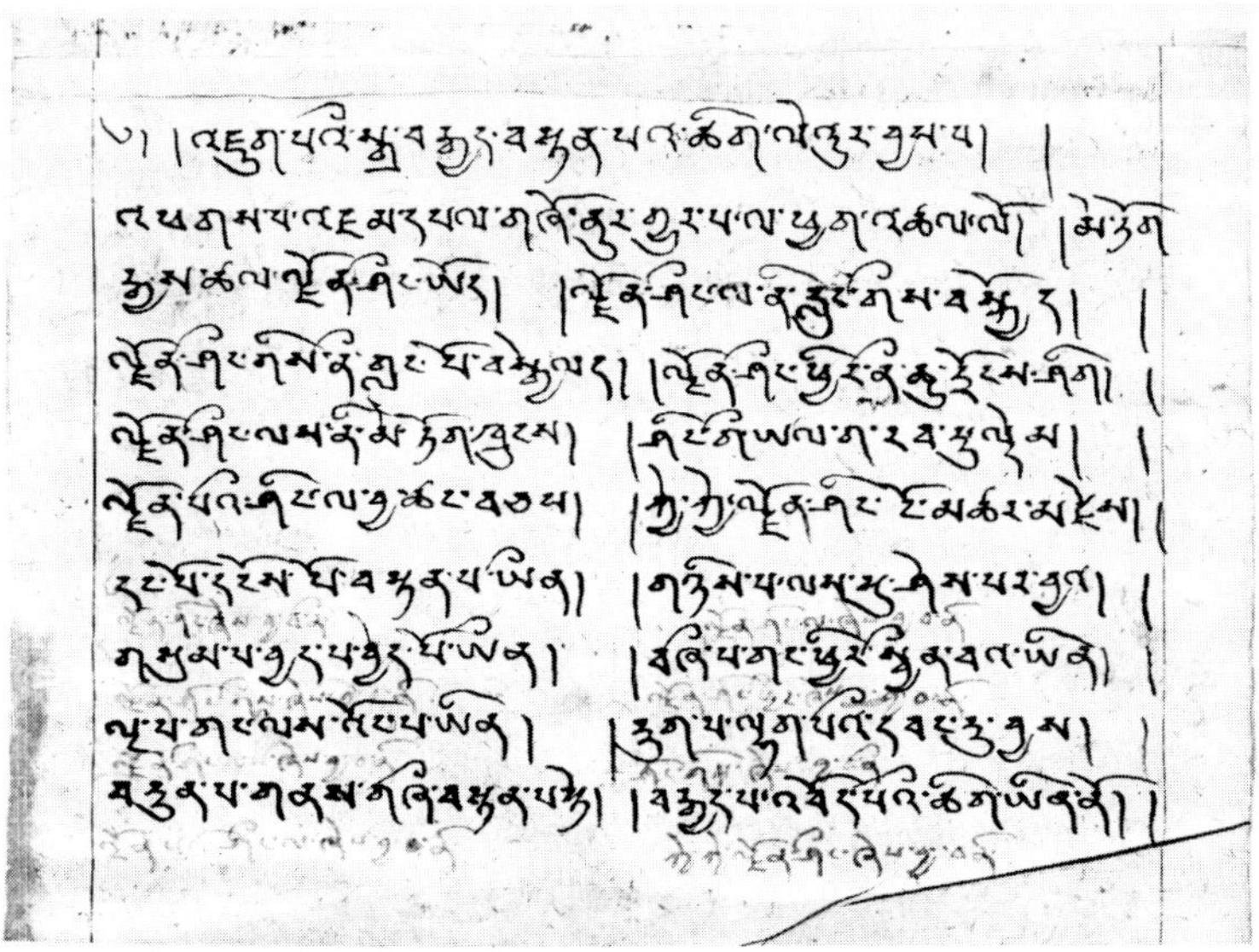

図11　P. tib. 783（＝P. ch. 2061Ｖ）　チベット訳『転八声説示頌』

図12　S. tib. 686　『盂秋施物縁起要説』末葉

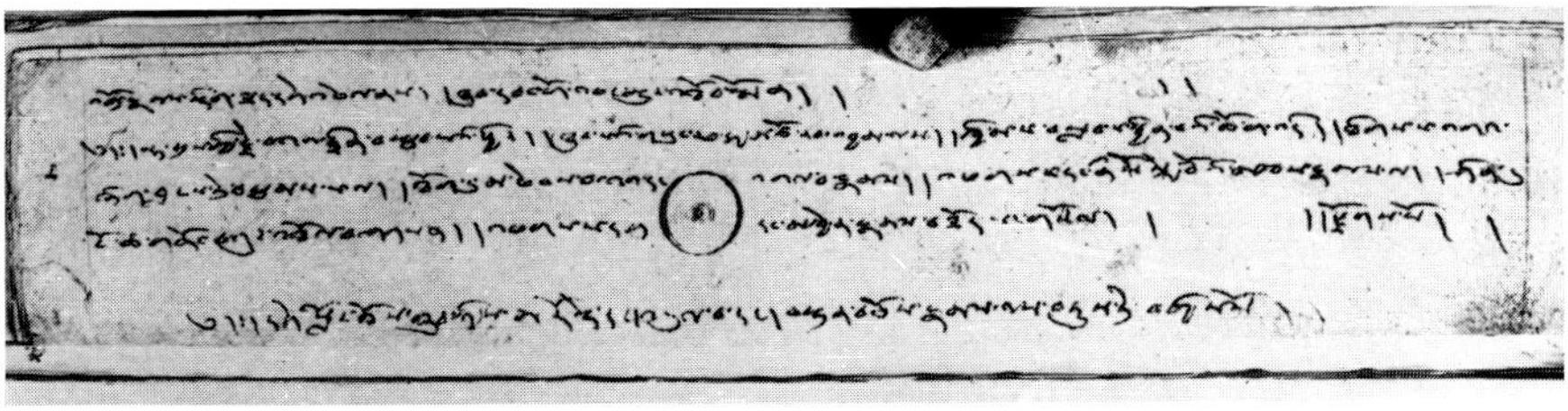

図13　S. tib. 687　『業報要説』末葉

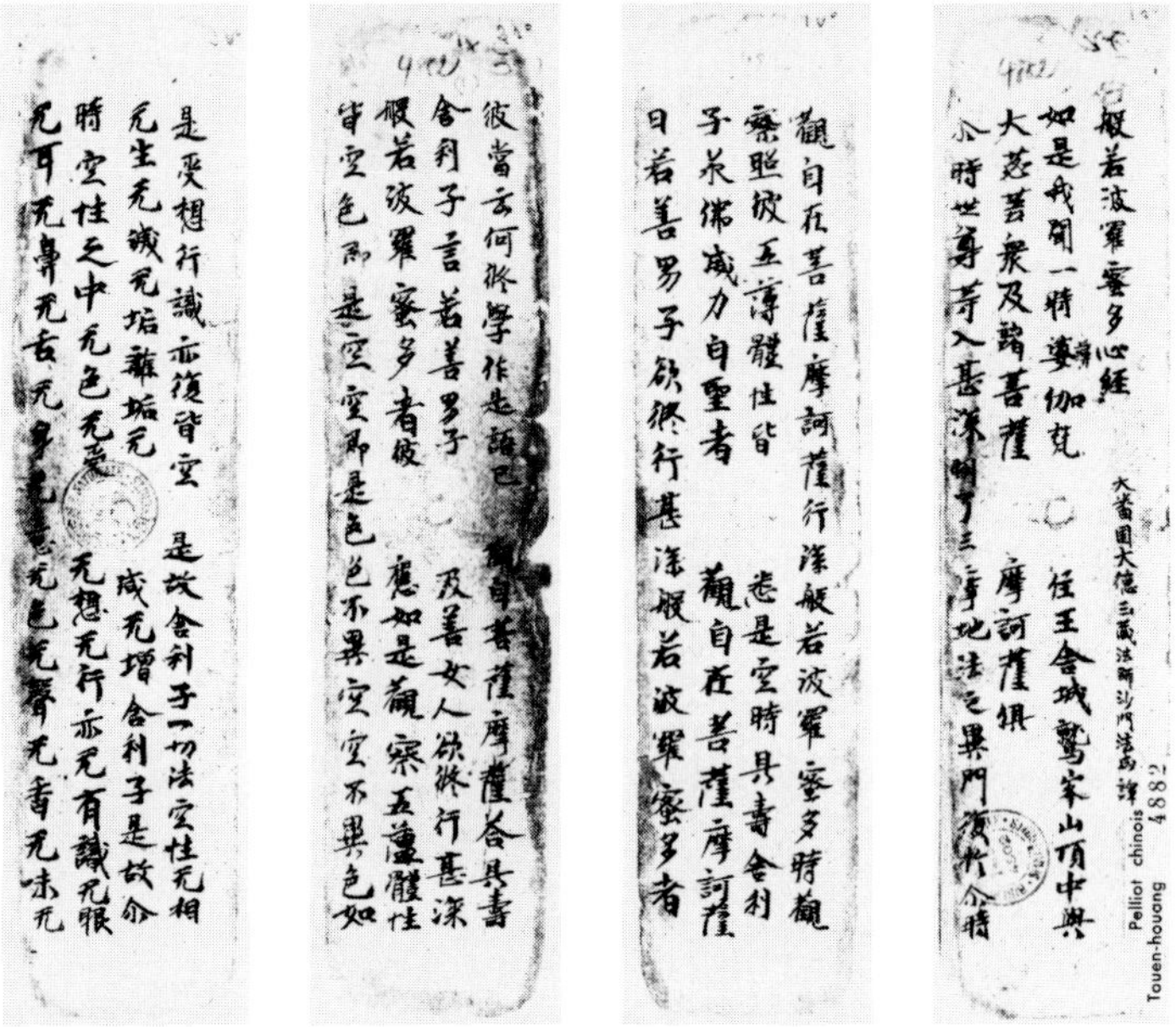

図14　P. ch. 4882　法成訳『般若心経』

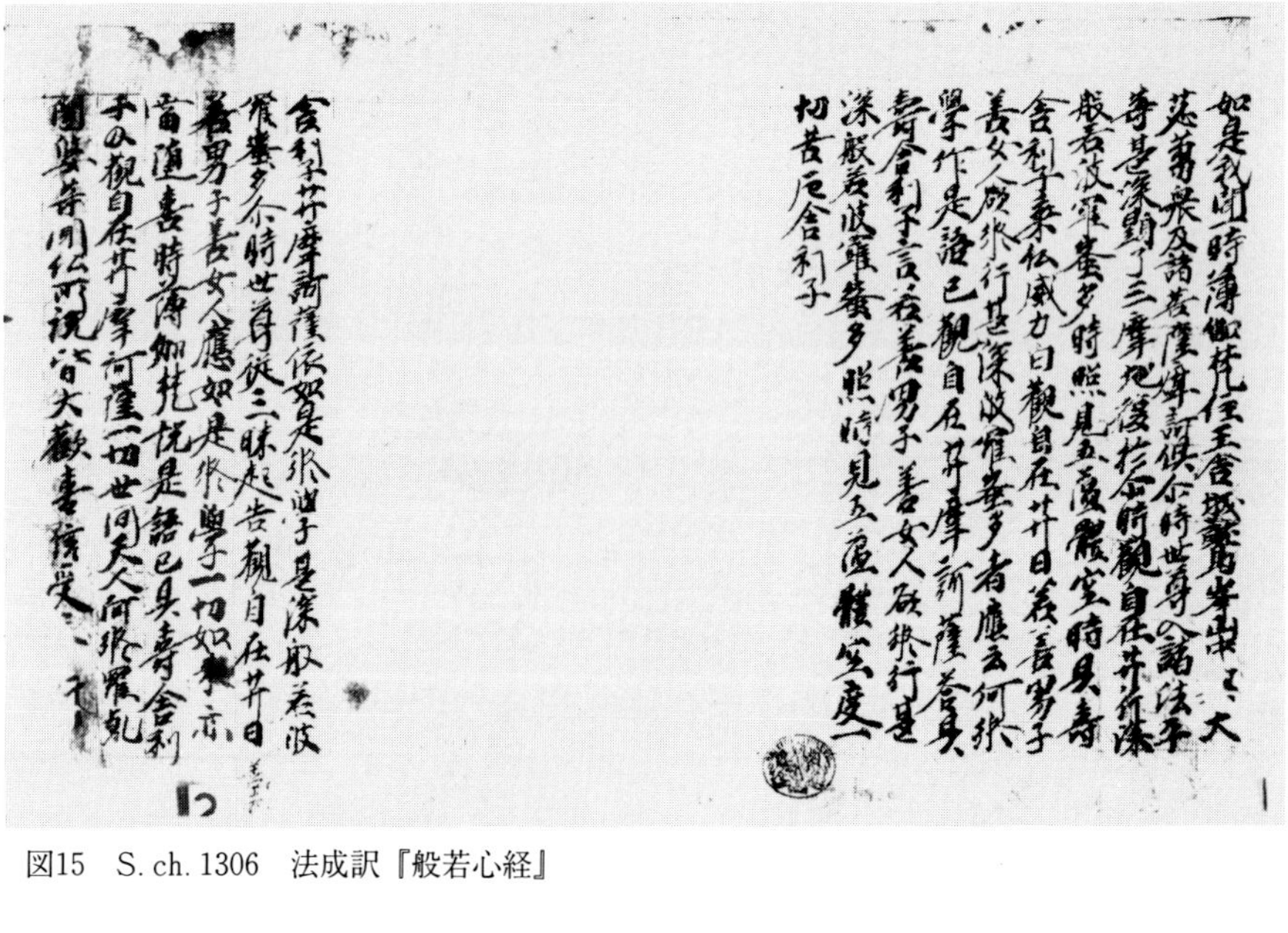

図15　S. ch. 1306　法成訳『般若心経』

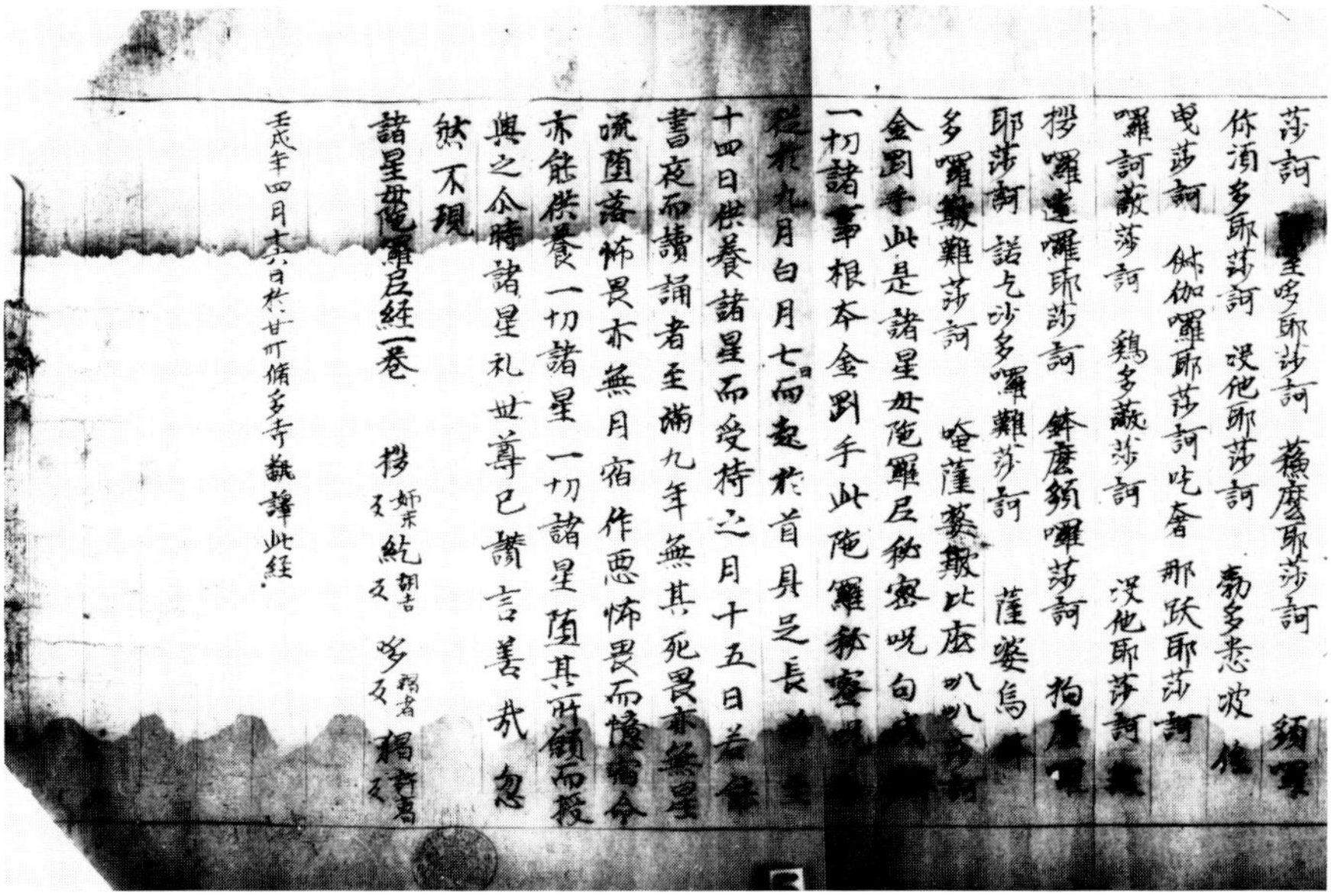

図16　S. ch. 5010　法成訳『諸星母陀羅尼経』尾部

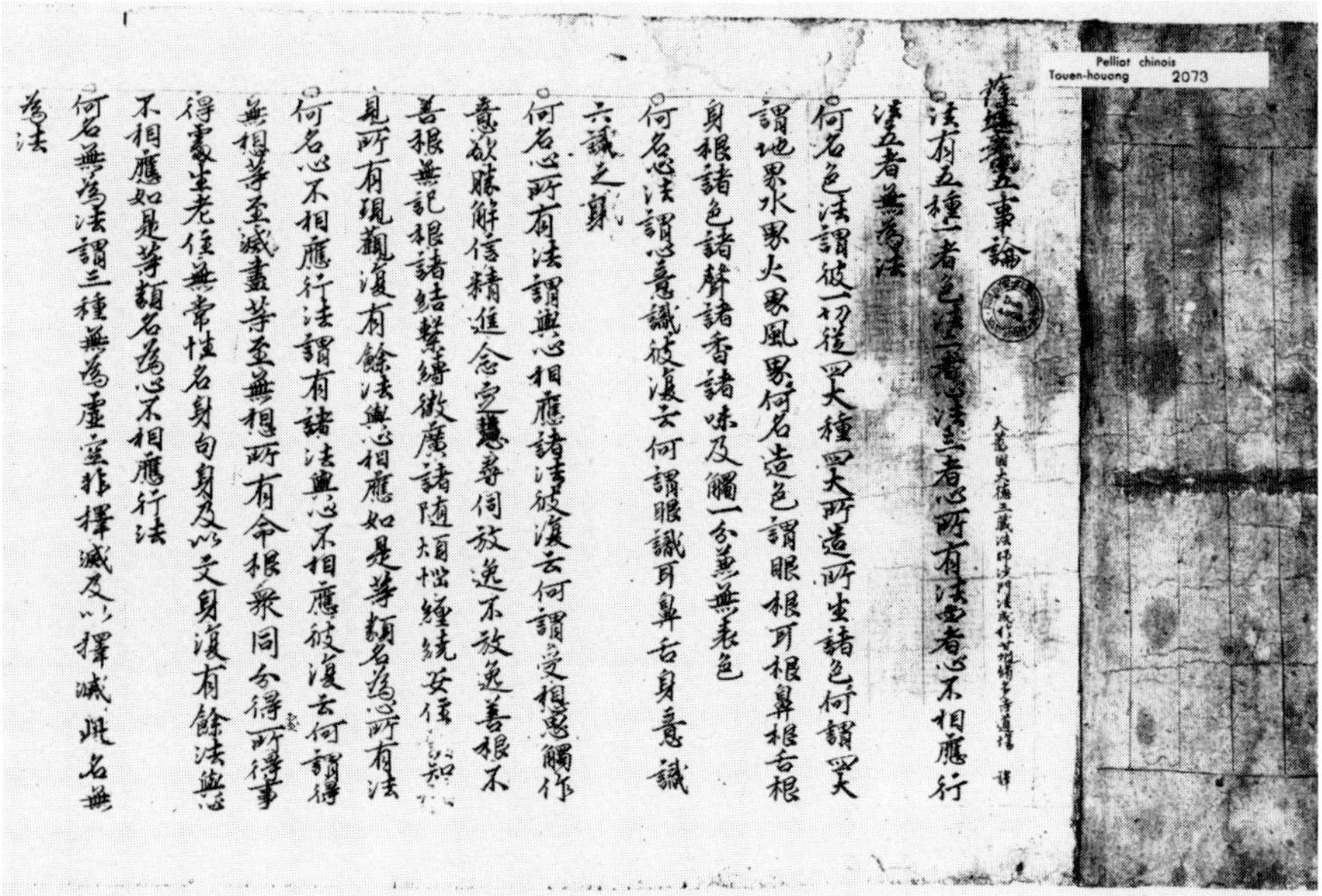

図17　P. ch. 2073　法成訳『薩婆多宗五事論』首部

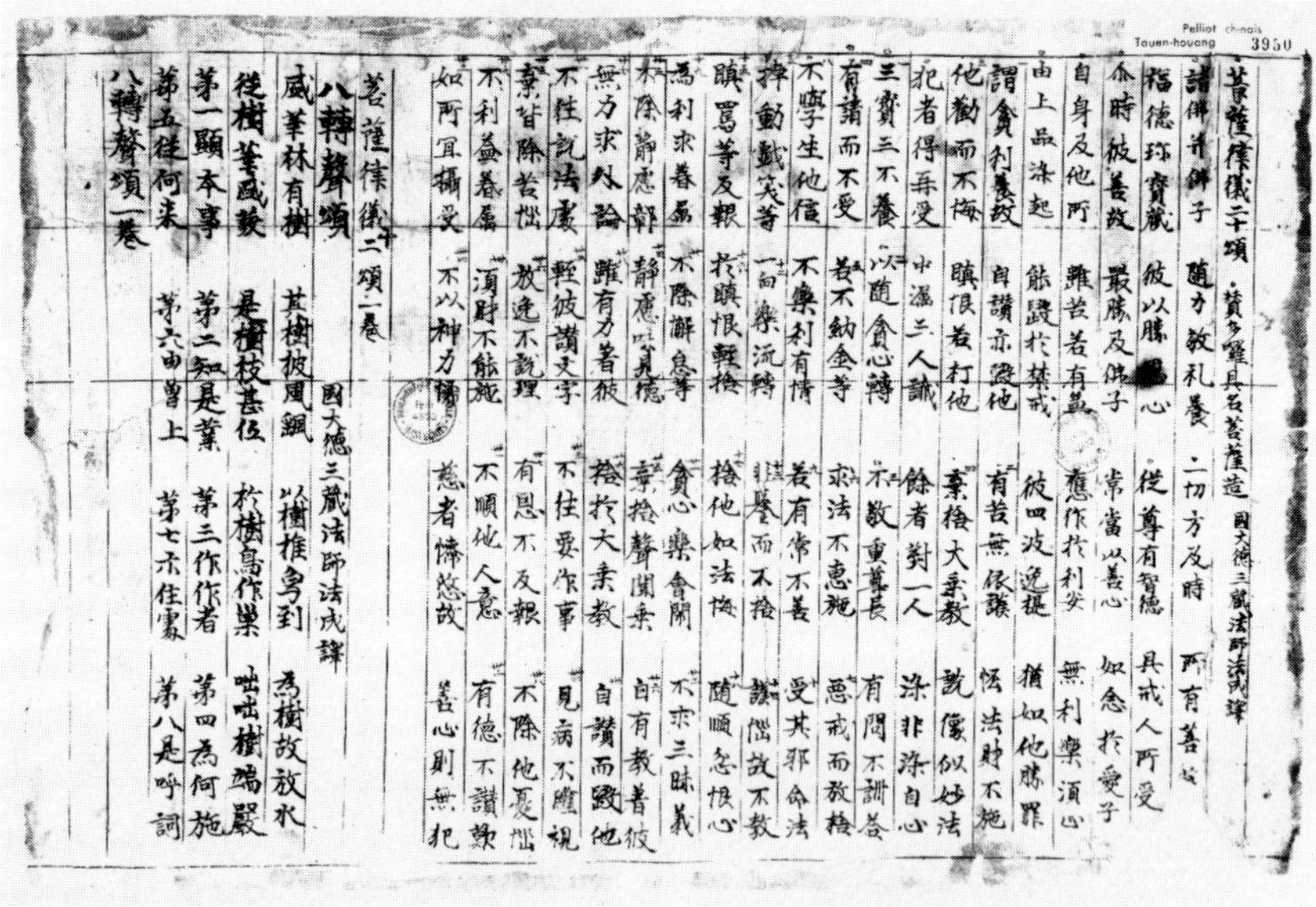

図18　P. ch. 3950　法成訳『菩薩律儀二十頌』並に『八転声頌』

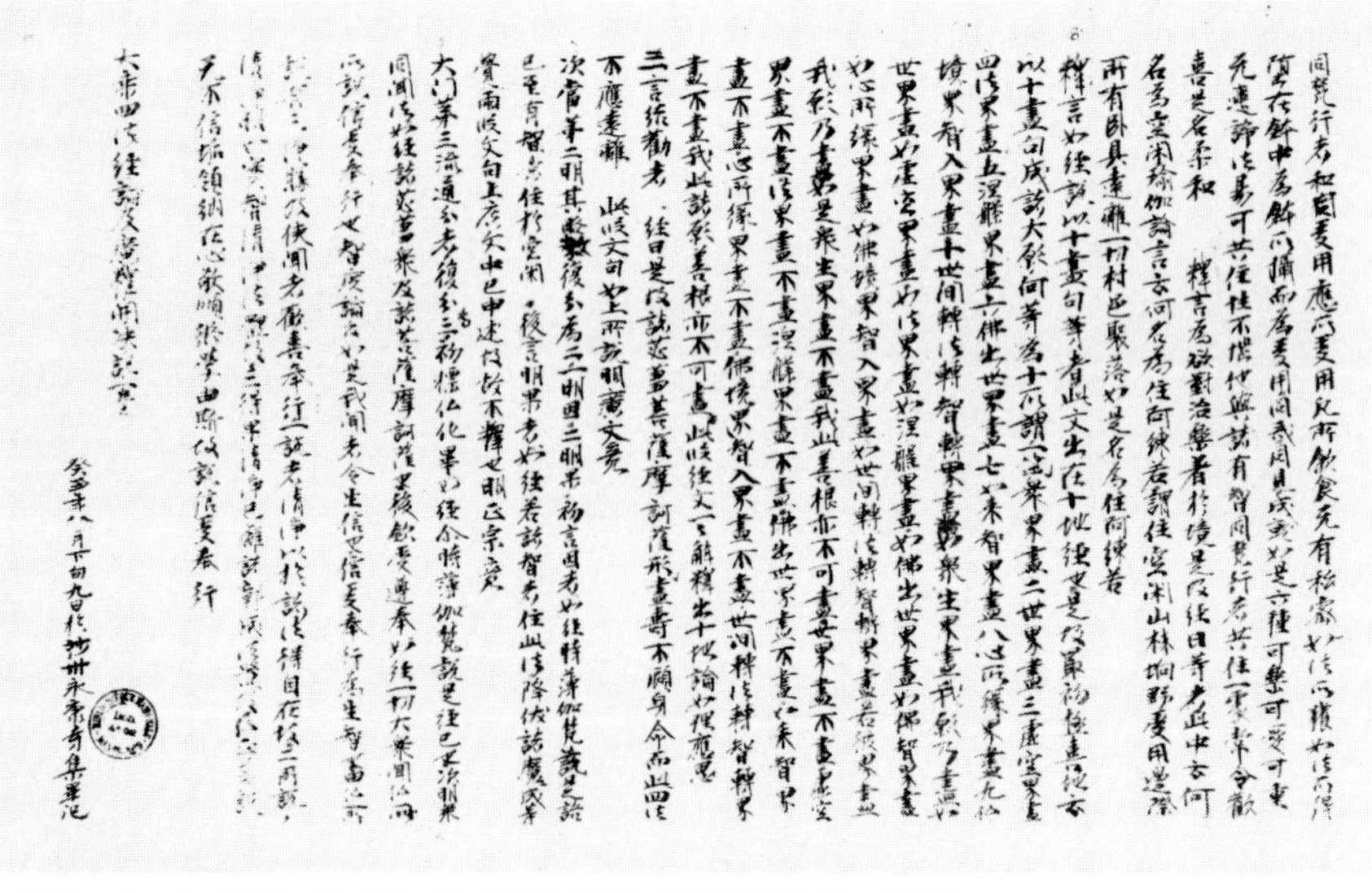

図19　P. ch. 2794　法成集『大乗四法経論及廣釈開決記』尾部

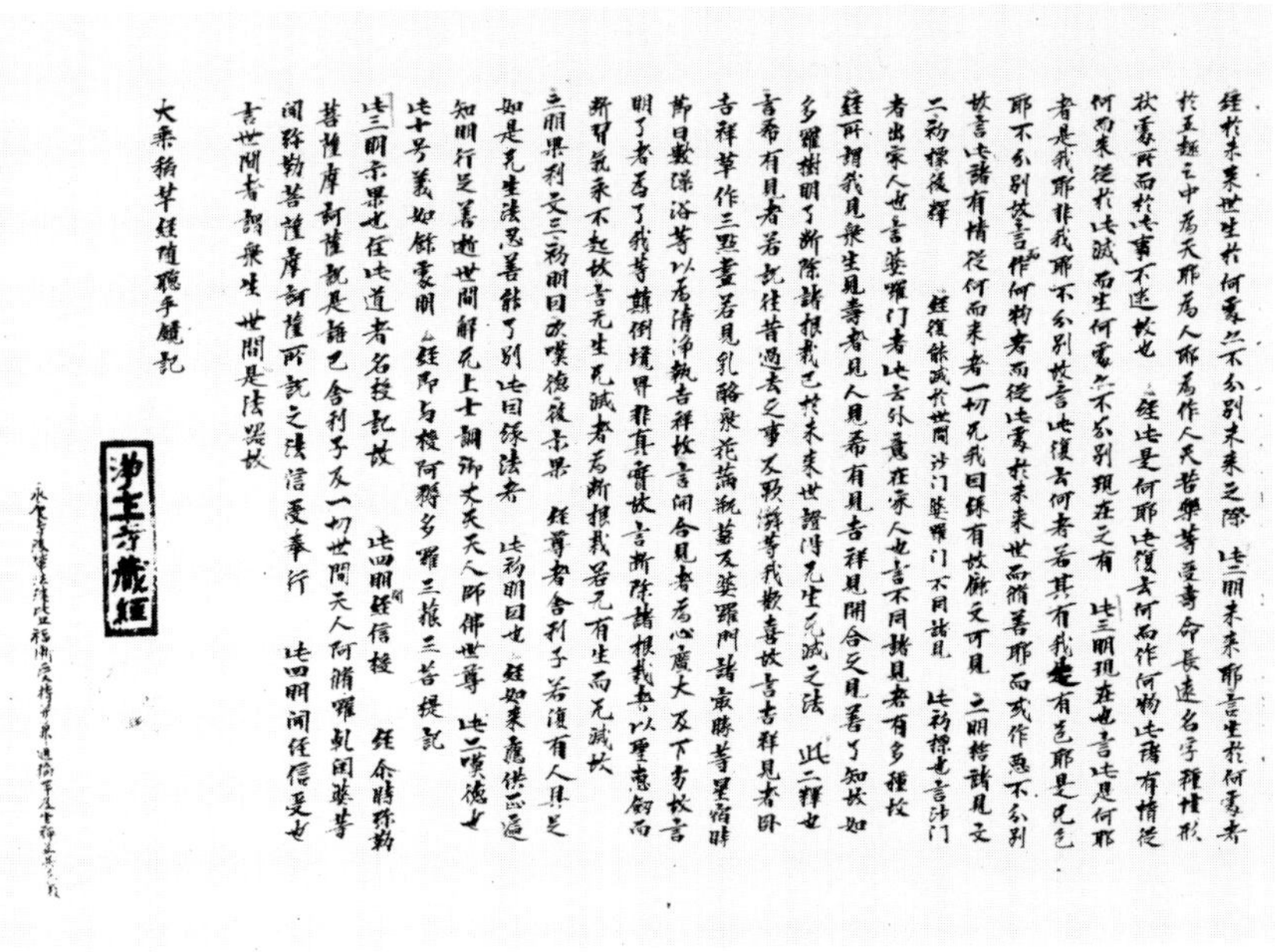

図20　P. ch. 2284　法成集『大乗稲芉経随聴手鏡記』尾部

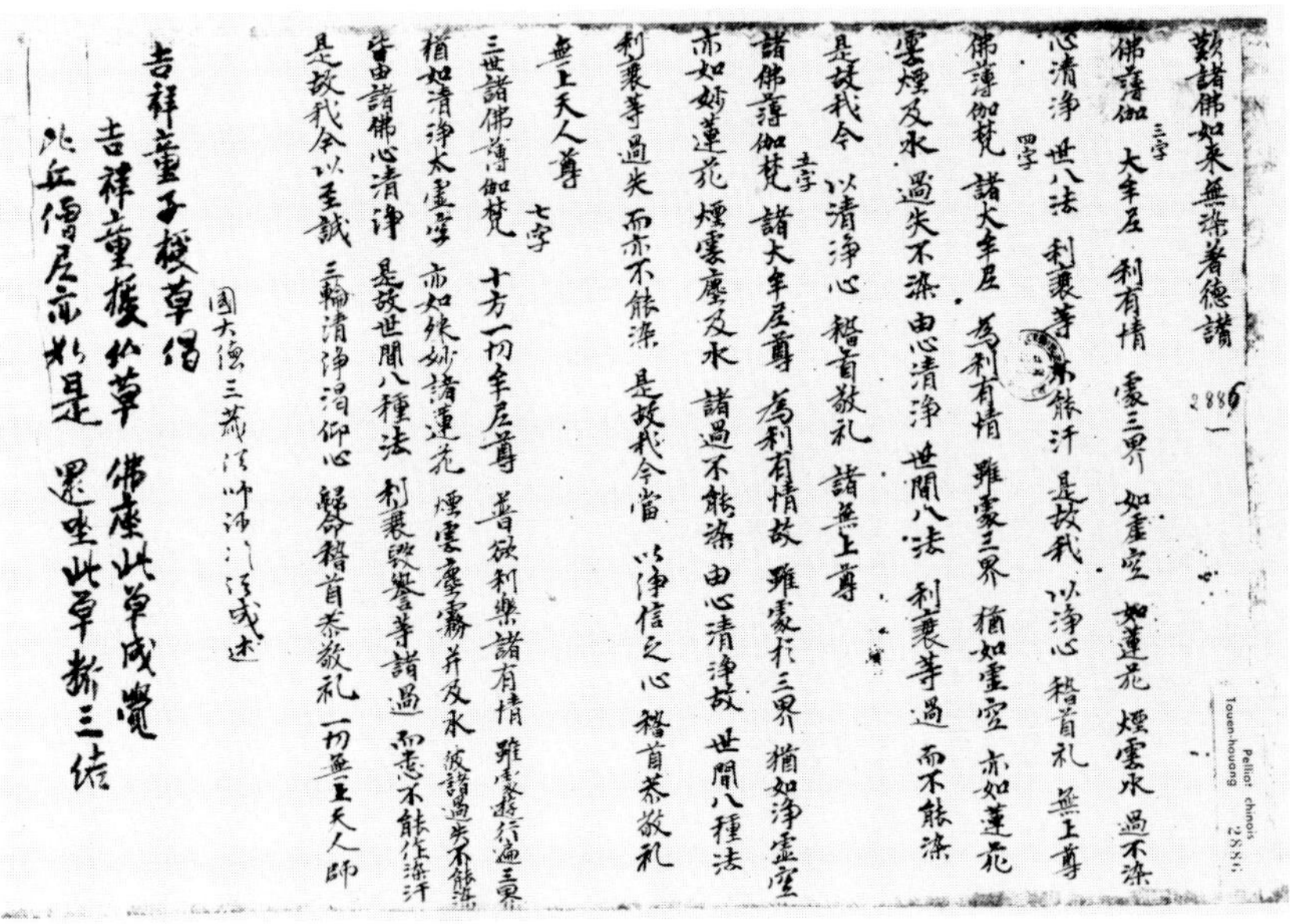

図21　P. ch. 2886　法成述『歎諸佛如来無染着徳讃』

図22　P. ch. 2035 V　X本『瑜伽論分門記』裏面

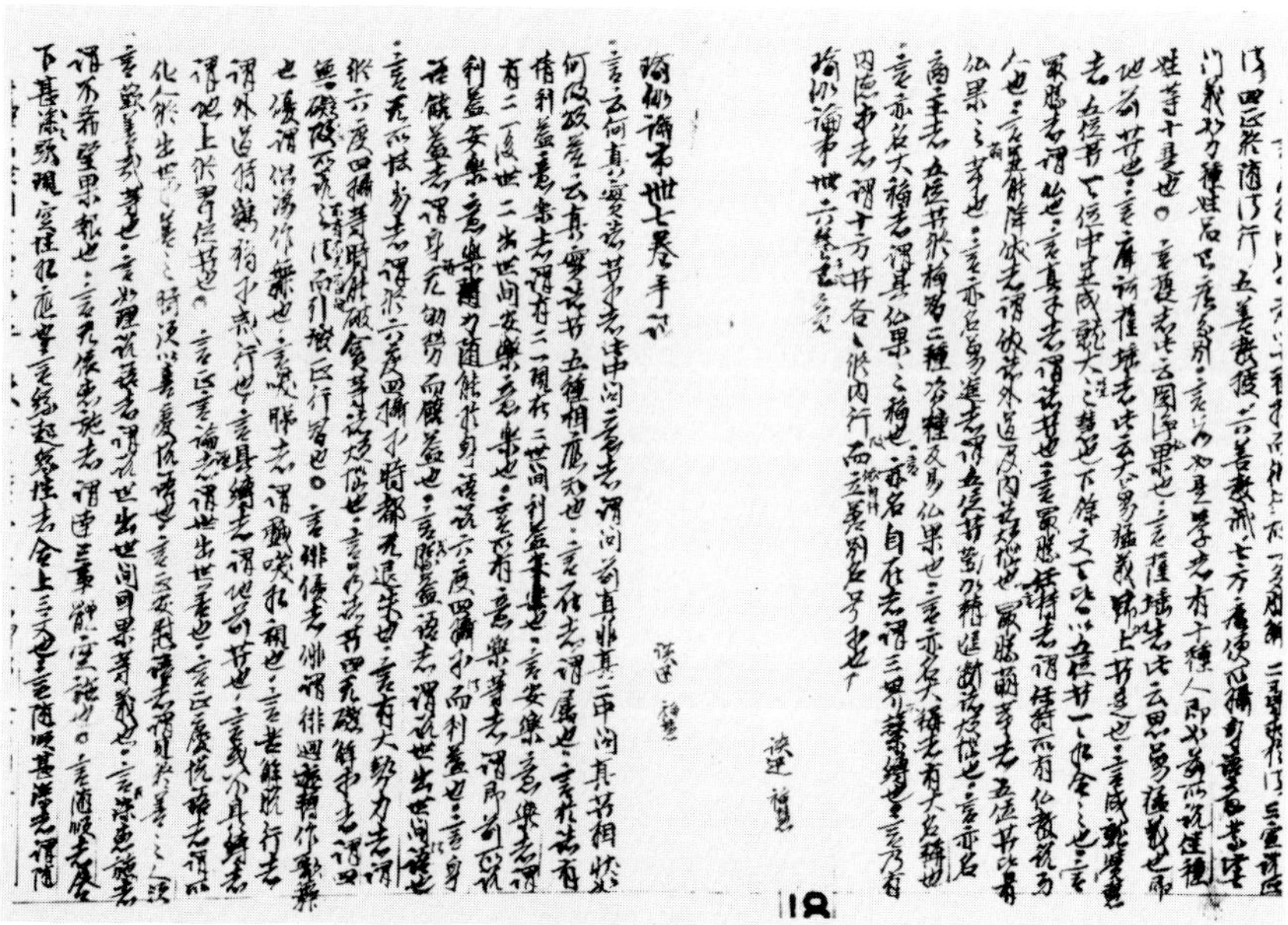

図23　S. ch. 2613　談迅・福慧本『瑜伽論手記』部分

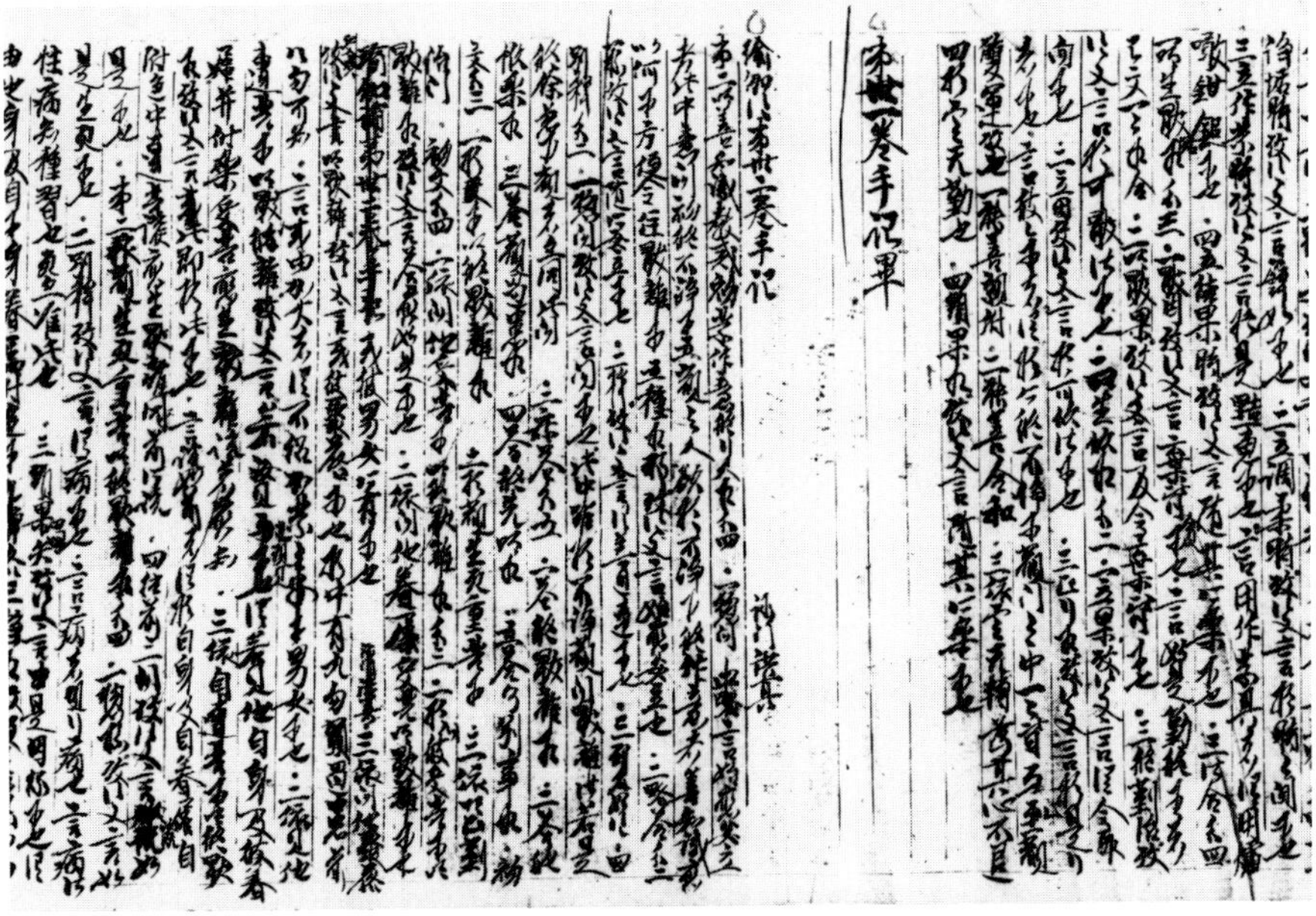

図24　P. ch. 3716　洪真本『瑜伽論手記』部分

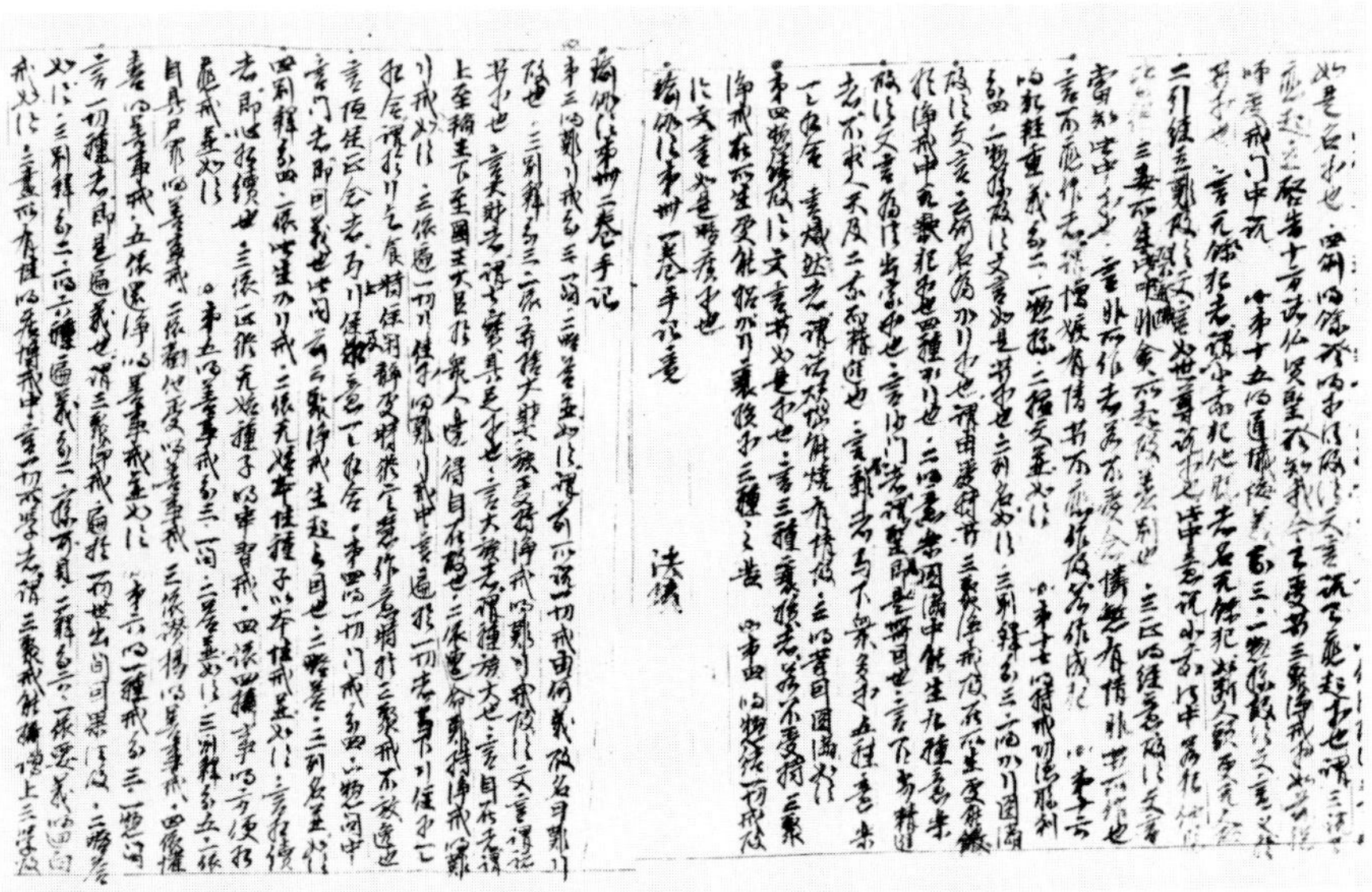

図25　P. ch. 2036　法鏡本『瑜伽論手記』部分

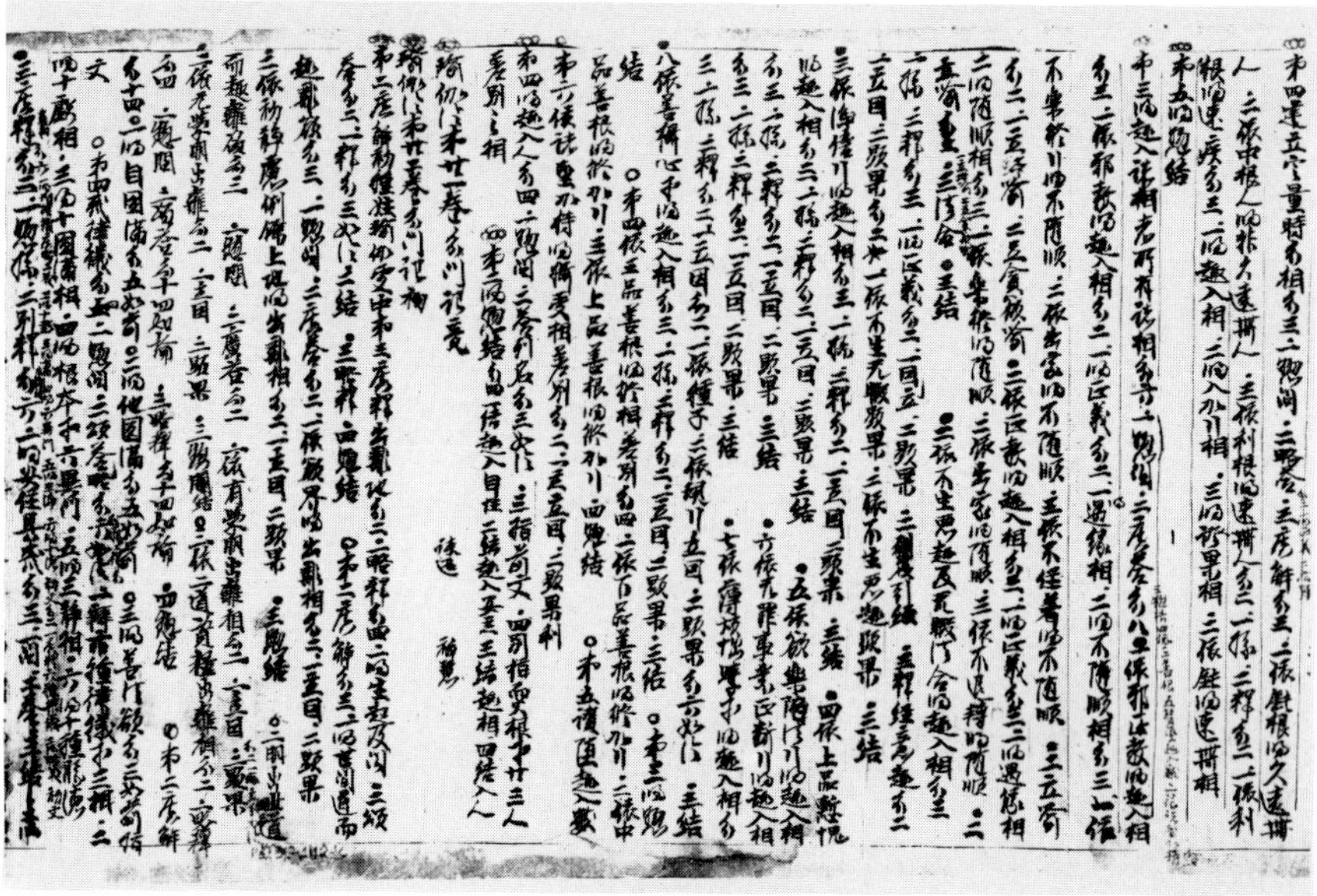

図26　P. ch. 2038　談迅・福慧本『瑜伽論分門記』部分

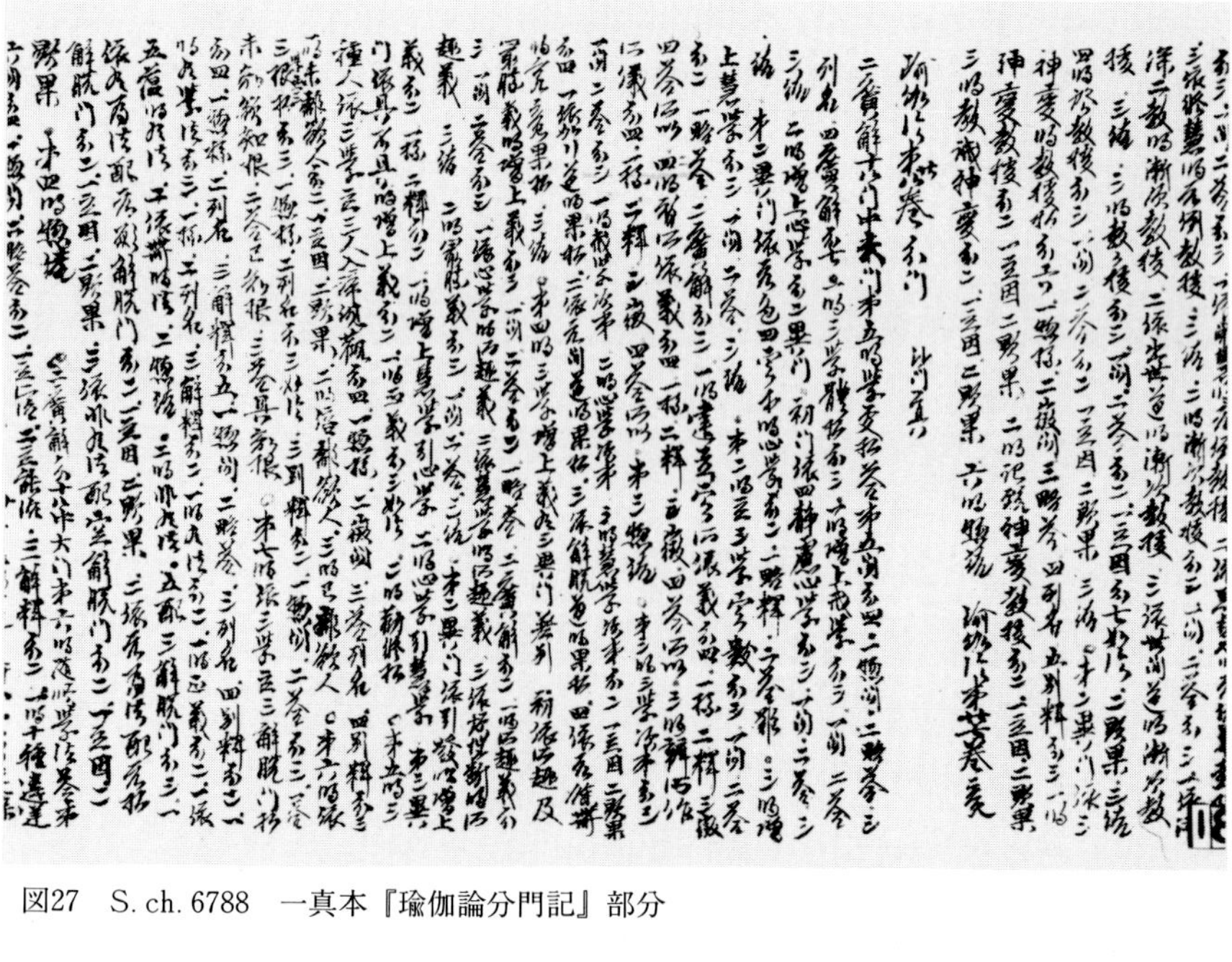

図27　S. ch. 6788　一真本『瑜伽論分門記』部分

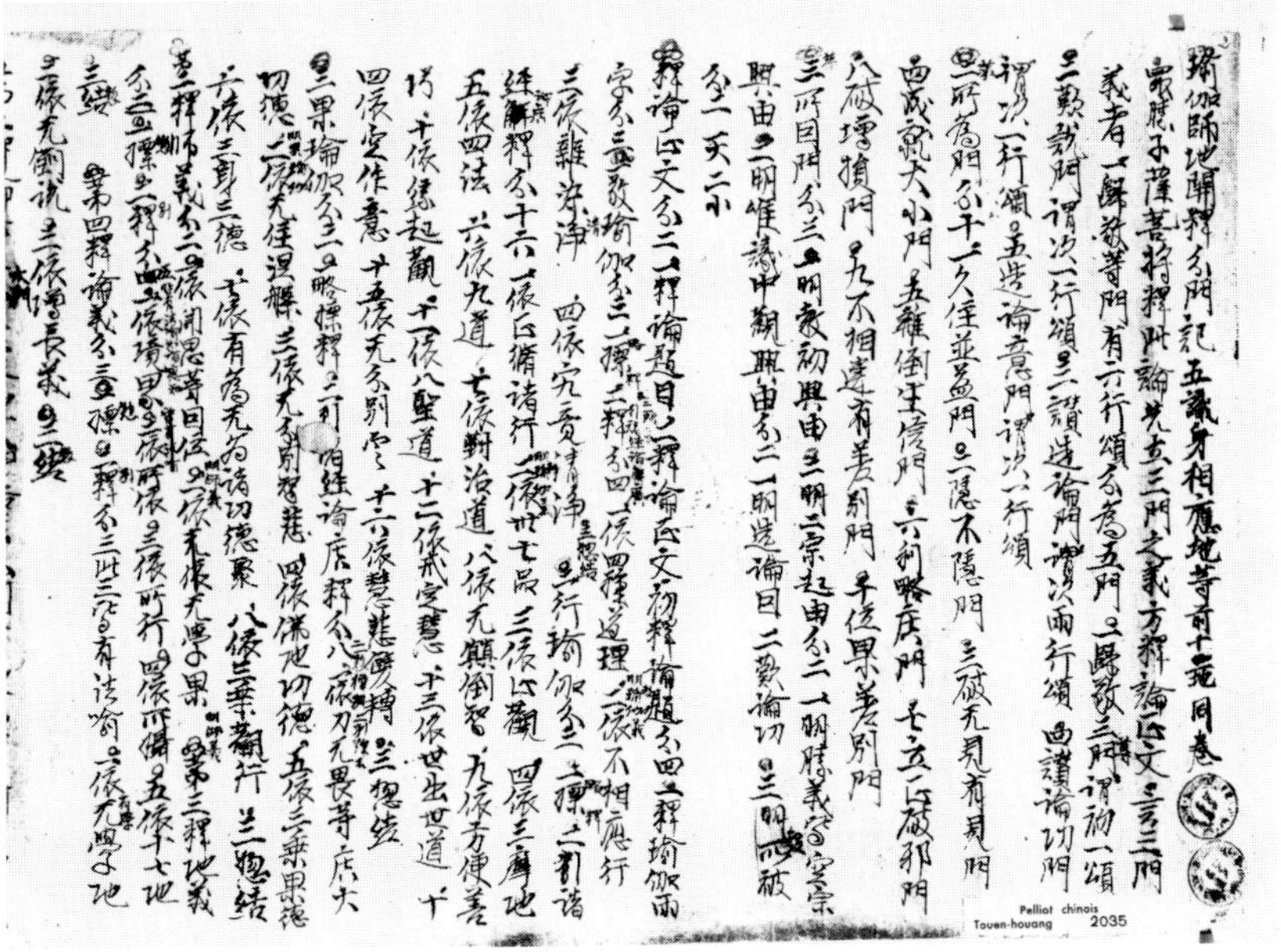

図28　P. ch. 2035　X本『瑜伽論分門記』首部

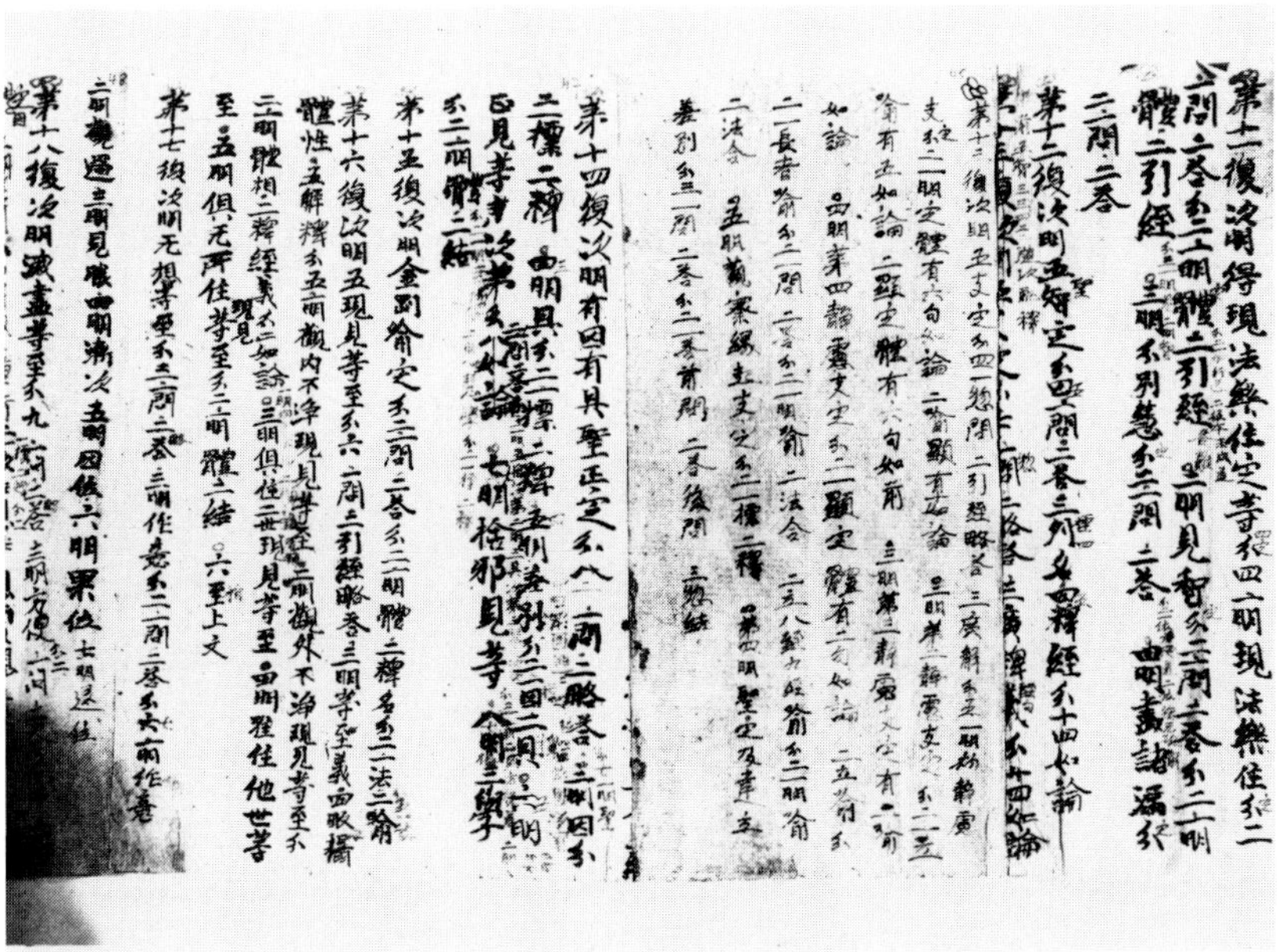

図29　P. ch. 2035　X本『瑜伽論分門記』貼りつぎ部分

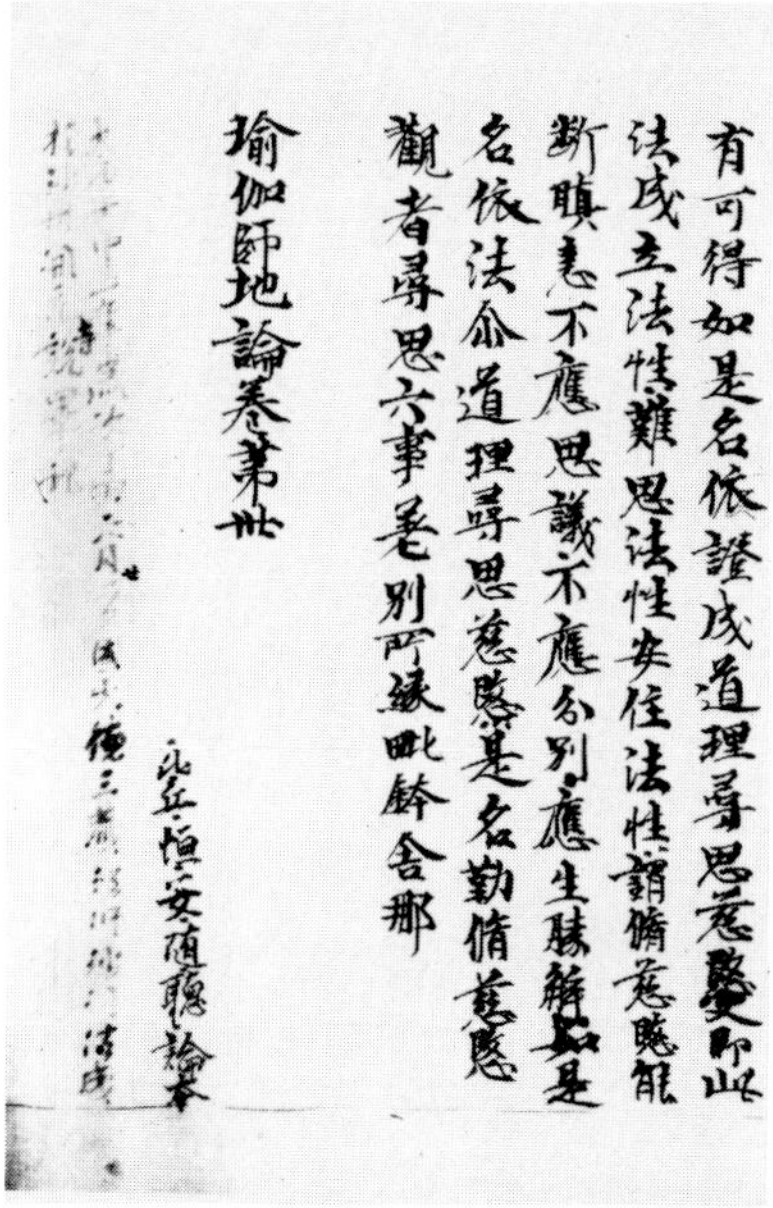

図31　S. ch. 5309　恒安本『瑜伽師地論』
巻三十末識語

図30　S. ch. 3927　明照本『瑜伽師地論』
巻三十末識語

図32　P. tib. 1261（＝P. ch. 3301）『瑜伽師地論』蕃漢対照語彙集 部分

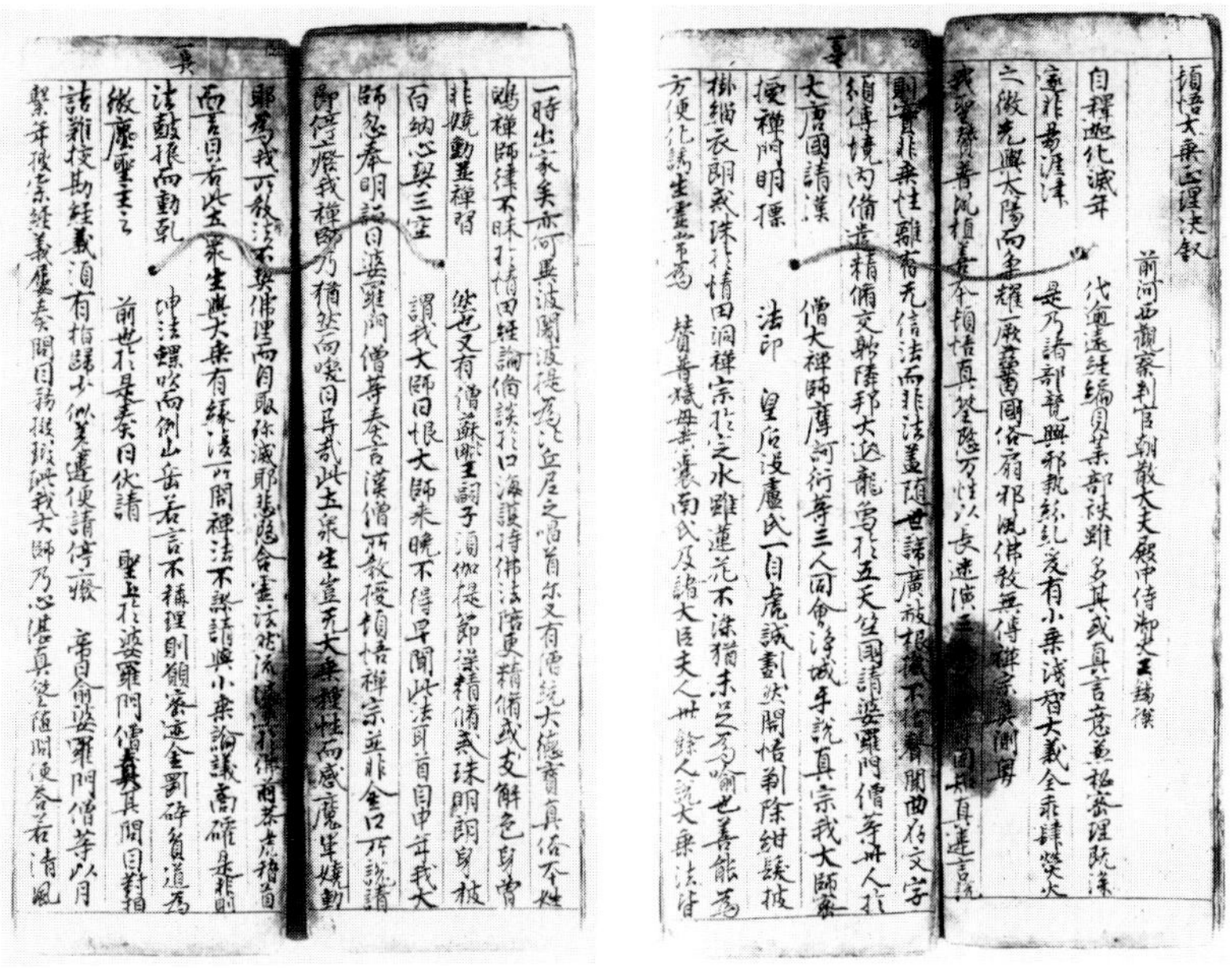

図33　P. ch. 4646　『頓悟大乗正理決』首部

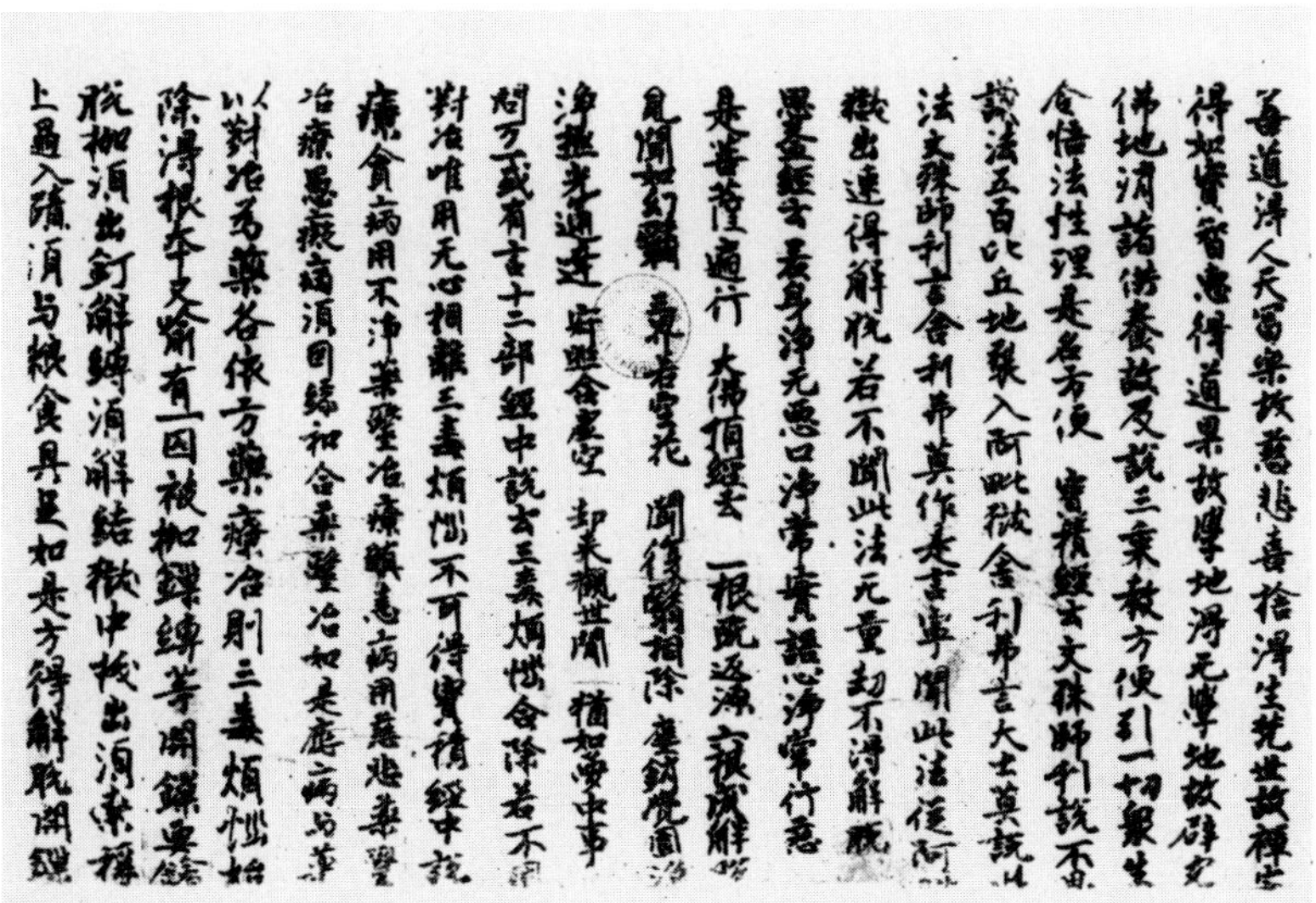

図34　P. ch. 4623　『頓悟大乗正理決・長編』122～140行部分

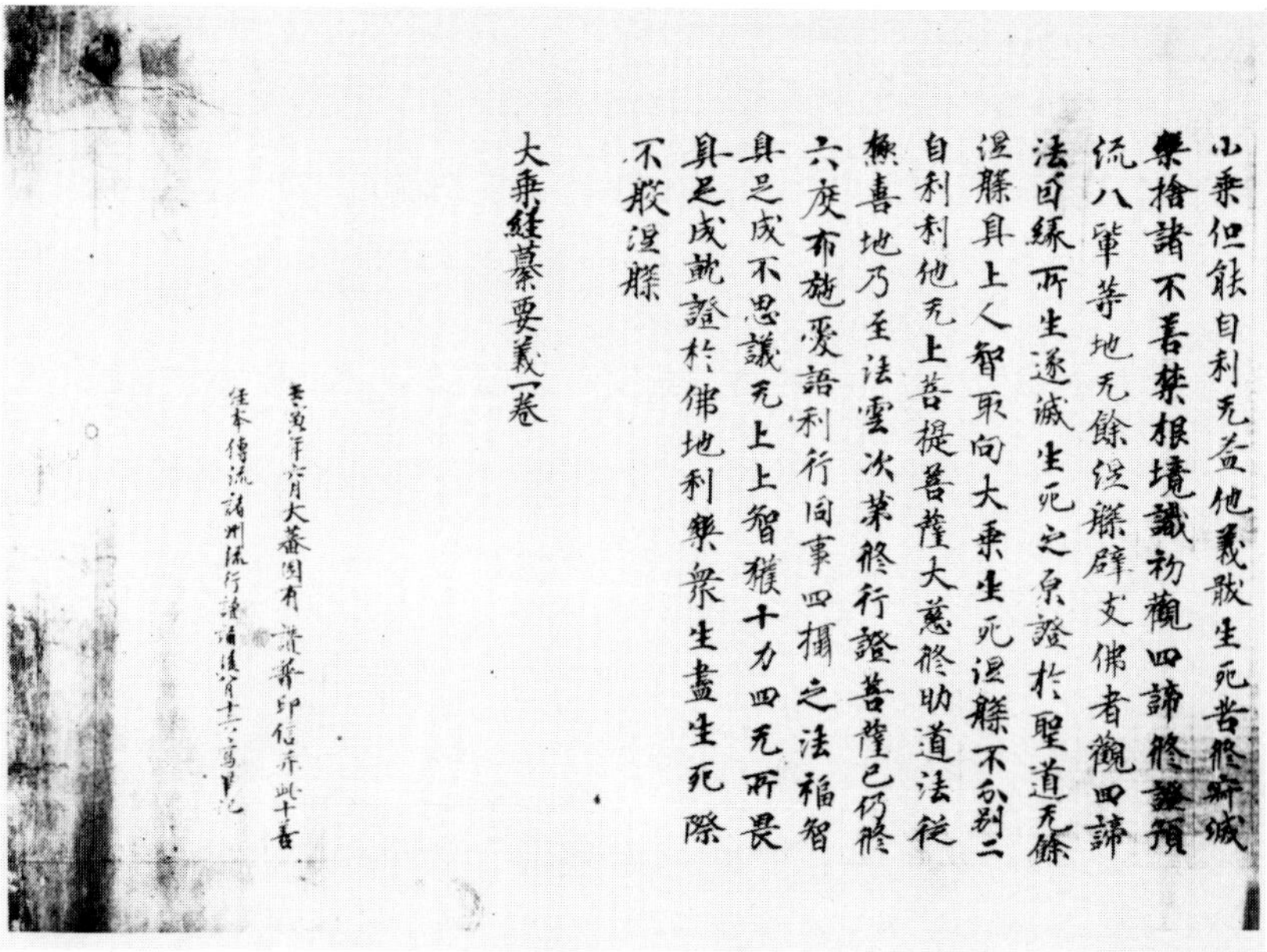

小乘但能自利无益他義厭生死苦修證滅
樂捨諸不善禁根境識初觀四諦修證預
流八輩等地无餘涅槃辟支佛者觀四諦
法因緣所生遂滅生死之原證於聖道无餘
涅槃具上人智取向大乘生死涅槃不分別二
自利利他无上菩提菩薩大慈修助道法從
歡喜地乃至法雲次第修行證菩薩已仍修
六度布施愛語利行同事四攝之法福智
具足成不思議无上上智獲十力四无所畏
具足成就證於佛地利樂衆生盡生死際
不般涅槃

大乘経纂要義一巻

壬寅年六月大蕃國有贊普印信并此十善
經本傳流諸州流行讀誦後八月十六日寫畢記

図35　S. ch. 3966　『大乘経纂要義』尾部

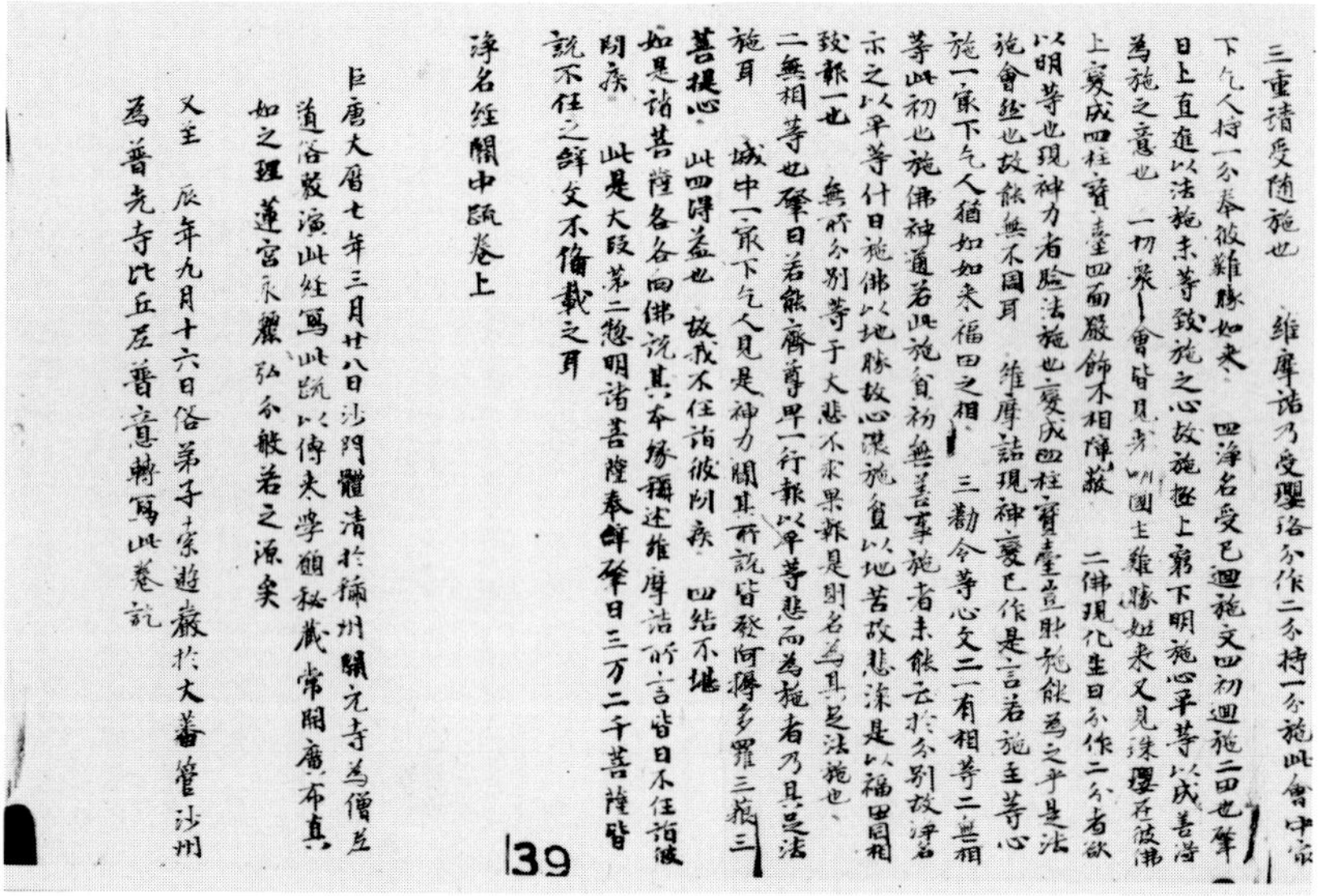

浄名経關中疏巻上

巨唐大曆七年三月廿八日沙門體清於虢州開元寺為僧尼
道俗敷演此経寫此疏以傳未學猶秘藏常開廣布真
如之理蓮宮永麗弘分般若之源矣
又至　辰年九月十六日俗弟子索遊巖於大蕃管沙州
為普光寺比丘尼普意轉寫此卷訖

図36　S. ch. 3475　『浄名経関中疏』尾部

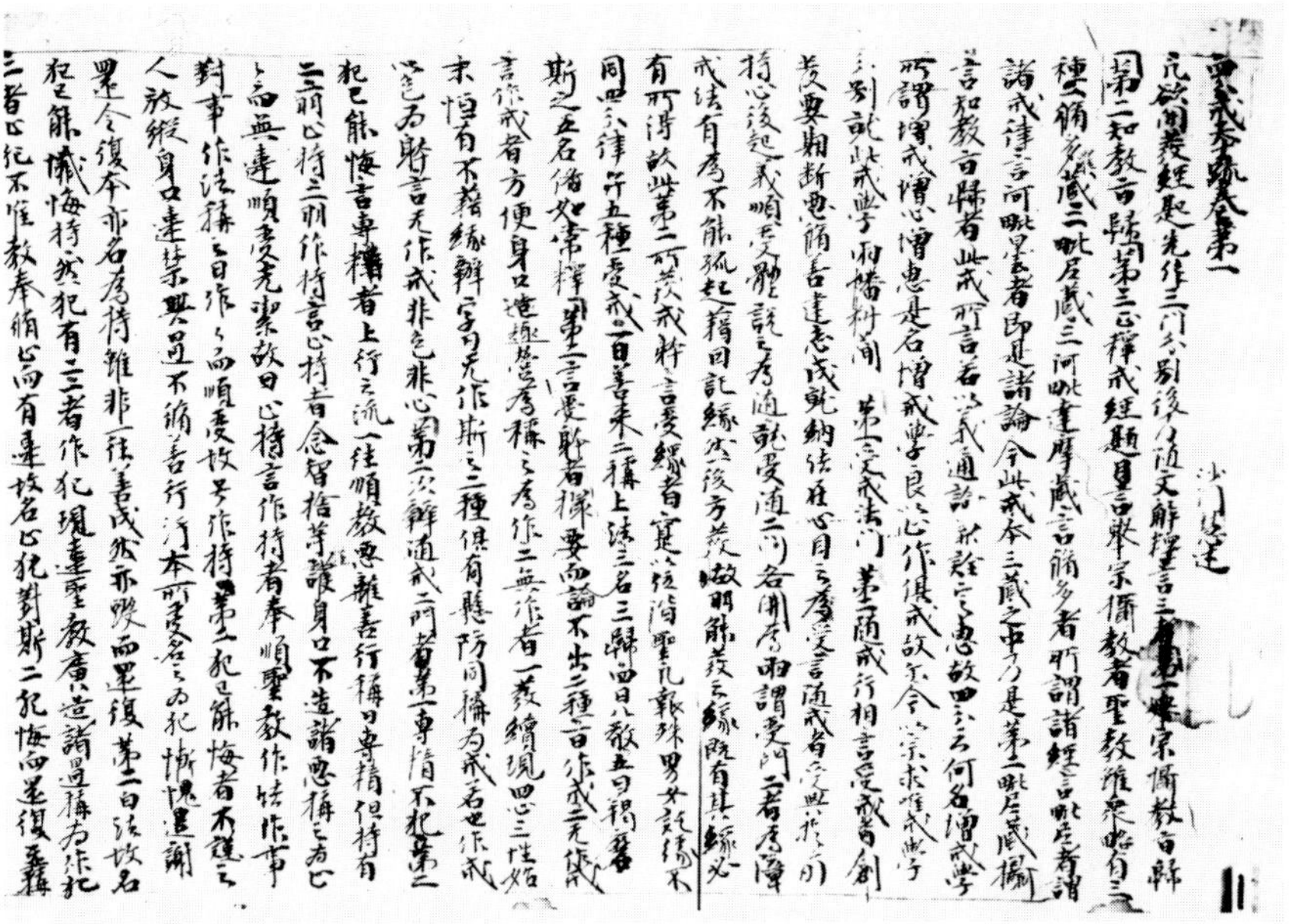

図37　S. ch. 6604 『四分戒本疏』首部

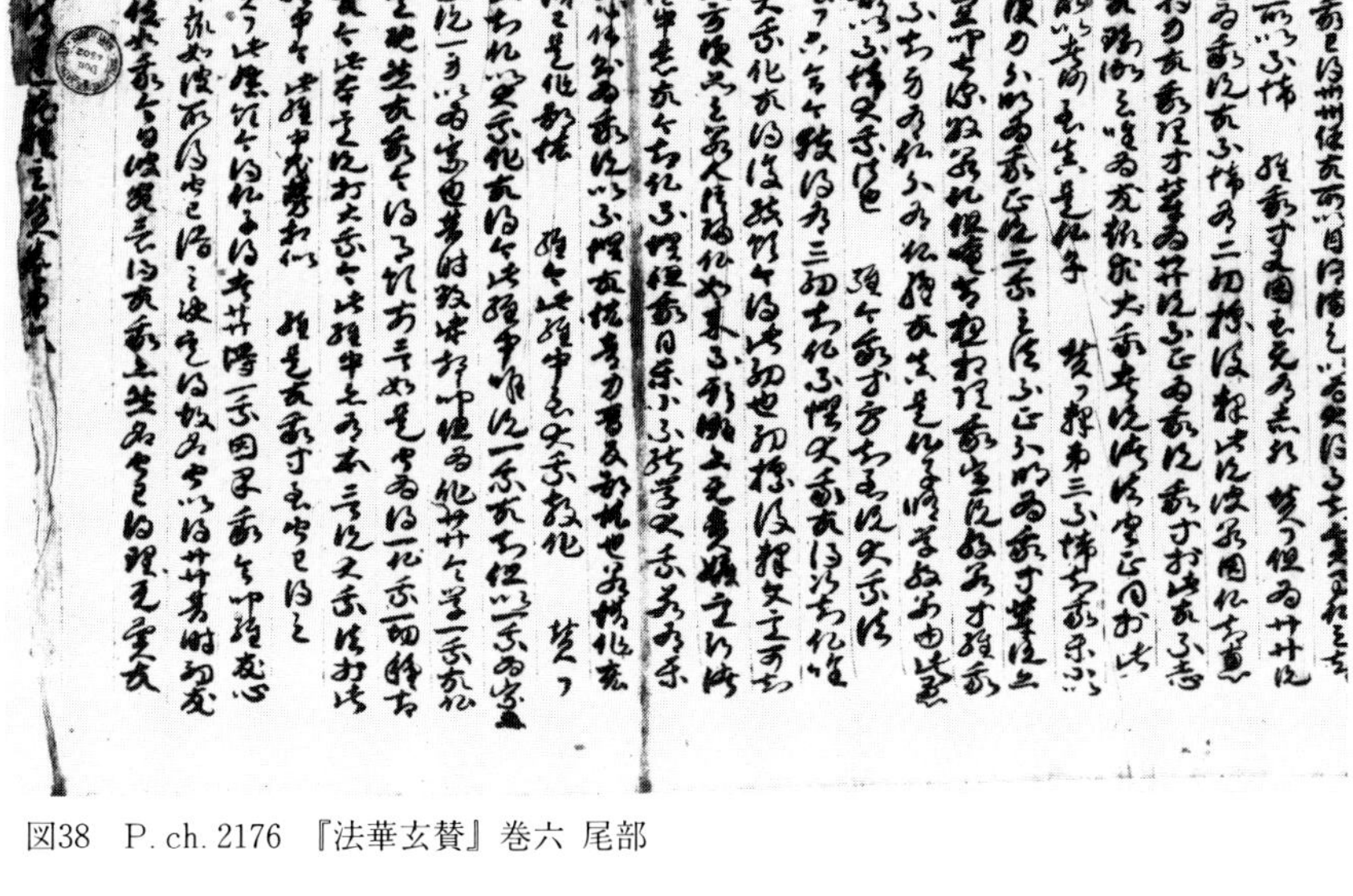

図38　P. ch. 2176 『法華玄賛』巻六 尾部

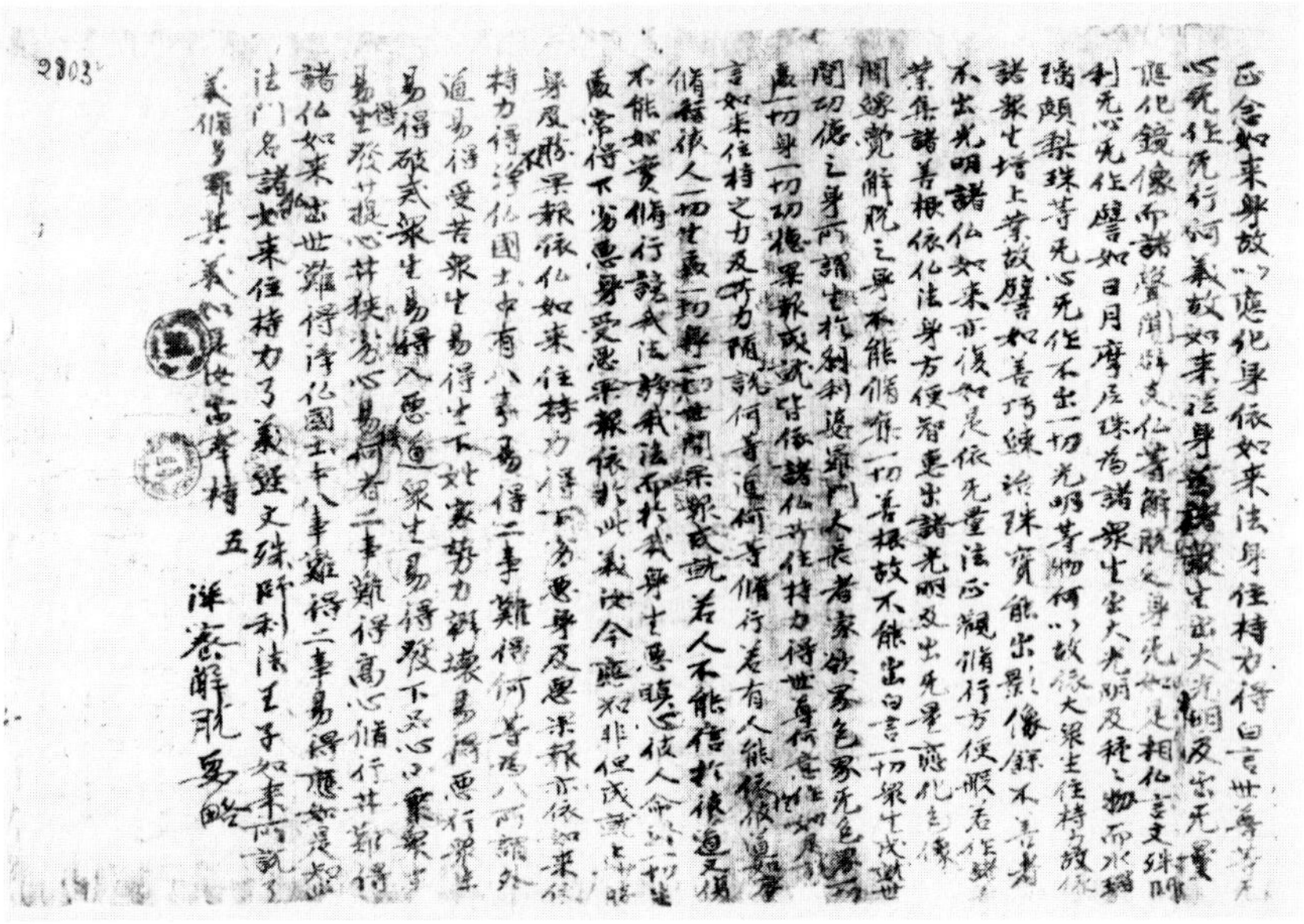

図39　P. ch. 2803 V　『深密解脱要略』尾部

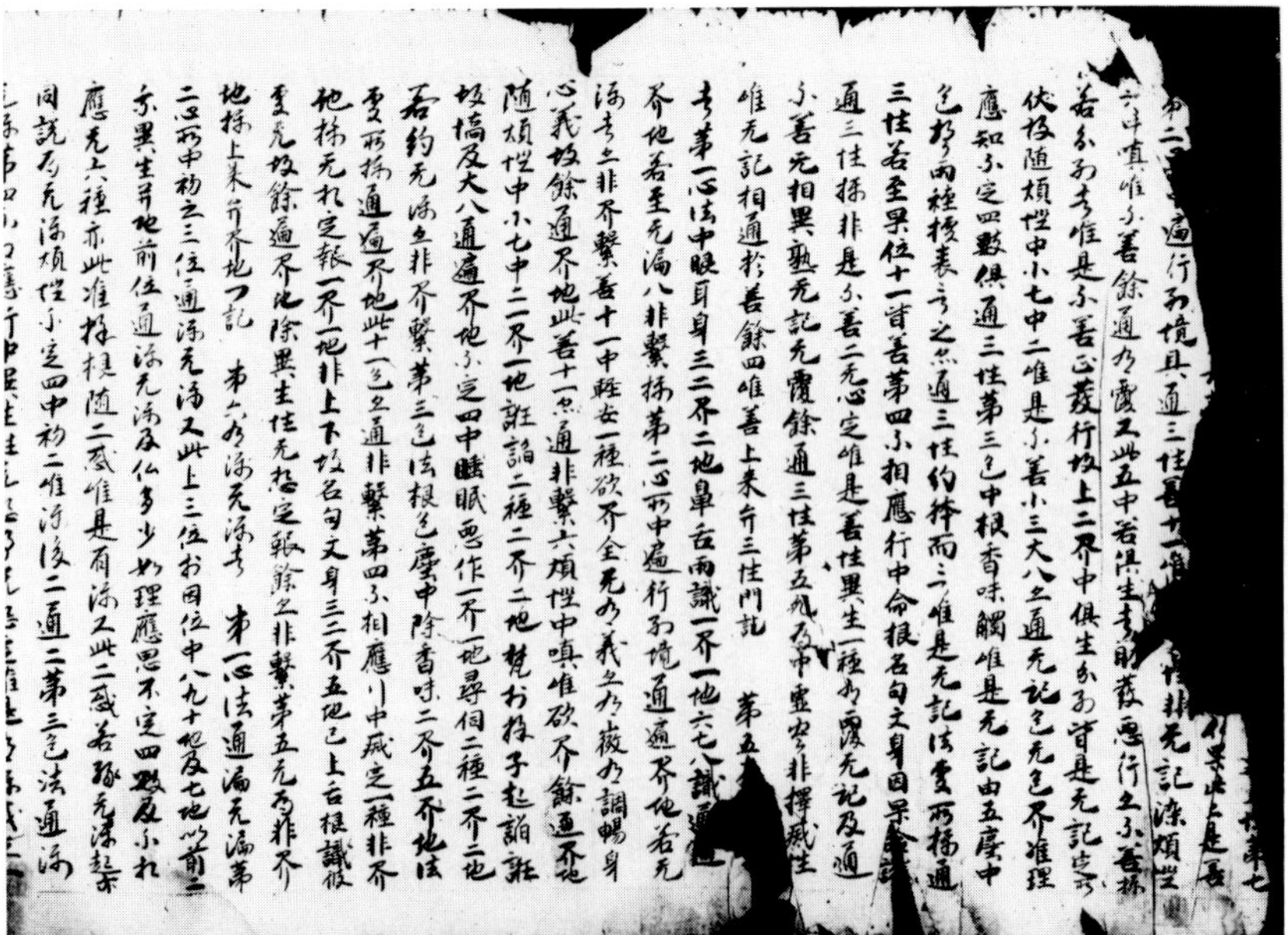

図40　崑 6　『百法明門論疏』首部

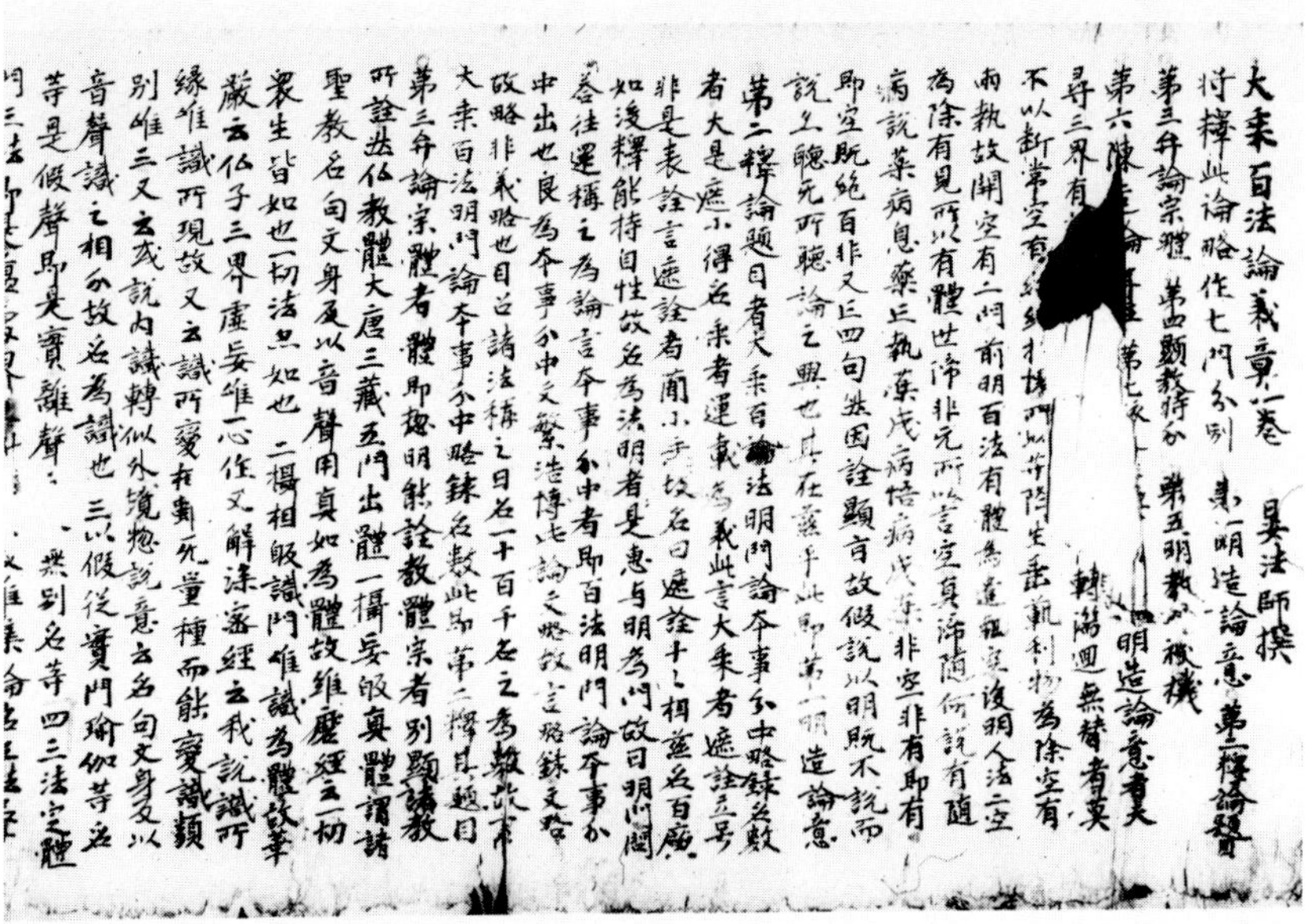

図41　露46　晏法師撰『大乗百法論義章』首部

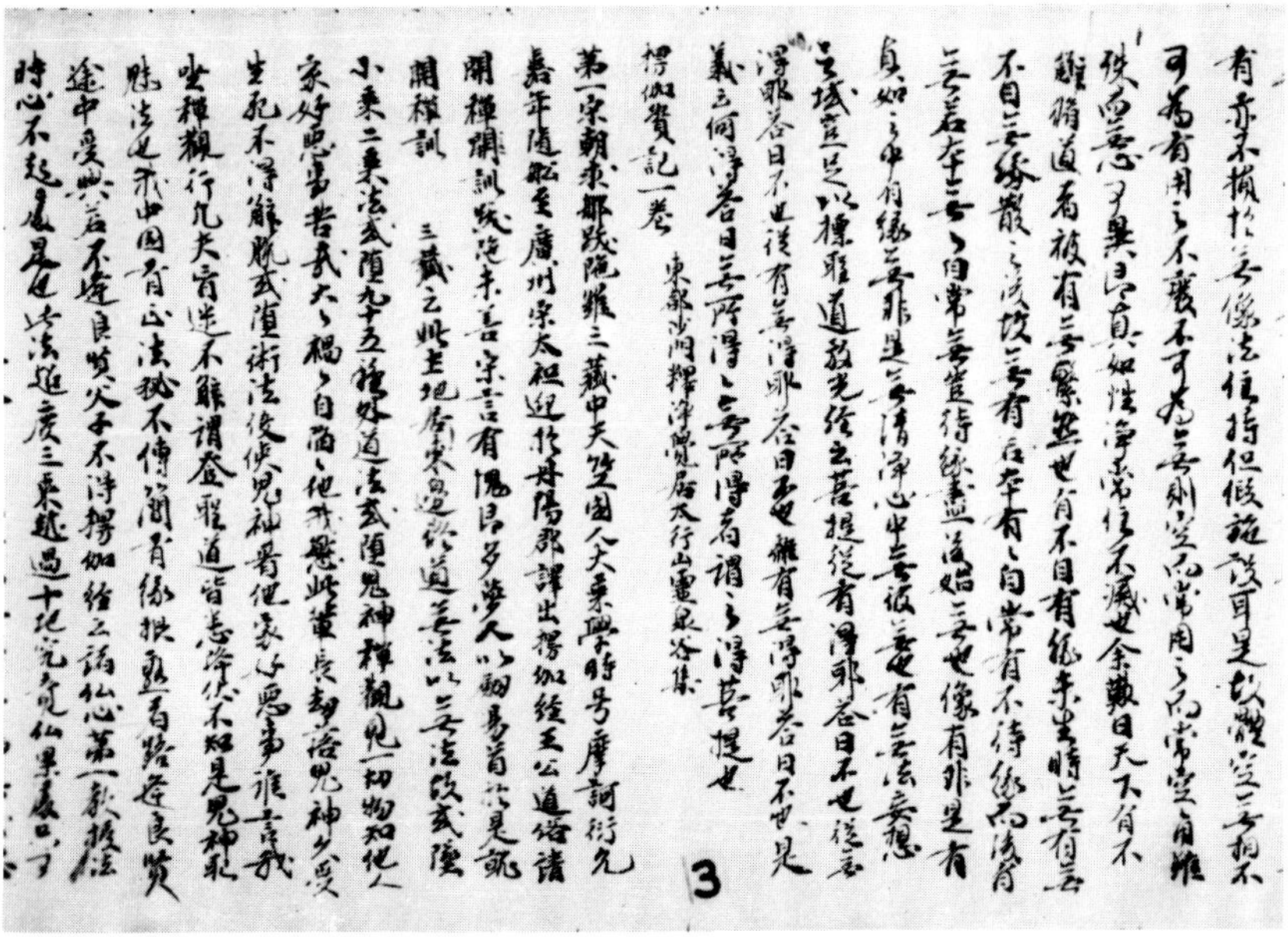

図42　S. ch. 2054　『楞伽師資記』部分

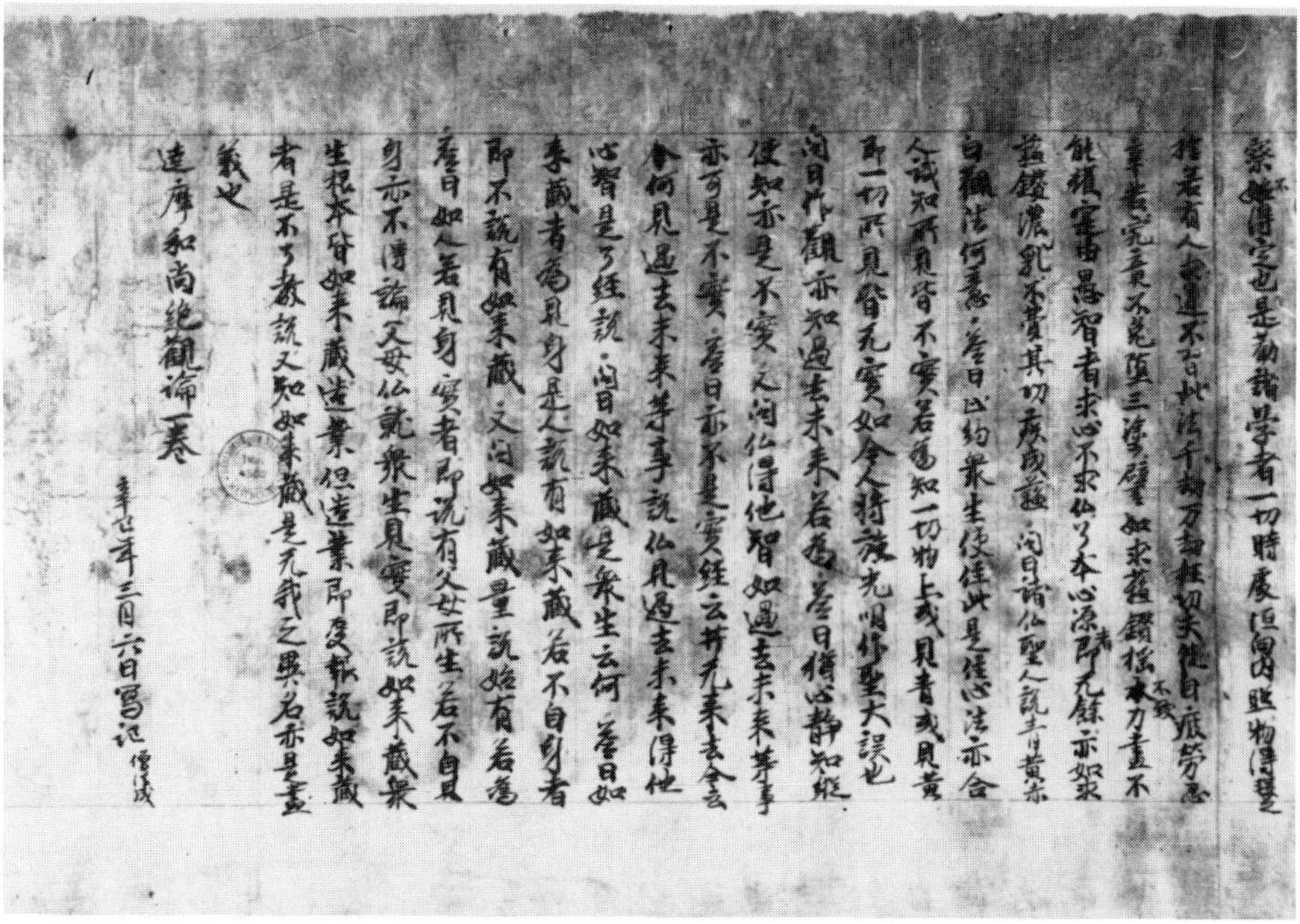

図43　P. ch. 2885　法成写『絶観論』尾部

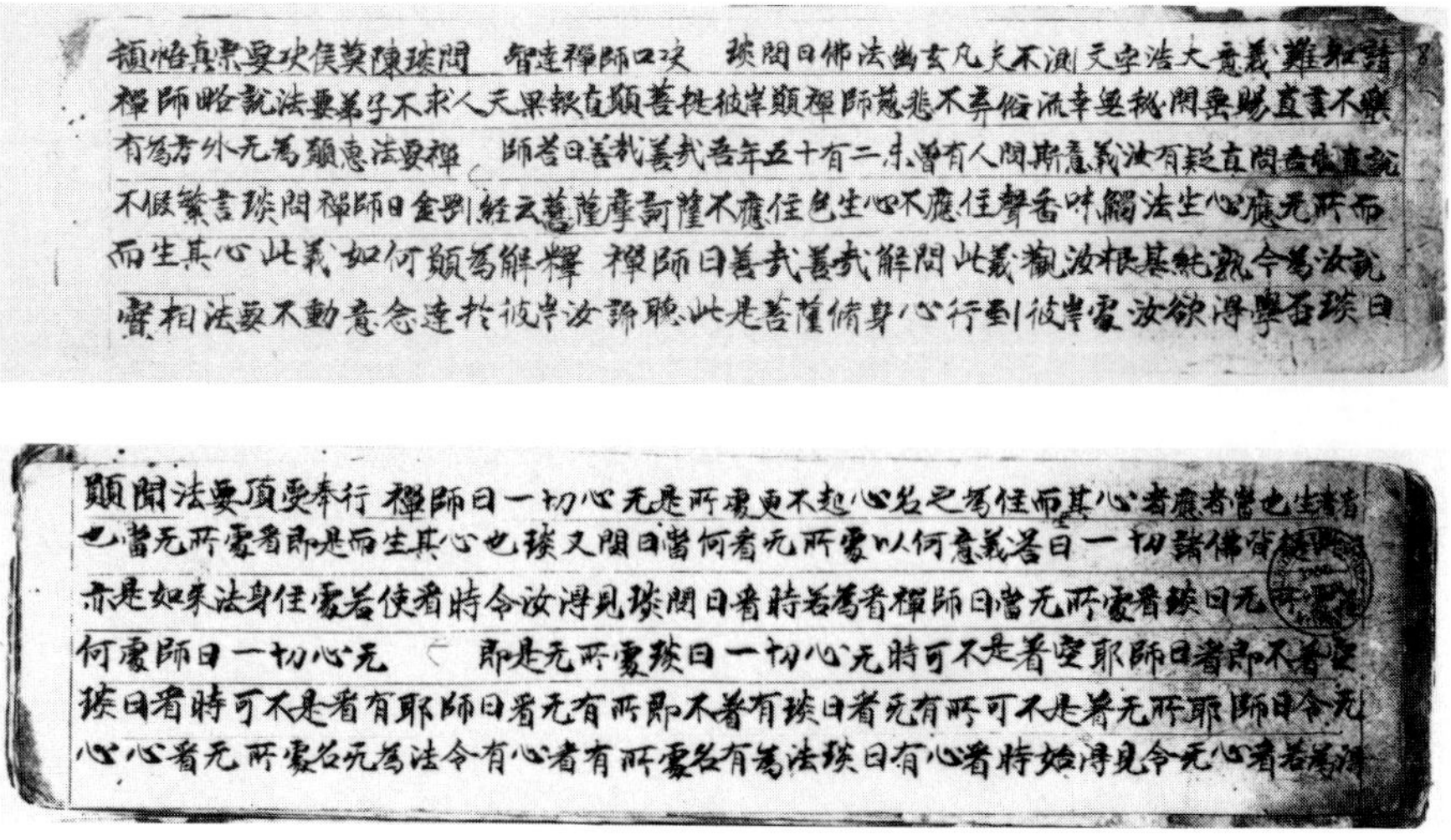

図44　P. ch. 3922　『頓悟真宗要决』首部

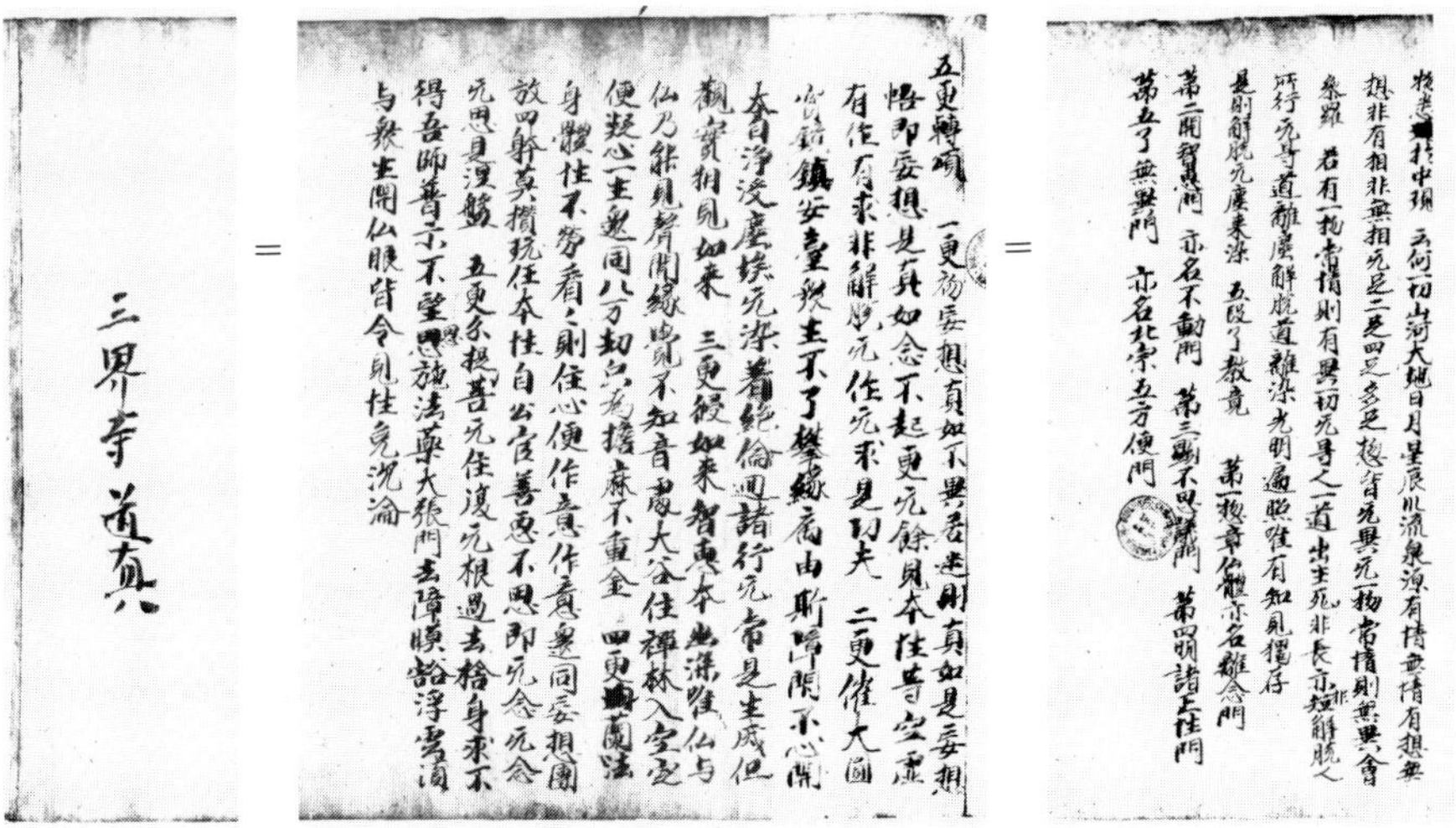

図45　P. ch. 2270　道真写『北宗五方便門』並に『五更転頌』

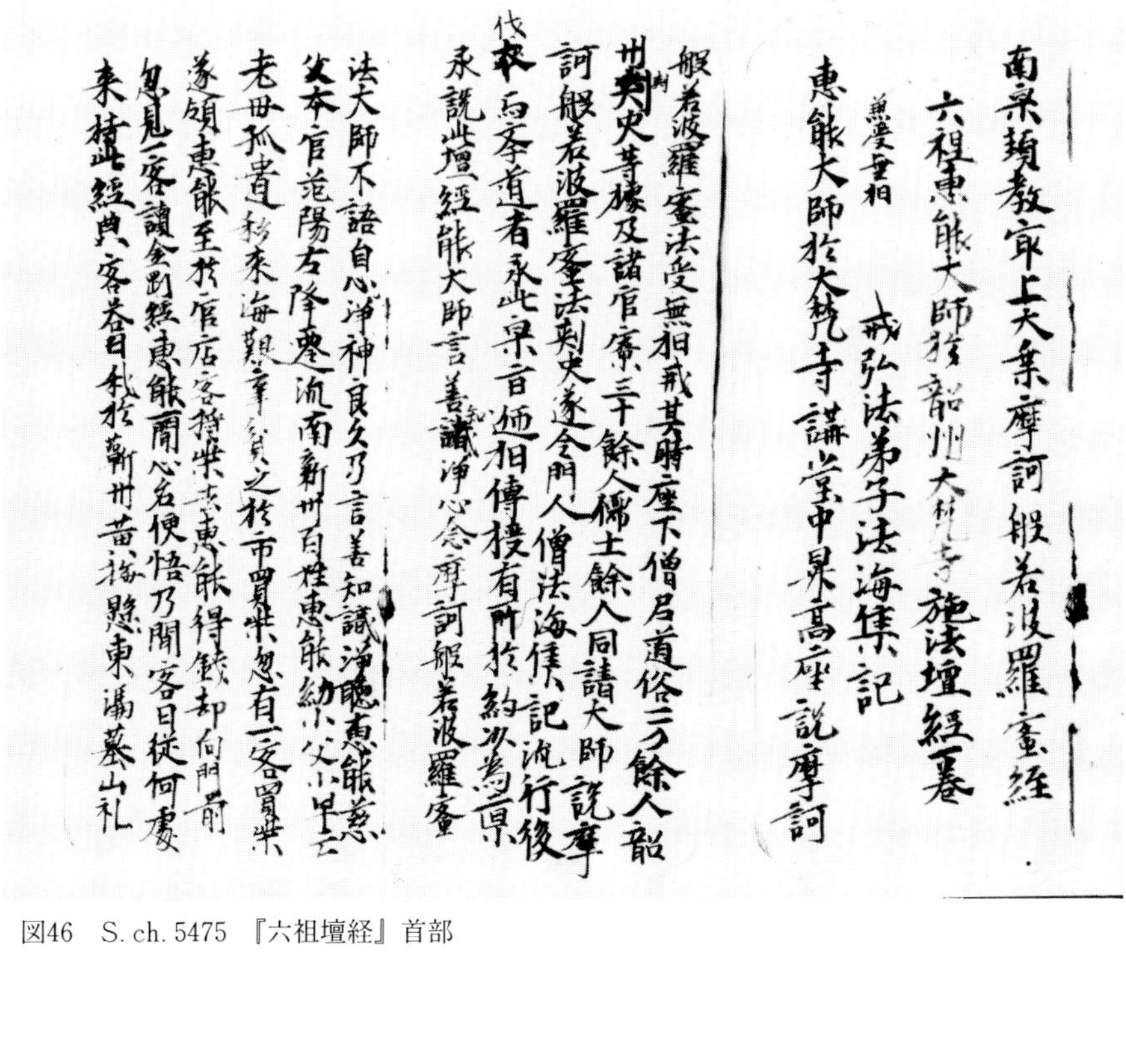
南宗頓教最上大乘摩訶般若波羅蜜經
六祖惠能大師於韶州大梵寺施法壇經一卷
兼受無相戒弘法弟子法海集記
惠能大師於大梵寺講堂中昇高座說摩訶
般若波羅蜜法受無相戒其時座下僧尼道俗一万餘人韶
州刺史等據及諸官寮三十餘人儒士餘人同請大師說摩
訶般若波羅蜜法刺史遂令門人僧法海集記流行後
代與學道者承此宗旨遞相傳授有所於約以為稟
承說此壇經　能大師言善知識淨心念摩訶般若波羅蜜
法大師不語自心淨神良久乃言善知識淨聽惠能慈
父本官范陽左降遷流南新州百姓惠能幼小父小早亡
老母孤遺移來南海艱辛貧乏於市賣柴忽有一客買柴
遂領惠能至於官店客將柴去惠能得錢却向門前
忽見一客讀金剛經惠能一聞心名便悟乃聞客曰從何處
來持此經典客答曰我於蘄州黃梅縣東馮墓山禮

図46　S. ch. 5475　『六祖壇経』首部

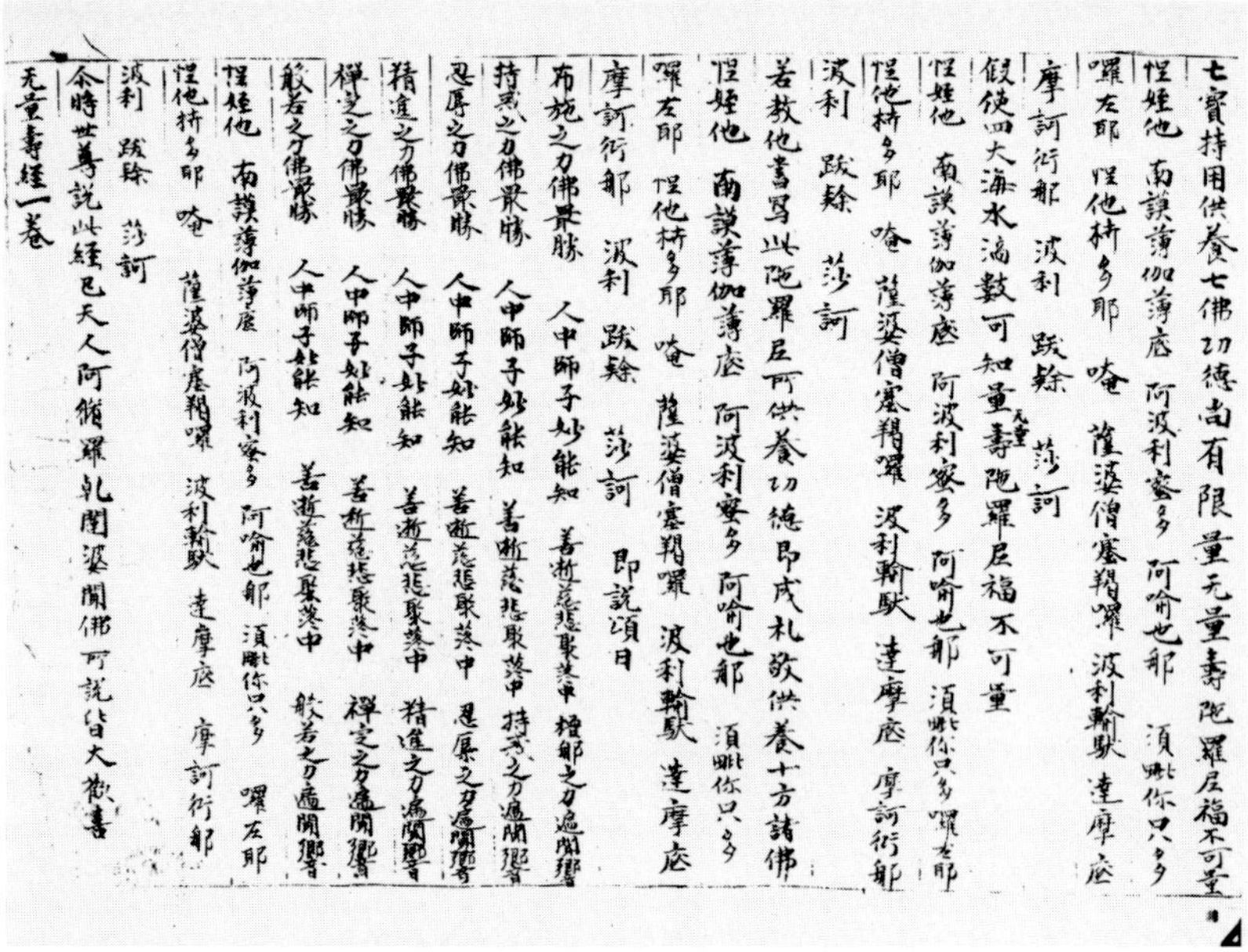

図47　S. ch. 147　異訳『無量寿宗要経』尾部

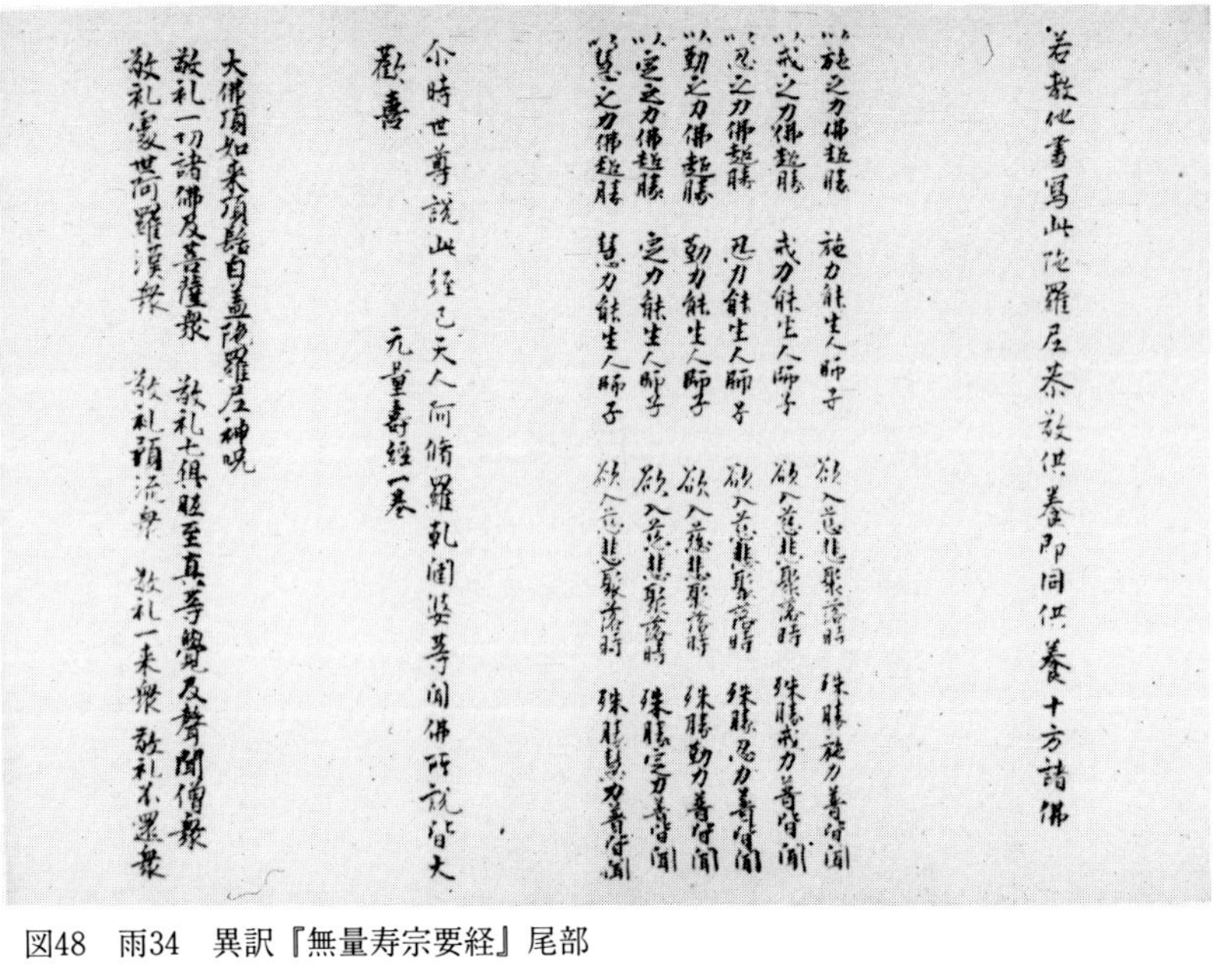

図48　雨34　異訳『無量寿宗要経』尾部

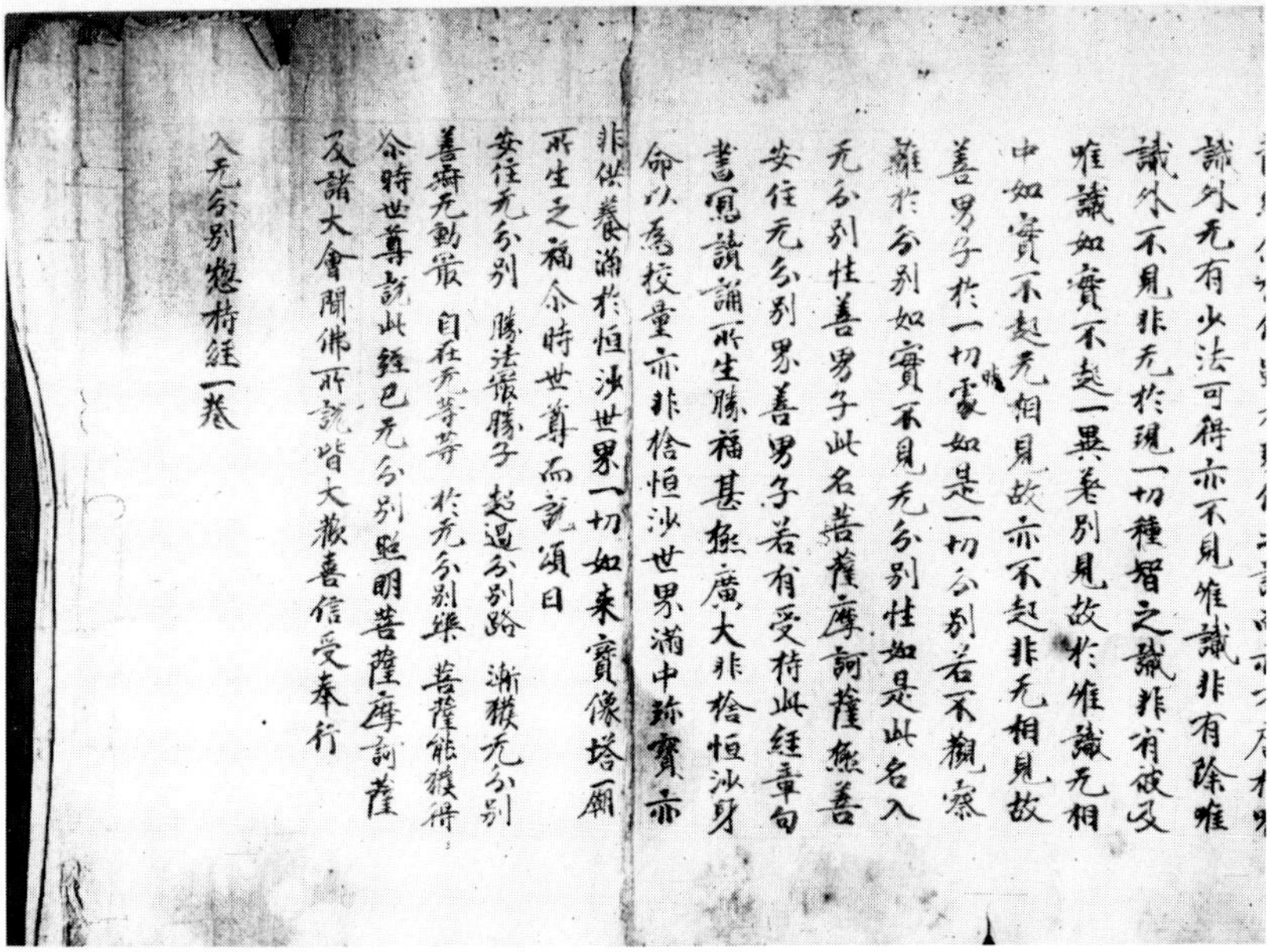

図49　蕫23　『入無分別総持経』尾部

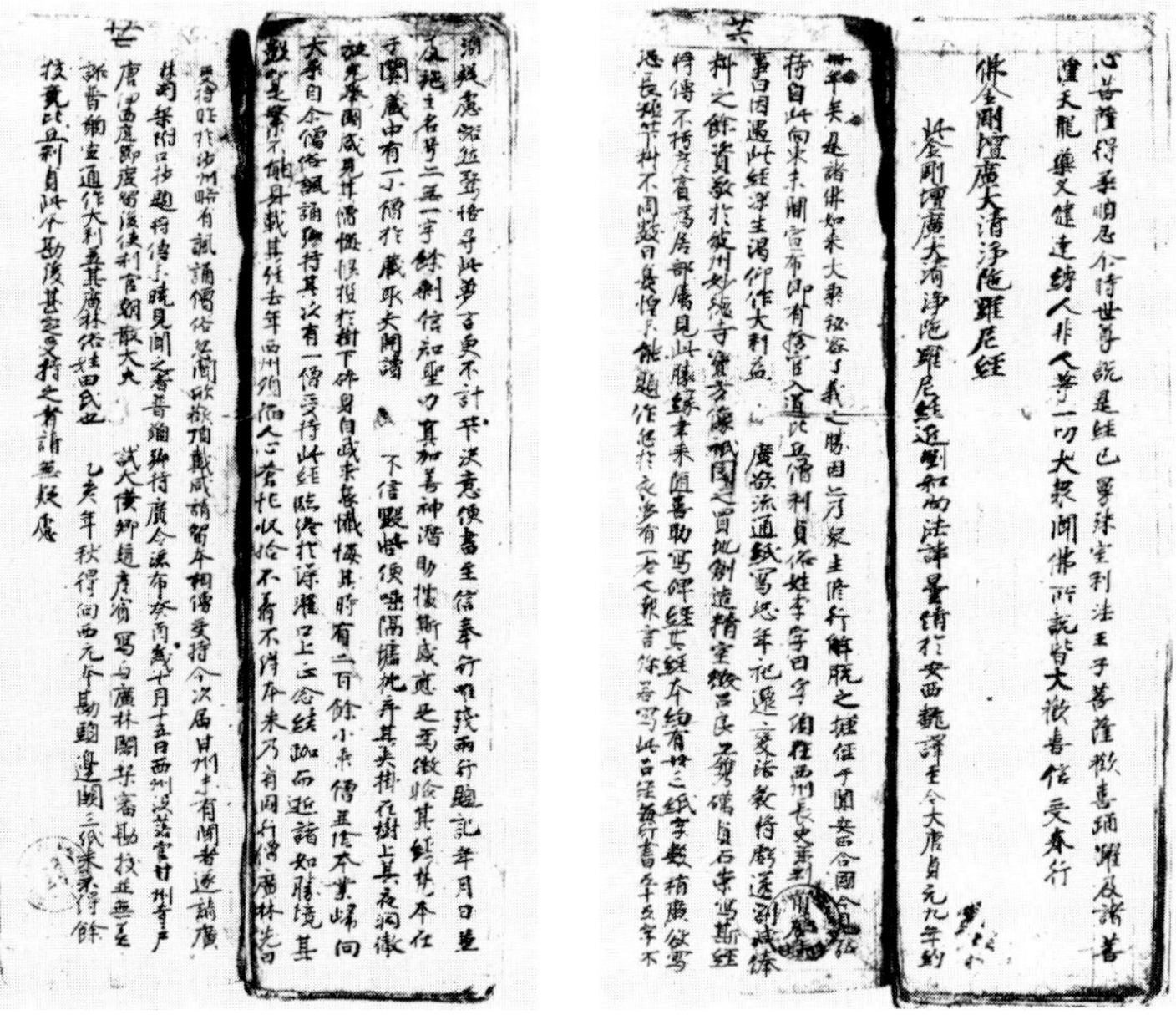

図50　P. ch. 3918　『金剛壇廣大清浄陀羅尼経』尾部

序

この本の第一章の原作「曇曠と敦煌の佛教学」(『東方学報』第三五冊、敦煌研究専号、一九六四)は、著者・上山大峻君のその後の学問の方向を定めた佳作である。著者自身にとって重要な仕事であったに違ひないが、いま顧みて、これの現はれた一九六四年は当時の京大人文研における「敦煌研究班」の班員諸君にとっても、また私自身にとっても記念すべき重要な年であった。その所以は、第一には右論文の載った『東方学報』敦煌研究専号の発刊、第二には、この年に私がはじめてヨーロッパに出かけて、多量の写本のマイクロフィルムや写真を持ち帰って、その後の新しい研究方法への挑戦のきっかけとなった年だからである。

第一の敦煌研究専号は、それまで十年あまりつづけてゐた、スタイン・コレクションほかのマイクロフィルムを扱った共同研究の成果を世に問ふようにと同僚田中謙二教授あたりから勧められて実現したものである。故榎一雄東大教授・東洋文庫理事長が、それより十余年前にロンドン大学客員教授としてイギリス滞在中に、随分と難かしい折衝の末に、当時ブリティシュ・ミュージアムにあったスタイン蒐集敦煌漢文写本七千点をそっくりマイクロフィルムにして東洋文庫にもって帰った。ほぼ同時に山本達郎東大教授もインディア・オフィス・ライブラリー所蔵のスタイン蒐集写本、これはチベット文が大部分で、若干の于闐文、サンスクリット文、ウイグル文などを含むが、全写本のマイクロフィルムを東洋文庫のために購入した。また、北京図書館でも所蔵の敦煌写本を全部マイクロフィルム化して、当時は全部ではなかったが三分の一ばかりが同文庫に来た。右の東洋文庫のフィルムは日本の学界全体の財宝ともいふべきものであるからと、東洋学研究連絡委員会の肝煎りによって、マイクロフィルムからの焼付写真が東洋文庫の外にも関西の学界のために京大人文研にも一組がまづつくられた。以上のほか、ペリオ・コレクションは先輩たちによって三分の一ばかりは何らかの形で既に発表せられてゐた。これだけの材料が言わば突如として眼前に現はれた形である。何からどう手を着けたらよいか、大いに戸惑ったが、当時はジャイルズのスタイン蒐集漢文写本目録がまだ出てゐなかったので、われわれはまずスタイン・漢文コレクションの目録作りから仕事を始めた。それまでの敦煌写本研究は、先輩たちがパリやロンドンに出かけて、写本を手写しし、日本や中国に帰ってから、それを一点ないし数点づつ活字化して発表するといふやり方であった。言ふなれば宝探し方式である。右の様に敦煌写本全体のすがたが朧気ながらも見えてくると、目録作りの作業を踏台にして、一つ一つの写本でなく同種同類写本の一群をまとめて扱ふといふ研究方法がおのづと成立した。『東方学報』敦煌研究専号にはさういふ行き方の論文が過半を占める。一類の写本を網羅する試みは、その後は次々に現はれる様になり、少くとも日本では、この方式は定着したかに見える。

敦煌専号の段階でもう一つの問題は、写真によって写本・文書を見てゆくと、先輩が手写しノートによって発表した活字録文では判らないことが単なる誤脱以外にも色々見えてくることである。文書類ではそれが顕著であるが、典籍でも、やはり問題がある。例えば同じ文選でも寺子屋の子供の手習ひと宮廷写本とを同列に扱ふわけに行かない。祈願文でも作者の自筆稿本もあれば、手習ひもあると言った類である。行替へとか空格とか、それなりの意味をもつものが活字録文ではしばしば見落とされる。専号の編輯段階で、かうした点で首をかしげたことが何度かあり、そこで判ったのは、執筆者の中には、研究所で写真を手写しして、書斎でそれを材料にして論文を書く人もあることである。これでは従前の研究と同じであって、写真を材料としたことの意味がない。東洋文庫を煩はせて各人の引用する写本についてカビネ判写真を作ってもらひ、各論文の挿図として挿入することにした。何人かは敏感に反応して、部分的に修正するなどの効果もあったけれども、一九六四年の段階では、写本を写本として扱ふといふ点では、十分な成果を示すには至らなかった。

上山君の「曇曠と敦煌の佛教学」は、前に言った通り、この敦煌研究専号に載せられたものである。趣旨としては時代を代表する一人の学匠を主題とし、その著作の写本を当時として及ぶ限り捜集して、その学的活動を辿ったものであるが、その間に、いはゆる「チベットの宗論」（ある人は「ラサの宗論」と呼び、また別の人は「サムイェの宗論」と呼ぶ）なるものは、インド僧と中国禅僧との間の一回限りのものでなく、長年にわたって何度も繰返され、その都度、勝敗が入れ替った次第を解明した。このことは関係学者を驚かせ、その後にいくつかの論争をひき起こすことになったものであるが、写本の形状に対する配慮が十分ではなかったことも、この段階の敦煌学の水準を反映するものであった。

第二の私のヨーロッパ旅行は、結果として私たちの共同研究の方法を大きく変へることとなった点で、私たち仲間うちには記憶すべき出来ごとになってゐる。それまでの写真による写本研究だと、写真では一応のかたちは判っても、十分に納得のゆかないことが色々あった。何分にも探検隊が将来して信頼できる敦煌写本の実物は、日本では大谷コレクションの数十点以外には極めて少なく、写真から原本の様子を判断しやうとしても、何彼と障害があった。例へば原本の紙質とか染め色とかは写真では全く判らない。書き入れ、紙つぎなどもはっきりしない場合がある。そのほか、いろいろの問題を私たちは抱へてゐた。折しもその年、私は文部省在外研究員の選に当る幸運に恵まれた。ロンドンではスタイン・コレクションの未整理の「屑」数千点に触れることができ、パリでは厄介な交渉の挙句にペリオ・コレクションの写本三百点のマイクロフィルムを入手できた。それからの数年間は、私たちの共同研究の主要な仕事は、右の新材料に取組むに当って、その際今まで先輩によって手の着けられていない分野、ないし旧来の方法で不当に扱はれてゐた分野、具体的に言へば敦煌の文人の筆に成る文章とか、六世紀の佛典注釈書などを対象に選んだ。その頃の電子複写機はまだ性能もよくなく、写本の写真の複写には不向きであり、且つ高価でもあったので、当初は湿式の青焼きコピーを手にして、難字の判読や、甲乙二つの写本の筆蹟の同異を互に論じ合ふなど、以前には考へられもしなかった方法をとることができる様になり、また、その後の数年間に電子複写機の性能が見る見る進歩して、墨色の濃淡まで現はされる様になり、この過程で印刷本を扱ふ場合とは違った写本の扱ひ方への理解が次第に形成せられてきた。

上山君の第二作「法成の研究」(『東方学報』第三八、三九冊、一九六七―六八)が現はれたのは、この様な段階でのことである。この論文では、前作ではあまり十分ではなかった写本の形状への配慮が遺憾なく払はれ、例へば数人の門下による精粗様々の『瑜伽師地論』注釈、あるひは『瑜伽師地論』本文に付けられた朱点や符号が、実は法成の一つの講義の筆録であることが解明されたばかりでなく、筆者名がなくて抹消・書入れに満たされた一連の写本が、ほかならぬ法成自身の講義原稿であることまで推定し、更には「『瑜伽師地論』の要語の漢蔵対訳語彙」とも名付くべき一写本も、その筆蹟から法成自身が作ったメモであるとまで判定した。論文自体は、そういふ技術面の問題とは別に、法成の著作を網羅検討することによって、チベット大蔵経の形成に当って法成個人ないし敦煌佛教を通して中国佛教が大きな影を落としてゐる次第を明らかにした。このことはチベット佛教の専門家に衝撃を与えた模様である。この論文が出て間もなく、フランスの故ドミエヴィル教授は『通報 *T'oung Pao*』誌の一九七

○年号に詳細な紹介をして、中でも右の『瑜伽師地論語彙』は、以前に発表した人がそこまでは言ってないと、激賞せられた。また、恰度このとき創設せられた流沙海西学会賞の第一回に選ばれた。このとき上山君はまだ龍谷大学に職を得ず、女子高校の先生をしながら困苦の中でこの論文をものした。それが国内でも国外でも、これほどに認められた時は、私までがたいへん嬉しかった。

この論文の成功した一因は古写本学の手法を徹底的にとり入れたことにあると言って宜い。古写本学とは、古写本に取組む場合、現代の印刷した本を読むのとは違って、先づ本のかたち、書式、筆法、紙質、製本法など、内容以前の事柄についての通則を見出し体系化する学問を言ふ。印刷した本について書誌学・版本学があるのに対して、古写本についての書誌学と思ってもらへば宜い。これは私たちの長年の共同研究の間に次第に形成されてきたもので、まだ完成されたものでなく、今も形成途上にある。私たちは右に述べたスタイン・コレクションの目録作りで、先づ一々の写本の時代判定を試みた。同じ『法華経』にしても、『維摩経』にしても、六世紀写本と八世紀写本とでは、かなりの形態上の相違がみとめられたからである。だが、標題に書写年代を付記しただけでは、有用な写本目録とはならない。先にも一寸言ったが、写本には様々のすがたのものがある。専門写字生の筆になる標準形式の写本、これは寺院図書館のために作られたものであり、中でも中央宮廷図書館で作られた写本は、地方々々で写しを作るための手本で、特別に立派である。右の法成の場合の様に講義の筆録や先生の講義用の稿本もある。さらには個人の受持用の経典、下っては反故の背面を利用した寺子屋の手習ひなど、一つ一つの写本はそれぞれ何の用途のために作られたかを、写本自体が語りかけてゐる。これを聞きとらないと、内容の理解にも行き届かないことになる。さうした写本の語る様々の情報を無視すると、まともな古写本目録にはならないことも、追々に判ってきた。

一九七九年秋に一ケ月余りパリに滞在したとき、紹介する人があってコディコロジーなる学問を打ち立てる運動をすすめる人たちに会った。コディコロジー（codicologie）とはラテン語の codex, codice（写本）に logie（学）をつけた新造語である。ラテン語、ヘブライ語の中世古写本を研究する人たちが、古写本の用紙、書体、製本など、内容以前の諸問題を研究する学問を斯く名づけて、一人前の学問として認めさせる運動をすすめ、何度か国際学会も催したといふ。二度会って話したが、その時は漢文と横文字との相違点の方が気になったが、その後、かれらの著作をよみ、文通する内に、むしろ漢文と横文字との違ひはあっても、写本を見る上での問題点は全く共通であると理解した。私の『文字の文化史』（一九七〇）など、殆どコディコロジー的である。それまで、私はこの行き方を「写本書誌学」と呼んだこともあったが、以後は右の如く「古写本学」と呼び、いま準備中の『高昌残影』解説を漢文古写本学のマニュアルとして役立つものにしたいと心掛けてゐる。

私自身は古写本学の問題点の模索と体系化とに手一杯で、この手法を応用して何かの典籍を内容外形に亘って扱った仕事をしてゐない。だから、一つの研究に古写本学の手法をここまで応用したのは「法成の研究」が最初のものである。これは実はたいへんな仕事である。といふのは、古写本学の方法はいはば自然科学的で、全くの形而下学である。それに対して上山君は佛教学の中でも最も形而上学的な分野を専攻する。一つの写本の形而上学的な内容の研究を貫きながら、写本の外形をも考慮に入れるとなると、頭脳のアクロバット的切替を必要とする。容易にまねのできることではない。だが、上山君はその後もアクロバットをつづけて中小篇（「法成の研究」に比べれば）の論文を次々に出した。中国禅籍のチベット訳の研究など、さういふ翻訳の存在そのものが驚きであった。また曇曠研究の延長線ともいふべき宗論関係の論文の一つで、宗論で敗れた禅宗がインドの中観思想や密教と習合してチベットで生き延びてゐたことを指摘したのにも、また驚かされた。けれども小篇の論文の中には私の関心をひかないものもあり、迂潤な話ながら、私にはそれらの集積がどういふ目標に向ってゐるのか理解できないで、折にふれては、「曇曠関係の資料を古写本学的に見直して、あれの改訂版を作りなさい」と勧めるだけであった。

一昨年あたりかと思ふが、上山君から今までの諸論文をそれぞれ改訂した上で集めて一本にする計画があると告げられ、やがて校正刷が出て全容もはっきりしてきた。原稿の一部をときどき見せられた段階では「随分と手をひろげたな」と言った程度にうけとめてゐたのであるが、全容が見えた段階で私はいろいろと感嘆した。感嘆の第一は、旧作の書き改め方の大幅なことである。一旦完成して付印した論文は、一ケ所を改めれば何ケ所かに影響を及ぼすので、廣汎な書き替へは難かしいものであるが、それをかなり思ひ切ってやってゐる。書き替へと同時に書き加へも多く、とくに右に言った曇曠の場合、資料となった写本の古写本学的コメントを書き加へて、これが九頁に及ぶ一節を形成し、結果として前作の不備を補って余りある所まで行ってゐる。

第二には、さきにも少し触れたことであるが、曇曠が関はった「チベットの宗論」について、既発表の論文ばかりでなく、チベット、漢文双方の資料によって、宗論の経過を綿密に復原して、別に一章を立てたことである。思想を異にし、言語も異なる人の間の論争は、なるほど斯くの如き手続きによってはじめて成立するものかと、人を納得させる。

第三は、右の書き替へに当って、龍谷大学が近年に購入したスタイン、北京、ペリオの三大コレクションのマイクロフィルム其他に一通り目を通したらしく、そこから随分と新資料を附加へたことである。この中には、例へば王錫が『頓悟大乗正理決』を著はすに際しての草稿、中国の書誌学用語で〝長編〟と呼ぶ形式、捜集した資料を一旦すべて書き留め、これを抹消整理して最終著作となるのであるが、さういふ段階の草稿断片の発見がこの類の代表例である。

第四は、右に述べた曇曠、法成、宗論、禅の系列から外に出て、同時代の敦煌佛教の別の系統にも眼をひろげたことである。その白眉は敦煌写本中に百点ちかく見出される『浄名経関中疏』の写本を一々点検して、九世紀半ばすぎの法成の『瑜伽師地論』の講義と並行してこれを講じてゐた学匠のあったこと、そして『瑜伽師地論』の方は法成の死とともに絶えたのに対して、これは百年以上に亘って師から弟子へとうけつがれ、営々とその講義がつづけられてゐたことを明らかにした。言いかへれば、目立った学匠もなく佛教学の水準から見ればかなり落ちてゐたと思われてゐた帰義軍後期にも、この講義がつづいてゐたのである。その過程でこの注釈書が長安から敦煌へ齎らされた最初の原本を確認したことも、古写本学手法の成果の一つである。

最後に本書全体の構成とか意図とかの問題である。校正刷りを見て、ただ旧作を集めて一本にするといふのでなく、吐蕃期・帰義軍期の敦煌佛教の通史とまでは行かなくても、敦煌写本に見られるこの時期の教学佛教の全体像を目指してゐることを理解した。ところが上山君はこの本の終り（四八〇頁）に、この範囲を扱って「敦煌佛教」を標題とするのは佛教学の通念からすればをこがましくはないかとの逡巡の気配を示す。ここでは「敦煌」にも「佛教」にも廣狭様々の意味があることを忘れたかに見受ける。前にも言った通り、上山君は佛教学の中でも最も形而上学的な分野を専攻する。思ふに、さういふ教学佛教こそが佛教の真髄であるとの教育をうけてきた模様で、その効果か、三十余年の研究においても専門分野以外の佛教に対しては、どちらかといふと冷淡であった様である。だから、ここにいふ「佛教」とは佛教一般を指すのではなく、上山君が今まで学んできた「佛教」ないしその周辺なのである。「敦煌」といふ地名も「敦煌佛教」と熟する場合には格別の意味をもつ。それは八世紀末葉に中国本土から切離され吐蕃に支配されてゐた時期の敦煌と、それにつづく帰義軍期の敦煌とを指す。帰義軍節度使は名目は中国の藩鎮であっても実体は敦煌オアシスに拠る漢人の小王国で、異民族にとり囲まれながら二百年間も中央アジアに存続して漢文化を保持してゐた。吐蕃支配期はその前史とも見るべく、これを併せると三百年ちかい敦煌国となる。もともと中国でつくられた教説が敦煌に伝はって、本土とは異なった仕方で受容せられ、また敦煌でつくられた教説もある。本書の目標はさうした敦煌国の佛教学の解明にある。敦煌写本の七割以上はこの時期のものであるから、言はばこの様な対応は当然考へられねばならなかった所であるが、ここに到るまで、写本発見以来百年ちかい歳月が必要であった。私の常にいふ「新発見の資料に対する新しい研究法」を具現した本書の刊行を著者・読者とともに喜びたい。

一九九〇年一月二十五日

米国バークレイ市カリフォルニア大学デュラント館の研究室にて

藤枝　晃

増補　敦煌佛教の研究　目次

四 法成（Chos grub）の諸著作……一一三

チベット文の部

第四章　中原未伝・古逸の漢文佛典……三三九

増補

凡　例

Ｓ ch（S. ch.）＝スタイン蒐集敦煌出土漢文写本。
Ｐ ch（P. ch.）＝ペリオ蒐集敦煌出土漢文写本。
Ｓ tib（S. tib.）＝スタイン蒐集敦煌出土チベット写本。番号は『プサン目録』による。
Ｐ tib（P. tib.）＝ペリオ蒐集敦煌出土チベット写本。番号は『ラルー目録』による。
千字文番号（例・宙三二）＝北京図書館所蔵敦煌出土写本。
Ｍ＝ソ連科学アカデミー・レニングラード支所所蔵敦煌写本。『メンシコフ目録』の番号。
龍大本＝龍谷大学図書館所蔵敦煌写本。目録「龍谷大学所蔵敦煌古経現存目録・第一部（古写本部）」（『西域文化研究』第一、一九五八）二三三―四一頁。
橘本＝橘氏将来敦煌写本。目録『橘目録』『旅順目録』。
台湾本＝中華民国々立中央図書館蔵敦煌写本。図版『敦煌巻子』（番号はこれによる）。目録「国立中央図書館所蔵敦煌巻子題記」、潘重規編（『新亜学報』八―二、一九六八）。
大正＝『大正新脩大蔵経』
　経典番号指摘例……大正五六八番
　所出場所指摘例……大正八・一六頁ｂ15（但し　八は巻数、ｂは中段、15は行数）
卍続蔵＝『卍続蔵経』
チベット蔵経＝チベット大蔵経（北京版、デルゲ版、ナルタン版など）
　使用出版本…………鈴本学術財団刊『影印北京版西蔵大蔵経』
　経典番号指摘例……Peking ed., No. 156
　所出場所指摘例……Peking ed., vol. 30, pp. 5–6–7 ～ 6–7–8

『敦煌劫余録』＝陳垣編『敦煌劫余録』、国立中央研究院歴史語言研究所刊、北京、一九三一。

『旅順目録』＝大谷探検隊蒐集文献目録「関東庁博物館・大谷家出品目録」（『新西域記』下巻、付録二）、一九三七。

『橘目録』＝「日本橘氏敦煌将来蔵経目録」、一九一四。

『ラルー目録』＝M. Lalou: *Inventaire des Manuscrits tibétains de Touen-houang conservés à la Bibliothèque Nationale* I (Fonds Pelliot tibétain nos. 1–849). Paris, 1939., II (nos. 850–1282), Paris, 1950., III (nos. 1283–2216), Paris, 1961.

『プサン目録』＝L. de la Vallée Poussin: *Catologue of the Tibetan Manuscripts from Tun-huang preserved in the India Office Library* (London, 1962).

『ペリオ敦煌漢文写本目録』＝*Catalogue des Manuscrits chinois de Touen-huang (Fonds Pelliot chinois)* Volume I (Nos. 2001–2500), Paris, 1970., Volume III (Nos. 3001–3500), Paris, 1983.

『メンシコフ目録』＝**Л.Н. Меньшиков : *Описание китайских рукописей дуньхуанского фонда Института Народов Азии,*** Vol. 1 (Nos. 1–1707), Moskva, 1963., Vol.2 (Nos. 1708–2953), Moskva, 1967.

『ジャイルズ目録』＝Lionel Giles: *Descriptive Catalogue of the Chinese Manuscripts from Tunhuang in the British Museum* (London, 1957).

『総目索引』＝『敦煌遺書総目索引』、商務印書館刊、北京、一九六二。

『劫余録続編』＝『敦煌劫余録続編』、北京図書館善本組編、北京、一九八一。

『敦煌宝蔵』＝黄永武主編、新文豊出版公司刊、台湾、一九八一～八六。

『敦煌巻子』＝『国立中央図書館蔵敦煌巻子』、石門図書公司印行、台湾、一九七六。

＊「廿」「卅」「卌」の合字は、「二十」「三十」「四十」に移録した。

＊チベット字のローマナイズは、ワイリー方式によった。

＊口絵は、大英図書館、インディアオフィス図書館、フランス国民図書館、北京図書館に所蔵される敦煌写本からの影印復製である。

増補

敦煌佛教の研究

八—十世紀敦煌の佛教学

序章

一　敦煌佛教研究の課題

二十世紀の初頭、敦煌千佛洞莫高窟の一小室（第十七蔵経洞）より発現した古写本群は、それらの殆どが四世紀より十世紀末までの中国本土ではすでに失われている手抄本であり、しかも同時代の直接資料であることから非常な関心をよび、各種の分野から研究されるところとなった。就中、その写本の九割以上が佛典や佛教に関するものであって、当然のことながら佛教学の分野からも資料の宝庫として注目されるところとなり、それらを基にした多くの研究論文が発表されてきた（1）。

しかし、それらの諸研究をみるとき、殆どが中国佛教の知識の中で知られなかった新出文献、名は知られていても散逸してしまっていたものなど、いわゆる珍本を渉猟して紹介するという形のものが殆どである。しかもそれは、研究者の属する宗派的関心から行なわれることが多かった。それにとどまらない場合にしても、従来の中国佛教の史的知識の裏付けとしてか、欠落を補うかの目的で、資料を敦煌写本中に探し求めるという性格のものであって、肝心の敦煌の佛教そのもののあり方を明らかにしようとする方向のものが全くといってよいほど見当らないのである。佛教伝播の要衝にあって、あれほどの千佛洞の遺跡をのこすまでに栄えた敦煌にどのような佛教が行なわれていたのか。古写本の一々はどのような状況のもとに書き写され、用いられたかを、僥倖によって与えられた豊富にして極めて資料的価値の高い考古学的写本群の中から具体的に明らかにしてゆくことは、敦煌写本を研究対象にするものにとって最も基礎的な研究課題であり、また関心の寄せられるべきことではあるまいか。なぜ、そうした一面に研究が及んでいなかったのか。それについて次のような点に理由を見いだすことができよう。

その一つは、敦煌写本という資料自体が研究をはばむ性格を持っていたことである。敦煌出土写本は全体でほぼ四万点以上にものぼり、(2) その数量はたしかに豊富である。しかし、その殆どが経典の切れはしであったり、性格の分からない文書であったりで、内容的連関の不明なバラバラの文献の集合である。容易に時代的層位や内容的系統を見きわめうる性格のものではない。たとえ文字で書かれた資料であるといっても組織的でなく叙述性がない。稀に書写年次や書写の意図を知り得る奥書があったとしてもその数はきわめて僅かで、(3) 史的構成を充たすほどではない。ここに研究者が、こうした中から史的再現をすることを放棄していた原因の一つがあると思われる。

第二に、敦煌の佛教、及びその写本に対して、研究者の側に次のような意識があり、それが敦煌自体の研究の重要性の認識を遅らせていたことを指摘できよう。

敦煌出土資料は殆ど手書きの写本であり、また破損しているものが多い。『大般若経』や『法華経』、『金光明最勝王経』などの写本があったとしても、それらは既に立派な版本が存在し、内容的にもそれに及ばない。そのようなところから、敦煌出土経典は佛教研究の資料として劣っていると見なし、敦煌写本を本当の紙屑と見なす考えである。(4) また、敦煌は中国中原からみればあくまでも辺境に位置し、佛教もまた中原に花開いたそれに比べれば例外的なもので内容的にも劣ったものであるとする考え方である。したがって、たとえ敦煌写本の中に、中国佛教の知識で説明のつかない文献があったとしても、それは辺地における程度の低い一変型にすぎず、取り上げるに足らない資料である。敦煌写本は、たまたま中国佛教の補完をする文献を提供することにおいて意義があるとする考え方である。

論ずるまでもなく、中国佛教などの史実を実証し、逸した資料の補完を行うことは、敦煌写本の資料的意義の重要な一面である。筆者も、決してその面での研究を否定するものではない。しかし、右に指摘したような敦煌佛教への偏った先入観のもとでの研究段階に停まり、敦煌そのものの研究を等閑視したままにしておくことは、最近の敦煌研究の進展の中でもはや許されないことである。

研究の進展の一は、先に述べたような資料上の障害が最近大幅に取り除かれてきたことである。すなわち、昭和三十年に本邦にスタイン蒐集の敦煌写本全点及び北京図書館蔵敦煌写本の一部のマイクロフイルムが将来され、従来のように特定の人が選んだものだけでなく、多数の写本を現物の姿で調査することができるようになり、単に内容からだけでなく、筆跡や写本形態などからもその写本の時代や成立背景、他の写本との類同性などを推定するという方法が開発された。(5) これにより、見捨てられていたような小さい断片や、ありきたりの経典残簡にも資料としての役割が回復することとなり、著しく資料の有効性が拡大した。そのために雑然とした写本群のなかに時代層を設定したり、系統分けをすることなどが可能になり、研究のための作業条件が整って来たことである。

その二は、そうした資料や方法の進展によって敦煌佛教の実情や特徴が徐々に明らかになってくるにつれて、次のような敦煌佛教解明の重要性が明確になってきたことである。

（1）　従来、多くの漢文写本を擁する敦煌は中国領であり、したがってそこの佛教は中国佛教圏に属し、従って中国佛教の動向と相似であるという認識が先行していた。(6) しかし、例えば、敦煌がチベットに占領されて、漢・蕃混淆の佛教が行なわれていた時代があることなどが分かり全くその認識を改めざるをえなくなった。中国中原との距離的隔たりと異民族文化との接触のゆえに、半独立国、ないし独立国として極めて特異な展開をした敦煌の社会や文化の事実が明らかになるにつれて、敦煌佛教の解明は、中国佛教の単なる亜流としてはなく、それ自体独立して研究課題とされる内容である。

（2）　敦煌写本を中国やチベットなどの史的実証の補助資料として適用しようとする場合でも、従来、その文献の敦煌のなかでの性格や位置を問うことなく、言語が共通である故に文化形態も共通であるという前提のもとに恣意的に採用していることが屡々であった。しかし、このような平面的な取り扱いでは研究に正確を期し難いことが明確になってきた。(7) その写本がどのような背景のもとに成立したかということがまず測定されて、その上ではじめてそれぞれの関心分野の資料として適用されなければならない。そうした資料の正確な取り扱いの為にも、母体である敦煌佛教のあり方が明らかになっておかなければならない。

（3）　敦煌写本より明らかになった事実が、中国佛教やチベット佛教で伝承される歴史と異なり、その虚構性や空白部分が明らかになる場合がある。例えば、チベット佛教において禅佛教の受け入れや膨大な写経事業があったことや、(8) 中国北朝時代の未見の経典注釈書が多数発見され、その頃の経典注釈のあり方が浮かび上がってきたことなどである。(9) 考古学的古写本資料より構成された敦煌佛教の史実は、編纂を経て伝承されている中国やチベット佛教史を検証するに極めて有効なクリテリオンとなるのである。

（4）　敦煌以外の中央アジア各地の佛教の解明を試みようとする場合、地理的位置から言っても、資料的方法的側面から言っても事例の範を求めるところは敦煌佛教である。(10) そうした分野からの研究拠点となる意味からも、敦煌佛教が明瞭になっていることが必要なことである。

以上のような敦煌佛教解明の必要性の高まりと、ある程度その可能性を期しうる資料的現状のもとで、敦煌写本自らが物語るところを聴きわけることを工夫し、敦煌佛教の実像を構成する努力が為されなければならない。本研究の課題とするところである。

二　研究方法と範囲

前節で示したように、本研究の意図するところは、敦煌出土写本の中から、敦煌に興亡した佛教の姿を結像させることにある。しかし、全く組織的でない資料からどのように手がかりを求めていったらよいのであろうか。

かつて筆者は、京都大学人文科学研究所に設置されたスタイン蒐集の敦煌写本（焼付印画）の整理・同定の作業に従事する中で、論疏関係の佛教写本の中に多数を残している曇曠と法成という中国佛教史に未見の二人物の著作写本を蒐集し、偶然ながら彼らの経歴と著作活動の実際を辿ることにほぼ成功するという研究経歴をもった。これによって、敦煌がチベット（吐蕃）に支配された七八六～八四八年の最も特異な敦煌の学問佛教の構造、及びチベット佛教と中国佛教との混淆の史的輪郭を明らかにするという成果を得たが、(11) 同時にその作業の中で次のような研究方法の可能なことを知った。すなわち、写本群中にしばしば眼を惹く多数の同種の写本を一処に蒐集するならば、何らかの形でそれら写本の存在した時代層や存在理由が浮かび上がってくること。そして、そのようにして明らかになった史的事実を座標軸として他の写本群や文献との関連性を求めてゆくならば、周辺の事情もある程度明らかにしうるということである。そうした拠点を更に幾つか設定するならば、相互に連関して解明の範囲を一層拡大してゆくことが期待できるはずである。いま、本研究が採る方法は基本的にこの発想に基づくものである。敦煌漢文写本群の中には、右に言う調査の拠点となるような幾つかの写本グループが存在する。曇曠、法成関係以外に、『四分戒本疏』と関連文献のもの、『浄名経関中疏』と関連文献のもの、『無量寿宗要経』『大乗稲芉経』『大乗四法経』などの中原未伝経典の写本群、禅関係文献などが当面注目されるものである。本研究は具体的にはこれら写本グループそれぞれの調査・検討を柱とし、問題を周辺に及ぼしながら考察を進めてゆこうとするものである。

右の諸グループの考察によって、敦煌佛典写本の相当範囲に検討を加える事ができよう。特にチベット支配期の教学佛教の跡を示す佛教論疏系写本に対してはかなりの部分に調査を及ぼすことになる。しかし、なお脱落する写本部分や、研究の側面が多いことは言うまでもない。また、敦煌佛教の全体像の解明という目的からすれば、本研究はそのほんの一部分にすぎない。

(1) 本研究が曇曠、法成という人物の著作写本の検討から出発していることもあり、その考察の範囲が、時代的にはチベット支配期とそれに隣接する時期に集中し、内容的には教学佛教系の論疏佛典を主体としている。しかし、敦煌写本中にはそれ以前の時代に属す写本も多く、例えば北朝期に属す諸佛典は、六、七世紀敦煌佛教のあり方を明らかにする有力な写本群である。また考察を行おうとする幾つかの経典の他にも、おびただしい数の『法華経』『般若経』『佛名経』など主要な経典の写本群がある。これらは敦煌佛教の姿を何らかの形で語りかけているに違いないが、この度の研究ではこれらの部分を殆ど考察の対象にしていない。

また、変文・講経文などの写本類、及び浄土教、三階教、密教、律関係などの写本類の柱も立てるべきであろう。殊に、帰義軍期の佛教のあり方を知るためには重要な部面であるが、調査が及ばず本書では特別には論及していない。

(2) 敦煌より出土した古写本の中には、漢文以外にも各種の言語のものが含まれている。それらもまた敦煌佛教を反映している重要な資料である。なかでもチベット文写本は群を抜いて多く、ほぼ漢文写本の分量に匹敵するという。勿論、これらは敦煌がチベットの支配を受けるようになってからの遺品である。本研究が対象とする主な時代範囲は、殆どこの時期に属しているため、考察の相当部分はチベット文資料にも及んでいる。しかし、検討の比重はやはり漢文写本の方にかかり、チベット文写本については未だ補助的考察の域にとどまることを認めざるをえない。もとより、これらチベット文写本群を漢文資料に従属する資料と見なすべきではない。殊にチベット支配時代の佛教を解明するには主要資料であり、漢文写本にまさるとも劣らぬ認識と方法で取り扱うべきものである。また、それだけの内容をもつことが予想される。しかし、研究の現段階では充分に消化しきれていないこともあり、チベット写本から明らかにされる研究分野の多くは後日の発表に期すことにした。(12)

（3）　本研究の主要な目的は、敦煌佛教の解明を、敦煌出土の佛典の写本群に依って行うところにある。しかし、敦煌佛教を物語るものは佛典の写本にかぎらない。敦煌の佛教界の社会的経済的側面を物語る寺院の社会・経済文書が存在する。また、多くの佛画や佛洞、及びその塑像や壁画も敦煌佛教の形象的あり方を示す重要な資料である。しかも、それらが示すところは敦煌の教学佛教の動向と決して無関係ではない。それらは、それぞれの専門分野で研究が果たされつつあるが、本来、総合的に研究されるべきである。(13)しかし、この度の研究ではそれらとの関連を注目しつつも、特別の場合を除き取り上げていない。

三　資　料

本研究の資料は、たびたび指摘してきたように、敦煌出土の古写本群である。もっとも論考の都合に応じて、壁画などの銘文や、チベット大蔵経などの伝世の出版資料を使用したり、中国・チベットの史書の記述を参考にすることも無しとしないが、主体は敦煌の写本類である。

周知のように、これらの写本は、大英図書館、フランス国民図書館、北京図書館、ソ連科学アカデミー東洋学研究所、その他に分散して所蔵されている。写本の筆跡などの形態的特色や紙質までも資料性として認める本研究の方法論よりすれば、これらの写本のすべてを実見し、調査検討することが望ましい。交通機関の進歩はそれをある程度可能にしたが、未だ意のままに利用できるまでには至っていない。そこで実際には写本の写真を資料にすることになる。この写真に関して、最近、フランス国民図書館蔵の全点のフイルムが東洋文庫及び龍谷大学に将来され、既に備わっているスタイン蒐集の全点（大英図書館蔵とインディアオフィス図書館蔵）、北京図書館蔵のものに加わった。また、各蒐集品の目録の作製、図版による写本紹介なども次々行われ、[14] 往時に比して資料的条件は著しく好転した。本研究ではできうるかぎり多くの実物や写真に当たっての調査を果したが、なお目録によって存在を知るのみで、写本実物の形態を知るに至らなかったものもある。[15]

ところで、敦煌写本について次のような問題がある。

（1）一般に「敦煌出土本」あるいは「敦煌文献」と称する場合、敦煌千佛洞莫高窟第十七蔵経洞に収蔵されていた古写本類を指す。しかし、そう言われるもののなかに、多くはないにしても、それ以外の写本が混入している可能性がある。それらについて次のような場合が考えられる。

イ　敦煌の地に遺っていた古写本ではあるが、第十七蔵経洞以外の場所より蒐集取得されたもの。例えば、ペリオ編窟番号一八一より蒐集したものなどである。そのように出処が明瞭である場合以外でも、故吉川小一郎氏[16]の談によると、敦煌写本が貴重視されるようになるにつれ、現地人らが石窟の各所に遺品を探索し、それらを蒐集家に売却したという例があるらしい。スタイン、ペリオらの蒐集家が自らも採取し、また現地人からも買い取ったものが、敦煌写本中に混入していることは有り得ることである。[17]

ロ　古写本でないことの明瞭なものが、敦煌蒐集中に混入している場合で、これについてはスタイン蒐集チベット写本『プサン目録』七六五番の例がある。[18]

ハ　敦煌出土写本といわれ、またそれに酷似するが、現代の贋造であるもの。[19]

右のうちには、その真贋を確かに知りうるものもあるが、判別することが容易でないものもある。しかし、研究の結論を左右するものであるので、その疑いのあるものは慎重に取り扱うことが必要である。[20]

（２）　蔵経洞発現の写本が、かつての敦煌の佛教活動の遺品であることは明らかであるとしても、どれだけの範囲の、どのような性格のものが、何故に、何時ごろここに封入されたかという具体的な点になると曖昧なままである。それらについて、新しいところで次のような理解がある。

一は、最近中国で起こった考えで、[21]

十世紀末、カシュガルで起こったイスラム教のカラハン王朝が軍を東に進め、三十年戦争の後に于闐を破壊し占領した。やがてこの王朝は敦煌を支配していた西夏を攻めようとした。佛教を尊崇していた西夏はそれに備えて敦煌の佛教徒に蔵経洞を封じさせた。宋の仁宋の皇祐四年（一〇五四）である。このことは、第十六窟甬道の壁画の特徴が西夏時代のものであることとも符節を合すると推定するものである。

その二は、藤枝晃博士によるもので、[22]

封鎖の時期は、所蔵の写本の年記の下限が一〇〇二年であること、蔵経洞封鎖後の上塗りに描かれた菩薩の様式がその頃のものであることから、一〇〇二年をあまり下らない頃であろうと推定するものである。封入の動機については、影堂主呉洪辯没後一五〇年たって呉氏のだれかが、版本の佛典が出まわるようになって三界寺、もしくは浄土寺の使い古した手抄の経典類を仕末するため、影像を他所に移して十七洞に封入したとするものである。

ただし、これらの説もあくまでも推定の段階にとどまるもので、なお今後にまたなければならない。

しかし、いずれにしても蔵経洞石室内に所蔵されていた資料が敦煌佛教界全体の遺品でないことは確かである。したがって、そのように資料となる古写本の性格や範囲が未だ明確になっていない時点では、研究に当たっては、これらの資料より帰納される結果を直ちに敦煌全体のことであるとして即断したり、写本点数の多少がそのまま文献の流行度を示すと判断したり、写本の存在しないことをもって敦煌にはその文献がもともと存在しなかったと結論づけることは避けなければならない。

以上のような資料上の諸問題は、研究の進展にともなって徐々に解明されるであろうが、現時点では取り扱いに慎重を期すべきである。

[注記]

（1） 敦煌の遺品を対象にした学問は「敦煌学」の名称を与えられて多くの研究成果が発表された。その初期の研究史は神田喜一郎『敦煌学五十年』（一九六〇、二玄社刊）に述べられる。最近の研究史や、関係論文目録の主なものに次のようなものがある。
『講座敦煌1・敦煌の自然と現状』「Ⅲ敦煌探検・研究史」梅村坦稿、一九八〇、二二七―二四一頁。
『敦煌学研究論著目録』鄭阿財・朱鳳玉編、一九八七。
『中国敦煌吐魯番学著述資料目録索引（一九〇九～一九八四）』中国敦煌吐魯番学会主編、一九八五。

（2） 蒐集された写本が分割されて保管されていることと、まだ、調査未了の写本群（たとえば、インディアオフィス図書館にある『無量寿宗要経』のチベット文写本）があり、全点数の把握は現状では難しい。一般に四万から五万点くらいと言われる。敦煌写本を概観したものに次の論文（英文）がある。A. Fujieda: The Tun-huang Manuscripts: A General Description, *Zinbun*, No.9 (1966), No.10 (1969)., A. Fujieda: The Tun-huang Manuscripts, *Eassays on the Sources for Chinese History* (Camberra, 1973), pp.120–128.

（3）藤枝晃博士は、紀年のあるものは、漢文写本で約一〇〇〇点くらいであると見られている。藤枝晃「敦煌写本の編年研究」（『学術月報』二四―一二、一九七二）七〇九頁。

（4）ペリオが『大般若経』や『法華経』などの一般的な佛典をはねのけて珍しいもののみを選んで蒐集したことにも、一般的佛典を軽視する傾向を生んだ一因があろう。スタインは敦煌写本を sacred waste と呼び、不用な聖物と見ていた。

（5）藤枝晃博士は、文字の筆跡や筆法に時代的変遷があることを多くの写本例から帰納し、その基準に従って紀年のない写本であっても文字の形態から年代判定を行うという方法を可能にされた。関説する同氏の論文に次のものがある。

「敦煌写本の字すがた」（『墨美』九七、一九六〇）。

「北朝写経の字すがた」（『墨美』一一九、一九六二）。

『文字の文化史』、岩波書店刊、一九七一。

「敦煌写本の編年研究」（『学術月報』二四―一二、一九七二）。

「中国北朝写本の三分期」（『古筆学叢林』第一巻「古筆と国文学」、古筆学研究所編、八木書店刊、一九八七）。

「楷書の生態」（『日本語の世界3・中国の漢字』、中央公論社刊、一九八一）。

なお、最近では、用紙の紙質の特徴によって年代判定を試みようとする方法が模索されている。

（6）チベット支配期の敦煌が制度や文化において、どのような状態に変化したかを敦煌写本によって最初に明らかにしたのは、次の論文である。

藤枝晃「吐蕃支配期の敦煌」（『東方学報』京都三一冊、一九六一）。

（7）例えば本書第二章でとりあげる法成の著作の中には漢文のものがあるが、漢文であるという理由から中国佛教と同一視して取り上げるならば、全くその実態を見誤ることとなる。また、漢文の禅籍にもチベット佛教からの影響を受けて成立した疑いのあるものが存在することが分かってきた。

（8）禅はチベット宗論を経てチベットより完全に排除されたと考えられていたが、敦煌出土のチベット文写本に禅の内容のあるものが発見されて、チベット佛教の中に禅の受容があり、現在もニンマ派の教学にのこっていることが明らかになった。また、史書には全く記していないが、チベットで八二〇年代に大規模な写経事業があり、多くの漢人がそれに徴用されていた事実が浮び上ってきた。上山大峻「吐蕃の写経事業と敦煌」(『中国都市の歴史的研究』、一九八八)参照。

(9) 藤枝晃「北朝における『勝鬘経』の伝承」(『東方学報』京都四〇冊、一九六九)の論文は、敦煌写本の中にある『勝鬘経』関係の文献を調査検討したものであるが、その殆どは未見のものである。その中には、日本の聖徳太子著とされる『勝鬘経義疏』と酷似するものがある。このことについては藤枝晃「勝鬘経義疏」(『日本思想大系2・聖徳太子集』岩波書店刊、一九七五)四八四—五四四頁参照。

(10) 敦煌以外の地域から出た発掘資料の同定などに、敦煌出土文献が判断基準になる場合が多い。たとえば、トルハン出土のウイグル語やソグド語の本が敦煌の法成関係の文献に一致する場合がある。時代的に同じ状況で文献の流布があったからであろう。その場合、敦煌の資料は他地域の発掘資料に比べればより系統的網羅的であるので、判断を仰ぐ母体としてきわめて有効である。

(11) 上山大峻「敦煌と曇曠の佛教学」(『東方学報』京都三五冊、一九六四)。略題「曇曠の佛教学」
同「大蕃国大徳三蔵法師沙門法成の研究」(上)(『東方学報』京都三八冊、一九六七)。

同「大蕃国大徳三蔵法師沙門法成の研究」(下)(『東方学報』京都三九冊、一九六八)。略題「法成の研究」

右のうち「法成の研究」は『アジア文化史論叢I』(山川出版刊、一九七八)、一—一七九頁に再録された。ただし本書での引用は旧刊による。

(12) 敦煌出土のチベット文写本からチベット支配期のチベット佛教の実態を明らかにすることも筆者の目的とするところである。例えば、チベットの禅やチベットの写経事業などについてほぼその輪郭を得ているが、分量の問題もあり本書では割愛した。他日を期して発表する予定である。なお、敦煌出土のチベット文写本の資料的性格や研究の意義については、拙稿「敦煌資料と初期チベット佛教研究」(『東洋学術研究』二一―二、一九八二)参照。

(13)『講座敦煌』全十三巻の編集刊行が計画され、現在まで内七巻が刊行されている(第一巻は一九八〇刊行)。この中では、本書が論じえない多くの分野についてもそれぞれの専門家によって考察が試みられている。それぞれに力作であり斯界の研究への貢献は大きい。本研究においても稗益をうけること大である。ただ、それぞれの研究者が各自の関心と方法で取扱った成果が集録されたという感がある。本研究で重視する写本学的な研究方法の点と、総合的に敦煌佛教を明らかにするという点で課題は残されているように思える。なお第十二巻には「敦煌学の現状と展望」が予定されている。

(14)本書「凡例」で挙げた各種目録や図版の外に次のものがある。

『スタイン蒐集チベット語文献解題目録』一―一一分冊、東洋文庫チベット研究委員会編、一九七七〜八八。

「龍谷大学図書館所蔵大谷探検隊将来敦煌古写経目録」井ノ口泰淳・臼田淳三編(『佛教学研究』三九・四〇合併号、一九八四)。なお、右目録の前に井ノ口氏による大谷探検隊将来敦煌写本についての解説「龍谷大学図書館所蔵大谷探検隊将来敦煌古写経について」(一八〇―一八七頁)が附される。

Choix de document tibétains conservés à la Bibliothèque Nationale, Tome I er (Paris, 1978)., Tome II (Paris, 1979).

(15)次の敦煌写本は、目録によって存在を知るので、実物の形態を知るにいたらなかった。

◇敦煌文物研究所蔵の三六七点(「敦煌遺書目録」『文物資料叢刊』I、一九七七)。

◇敦煌県文化館及び蘭州図書館等蔵の河西吐蕃文書の三一七巻(黄文煥「河西吐蕃文書簡述」『文物』一九七八―一二)。

◇大谷探検隊橘氏将来敦煌写本(国立旅順博物館蔵)。

右、橘氏将来写本は、その殆どが北京図書館に移管され、『劫余録続編』(一―四二一の写本)に収載される。

(16)吉川小一郎氏(一八八五〜一九七八)は第三次大谷探検隊(一九一〇〜一四)隊員。一九一一〜一二頃、敦煌にあって敦煌写本を入手。

(17) ペリオ編敦煌第一八一窟は、森安孝夫氏によると敦煌文物研究所編号第四六四窟に相当するらしいという。そこから発現蒐集された元代ウイグル文書については、森安孝夫「ウイグル語文献、三　敦煌出土モンゴル期～元代ウイグル文書」(『講座敦煌6』、一九八五)三七―九八頁ではじめて研究・紹介された。なお、森安氏は、十七蔵経洞以外からも、文献などのまぎれこみがあったと指摘している(同、七―一一頁参照)。

(18) 『プサン目録』の当該項には、A fragment cut from a sheet of western paper... とあり、ロシヤ語のスタンプがあることも指摘している。敦煌の窟に近年になって、ロシヤ革命(一九一七)から逃避したロシヤ人が住みついていたこともあるというので、かれらの遺品であろう。

(19) 贋造の写本があることについて、藤枝晃「徳化李氏凡将閣珍蔵印について」(『京都国立博物館学叢』第七号、一九八五)に考証される。

(20) 本研究では、未だ筆者の実見を経ず、いささかでも疑点のある写本については、資料としての採用をさしひかえた。今後の調査によって確認してゆきたいと思う。

(21) 『敦煌―砂漠の大画廊』(シルクロード・絲綢之路　第二巻、NHK取材班、一九八〇)、一五〇―五一頁に常書鴻氏の談話として挙げる。吉川小一郎氏も同見解を筆者に語られた。

(22) A. Fujieda: Une reconstruction de la “bibliothèque” de Touen–houang, *Journal Asiatique,* Tome CCLXIX, (Paris, 1981).

第一章　西明寺学僧曇曠と敦煌の佛教学

本研究の第一着手は敦煌写本、特に論疏の写本群のなかに多数の著作とその写本を遺していることで注目される曇曠と法成という中原未伝の二学僧の著作写本を蒐集し、その検討を通して、かれらの敦煌佛教界における学問活動の足跡を露呈させることにある。

検討の結果から言って、かれら両名の敦煌における活躍の時代層ははっきり分かれる。曇曠は八世紀後半、法成は九世紀前半を中心とする。したがって、両者はそれぞれに分けて検討することが可能であり、本章では曇曠を、次章では法成を取りあげてゆくことにする。

一　敦煌にのこされた曇曠の諸著作と足跡

(1)　曇曠の著作とその写本一覧

敦煌出土写本中に確認できる曇曠の著作とその写本を可能なかぎり蒐集して、次ぎに一覧にして掲げる。写本の形状は、長巻のものや寸葉の残簡。丁寧な筆写のものから習字風のものまで多様であるが、ともかく曇曠の写本と同定しうるもの全てを集めて掲示した。なお、筆跡、紙質などの形態的なことは、論考の上できわめて重要な意味をもつが、繁を避けてここでは詳記せず、本文でその都度とりあげることとする。

曇曠の著作一覧

符号

『』 著作標題　（C） 主なる写本識語
「」 仮題　（D） 見在写本番号
（A） 撰号　（F） 大蔵経への移録

1 『金剛般若経旨賛』二巻
（A） 「京西明寺道場沙門曇曠撰」
（C） 「廣徳二年六月五日。釈普遵於沙州龍興寺写訖」（Sch七二一V）
（D） Sch七二一V、Sch二四三七V、Sch二七四四、Sch二七八二、Pch二〇八二V、Pch二六二七V、Pch四九一〇、M八九一
（F） 大正二七三五番（原・Sch二七四四、甲・Sch二七八二）

2 『大乗起信論廣釈』五巻（一、二巻未発見）
（A） 「京西明道場沙門曇曠撰」
（C） 「大暦八年六月十七日。斉奉道写」（大正・甲）
（D） Sch二七二、Sch二三六七、Sch二五五四V、Sch二七二一V、Sch四五一三、Pch二四一二V、海九五、衣四〇、中村不折本
（F） 大正二八一四番（巻三＝原・Sch二五五四V、甲・Sch二三六七、巻四＝原・Sch二七二一V、巻五＝原・番号不明、甲・中村不折本）

3 『大乗起信論略述』二巻
（A） 「建康沙門曇曠撰」
（C） 「宝応弐載玖月初。於沙州龍興寺写訖」（Sch二四三六）
「僧法蔵書記」（Sch二六七五）
（D） Sch一二五、Sch九六四、Sch二四三一、Sch二四三六、Sch六四一三、Pch二一四一V、Sch二六七五、Pch二〇五一、Pch二〇六二、鹹四六＝淡四八、始四〇＝始四一
（F） 大正二八一三番（原・Pch二一四一V、甲・二四三六、下巻＝原・Pch二〇五一

4 『大乗入道次第開決』

（A）「京西明道場沙門曇曠撰」
（C）Ｓch二四六三V、Ｓch六九一五、Ｐch二二〇二V
（D）大正二八二三番（原・Ｓch二四六三V、甲・Ｐch二二〇二V）

5『大乗百法明門論開宗義記』
（A）「京西明道場沙門曇曠撰」
（C）「巳年十一月十九日写記　（別筆）三界寺道真論……」（Ｐch二二六一）
（D）Ｓch二六八V、Ｓch四六四、Ｓch一八九三V、Ｓch一九二三、Ｓch二一〇四、Ｓch二一一四、Ｓch二五〇五、Ｓch二六五一、Ｓch二七三一V、Ｓch四二一七、Ｓch四三〇九、Ｓch六〇三八、Ｐch二〇七〇、Ｐch二一六一、Ｐch二一八〇、Ｐch二二九四、Ｐch二三六六V、Ｐch三〇八九、Ｐch三五三六
（F）大正二八一〇番（原・Ｐch二一八〇、甲・Ｓch一九二三、乙・Ｓch二六五一、丙・Ｐch二二六一）

6『大乗百法明門論開宗義決』
（A）「沙門曇曠撰」
（C）「大順参年壬子十二月二十七日。金光明寺僧福祐」（Ｓch九八五）
（D）Ｓch九八五、Ｓch二四六八V、Ｓch二七二〇、Ｓch二七三二V、Ｓch四六〇三、Ｓch六二一九V、Ｓch六九二五V、Ｐch二〇七七、Ｐch三〇〇二、Ｐch三〇〇三
（F）大正二八一二番（原・Ｐch二〇七七、甲・Ｓch二七二〇、乙・Ｓch二七三二　丙・Ｐch二五七六）

7『大乗二十二問』（『大乗二十二問本』Ｓch二六七四尾題）
（A）曇曠述（文中より確認）
（C）「丁卯年三月九日写畢。比丘法灯書」（Ｓch二六七四）、「丙申年二月　書記」（Ｐch二二八七）
（D）Ｓch二六七四、Ｓch二七〇七V、Ｓch四一五九(2)、Ｓch四二九七、Ｐch二二八七、Ｐch二六九〇、Ｐch二八三五、M一一三九、位二〇
（F）大正二八一八番（Ｓch二六七四）

8『唯識三十論要釈』
（A）曇曠撰（推定）
（D）Ｓch五五三七
（F）大正二八〇四番

9『維摩経疏』

（A）曇曠撰（推定）
（D）Pch二〇四〇、Pch二〇四九、淡七六、龍大本五
三三
（F）大正二七七二（巻三＝Pch二〇四九、巻六＝Pch二〇四〇）

(2) 自序にみる行歴

曇曠は敦煌文献の中にはじめて知られることになった僧で、[1] 中国の僧伝の中に相当する名を見出すことができない。しかし、幸いなことに、敦煌から出土した彼の著作の一である『大乗百法明門論開宗義決』の序文に、中年までの自身の行歴を次のように述べるところがあり、ほぼその経歴を知りうる。

「曇曠自序」（『大乗百法明門論開宗義決』大正八五・一〇六八頁aをSch六二一九V〔**図1**〕にて補正）

……余以冥昧。濫承伝習。初在本郷。切唯識・倶舎。後遊京鎬。専起信・金剛。雖不造幽微。而粗歯畝。及旋帰河右。方事弘揚。当澆薄之時。属艱虞之代。慕道者急々於衣食。学者役々於参承。小論小経。尚起懸崖之想。大章大疏。皆懐絶爾之心。懵三宝於終身。愚四諦於卒寿。余慷茲虚度。慨彼長迷。或補前修之闕文。足成廣釈。或削古徳之繁猥。裁就略章。始在朔方。撰金剛旨賛。次於涼城。造起信廣釈。後於甘州。撰起信銷文。後於敦煌。撰入道次第開決。撰百法論開宗義記。所恐此疏。旨夐文幽。学者難究。遂更傍求衆義。開決疏文。使夫学徒。当成事業。其時巨唐大暦九年歳次寅三月二十三日。

［和訳］

わたくしは知識にくらいのに、みだりに佛法の伝習をうけた。はじめは郷里で唯識学と倶舎学を専修し、後には首都長安に遊学して、「起信論」「金剛般若」を専攻した。奥義を究めるまではゆかないが、ほぼ概要は理

解した。

河右に帰って、いざ布教に従事しようとしたら、折しも衰微した難しい時世に遭遇して、道を求める人たちは衣食のことにあくせくし、□を学ぶもの（原文「学」の下に一字を脱するか?）は仕官のことに心を労している。ささやかな経・論にすら、懸崖によじ登るおもいだから、長編の章・疏には、みんなあきらめの気持ちさえもち、三宝にも四諦にもくらいままで一生を終わってしまう。

わたくしは、世のかような空しい生き方や永遠の迷妄に慨嘆し、かつて造られたものの欠けた部分を補って、詳しい注釈を作り足したり、昔のひじりの教説の繁雑さを省いて、要略を書き上げたりした。初めは朔方（霊州）で「金剛旨賛」を撰述し、次いで涼城において「起信論廣釈」を作り、後には甘州で「起信論」の要略を撰述し、さらに後には、敦煌において「入道次第開決」と「百法論開宗義記」とを撰述した。ただおそれるのは、これらの注釈書の主旨や文章が幽遠で、学ぶ人たちに究めにくいということである。そこでさらに、おおくの学説をあまねく参照して、注釈書をさらに解説し、学びの徒に学業を成就させようと思う。大唐の大暦九年寅の歳三月二十三日のことである。

右の自序をもとに、曇曠の足跡はほぼ次のようにたどれる。

[出自]　曇曠の出身地は、自序に「河右ニ旋帰ス」と述べるところと、著作『大乗起信論略述』の撰号に「建康沙門曇曠」と記すところより、証聖元年（六九五）に甘州と粛州との中間に設けられた軍事基地の建康であると知られる(2)。この地で唯識学と倶舎学とを学んだ。

[長安での修学]　次いで「京鎬（長安）ニ遊学ス」。帰属したところは、著作の撰号に「西明寺沙門曇曠」と識すところより、当時大慈恩寺と並ぶ唯識学の最高学府である西明寺であった。ここで『大乗起信論』と『金剛般若

経』とを学んだという。もちろん、これは唯識学・倶舎学のほかに新しく修得した学問を代表して言ったもので、かれの著作にあらわれる該博な佛教学の知識の殆どはここで身につけたに違いない。

[出身地河西に帰る] かれは長安を去って河西に帰り、布教に従事しようとしたが、そこでかれが見たものは学問への意気を失い、栄達に憂き身をやつす佛教界の現状であった。それを慨嘆した曇曠は、佛教学習の気運を再びとりもどそうと、学徒のために理解しやすい著作をおこなうこととしたのである。

ところで、『宋高僧伝』巻六に、曇曠と類似した経歴をもつ西明寺乗恩の伝記(3)がみられるが、それによるとかれは天宝末の長安の腐敗を避けて西に移ったという。曇曠が長安を去ったのも同様な理由からではなかったかと示唆される。ちなみに、この乗恩について、敦煌資料の中にその形跡を認め難いところから、あるいは曇曠と同一人物ではないかとの疑いをもった(4)。ところが最近、姜伯勤氏が「列寧格勒蔵本乗恩帖考証」を発表し(5)、乗恩の名を見る資料を敦煌写本中に発見して報告した。それらの考証によれば、この乗恩は八一六、七年かそれ以前に敦煌に在り、都教授の地位にあったという。これこそ『宋高僧伝』巻六などに、咸通四年(八六三)乗恩の著作『百法論疏』等を唐朝に届けたとする乗恩と同一人物とする。そうであるとすると、『宋高僧伝』の記事から、敦煌にかれが入った模様は曇曠と酷似するところから、ほぼ同じ頃敦煌に着いたとみなければならない。曇曠は七八八年には死去していたと推定できる(本書二三頁参照)ので、乗恩はなお長命であったことになる。ただし、疑問は残る。この乗恩の著作と確認できる『百法論疏』が未だ見あたらないことである。もっとも、曇曠の『大乗百法明門論疏』は、後述するように後代まで学習されており、著者不明の類疏もあるので、それらに乗恩がかかわっていた可能性はある。

[敦煌に到る──その間の著作活動] 河西に歩を向けた曇曠は、霊州→涼州→甘州→沙州(敦煌)へと著作を行いながら移動した。それらの著作は、いずれも敦煌写本の中に存在を確かめることができる。自序に記すところに対

応する敦煌出土の著作を示せば次のとおりである。

金剛旨賛＝『金剛般若経旨賛』二巻　朔方（霊州）にて撰述

起信廣釈＝『大乗起信論廣釈』五巻　涼城（涼州）にて撰述

起信銷文＝『大乗起信論略述』二巻　甘州にて撰述

［敦煌での学問活動］　曇曠の著作『大乗起信論略述』巻上の写本（Sch二四三六）の末に「宝応弐載（七六三）。於沙州龍興寺写訖」の奥書が見られるところから、七六三年には既に曇曠は沙州に来ていたと考えられる。自序を載せる『大乗百法明門論開宗義決』の制作年時は「巨唐大暦九年歳次寅（七七四）三月二十三日」であるから、十年余の間に曇曠はこの地で次の三著作を為したことになる。

入道次第開決＝『大乗入道次第開決』

百法論開宗義記＝『大乗百法明門論開宗義記』

（同）開決疏文＝『大乗百法明門論開宗義決』

右の他に曇曠の著述であることが確認されるもの(6)に『大乗二十二問』がある。その序によると、この本は、老いの病床にある晩年の曇曠が或る皇帝から二十二の佛教教理に関する質問を受け、それに応答して著したものである。自序にこの著作のことを触れていず、また、『大乗二十二問』の文中（資料一、三〇〇行）「其如『百法抄』中……」と自著『大乗百法明門論開宗義記』中の記事を指摘するところがあるところから、七七四年以後、敦煌でかれの晩年に成立したものと推定できる。

なお、Sch五五三七に一点だけある『唯識三十論要釈』は首部欠損のため標題も著者も不詳であるが、別処で論ずるように（本書五七一―六一一頁）曇曠の著作と推定できるものであるので著作に加える。また、Pch二〇四九他の写本に見る『維摩経疏』も首尾ともに欠損のため標題も著者名も見ることができないが、後述のように（本書六二一―六五頁）内容からみて曇曠の著作に加え得るものである。

［注記］

（1）芳村修基「河西僧曇曠の伝歴」（『印度学佛教学研究』七―一、一九五八）が、曇曠を経歴の上から最初に論じた論文である。

（2）建康は「西北百九十里。祈連山北。有建康軍。証聖元年（六九五）王孝傑。以甘粛二州。相距回遠。置軍」（『新唐書』三〇、地理志甘州張掖の項）とあり、甘州と粛州との中間に設けられた軍事基地である。

（3）曇曠の経歴が左に示す『宋高僧伝』巻六に述べる乗恩の伝と酷似することは竺沙雅章博士により、「敦煌の僧尼籍」（『東方学報』京都三一、一九六一）一八〇頁で指摘された。

唐京師西明寺乗恩傳

釋乘恩。不レ知二何許人一也。肇従二志學一。知二遍尋レ師。凡厠二黌堂一。必窮二義路一。常訓二門人一。曰。好レ學近二乎智一。力レ行近二乎仁一。仁智稍成。是殊レ名同レ實。趨二菩薩地一。若二下レ坂之走丸一耳。恩樂二人爲レ學。不レ忘二講導一。及二天寶末。關中版蕩一。因避二地姑藏一。旅泊之間。嗟下彼密二邇羌虜之封一。極尚中經論之學上。恩化二其内衆一。勉二其成功一。深染二華風一。悉登二義府一。自レ是重撰二百法論疏并鈔一行二于西土一。其疏祖二慈恩一。而宗二潞府一。大抵同而少聞異。終後弟子傳布。迨二咸通四年三月中一。西涼僧法信。精二研此道一。稟二本道節度使張義朝一。表二進恩之著述一。勅令二兩街三學大德等詳定一。實堪二行用一。勅依二其僧一賜二紫衣一。充二本道大德一焉。（大正五〇・七四三a18―b3）

（4）拙稿「曇曠の佛教学」一四八頁。

（5）姜伯勤「列寧格勒蔵本乗恩帖考証」（一九八七年、香港での国際敦煌吐魯番学術会議で発表）。

（6）題下に「曇曠述」と撰号を記す写本は目下のところ見つからないが、文中に「況曇曠識量荒塘」（本書三二一頁）と自らのことを述べる記があり、曇曠の述作と認めうる。

(3)　曇曠の帰郷とチベットの河西攻略

曇曠は、自序によると長安を辞して、河西に帰ろうとした。しかし、結局は故郷の建康には停らず、転々として遂に敦煌に到った。それは何故であったのか。それについて、敦煌に到るまでに曇曠のとった経路が、折しも河西一帯を攻略中のチベットの動向と相い応ずるところが注目される。

天宝十四年（七五五）に起こった安禄山の乱の政変に伴い、隴右・河西の朔方軍が東方へ移動したが、その間隙をねらってチベットは隴右諸州を席捲した。更に七六三年、長安に冠したチベットは勢をかって転じて河西地方を襲った。廣徳二年（七六四）涼州を攻略。河西節度使楊志烈は甘州に逃れ、そこで沙陀族に殺された。代わった楊休明は沙州に逃れて使府をここに置いた。その後、チベットは西へ向かって河西回廊の諸都市を蹂躪し、甘州は永泰二年（七六六）。粛州も同年、瓜州は大暦十一年（七七六）、沙州は建中二年（七八一）に陥ちたと伝えられる（『元和郡県図志』巻四十）。

曇曠は、一たん天宝末の社会不安や佛教界の堕落を嫌って生地の河西へと歩を向けたが、折しも右のようにチベット（吐蕃）が跋扈し、戦火が同地方に迫りつつある時である。思うに、その攻撃を避けながら、それが最も遅れた沙州へと逃れることを余儀なくされたのではあるまいか。しかし、この沙州もまたチベットの攻略するところとなり、遂に降下して以後八四八年、土豪の張議潮が起ってチベットを駆逐するまでチベットの勢力の支配するところとなった。「チベット支配期」或は「吐蕃支配期」と名づけられる時期である。

ところで、曇曠が経験することとなった沙州陥落の年代について、『元和郡県図志』によれば七八一年であるが、従来より諸説紛々として一致を見ない。後に論ずるチベット宗論の年代論とも関係して、それが何時であるかの判定は重要であるので、ここで諸論を追いながら検討を加えておくこととする。沙州陥落の年を、ドミエヴィル氏は貞元三年（七八七）、羅振玉氏は貞元元年（七八五）、L・ジャイルズ氏、孫楷第氏、藤枝晃氏は建中二年（七八一）と示す。このうち、学会で論議の中心となったドミエヴィル氏と藤枝氏との両説をとりあげる。

『新唐書』吐蕃伝には、沙州陥落にいたる経緯を概ね次のように伝える。(1)

沙州ははじめ刺史の周鼎が守っていた。これをチベットの賛普は尚綺心児（シャンチスムジェ）に攻めさせた。周鼎はウイグルに救いを求めたが、ウイグルは来てくれなかった。そこで城を焼き東に逃げようとしたが、部下は反対した。周鼎が気に入りの部下周沙奴と弓を射ていたとき、都知兵馬使・閻朝はすきを見て周沙奴と周鼎を殺し、代わって州の支配権を得た。城を守って八年が経ったとき、残りの麦を調べたところなお多いことが分かったので更に二年守ったが、遂に食料も武器も尽きたので、「他地域に移ることがないなら城を明け渡して降服したい」と尚綺心児に呼びかけたところ、これを承知したので降服した。城攻めが始まってよりこの時まで十一年であった。

右の記事中、周鼎とは大暦十一年八月（七七六）の『大唐隴西李府君修功徳碑記』の中で名の出る人物で、七六六年に楊休明にかわって節度使となった人物である。それを都知兵馬使・閻朝が殺し、以後、城を守ること八年、更に二年を守って降服した。城攻めが始まってからおよそ十一年であったという。なお、『旧唐書』徳宗記には建中三年（七八三）五月丙申、建中の会盟によって唐とチベットとの間に和平が成立したとき、楊休明、周鼎らの棺が送り返され、贈位贈官が行われたと記している。

藤枝氏は右のこと、および、謝稚柳氏がSch七八八『沙州地誌』に沙州寿昌県が「建中初陥吐蕃。大中二年張議潮収復」によってたてる説とを勘案し、『元和郡県図志』が建中二年（七八一）を陥落の年とすることを根拠のあることとして認めるのである。(2)

一方、ドミエヴィル氏は次のように推定する。顔真卿（七〇九〜七八六）の建てた宋璟追悼の碑（七七八年の五月から六月に建つ）の中に、かれの友人の宋衡なる人物が七七七年に沙州より長安に帰ったと出ている。蕃人は宋璟という偉人の息子であるので捕らえるにしのびず帰還せしめたとある。ドミエヴィル氏は、この蕃人とは前掲の吐蕃伝中で周鼎に反逆し、かれを殺したとある閻朝を指すものとし、宋衡が帰還した七七七年か、その直前にこの事件があったとして、それ以後十年で沙州が陥ちたとする記事と合わせ、七七七年の十年後、即ち七八七年という年代が沙州がチベットに降った時とみるのである。(3)

爾来、両説に対して次のように賛否がある。

（一）　筆者は、曇曠の著作『大乗二十二問』が『頓悟大乗正理決』に叙べるチベット宗論に関連して成立したということ、その一写本Sch二六七四の奥書「丁卯年三月九日。比丘法灯写」（**図3**）の丁卯年が七八七年と推定されるところから、宗論が七八七年以前であること。また、曇曠が七八八年調査の敦煌全僧尼の名簿『辰年牌子暦』(4)に名を見ないところから、このとき既に死亡したと見られることと合わせて、宗論は七八七年以前に起こったとし、『頓悟大乗正理決』に記される論争の年代申年〜戌年は七八〇〜七八二年でなければならないとした。なお『頓悟大乗正理決』によれば、摩訶衍は沙州降下の日に初めて賛普より質問を受け、それから邏娑に行き宗論が起こる経過であるので、沙州の陥落は宗論以前でなければならないが、それには七八〇〜七八二年により近い七八一年説が妥当であるとした。(5)ただし、この考えは再考すべきこと後述のごとくである。

（二）　山口瑞鳳氏は、拙論「曇曠と敦煌の佛教学」に対する書評(6)で右の年代論を批判し、ツッチ氏がシャーンタラクシタ導師によるサムエ寺院落慶法要を七七五年、同師立合いの試みの六人の受戒式が七七九年と推定することを基準とし、それ以後直ちに宗論が七八〇年より起こることはあまりにも時間が切迫しているとして、ドミエヴィル氏の七九二〜七九四年の説を採り、従って沙州降下の年を七八七年と考える方が妥当とした。

（三）　饒宗頤氏は「論敦煌陥于吐蕃之年代」[7]において、次の二視点より七八七年説を支持した。

（イ）　建中二年に陥ちたのは、沙州のうちの寿昌県のみであった。『沙州残地誌』（Sch七八八）の寿昌県の条に「建中初陥吐蕃」とあり、天福十年（九四五）の写本の『寿昌県地境』には「寿昌于建中初陥吐蕃」とある。『元和郡県図志』の沙州条に「建中二年陥于吐蕃」とあるのは、寿昌県のみの陥落を沙州全土のことと見なしたのではないか、とする。

（ロ）　敦煌出土写本を検するに七八一〜七八八年までのチベット支配の年記を見ない。Sch五八六九の契約文書に「建中八年（七八七）四月二十日」の記を見るが、建中八年とは実は貞元三年丁卯に当たり、このことは、沙州が未だ吐蕃に陥ちてはいないが、唐との交通は絶えて改元の通知が届かなかったことを意味する。それ以後の写本で唐の紀年を持つものを見ない。ただし、建中四年（七八三）、貞元十九年（八〇三）の紀年を識すPch二〇八四『御注金剛般若経宣演』の写本が存するが、これは長安で写されたものが後に沙州に搬入されたものであり、その例とすることができないという。

（四）　白須浄真氏は「吐蕃支配期の東西交通」[8]で、西方諸国の唐朝への朝貢路の開閉の観点からつぎのように七八七年説を傍証する。

伊州の吐蕃への陥落を機に、七六三〜七八一年の間に関隴朝貢道が途絶するが、その間にも若干の朝貢があった。波斯、黒衣大食などである。かれらは、沙・瓜州から東に向かいエジナ河下流に出て中国に達するルートをとり、それ以外に道はない。しかし、ここが通れるためには、沙・瓜州がなお漢人支配下になければならない。沙州が十一年包囲されていたということから、七八七年陥落説から逆算すると、十一年前は七七六年となり、黒衣大食が七七四年最後に通過して二年後に当たる。七八一年説をとると七七〇年より吐蕃の包囲があったこととなり、七七四年の黒衣大食の朝貢は有りえないこととなる。

以上の年代論の他、新しく次のような七八六年を沙州陥落の年とする推定がおこった。

（一）池田温氏は「丑年十二月僧龍蔵牒」の論文(9)において、チベット支配期に属する敦煌出土の「丑年文書」（Pch三七七四）の解読を行い、この文書中に見える唯一の干支年号「丙寅年」は七八六年以外ではないこと。そして、この丙寅年（七八六）は文中の「蕃和之日」に関連するものであることを明らかにした。

（二）山口瑞鳳氏は『講座敦煌2・敦煌の歴史』所収の論文「吐蕃支配時代」において(10)、前説とは別に漢文系資料より次のような推論を提示した。

当時、吐蕃は『資治通鑑』七八〇年五月条に「時に吐蕃まさに唐に睦まんとして、為に兵を発せず」とあるように、少なくとも七八〇年から七八六年の或る時期まで兵を積極的に動かすことを控えていた。代宗時代は使者が抑留されても遣使を続け、徳宗が和睦政策を掲げるとそれに同調して建中会盟（七八三）を結んだ。その動機は、そのころ吐蕃が本格的に佛教の摂取を志していたことにあり、沙州の包囲軍が十年以上もかけて自重して攻略したのは、敦煌の佛教に期するところがあったからである。それが七八六年に遂に兵を動かしたのは、吐蕃が朱泚の乱に際して唐に協力したにもかかわらず、約束の報酬がなかったことに怒り建中の会盟を反故にしたためである。守りにあった閻朝ももはやこれまでと見て降伏したのである。この沙州攻略の経緯によれば、「蕃和」を七八六年と見る池田説と矛盾がない。『元和郡県図志』に「建中二年」に沙州が西蕃（吐蕃）に陥ちたとする記事は、後代の『甘粛通志』に言う「貞元後は盡く吐蕃に没さる」との記述から察して、「貞元二年」と誤記したものと考えるべきであろう。

なお、最近（一九八三）、史葦湘氏はSch一四三八Vの「書儀」の検討から、沙州の陥落より後、なお三度にわたって蕃漢の間に争いがあり和解があったとする。それを考えると沙州の陥落は「建中二年」（七八一）でなければならないとする考えを発表した[11]。

また、一九八五年、陳国灿氏は史葦湘の説を知って、沙州陥落年代論を再検討し、結局、池田説と第二山口説との七八六年説を裏付ける論文を発表した[12]。

ところで、先に紹介した筆者の説では、『大乗二十二問』がチベット宗論と併行して成立したものであること、「丁卯年」の写本（Sch二六七四）の成立が七八七年であることを根拠として年代論を構成した。しかし、後にこの写本を実物に当たって調べたところ、その書写が八四七年である可能性の方がつよいことがわかった。また、チベット宗論や『大乗二十二問』の研究を進めるにしたがって、『大乗二十二問』の質問の提示が、必ずしも『頓悟大乗正理決』に報告する申～戌年の論争中と限るべきでないことも分かってきた。これによって筆者の七八〇～七八二年宗論説の論拠は希薄となり、したがって、七八一年沙州陥落説を採る必然性もなくなった。ここに筆者の旧説を撤回するものである[13]。

以上のような諸論を承けて、筆者の見解は池田―山口説に従い七八六年を沙州陥落の年代とすることを妥当と認めるものである。ちなみにこの説によれば、直前の瓜州攻略（七七六陥落）より沙州降下（七八六）まで十年間となり、『新唐書』の「自攻城至是凡十一年」の記事に接近し、戦況の推移からも自然である。なお、七八一年に寿昌県が降ったと見る饒宗頤氏の説は、沙州陥落までの過程を示唆するものとして注目すべきであろう。また、チベットは折しも佛教の摂取・興隆を目指しており、河西最大の佛教都市敦煌を無傷で手中にすることを意図して慎重に沙州攻略に臨んだとする見方には、敦煌がその後のチベット佛教の興隆に大きい役目をはたしていることをも考え併せて筆者も山口氏と同意見である。

［注記］

（1）藤枝晃「吐蕃支配期の敦煌」（『東方学報』京都三一、一九六一）二〇七―八頁に原文と訳文を出す。

（2）藤枝右論文、二〇九頁。

（3）P. Demiéville: *Le concile de Lhasa* (Paris, 1952), pp. 172–179.

（4）『辰年牌子暦』は、藤枝晃「敦煌の僧尼籍」（『東方学報』京都二九冊、一九五九）で明らかにされた資料である。

（5）前出、拙論「曇曠の佛教学」一八八頁。筆者の上の論文の年代論に対して、ドミエヴィル氏は次の書評において批判された。P. Demiéville: Récents travaux sur Touen-houang (7), *T'oung Pao*, vol. LVI, Livr. 1–3 (Leiden, 1970), pp. 29–44.

（6）山口瑞鳳「書評・曇曠と敦煌の佛教学」（『東洋学報』四七―四、一九六五）。なお、山口瑞鳳氏は右の書評におけるより他に、「吐蕃王国佛教史年代考」（『成田山佛教紀要』三、一九七八）注(49)で、丁卯年の写本や『辰年牌子暦』を根拠とする筆者の年代論が薄弱であることを指摘された。

（7）饒宗頤「論敦煌陷于吐蕃之年代」(*Journal of Oriental Studies* IX–1, 1971). なお、土肥義和氏も「敦煌寺領の直接生産者の性格をめぐる一、二の問題」（『東アジア文化圏の成立をめぐって』、唐代史研究会編、一九七八、九五―九六頁）と題する論文でほぼ同趣旨の考えを示されている。

（8）白須浄真「吐蕃支配期の東西交通―関隴朝貢道の途絶と西域朝貢使―」（『東洋史苑』六、一九七三）。

（9）池田温「丑年十二月僧龍蔵牒」（『山本博士還暦記念東洋史論叢』所収、一九七二）。

（10）山口瑞鳳「Ⅳ吐蕃支配時代」（『講座敦煌２・敦煌の歴史』所収、一九八〇）一九七―九八頁。

（11）史葦湘「吐蕃王朝管轄沙州前後―敦煌遺書Ｓ一四三八背〈書儀〉残巻的研究」（『敦煌研究』創刊号、一九八三）一三一―四一頁。

（12）陳国灿「唐朝吐蕃陥落沙州的時間問題」（『敦煌学輯刊』一九八五・第一期）一―七頁。
（13）筆者は一九八八年十月七日開催の「日佛コロック」において、Le concile du tibét; nouvelles perspectives の発表を行い、そのなかで旧説の訂正をおこない、七八六年沙州陥落説を認めた。

(4) 晩年と『大乗二十二問』

曇曠には『大乗百法明門論開宗義決』の自序（七七四年著述）に記していない著作『大乗二十二問』がある。発見された写本に曇曠著述を示す撰号のあるものはないが、次のような序文があり（図2）、この中の記事より本文献が曇曠の著述になるものであることが分かる。

夫れ、至教は幽遠にして、下凡は測れず。微言は該遠にして、上智すら猶迷う。況や曇曠は識量荒塘にして、学業は膚浅なり。博聞既に経論に慚く、精解せんとするもまた理事に迷う。病に臥して既に久しく、苦しむところ弥よ深し。気力転た微にして、能く登渉する莫し。枕に辺外に伏して、聖顔を馳恋するのみ。深問、忽に臨みて、心神驚駭す。将に辞避せんと欲すも、力課に負《そむ》くを恐れ、疾苦の中、恭しく甚深の義に答う。敢て狂簡を申べて、竊に微誠を効す。然るに其の問端至極幽隠なり。或は往年に曾て学ぶものあり、或は昔歳に聞かざるものあり。解するところのものは、知見を以て之を釈し、未だ暁かならざるものは通理を以て之を暢べん。懼るところは、聖情に契わず、本旨に乖くことなり。特に哀恕を乞い、遠く衷勤を察せられんことを。（原文は巻末「資料二」二―五行参照）

これによると曇曠が或る皇帝より佛教に関する質問を受け、病臥にありながらそれに答えた事情が窺える。ところで、この中で「聖顔」と言う対象、すなわち質問を発した皇帝は誰か。すでに河西地方はチベットの支配下にあるときである。中国本土との交流は容易でなく、おそらく断絶していた。このようなとき、時の中国の皇帝（代宗、七六二〜七七九。徳宗、七七九〜八〇四）が辺境の曇曠に敢えて佛教に関する質問をするであろうか。たとえ、先に推定したような若干期間（七八三〜七八六）の和睦期間を想定したとしても不自然である。後述するように質問内容も佛教の基礎的事項であり、高度な佛教学者を擁する中国の皇帝が為すはずがない。そのような当時の情勢から考えて、この皇帝は中国の天子ではなく、チベットの賛普であったと考えるのが妥当である。したがって、この事柄は沙州がチベットの支配下にあるときに起こったことで、七八六年かそれ以降のことである。曇曠は晩年、チベットへの支配に服した状況の中で、その王から質問を受けるという経験をしたのである。

『大乗二十二問』の序で曇曠は病臥にあって久しいことを訴えているが、それはかれの年代推移から推定して恐らく晩年の病苦を示すものであろう。その状態から推定して七八八年の敦煌全寺院の僧尼名簿『辰年牌子暦』に名を見ないのは、その時かれが既に逝去していたことを示唆するものではあるまいか。(1) なお、『大乗二十二問』の詳しい紹介とその背景については後章でとりあげることとする。

なお、曇曠に関する次のような資料を発見した。Sch一四三八Vがそれで、内容は吐蕃賛普への奏状の書儀であるが、その中（第二四行）に、

……ム《ママ》使事曇和尚二十年。経論之門久承。……

の記事をみる。ム字の所に奏状者の名を伏すが、おそらく実際に用いた奏状から採用したものである。文中の「曇和尚」とは、曇曠を指すと考えてまず問題あるまい。ム字に当る人物が曇曠に師事して二十年という。その師事は、曇曠が沙州に来住して以来と考えるのが自然であるが、曇曠は遅くとも七六三年には沙州に着いている（宝応二年の著作写本の識語より。本書二三頁）から、その時を起点として二十年を加えると七八三年となる。右の年代推定に

影響を与えるものではないが、曇曠にかかわる一資料として注目しておきたい。

[注記]

（1） 曇曠の名が『辰年牌子暦』に無いのは、曇曠が敦煌出身でなく、寄留の僧であったので名簿に記載されなかった可能性があると藤枝教授は言われる。しかし、『辰年牌子暦』は本籍を記さずに僧尼名を収載していることや、詳細な記載の仕方からみると、寄留の僧も含めて在住の僧尼全員の報告が行われている可能性が強い。

二 曇曠の諸著作

曇曠の経歴において見たように、かれは多くの著作をのこした。その著作分野を大まかにみると「金剛経」と「起信論」、更に「百法明門論」を中心とする唯識学との三つの側面がある。ここではそれらの著作について見て行くことにする。

(1) 『金剛般若経旨賛』

『金剛般若経』は早くは鳩摩羅什が姚秦の弘治四～一四年（四〇二～四一二）に翻訳し、菩提流支が永平二年（五〇九）、真諦が陳の永定二～太建元年（五五八～五六九）に訳し、更に隋の笈多、唐の義浄などが訳す。研究も各時代を通じて枚挙にいとまない。曇曠に近い時代のものとしては、智儼（六〇二～六六八）、窺基（六三二～六八二）のものなどが挙げられよう。敦煌からも各種の『金剛般若経』の疏が出土しているが、(1) 曇曠の『金剛般若経旨賛』に近いものとして、まず道氤の『御注金剛般若経宣演』（『御注金剛般若波羅蜜経宣演』）三巻が注目される。(2) この疏の撰号によれば、道氤の地位は「勅随駕講論」であり、著作『御注金剛般若経宣演』の内容からみても学識のきわめて深い一世の碩学である。[3]その著書が中国本土に残らず敦煌本にのみ伝えられたということは不思議というほかないが、いずれにしても『御注金剛般若経宣演』は、当時の『金剛般若経』に対する研究を決定的なものとするものであったことは疑いのないことである。

曇曠は自著の一『大乗入道次第開決』の序文において

大唐開元初。有樸陽大徳身号智周。我大唐三蔵（＝玄奘）曾孫弟子。慈恩大師之孫弟子。河南法師（＝慧沼）之親弟子。即是青龍大師異方同学。（大正八五・一二〇六頁c―一二〇七頁a）

と記し、青龍大師が法相宗第三祖の智周と異方同学であると言うところがある。同学の唯識学の学匠で、当時青龍寺に居た人物とすれば道氤（―七三五―）がそれであろう。[4]曇曠がそれを挙げるところからしても、両者の関係は注目されるべきである。

道氤は、金剛般若の宗旨を、二宗義論（通）と三般若説（別）とで論じている。その中で宗義については、先徳の説としての四宗説、すなわち立性宗・破性宗・破相宗・顕実宗と法相宗・破相宗・法性宗の三宗説（『金剛暎』巻上では崇聖法師の義とする）とを挙げ、自らは勝義皆空宗・応理円実宗の二宗の分類を示す。

次に、道氤は三種般若（文字・実相・観照）について、実相・観照の二般若重視の姿勢を示す。ところで、この三般若について、慈恩は、境界・眷属を加えた五種般若を説くことを紹介し、これに批判的であることを示す。道氤とほぼ年代の同じ良賁（七一七〜七七七）の『仁王経疏』（大正三三・四三二頁a）に、[5]右の道氤と同じ主張を見る。ここにも『御注金剛般若経宣演』の影響が見られる。

曇曠は、例えば、文字般若は仮筌にすぎないとして二般若正宗を明瞭にうちだし、五種般若説は経宗に非ずとして積極的に否定している。また、二宗義において、曇曠は道氤のそれに対し、法性円融宗を加えて三宗義とする。

これらは道氤の説を承けながらも、積極的に自説を展開したものである。要するに曇曠の『金剛般若経旨賛』は、道氤の『御注金剛般若経宣演』を要略解説し、時には敷衍しつつ、さらに積極的に自説を展開したものであると言えよう。

曇曠の『金剛般若経旨賛』がその後学ばれた形跡を示すものとしてＰch二〇七五、Ｓch六七三三の『金剛旨賛疏抄』がある。曇曠の『旨賛』への復注で、前者は二九・八×二八八一・四cm、後者は同じ幅で六六ft余のいずれも長巻のものである。朱点などが認められ、学習のあとが見られる。しかし、目下のところ目につくのはこれくらいで『大乗百法明門論』のように多くの疏や写本を残していない。

［注記］

（1）　平井宥慶「敦煌文書における金剛経疏」（『新羅佛教研究』所収、一九七三）、同「敦煌資料より知られる唐紀国寺慧浄法師の一面」（『豊山学報』一六、一九七一）、同「敦煌本金剛経疏と唐慧浄」（『印度学佛教学研究』二一―一、一九七二）。

（2）　空海の『御請来目録』に「金剛般若経疏一部三巻道氤法師撰」（大正五五・一〇六四頁ａ）とあり、我国には将来されていたらしいが、我国でも中国本土でも散逸していた。

『御注金剛般若経宣演』巻中の写本（Ｐch二〇八四、大正二七三四番）末には「建中四年（七八三）正月二十日。僧義琳勘記」、及び「(朱字）貞元十九年（八〇三)。聴得一遍。又至癸未年（八〇三）十二月一日。聴第二遍訖。庚寅年（八一〇）十一月二十八日。聴第三遍了。義琳聴。常大徳法師説」の記がある。この義琳の名は『四分律删繁補闕行事鈔』巻下之下の写本（Ｐch二〇四一）の識語「廣徳二年（七六四）七月四日。僧義琳。於西州南平城々西裴家塔。写訖故記」に出るものと同一人と見られるので、西州で講義を聴き写した写本が敦煌に入ってきたものである。なお、南平城が高昌時代より西州にあったことは史書や出土文書に確かめられる（白須浄真氏の教示）。

（3）『宋高僧伝』巻五（大正五〇・七三四頁c—七三五頁a）に「唐長安青龍寺道氤伝」がある。拙稿「曇曠と敦煌の佛教学」注(7)(8)参照。なお、次ぎの諸論があり、曇曠との教学的対比は多く平井氏の論考によった。平井宥慶「敦煌本・道氤集『御注金剛経宣演』考」（『印度学佛教学研究』二二—一、一九七三）、同「敦煌資料より知られる唐・沙門道氤の一面」（『豊山学報』一六、一九七一）、同「敦煌本・道氤集『宣演』と曇曠撰『旨賛』」（『印度学佛教学研究』二三—二、一九七四）、同「道氤と曇曠の唯識学」（『大正大学研究紀要』六一、一九七五）、同「唐代中期の法相宗—窺基と道氤—」（『豊山教学大会紀要』三、一九七五）。

（4）芳村修基氏は、これを密教の恵果に当てるが同意しがたい。芳村修基『インド大乗佛教思想研究』、一九七四、七三頁。

（5）平井宥慶「唐代中期の『仁王経』講説」（『豊山教学大会紀要』四、一九七六）参照。

(2)　『大乗起信論廣釈』　(3)　『大乗起信論略述』

曇曠は『大乗起信論』について『大乗起信論廣釈』五巻と『大乗起信論略述』二巻との二種の注釈書を著している。就中、前者は分量から言っても五巻の大部のもので(1)かれの主著の感がある。これら二著のうち『大乗起信論廣釈』は涼州で、『大乗起信論略述』は後に甘州で著述している。『略述』を後に著作した所以は、その澄猗の序につぎのように記される。

先造廣釈。後学頼焉。包含事理。網羅邪正。無執而不改。有疑而不皆遣。恐初心者。仰崇崖而起退。望渤海而迷神適。復探其旨帰。為之略述。可謂尋其源。而知其流。折其榦而得其枝。至如開発題端。該談教蔵。傍探異説。委闢義門。引経証成。会論宗趣。法喩周挙。問答折疑。略而不明。具如廣釈。…（大正八五・一〇八九頁a）

要するに初学者のために『廣釈』の内容を分かりやすく略して述べたものが『略述』である。内容は大差はないが、

『廣釈』の方は『摂大乗論』『楞伽経』『金光明経』『花厳経』『仁王経』『対法論』などの経論の多くを典拠として引用していることと、「新論」との綿密な対比を行っている特徴がある。『略述』はそれらをすべて省いている。その「新論」とは、梁の太清四年（五五〇）に出た真諦の訳に対して、則天武后の大周聖暦三年（七〇〇）授記寺にて実叉難陀によって訳出されたものを謂う。古来、『大乗起信論』の疏には、曇曠以前では曇延や慧遠、新羅の元暁のものなどがあり枚挙にいとまないが、最も権威とされるのは賢首大師法蔵（六四三～七一二）の『大乗起信論義記』五巻（大正一八四六番）である。法蔵は、『大乗起信論』新訳の訳場に証義として参加しているが、その著作では旧訳のみを用い、新訳には殆ど触れるところがない。曇曠の疏は、この法蔵の疏の文面を借りるところが多く、その影響のもとに著作されているとみなされる。しかし、科段の仕方や術語において相違も認められる。(2) 例えば、帰敬偈の釈において、法蔵の『義記』は「無量功徳蔵」の句を法宝に摂めるが、曇曠はこれを僧宝に入れる。

五巻からなる『大乗起信論廣釈』は、曇曠の著作の中で最も大部であるばかりでなく、古今の『大乗起信論』の疏のなかでも最も大きく、かつ詳細なものである。残念なことに、五巻のうちの第一巻、第二巻の写本は未だ発見されておらず、見ることができないが、殊にこの第一巻には『大乗起信論』の教学的位置などに関する序文がついていたと思われる。曇曠は『金剛般若経』『大乗起信論』のみならず『大乗百法明門論』や『大乗入道次第』に注釈し、唯識学への関心と造詣が深い。周知のように『大乗起信論』と玄奘・慈恩系の唯識学とでは、殊に識論や種姓論に関して相い容れないところがある。曇曠はこの両者に関わっているが、その矛盾についてどのように処理しているのか興味がもたれる。その部分が逸していて確かめることができないのは残念である。

曇曠の『大乗起信論』の疏が、はたして法蔵のものを直接うけて著作したものかどうか、間に若干の時間的間隔もあるので、中間に何等かの他の注釈書の存在が介入していたかもしれない。未知の古逸の疏、例えば新しく判明したＳch四一三七[3]などの存在もあることであるので、その可能性も無しとしない。

［注記］

（1）大正蔵経は「大暦八年」の奥書のある『大乗起信論廣釈』第五巻の移録の原本は「大英博物館敦煌本」とあるのみで番号不明。Ｓch二七二、Ｓch四五一三が巻五の写本である。甲本は中村不折本（書道博物館蔵）を採用して行っているが、この原写本は敦煌出土本であることの確認ができず、資料としての採用には慎重であるべきである。

（2）平井宥慶「曇曠の『大乗起信論』講述」（『豊山学報』二一、一九七六）。

（3）東光爾英「敦煌出土の起信論疏の研究―Ｓch四一三七について―」（『印度学佛教学研究』三五―一、一九八六）。

(4)　『大乗入道次第開決』

これは自序によれば、曇曠が敦煌に入って著したものである。写本は現在までにＳch二四六三、Ｓch六九一五、Ｐch二二〇二Ｖの三点が知られるのみである。いずれも裏紙を用いた写本であるが、紙質や筆跡からみて曇曠と同時代のものである。

この文献は、開元年代の初に現れた樸陽の智周（六七八～七三三。窺基の孫弟子、慧沼の弟子）の著である

『大乗入道次第』一巻（大正一八六四番）

に対する注釈である。この書には他に注釈書が無いところから、曇曠の疏は貴重である。内容は多くの経や論からの引用をまじえたものであるが、文中に屢々「百法疏中。当廣分別」とか「廣唯識・百法疏述」とかの記を見る。このうち「百法疏」とは自著の『大乗百法明門論開宗義記』を指すと思われる。しかし、先にも見たように、自序によると『大乗入道次第開決』は『大乗百法明門論開宗義記』より前に著述されたことになっている。いずれも敦

煌にて著作したものであるが、自序の方が入れ替わるべきであろう。また「唯識論」とは、直ちに思いうかぶのは『成唯識論』であるが、自著である『唯識三十論要釈』であると見ることもできる。ただし、この「要釈」のことは自序には触れていない。

なお、敦煌写本の中に、『大乗入道次第』の写本が幾点か存在するが(1)、写本の特徴からみて、時代はかなり下がる。

[注記]

(1) Pch二〇六七、始一四、重五一、日五〇が『大乗入道次第』の写本である。Pch三七四六は一紙の写本で「大乗入道次第」の標題を記すが、内容を科段で図示したものである。

(5) 『大乗百法明門論開宗義記』　(6) 『大乗百法明門論開宗義決』

『大乗百法明門論開宗義記』と『大乗百法明門論開宗義決』との関係は、『大乗起信論』の『廣釈』と『略述』とはいささか異なり、『義記』の難解な文句を選んで解釈したものが『義決』である。『大乗百法明門論開宗義決』の序には、

所恐此疏。旨奧文幽。学者難究。遂更傍求衆義。開決疏文。使夫学徒。当成事業。……（大正八五・一〇六八頁a）

と述作の意図を明らかにしている。

この疏の基である『大乗百法明門論』一巻は、極めて小さい著作ながら、貞観二十三年（六四九）玄奘により訳出されてからは、法相宗の根本論典の一として重視され、これに対する注疏も非常に多い。曇曠も唯識に関心を持

つものとして、これを学んだであろうが、ここでどのような学系を承けていたかが問題となろう。

唐代における『大乗百法明門論』の研究家としては、普光、神泰、窺基、円測らが挙げられる。ところで、曇曠の思想がそれらのどれに当たるかについて、結城令聞氏の精細な考証がある。(1)氏は、曇曠と窺基の説との違いを次のように三点から注目し、曇曠が『大乗百法明門論開宗義記』に示す心識説は西明寺円測の説に一致することを論証された。

（1）八識の識体について、唐代の唯識家の間に、八識体一説と七識体一説と六識体一説との三説があったが、窺基は無性の『摂大乗論釈』により八識体一説をとり、神廓、円測、道証らは世親の『摂大乗論』により六識体一説をとる。曇曠は『大乗百法明門論開宗義記』の「摂論所説。一意識宗。不開前六。但総説三」によると六識の体は一で、第七、第八にもそれぞれ体ありとする説に属し、窺基の説と異なり円測などの説に属す。（2）阿頼耶識の能・所蔵の説について、曇曠は「攬此種為第八識。七識皆為此蔵所摂。摂蔵諸法自体中。故名能蔵」と述べ、種子をもって能蔵とし、七識の現行を所蔵とする説をもつ。しかし、窺基は、能蔵は七転現行であり、所蔵は所熏の種子であると考えており、曇曠の説は西明（＝円測）の説とされるものに一致する。（3）曇曠は「故頼耶名。依執蔵説」と言い、阿頼耶識の名は、頼耶の三蔵のうちの執蔵によって得ているとする。しかし、窺基が「阿頼耶者。此翻為蔵。蔵具三義。如論已説」（大正四三・三〇一頁a）と言い、三義すべてを具すとする考えと異なる。

結城博士は、曇曠や窺基の思想の中心となる心識説において右のような相違が認められることから「曇曠の唯識思想は、西明学派、即ち西明大師円測一派の流れを汲むものであると断定する」と述べられる。(2)もっとも、多くの箇所で窺基の説に一致するところがあることは氏も認められるところである。

［注記］

（1） 結城令聞「曇曠の唯識思想と唐代の唯識諸派との関係 ―敦煌出土『大乗百法明門論開宗義記』に現はれたる―」（『宗教研究』新八の一、一九三一）。

（2） 右結城論文、九八頁下。

(7) 『大乗二十二問』

『大乗二十二問』は、曇曠の伝記のところで触れた（本書二三頁、三二―三三頁）ように、かれの晩年、チベットの賛普から佛教教理に関する二十二の質問をうけて、それに返答した記録が著作としてのこったものである。この文献は、そうした質問の背景にある当時のチベットの状況を知る上からも、その返答中にあらわれている曇曠の学識を知る上からも、きわめて貴重な資料である[1]。

［一］ 『大乗二十二問』の写本

現在、『大乗二十二問』の内容を持つ写本としてつぎの諸点が見つかっている。

Ｓch二六七四（大正原本。首少し欠、尾完。識語「丁卯年三月九日写畢。比丘法灯書」）（図3）

Ｓch二七〇七Ｖ（第十五問のみ）

Ｓch四一五九（第二十二問のみ、『四分律略摂頌』の次に連写）

Ｓch四二九七（第一問～五問）

Ｐch二二八七（完本［首尾題無］。識語「丙申年二月　書記」）

Ｐch二六九〇（首〜第十九問まで）（図2）

Ｐch二八三五（第一問のみ）

位二〇　（首［題無］〜二問）

Ｍ一一三九　（第五問のみ）

これらのうち、もっとも長巻の写本はＳch二六七四とＰch二二八七である。これらは全体を書写したものであるが、他は抜き書きである場合が多い。次項で検討するように、この文献の成立は曇曠晩年の七八六〜七八八年頃と推定されるが、右の写本中にその当時のものと判断されるものはない。Ｓch二六七四の識語の「丁卯年」（図3）は写本の特徴からみて八四七年、Ｐch二二八七の「丙申年」は八一六か八七六年、あるいはそれ以後と見るべきである。随分、後世まで学ばれた文献ではある。『大正新脩大蔵経』八十五巻は、その録文を最も長巻を残すＳch二六七四によって行っているが、これは序文のある首部を欠く。それを補う必要もあり、諸写本と校合して整備した全文を本書巻末「資料一」に提示した。

［二］　『大乗二十二問』の内容

『大乗二十二問』における曇曠の回答の仕方をみると、はじめに質問の内容を正確に受けとめるため、質問に現れる術語の意味をいちいち解釈して（多種の解釈のあるときはそれらを列挙し）確定し、質問者の意図を判断し解答を述べている。種々の解答が可能であるときはそれらを挙げ、最後に結論的に自説をもって答えるという極めて慎重な方式をとっている。これは、二十二の質問が文書で与えられ、それに曇曠は内容を質すこともできず回答したことを物語っていよう。たとえば、第九問中の「相」と「想」の理解に慎重であることは、質問文中の「相」と

「想」の字に誤りがあることを予想したからではないかと思われる。(2) また、博識の曇曠にもその意味が理解できない質問があった。たとえば、第二問の答えの中に、「問うところ深遠にして、文意知り難し。須く両解を述べ、以て妙趣を通ずべし」とあり、第十四問の答えの中に、「此の中の義理、意趣知り難し。若し審詳せざれば、なんぞ妙旨を申べん。今、此の中に於て、ほぼ両解を述べん」と言っている。このことは序文に「然るに其の問端は至極幽隠なり。或は往年に曾て学ぶものあり、或は昔歳に聞かざるものあり。解するところのものは、知見を以て之を釈し、未だ暁かならざるものは通理を以て之を暢べん」と表明するところと一致する。果して質問者の意図したところと曇曠の回答とが一致したか否か、甚だ疑わしいことではある。

以下にその問答の内容を示す。原文、及びその訓読を巻末「資料一」のところで掲げるので、ここでは内容を取意・要約して紹介する。ただし、序文は既に示したので（本書三二頁）省略した。

[第一問] 菩薩は世俗を離れており、声聞・縁覚の行を為さない。その菩薩が衆生を救う為に、どのようなことをするのか。

[答] 声聞・縁覚にはなお法執があり、生死を厭う。だから利他行に向かわない。菩薩は一切の分別を離れるので、凡夫世俗の地をはなれ、衆生の為に法を説いて煩悩の苦を除かしむ。結論として、無念を修し、一切相を離れることが菩薩の為す法である。

[第二問] 不退入行の菩薩は「内所に思意するを外身に顕現す」というが、「外行」とは何か。内に修する「第一法」とは何か。

[答] 質問の意味がよく分からない。不退に信不退、証不退、行不退の三種あるが、いまの不退は第三の行不退

のことである。これは菩薩が八地に入って、常に任運に住して内に不動無相であり、しかも外化に無窮であることをいう。不退動・無相の妙行によって内心に有する思惟・意楽は常に現在す。衆生を化さんが為に外に作用を起す。これが「外身に顕現す」ということ。無相の妙行を修すること、これが「内に第一行法を修す」ということである。

[第三問]　身口意においての修行はどうするのか。

[答]　身口意のそれぞれに戒定慧の学修を行う。例えば最後の意の慧を行うに有相と無相の二種があり、そのうち無相の慧とは全てに所得なく、一切法において取捨するところなく、心念生ざるを言う。この無相の慧によって修行することが究竟して身口意を修することである。

[第四問]　五濁悪世においても、すでに縛が無いのだから、解くこともないとはどういうことか。

[答]　一切の濁は見より生ず。見濁が生じなければ皆な静かである。妄念を離れ、心源を照達すれば、浄相も濁相も無い。縛することも、したがって解くこともない。

[第五問]　佛に有余と無余の涅槃の別があるが、これは実際にある区別か仮りのものか。

[答]　涅槃の種類は経典によっていろいろ説かれるが、涅槃はいずれも真如に基づいている。その真如の体は差別はないから、有余無余の別は幻（仮り）である。

[第六問]　佛に三身の別があり、法身は法界に周遍している。化身は各々の佛にある。応身は法身のように一として周遍するものか、化身のように各々別々にあるものか。

[答]　質問中の法身とは真如のこと。化身とは諸々の如来が大慈悲をもって菩薩・二乗・凡夫を救うために現ずる功徳身をいう。応身とは菩薩が十地に随って顕す相好の佛身である。応身が各々の地に随って顕す佛身は、

同処同時に相い障碍しない。一とも異とも言えない。これは全ての佛身においても言えることでもある。

[第七問]　佛の一切智は、六波羅蜜の修行によって得られる。しかし、本性清浄も一切智である。この二の一切智はどのような関係にあるのか。

[答]　本性清浄の一切智は因であり、十波羅蜜の修行は縁である。因と縁とが完備して、真の一切智が成就する。

[第八問]　衆生は菩薩行を行ぜんとして、どのように菩提心を発するのか。

[答]　菩提心に有相と無相の別がある。その無相の菩提心とは一切の相を離れることで、妄念を離れれば覚道は自ら成ずるのである。これが真実の発菩提心で、発すというが発するところ無く、発するところがないので発せざる所がない。これが亦、真の菩提行である。この無相の発心なくしては、どのように有相の発心を行じても生死に滞ることになる。

[第九問]　十地の菩薩のうち、幾地までが有相で、幾地が無想であるのか。有相と無想のどれが行なのか。

[答]　『摂大乗論』『成唯識論』によると、第八不動地に至れば、純無相観に住す。この第八地の初一念の心の生ずる功徳は、その前の万行の功徳善根より大きい。第二念後はその倍々増である。これが無相行で心無碍であるから、菩薩道の全てを修することとなる。これが真実の行である。

[第十問]　菩薩が具体的に行う解脱のための行法は何か。

[答]　多種が説かれるが、本について言えば、心念を離れて分別する所なきことで、これを行ぜば諸々の解脱門は全て備わる。

[第十一問]　菩薩の法身と佛の法身は同じかどうか。

[答]　同一真如だから身に差別はない。功徳の満未満の異なりがあるのみ。

[第十二問]　菩薩は涅槃と輪廻をともに分別しないとはどういう意味か。
[答]　生死に執ずるから涅槃を見る。心源を照見して生死の本は空なるを了すれば生死を厭わず、したがって涅槃も欣求しない。
[第十三問]　菩薩の所知は、涅槃に著さず生死に染まないことであるとは、何法によってそのようになるのか。
[答]　まず初教の縁起観により世は幻の如くで染まざるを知る。終教の唯識観により、一切は自心で外法なきを知れば、世間法に染まない。頓教の真如観により、一切が真如であると了れば、世間法に染まない。菩薩は右の三種の教えにより涅槃にも世間にも著さない。
[第十四問]　大乗は智慧と方便の双行を必要とする。未だ自在でない衆生は、どう行うべきか。
[答]　質問の意味がよく理解できない。あえて二つの解釈をあげて答えれば、一は、大乗法には真と俗（二諦）がある。俗を照らす行は智慧によって可能であり、真を証するのは方便による。したがって二諦に達するために智慧と方便は双行されなければならない。二は、大乗法は悲智の双行であるから、智慧＝自行、方便＝利他の双行が必要である。
凡夫はまだ、この双行を行いえないので凡夫なのであって、これから学んでゆかなければならない。自在があって、後に学ぶという順序ではない。
[第十五問]　声聞、縁覚、菩薩はそれぞれ六塵境をどのように見るか。
[答]　佛教の門に因縁、唯識、無相、真如の四種がある。声聞と縁覚の見方はよく似て、因縁にて六塵境を見る。菩薩は四種の見方を具えて見ることができ、声聞、縁覚とは全く別である。
[第十六問]　菩薩、縁覚、声聞のそれぞれの初発心のあり方と行の内容はどのようであるのか。

[答]　発心には因と縁がある。因は真如性である。縁について、菩薩の場合は大乗の正法を聞くことである。これによって、大菩提心を発して菩薩の行を修行するのが菩薩の発心の相である。縁覚は、宿善の善根の成ずるところによって無佛の世に出る。したがって、発心の相は微隠にして知り難い。声聞は四諦法を聞き修す。

[第十七問]　声聞、縁覚、菩薩は皆な涅槃に入るが、これら涅槃はそれぞれどのようであるのか。

[答]　声聞と縁覚は同じ有余依と無余依との涅槃を得る。菩薩の場合、唯識漸教によると五地において証す無住処涅槃である。頓教による菩薩の涅槃は、一切皆空の真実相を了って、妄心を起こさないこと、即ち自性清浄涅槃である。

[第十八問]　大乗は方便であると説いたり、究竟であると説いたりする「大乗経典」がある。また、声聞、縁覚も成佛すると説くものもあれば成佛できないと説くものもある。どういう意味なのか。

[答]　所化の機根の相違で、究竟の真実理門と方便の随転理門とがある。前者は了義で顕であり、後者は不了義で隠である。経典は種々説くが種性について言えば、一に種子について五性を立てるものと、二に真如について一性を立てるものとにまとまる。

一の五種性とは『無盡意』などの経典に説くもので、一無種性、二声聞性、三縁覚性、四佛性、五不定性の種子を本来有すというものである。この説によれば、「一切皆な成佛す」という場合は、佛種あるものに限って言う。「二乗は成佛せず」とは第二、第三に決定した人について言うことである。「二乗も成佛を得る」とは、ただ第五の不定性の人について言うのである。

一性を立てる場合は、『涅槃経』などの経典の場合で、「一切衆生に皆な佛性あり」と説くもので、この性とは真如のことである。

無明の厚薄、出世の因縁の大小で、衆生に五性の差別が生じる。これを引摂するために二乗などが説かれるが、真如の面から言えば、皆な佛性があって、唯だ一佛乗である。『深密経』は「一乗は不了義」というが、これは方便の説き方で、真実の説き方で言えば『法華経』の考え方になり、唯だ一佛乗ということになる。『法華経』は『深密経』の後に説かれているので『深密経』の方を方便説と見なすべきである。

曇曠の考え――衆生には全て佛性があり、全て成佛する。一部成佛できないとするのは小乗教である。大乗でそのように言うのは、方便の随転理門の立場から言うにすぎない。

［第十九問］佛の涅槃も声聞の涅槃も異ならないと説くものがある。また、涅槃に至れば後智も三身も滅すと言うものがあるが、本当かどうか。

［答］右のような説は全く小乗の考えであり、方便の涅槃観である。三身を滅すというが、それは分段身のことで変易身は滅することはできない。

［第二十問］大乗経に言うように「本来涅槃」ならば、なぜ更に修行する必要があるのか。

［答］『深密経』で佛は勝義生菩薩の同じ質問に次のように答えておられる。

未だ善根を植えず、諸障を除かないものに生相滅相を説くのである。これによって福智資糧を成就しても未だそれへの執着を除きえないために「無自性、無生無滅、本来寂静、自性涅槃」などを説くのである。この場合には「自性涅槃」の説は大利益となるが、未だ諸障を滅せず、資糧も成就していないものには、これを説いてもかえってこの説に執着し、断滅の見をおこし大衰損を起こすことになると。

［第二十一問］含蔵識と大智慧とは、前者は濁、後者は清である。両者が一にして異であるとは如何。

［答］含蔵識とは阿頼耶識であり、大智慧とは如来蔵のことである。この両者は清濁異なっていても、性相分ち

難い。金と環との関係と同じである。質問は法性宗の立場でされているが、答えは頓教の立場からした。したがって、唯識の考えとはいささか異なっている。

[第二十二問] 佛在世のときは一法のみであった。佛滅後分裂して四部となったが、四部の中でどれが本当の佛教か。

[答] 佛滅後二十部派に分裂したが、のちまで流行したのは四、五部だけであった。四部とは西域で行われたもので、一上座部、二説有部、三大衆部、四正量部である。これらは、金の杖を折ったようなもので、バラバラになってもいずれも金である。すなわち、いずれも一法である。

[三] 『大乗二十二問』成立の史的背景

この『大乗二十二問』が曇曠の晩年、七八六〜七八八年の間の或る時、新たな敦煌の支配者となったチベットの賛普からの質問に答えたものであることは既に論じた。序文によると曇曠はこの質問に病苦の中より答えたと言う。ところで、賛普はチベットの首都ラサよりかなり離れている敦煌の、しかも中国の老学僧に何故にわざわざ質問を発しなければならなかったのであろうか。その事情を『大乗二十二問』の中に詮索してみようと思う。ただし、質問者側の事情は質問文にのみ反映されているはずなので、ここでは曇曠の回答文は取り上げない。

二十二の質問の主題を知るために、質問を内容別に分類してみると概ね次のように見ることができよう。

A 菩薩の行法について

[第一問] 菩薩は世俗を離れており、声聞・縁覚の行を為さない。その菩薩が衆生を救う為に、どのようなこと

をするのか。（菩薩離世俗之地。不向声聞縁覚之行。欲令一切衆生除煩悩苦。作何法者）

［第二問］　不退入行の菩薩は「内所に思意するを外身に顕現す」というが、「外行」とは何か。内に修する「第一法」とは何か。（又不退入行菩薩。内所思意。外身顕現。法中内修第一行法。何是外行。第一法是何）

［第三問］　身口意においての修行はどうするのか。（修身口意。従初至修行。行如何）

［第八問］　衆生は菩薩行を行ぜんとして、どのように菩提心を発するのか。（衆生若行諸菩薩行。発菩提心。如何発行）

［第九問］　十地の菩薩のうち、幾地までが有相で、幾地が無想であるのか。有相と無想のどれが行なのか。（十地菩薩。幾地有相。幾地無想。有想無想。何者是行）

［第十問］　菩薩が具体的に行う解脱のための行法は何か。（菩薩具修諸解脱門。行法如何）

B　菩薩と二乗（衆生を含む）との相違について

［第十四問］　大乗［の菩薩］は智慧と方便の双行を必要とする。未だ自在でない衆生は、どう行うべきか。（又大乗法。智慧方便。二種双行。衆生欲行。如何起行。菩薩自在。則可能行。衆生不然。何能行者）

［第十五問］　声聞、縁覚、菩薩はそれぞれ六塵境をどのように見るか。（声聞縁覚菩薩三乗。於六塵境。各如何見）

［第十六問］　菩薩、縁覚、声聞のそれぞれの初発心のあり方と行の内容はどのようであるのか。（菩薩縁覚声聞三乗。初発心相。行法如何）

［第十七問］　声聞、縁覚、菩薩は皆な涅槃に入るが、これら涅槃はそれぞれどのようであるのか。（又此三種。皆入涅槃。声聞縁覚。菩薩涅槃。各如何者）

C　智慧と修行の関係について

[第四問]　五濁悪世においても、すでに縛が無いのだから、解くこともないとはどういうことか。（又今処於五濁悪世。自既無縛。彼亦無解。義如何者）

[第七問]　佛の一切智は、六波羅蜜の修行によって得られる。しかし、本性清浄も一切智である。この二の一切智はどのような関係にあるのか。（佛有一切智。因縦修行。六波羅蜜。但本性清浄。湛然不動是一切智。此二種如何）

[第二十一問]　含蔵識と大智慧とは、前者は濁、後者は清である。両者は一にして異であるとはどういう意味か。（其含蔵識。與大智慧。雖有清濁。是一是異。義如何者）

D　涅槃について

[第五問]　佛に有余と無余の涅槃の別があるが、これは実際にある区別か仮りのものか。（佛有有余無余涅槃。此二涅槃。為別実有。為復仮説）

[第十二問]　菩薩は涅槃と輪廻をともに分別しないとはどういう意味か。（菩薩涅槃。及與輪廻。並不分別。義如何者）

[第十三問]　菩薩の所知は、涅槃に著さず生死に染まないことであるとは、何法によってそのようになるのか。（菩薩所知。不著涅槃。不染世間依何法者）

[第十九問]　佛の涅槃も声聞の涅槃も異ならないと説く経典がある。涅槃に至れば後智も三身も滅すと言うものがあるが、本当かどうか。（経説。声聞所得涅槃與佛無異。後智三身一切並滅。猶如燈焰。滅即無余。此是定説。是不定説）

［第二十問］「大乗経」に言うように「本来涅槃」ならば、なぜ更に修行する必要があるのか。（大乗経説。一切諸法。皆無自性。無生無滅本来涅槃。既爾如何。更須修道。一切自然得涅槃故）

E　佛身について

［第六問］佛に三身の別があり、法身は法界に周遍している。化身は各々の佛にある。応身は法身のように一として周遍するものか、化身のように各々別々にあるものか。（佛有三身。其法身者。周遍法界。化身各各。在一切佛。而其応身。有一有異）

［第十一問］菩薩の法身と佛の法身は同じかどうか。（菩薩法身。與佛法身。同不同者）

F　成佛の可否について

［第十八問］大乗は方便であると説いたり、究竟であると説いたりする「大乗経典」がある。また、声聞、縁覚も成佛すると説くものもあれば成佛できないと説くものもある。どういう意味なのか。（大乗経中。有説三乗。是方便説。或説究竟。或説二乗。皆得成佛。或説二乗。不得成佛。義如何者）

G　佛教分派について

［第二十二問］佛在世のときは一法のみであった。佛滅後分裂して四部となったが、四部の中でどれが本当の佛教か。（佛在世時。衆僧共行一法。乃佛滅後。分為四部。不同於四部中。何是一法）

右のように分類してみると、これらの質問の中で最も多いのは菩薩に関することである。菩薩の行法を問うものが六問、菩薩と縁覚・声聞の二乗との違いを問うものが四問である。その他の問いにしても、第二十二問を除けばいずれも大乗佛教の内容を問うものである。(3)『大乗二十二問』の標題が示すように大乗に関する質問を主題とするものであると言える。しかし、大乗について何故にあらためて質問する必要があったのであろうか。

かねて『大乗二十二問』の成立に関して、その質問が賛普より発せられた理由を、インドから招かれたカマラシーラと中国禅僧摩訶衍との間に起きた「チベット宗論」に求め、論争の収拾に苦慮した賛普が、いずれの宗義が是であるかの判断を敦煌の碩学・曇曠に求めたのではないかと推定した。しかし、後章（本書二六二頁）で検討するように、この推定は年代的にも内容的にも妥当でない。まず、年代的に曇曠が質問を受けたのはチベット宗論発生よりかなり早い時期である。『頓悟大乗正理決』によると摩訶衍に初めて賛普より接触のあったのは七八六年、沙州降下之日であった。「沙州降下の日に当りて、賛普の恩命を奉じ、遠く追って禅門を開示せしむ」（F154a6–b1）と記しているが、摩訶衍は質問状の形式で佛教を問われたのではないかと思われる。摩訶衍はそれに禅の立場から答え、それを「禅門を開示す」と言ったのであろう。摩訶衍はその後、チベット本土に連行され禅を説き、宗論へと展開する。七九二年以降のことである。曇曠が質問を受けたのは七八六～七八八年であると推定できるが（本書三三頁）、事情が摩訶衍の場合と類似するところから、やはり沙州の降下の直後ではなかったかと思われる。いずれにしても曇曠が質問を受けたとき、未だチベット宗論は発生していなかった。また、内容の点から見ても、宗論の争点になっている頓悟・漸悟の問題に直接かかわる質疑応答と見なすには無理がある。やはり大乗佛教の内容を尋ねたものと見るのが妥当である。

もし、摩訶衍も同じ質問を受けていたとすれば、賛普は陥落を待ちかねたように、手中にした敦煌の二人の碩学に大乗佛教の何であるかを尋ねたのである。そのように切迫した問題とは、チベット宗論ではないとすれば何であったのか。

チベットの佛教導入は、伝承史料ではソンチェンガンポ（Srong btsan sgam po 五八一～六四九）の頃まで遡る。この伝承は無視するとしても、遅くとも沙州陥落の頃までには、チベットは相当に佛教導入を果していたと考えられる。『佛祖統記』建中二年（七八一）の条に「良琇・文素の二人を求めに応じ派遣した」[4]という記事は、実証はできないが、当時のチベットが中国から佛教を学ぼうとした意向のあったことを示唆している。インド方面よりも僧侶を招いていたことであろう。占領地より漢人僧も連行していたかもしれない。種々の佛教が既に入り込んでいたことが想像できる。ちなみに、チソンデツェン王（Khri srong lde brtsan 七四二〜七九六）が佛教を国教にしようと決意したのは七六一年であった。[5]その中で、なぜ大乗が問われなければならないのか。それには、その頃、強く大乗の特色を主張する佛教が入ってきて、従来の佛教との間に混乱を起こしたという事情があったのではあるまいか。

それが中国系でないことは、博識の曇曠にも未知の教学が問われているということが物語るところである。それについて、伝承史料に示唆を求めると、インドよりチベットに大乗佛教の伝来が二度あったことが伝えられている。最初は、シャーンタラクシタ、パドマサンブハヴァが招かれたとき、次はチベット宗論の収拾のためにカマラシーラが招かれたときである。後述（本書三二四頁）のようにカマラシーラは、来蔵したとしても随分後であると推定される。ちなみに、シャーンタラクシタの主著である『中観荘厳論』[6]（*Madhyamakālaṃkāra*）やエセイデ（八世紀後半から九世紀にかけてのチベットの翻訳者）の『見差別』（*lTa ba'i khyad par*）などを見ると、全佛教を有外境論者、唯識派、そして自宗の中観派（経中観と瑜伽行中観）の四派に分かって段階的に論述する発想がある。これは、後に毘婆娑師、経量部、瑜伽行派、中観派の四派の分類に展開し、チベットでの佛教理解の方式として定着し、種々の「佛教綱要書」（*Grub mtha'*）に採用されるが、[7]いま『大乗二十二問』の第二十二問に問う「四部」とは、そうした新来の佛教の学派事情を反映するものであろう。曇曠はその佛教界の動向を知らず、種々の説を述べて質問に答えようと苦慮しているが、背景にこうした学派分類の教相判釈をもって大乗の優位性を強く主張する人々の存在があったのではあるまいか。ただし、シャーンタラクシタもカマラシーラも敦煌資料のなかに教学的な痕跡はあるにしても、実際にチベットに来住したかどうかの実証を未だ得ないままである。伝承史料の記述と対比して想定したものにすぎない。実証的な資料の発現を待って、今後、明らかにされなければならないことである。

［注記］

（1）久野芳隆「曇曠述大乗二十二問」（『佛教研究』一―二、一九三七）。この論文が『大乗二十二問』を取り上げた最初である。ここで扱った資料はＰch二六九〇であった。ここで久野氏は皇帝を代宗に当てた。拙稿「曇曠の佛教学」一七〇―一八九頁。最近、本文献の研究として巴宙「大乗二十二問の研究」（『中華佛教学学報』第二期、一九八八）が発表された。

（2）Ｓch二六七四では第九問は「幾地有相。幾地無想」と相と想が使い分けられる。他の写本は有相を有想としているが、曇曠の返答からみると、もと「有相」であった可能性がある。「資料一」一〇七行では「有相」を採った。

（3）エセイデの『見差別』の中で佛三身の問題を、比較的大きくとりあげ論じている。いま『大乗二十二問』でも、これに関する質問が第六、十一、十八に見られる。当時、このことが問題になっていた背景があるのではないか。このことは拙稿「エセイデの佛教綱要書（Ⅱ）」『佛教学研究』三七、一九八一）八二頁でも指摘した。

（4）「［建中］二年。吐蕃遣使乞朝廷賜沙門善講佛理者。帝令良琇・文素往赴説法教化。歳一更之」（『佛祖統紀』巻四一、大正四九・三七九頁ａ）。

（5）山口瑞鳳「吐蕃王国佛教史年代考」（『成田山佛教研究所紀要』三、一九七八）二頁。

（6）一郷正道『中観荘厳論の研究』、一九八五参照。

（7）『見差別』、及び学派分類については、上山大峻「エセイデの佛教綱要書」（『佛教学研究』三二・三三合併号、一九七七）、及び「エセイデの佛教綱要書」（Ⅲ）（『佛教学研究』四五・四六合併号、一九九〇予定）参照。その他敦煌出土の「綱要書」については、松本史朗「lTa baʼi khyad par における中観理解について」（『曹洞宗研究生研究紀要』一三、一九八一)、「佛教綱要書」(『講座敦煌6・敦煌胡語文献』、一九八五、二六五—三〇九頁)、及び拙稿「法成の研究」(下)、一九八頁参照。チベット佛教綱要書一般での学派分類については、K. Mimaki: *BLO GSAL GRUB MTHA* (Kyoto; 1982)。

第二十二問で出る佛教の「四派」が何であるかについて、曾て「曇曠の研究」一八七頁では、『頓悟大乗正理決』中(F141a1)に宗を執境・執識・執中論の三に分類する例を見ること、『プトン佛教史』に「いまや中観派は三派に分かれて一致せず……」の文があることに示唆を得て、いまの四派とは右の三派に禅宗を加えたものであろうという考えを示したが定見ではない。毘婆沙師、経量部、瑜伽行派、中観派の四部を当てるのは、経量部を加えてのこの分類の形成がもっと後世であるという考えがあり、直ちには採用し難い。

(8)　『唯識三十論要釈』

この著作は写本の首部が欠損しているため著者の確認を得ることができないものであるが、以下のように曇曠の著作である可能性は極めてたかく、かれの著述としてここに扱うことにする。[1]

この文献の唯一の写本であるＳch五五三七は、二八・五×一〇・五cmの貝葉型五五枚より成るものである。表裏を用い、各面八行を罫線をひいて写し(最後の一紙には線が見えない)、一行当たり三一文字前後を写している。上方1／5ぐらいの位置に孔を穿つ。これは紙を束ねるために糸を通していた跡である。上方に頁数を記入しており、最後は「五十六」で終わる。写本は「二」よりはじまり、最初の一紙は散逸している。従って、ここに記されていたと思われる標題も撰者名も知ることができない。ただし、末尾は完備しており「唯識三十論要釈」の尾題を見ることができる(**図7**)。用紙は、チベット支配期特有の厚手の紙を貼り合わせて更に厚くしたものである。各葉の四隅は長い使用によりすり減っている。殊に最終葉の破損は甚だしい。筆跡は、ややくずした楷書であるが、木筆での筆写とみられる。貝葉型であるからチベット時代に入ってからの写本とみなければならないが、筆跡が端正、流麗であるところからそれもはやい時期で、八世紀末ごろであろう。

現在のところ、この文献の写本はこれだけで、他に同種の写本を見ない。大正蔵経は第二八〇四番（八五巻）にこの写本によって収録している。ただし写本番号はＳch三九六となっていて、旧番号である。『鳴沙余韻』に最初と最後の写真を収める。また、矢吹慶輝氏による簡単な解説がある。(2)

この文献のはじめのほうで、著者が次のように述べるところがある。

……我唐先帝。請為国師。雖大訳真経。廣翻正論。於唯識深義祕同髻珠。伝非其人未即翻授。唯為慈恩独訓斯旨。初於貞観二十二年。在慈恩寺。訳斯本頌。後顕慶末年。於坊州玉華宮寺。乃翻釈論。初翻之際。十釈別行。後因諮請。糅成一本。包含名相。該羅邪正。今取正義。而釈頌文。論所縁竟。（大正八五・九六三頁ａ23－ｂ３）

これによると著者は、大唐三蔵が各種「三十頌釈」を合糅して翻訳した本、すなわち『成唯識論』の中より正義を採って『唯識三十頌』を釈すという。文を検討してみると、本書は『成唯識論』のなかより解釈の文を採用しながら、若干の著者自身の文を加えて編集した形のものである。

次に適当な部分を抜粋し、その編集の模様を例示する。

Ｓch五五三七『唯識三十論要釈』抄録

原写本・一二葉裏二行―一四葉裏七行（大正八五・九六七頁ａ23―九六八頁ａ10）。傍線は『成唯識論』からの借文。

……(a)如是已説第二能變。第三能變。其相云何。頌曰。
次第三能變　差別有六種　了境爲性相　善不善倶非

釋。自下九頌。顯第三能變。於中總以八門分別。一顯次第。二顯名種。三明自性。四辨行相。五約三性。六解心所。七釋諸受。八明起位。雖有八門攝爲三段。初有一頌顯前五門。次有六頌顯諸心所。後兩頌顯現起分位。此初頌也。次第三能變者。此顯次第。故論釋云。(b)次中思量能變識。後應辨了境能變識相。差別有六種者。此辨名種。(c)此識差別總有六種。隨六根境種類異故。謂名眼識乃至意識。隨根立名。具五義故。五謂依發屬助如根。雖六識身皆依意轉。然隨不共立意識名。如五識身無相濫過。或唯依意故名意識。辨識得名。心意非例。成名色識乃至法識。隨境立名。順識義故。謂於六境了別名識。色等五識唯了色等。法識遍能了一切法。或能了別法。独得法識名。故六識名無相濫失。此後隨境立六識名。依五色根未自在説。若得自在諸根互用。一根發識縁一切境。但可隨根無相濫失。(d)然六轉識所縁所依麁顯極成。故此不説。(e)了境爲性相者。雙顯六識自性行相。識以了別爲自性故。即復用彼爲行相故。由斯兼釋所立別名。能了別境名爲識故。善不善倶非者。此顯三性。(f)能爲此世他世順益故名爲善。人天樂果雖於此世能爲順益。非於他世。故不名善。能於此世他世違損故名不善。惡趣苦果雖於此世能爲違損。非於他世。故非不善。於善不善損益事中不可記別。故名無記。倶非者謂無記。非善不善故名倶非。(g)此六轉識若与信等十一相應。是善性攝与無慚等十法相應。不善性攝。倶不相應無記性攝。雖一一識三性不倶。六識聚中有容倶義。(h)卒爾等流眼等五識或少或多容倶起故。(i)若五識中三性倶轉。意隨偏注与彼性同。無偏注者。便無記性。次下第六釋。心所相應。論生起云。(j)六識与幾心所相應。頌曰。

此心所遍行　別境善煩惱　隨煩惱不定　皆三受容倶

釋曰。於心所中總分爲二。初有一頌總標六位。後有五頌廣釋差別。此總標也。頌言此者此六轉識。言心所者總挙六位。遍行等者列六位名。顯(k)此六識總与六位心所相應。謂遍行等恒依心起与心相應繫屬於心故名心所。如屬我物立我所名。心於所縁唯取總相。心所於彼亦取別相助成心事。得心所名。如畫師資作模塡彩。其相應義如前已説。(l)雖諸心所名義無量。而有六位種類差別。謂遍行五。別境亦五。善有十一。煩惱有六。隨煩惱有二十。不定有四。如是六位合五十一。一切心中定可得故。縁別別境而得生故。唯善心中可得生故。性是根本煩惱攝故。唯是根本等流性故。於善染等皆不定故。故有如是六位差別　皆三受相應者。此即第七受相應門。(m)此六轉識易脱不定。非但与此心所相應。亦与三受而得倶起。(n)皆領順違非二相故。領順境相遍悦身心説名樂受。領違境相逼迫身心説名苦受。領中容境相於身於心非逼非悦名不苦樂受。如是三受或各分二。五識相應説名身受。別依身故。意識相應説名心受。唯依心故。又通有漏無漏二相。苦受亦由無漏起故。或各分三。謂見所断修所断非所断。又學無學非二爲三。或總分四。謂善不善有覆無覆二無記受。(o)或總分五。謂苦樂憂喜捨。三中苦樂各分爲二。逼悦身心相各異故。由無分別有分別故。尤重輕微有差別故。不苦不樂不分二者。非逼非悦相無異故。無分別故。平等轉故。然此三受五識容倶。(p)順違中境容倶受故。意不定与五識同故。於偏注境起一受故。無偏注者唯起捨故。未自在位。(q)三受容倶。得自在位唯喜樂捨。諸佛已断苦憂事故。……

『成唯識論』の対応個処

(a)大正三一・二六a11～14　(b)同・二六a15～16　(c)同・二六a16～27　(d)同・二六b1～2　(e)同・二六b3～6　(f)同・二六b12～17　(g)同・二六b17～19　(h)同・二六b25～26　(i)同・二六c7～9　(j)同・二六c11～13　(k)同・二六c14～18　(l)同・二六c27～二七a4　(m)同・二七a8　(n)同・二七a9～18　(o)同・二七a26～b1　(p)同・二七c22～24　(q)同・二七c24～25

『成唯識論』からの抜粋の仕方については、まず経典や論疏の引用文は採らない。長文の説明文は要約する。問題は、合糅されている異説をどのように取捨選択しているかである。かれは「正義」を取ると言うが、果して護法正義に一貫しているであろうか。しかし、この点に関しては目下のところ十分に見きわめるまでに検討がおよんでなく今後の課題としたい。そのような特別な意図があるかどうかはともかくとして、この文献は、長巻の『成唯識論』の要約を一つの目的としていることは確かである。

ところでこの文献の文中に、「此中応明三所依義。恐繁不録。百法疏明」（大正八五・九六六頁a4―5）、「三信差別。百法疏明」（同・九六八頁c27）など詳しい説明を「百法疏」に譲る指摘がしばしばみられ、九回に及ぶ。この「百法疏」とは曇曠撰『大乗百法明門論開宗義記』に当たり、該当の箇所も確かめることができる。この仕方はまた曇曠が『大乗百法明門論開宗義記』で「此義廣如起信疏述」（同・一〇四八頁a12）と自著を挙げる例と同じである。このような点からも考えて、本文献の著者は、矢吹氏も言うように、曇曠であると見なすことができる。

この文献が曇曠の著作とすると、それは『大乗百法明門論開宗義決』の序文に触れられていないので、ひとまずそれ以後に敦煌で著述されたということになる。しかし、前項でみたように、自序の記述が必ずしも確かでないので、その前後は明確でない。この著作の写本は、このSch五五三七の一点が現在までに知られるのみで、他の曇曠の著作のように、多数の写本を残していない。あまり学ばれていなかったのであろう。西明寺の学僧である曇曠がどのように『成唯識論』に代表される慈恩系の唯識学とかかわっているかということは一つの関心の対象であったが、かれが『唯識三十頌』にたいして『成唯識論』によりながらの註疏を造っていることは注目に値する。ちなみに『成唯識論』の写本は敦煌から見つかっているが(3)、この論そのものにたいする研究書、例えば窺基撰『成唯識論述記』などの存在はまだ確かめられていない。

［注記］

（1）　本論文は、拙稿「敦煌新出の唯識系論疏」（『龍谷大学論集』四二八、一九八六）一一四―一八頁に発表したものを修正して掲載したものである。

（2）図版・『鳴沙余韻』五五頁。解説・『鳴沙余韻解説』（一九三〇）正篇一五一―五三頁。
（3）『成唯識論』の敦煌写本は、現在のところ、文二九、Sch二五三〇に見つかっている。

(9)　『維摩経疏』（仮題）

大正二七七二番に収録される『維摩経』の注釈書がある。Pch二〇四九によって巻第三（弟子品の注釈）、Pch二〇四〇によって巻第六（香積品より末尾までの注釈）を収録したものである。曾て、佐藤哲英博士は龍谷大学所蔵敦煌写本の中の『維摩経疏』（仮題。龍大西域文化資料五三三）を調査し、その報告論文「維摩経疏の残欠本について」[1]において、この文献がPch二〇四九などの『維摩経疏』と同種の著作の写本であり、大正二七七二番に収録されていない巻一の一部に相当するものであること、内容よりみて八世紀前半の著述と推定できると結論づけられた。その後、筆者は北京本の淡七六も同じ文献の写本であることを発見し、巻二より巻三のはじめ（写本は首尾欠、巻三の分巻はなし）の部分を補うことが出来た。龍谷大学本、北京本ともに八、九世紀頃書写の特徴をもった写本である。ペリオ蒐集の二点の写本も同じ時期のものと推定される。この文献の写本は右の四点だけであるが、他にも内容の類似した乱雑な写本が数点みられる（帝八六、為八六、河九九、生九、鳥八七）。そしてこの中の帝八六、為八六、河九九には明らかに講義筆録の痕跡が見られる。また、淡七六の裏面には、表面の本文に対応する書入れが為されており、講義随聴あるいは復習を行ったことを示している。遺された写本の数はわずかであるが、この疏が何らかの形で学習されたものであることは明らかである。

佐藤博士は、先述の論文で龍谷大学所蔵の『維摩経疏』が大正二七七二番本と同種であることを推定するに当たって、その内容的性格を引用経論や思想から分析されているが、その結果の示唆するところは、この疏が曇曠の著作のもつ特徴を備えたものであるということである。それに加え次のような点が新たに認められ、この疏は曇曠の著作になるものであると見なしてほぼ間違いないと言える。

まず、写本淡七六を加えて調べることによって本疏に『大乗起信論』と『大乗入道次第』の引用も行われていることが分かった。すなわち、『大乗起信論』が四回（淡七六に二回、大正本の巻三に二回）、『大乗入道次第』が二回淡七六に関説されている。これらの両論は既に見てきたように曇曠が大部な注釈を行い、よく精通しているものである。『維摩経疏』の全体は唯識学の立場で注釈されており、就中、慈恩大師窺基の釈風を多く承けているようであるが、このような場合、『大乗起信論』が学説の典拠に引用されることはあまりない。そうであるにもかかわらず、いまその引用を見るのは、法蔵以後の起信論学の影響をうけて、唯識家でありながら『大乗起信論』の専門家であった曇曠の学的特徴に通ずるものであって、かれとの結び付きを強く認識させるものである。

次に、『大乗入道次第』を二回関説するうち、前者は、

三十七道品者。亦云助道法。道者通遊義。品者品類。亦云行性虚通。説為道也。言此諸法。是助道法。非即道也。五門。一釈名。二出体。三趣入。四問答。五大小乗異。釈名如入道次第。（淡七六）

とある。これには『入道次第』をよく知っていることを前提として触れた口吻が認められる。ところが、智周の『大乗入道次第』の本文には右に言う「道」の釈名に該当する箇所は見当たらず、ここで指摘するのは、実は曇曠の著作『大乗入道次第開決』の釈題の項で

所言道者。趣向為義。遊履為義。亦即不離教理。行果随応。而有趣向。遊履通運義。故皆名為道。（大正八五・一二〇七頁a）

と道の義を解釈するところに相当する。更にこの『大乗入道次第開決』は、淡七六の裏面にみる次のような書込み

にも中に名を現している。
入道次第開決云。問。菩提分法通諸位者。何故楞伽・摂論皆云四地。方得菩提分耶。答。彼拠三地。得定戒。
……

この注記は、講者自身が補ったところを聴講者がそのまま書き留めたものであるか、弟子が後に復習して新たに書き加えたものか定かでないが、後者であるとしても、少なくとも本疏が曇曠と密接な関係にあること、また曇曠の著作に習熟した弟子によって研鑽された事実を明らかにしている。

曇曠の同系またはその薫陶をうけた弟子によって著作された可能性も考慮しうるが、既に論じたように曇曠と同時代の敦煌においては、このような大部にして精緻な著作を創作しうる人物は現在までのところ曇曠をおいて他に見いだしえない。若干時代は遅れるが、曇曠系の学問を承け、しかも活発な著作活動を行った学僧に法成（八三三～八五九頃）がある。しかし、法成の著作と『維摩経疏』との間には教学的差異があり、この疏を法成の著作とは認めがたい。例えば『維摩経疏』では、機類を声聞蔵と菩薩蔵との二蔵に分けることを原則とするが、この二蔵説は曇曠の『大乗百法明門論開宗義記』に「……一約人弁。唯有二種。一菩薩蔵。二声聞蔵。独覚智証。与声聞同。教既不多。入声聞蔵」（大正八五・一〇四八頁a）と同軌のものであり、法成が『大乗稲芉経随聴手鏡記』において「……為諸有情根器差別。随機引導。仮説種多。雖有種多。略而言之。不出三種。一声聞乗。二縁覚乗。三菩薩乗」（同・五四五頁a）と述べ、蔵を乗で論じ、縁覚を加えるのと相違している。

以上のように、この『維摩経疏』は、ほぼ曇曠の著作と認めうる。たとえ曇曠自身によるものではないとしても、かれの学風にきわめて接近した学者によって著述され、その敦煌への搬入・研鑽に当たっては曇曠が密接に関係していることは疑いない。若し、曇曠の著述になるものとすれば、大暦九年（七七四）に識された『大乗百法明門論開宗義決』の自序にそのことを触れていないから、それ以後の七七四～七八八年の期間に造られ、同じ頃講義されたものであろう。

［注記］

（1）佐藤哲英「擬題・維摩経疏巻第一、維摩経疏の残欠本について」（『西域文化研究』巻一、一九五八）。龍大本の首部と尾部は図版19、20に、録文は一二一―一二六頁に発表される。この段階では佐藤氏は淡七六は見ていない。なお、拙稿「八・九世紀敦煌における『維摩経』諸注釈の系譜」（『龍谷大学論集』三八七、一九六八）一〇七―一一一頁でも、この『維摩経疏』について論じた。

三　曇曠の教学的特色

曇曠の著作活動は多岐にわたっている。大きく分ければ、（1）『金剛般若経』の系統、（2）『大乗起信論』の系統、（3）『大乗百法明門論』などの唯識系統である。

第一については『金剛般若経旨賛』の著作がある。『金剛般若経』は玄宗皇帝が御注を行ったことが物語るように時の流行の経典であった。諸師が競って注釈したこの経典に、時流にあって曇曠も注目し注釈したものであろう。内容の類似、時代的関連、敦煌写本のあり方などから判断して、道氤の『御注金剛般若経宣演』がその範型であると認められる。

第二は、『大乗起信論廣釈』並に『大乗起信論略述』の著作である。これは敦煌からも写本の発現している法蔵の『大乗起信論義記』に範を求めて著作されたと認められる。もっとも、法蔵のものと違った疏の写本もあるところから、法蔵疏のみから著作傾向を承けたと即断はできない。

第三は、『大乗百法明門論開宗義記』『大乗百法明門論開宗義決』『大乗入道次第開決』『唯識三十論要釈』の著作である。これらに見られる教学は、いずれも慈恩のものを受け継ぐ。『大乗入道次第開決』は『大乗入道次第』への解釈であるが、その著者・智周は法相宗の第三祖で慈恩の系統を受け継いだ人物である。

ところで、以上の三系統のうち第一の『金剛般若経』系統は別として、第二と第三は、中国佛教史の上では、性相隔別か融会かをめぐってかなり激しく対立した二分野である。そうであるのに、曇曠はこれら二分野にわたって著作を遺す。しかも、個別的にみるかぎり、『大乗起信論』の学問は法蔵により、唯識学は慈恩によっており、かれが独自の思想で解釈を加えた事実を見定めがたい。いったい曇曠は、相い対立する二の立場を自己の中でどのように統一していたのであろうか。

この委曲は、おそらく最も大部な『大乗起信論廣釈』の序文に論じられていたことであろう。しかし、残念ながらこの部分を逸していて未だ回収されず、見ることができない。そこで、かれの諸著作の叙述の片鱗に、ひとまずその証左を尋ねることとなるが、それに当たってまず注目されるのは『大乗二十二問』である。この著はチベット王からの質問に、かれ自身の自由な立場から思うところを解答したものであり、答文の最後にかれの考えを披瀝している場合が多い。いまの問題に関して注目されるのは次のような第二十一問の答文である。

第二十一に問うて云く。其れ含蔵識と大智慧とは清濁ありといえども、是れ一にして、是れ異なりと、義は如何。

謹んで対う。含蔵識は是れ阿頼耶識なり。大智慧とは即ち如来蔵なり。大智慧に光明性あるが故に。清濁異ると雖も、性相分ち難し。此れに由て之を言えば、一に非ず、異に非ず。故に『密厳経』は此れに依て偈に云う。

如来は清浄の蔵にして、世間は阿頼耶なり。金と指環と展転して差別なきが如し。金と指環とは、如来蔵と阿頼耶とが一異に非るの義に喩う。一異に非ずとは、『楞伽経』に云うが如し。泥田と微塵とは一に非ず、異に非ず。金と荘厳具も亦た復た是の如し。謂く、金全体を以て指環を成ず。故に金と環と一異たるべからず。若し金と環と是れ一なれば、環相滅するとき金体も応に滅すべし。環相若し滅するも金体亡びず。故に金と環と一と言うべからず。金と環相と若し是れ異ならば、豈に金と離れて外に環相存するを得んや。環と離れて別に金体を求むべきに非ず。金と環相とは一異に非ずして成ず。蔵識と智とは当に亦た爾りと知るべし。如来蔵とは即ち是れ真心なり。阿頼耶とは乃ち是れ妄識なり。真心清浄なれば、即ち是れ本源なり。妄識生滅すれば乃ち流浪を成ず。総じて説かば然りと雖も、別して分別すれば謂く、如来蔵とは本源は真心なり。性は清浄にして、常に無為に住すと雖も、而して亦た本清を守らざるが故に、無明の熏を受け、動じて妄識を成ず。生死に随流して衆生を作す。衆生を成ずと雖も本性を失わず。故に妄識を離れて本源に還帰す。若し如来蔵が常住の性を守らば、衆生常辺の過あるを作さず。若し如来蔵が衆生を成ずるの時は、其の本性を失して断辺の過あり。既に如来蔵は、断に非ず、常に非ず。故に妄識と一に非ず、異に非ず。若し定んで一ならば、妄識滅する時は真心応に滅すべし。即ち断辺に随う。若し定んで異ならば、妄識動ずる時は真心不動なり。即ち常辺に堕す。此の二辺を離る。故に非一非異なり。

問う所の因は法性宗に依る。対う所の門は頓教に依りて立つ。唯識等と義稍か同じからず。宗旨に殊りあり。伏して惟うらくは昭鑒あらんことを。（原文は「資料二」二四三―二五四行）

右にみるように、曇曠は含蔵識＝阿頼耶識と大智慧との関係について、真心＝如来蔵と妄識＝阿頼耶識とは非一非異であって、真心が「無明の熏を受けて、妄識を成ずる」という『大乗起信論』で示す心識説と同軌の考えを明らかにする。そして、この考えが唯識宗のものと異なるものであることを最後に付記している。法性宗（花厳・涅槃・楞伽等経・宝性・起信等論）の立場で質問されたものを、頓教（華厳宗の五教判によれば『維摩経』などの教）の立場で答えたとも言う。しかし、むしろ唯識宗（始教）の立場からの質問を起信宗終教の立場で答えているかに見える。この点、法性宗、頓教の理解に疑問が残るが、いずれにしても、この問答において彼が唯識宗の説をとらず、真妄和合の起信論系の心識説を述べていることは、自らの立場を露にしたものと見ることができよう。

ちなみに、右の文中の泥団と微塵の喩の出拠である『楞伽経』は、『四巻楞伽』で、「譬如泥団微塵。非異非不異。金荘厳具。亦復如是」（大正一六・四八三頁a）に当たる。

また、如来蔵と妄識との非一非異の関係を、常辺過と断辺過で論証する方法は、

若定一者。生滅盡時。真心応滅。即堕断辺。若是異者。無明熏時。心応不動。即堕常辺。既離二辺。故非一異。

（大正八五・一〇九五頁b）

と、曇曠が『大乗起信論略述』で述べているところである。そして、この論理は、法蔵が『大乗起信論義記』に、次のように論ずるところに遡る。

又若一者。生滅識相。滅盡之時。真心応滅。則堕断辺。若是異者。依無明風。熏動之時。静心之体。応不随縁。則堕常過。離此二辺。故非一異。（大正四四・二五五頁b）

次に、曇曠の大乗宗の分類の仕方が注目される。『大乗百法明門論開宗義記』のはじめ所宗を論ずるところで、まず小乗の各宗をあげてその特徴を論じた後、大乗宗を次のように分類する。

後大乗宗。而有二種。一勝義皆空宗。即十二門論・智度・中・百・般若灯論・掌珍論等。依般若等。無相空教。説一切法。不離二諦。若世俗門。諸法皆有。乃至許有我法心境。与諸小乗。義無差別。若勝義門。諸法皆空。

乃至不立唯識真如。与応理宗。所説全別。……

二応理円実宗。即摂大乗論・瑜伽・顕揚・雑集・唯識・中辺等論。依深密等。諸了義経。説一切法。世俗勝義。不一不異。非有非空。……

若説法性円融法門。即為三宗。如起信疏。今此論者。即大乗中。応理円実究竟宗収。（大正八五・一〇四七頁b―c）

『金剛般若経』の注釈において曇曠が学問継承をしたと見なしうる道氤（六六八～七四〇）の著『御注金剛般若経宣演』に同じく大乗の分類が見られる。道氤は、まず先徳の説として、一立性宗、二破相宗、三法性宗、四顕実宗の四宗の説。次いで「又有法師立三宗義」と言い、一法相宗、二破相宗、三法性宗の分類を紹介している。しかし、自らの採る説としては「由此応説。於大乗中。宗分有二。一勝義皆空宗。二応理円実宗」（大正八五・一四頁a）の如く挙げる。この二宗義は、慈恩の立てる八宗義のうち大乗の二宗として挙げるものと名称を同じくし、慈恩系唯識宗の教判と考えてよい。曇曠は、この二宗に更に法性円融宗を若干のはばかりをもって加えた。この名称が曇曠の創唱か否かは分からないが、先に道氤の挙げていた三宗義を土台においてのものであろう。この宗が何を意味するか、「如起信疏」と言って、目下散逸している『大乗起信論廣釈』に詳細をゆずっているが、道氤が法性宗について説明する「花厳・涅槃・楞伽等経。宝性・起信論等論。皆法性宗。彼依法性如来蔵門。融会諸法。為究竟故。乃至立一味之理」（大正八五・一三頁b）を内容とするものであるに違いない。曇曠は慈恩・道氤の唯識家が、応理円実宗を是とする二宗義にとどまるのに対し、それを承けながらも一歩を進め、法性円融宗への傾きを示している。

右のように、曇曠には、唯識学を基礎におきながらも、関心が『大乗起信論』にも及び、自らはむしろ如来蔵真識を認め性相融会を語る法性円融宗に立場を置く特色が認められるのである。

太宗の庇護をうけて玄奘—慈恩（六三二〜六八二）の法相唯識学は学界を席巻した。しかし、それもやがて則天武后に支持を受けた華厳宗・法蔵（六四三〜七一二）へと勢力を譲ることとなる。法蔵の統一的立場は、たとえ法相宗の方からは不満としても、従来の慈恩らによって確立された唯識学に対立する態度は示さなかった。教相判釈でそれぞれを位置づけて、その学習の意義を認めたのである。法蔵は『大乗起信論』の如来蔵心識説を基本に、唯識宗の術語や知識を取入れながら、性相融通門を立てた。法蔵は、この法門に属す経論として『涅槃経』『楞伽経』『密厳経』『宝性論』『起信論』などを挙げて終教とし、『深密経』『佛地経論』『瑜伽師地論』などの始経より高く位置づけた。かれは『成唯識論』の糅訳に遅れること二十五年にして『大乗起信論義記』を著して（六八四）右の説を確立した。唯識家が、この思潮に動揺し、それに同調するものが現れたとしても不思議ではない。曇曠もそうした一人であったであろうと推定されるのである。ただし、曇曠が独自にそうした傾向に走ったか、その間の誰かの影響を承けたかは明瞭でない。ただ、敦煌に遺った曇曠と同時代の唯識系の文献から次のような示唆を受ける。すなわち、円測、円暉、文軌など曇曠と同じ西明寺系の学僧の文献の存在が多く、曇曠と関係して敦煌に搬入された形跡を見ることにおいてである。そして、これらの学僧はいずれも正統唯識家からは異端視される傾向にあったものである。文献のいちいちについては別処で触れていることであるが、就中、敦煌に遺る『四巻楞伽』の疏（Pch二一九八）から知る円暉の思想は、曇曠の思想と軌を一にするものであり、また曇曠も自著『大乗百法明門論開宗義決』のなかに次のように二ケ所で円暉の文を引用するところである。

（1）円暉法師。『楞伽疏』中。不許世親是二十二伝法人数。深為迷謬。（大正八五・一〇六九頁a）

（2）一縁慮義等者。然准『四巻楞伽経注』。有二種心。一者質多縁慮之心。二者乾栗大真実之心。（大正八五・一〇七四頁a）

前者には、円暉法師の「楞伽経疏」と出拠を明記するが、現在までに得た円暉の『楞伽経疏』の写本中に同文を見ることができない。後者は、円暉の名を示していないが、心を質多と乾栗太の二に分けて解釈することは、Ｐch二一九八の一〇六—一〇八行に見るところで、円暉の思想にまちがいない。その思想はどのようなものであったであろうか。

Ｐch二一九八は円暉著『楞伽経疏』の最初の部分を遺す写本で、かれの心に対する考えかたが披瀝されるところである。[1]

まず、『楞伽経』の経題「楞伽阿跋多羅宝経一切佛語心品」の解釈を行い、この中の「佛語心」の心が真心であることを指摘する。ところで、この心について二義があるとする。一は梵語のhṛdaya乾栗太（写本では乾栗大）で堅実を意味し、樹心にたとえられる真心。二は梵語のcitta質多で、現行識を起こす縁慮心たる妄心であり、これは第八識である。

そして、この第八識に両義があるとして次のように述べる。

> 然第八識。有両種義。一性・二相。性則真識。相則妄心。有所攀縁。故『起信論』。説阿梨耶識。心生滅門。謂如来蔵。体無生滅。即是真心。由無明風。熏此真心。而有相生。是阿梨耶。而有生滅。又『起信』云。但業相滅。而体不滅。故知識相。集一切種。起七転識。約集起義。名阿頼耶。即是生滅。与不生滅。両法和合。離血乳生流転法。名為識蔵。故下経文。若無識蔵。即無生滅。又下経云。異不異合。異則生滅。不異是真。即無生滅。頼耶是本末相従。倶是縁慮。通名心矣。（Ｐch二一九八・一〇九—一一七行）

第八識＝阿頼耶識は、一切種を集め七転識を起こすという集起の意味より阿頼耶識と名付けているが、これは識の相、すなわち生滅の面であって、体は不生滅（＝真心、如来蔵）である。要するに、阿頼耶識とは生滅と不生滅の両法の和合したものであり、性＝真識と相＝妄心の両義を有すものである。そして、両者は「無明の風が、真心に熏ずることによって相が生ずる」という関係にあると見る。文中に『大乗起信論』を引用して論述するように、以上の円暉の考え方は『大乗起信論』に説く真妄和合の心識説に一致するものである。もっとも、依用する『大乗起信論』の文は、新旧両訳に同一文を見いだし得ず、取意による引用と思われる。

右のような心の解釈の後、円暉は次に唯識宗の説を批判する。

然起信宗。熏如来蔵。不同唯識熏第八。唯心識所熏。要須生滅。真無生滅。堅不受熏。然起信宗。真浄法界。摂一切法。悉之是妄。悟及成真。真妄相熏。理故然矣。(同・一二〇—一二三行)

起信宗で「如来蔵に熏ずる」と言うが、これは唯識宗で「第八に熏ずる」と言うことと同じではないとする。唯識宗の説では、心識のみが熏ぜられて真は無生滅である。熏ぜられることがないからである。起信宗の説によれば、真妄相熏であって、真浄法界も妄の熏ずることによって悉く妄となり、而して悟すればすべて真となる。この両説のうち、円暉は後者の起信宗の説が理に契うと採るのである。

更に真如に関して、円暉は、唯識宗の説を批判する。唯識宗の成佛位の四智は、種子より起ったものであるので無漏ではあるが有為法であって、相続常であり、真如ではないとする。これに対し、『楞伽経』や『大乗起信論』における佛＝覚＝無念＝真如は、生滅都盡の浄法界にして凝然常であるとする。また、「約『唯識論』。正智不壊。是相続常。非謂凝然。由是正智。依他起摂」(同・三〇一—三〇二行)と言い、『成唯識論』で説く正智は相続常であり、依他起に分類されるものであると見ている。

以上、円暉の思想は、唯識宗より起信宗に大いに傾斜していると認められる。『四巻楞伽』を注釈の対象に選ぶこと自体、かれが既に如来蔵説に関心をもっていたことを意味しよう。ところで、円暉はこの『楞伽経疏』を著作する十数年以前、すなわち七四二年頃、普光（―六四五～六六四―）の『倶舎論疏』を略述した『倶舎論頌疏』(2)を著している。普光は玄奘の訳場にも参じ、師の信頼を得た生粋の玄奘門下である。したがって、円暉の性相学は当然、玄奘―慈恩系の倶舎・唯識学を承けたものと考えなければならない。いま『楞伽経疏』にも、屢々『成唯識論』の文を引き、「大唐三蔵」の言を挙げて知識の根拠にしているところを見るのである。このように、唯識学の知識を持ちながら、心識説において起信宗を採る学風は、まったく曇曠と類似する。年代的には、円暉は曇曠とほぼ同時代と思われるが、曇曠が円暉の説を著作中に引くところを見ると若干先輩であろう。円暉の思想に影響を受けた可能性は大いにありうることである。

曇曠が文軌から学んだ可能性もありうる。敦煌写本中には文軌の著になる『因明入正理論疏』(3)『廣百論疏』(4)『天請問経疏』(5)が存在する。これらの文献も曇曠に関連して敦煌に搬入されたと考えるところである。ところが、この文軌も、因明学において慈恩系のそれから異端視された経歴をもつ。

ところで、後に論ずるようにチベット支配時代に敦煌で活躍した法成は、中国佛教学に関しては曇曠より継承したことが明らかになっているが、かれが漢文よりチベット訳した佛典に円測著『解深密経疏』と円暉著『楞伽経疏』がある（本書一一二―一一八頁）。かれがこれら二文献をあえてチベット訳の対象として選んだ理由は、この二著作が敦煌で重要視されていた文献であったことを意味していよう。当時、敦煌の中国佛教学は曇曠のそれを通して取り入れられていたとほぼ考えられるので、それらは亦、曇曠が重視していた文献であったということでもある。この事実は、曇曠と円測、円暉が密接な関係をもつことを傍証するものである。

円測は、慈恩系唯識家から強く批判されたという。円暉は円測と円の一字を同じくし、おそらく師弟関係をもつと思われる。曇曠は西明寺で学んだ学僧であったが、この西明寺は円測の道場として周知のところである。曇曠の学問もまた、かれらに組し、やはり唯識家から異端視されたものであったのではないか。おそらく、その原因は『大乗起信論』の思想に傾いた性相融会の思想を採り入れたことにあったのであろう。そして、そこに彼が長安の学問を避けて河西に帰ろうとした理由があったかもしれない。もちろん、七五五年頃と推定される曇曠の長安における最初の段階の相宗学習は、慈恩系学問をそのまま受けたであろう。敦煌写本中にも慈恩の著作や『成唯識論』が存在する。それらもまた、曇曠と関係して搬入されたものと想定される。しかし、法蔵の学問の風靡のもとに、法相唯識家の真如観にあきたらないものを感じ、円暉などと同じく、起信宗系のそれに傾斜したのではあるまいか。曇曠のそうした転向が、あるいは法相宗側からの批判をうけることになったかもしれない。しかし、それらは従来の性宗と相宗の軋轢の伝説からの判断であって、実際に当時の中国佛教界がどのような動向をとっていたかは計り知れないところである。むしろ、敦煌写本に例をみる、そうした具体的学問傾向より再検討される必要があろう。

[注記]

（1）上山大峻「敦煌出土円暉述『楞伽経疏』攷」（『木村武夫教授古稀記念・僧伝の研究』一九八一）二三一—五一頁。

（2）文軌の『倶舎論疏』の文がPch二一七四中に同定されている。『ペリオ敦煌漢文写本目録』Ⅰ、一一三頁参照。

（3）文軌、浄眼などの『因明入正理論疏』の蒐集・研究は武邑尚邦博士によって果たされており、著書『因明学—その歴史と変遷—』（一九八五）に録文と研究論文が収載される。ちなみに文軌疏（Sch二四三七）の裏面には曇曠の『金剛般若経旨賛』が写されている。

（4）文軌の『廣百論疏』巻一（Pch二一〇一）は、「神龍三年（七〇七）三月僧崇晃写」の識語のある写本で、『大正新脩大蔵経』八五巻（二八〇〇番）に集録するところである。その序（大正八五・七八二頁b）の文意からみて、この本を曇曠が学んでいた形跡がある。

（5）『橘目録』に「天請問経疏　沙門文軌撰　今蔵無　尾署此文一無錯謬勘定了善雙佛雙信」と記す。この本は、現在北京図書館にあり、『劫余録続編』にも〇三二六の番号で現れる。大正二七八六番にも敦煌写本の「天請問経疏一巻」（尾題。首欠）を移録するので、これとの関係が問われる。

四　曇曠著作の学習と継承

著作一覧で知られるように、曇曠の著作の写本と認められるものは七〇点以上にのぼる。読誦や書写自体に意味を認める経典の場合と異なり、論疏を書写するということにはそれを学習しようとする意図が付随する。したがって、その写本の多いことは、それだけよく学習が行われたことを物語っているといえよう。

曇曠の写本群を瞥見してみると決して一様ではない。用紙や筆跡、附されている記号などにさまざまな特徴を見いだすことができる。それらを分析・検討しながら、曇曠著作の学習の跡をたどってみることとする。

(1)　写本の時代層位

紀年のはっきりする数点の曇曠の写本の中で、最も早いものはＳch二四三六の『大乗起信論略述』にみる七六三年（宝応弐載）で、最も遅いものはＳch九八五の『大乗百法明門論開宗義決』における八九三年（天順参年十二月二十七日）であり、その間は一三〇年に及ぶ。もっとも、その前後の写本も皆無とはなし難い。殊に八九三年以降のものは相当数ありえよう。

ところで、敦煌出土の写本より帰納して、写本の特徴に時代的変遷のあることが知られている。いま、本研究の主要範囲となる八～十世紀の期間についてみるならば、チベット支配に入って以後の写本は、書写が木筆によって行われ、用紙が厚手の粗悪紙に変化するという点を挙げうる。その原因は、チベットの河西侵攻の戦乱の中で、中国との交易路が断たれ、紙や筆の文房具が不如意になったこと。それとあわせて、チベット文字筆写の木筆ペンが漢字の書写にも用いられるようになり、また用紙もチベット佛典写経用の現地産の漉き目の荒い三〇×四五㎝の大きい紙をそのまま用いるようになったことが考えられる。

また、漢字の書法が稚拙になってくる特徴がある。チベット支配が継続するにつれて、漢字書法の伝統が失われてきたことが原因であろう。時には、漢字書法に無知なものが書いたのではないかと疑うものまで現れてくる。八四八年以降は、敦煌は再び中国人の支配となり、中国中原との交流も回復するが、やはり用紙は前時代のものに類し、書体は更に粗雑となる。

これらの形態的特徴と記載上の特色、例えばチベット支配時代は年記を干支のみで表すなどのことより、敦煌出土の写本に年代的判定を加えることがほぼ可能である。(1) これらの知識を加味して、次ぎに曇曠関係の写本群を時代順に検討してゆくこととする。

[注記]

(1) 藤枝晃「吐蕃支配期の敦煌―吐蕃期漢文文書の辨別法」(『東方学報』京都三一冊、一九六一)二〇五―二〇七頁参照。

(2) 初期の写本とその成立

Sch二四三六の宝応二年(七六三)の書写の奥書をもつ『大乗起信論略述』の写本(**図4**)と、Sch七二一の廣徳二年(七六四)書写の『金剛般若経旨賛』の写本とには、共通した特徴が認められる。その一は、用紙が Thin. soft whitish paper(Sch七二一に対するジャイルズ氏の説明)、Thin, buff paper(Sch二四三六に対する同氏説明)と表現されているような極めて薄手の楮紙であること。次ぎに書体が何れも cursive script 或は good cursive MS. と言われる章草体である点である。書写年代の明確なこの二写本を基準にして他の曇曠の写本を検してみると、右の二特徴をもった写本数点を次のように選びだすことができる。

Ｓch七二一Ｖ　＝『金剛般若経旨賛』
Ｓch二三六七、Ｓch二五五四Ｖ、Ｓch二七二一Ｖ、Ｐch二四一二Ｖ　＝『大乗起信論廣釈』
Ｓch一二五、Ｓch二四三六、Ｓch二六七五、Ｐch二一四一Ｖ　＝『大乗起信論略述』
Ｓch二四六三Ｖ、Ｐch二二〇二Ｖ　＝『大乗入道次第開決』
Ｓch二七三一Ｖ　＝『大乗百法明門論開宗義記』
Ｓch二七三二Ｖ　＝『大乗百法明門論開宗義決』

これらの写本は、チベット支配期以後の特徴を持つ厚手の紙に木筆字の楷書で写されたものと截然と区別することができ、七六三、四年頃の写本グループを形成している。また、これらが、二、三を除き、書写済みの経典や経疏の裏面（verso）に写されているという特徴がある。例えば、その中のＳch二七三二Ｖの用紙とされたものには、大統五年（五三九）、保定二年（五六二）の紀年をもっており、北朝期の経疏である。他の用紙もほぼこれに類する。約二百年前の佛典の写本を、新しく書写する必要を生じた曇曠著作の書写用紙に充てているのである。紙の希少な時代において、それら佛典がすでに学習の必要がなくなったと判断しての転用であろう。

曇曠の自序によると、かれは『金剛般若経旨賛』も『大乗起信論略述』も沙州以外の地で著作している。しかるに、先に挙げた七六三年と七六四年の書写の二写本は、いずれも沙州龍興寺で写したことを明記するものである。したがって、これら二写本は曇曠の著作原本ではなく、転写本である。初期の諸写本の中に、かれが朔方、涼州、甘州の地で著した自筆本が存在している可能性も無しとしないが、いまはそれを判別しえない。

右の二写本が龍興寺での筆写であることを記しており、しかも筆写年代が接近していることが、曇曠の沙州での活動の場が龍興寺であったことを示している。類同の他の写本も、同じ時期、同様な事情の下に成立したと見なしてよいであろう。チベットの攻撃の次第から考えれば、七六三、四年はおそらく曇曠が沙州に到着して間もない頃である。ここでかれが自らの著作を講義などを通して披瀝し、普遵などの求めに応じて書写せしめたものが先に挙げた写本として遺ったのであろう。

これらの写本は章草体（cursive）で書かれている。ややくずしの少ない草書体（semi-cursive）もあるが、経典の書写に見るような謹直な楷書ではない。また、用紙も裏面を利用しているが、これは論疏の書写には多く例を見るものである。この筆跡を詳細に比べてみると、普遵のものの他に数種の違った筆跡が判別できる。幾人かが、ほぼ同様な筆法をもって曇曠の著作の書写を行った。そのように筆法が共通していることは、師曇曠の原本がそのような筆跡であり、それに従って写した可能性もありうる。

ところで、Sch七二一V『金剛般若経旨賛』の普遵の写本は注目する必要がある。奥書は、

廣徳二年六月五日。釈普遵於沙州龍興寺写訖。（**図5**）

と記されており、曇曠と別人である普遵なる僧が写したことは明白であるが、この写本には随所に抹消、加筆、訂正が行われた跡が顕著に見られる（**図6**）。講義を聴くに従って筆録した場合、訂正・加筆などが生じることは当然であり、例もあるが、この本の場合は単なる誤写の訂正以上の修正を思わせる。ちなみに、同じ本の他の写本Sch二四三七Vと対照してみると、訂正した結果の文章と合致する。したがって、訂正以前はかなり違った文面であったと考えなければならない。これだけの訂正を為しうる人物としてまず著者曇曠自身が考えられるが、訂正文

の筆跡も本文の筆跡も同一であり、しかも「普遵」写であることを明記していて、著者自身が筆をとって修正したとは見なし難い。この事情を敢えて推定すれば、普遵が先に『金剛般若経旨賛』の第一次草稿本を書写し、その後、それを曇曠が講義か何かの場で訂正を加え、それを承けて普遵が所持する本の訂正を行った。その後は、その訂正本を原本として伝写継承されたということではなかろうか。

また、このSch七二一Vの写本を始めとして、文章の段落などに朱カギなどの印を附した跡を見る。これは、この本について何らかの学習を行った痕跡である。ただし、この印が、写本成立と時を同じうして、書写したと同じ人が附したとは断定し難い。後世、再度その写本を別人が学習し、その際記入している例もあるからである。

なお、先に曇曠の学習が龍興寺を拠点にして行われたことを推定したが、かなり後代（九世紀以後）の写本Pch三二〇二に「龍録内無名経論律」という題をもつものがあり、このなかに、「大乗起信論略述」の名を見る。無名論のうちに入れられてはいるが、龍興寺にいた曇曠の著作写本が同寺に保管されていた事情を窺わせるものである。

(3)　後期写本にみる学習と継承

曇曠の著作は、Sch九八五の天順参年（八九三）の紀年をもつ『大乗百法明門論開宗義決』の例にみるように、相当の後代に到るまで書写学習されている。七六三年前後の写本グループに対し、チベット支配に入って曇曠没後の写本群を後期として区別する。

この期のものは、特有の厚手の紙に中字または小字の楷書で書写されたものが殆どであるが、中に若干点、初期の章草体によく似た書体の写本があることが眼を惹く。曇曠著作の写本としては、Sch二七八二『金剛般若経旨賛』がそうである。これらは、酷似してはいるが、筆勢も異なり、用紙も後の時代のものであるところから後期の写本と判定できる。これは転写の際、手本となる本の書体を真似たのであろう。章草体の文字は後代の人には読みにくかったに違いない。時には判読できず楷書に直せなくて、もとの字形をそのまま真似て写した場合もあったとおもわれる（本書三六八頁）。この種の写本の例は『法華玄賛』の写本Ｐch二二五八、二五七六V、三九九四、Ｓch二四六五にも見ることができる。

曇曠の諸著作のうち、『大乗起信論』の疏や『金剛般若経』の疏、『大乗入道次第開決』などには後期の写本は少なく、『大乗百法明門論』関係、『大乗二十二問』に圧倒的に多い。後期にはこれらがよく学ばれたことを意味する。特に『大乗百法明門論』の疏に関しては著しい。もっとも、『大乗起信論』には『大乗起信論略述』への復注Ｓch二五八七（大正二八一五番に移録）[1]、『金剛般若経旨賛』への復注である『金剛旨賛抄』Ｓch六七三三、Ｐch二〇七五があり、後期にも学習されていた形跡がある。

Ｓch九八五が習字風写本ながら「大順参年（八九三）壬子十二月廿七日。金光明寺僧福祐」の識語をもち、既に指摘したように『大乗百法明門論開宗義決』の学習の一応の下限を示すものである。

その他、Ｐch二二六一『大乗百法明門論開宗義記』は「巳年十一月十九日写記。（別筆、後に消し）三界寺沙門道真論……」の記を有している。この三界寺は八三四年頃より名を見る寺であるから[2]、それ以後の最初の巳年は八四八年に当たる。巳年とのみ書くのはチベット支配期の特徴であるところから、この年を決定しうる。写本には朱点や朱の訂正などが加えられており、学習の跡が歴然としている。

『大乗百法明門論』関係については、曇曠の『義記』や『義決』を書写したものにとどまらず、それらを更に復注したものや、敷衍したりしたものが二〇点ばかり存在し、学習研究の盛んであったことを物語っている。これらに前述（本書二二頁）の乗恩のかかわりを予想することもできる。

『大乗百法明門論開宗義記序釈』と仮題を与えて『大正新脩大蔵経』八五巻・二八一一番に収録しているＳch一三一三は、『大乗百法明門論開宗義記』に対する注釈的講義の模様をよく示している。この写本の中間部分に「辛酉年十二月十二日了。従序内已示□□了」と聴講の日付がある。この辛酉年を矢吹博士は建中二年（七八一）と推定しているが、この文献は「壬申年後正月一日」という紀年を含む文書で裏うちされており、この「後某月」という表し方はチベット支配期独特のものであるところから、壬申年は八五二年と推定すべきであり[3]、したがって表面はそれ以前にしてチベット支配期内の八四一年と見なされる。この年に『大乗百法明門論開宗義記』の言々句々の解釈を行っていたのである。これは元の『義記』のはじめの部分（大正八五・一〇四六頁b10まで）の注釈にすぎないが、これに類するものに、Ｓch二一〇四、Ｓch六九二五Ｖ、Ｐch二三二一を見いだす。Ｓch六九二五Ｖは題を欠くが、Ｓch二一〇四は「大乗百法明門論開宗義記　分別義取記」、Ｐch二三二一は「百法手記」と題している。これらを対照してみると必ずしも文面は一致しないが、おそらく同一講義のもとで成立した筆録ノートであろう。なお、Ｐch二三二一の文中に「……三菩提義。涅槃之義。廣二十二問中具。……」と曇曠の著の『大乗二十二問』に触れるところがあり、併せて継承されていたことを知る。

Ｓch二〇六六、Ｓch二〇六六Ｖ、Ｓch四一一八も、『大乗百法明門論』の注釈である。Ｓch二〇六六とＳch二〇六六Ｖは、表と裏に写されていて続くものである。不揃いの筆跡で書かれた講義録で、裏面末尾に「大乗百法論手記」と題記される。内容は『大乗百法明門論開宗義決』に対する復注である。この写本は紙縫に「大辯」の署名が見られ、所持者の名を知ることができる。Ｓch四一一八の方は、文中に「今当第一。且識其題。是故論曰。大乗百法明門論開宗義記。……」とあり、やはり曇曠の疏の注釈である。

Ｓch二六八Ｖ、Ｓch二六一二Ｖ、Ｓch二七二〇Ｖは内容を同じくして、如来の十号について解釈したものである。

いずれも曇曠の『大乗百法明門論』の疏の紙背に写されており、Sch二七二〇Vとは別筆ではあるが「大乗百法明門論開宗義決」と記されており、両者の関連を示している。『大乗百法明門論開宗義記』の如来十号に言及するところ（大正八五・一〇七三頁c）を敷衍・解釈したものである。

『大乗百法明門論』の疏のみならず『大乗二十二問』も学習されていたことは写本が多数存在することが示している。先に触れたようにPch二三一一の文中に『大乗二十二問』の引用の例を見たが、その他にSch四三〇二に「三乗解説」とも仮題すべき問答体の佛教綱要書があり、これは『大乗二十二問』の第十五、十六、十七、十八の内容に材料を得て内容の構成をしたものである。Sch二七〇七Vは、他に『大乗二十二問』の第十五問、世親造『大乗四法経釈』などを連写しており、写本の成立をチベット支配期もかなり遅い時期のものであると推定させる。

『大乗二十二問』の写本には、次のように書写の年を記すものがある。Sch二六七四「丁卯年三月九日写畢。比丘法灯書」（図3）、Pch二二八七「丙申年二月書記」であるが、筆跡などの特徴から判断して、前者は八四七年、後者は八一五年であろう。また、Pch二六九〇は裏面に「甲戌年九月二十七日」及び「六日僧保福状上」の記（表面の文献の書写人であろう）が見られる。この甲戌年は八五四年と考えられるが、そうであるとすれば表面はそれ以前の書写となる。また、この写本の裏面には「敦煌弐拾詠」「出家讃」「禅門十二時」「南宗讃」などの十世紀に多く流行する禅系統の文献の連写を見る（本書四一九頁）。この状況は『大乗二十二問』を不用として裏紙を利用したのか、禅と同系統の文書と見做して表裏ともに所持したのか不明であるが、後者の場合であることも考慮すべきであろう。

以上、曇曠の著作、就中『大乗百法明門論』の疏、『大乗二十二問』が、かなり後世に到るまで学習・継承されている事実を写本のあり方より知ったが、このことは、敦煌の佛教界に曇曠の学問的影響の強かったことを物語るものとして理解してよいであろう。それはまた、次章で論ずる法成の佛教学に曇曠のそれが受け継がれていることとあわせて注目されることである。

［注記］

（1）東光爾英「敦煌出土の『起信論疏』の研究　—Sch二五八七について—」（『印度学佛教学研究』三七—二、一九八八）。

（2）土肥義和「莫高窟千佛洞と大寺と蘭若と」（『講座敦煌3・敦煌の社会』、一九八〇）七五七頁。

（3）藤枝晃「敦煌暦日譜」（『東方学報』京都四五冊、一九七八）三九二頁。

第二章　大蕃国大徳三蔵法師法成の人と業績

一　法成の著作とその写本一覧

敦煌の漢文写本の中に法成の著作であることの明瞭な十文献が見いだされる（但し、『瑜伽論』の講義録は一種と数える）。それらは翻訳、集成、著述、講義録と性格が分かれるが、写本の何れかに法成が著作者であることの記載が確かめられるものである。

法成は右の漢文著作を行う一方 'gosChos grub（ゴ・チェードゥプ）の名前でチベット文の著作活動に従事した。Chos grub が法成のチベット名であり、法成と同一人物であることは後に考証するところであるが、いま併せて彼の著作とその写本を列挙する。ただし、Chos grub の著作は（ア）敦煌写本中に存在し、チベット蔵経中にも収録されているもの五文献。（イ）敦煌写本中にのみ見いだされ、チベット蔵経には収められていないもの九文献。（ウ）チベット蔵経中には存在しているが敦煌写本中には未だ発見できないもの八文献がある。いまはひとまず、それら全てにわたって掲載して示した。

なお、著作一覧は、便宜上チベット文の部、漢文の部の順序に作表した。また内容的に法成の著作と推定できるが、その記載が無く確認できないもの若干点がある。それらは本文中で取り上げ報告・検討することとした。

Chos grub ＝法成の著作一覧

符号

イタリック体文　チベット文原標題（インド語とチベット語の両題を有するものは前者のみを掲げる）

『　』　漢文著作標題

［　］　翻訳標題、或は仮題

＊　チベット蔵経及び『大正新脩大蔵経』等の既刊蔵経に全く収録されていない敦煌新出本

（A）　写本に記す原著者、または撰者

（B）　訳者に関する題下の識語。チベット文のものは奥書の和訳

（C）　主なる写本識語

（D）　見在写本番号、或は蔵経番号

（E）　対応する漢訳文献、またはチベット訳文献

チベット文の部

（I）翻　訳

1　*'Phags pa lang kar gshegs pa rin po che'i mdo las sangs rgyas thams cad kyi gsung gi snying po zhes ba'i le'u* ［聖入楞伽宝経中一切佛語心品］

（B）　「聖神賛普の命によって、シナの論師 Wen hvi（円暉）が造れる疏と結びあわせて、翻訳師・比丘 'go Chos grub が翻訳し、校正した」

（D）　Peking ed., No. 776

（E）　求那跋陀羅訳『楞伽阿跋多羅宝経』四巻（大正六七〇番）

2　＊ *'Phags pa lang kar gshegs pa rin po che'i mdo las sangs rgyas thams cad kyi gsung gi snying po'i le'u rgya cher 'grel pa* ［聖入楞伽宝経中一切佛語心品疏］

（A）　Wen hvi（円暉）述

（B）　「聖神賛普の命によって、大校閲翻訳師・比丘

'go Chos grub がシナ語の本より翻訳し、校正し決定した」

（C）本書一一五頁参照

（D）S tib 二一九

（E）中大雲寺沙門円暉撰『楞伽阿跋多羅宝経疏』（S ch 五六〇三、P ch 二一九八、P tib 六〇九）

3 *Ārya–gambhīra–saṃdhinirmocana–sūtra–ṭīkā* [聖解深密経疏]

（A）Wen chig（円測）撰

（B）「聖神賛普の命によって、大校閲翻訳師・比丘 'go Chos grub がシナ語の本より翻訳し、校正して決定した」

（D）Peking ed., No. 5517

（E）西明寺沙門円測撰『解深密経疏』十巻（卍続蔵・一・三四・四―一・三五・一）

4 *'Phags pa (las) nyes kyi rgyu dang 'bras bu bstan pa zhes bya ba (theg pa chen po)'i mdo* [聖勝劣（業）因果（大乗）経]

（B）「大校閲翻訳師・比丘 Chos grub がインド語とシナ語の本より翻訳し、校正して決定した」

（D）Peking ed., No. 1023, S tib 二二〇、S tib 三三五

（2）

（E）失訳『善悪因果経』（大正二八八一番）

5 *'Phags pa gser 'od dam mchog tu rnam par rgyal ba'i mdo sde'i rgyal po theg pa chen po'i mdo* [聖微妙金光明最勝王大乗経]

（B）「大校閲和尚・翻訳師・釈門・沙門 Chos grub がシナ語の本より翻訳し、校正して決定した」

（D）Peking ed., No. 174, P tib 四九九、P tib 五〇〇、P tib 五〇一

（E）義浄訳『金光明最勝王経』十巻（大正六六五番）

6 *'Dzangs blun zhes bya ba'i mdo* [賢愚経]

（B）'go Chos grub 訳（デルゲ版）

（D）Peking ed., No. 1008, P tib 九四三、P tib 二一〇五、S tib 二一七、S tib 二一八

（E）慧覚等訳『賢愚因縁経』十三巻（大正二〇二番）

7 *Ārya–varmavyūha–nirdeśa–nāma–mahāyāna–sūtra* [聖顕示冑鎧荘厳大乗経]

（B）「翻訳師 'go Chos grub がシナ語の本より翻訳した」

（D）Peking ed., No. 760–7

（E）菩提流志訳『大宝積経被甲荘厳会第七』（大正三一〇(7)番）

8 *Ārya–āyuṣman–nanda–garbhāvakrānti–nirdeśa–nāma–mahāyāna–sūtra* [聖為長老難陀説入胎大乗経]

（B）「翻訳師 'go Chos grub がシナ語の本より翻訳し、校正して決定した」

（D）Peking ed., No. 760–13.

（E）菩提流志訳『大宝積経佛為阿難説処胎会第十三』（大正三一〇(13)番）

9 *Ārya–dārikā–vimalaśuddha–paripṛcchā–nāma–mahā＝yāna–sūtra* [聖浄信童女所問大乗経]

（B）「翻訳師 'go Chos grub がシナ語の本より翻訳し、校正して決定した」

（D）Peking ed., No. 760–40.

（E）菩提流志訳『大宝積経浄信童女会第四十』（大正三一〇(40)番）

10 ＊*'Phags pa dus dang dus ma yin pa bstan pa zhes bya ba'i mdo* [聖時非時説示経]

（B）「大校閲和尚・翻訳師・釈門・沙門 Chos grub がシナ語の本より翻訳し、校正して決定した」

（D）S tib 二一三

（E）若羅厳訳『佛説時非時経』（大正七九四番）

11 *'Phags pa khar sil gyi mdo* [聖錫杖経]

（B）「大校閲翻訳師 Chos grub がシナ語の本より翻訳し、校正して決定した」（チベット蔵経本は失訳人名）

（D）Peking ed., No. 1001, S tib 二〇五(1)

（E）失訳『得道梯橙錫杖経』（大正七八五番）

12 *Khar sil 'chang pa'i kun spyod pa'i cho ga* [執持錫杖法]

（B）「大校閲翻訳師　Chos grub がシナ語の本より翻訳し、校正して決定した」（チベット蔵経本は失訳人名）

（D）Peking ed., No. 1002, S tib 二〇五(2)

（E）失訳『又持錫杖法』（大正七八五番の中）

13 *Ārya–bodhisattvāvalokiteśvarasahasrabhujanatrisigmahākāruṇi-kacittavistaraparipūrṇa–nāma–dhāraṇī* [聖千手千眼観自在菩薩無礙廣意円満陀羅尼]

（B）「大校閲翻訳師・沙門 Chos grub がシナ語の本より翻訳し、校正して決定した」

（D） Peking ed., No. 369

（E） 伽梵達摩訳『千手千眼観世音菩薩廣大円満無礙大悲心陀羅尼経』一巻（大正一〇六〇番）、菩提流志訳『千手千眼観世音菩薩陀羅尼身経』一巻（大正一〇五八番）、智通訳『千眼千臂観世音菩薩陀羅尼神呪経』二巻（大正一〇五七番）

14 *'Phags pa spyan ras gzigs dbang phyug gi gsang ba'i mdzad thogs pa med pa'i yid bzhin gyi 'khor lo'i snying pa zhes bya ba'i gzungs* [聖観自在菩薩無礙如意輪心蔵陀羅尼]

（B） 「大校閲和尚・翻訳師・釈門・都僧統・沙門 Chos grub がシナ語の本より翻訳し、校正して決定した」

（D） Peking ed., No. 370

（E） 実叉難陀訳『観世音菩薩秘密蔵如意輪陀羅尼神呪経』一巻（大正一〇八二番）

15 *Ārya-mukhadaśaikavidyāmantrahṛdaya-nāma-dhāraṇī* [聖十一面観自在明呪心蔵陀羅尼]

（B） 「大校閲和尚・翻訳師・釈門・都僧統・沙門 Chos grub がシナ語の本より翻訳し、校正して決定した」

（D） Peking ed., No. 374

（E） 玄奘訳『十一面神呪心経』（大正一〇七一番）

16 ＊*Yi ge pa brgya ba zhes bya ba'i rab tu byed pa tshig le'ur byas pa* [百字論頌]

（A） Āryadeva（提婆）造

（B） 「大校閲翻訳師・沙門 Chos grub がシナ語の本より翻訳し、校正して決定した」

（D） S tib 五八八(1)

（E） 菩提流志訳『百字論』一巻（大正一五七二番）

17 ＊*Yi ge pa brgya pa'i rab tu byed pa rnam par bshad pa* [百字論釈]

（A） Āryadeva（提婆）造

（B） 「大校閲翻訳師・沙門 Chos grub がシナ語の本より翻訳し、校正して決定した」

（D） S tib 五八八(2)

（E） 菩提流志訳『百字論』一巻（大正一五七二番）

18 ＊*rTen cing 'brel par 'byung ba tshig le'ur byas pa sum cu pa* [縁生三十頌]

（A） Urlaika（鬱楞伽）造

（B）「大校閲翻訳師・沙門 Chos grub がシナ語の本より翻訳し、校正して決定した」
（D）S tib五八八(3)、P tib七七〇
（E）達摩笈多訳『縁生論』（大正一六五二番）

19　＊ *rTen cing 'brel par 'byung ba tshig byas pa sum cu pa'i rnam par bshad pa* [縁生三十論]
（A）Urlanka（鬱楞伽）造
（B）「大校閲翻訳師・沙門 Chos grub がシナ語の本より翻訳し、校正して決定した」
（D）S tib五八八(4)、S tib六一九、P tib七七一
（E）達摩笈多訳『縁生論』（大正一六五二番）

20　＊ *'Jug pa'i sgra brgyad bstan pa'i tshig le'ur byas pa* [転八声説示頌]
（B）「大校閲翻訳師・沙門 Chos grub がシナ語の本より翻訳し、校正して決定した」
（D）S tib六二五、P tib七八三
（E）法成訳『八転声頌』（P ch三九五〇）

Ⅱ　著　述

21　＊ [孟秋施物縁起要説]
（A）「比丘 Chos grub が造った」
（D）S tib六八六

22　＊ [業報要説]（仮題）
（A）「比丘 Chos grub が種々の経典と律と論より集めて造った」
（D）S tib六八七

漢文の部

Ⅰ　翻　訳

23　『般若波羅蜜多心経』
（B）「大蕃国大徳三蔵法師沙門法成訳」
（D）大正二五五番（敦煌写本より移録）、S ch一二五一、S ch一三〇六(5)、S ch五四四七、P ch四八八二、李五三、始五五、海七七、他
（E）*Bhagavatī-prajñāpāramitā-hṛdaya*; Peking ed., No. 160, S tib一一八(2)、S tib一二〇、P tib四七二～四七五

24　『諸星母陀羅尼経』
（B）「沙門法成。於甘州脩多寺訳」
（C）「壬戌年四月十六日。於甘州脩多寺翻訳此経」（S ch五〇一〇、余一五）、「大中十一年。陽英徳書

記」（Ｐch四五八七）、「唐再々」（Ｓch四四九七）、「王顒」（余一五）、「翟文習」（号八）、「文英」（秋四二）、「鄧英」（師一四）

（Ｄ）大正一三〇二番（敦煌写本より移録）、敦煌写本には右の他約七〇点

（Ｅ）*Grahamātṛkā-nāma-dhāraṇī*; Peking ed., No. 340, Ｓtib三三四、Ｐtib四一〇、Ｐtib四一一

25 『薩婆多宗五事論』（尾題『五事論』）

（Ｂ）「大蕃国大徳三蔵法師沙門法成。於甘州脩多寺道場訳」

（Ｃ）「丙寅年五月十五日。於大蕃甘州張掖県訳」（Ｐch二〇七三）

（Ｄ）『敦煌遺書』（活字本）、大正一五五六番（敦煌写本より移録）、Ｐch二〇七三、Ｐch二一一六

26 ＊『菩薩律儀二十頌』

（Ａ）「賛多囉具名菩薩造」

（Ｂ）「国大徳三蔵法師法成訳」

（Ｄ）Ｐch三九五〇(1)

（Ｅ）Candragomin : *Bodhisattva-saṃvara-viṃśaka* ; Peking ed., No. 5582

27 ＊『八転声頌』

（Ｂ）「国大徳三蔵法師法成訳」

（Ｄ）Ｐch三九五〇(2)、Ｐch二〇六一

（Ｅ）*'Jug pa'i sgra brgyad bstan pa'i tshig le'ur byas pa*; Ｓtib六二五、Ｐtib七八三（＝Ｐch二〇六一Ｖ）

28 『釈迦牟尼如来像法滅盡之記』（尾題『釈迦牟尼如来像法滅盡因縁』）

（Ｂ）「国大徳三蔵法師沙門法成訳」

（Ｄ）『敦煌遺書』第一集（影印本）、大正二〇九〇番（敦煌写本より移録）、Ｐch二一三九

（Ｅ）*Li'i yul lung bstan pa*; Peking ed., No. 5699 (first chap. only), Ｓtib五九七、Ｓtib五九八、Ｓtib六〇一(2)、Ｐtib九六〇

Ⅱ 集成

29 『大乗四法経論及廣釈開決記』

（Ａ）「大蕃国大徳三蔵法師沙門法成集」

（Ｃ）「癸丑年八月下旬九日。於沙州永康寺集畢記」（Ｐch二七九四）

（Ｄ）大正二七八五番（敦煌写本より移録）、Ｓch二一六、Ｓch二八一七、Ｐch二七九四、三〇〇七、結三

〇、官四二

30 『大乗稲芉経随聴手鏡記』（別題『……随聴疏』）

（A）「沙門法成集」

（C）「永康寺後輩法律比丘福漸受持。並兼通稲芉及坐禅。並具足義」（Pch二二八四）、「張盈憑、戊午年十一月」（M一二九一）、「清信佛弟子張義朝書」（Sch五八三五）

（D）大正二七八二番（敦煌写本より移録）、Sch一〇八〇、Sch五八三五、Pch二二八四、Pch二三〇三、Pch二四六一、始六二、裳一三、結五九、鹹一四、文七五、雲一八、調五〇、蔵九、陽三四、鹹五九、M一二九一、台湾本一二五、他

（E）Kamalaśīla: *Ārya-śālistambaka-ṭīkā;* Peking ed., No. 5502, Ptib五五三、Ptib五五四

31 ＊『歎諸佛如来無染着徳讃』

（A）「国大徳三蔵法師沙門法成述」

（D）Pch二八八六

Ⅲ　講義録

32 『瑜伽師地論』講義録

（a）『瑜伽論手記』談迅・福慧随聴本

（C）「談迅・福慧随聴」（随所）、「丙子年正月二十四日」（十三巻末・Sch六六七〇）、「丙子年四月十三日終。比丘福慧記」（十五巻末・Sch六六七〇）

（D）大正二八〇二番（Sch四〇一一を移録）、Pch二三四四（八～十巻）、Sch六六七〇（十三～十五巻）、Sch四〇一一（三十一～三十四巻）、Sch一二四三（三十七～四十一巻）、Sch二六一三（四十三～五十巻）

（b）＊『瑜伽論手記』法鏡随聴本

（C）「法鏡」（随所）、「釈法鏡手鏡記」（三十四巻末・Pch二〇三六）

（D）Pch二〇六一（一～五巻）、Pch二一三四（二十六～三十巻）、Pch二〇三六（三十一～五十巻）、Sch一一五四（五十三～五十六巻）

（c）＊『瑜伽論手記』洪真随聴本

（C）「沙門洪真本」（二十二巻初・Sch六四四〇）、「八月三十日説畢記」（三十三巻末・冬七二）、「戊寅年後正月二十二日説。四十一巻手記竟」（閏九八）

（D）光二六（十巻）、Ｓch六四四〇（二十一～二十六巻）、Ｐch三七一六（三十一～三十二巻）、冬七二（三十三～三十七巻）秋五七（三十七～三十九巻）、閏九八（三十九～四十一巻）、辰八七（四十二巻）

（d）『瑜伽論分門記』談迅・福慧随聴本

（A）「国大徳三蔵法師沙門法成述」（随所）、「大蕃国都統三蔵法師沙門法成述」（二十四巻初・Ｐch二〇三八）

（C）「談迅・福慧随聴」（随所）

（D）大正二八〇一番（Ｓch二五五二を移録）、Ｐch二二二二（十六～十八巻）、Ｓch二五五二（十九～二十巻）、Ｐch二〇三八（二十一～三十四巻）、Ｐch二〇三九（四十四～五十巻）

（e）＊『瑜伽論分門記』一真随聴本

（C）「一真」（随所）

（D）Ｓch六七八八（二十五～二十八巻）、Ｓch三三三（四十二～四十三巻）

（f）『瑜伽論分門記』不詳人名（X）本

（D）大正二八〇一番（主に以下の諸本より移録）、Ｐch二〇三五（一～二十巻）、Ｐch二〇五三（二十一～三十四巻）、Ｓch六七八六（三十五～三十八巻）、Ｐch二二九〇（三十九～四十二巻中程）、Ｓch二〇八〇（四十二巻中程～四十六巻）、Ｓch六六七八（四十七～五十巻）、Ｐch二二一〇（五十一～五十四巻）、Ｐch二〇九三（五十四～五十七巻）、Ｐch二二四七（五十八～六十一巻、大正未収）

二　法成、その人

(1)　法成＝Chos grub

法成なる人物は、敦煌写本の中にはじめて知れるに至ったもので、中国本土の文献には全く記されるところがない。ところで最初にこの名前に注目したのはＰ・ペリオ氏で、かれが千佛洞蔵経洞所蔵の写本の調査中（一九〇八年三月）に現地から母国フランスのM・セナール氏に書き送った手紙[1]の中に、すでにこの中国未伝の僧法成への関心が示されていた。その後、フランスに帰ったペリオ氏は、やがて「カンジュールの目録についての覚書[2]」を発表し、法成に対してかなり詳しい叙述を与えた。すなわち、法成は、チベット大蔵経中に屢々その名を見るチベットの翻訳者 Chos grub と同一人であることを指摘した。ただし、法成がチベット人以外である可能性については触れていない。

結論的に言って、ペリオ氏の推定は妥当と認めうるが、具体的には chos ＝法、grub ＝成のようにチベット名と漢字名とが意訳対応するということ以外にその同一人であることを直接証明するものはない。厳密に言えば、一つの本に蕃漢両語で名前が併記されるか、法成著作であることの明瞭な漢文々献に Chos grub の署名でもないかぎり（或はその逆の場合）法成と Chos grub との一致は実証できないわけである。しかし、現時点までに未だその証を発見しえない。ただし、次のようなことより、両名同一人物であることをほぼ確かめることができる。

敦煌出土のチベット文写本の中にはっきり、

…dge slong chos grub bgyis//（比丘チェードゥプが著作した）

と文末に記している文献が二つある。著作一覧21の『孟秋施物縁起要説』（*sTon zla ra ba nya la dar tsun ci'i phyir byed pa'i lo rgyus mdo tsam du bstan pa*）と22の『業報要説』（原題不明）とである。これらの写本はきわめて特徴のある dbu-med 体の筆跡で書かれており、同一人によるものであると認められる（**図12、13**）。

同種の筆跡は他に『賢愚経』の抄出要約と見なしうるＳtib二一七及びＳtib二一八と、Ｐch二〇三五Ｖ（＝Ｐtib二二〇五）にあるチベット文の雑記[3]に見いだすところであるが、前者はチェードゥプの翻訳にかかるものであり、後者も後述するようにチェードゥプの著作の一節のチベット文に当たる。これらのことより、これら文献の写本に共通するチベット書体は、チェードゥプ自身のものである可能性がきわめて高いといえる。

一方、Pch二〇三五Vの雑記のチベット文（チェードゥプ直筆と推定される）と併記される漢文七行が注目される（本書二一八頁）（**図22**）。その筆跡はPch二八八六『歎諸佛如来無染着徳讃』『吉祥童子授草偈』及びその中間にある「国大徳三蔵法師法成述」の識語の筆跡（**図21**）と同じであり、また、後述するように（本書二二八―二二九頁）、法成の『瑜伽師地論』の講義に出席した明照と恒安の『瑜伽師地論』のテキストの巻三十末に、それぞれ「大唐大中十一年歳次丁丑六月二十二日。国大徳三蔵法師沙門法成。於沙州開元寺説畢」と識す書体と同じである（**図30、31**）。これら『瑜伽師地論』巻三十末の識語は、本文と別筆で、この記入は講者の法成自らが明照、恒安の聴講の認証のために行ったものと推定できるものであり、これら一連の漢字の筆跡は法成自身のものであると確定できるのである。したがって、法成直筆の漢文とチェードゥプ直筆のチベット文とが同じ写本中に並べて写されている例証を得たこととなり、法成＝チェードゥプを証する[4]。

なお、後述のように法成訳の『八転声頌』とチェードゥプ訳のチベット文『八転声頌』とが、法成の『瑜伽師地論』の講義録に同時に登場する事実もあり、法成＝チェードゥプであることはまず間違いないことである。

［注記］

（1）P. Pelliotが一九〇八年三月、敦煌千佛洞より学士院会員M. Senartに送った手紙 Une bibliothèque médiévale retrouvée au Kan-Shou, *BEFEO*, VIII (1908), pp. 501–29.

（2）Paul Pelliot: Notes à propos d'un catalogue du Kanjur, *JA.*, Sér. XI, tome IV (1914), pp. 142–143.

（3）E・スタインケルナー氏が左の著作において、敦煌出土のチベット文写本 'Jig rten pha rol sgrub pa (A: Prajñāsena)の研究を行い、その諸写本のうちのS tib六一六―一を図版で紹介している。ところがこの写本の筆跡は、S tib

二一七及びStib二一八などでチェードゥプの筆跡と推定するものと酷似する。内容も法成が晩年講義した『瑜伽師地論』に関係したものである。チェードゥプとの関係が注目されるところである。

Ernst Steinkellner: Nachweis der Wiedergeburt Prajñāsenas 'Jig rten pha rol sgrub pa, Teil I :Texte, Teil II : Übersetzung (Wien, 1988).

（4）Pch二八八五の奥書に「辛巳年三月六日写記　僧法成写」（**図43**）とあり、筆跡が他の法成のもの（推定）に近似するところから、曾て法成の直筆と推定し、八〇一年を法成の名を見る上限としたが、筆跡の同定の点で疑点が残り、この度は前説を訂正し結論を保留することとした。なおPch二八八五については本書四〇六頁参照。

（2）'go Chos grub＝呉法成

チェードゥプ著作の敦煌写本のうち、著作一覧の2『入楞伽経疏』（Stib二一九）の奥書には（**図10**）、

… zhu chen gyi lo tsa ba dge slon 'go chos grub kyis …

とあり、chos grubの前に'goの字を冠している。このような例は、チベット大蔵経所収のチェードゥプ著作の『入楞伽経』（著作一覧1）、『解深密経疏』（同3）、『賢愚経』（同6）、『顕示冑鎧荘厳経』（同7）、『為長老難陀説入胎経』（同8）、『浄信童女所問経』（同9）の奥書でも見ることができる。ただし、蔵経本でみると、'goと綴るのは北京版チベット蔵経の『入楞伽経』の奥書に例があるだけで、他は'gosやmgosとなっていて一様でない。この'go / 'gos/ mgosが何を意味するかについて、ペリオ氏はChos grubの本籍を示すもので、かれは'gosの生まれであると言っている。[1] たしかに、この'go / 'gosは語の構成上固有名詞であって、地名、寺院、家系などのいずれかを表すものであろうが、先学は「ゴエ地の法成」としたり、「ゴエ寺の法成」としたりして、その解釈は一定し

ていない。[2] 後世に伝承されたチベット史書などの文献では、'gos の冠称は屢々見られるところで（ただし、敦煌写本中には、'gos の綴字を見ない）、'gos は nanam や nyan などのチベットの部族名と同様に見なされている。しかし、同時代資料である敦煌写本では、'go であって 'gos / mgos ではない。この s は、後代にわたるテキスト伝承の間に付加された可能性が強い。だからこそチベット大蔵経本の中にも 'go とする例が残っているのだと解される。

ところで、チベット支配下の敦煌では多量のチベット文経典の書写が行われ、その作業に殆ど漢人の僧俗が当っていた。このことは写経の末尾に署名する書写人や校勘者の名前が漢人名のチベット音写であることによって知られる。[3] たとえば、cang le'u cin（張……）、ba' kun kun（馬……）、tong phug man（唐……）、wang kon ne（王……）、sag dge legs（索……）などである。（ ）内に推定したように最初に冠される文字は漢姓に当たる。同様に 'go kan kan などの 'go を冠した名も見いだすが、この 'go は「呉」に推定しうる。敦煌における呉姓の人は、池田温博士の調査によれば[4]多い方より第十三番目に位し、かなりの人口を占めるものである。右の例には姓も名も音写する場合が殆どであるが、最後の sag dge legs はおそらく「索善妙」であって、名の方を意訳したものである。いま、'go chos grub もまた、漢名「呉法成」の「呉」を音写し、「法成」を意訳したものであると考えられる。

法成＝chos grub が漢人姓を有する呉法成であると見なすことは、[5] ペリオ氏以来の法成をチベットの翻訳者＝チベット人とする考えを逆転することになり、その意味するところは重大である。右の推定を作業仮説として、更に、'go＝呉であることの論究を加えることとする。

［注記］

（1） P. Pelliot (1914), p. 142.

（2）『大谷甘殊爾勘同目録』は「Ḥgos 地の人」とする。河口慧海氏は「ゴエ（寺）」としている。Tucci 教授は *Tibetan Painted Scrolls* I (1949), p. 4 で 'gos を翻訳者たちを出したチベット人の家系の一と見ている。いま、法成については 'go ＝呉を論ずるが、他にチベットに 'gos というチベット固有の家系があったか否かについては結論をもたない。

（3）拙論「吐蕃の写経事業と敦煌」（『中国都市の歴史的研究』一九八八）二九〇―八頁。

（4）池田温「八世紀初における敦煌の氏族」（『東洋史研究』二四―三、一九六五）八七―九〇頁。

（5）法成漢人説を疑問とされる学者も次のようにある。
稲葉正就『円測解深密経疏の散逸部分の研究』（一九四九）。

高橋盛孝『蔵漢対訳・賢愚経』序（一九七〇）。

呉其昱「大蕃国大徳三蔵法師法成伝考」（『講座敦煌7・敦煌と中国佛教』、一九八四）。

(3)「呉和尚邈真讃」

法成が呉法成であることに関連して、敦煌写本中に存する「大唐沙州訳経三蔵呉和尚邈真讃」なる文献（**図8**）が注目される。この文献はペリオ氏収集のＰch四六六〇の写本の第二五番目に貼り継がれているもので、呉和尚の邈真（肖像画）に対して張球なる人物が撰した讃であり、それを呉和尚の法学弟子（学問上の弟子）の恒安なるものが書写したものである。いま全文を左に掲げる。

Ｐch四六六〇(25)

大唐沙州訳経三蔵大徳呉和尚邈真讃

軍事判官将仕郎守監察御史上柱国張球撰

大哉辯士　為国鼎師　了達玄妙　峭然天機

博覧猶一　定四威儀　就《ママ》峯秘密　闡于今時
西天軌則　師謂深知　八万既曉　三蔵内持
檜葉教化　伝訳漢書　孰能可測　人皆仰帰
聖神賛普　虔奉真如　詔臨和尚　願為国師
黄金百溢《ママ》　駟使親馳　空王志《ママ》理　浩然卓奇
自通唐化　薦福明時　司空奉国　固請我師
願談維《ママ》識　助化旌麾　星霜不換　已至無依
奈何捐世　而棄厭離

法学弟子比丘恒安題

【訓読】


大イナル哉辯士、国ノ鼎師ト為リテ、了リテ玄妙ニ達シ、硝然タル天機、
博ク覧ナガラ猶ホ一ナルゴトク、四威儀ヲ定メ、鷲峯ノ秘密ヲバ、今時ニ闡ク。

西天ノ軌則は、師コソ深ク知レリト謂ウ。八万ヲバ既ニ曉リ、三蔵ヲバ内ニ持ス。

檜葉モテ教化シ、漢書ニ伝訳ス。孰《タ》レカ能ク測ルベク、人皆ナ仰ギ帰ス。

聖神ナル賛普ハ、虔デ真如ヲ奉ジ、詔ハ和尚ニ臨ミテ、国師ト為ランコトヲ願ヘリ。

黄金百鎰ヲバ、駟使モテ親ク馳セシム。空王ノ至理、浩然トシテ卓《タカ》ク奇《スグ》レヌ。

唐ノ化ニ通ジテヨリ、福ヲ明時ニ薦メ、司空ガ国ニ奉フルヤ、固ク我師ヲ請ジテ、
唯識ヲ談ジ、化ヲ助ケテ旌麾センコトヲ願ヒシニ、星霜換ラザルニ、已ニ無依ニ至レリ、

奈何ゾ世ヲ捐テテ、厭離ヲ棄ツルヤ。

右の「邈真讃」の制作年代は、文中に「自通唐化」の語が見られるところから、敦煌がチベット支配より脱した八四八年以後であると直ちに言える。また、文中の「司空」とは張議潮が咸通五年に唐より贈られた官位である。したがって本讃文の制作はそれ以後ということになる。この巻子はこれら讃文を逆の年代順に貼り継いで集めたものであり、当該写本の前後には咸通五年（八六四）、及び咸通八年（八六七）の同種の讃文があるところから、「呉和尚邈真讃」は咸通六、七年（八六五、六）頃の書写ではないかと推定される。法成の肩書は「大蕃国大徳三蔵法師」であるが、「邈真讃」の制作年代が右のように唐に復して以後のものであるから、讃文の作者が「大蕃国」を「大唐」に置き換えたのであろう。「沙州訳経三蔵」とは、法成の居住した場所から名付けたものと考えられる。『瑜伽論分門記』などに法成のことを「三蔵和尚」と記す例が見られる。したがって呉和尚とも呼びうる。

この文献は、はじめドミエヴィル教授によって取り上げられ(1)、爾来、呉洪辯のことを叙した「邈真讃」であるとみなされていた。しかし、洪辯の伝記を関説する後述の『大蕃沙州釈門教授和尚洪辯修功徳碑』の文中には、かれが訳経に従事したことを示す記事の片鱗も見あたらない。むしろ、前掲の「呉和尚邈真讃」の内容は、敦煌写本の示す法成の経歴にいちいち符節を合する。また法学弟子にして書写人である恒安は、法成の『瑜伽師地論』の講筵に連なった人物で（本書二三二頁）、この点からも法成との関連を認めうる。以上のことよりこの「邈真讃」の主は法成のことであり、したがって法成は、呉＝'go の姓であると言うこととなる。

右のように呉和尚＝呉法成とすれば、かねてより呉姓の高僧として知られている洪辯との関連が問題となろう。洪辯については、二つの有力な資料が存在する。一は、「呉僧統碑」(2)と通称される大蕃国子監博士竇良驥撰『大蕃沙州釈門教授和尚洪辯修功徳碑』であり、一は『洪辯告身勅牒碑』である。前者は首部を破損しているが原碑が存在し、現在敦煌研究院に保管するところである。そしてこの碑文の後代の写しが敦煌出土写本Pch四六四〇の「碑銘集」中に見いだされる。後者もまた原碑石が存在し、一旦移動させられたというが、現在第十七洞の西壁の元の位置にはめ込まれている。

ただし、右の資料の本文のどこにも、洪辯が呉洪辯であると記したところが無い。洪辯の俗姓を呉とするのは、前述のPch四六四〇のうちの『洪辯修功徳碑』の写しが「呉僧統碑」という標題をもつことによる。この呉僧統という称し方は、Sch一九四七Vに落書風の写本ながら「司空呉僧統西年……」とあることにも見られ、この呉僧統とは帰義軍になっての洪辯の僧官である「河西僧統」にちなんでの呼称と推定される。このように洪辯が呉姓であることを直接示すものは無いとしても、ほぼ同時代の敦煌の人が『洪辯修功徳碑』を「呉僧統碑」と別称していることにより、呉洪辯と見なすことにまず問題はあるまい。

洪辯は、その父は［呉］緒芝。唐に仕えて軍人となり建康軍使となった。その間に安史の乱からチベットの河西侵攻となり、敦煌の人となった。母の本貫は南陽。洪辯が張議潮と密接であったところから、母方の姓は張氏ではなかったかと推定されている(3)。

洪辯は出家し、チベット支配下にて十数年、知釈門都法律として教授の事務を代行し、次いで佛教行政の最高職である知釈門都教授となる。張議潮の挙兵によって唐に復すると（八四八）、門下の悟真を唐に派遣し、張議潮が帰義軍節度使の任命を受けるとともに、洪辯もまた大徳号の授与と、河西帰義軍官内の佛教行政の長官である河西都僧統・摂沙州僧政・法律・三学教主の追認を受けた。和尚の佛教的学識は『呉僧統碑』の文中に、

和尚ハ以テ声聞ヲ誘ナヒ、後学……宏ク五部ノ宗ヲ開キ、前修ヲ引進シテ、廣ク三乗ノ旨ヲ談ズ。維摩・唯識ハ始終ニ洞達シ、横宗竪宗ハ本末ニ精研ス。シカノミナラズ色空ヲ知ッテ頓悟ヲ明ラカニシ、覚性ヲ了ッテ無

為ニ住シ、コトゴトク両辺ヲ絶チ、兼タ不二ヲ亡ズ。邪ニ反キテ質ニ達リ、望ム所ハ律ヲ知リ、衆生ニ廻向シ、
真心モテ授記スルヲ得シム。

と叙べるところによって知られる。ちなみに、右の文よりみるかぎり、かれの経歴や学識では「訳経三蔵呉和尚邈真讃」の叙述には認められる訳経の功績が全く見あたらない。碑主呉僧統と三蔵和尚とが別人であることを証する一根拠である。

後にとりあげるように（三六四頁）、洪辯は副教授の時代、『四分戒本疏』を講じた李教授闍梨の「邈真讃」を述作している。このことは洪辯が李教授を師としていたことを意味するが、この『四分戒本』の学習は法成には認められないところで、ここにも学系の異なりが見られる。

洪辯はまた、莫高窟に七佛の窟を鑿ったと碑文中に記される。この七佛の窟とは、上段の第三六六窟、中段の第三六五窟、下段の第十六窟と十七窟の三層の呉家窟群のうちの中段の第三六五窟がそれに当る。窟中に七体の佛像が横一列に並び、それらの台座にチベット文の銘文が記されている。最近、中国の黄文煥氏がその銘文を解読して次のように発表された（4）。

// ’phrul gyi lha rtsan pho // khri gtsug lde brtsan gyi sku ring la // sku yon sems can thams chad gyi bsam [.....] kong pen sgos gtsug lag khang ’di chu pho byi ba’i lo’i gpyid grtsugs te / shing pho stag gi lo [.....] son rtsa na gyi ston sla ’bring ba // sku gzugs spyan phyed de // zhal bsros so // tha tha dang sag shen [.....] smon lam du gsol

[黄氏訳文]

聖神賛普棄宿隶賛之世。……（賛普）宏徳（廣被）。垂念衆生。……

（洪辯）……復此佛殿于水鼠（壬子）年之春（或夏）興建……木虎（甲寅）年仲秋月開光承礼。
　塔塔。索晟恭敬祈禱

右文中に記されるチツクデツェン王（Khri gtsug lde brtsan）の年代が八〇六〜八四一年であるところから、壬子（八三二）〜甲寅（八三四）と推定され、この間にこの窟の修造を行ったこととなる。『呉僧統碑』はこれを記念して建てたものであり、したがって洪辯にチベット支配時代の肩書「大蕃沙州釈門教授和尚」が冠される。

洪辯の活躍年次は、右と告身の発せられた大中五年（八五一）とを根拠として構成されるが、竺沙雅章氏によれば大中七年（八五三）頃にはなお僧統の位にあり、まもなく没したであろうと推定されている。(5)

洪辯の没後、影像が造られ、第一層第十六窟の函道脇に鑿られた第十七窟に安置したことが中国の馬世長氏の研究報告によって明らかになった。(6)後世になってこの影堂より影像が他所（三六二窟）に移され、古写本類が収蔵されたわけであるが、どのような理由でそうされたのかは分明でない。(7)

右の論考において、共に呉姓としても僧統洪辯と三蔵和尚法成とは別人であると結論した。そうであるとすると、きわめて活躍年代の接近した少なくとも二人の呉姓の高僧がいたことになる。ちなみに、Ｐch四六四〇の末部に「先代小呉和尚讃　驤撰」なる「邈真讃」が存在する。小呉和尚の表し方は、他方に大呉和尚などの複数の呉和尚のあったことを意味するもので、右の推定を裏付けるものである。(8)

ところで、この両者ともチベットより信任されること厚く、一方は行政の面で、一方は訳経の面で要職にあった。また、唐の化に通じて以後も張議潮に篤く遇された。彼此考え合わせて敢えて想像を許されれば、これら二人は兄弟、ないし従兄弟であったのではあるまいか。

また、法成の漢文系佛教学に曇曠よりの学問継承が顕著であること後に論ずる（本書一九一頁）とおりであるが、この曇曠の出身地は、外ならぬ法成の父と推定する呉緒芝の任地建康である。チベットの侵攻にあって敦煌へと移った経過も同じである。呉法成と曇曠の関係の浅からざる理由を示唆するものではあるまいか。

[注記]

（1）P. Demiéville; *Le concile de Lhasa*, (Paris, 1952), pp. 34–37.
（2）藤枝晃「敦煌千佛洞の中興」（『東方学報』京都三五冊、一九六四）九二―一〇一頁。
（3）右藤枝論文、一〇一頁。
（4）黄文煥「跋敦煌三六五窟蔵文題記」（『文物』七、一九八〇）。
（5）竺沙雅章「敦煌の僧官制度」（『東方学報』京都三一冊、一九六一）一二〇―一二二頁。
（6）馬世長「関敦煌蔵経洞的幾個問題」（『文物』一二、一九七八）、馬徳「呉和尚・呉和尚窟・呉家窟」（『敦煌研究』一九八七―三期）。
（7）呉家窟主洪辯の影像や告身を外に持ち出し、他の目的に影堂を使用することは、たとい古い経典・佛具の収納を目的としたものであっても理解に苦しむ。後年、反呉家のものが呉家をとりつぶす意図があっての処置であったとも考えられるが今後の検討にまつ。
（8）蘇瑩輝「論敦煌資料中的三位河西都僧統」（『幼獅学誌』五―一、一九六六）。同「従敦煌呉僧統碑和三巻敦煌写本論呉法成並非緒芝之子亦非洪辯和尚」（『大陸雑誌』四八―三、一九七四）が関説。

三　法成の行歴

法成の行歴については、かれのことを叙べていると推定される「訳経三蔵呉和尚邈真讃」があるのみで、曇曠の場合のように自ら語っての伝歴を遺していない。したがって、かれの著作やその写本の奥書などよりそれを構成するほかない。根拠となる資料のいちいちは、その著作を検討するところで提示することになるが、一まず法成についての鳥瞰を与えておくことも論を進める上に必要と思い、ここで結論的にかれの行歴を叙述しておくこととする。

法成は漢人呉家に属し、おそらく緒芝の子、あるいは一族である。幼年の頃よりチベットの占領下の敦煌にあってチベット語を修得した。また、曇曠その人か、或はその弟子に漢文系佛教を学んだ。同時にインド系佛教をも学んだであろう。「邈真讃」に「西天ノ軌則ハ、師コソ深ク知レリト謂ウ。八萬ヲバ既ニ曉リ、三蔵ヲバ内ニ持ス」とかれの学識を讃えているが、あながち誇張ではなく、法成の諸著作にみられる漢文系佛教、及びインド＝チベット系佛教への造詣の深さが証するところである。

法成の著作で最も早いものは、八三三年に沙州永康寺で著した『四法経疏』である。以後、多数の著作を遺しているが、それらの奥書などより、経歴の上に次のような三時期をほぼ設定することができる。

(1)　沙州永康寺時代

法成の漢文著作の一、『大乗四法経論及廣釈開決記』の写本Ｐch二七九四の奥書は

癸丑年八月下旬九日。於沙州永康寺集畢記。

とある。この癸丑年は『瑜伽論分門記』など年次の明瞭な紀年より、八三三年と推定できる。ほぼ同様な奥書が『六門陀羅尼経廣釈開決記』の写本Ｐch二四〇四Ｖにもみられ、

癸丑年十月上旬八日。於沙州永康寺集訳訖。故記文也。

とある。ただし、この本のいずれの写本にも法成の著作であるとの明記がない。しかし、内容的に法成の著作と認められること後述の如くである。

また、「沙門法成集」なる『大乗稲芉経随聴手鏡記』の一写本M一二九一には、

張盈憑。戊午年十一月……

とあり、この戊午年は八三八年に当たる。同じ『稲芉経疏』の他の写本Pch二三八四に、

永康寺法律比丘福漸受持稲芉。並兼通坐禅及具足是義。

と記すものがある。これを受持していた福漸の名は、『四分戒本疏』の写本Pch二二四五の奥書に、

寅年十月十一日。沙門福慧勘記。比丘福漸詳閲。

と福慧と併記され、同時代の人として名を見る。福慧は法成の『瑜伽師地論』の講義を筆録した一人であるところから、福漸もまたその頃の人であることとなるが、永康寺の比丘であるかれが受持していたとすれば、この『稲芉経疏』もまた、八三八（戊午）年頃永康寺で著作されたと見なしてよかろう。したがって、法成は少なくとも八三三、及び八三八年頃は永康寺に居て、『四法経疏』『稲芉経疏』などの翻訳や注釈を行っていた。

この永康寺はチベット支配時代に入って建立された寺院である。ここでの著作の内容や構成には一連の共通性があり、いずれも単なる機械的な翻訳ではなく、チベットの方から伝えられてきたインド系の Jñānadatta の論や Kamalaśīla の論を漢訳し、科段・解釈を与えて集成し、それらの論に更に復注を行ったりしたものである。しかも、それらにはチベットの翻訳者エセイデの学問や曇曠の伝えた中国系佛教学に基づく序論が付けられていて、この時代の法成はインド系佛教学の解釈・紹介に努めたもようである。

この時代の著作の撰号には「大蕃国大徳三蔵法師沙門法成」とあり、法成はこの時すでに大蕃国の三蔵に任用されていた。前述の「邈真讃」には、

檜葉モテ教化シ、漢書ニ伝訳ス。タレカ能ク測ルベク、人皆仰ギ帰ス。聖神ナル賛普ハ、虔デ真如ヲ奉ジ、詔

ハ和尚ニ臨デ、国師ト為ランコトヲ願ヘリ。黄金百鎰ヲバ、駟使モテ親ク馳セシム。
と叙べる。法成の学識と大蕃国三蔵法師に親任される経緯を物語るものである。

(2) 甘州脩多寺時代

甘州在住時代の紀年は次の二である。

『諸星母陀羅尼経』の写本S ch五〇一〇などに、

壬戌年四月十六日。於甘州脩多寺翻訳此経。

とあるものと、『薩婆多宗五事論』の写本P ch二〇七三の、

丙寅年五月十五日。於大蕃甘州張掖県訳。

とである。

壬戌年は八四二年に当たり、丙寅年は八四六年である。法成はこの間、もしくはその前後の時代に甘州の脩多寺にあって、少なくとも右二本の翻訳に従事した。この頃の甘州は右の如く「大蕃甘州」と呼ばれ、チベットの領土であった。脩多寺とは、ペリオ氏も言っているように[1]、修多羅（sūtra）の寺を意味しており、大蕃国三蔵法師である法成がここで翻訳を行っている例からみて、この寺は経典の翻訳（及び写経）を主とする道場であったと推定される。したがって、法成がここに移り住んだということは、かれが肩書にある三蔵としての役目を専らにしていたことを意味しよう。

この時期に、法成は右の二本のような漢文への翻訳も行ったであろうが、その主体は漢文佛典からのチベット語訳にあったのではないかと思われる。

ところで、これらチベット訳本には、かれ Chos grub の翻訳であることを記すチベット文の奥書があるが、その肩書に繁簡の差がある。まず、肩書の種々を抽出すれば次のようである。

（1） dge slong chos grub ［比丘・法成］
所出『善悪業報要説』『孟秋施物縁起要説』

（2） lo tsa ba 'go chos grub ［翻訳師・呉法成］
『大宝積経第七会』『同　十三会』『同　四十会』

（3） lo tsa ba dge slong 'go chos grub ［翻訳師・比丘・呉法成］
『入楞伽経』

（4） zhu chen gyi lo tsa ba dge slong 'go chos grub ［大校閲翻訳師・比丘・呉法成］
『入楞伽経疏』『解深密経疏』

（5） zhu chen gyi lo tsa ba ban de chos grub ［大校閲翻訳師・沙門・法成］
『善悪因果経』『錫杖経』『千手千眼陀羅尼経』『百字論頌』『同　釈』『縁生三十頌』『同　釈』

（6） zhu chen gyi mkhan po dang / lo tsa ba chom ldan 'das kyi ring lugs ban de chos grub ［大校閲和尚・翻訳師・釈門・都僧統・沙門・法成］
『金光明最勝王経』『時非時経』『観世音如意輪陀羅尼経』『十一面神呪心経』

右一覧の［　］内の訳は、一応当ててみたもので、確定的なものではない。

以上の六の肩書の中で、例が多いのは（5）の zhu chen gyi lo tsa ba ban de である。同種の肩書はチベット蔵経や敦煌出土のチベット文佛典の奥書にも屢々見られるところで、たとえば次のようである。

/ rgya gar gyi mkhan po su ren dra bo dhi dang / zhu chen gyi lo tsha ba ban de dpal brtsegs raksitas bsgyur cing zhus te gtan la phab pa' //（Peking ed., vol. 22, p. 47–4–3,『大宝積経第二会』奥書）

（インドの和尚スレンドラボディと、大校閲翻訳師・沙門ペルチェグラクシタが翻訳し、決定した）

/ rgya gar gyi mkhan po su ren dra bo [dhi] dang / zhu chen gyi lo tsa ba ban de ye shes sdes bsgyur cing shus gtan la phab pa' //（S. tib. 69, vol. 1, fol. 25b5, 敦煌写本『大乗四法経』奥書）

（インドの和尚スレンドラボディと、大校閲翻訳師・沙門エセイデが翻訳し、決定した）

このように、Chos grub のほかに「大校閲翻訳師」の肩書をもつものとして、ペルチェグラクシタとエセイデの二人を見出した。さらに同じ肩書をもつものをチベット蔵経中に尋ねると、同時代と思われる人では、Devacandra, Dharmatāśīla などの名がみられる。Chos grub の場合は別だが、かれらは一人で翻訳することは殆どなく、前にインドの和尚（rgya gar kyi mkhan po）Jinamitra, Dānaśīla, Sūrendrabodhi などと合わせて記されているのが普通である。「大校閲翻訳師」以外のこのような下級の翻訳師は相当数あり、ここに枚挙するいとまがないが、zhu chen gyi lo tsa ba の肩書をもつものは先にあげた四、五人に限られる。かれらは具体的にどのような地位をもっていたのか、類例からは、かれらが他の一般翻訳者たちと区別されて、佛典チベット訳における最高職にあったことを物語っている。Chos grub を除いた他の「大校閲翻訳師」はすべてインド語からの翻訳を行っているので、漢文よりチベット訳した「大校閲翻訳師」は Chos grub 一人である。しかもかれの場合は、いつも一人で訳している。漢文よりチベット語への訳を行いうるものが少なかったからであろう。もし当時のチベットの翻訳事業に或る種の組織があったとすれば、右に述べたようなことから、「大校閲翻訳師」というのがそこで最も重要な地位にあり、翻訳の最終的な責任をもつものであったと認めてよい。その肩書をもった Chos grub は、最高位の数人の中の一人としてその組織に参加していたことになる。しかも、それは漢文からチベット文への翻訳に限られていて、他はこれに関与していない。ちなみに、漢文経典に見られる法成の肩書「大蕃国大徳三蔵法師沙門」を、右に見たチベット語の肩書に対応させてみると、

大蕃国大徳三蔵法師・沙門

zhu chen gyi lo tsa ba / ban de［大校閲翻訳師・沙門］

となる。このうち zhu chen が「大蕃国」或は「大蕃国大徳」に相当するか否かは不明であるが、(2) lo tsa ba は「三蔵法師」に、ban de は「沙門」に当たり、チベット語の役職名を漢文に当てはめたと一応見なしうるであろう。ただし、「大蕃」の二字を欠く「国大徳云々」については問題があるので後に考える。

次に（6）にみえる最も複雑な肩書であるが、これに関連して注目されるのが『瑜伽論分門記』（Pch二〇三八、談迅・福慧本二十四巻初）に一カ所だけ見られる「大蕃国都統三蔵法師法成述」の記載である。『瑜伽師地論』の講義はすでに唐に還った帰義軍時代に為されたものであるから、大蕃国と冠するのは誤記と思われるが、問題は「都統」の肩書である。都統とは、敦煌最高の「都僧統」の略称で、洪辯が大中五年（八五一）の告身で、河西都僧統の追認を受けた僧官である。漢文資料で法成に僧官職名を付すのはこの例のみであるが、いまのチベットの（6）の肩書の中の ring lugs は、チベット史書では ring lugs dPal dbyangs の例があり、サムエ寺院の「管長」となったペーヤンに冠せられ、チベット佛教界の最高職を示す。(3) それは漢文では「都僧統」に当たる。また mkhan po は ācārya の意味で、「和尚」が対応するが、「教授」にも相当する可能性がある。(4) bcom ldan 'das kyi ring lugs の bcom ldan 'das は「釈門」を意味する。彼此総合すれば「(大蕃国大徳) 教授和尚・三蔵・釈門・都僧統・沙門」のような肩書が復元される。したがって、漢文の一例とチベットの例とを合わせて推定すれば、法成もまた洪辯と

同様に教授、または都僧統の僧官にあったこととなる。ただし、この地位が重複しないことを前提とすれば、洪辯就任（八五一～八五三頃）以後の都僧統か、或は洪辯が七佛の窟を造営して『呉僧統碑』を建てる以前、すなわちチベット支配下にある八三四年以前に右の肩書の教授の職位にあった可能性を考え得よう。

(3) 沙州開元寺時代

法成が『薩婆多宗五事論』の翻訳をはたした八四六年より二年後、八四八年に土豪の張議潮が起って河西一帯は唐の領土に復帰した。この間しばらく法成の消息は写本奥書の類に見ることができない。ところが漢人の支配に還ってから数年、落ち着きを取り戻したであろう大中九、十年頃より再びその名が現れてくる。『瑜伽師地論』及び『同　分門記』『同　手記』などにおけるものがそれである。『瑜伽師地論』関係の写本は、法成が行なった『瑜伽師地論』の講義の筆録、またはテキストが遺ったものである。これらの中に記されている識語から、法成は大中九年（八五五）[5]より『瑜伽師地論』百巻の講義にとりかかった。講筵は沙州開元寺で開かれ、遺されている随聴本の種類より談迅、福慧、法鏡、一真、洪真、明照、恒安などの少なくとも七人の聴講者を集めて行われたことが分かる。「邈真讃」に「司空ガ国ニ奉フルヤ、固ク我師ヲ請ジテ、唯識ヲ談ジ、化ヲ助ケテ旌麾センコトヲ願ヒシニ……」と述べることに当たる。これら講義録における最後の日付は、明照所持の『瑜伽師地論』第五十五巻（Sch六四八二）の末尾に「大中十三年歳次己卯四月二十四日。比丘明照随聴写記」とあるもので、これ以後のものを見ない。『瑜伽師地論』講義録の写本では、いまの明照本が五十六巻まで、Sch一一五四の法鏡本が五十六巻末まで、Pch二〇九三のX本『分門記』が五十四～五十七巻まで、Pch二二四七のX本『分門記』が五十八～六十一巻までずっと存在するが、やはりそれ以後は見あたらない。このことは、大中十三年（八五九）以後ほどなく、それまでずっと続けられてきた講義を停めざるを得ない事情が起こったことを示唆している。これについてまず考えられることは法成の死去である。Ｐch二二四七『瑜伽論分門記』の六十一巻の存在をもって最後とすると、五十五巻の後、約六カ月（一カ月に約一・二巻の進行）、大中十三年（八五九）の末にはすでに講義は行われていなかったこととなる。(6)

ところで、漢文著作に記載されている法成の肩書に「国大徳三蔵法師沙門」とするものがある。「大蕃」の二字を欠くのは奇異に感じられ、かつて羽田亨氏は、本来は「大蕃国　云々」とあるべきはずのところを省略したものであろうと解説された。(7)一方、諏訪義譲氏は、それまで吐蕃の領土であった沙州や甘州が張議潮によって再び唐の版図となったので、ことさらに「大蕃国」と書くことを遠慮したものであろうと推定している。(8)この二種の理解の内、筆者は後者に従うものである。このことを裏付けて、日付のはっきりしているチベット支配期における法成の著作、『大乗四法経論及廣釈開決記』『諸星母陀羅尼経』及び『薩婆多宗五事論』の写本にみられる法成の肩書はいずれも「大蕃国　云々」となっている。そして、帰義軍期に入っての『瑜伽師地論』の講義録には一箇所だけに「大蕃国都統三蔵」と記すものがあるだけで、他は「国大徳　云々」となっているのである。この例外は、前時代における肩書と混同して誤記したと考えれば、右の推定が成立することとなる。

［注記］

（1）P. Pelliot (1908), p. 513.

（2）zhu chen の zhu は、辞書では「校正」の意味だけである。したがって、zhu chen は「大校閲」と訳すことになるが、漢文と対照させると「大蕃国大徳」に対応する位置にあり、この意味であることも問われるべきであろう。

（3）ring lugs には元来「宗派」の意味があり、bcom ldan 'das kyi ring lugs は「世尊の宗徒＝釈門」がふさわしい。しかし、ring lugs に「都僧統」の意味があるところよりすれば、「釈門の都僧統」と見なすことができよう。

（4）竺沙雅章「敦煌吐蕃期の僧官制度—とくに教授について—」（『布目潮渢博士古稀記念論集』、一九九〇）。
（5）コペンハーゲン図書館所蔵の智恵山本『瑜伽師地論』巻第一にある「大中九年三月十五日」の日付が最も早い。ただし、この写本には資料性が疑わしい問題があるが、講義開始の日付としてはふさわしい記事である。この件については二二三頁注（2）参照。
（6）X本『分門記』及び法成死亡年次については二二九頁参照。
（7）羽田亨「口絵釈迦牟尼如来像法滅盡之記解説」（『史林』八—一、一九二三）。
（8）諏訪義譲「敦煌本瑜伽論分門記に就いて」（『大谷学報』一一—三、一九三〇）一二六頁。

四　法成（Chos grub）の諸著作

チベット文の部

I　翻訳

(1)『入楞伽経』並に　(2)『入楞伽経疏』

チベット蔵経には Peking ed., No. 775 と No. 776 に二本のチベット訳『入楞伽経』を収録している。その中、後者の、

'Phags pa lang kar gshegs pa ring po che'i mdo las sangs rgyas thams cad kyi gsung gi snying po zhes bya ba'i le'u

[聖入楞伽宝経中一切佛語心品]

がチェードゥプ訳で、内容は求那跋陀羅訳『楞伽阿跋多羅宝経』四巻（通称＝『四巻楞伽』、大正六七〇番）によく合い、その漢訳より重訳したものであることが明瞭である。ところで、この訳本には次のような奥書を付す。

dpal lha gtsan po'i bka' lung gis rgya'i slob dpon wen hvi yis mdzad pa'i 'grel pa dang sbyar nas / lo tsha ba dge slong 'go chos grub kyis bsgyur cing zhus // (Peking ed., vol. 29, p. 127–3–8)

（聖神賛普の命によって、シナの論師 Wen hvi の造れる疏と結び合わせて、翻訳師・比丘ゴ・チェードゥプが翻訳し、校正した）

右の奥書は、この訳がチェードゥプによって為されたものであることを示すとともに、中国の論師 Wen hvi の『入楞伽経疏』と結び合わせて翻訳したものであることを明らかにしている。このうち、チェードゥプが翻訳に当たって依拠したという Wen hvi の疏らしきものは、中国中原には今日伝わっていない。ところが、敦煌より中大雲寺沙門円暉述『楞伽経疏』（S ch 五六〇三）が発現し、奥書にいう Wen hvi の疏とは、この円暉の疏に相当することがすでに河口慧海氏により考証され、奥書の記事が裏付けられた[1]。この漢文写本は、経の巻一（首部欠）より巻二のはじめ少しまで（大正一六・四八二頁 b10—四八九頁 b 9）を残す折本形の写本である[2]。ただし貝葉形の場合と同様、各頁の中央よりやや上部に紐を通して束ねていた形跡がある。内容は求那跋陀羅訳『四巻楞伽』の経文を挙げながら注釈を施したものであるが、その経文の行傍に朱でチベット文が書き込まれている。この書き込みは、行間に小さな字で行われており、判読がむずかしいが、経文の行傍に対応して書かれているところからも、経の本文のチベット訳文であると容易に判断できる。河口氏は、このチベット文を Peking ed., No. 776 のチェードゥプ訳の経文と対照し、若干の相違のあることを見いだして、この写本に書き込まれたチベット訳は、チベット蔵経に収録する完成したチェードゥプ訳に至るまでの推敲を経ない草稿本であると判断した。しかし、この河口氏の推定は聊か考えすぎで、この書き入れのチベット訳は、よく対照してみると、いま一本の Peking ed., No. 775 に合うものである[3]。この訳は、訳者不明であるが、内容はサンスクリット本に合い、訳法からみても漢文からチベット訳されたものではない。敦煌チベット文写本の中にはこの訳本の写本も見いだされ、Ｐtib六〇八のように殆ど完本のまま残っているものもあって、チェードゥプ当時、すでに敦煌に流伝していたものである。(4)

ところで、Ｓtib二一九に、首部を欠損するが、末部に次のような尾題と奥書を有するチェードゥプ訳の『入楞伽経疏』の写本がある。

［首部］

'phags pa lang kar gshegs pa rin po che'i mdo las sangs rgyas thams cad kyi gsung gi snying po'i le'u rgya cher 'grel pa（聖入楞伽宝経中一切佛語心品疏）

［末部］

…. / rgya'i slobs dpon wen hves mdzad pa rdzogs so //// dpal lha btsan po'i bka' lung gis //// zhu chen gyi lo tsa ba dge slon 'go chos grub kyis // rgya'i dpe las bsgyur cing zhus te gtan la phab pa' // (S. tib. vol. 47., fol. 144a1–5)

（シナの論師 Wen hve ［=hvi］ の著作終わる。聖神賛普の命により大校閲翻訳師・比丘 'go Chos grub がシナ語の本より翻訳し、校正して決定した）

『入楞伽経』のチベット蔵経本の奥書には、Wen hvi の疏と「結び合わせて」経を翻訳したとあったが、これで見ると彼は円暉疏の全文をもチベット訳していたのである。チベット蔵経の収録にもれていたのでいままで分からなかったことである。朱で書かれた経本文は、対照してみると Peking ed., No. 776 のチェードゥプ訳に契同する。この訳は求那跋陀羅漢訳の『四巻楞伽』であるので、いま漢文経文と対照をしてみると、チベット訳の残存部分は大正一六・五〇七頁ａ11—五一四頁ｂ末で、経の巻四以下の注釈に相当する。これらのことより見て、かれは

『入楞伽経』をチベット訳するに当たっては、まず円暉の疏全体を翻訳し、のちにその中より経文だけを抜きだして独立した『入楞伽経』を構成したのではないかと推定される。

この写本は全体で一四四葉を残している大部なもので、首部を欠くが末尾には右のような尾題と奥書と有していて完結したものである。四二・四×七・九㎝の横に細長い貝葉型で、中に糸を通す穴が二つ穿たれている。表面の左の端に ca 2 – 100, cha 1–45 までの丁数が入れられている。dbu-can 体で書かれ、経の本文は朱で、注釈は黒で写されている。そして本文の終わりには花模様を描き、前出の尾題・撰者・翻訳者を識している。そして、更に続けてその裏に次のような書写の年時と書写人とを記す異例の識語がある（図10）。

// bya gag lo’i dbyar sla ra ba’i ngo la // rje’i bsod nams dang / sems can thams cad kyi bsod namusu bsngos te // dge slong rdo rjes lan kar gshegs pa ’grel pa sde gcig bris pa’ ////

// sdong po btsan bzang gis bris //

// ’phags pa rnams ’dir gsan cing gshegs pa rnams kyi thugs las ’gal ba dang spyan lam du myi mdzes pa dang yi ge lhag chad du gyur pa rnams bjod pa ’bul zhing mchis //// zhus // (op. cit., fol. 144b)

（鳥の年の夏の初めの月［＝四月］のうちに、主の功徳と一切衆生の功徳を廻向して（?）、比丘ドルジェが『入楞伽経疏』一部を写した。本文はチェンザンが写した）（以下略）

右の記事より、本写本の書写の経緯を知ることができる。そのうちの「鳥の年」に当たるのは、チベット支配期の範囲（七八六〜八四八）の中でみると八四一、八二九、八一七などがある。チェードゥプの活躍年代から考えて八四一年が妥当と思われる。翻訳は当然それより先行することとなる。

右のように、チベット訳の円暉の疏が敦煌写本に見つかったことにより、先に発見された漢文の円暉述『入楞伽経疏』との関係が問われるべきである。これに当たって、Sch五六〇三の写本は『円暉疏』の巻一と巻二の少部分（大正一六・四八二頁b10—四八九頁b9）しか残していないので、終わりの方の巻四の部分を残すチベット訳と重なる部分を見いだし得ない。ところが、Ptib六〇九に一葉だけであるが、Sch五六〇三の漢文写本と同筆で、本来一つ写本であったと見なされる写本断片があり、この裏の部分（**図9**）はチベット訳と重なるところがある（大正一六・五〇八頁cの経文への疏）。少部分ではあるが、対照してみると、チベット訳のWen hvi疏はまったく漢文『円暉疏』を直訳したものであることが分かる。それにしても、漢文『円暉疏』の行間に書き入れられたチベット文の『入楞伽経』がチェードゥプの訳した『四巻楞伽』のチベット訳でないのは何故か。いろいろな可能性があろうが、この書き入れが行われた時、未だチェードゥプ訳ができていなかったということも考え得る一つのことであろう。(5)

［注記］

（1）「河口慧海氏矢吹博士撮影将来の入楞伽経の研究」（『鳴沙余韻解説』Ⅱ、一九三三）。

（2）Sch五六〇三は首部を欠損しているが、Pch二一九八に冒頭からの漢文写本がある。本書三八九—三九〇頁参照。

（3）チベット蔵経のチェードゥプ訳『入楞伽経』には、漢訳本『四巻楞伽』にない文（巻一の偈の直後の文）が挿入されている。この文は『七巻楞伽』及び「サンスクリット本」にのみあるものである。チェードゥプは少なくとも『七巻楞伽』にも通じていたと考えられる。

（4）敦煌出土のチベット訳『入楞伽経』については、袴谷憲昭『講座敦煌6・敦煌胡語文献』［Ⅳ—1—1　敦煌出土チベット語唯識文献］（一九八五）二一二—二一五頁参照。

（5）チェードゥプが『四巻楞伽』を翻訳した動機は、曇曠が円暉の『四巻楞伽』の疏を重視していたこと（本書三九五—三九七頁参照）と無関係ではあるまい。しかし、当時の敦煌の佛教界で流行していたのは、『頓悟大乗正理決』が、禅の本でありながら引用していることからも見られるように（本書二九七頁参照）『七巻楞伽』であった。そのチベット訳の方が一般的であったので、対照チベット訳として採用された可能性も考えられる。

（3）『解深密経疏』

チベット蔵経 Peking ed., No. 5517 に入蔵されている

Ārya–gambhīra–saṃdhinirmocana–sūtra–ṭīkā; ’Phags pa dgons pa zab mo nyes par ’grel pa’i mdo’i rgya cher ’grel pa ［聖解深密経疏］

は、約二帙半もある大部な訳書である。次のような奥書を有し、チェードゥプの翻訳であると記す。ただし、この疏のチベット訳の敦煌写本は未だ発見されていない。蔵経本によって知るのみである。

’phags pa dgongs pa zab mo nyes par ’grel pa’i mdo rgya cher ’grel pa rgya’i slob dpon wen chig gis mdzad pa rdzogs so // dpal lha btsan po’i bka’ lung gis / zhu chen gyi lo tsa’ ba dge slon ’gos chos grub kyis rgya’i dpe las bsgyur cing zhus te gtan la phab pa // (Peking ed., vol. 106, p. 349–3–4)

（聖解深密経疏、シナの論師 Wen chig の著作、終わる。聖神賛普の命によって、大校閲翻訳師・比丘 ’gos[1] ［=’go］ Chos grub がシナ語の本より翻訳し、校正して決定した）

これによって、この疏の翻訳は前項の『入楞伽経』の場合と事情が類似していて、同様に賛普の命令によるものであること、及び、その原本が Wen chig の『解深密経疏』であることが分かる。Wen chig の疏とは、現在『卍続蔵経』に収録されている西明寺沙門円測撰『解深密経疏』十巻[2]のことであって、内容の一致からも確かである。

漢文原本の円測[3]（六一三～六九六）の疏は本来十巻を有するものであるが、この中の第十巻は早くより散逸してし

まって伝承されていない。ところが、チェードゥプ訳はこの部分をも含んで完結しており、それより復元して散逸部分の内容を知ることが可能である。この事業は稲葉正就氏により試みられており、(4)学界に稗益するところ大である。稲葉氏はこの研究において次のようなことを明らかにされた。すなわち、チベット蔵経中の『解深密経疏』全体を、現在まで伝承されてきた漢文原本と対比してみると、第一巻の漢文本に特に脱落文が多いということである。前項でも触れたように、チェードゥプが漢文よりチベット訳する場合、その訳風は原文にきわめて忠実なものであり、故意に省略して訳すような例は殆ど見られない。したがって、右のような場合は、チェードゥプの依拠した原本たる円測の『解深密経疏』と現在の『卍続蔵経』所収本とが異なっていたと予想しなければならない。

円測が疏を加えた経典は、玄奘訳『解深密経』（大正六七六番）である。チェードゥプが円測の疏を訳すに当たっては、言うまでもなくこの経典をも含めて翻訳しているが、しかし、『入楞伽経』の場合のように、それらを集めて別出し、チェードゥプ訳の『解深密経』を造ることはなかったらしく、それに当たるものを未だ見いだしえない。チベット蔵経中にある Peking ed., No. 774; *Ārya—saṃdhinirmocana—nāma—mahāyāna—sūtra* は、サンスクリットからの翻訳である。

ところで、敦煌本中に『解深密経』のチベット訳で、右の訳のいずれにも合わないものがあることが知られるにいたった。これは、サンスクリットからの訳ではあるが、蔵経に収録する現行のものとは異なる。この違いについて袴谷憲昭氏の調査・研究があり、現行のチベット訳『解深密経』が成立する以前の段階の翻訳であろうと推定されている。(5)

チェードゥプが、なぜ円測の『解深密経疏』を翻訳したか。この点について、円測の本疏からの引用が曇曠やその関係の著作に見つかり、この疏は曇曠に密接に関係して敦煌に搬入され学習されていた形跡がある。曇曠の学問を継承した法成は、チベットに無いこの疏を重要と見なし翻訳するにいたったものと思われる。なお、後世のチベットの唯識学が円測のものを受け継いでいることは、他の伝世資料に基づいたチベットの研究からも知られるところである。

［注記］

（1）蔵経本では 'gos であるが、先に論じたように 'go であるべきである。
（2）卍続蔵・一・三四・四―一・三五・一
（3）円測については、稲葉正就「朝鮮出身僧円測法師について」（『朝鮮学報』二、一九五一）の論文がある。
（4）稲葉正就『円測解深密経疏の散逸部分の研究』（一九四九）、同『円測解深密経疏の散逸部分の研究・漢文訳篇』（一九七二）、同「解深密経疏のチベット訳について」（『大谷学報』五六―二、一九七六）。
（5）K. Hakamaya; The Old and New Tibetan Translation of the Sandhinirmocana-sūtra: Some Notes on the History of Early Tibetan Translation（『駒沢大学佛教学部論集』一四、一九八四）、A Comparative Edition of the Old and New Tibetan Translations of the Sandhinirmocana-sūtra (I), (II)（『駒沢大学佛教学部論集』一七・一八、一九八六・八七）、袴谷憲昭『講座敦煌6・敦煌胡語文献』［Ⅳ―1―1　敦煌出土チベット語唯識文献］（一九八五）二〇八―二一二頁。

(4)　『善悪因果経』

チベット蔵経 Peking ed., No. 1023 に、

'Phags pa legs nges kyi rgyu dang 'bras bu bstan pa zhes bya ba theg pa chen po'i mdo［佛説勝劣因果大乗経］

があり、その奥書には次のようにチェードゥプの訳出であることが記されている。

zhu chen gyi lo tsha ba ban de chos grub kyis rgya gar dang rgya'i dpe las bsgyur cing zhus te gtan la phab pa // (Peking ed., vol. 40, p. 342–5–7)

（大校閲翻訳師・沙門チェードゥプがインド語の本とシナ語の本より翻訳して、校正し決定した）

敦煌のチベット文写本の中から、この訳に相当する写本が見いだされている。S tib 二二〇がそれで、全体の約半分までを残しており、それによって蔵経本と対照することができ、両者がよく一致するものであることが確認できる。ただし、敦煌本の方の標題は、

’phags pa las legs nges kyi rgyu dang ’bras bu bstan pa zhes bya ba'i mdo

となっており、las（=業）の一字が挿入され、また、theg pa chen po が無い点で異なる。

先にあげた奥書によると、チェードゥプはインド語とシナ語の本より訳したという。かれの訳著のなかで「インド語の本」を加えてチベット訳したことを記しているのは、この奥書の例が唯一である。ところが、この経典は中国、日本でかなり流行していたものではあるが[1]、古来より偽経とされているものである[2]。漢文原本の『善悪因果経』は、敦煌出土本と『卍続蔵経』所収本とにより、『大正新脩大蔵経』古逸部に収録されるが、訳者は不明である。そういうことで、インド語の原典があったということは認めがたい。それでは、奥書に「インド語の本より」とあるのは何を意味するのか。単なる記載の誤りであろうか[3]。ペリオ蒐集敦煌写本中に、この経のソグド訳が発見されているので[4]、チェードゥプが漢訳の他に参照したインド語の本とは、それより先に何等かの事情で訳出されていたソグド語など他国語の訳本を言ったものかもしれない。また、チベット蔵経には、チェードゥプ訳の『善悪因果経』の他に、Peking ed., No. 1024 に次のような類似の経典が収録されている。

dGe ba dang mi dge ba'i las kyis rnam par smin pa bstan pa'i mdo [善不善の業報を説示する経]

『大谷甘殊爾勘同目録』では、この経に対応するものとして、やはり『善悪因果経』をあげている。両者を対照してみると内容はよく一致する。ただし敦煌写本中には発見されていないので、何時ころの訳か定かでないが、漢文からの重訳ではない。そうすると、漢文以外の原本がこの経にはあったということになり、『善悪因果経』もそれと原本を共通にした可能性がある。

[注記]

（1）チェードゥプが『善悪因果経』をチベット訳したのは、この経典がそのころチベット佛教の重要経典として流行していていたことが背景として考えられる。敦煌出土の漢文写本の中に、チベット訳の原本となった『善悪因果経』が多数発現していて、流行の事実を証明している。また、チベットは、後述する『大乗経纂要義』などで見るように、当時善悪因果思想を鼓吹していたが、チェードゥプはその施策を受けてチベット訳を行ったのであろう。

（2）牧田諦亮『疑経研究』[第十一章　善悪因果経について]（一九七六）三三六—三四四頁参照。

（3）ナルタン版目録、デルゲ版目録では「インド語より」の語が無い。

（4）P. Pelliot; *Le sutra de causes et des effets,* I, II, III, (1920–28).

(5)　『金光明最勝王経』

チベット蔵経には、Peking ed., No. 174, 175, 176 と続いて三本の『金光明経』のチベット訳を収録している。そのうちの Peking ed., No. 174 がチェードゥプ訳であって、左の標題と奥書とをもつ。

Ta'i ching gin gvong ming dzu'i shing wan gying: 'Phags pa gser 'od dam pa mchog tu rnam par rgyal ba'i mdo sde'i rgyal po theg pa chen po'i mdo [大乗金光明最勝王経・聖微妙金光明最勝王経]（Peking ed., vol. 7, p. 23–1–4）

/ zhu chen gyi mkhan po dang / lo tsha ba bcom ldan 'das kyi ring lugs ban de chos grub kyis rgya'i dpe las bsgyur cing zhus te gtan la phab pa //

(op. cit., 12 p. 23–1–3)

（大校閲和尚・翻訳師・釈門・都僧統・沙門チェードゥプがシナ語の本より翻訳し、校正して決定した）

チェードゥプがチベット訳を行うにあたって原本とした漢訳本は、漢文音写の標題からも分かるように、義浄訳『金光明最勝王経』十巻（大正六六五番）である。『金光明経』の漢訳には、この他にも曇無讖訳『金光明経』四巻（大正六六三番）、宝貴合『合部金光明経』八巻（大正六六四番）がある。敦煌出土の漢文文献には、これら三種とも見いだされ、いずれもかなりの数があるが、中でも一番多いのは義浄訳の『金光明最勝王経』である。この写本は、殆どがチベット支配期に入っての書写である。

『ラルー目録』には、Peking ed., No. 174 に合うものとして、P tib四九九、五〇〇、五〇一、五〇二を挙げる。ただし、このうちのP tib五〇一は、四二×八・五㎝の貝葉型用紙に五行詰めで写された六葉を遺すのみの写本で、義浄訳の『金光明最勝王経』を原本とした漢文本からの逐字訳であるが、チベット蔵経所収 No. 174 のチェードゥプ訳とはまた異なったものである。[1] 若干部分を次に対比する。

(Peking ed., No. 174) byang chub sems dpa' de rnams kyis srung bar byed do // dge gnas shes par gyis shig / gzungs sngags 'di 'don pa'i tshe cho ga 'di ltar bya'o //

(P. tib. 501) byang chub sems dpa' rnams kyis yongs su gzun zhin / yongs su gsrung bar 'gyur ro // rab gnas 'di ltar rig par bya'o / sngags 'di yongs su 'dzin pa'i tshe / cho ga 'di ltar bsgrub par bya'o //

右の部分はいずれも漢文原本の「為諸菩薩之所摂護。善住当知。特此呪時。作如是法」（大正一六・四二四頁ａ）を訳したものである。両者、ほとんど同一内容であるが訳し方は異なり、P tib五〇一の方が語を多く費やして訳す特徴がある。この写本は首尾を欠く断簡なので、奥書を知りえないが、少なくとも蔵経本チェードゥプ訳以外の漢文→チベット訳の存在することが明らかになった。

敦煌チベット文写本の中には、チェードゥプ訳以外の Peking ed., No. 175, 176 の二訳の写本も存在する。前者は、蔵経本では、

Ārya-suvarṇaprabhāsottama-sūtrendrarāja-nāma-mahāyāna-sūtra［聖金光明最勝王大乗経］

のサンスクリット語の題をもち、訳者には Jinamitra, Sīrendrabodhi, Ye shes sde を挙げているので、これはサンスクリット本よりの翻訳であると見てよい。『ラルー目録』の指示によるとPtib五〇三はこの本の写本らしい。後者の Peking ed., No. 176 は、標題は右と同じであるが、チベット蔵経では訳者名を欠いている。ところで、敦煌出土の一写本Stib四四三は、

'Phags pa gser 'od dam pa mdo sde'i dbang po rgyal po zhes bya ba theg pa chen po'i mdo

というチベット語標題をもつ五五×八・五㎝の貝葉型写本で、毎葉の裏面左側に ka 1–79 の丁数をもち、首尾完全な一本である。この本の内容は　チベット蔵経所収の No. 176 に一致する。そして、すこし汚れていて判読しにくいが、左のような奥書があって、今までチベット蔵経では訳者不明であったのを補うことができる。

/ rgya gar gyi mkhan po 'ji na myi tra dang / da na shi la dang / zhu chen gyi lo tsa ba ban de ye shes sde bsgyur te [.....] kyis kyang bphabs (?) nas gtran la phab pa' // (S. tib. vol. 46, fol. 79b1)

（インドの和尚ジナミトラと、ダーナシーラと、大校閲翻訳師・沙門エセイデが翻訳して、……決定した）

右に見たように、『金光明経』のチベット訳については、エセイデによるサンスクリット本からの訳が二種、また漢文本よりの訳が二種あることになる。(2) このように何故多くの訳が行われたのか。また、何故にチェードゥプは

漢文本からの訳を行わなければならなかったのか。義浄訳『金光明最勝王経』がチベット支配期に入って敦煌で多く流行したことと関係することではあるまいか。

[注記]

(1) 漢文よりのチベット訳『金光明経』の訳語法について次の研究がある。R. A. Stein; Les deux vocabulaires des traductions Indo–Tibétaine et Sino–Tibétaine dans les manuscrits de Touen–houang, *Bulletin de l'école Française*, tome LXXII (Paris, 1983).

(2) N. Simonsson は、敦煌出土のチベット訳『金光明経』のＰtib五〇七を調査し、それが蔵経本のいずれとも合わず、しかも義浄訳の漢訳に接近したものであることを指摘している（*Indo–tibetische Studien*, I, 1957, S. 179–209）。Ｐtib五〇一との同異が問われるが未調査である。

(6)　『賢愚経』

チベット蔵経の Peking ed., No. 1008 に収録される、

'Dzangs blun zhes bya ba'i mdo［賢愚経］

は、殆どの版では失訳人名になっているが、デルゲ版の目録にだけチェードゥプ訳であると記載する。これを根拠にいまチェードゥプ訳として取り上げる。さらにデルゲ版奥書には、この本が漢文よりの翻訳であると記しており、内容を調べてみてもやはりそのことが認められる。その原本となった漢訳は元魏慧覚等訳『賢愚因縁経』十三巻（大正二〇二番）であるが、周知のように『賢愚経』は各訳本間の出入りが激しい。具体的にいうと、漢訳が全部で六十九品から成り立っているのに対してチベット訳は五十一品しかない。すなわち、漢訳における七、二十一、

二十二、三十三、三十四、三十五、三十九、四十一、四十五、四十六、四十七、四十八、四十九、五十、五十一、五十七、五十八、五十九の各品を欠いている。[1]『解深密経疏』の項で述べたように（本書一一八頁）、チェードゥプ訳と現行漢訳本とが異なる場合は、一般にチェードゥプが原本とした漢訳本と現行本とが異なっていたと考えなければならない。特に『賢愚経』のように因縁譚の寄せ集められた性格の経典において、後世の付加出入りはきわめて起り易いことを考慮すれば、いまのチェードゥプ訳はこの当時流布していた『賢愚経』の形式を投影している可能性が強い。ただし、敦煌漢文写本中に『賢愚経』の写本は少なく、かつ断片的でこのことを確かめえない。

敦煌チベット文写本中には、P tib 九四三に本経三十八章から四十八章の部分のチベット訳写本（四八×九・四㎝、各面六行、三八葉存）が存在し、チベット蔵経収録の訳本とよく一致する。ただし、訳者の記は見られない。

なおその他に、『賢愚経』関係のものとして次のようなものが知られる。一は、S tib 二一七で、四四・八×八・九㎝の貝葉型で、表裏一葉に dbu-med 体の細字で一四行に詰めて写されている写本である。写真では殆ど判読できないので、未だチベット蔵経本との異同を確かめえないが、はじめに ’dzangs blun pa’i mdo las ’byun ba ……「賢愚経のなかに出ている。……」とあり、終りに zhib du ni ka byi na’i le’u las ’byung ngo「詳しくはカビナの章に出ている」とある。この写本はチベット蔵経本で言えば『賢愚経』第二十四章 Ka byin chen po’i le’u ste nyi shu bzhi pa（漢訳「大劫賓寧品第三十一」）よりの抄出引用である。

二は、S tib 二一八で、この写本は右より少し大きく、四六・三×一一・八㎝の貝葉型で三葉六面を遺すにすぎない。やはり dbu-med 体で各面三〇行近い細字で書かれており判読しにくいが、これは第二十三章の Blon po ri dags kyi bu bdun gyi le’u ste nyi shu gsum pa（漢訳「梨耆彌七子品第三十二」）の抄出要約であると認められる。

三は、P tib 二一〇五のカマラシーラのチベット訳『大乗稲芉経疏』の写本の最後に Rab tu ’byung ba’i yon tan bsngags pa の標題をもつ文献の写本（尾欠）で、これはチベット蔵経所収の『賢愚経』第十五品の Rab tu 'byung ba'i yon tan bsngags pa'i le'u ste bco lnga pa［出家功徳呪第十五品］に同定できる。漢訳は「出家功徳尸利苾提品第二十三」が対応する。

右の三種の写本の中にチェードゥプ訳であることを確認する記は見いだせないが、一と二の写本の dbu-med 体の細字が、先述したように（本書九三頁）チェードゥプの筆跡に推定されるものであることは、本経がチェードゥプ訳であることを傍証するものである。

［注記］

（1） 高橋盛孝『蔵漢対訳・賢愚経』（一九七〇）。

（2） 『賢愚経』の変文が存在し、メンシコフ氏が『雙恩記』（Moskva 一九七二）で写真を附して出版している。なお、この内容のウイグル語訳がＰtib三五〇九にあり、ハミルトン氏が左の著作で発表した。

J. R. Hamilton: *Le conte bouddhique du bon et du mauvais prince en version ouïgoure, texte, établi, traduit et commente* (Paris, 1971).

(7) 『宝積経第七会』 (8) 『宝積経第十三会』 (9) 『宝積経第四十会』

『大宝積経』四十九会のうち、第七会、第十三会、第四十会の三会が、チェードゥプ訳である。北京版チベット蔵経では、いずれも失訳人名になっているが、ナルタン版など他の版の奥書及び目録には、次のようにチェードゥプ訳と記したものがあり、いまこれらを彼の訳と見なして検討することとする。

Ārya—varmavyūhanirdeśa—nāma—mahāyāna—sūtra

　　[聖顕示冑鎧荘厳大乗経]（Peking ed., No. 760–7）

/ lo tsha ba mgos (='go) chos grub kyis rgya'i dpe las bsgyur pa'o //（Narthang ed., bka'–'gyur, kha 219b1）

（翻訳師ゴ・チェードゥプがシナ語の本より翻訳した）

Ārya–ayuṣmannandagarbhāvakrāntinirdeśa–nāma–mahāyāna–sūtra

　　[聖為長老難陀説入胎大乗経]（Peking ed., No. 760–13）

/ lo tsha ba 'gos (='go) chos grub kyis rgya'i dpe las bsgyur cing zhus te gtan la phab pa //（Narthang ed., bka'–'gyur, ga 426b6）

（翻訳師ゴ・チェードゥプがシナ語の本より翻訳し、校正して決定した）

Ārya–dārikāvimalaśuddha–paripṛcchā–nāma–mahāyāna–sūtra

　　[聖浄信童女所問大乗経]（Peking ed., No. 760–40）

/ lo tsha ba 'gos (='go) chos grub kyis rgya nag gyi dpe las bsgyur cing zhus te / gtan la phab pa //

（Narthang ed., bka'–'gyur, cha 185b5）

（翻訳師ゴ・チェードゥプがシナ語の本より翻訳し、校正して決定した）

右の三本は訳文よりみても漢訳よりのチベット訳であることは確かである。対応する漢訳は次の諸本である。

菩提流志訳『大宝積経被甲荘厳会第七』（大正三一〇(7)番）

菩提流志訳『大宝積経佛為阿難説処胎会第十三』（大正三一〇(13)番）

菩提流志訳『大宝積経浄信童女会第四十』（大正三一〇(40)番）

『宝積経』は菩提流志が神龍二年（七〇六）より先天二年（七一三）までの間に新訳追補して現行の四十九会百二

十巻に編纂したものである。この『宝積経』には梵本十萬頌があって、それに則って四十九会を集成編纂したと言われているが、果して四十九会の原型となるべきものがあったのか、それとも菩提流志の恣意的な配列編成であるのか定かでない。チベット蔵経所収の『宝積経』は計六帙の大部なもので、*Ārya-mahāratnakūṭa-dharmaparyāya-śatasāhasrika-grantha*［聖大宝積法門十萬品］の標題をもっており、梵本十萬頌よりの翻訳を想像させる。内容は版本によって若干の異同はあるが、やはり四十九会の組織をもっており、漢訳のそれと相似である。このように両者一致していることは、漢訳とは独立して、いわゆる十萬頌のサンスクリット原本を入手し、それをチベット訳したら偶々漢訳の組織次第に一致したというのではなく、菩提流志の漢訳の編纂ののち、その構成に則って翻訳集成されたものであると桜部文鏡氏により推定された。(1) この事情を確かめる根拠として、氏はチベット訳『宝積経』四十九会の中には漢訳よりチベット訳したものが混っていることをあげる。桜部氏によれば、チェードゥプ訳の第七、第十三、第四十の三会が漢文よりの翻訳である外に、『説入胎蔵会第十四』（Peking ed., No. 760–14）、『富樓那会第十七』（Peking ed., No. 760–18）、『無盡伏蔵会第二十』（Peking ed., No. 760–20）の三会も漢訳よりの重訳であるという。(2) これらのことより見て、チベット蔵経の翻訳者は菩提流志編の漢訳『大宝積経』四十九会を見て、それと同様なものをチベット訳する意図をもって、サンスクリット原典の入手できるものはそれを用い、その無きものは漢訳より重訳して四十九会を揃えたものと結論できる。(3) このことを裏付けるように、デルゲ版の目録には「以上、『宝積経』四十九会はインド、ウテン、シナより蒐集して品数を完備するを得たり」と記されているという。チェードゥプ訳が『宝積経』の中に存在していることは、彼が漢訳よりチベット訳する部門の大校閲翻訳師であり、サンスクリット原典蒐集を果たせなかったところを、漢訳より補う役割を担当させられたことを物語っていると思われる。

［注記］

（1）桜部文鏡「西蔵訳大宝積経の研究」（『大谷学報』一一―三、一九三〇）一三四―一七五頁。

（2）訳者不明の漢文本からの翻訳の三会もチェードゥプ訳である可能性が強い。

（3）現行の『無量寿経』のチベット訳は「宝積経第五会」に収録されサンスクリット本からのエセイデ訳出であるが、漢文本より翻訳された（訳者不明）異訳本もあったことが敦煌写本より明らかになった。赤松孝章「チベット訳無量寿経の敦煌新出異訳本について」（『佛教文化研究所紀要』二三、一九八四）(2)～(9)頁参照。

⑽　『時非時経』

S tib 二一三に

'Phags pa dus dang dus ma yin pa bstan pa zhes bya ba'i mdo ［聖時非時説示経］

と題される写本があり、次の奥書を有していて、チェードゥプ訳であることが認められる。

/ zhu chen gyi mkhan po dang / lo tsa ba bcom ldan 'das kyi ring lugs ban de chos grub gyis rgya'i dpe las bsgyur cing zhus te / gtan la phab pa // (S. tib. vol. 34, foll. 27a5–b1)

（大校閲和尚・釈門・都僧統・沙門チェードゥプがシナ語の本より翻訳し、校正して決定した）

このチベット訳はチベット蔵経中に見あたらず、敦煌出土のチベット文写本の中より初めて知られたものである。三八×八・三㎝の貝葉形四紙からなり、dbu-can 書体で一面五行に写される。表面左側に ga 50–53 の丁数が見られるところから、前後に何か連続していたようである。対応する漢語は若羅厳（二六五～三一六）訳『佛説時非時経』（大正七九四番）であるが、伝承されてゆくうちに各本の間に差異が生じたらしく、『大正新脩大蔵経』では、訳者は同じであるが、(1)麗本と(2)明本を底本として宋・元・宮・知(=知恩院本)の各本と対校したものとの二種を収録している。このうち、チェードゥプのチベット訳は、『大正新脩大蔵経』の校勘記に従うと、奈良時代天平十二年(七四〇)の写本である知恩院本に非常によく合う。次に漢訳、チベット訳、チベット訳からの和文試訳を示すが、漢訳には『大正新脩大蔵経』の校勘記によって知恩院本との異同を書き加えた。

漢訳・チベット訳『時非時経』

[漢　訳]

[　]は知恩院本に欠くもの　(+　)は知恩院本に加っているもの　(=　)は知恩院本

[佛説時非時経　　天竺三蔵法師若羅厳訳]

如是我聞。一時佛在王舎城迦蘭陀竹[林]園精舎。(+是)時佛告諸比丘。我当為汝説時(+与)非時経。善思念之(=憶念)。諸比丘言。如是世尊。当(=謹)受敬聴。佛告諸比丘。是中何者為時。何者為非時。比丘当知。

冬初[分。第一]十五日。七脚為時。四脚半(+為)非時。

[従八月十六日。至三十日]。

第二十五日。八脚為時。六脚八指(+為)非時。

[従九月一日。至十五日]。

第三十五日。九脚為時。七脚六指(+為)非時。

[従九月十六日。至三十日]。

第四十五日。十脚為時。八脚三指（＋為）非時。
[従十月一日。至十五日]。
第五十五日。十一脚為時。九脚［四指］（＋為）非時。
[従十月十六日。至三十日]。
第六十五日。十二脚為時。十一脚六指（＋為）非時。
[従十一月一日。至十五日]。
第七十五日。十一脚半為時。十脚三指（＋為）非時。
[従十一月十六日。至三十日]。
第八十五日。十一脚為時。九脚四指（＋為）非時。
[従十二月一日。至十五日]。
春初［分。第二］十五日。十脚為時。八脚［少］三指（＋為）非時。
[従十二月十六日。至三十日]。
第二十五日。九脚半為時。七脚少三指（＋為）非時。
[従正月一日。至十五日]。
第三十五日。九脚為時。六脚少三指（＋為）非時。
[従正月十六日。至三十日]。
第四十五日。八脚為時。五脚［少三指］（＋為）非時。
[従二月一日。至十五日]。

第五十五日。七脚為時。三（=四）脚少三指（+為）非時。
[従二月十六日。至三十日]。
第六十五日。六脚為時。三脚少四指（+為）非時。
[従三月一日。至十五日]。
第七十五日。五脚為時。三脚少三指（+為）非時。
[従三月十六日。至三十日]。
第八十五日。四脚為時。二脚少一指（+為）非時。
[従四月一日。至十五日]。
夏初［分。第二］十五日。三脚為時。二脚少四指（+為）非時。
[従四月十六日。至三十日]。
第二十五日。二脚為時。一脚少五指（+為）非時。
[従五月一日。至十五日]。
第三十五日。二脚半為時。一脚少三指（=半）（+為）非時。
[従五月十六日。至三十日]。
第四十五日。三脚半為時。二脚少二指（+為）非時。
[従六月一日。至十五日]。
第五十五日。四脚半為時。二脚半（+為）非時。
[従六月十六日。至三十日]。

第六十五日。五脚為時。三脚（＋為）非時。
［従七月一日。至十五日］。
第七十五日。五脚半為時。三脚半（＋為）非時。
［従七月十六日。至三十日］。
第八十五日。六脚為時。四脚［半］（＋為）非時。
［従八月一日。至十五日］。
如是諸比丘。我已説十二月時非時。為諸声聞［之］所応行（＝作）。憐愍利益故説。我所応［作］已竟。汝等当行。若樹上空処。露坐思惟。諸比丘莫為放逸。後致悔恨。是我所教戒。
佛説経竟（＝是法）。時諸比丘。皆大歓喜。［勧助］受持（＝奉行）。
佛説時非時経
因縁軽慢故　命終堕地獄（＝悪道）
因縁修善者　於此生天上
縁斯修善業　離悪得解脱
不善欲（＝観）因縁　身壊入悪道
［天竺三蔵法師若羅厳。手執梵本。口自宣訳。涼州道人。于闐城中写訖］
被褐懐玉　深智作愚
外如夷人　内懐明珠
千億万劫　与道同軀

＊知恩院本には、巻末に経題並に光明皇后の願文あり。

［チベット訳］ S. tib. 213

[ga 50a] // 'phags pa dus dang / dus ma yin ba bstan pa zhes bya ba'i mdo // //

sangs rgyas dang/ byang chub sems dpa' [2]thams cad la phyag 'tshal lo //

'di skad bdag gis thos pa dus gcig na // bcom ldan 'das rgyal po'i khab / [3]ka lan 'da' ka'i gnas 'od ma'i tshal gyi kun dga' ra ba na bzhugs te // de na bcom ldan 'das kyis dge [4]slong rnams la bka' stsald pa // dge slong dag ngas kyed la dus dang / dus ma yin ba'i mdo bstan gyis [5]legs par nyon la / yid la zung shig ces bka' stsald pa dang / dge slong rnams kyis kyang de bzhin 'tshal lo zhes gsol **[50b]** to // bcom ldan 'das kyis dge slong rnams la bka' stsald pa // dge slong dag de la dus ni gang / dus ma yin pa ni [2]gang zhe na // dge slong dag 'di lta ste /

dgun gyi bco lnga dang po la rkang pa bdun ni dus / rkang pa phye dang lnga ni dus ma [3]yin pa zhes bya'o //

bco lnga gnyis pa la rkang pa brgyad ni dus / rkang pa drug dang / sor brgyad ni dus ma yin pa zhes bya'o //

[4]bco lnga gsum pa la rkang pa dgu ni dus / rkang pa bdun dang / sor drug ni dus ma yin ba zhes bya'o //

bco lnga bzhi pa la rkang pa [5]bcu ni dus / rkang pa brgyad dang / sor gsum ni dus ma yin ba zhes bya'o //

bco lnga lnga pa la rkang pa bcu gcig ni dus / **[ga 51a]** rkang pa dgu ni dus ma yin ba zhes bya'o //

bco lnga drug pa la rkang pa bcu gnyis ni dus / rkang pa bcu dang / sor drug ni dus[2] ma yin ba zhes bya'o //

bco lnga bdun pa la rkang pa phye dang bcu gnyis ni dus / rkang pa bcu dang / sor gsum ni dus ma[3] yin ba zhes bya'o //

bco lnga brgyad pa la rkang pa bcu gcig ni dus / rkang pa dgu dang / sor gsum ni dus ma yin[4] ba zhes bya'o //

de la dpyid kyi bco lnga dang po la rkang pa bcu ni dus / rkang pa brgyad dang / sor gsum ni dus ma yin[5] ba zhes bya'o //

bco lnga gnyis pa la rkang pa phye dang bcu ni dus / rkang pa bdun du sor gsum gyis ma tshang ba de ni **[51b]** dus ma yin ba zhes bya'o //

bco lnga gsum pa la rkang pa dgu ni dus / rkang pa drug du sor gsum gyis ma tshang ba de ni dus ma yin ba[2] zhes bya'o //

bco lnga bzhi pa la rkang pa brgyad ni dus / rkang pa lnga ni dus ma yin ba zhes bya'o //

bco lnga lnga pa la rkang pa bdun ni[3] dus / rkang pa bzhir sor gsum gyis ma tshang ba de ni dus ma yin ba zhes bya'o //

bco lnga drug pa la rkang pa drug ni dus / rkang pa gsum du sor bzhis ma tshang ba de ni dus ma yin ba zhes bya'o //

bco lnga bdun pa la rkang pa lnga ni dus / rkang pa gsum[5] du sor gsum gyis ma tshang ba de ni dus ma yin ba zhes bya'o //

bco lnga brgyad pa la rkang pa bzhi ni dus / rkang pa gnyis **[ga 52a]** su sor gcig gis ma tshang ba de ni dus ma yin ba zhes bya'o //

de la dbyar gyi bco lnga dang po la rkang pa gsum ni dus / [2]rkang pa gnyis su sor bzhis ma tshang ba de ni dus ma yin ba zhes bya'o //

bcu lnga gnyis pa la rkang pa gnyis ni dus / [3]rkang pa gcig du sor lngas ma tshang ba de ni dus ma yin ba zhes bya'o //

bco lnga gsum pa la rkang pa phye dang gsum [4]ni dus/ rkang pa phye dang gnyis ni dus ma yin ba zhes bya'o //

bco lnga bzhi pa la rkang pa phye dang bzhi ni dus / rkang pa [5]gnyis su sor gnyis kyis ma tshang ba de ni dus ma yin ba zhes bya'o //

bco lnga lnga pa la rkang pa phye dang lnga ni dus / rkang pa phye dang **[52b]** gsum ni dus ma yin ba zhes bya'o //

bco lnga drug pa la rkang pa lnga ni dus / rkang pa gsum ni dus ma yin ba zhes bya'o //

[2]bco lnga bdun pa la rkang pa phye dang drug ni dus / rkang pa phye dang bzhi ni dus ma yin ba zhes bya'o //

bco lnga brgyad pa la rkang pa drug [3]ni dus / rkang pa bzhi ni dus ma yin ba zhes bya'o //

dge slong rnams zla ba bcu gnyis kyi dus dang /dus ma yin [4]ba bstan pa ni nyan thos rnams la brtse ba dang / phan gdags pa'i phyir / ngas bstan pa yin te / khyed kyis de bzhin du bslab par[5] bya'o // shing drung ngam /dgon pa'm / thang la gnas kyang rung ste / rjes su dran bar bya zhin / dge slong dag bag yod **[ga 53a]** par sgrubs la / phyis 'gyod par ma byed cig // 'di ni ngas rjes su bstan pa yin no //

bcom ldan 'das kyis[2] de skad ces bka' stsald nas // dge slong rnams yid rangs te / bcom ldan 'das kyis gsungs pa la mngon bar[3] bstod do // //

'phags pa dus dang / dus ma yin pa bstan pa zhes bya ba'i mdo rdzogs so // //

// zhu chen gyi mkhan po dang / lo ca ba bcom ldan 'das kyi ring lugs ban de chos grub gyis rgya'i dpe las bsgyur cing zhus te / gtan **[53b]** la phab pa //

〔チベット文よりの和訳〕

[ga 50a]『聖なる時と非時とを説くという経』

佛と一切の菩薩に帰命し奉る。

このように私が聞いたあるときに、世尊は王の城、カランダーカの場所、竹の園舎に居られた。そのとき、世尊は比丘たちに言われた。比丘たちよ。私は、お前たちに時と非時の経を説くので、能く聞いて意にとどめよ。そう言われると、比丘たちもまた、そのようにいたしますと言って、〔説法〕を要請した。**[50b]** 世尊は、比丘たちに対して言われた。比丘たちよ。それでは、時とは何か、非時とは何であるかと言えば、比丘たちよ、次のとおりである。

冬の最初の十五における七脚が時で、四脚半が非時である。

第二の十五における八脚は時で、六脚と八指は非時である。

第三の十五における九脚は時で、七脚と六指は非時である。

第四の十五における十脚は時で、八脚と三指は非時である。

第五の十五における十一脚は時で、[ga 51a] 九脚は非時である。

第六の十五における十二脚は時で、十脚と六指は非時である。

第七の十五における十一脚半は時で、十脚と三指は非時である。

第八の十五における十一脚は時で、九脚と三指は非時である。

さて、春の最初の十五における十脚は時で、八脚と三指は非時である。

第二の十五における九脚半は時で、七脚に三指足らないのは [51b] 非時である。

第三の十五における九脚は時で、六脚に三指たらないのは非時である。

第四の十五における八脚は時で、五脚は非時である。

第五の十五における七脚は時で、四脚に三指足らないのは非時である。

第六の十五における六脚は時で、三脚に四指足らないのは非時である。

第七の十五における五脚は時で、三脚に三指足らないのは非時である。

第八の十五における四脚は時で、二脚 [ga 52a] に一指足らないのは非時である。

さて、夏の最初の十五における三脚は時で、二脚に四指足らないのは非時である。

第二の十五における二脚は時で、一脚に五指足らないのは非時である。

第三の十五における二脚半は時で、一脚半は非時である。

第四の十五における三脚半は時で、二脚に二指足らないのは非時である。

第五の十五における四脚半は時で、二脚半は[52b]非時である。
第六の十五における五脚は時で、三脚は非時である。
第七の十五における五脚半は時で、三脚半は非時である。
第八の十五における六脚は時で、四脚は非時である。

諸々の比丘よ。十二月の時と非時を説くのは、諸々の声聞に対して憐愍と利益を与えるために私は説いたのである。お前たちは、そのように行うべきである。近くの樹、あるいは寂しい場所、あるいは荒地に坐するのも適当であって、[そこで]思惟すべきである。諸々の比丘よ。自己を[ga 53a]統御して、後に後悔を為してはならない。これが私の教えである。

世尊がこのように申されたとき、比丘たちは意に歓びを生じて、世尊の説かれたことを讃嘆した。

『聖なる時と非時とを説く経』を終わる。

大校閲和尚・釈門・都僧統・沙門チェードゥプがシナ語の本より翻訳し、校正して[53b]決定した。

両訳の対比より判るように、漢文本にある巻末の　頌の有無、及び冬初分第六十五の「十一脚」が「十脚」となり、同第八十五の「九脚四指」が「九脚三指」と相違していることを除けば、チベット訳は奈良朝写本の知恩院本によく合う。対応する漢文本『時非時経』の敦煌写本が未だ見つかっていないので確認できないが、時代的にほぼ一致する奈良朝本と同種のものが敦煌でも流布しており、それを原本としてチェードゥプがチベット訳したのであろう。

ところで、この経典は、『大正新脩大蔵経』八十五巻所収第二七八八番『律戒本疏』（首欠、仮題、中村不折蔵敦煌本）の巻末（六四四頁）に『佛説犯戒罪報軽重経』（大正一四六七番）と連写されている。ただし、ここでは「因縁軽慢故　命終堕地獄　因縁修善者　於此生天上　縁斯修善業　離悪得解脱　不善欲因縁　身壊入悪道」の二偈八句は「時非時経」―「犯戒罪報軽重経」と連写される最後に置かれている。(1) なお、大正蔵経によると、この敦煌写本には次の跋文がある。

大統七年歳次辛酉（五四一）七月一日。於瓜州城西大法師倚勧化告招提禅□比丘曇遠所供養。

中村不折蔵とするこの敦煌写本の原物に当たっての調査をしていないところから、未だ本資料の信憑性についての結論を出しえないが、本経が律にとって重視されたものであったことの示唆を得る。おそらく律の飲食法の時食・非時食などに関する時間判定の規準として必要とされた経典であろう。(2)『デンカルマ目録』にも名を見ず、現行チベット蔵経にも収録されていない。なお、最近、ソグド語訳があることが確認され、(3) 中央アジアでの普及が実証された。

[注記]

（1）「犯戒軽重経」が巻末に連写される形式は、ソグド語訳でも同様である。左注（3）論文参照。

（2）「時非時」の時の計測の仕方は、義浄『南海寄帰内法伝』（大正五四・二二五頁c29―二二六頁a2、二二九頁c8―27）に説明するところがある。百済康義氏の教示による。

（3）Kōgi Kudara–Werner Sundermann; Zwei Fragmente einer Sammelhandschrift buddhistischer Sūtras in soghdicher Sprache, *Alterorientalische Forschungen*, 14 (Berlin, 1987).

⑾『錫杖経』並に　⑿『執持錫杖普行軌則』

敦煌出土のチベット写本Stib二〇五は、次の二文献を連写したものである。

'Phags pa khar sil gyi mdo［聖錫杖経］

Khar sil 'chang pa'i kun tu spyod pa'i cho ga［執持錫杖普行軌則］

この写本は、四四×八・九㎝の貝葉型にdbu-can書体で一面五行に写す。表面左端にkha 42–15の丁数を記し、四葉からなるが完本で、最後に次のようなチェードゥプ訳であることを示す奥書がある。

/ khar sil gyi mdo dang // cho ga 'di zhu chen gyi lo tsa ba ban de chos grub kyis rgya'i dpe las bsgyur cing zhus te / gtan la phab pa // (S. tib. vol. 24, fol. 72b)

（『錫杖経』とこの『軌則』とは、大校閲翻訳師・沙門チェードゥプがシナ語の本より翻訳し、校正して決定した）

これに当たる本をチベット蔵経中に捜してみると、Peking ed., No. 1001, No. 1002に同種の文献を見いだす。ただし、これらには訳者を示す奥書はなく、訳者がチェードゥプであったことを知りえなかった。いま、敦煌写本によりその訳者がチェードゥプであり、漢訳本より重訳したものであることを明らかにすることができた。

このチベット訳に対応する漢訳本には一応、東晋失訳『得道梯橙錫杖経』（大正七八五番）が当たる。ところで、この経には終わりの方に「持錫杖威儀法」とか「又持錫杖法」とかいうものが付け加わっており、チベット訳の『軌則』はこれに相当するらしい。漢訳の『錫杖経』は前項の『時非時経』と同様に各写本間の出入りが非常にはげしく、かつ複雑でチェードゥプ訳がどの本に当たるかを簡単には決め得ないが、両者の対照をひとまず左のようにみることができる。

漢文・チベット訳『錫杖経』対照

[漢　訳]		[チベット訳]
(大正一七・七二四頁a22)『得道梯橙錫杖経』	(A)	(Peking ed., vol. 39, p. 114–1–1)「錫杖経」(Peking ed.,No. 1001)
(同　七二五頁a14) 対応文ナシ	(B)	(p. 115–2–2)「執持錫杖普行軌則」(Peking ed., No. 1002)
(同　七二五頁c5)「又持錫杖法」	(C)	(p. 115–2–7)「執持錫杖法有二十五」
(同　七二六頁a4)		(p. 115–3–8)

右の対照のように (A) の部分と (C) の部分には対応する漢訳がある。ただし、(C) は一応対応するというだけで、文面も内容もかなり違いがある。しかし、(B) 部分にはまったく合うものがない。敦煌出土の漢文写本Sch四二九四に一点だけ「得道梯隥《ママ》錫杖経」(尾題) の写本があり、首部を欠くが、大半を遺して完結している。ところがこれを見ても、(A) より (C) の部分に直ちに続いており、やはり (B) の部分はない。チェードゥプのチベット訳は概して敦煌にあった漢訳本に一致する。ところが、『錫杖経』の場合はそうでないとすれば、チェードゥプの依拠した漢訳本は別種のものだったのであろうか。

(13)　『千手千眼陀羅尼経』

チベット蔵経に、Peking ed., No. 368, 369 の二種の『千手千眼陀羅尼経』のチベット訳が収録されており、後者にチェードゥプ訳を示す奥書がある。この文献の標題と奥書とを次に掲げる。

Ārya—bodhisattvāvalokiteśvara—sahasrabhujanatrisigmahākāruṇikacittavistaraparipūrṇa—nāma—dhāraṇī; 'Phags pa byan chub sems dpa' spyan ras gzigs dbang phyug phyag stong spyan stong dang ldan pa thogs pa mi mnga' ba'i thugs rje chen po'i sems rgya cher yongs su rdzogs pa zhes bya ba'i gzungs [聖千手千眼観自在菩薩無礙廣意円満陀羅尼] / zhu chen gyi lo tsha ba ban de chos grub kyis rgya'i dpe las bsgyur cing gtan la phab pa'o // (Peking ed., vol. 8, p. 123–5–8)

（大校閲翻訳師・沙門チェードゥプがシナ語の本より翻訳して、決定した）

チベット蔵経本では、サンスクリット題を挙げているが、漢文本よりの翻訳が明瞭であるので、『金光明最勝王経』の場合のようにシナ語題の音写を示すべきであろう。この文献には敦煌写本が未だ見つかっていないので、もともとそういう題が付けられていたかどうかその点も確かめえない。

この文献に対応する漢訳本には左の三本がある。

智通訳『千眼千臂観世音菩薩陀羅尼神呪経』（大正一〇五七番）

菩提流志訳『千手千眼観世音菩薩姥陀羅尼身経』（大正一〇五八番）

伽梵達摩訳『千手千眼観世音菩薩廣大円満無礙大悲心陀羅尼経』（大正一〇六〇番）

チェードゥプ訳は、分量において右のどの本よりも大部である。それというのは、チェードゥプ訳は右の一本のみを訳したのではなく、次の対照に示したように三本を継ぎ合わせた形であるからである。

漢訳・チベット訳『千手千眼陀羅尼経』構成対照

[漢訳]（大正二〇巻）　**[チベット訳]**（Peking ed., vol. 8）

章	チベット訳	漢訳	訳
第一章	p. 110–2–6 ～ p. 116–4–6	一〇六頁a1 ～ 一一一頁a4	達摩訳
	p. 116–4–6 ～ p. 116–5–7		対応不明
第二章	p. 116–5–7 ～ p. 121–5–6	九六頁b11 ～ 一〇一頁c15	流志訳
第三章	p. 121–5–6 ～ p. 122–1–6	八七頁c4 ～ 八七頁c20	智通訳
	p. 122–1–6 ～ p. 123–5–8	一〇一頁c17 ～ 一〇三頁c3	流志訳

すなわち、チェードゥプのチベット訳は達摩訳を第一章とし、流志訳に若干の智通訳を補って第二、第三章とし、合わせて一本として構成しているのである。なぜこのような訳し方をしたのか。また、これらの三種が内容的にみてどのように関連しているのか未だ結論を持ちえないが、文面の上では若干の相違はあれ漢訳に忠実な直訳である。ただし、達摩訳の部分については更に次のような特徴がある。すなわち、チベット訳を現行の大正蔵経本と比べてみると、全体として増減はないが、文章の出入りがきわめて大きい。ところが、この文章の出入りは敦煌出土の達摩訳『千手千眼陀羅尼経』にも同様にあり、両者はまったく一致するのである。敦煌から漢訳の『千手千眼陀羅尼経』は、Sch二三三一、Sch一四〇五、Sch五〇九、Sch一二一〇が見つかっている。これらはすべて達摩訳で、前二者は完本、あとの二点もかなりの部分を残す写本であるが、いずれも左の構成表で分かるように大正蔵経本と文章の順序が入れ替わっている。これらのことより見て、チェードゥプが翻訳にあたって用いた達摩訳の原本は現

行のものとまったく異なった敦煌流伝本であったということが言える。

敦煌出土達摩訳『千手千眼陀羅尼経』構成　（大正二〇巻の頁数による。大正蔵経本はA—B—C—D—Eの順）

（首）一〇六頁a1—一一〇頁a17	A
一一一頁a5—一一一頁b12	C
一一一頁c2—一一一頁c19（尾）	E
一一一頁b13—一一一頁c3	D
一一〇頁a17—一一一頁a4	B

その他の『千手千眼陀羅尼』関係の漢文写本のうち、Sch二四九八は各種の陀羅尼を集め、連写したものであるが、その中に「千手千眼大悲心陀羅尼呪」という題で達摩訳の中の陀羅尼だけ（大正二〇・一〇七頁b—c）を写したものがある。また、Sch四五四三もこれと同種のもので、この場合は題を「千手千眼廣大円満無礙大悲心陀羅尼」としているが、やはり達摩訳の陀羅尼のみの写本である。達摩訳のみでなく、智通訳もある。Sch二三一一は達摩訳の前に智通訳を連写したものであり、Sch三五三四は「千手千眼観世音菩薩陀羅尼神呪経巻中　三蔵法師義浄奉制訳」と題記した写本でありながら、内容は智通訳の完本である。また、Sch一二一〇は、はじめに「千手千眼陀羅尼神呪経巻上」と題して達摩訳を写し、途中で「千手千眼陀羅尼経中」と区切り、達摩訳を終わって、「千手

千眼観世音菩薩陀羅尼神呪経巻下　三蔵法師義浄奉制訳」と記して智通訳を連写しているなど複雑な写本形態をもつものが多い。敦煌チベット写本中に未だチェードゥプ訳の『千手千眼陀羅尼経』を発見しえないが、類似した関連写本はかなり存在しているので、その発見が期待されるところである。

⒁　『観世音如意輪陀羅尼経』

チベット蔵経では、先の『千手千眼陀羅尼経』に続いて Peking ed., No. 370 に、やはりチェードゥプ訳の奥書を有す左の陀羅尼経典を収録している。

'Phags pa spyan ras gzigs dbang phyug gi gsang ba'i mdzod thogs pa med pa'i yid bzhin gyi 'khor lo'i snying po zhes bya ba'i gzungs [聖観自在密蔵無礙如意輪心臓陀羅尼]

/ zhu chen gyi mkhan po dang lo tsha ba bcom ldan 'das kyi ring lugs pa ban de chos grub kyis rgya'i dpe las bsgyur cing zhus te gtan la phab pa'o // (Peking ed., vol. 8. p. 130–2–5)

（大校閲和尚・翻訳師・釈門・都僧統・沙門チェードゥプがシナ語の本より翻訳し、校正して決定した）

この訳に対応する漢訳としては、実叉難陀訳（大正一〇八二番）、宝思惟訳（大正一〇八三番）、義浄訳（大正一〇八一番）、菩提流志訳（大正一〇八〇番）の四本が考えられる。対照してみると、チェードゥプ訳は実叉難陀訳『観世音菩薩秘密蔵如意輪陀羅尼神呪経』を原本として翻訳したものである。敦煌チベット文写本中には未だチェードゥプ訳と同種のものを見いだしえないが、漢文写本の方は四点が数えられる。そのうちの、Ｓch四三七六は訳者を記さず、首尾題とも蔵経本と異なっているが、内容は実叉難陀訳の写本で、殆ど完本である。他のうちの二点は、いずれも大正二〇・一九七頁ｃの陀羅尼の部分のみを写したものである。そのうち、Ｓch二四九八は「観世音菩薩如意輪陀羅尼章句呪曰　馬鳴菩薩訳」と題記し、Ｓch五五九八は首題を「観世音菩薩秘密蔵無障礙如意心転心輪陀羅尼」とした冊子本である。このように題名が変わったり、陀羅尼だけの抄写であったりするが、いずれも実叉難陀訳であり、他の訳は見いだされない。敦煌には実叉難陀訳の流行がありそれを背景としてチェードゥプがチベット訳を行ったものであろう。

⒂　『十一面神呪心経』

チベット蔵経 Peking ed., No. 374 に収録される次の文献もチェードゥプ訳の奥書をもつ。

Ārya-mukhadaśaikavidyāmantrahṛdaya-nāma-dhāraṇī; 'Phags pa zhal bcu gcig pa'i rig sngags kyi snying po zhes bya ba'i gzungs［聖十一面神呪心経］

/ zhu chen gyi mkhan po dang lo tsha ba bcom ldan 'das kyi ring lugs pa ban de chos grub kyis rgya'i dpe las bsgyur cing zhus te gtan la phab pa //

（大校閲和尚・翻訳師・釈門・都僧統・沙門チェードゥプがシナ語の本より翻訳し、校正して決定した）

これに対する敦煌写本は未だ見つかっていない。右の奥書よりチェードゥプ訳であることを知るのみである。この翻訳が用いたシナ語の本というのは、玄奘訳『十一面神呪心経』（大正一〇七一番）が当たる。全く直訳で殆ど出入りもない。敦煌写本中には漢文の『十一面神呪心経』は三点を見いだすのみであるが、いずれも玄奘訳である。

チベット蔵経 No. 373 にはチェードゥプ訳の他にいま一本別訳の *Ārya-avalokiteśvara-ekadaśamukha-nāma-dhāraṇī*［聖十一面観自在陀羅尼］がある。この訳者は Sīlendrabodhi, Ye shes sde とされている。サンスクリット本よりチェードゥプ時代かそれ以前に訳されたものである。『ラルー目録』によると、Ｐtib四五⑵の *Avalokite-*

śvaraekadaśamukha–nāma–dhāraṇī は、Peking ed., No. 373 の Ye shes sde 訳本であるというので、チェードゥプ時代、やはり両訳が並行していたことになる。

(16)『百字論頌』並に(17)『百字論釈』

P tib 五八八は、『百字論』関係文献二本と次項で述べる『縁生三十』関係文献二本とを含む写本で、チェードゥプ訳の奥書を有す。これら写本はいずれもチベット蔵経に収録されておらず、敦煌写本中にはじめて知られた文献である。四三×八・六㎝の貝葉型で、dbu-can 書体で各面六行を写し、処々に dbu-med 書体での夾注がみられる。この写本の束は、表面左端に nga 9–53 までの丁数を有しており、9a–9b『百字論頌』、10a–29b『百字論釈』、30a–32b『縁生三十頌』、33a–53b『縁生三十頌釈』の順に連写されている。九枚目までが何であったか不明であるが、どうやらチェードゥプ訳だけを集めた写本の束らしい。いままでのチェードゥプ訳が経典や経疏を対象にしていたのに対し、これらは「論」であり、しかもインド撰述の中観系の論であるという共通性がある。

P tib 五八八(1)とP tib 五八八(2)は次のような標題と奥書（両方とも）とを有す。

Yi ge pa brgya pa zhes bya ba'i rab tu byed pa tshig le'ur byas pa [百字論頌]

Yi ge pa brgya pa'i rab tu byed pa rnam par bshad pa [百字論釈]

/ zhu chen gyi lo tsa ba ban de chos grub kis rgya'i dpe las bsgyur cing zhus te / gtan la phab pa // (S. tib., vol. 24, fol. 77b1 & 97b4)

（大校閲翻訳師・沙門チェードゥプがシナ語の本より翻訳し、校正して決定した）

ここにいうシナ語の本とは提婆菩薩造・後魏菩提流志訳『百字論』（大正一五七二番）であり、内容を対照してみても、きわめてよく合う。ただし、漢訳本では本頌が釈論の末尾にまとめてあるだけで別本になっていない。チェードゥプのチベット訳では、この本頌が別出され「頌」と「釈」との二本に分かれた形になったものである。

『百字論』のチベット訳はチェードゥプ訳の他にもチベット蔵経に次のように見られる。

Yi ge brgya pa [百字]（Peking ed., No. 5234）

Yi ge brgya pa zhes bya ba'i 'grel pa [百字註]（Peking ed., No. 5235）

著者 Nāgārjuna　訳者 sZhon nu shes rab　改訂者 Ānanda, Grags 'byor shes rab

この本もチェードゥプ訳と同様、「頌」と「註」とに分けている。文章を漢訳と対照してみると、かなりの出入りが認められる。いま「頌」について三者を対照してみると、蔵経本第四句に / med pa nyid kyang bsgrub par bya ba'o /（無もまた成りたつであろう）という句に対応する文は漢訳、チェードゥプ訳ともに欠ける。その代わり、漢訳とチェードゥプ訳の第十四句の「色法有名字」（kha dog mying yod pas）に相当する句は蔵経本には無い。ただし、漢訳は五字二十句の計百字で終わっているが、チェードゥプ訳は最後に / mtshan nyid ngo bo myed / という一句が加わっており、蔵経本では / ming ni dngos po ma yin no // bsgrub bya dang mtshungs so / という二句が多い。『百字論』の漢訳写本は未だ敦煌から発見されていないが、チェードゥプ訳の依拠した敦煌流伝本が或は現行漢訳本と違っていたのかもしれない。チベット蔵経所収の別訳本は訳者名から後世の訳出と見なされるが、著者を Nāgārjuna（龍樹）としており、この点から学者により『百字論』は、龍樹、提婆のいずれが著者であるか問題にされている。チェードゥプは、漢訳本末尾の「此是百字論提婆之所説」を次のようにそのまま訳して、提婆著者説を採っている。

/ yi ge brgya pa'i rab tu byed pa // slobs dpon 'phags pa'i lhas mdzad pa rdzogs so //（S. tib., vol. 24, fol.

77a)

（『百字論』、論師聖天［＝提婆］の著作、終わる）

⒅　『縁生三十頌』並に　⒆　『縁生三十釈』

前項の『百字論』の二文献の写本に続いて、Ｐtib五八八⑶及びＰtib五八八⑷に次の二本が連写され、それぞれにチェードゥプ訳を示す奥書が付いている。

rTen cing 'brel par 'byun ba tshig le'ur byas pa sum cu pa ［縁生三十頌］

rTen cing 'brel par 'byung ba tshig le'ur byas pa sum cu pa'i rnam par bshad pa ［縁生三十頌釈］

/ rten cing 'brel par 'byung ba tshig le'ur byas pa sum cu pa // slob dpon urlan kas mdzad pa rdzogs so // zhu chen gi lo tsa ba ban de chos grub kyi rgya'i dpe las bsgyur cing zhus te / gtan la phab pa /

（『縁生三十頌』［又は『縁生三十釈』］、論師ウルランカの著作、終わる。大校閲翻訳師・沙門チェードゥプがシナ語の本より訳し、校正して決定した）

対応する漢訳には二訳があって、鬱楞伽造・達摩笈多訳『縁生論』（大正一六五二番）と不空訳『大乗縁生論』（大正一六五三番）とである。しかし、チェードゥプの時代には不空の漢訳本はまだ敦煌では用いられた形跡がなく、達摩笈多訳が当然原本として考慮されなければならない。内容を検してみても、それよりの重訳であることは明瞭である。

漢訳は標題尾題ともに『縁生論』であるが、内容は二に分かれる。はじめ「従一生於三」より「智応観彼二」までの偈頌を集めたものと、その偈頌を解釈した後半部とであるが、その分かれ目には「……縁生三十論本竟。縁生三十論。我当随順次第解釈。……」とある。チェードゥプ訳の「釈」（rnam par bshad pa）のはじめには、帰敬文に続いて、

/ rten cing ’brel par ’byung ba tshig le’ur byas pa sum cu pa gang yin ba der bdag gis go rims bzhin du rnam par bshad par bya’o //

（縁生三十頌を、わたしは順を追って解釈してゆこう）

と右の「縁生三十論。我当随順次第解釈」の句を直訳している。チェードゥプは、ここで「頌」と「釈」とを分けて二本にしたわけである。

ところで、題名は「三十頌」であるが、漢訳は三十偈と半偈（計一二二句）になっている。それは、第十一偈の部分において、本来一偈であるものを一偈半に増して翻訳したところがあるからである。このことは漢訳本に夾注があり「梵本一偈。今為一偈半」と説明されていることによって分かることである。いまチェードゥプは、その部分をつぎのように元の一偈にもどし翻訳している。

『縁生三十頌』第十一偈対照

［漢訳］（大正三二・四八二頁b）	**［チベット訳］**
因中空無果。因中亦無因	/ rgyu stong ’bras myed rgyu rgyu myed /
果中空無因。果中亦無果	/ ’bras stong rgyu myed ’bras ’bras myed /
因果二俱空	/ rgyu ’bras gnyi ga stong bar ni /
智者与相応	/ mkhas pa dag gis rjes ’thun bya /

⑳『転八声説示頌』

敦煌チベット文写本S tib六二五とP tib七八三（＝P ch二〇六一v）に、

'Jug pa'i sgra brgyad bstan pa tshig le'u byas pa［転八声説示頌］

という写本が存在する。S tib六二五の方には奥書があり、チェードゥプの翻訳であると識されている。四三・五×九cmの貝葉型、dbu-can書体で五行に写されている。P tib七八三の方は、P ch二〇六一の『瑜伽論手記』の裏面に写されているものである（**図11**）。いずれにも、dbu-med書体の夾注が見られるが、奥書は前者にしかない。この文献は十六句四偈から成り、サンスクリットの名詞格変化（八転声）に関して述べた文法綱要の一種である。ところが、後に論ずるように、このチベット訳に対応する漢訳『八転声頌』というのがやはり敦煌から出土し、P ch三九五〇⑵に存在しており、これにも「国大徳三蔵法師法成訳」と識されている。

次ぎに『転八声説示頌』のチベット文と和訳とをあげる。

S. tib. 625 (vol. 34, foll. 56b–57b), **P. tib. 783**

*( )内P. tib. 783、om は欠字、[ ]内は夾注

// 'jug pa'i sgra brgyad bstan pa (pa') tshig le'ur byas pa //
['phags pa 'jam dpal gzho nur gyur pa la phyag 'tshal lo //]
me tog rgyas tshal ljon shing yod //
ljon pa'i (om) shin la (+ni) rlung gis bskyod //
ljon shin gis ni glang po bsgyeld //
ljon shin phyir ni chu drongs shig //

［チベット文からの和訳］

『転ずる八声を説く頌』
文殊師利に帰命し奉る。
花の咲き乱れた庭に、樹がある。
樹を風が動かす。
樹によって象を御し、
樹の為に水をかける。

ljon shin las ni me tog 'khrungs (=khrung) //
樹から花が生じる。

shing gi yal ga rab tu ldem //
樹の枝は非常にしなやかである。

ljon pa'i shing la bya tshang bcas //
樹に鳥が巣をもっている。

kye kye ljon shing ngo mtshar mdzes //
おお、樹よ、美しくすばらしい。

dang po dngos po bstan pa yin // [ljon shing zhes bya ba ni]
第一は事物を示している。

gnyis pa las su shes par bya (bya') // [ljon shing la zhes bya ba ni]
第二は作用であると知られる。

gsum pa byed (byad) pa'i (pa) byed po yin // [ljon shing gis zhes bya ba ni]
第三は行為を作す者である。

bzhi pa gang phyir sbyin ba (ba') yin // [ljon shing gi (om) phyir zhes bya ba ni]
第四は何の為に与えるかである。

lnga pa gang las 'ongs ('ong) pa yin // [ljon shing las zhes bya ba ni]
第五は何より来るかである。

drug pa lhag pa'i dbang du byas // [ljon (om) shing gi zhes bya ba ni]
第六は勝れたものに付属する。

bdun pa gnas gzhi bstan pa ste // [ljon shing la zhes bya ba ni]
第七は住処を示している。

brgyad pa 'bod pa'i tshig yin no // [kye kye ljon shing zhes bya ba ni]
第八は驚きの言葉である。

(P. tib. 783. om......)

// 'jun pa'i sgra brgyad bstan pa tshig le'ur byas pa rdzogs so //
『転ずる八声を説く頌』を終わる。

// zhu chen gyi mkhan po dang / lo tsa ba ban de chos grub kyis rgya'i dpe las bsgyur cing zhus te / gtan la phab pa //
大校閲和尚・翻訳師・沙門チェードゥプがシナ語の本より翻訳し、校正して決定した。

右の奥書によると、このチベット本はチェードゥプがシナ語の本より翻訳したという。漢訳もまた法成訳であるところから、この関係をどのように理解すべきか迷うところである。翻訳が何語から為されているかを判定することは現段階では難しい問題であるが、このチベット訳は奥書どおり、漢訳より重訳された可能性が大きい。この問題については、後に漢訳『八転声頌』を検討するとき（本書一八〇―一八二頁）、いま一度論じたいと思う。

Ⅱ　著　述

㉑　『孟秋施物縁起要説』

Ｓtib六八六に一葉（四二・五×七㎝）のみであるが、表面九行、裏面六行にdbu-med書体で書かれた首尾完結の写本がある。その首部と尾部には次のように記される。

（首）// ston zla ra ba nya la dur tshun ci'i phyir byed pa'i lo rgyus mdo tsam du bstan pa //

（孟秋満月の日に、供養を何故に為すかの因縁を要約して説く）

（尾）// dge slong chos grub kyis bgyis //

（比丘チェードゥプが造った）

右のように奥書はチェードゥプの著述であることを明記している。この写本のくせのある筆跡は、すでに論じたように、Ｓtib六八七及びＰtib二二〇五にも見られ、チェードゥプの自筆であると判定できるものである。したがって、この写本はチェードゥプの著作の原本に他ならない。

次ぎにこの文献全文のローマナイズと和文試訳とを示す。

S. tib. 686

[1a] // ston zla ra ba nya la dur tshun ci'i phyir byed pa'i lo rgyus mdo tsam du bstan pa ////

yul chen mnyam dka' zhes ni rnam grags pa // de'i rgyal po gzugs can snying po'i // blon po [2]chen po gcis phan me'u gal bya // grong khyer shing thags na gnas pa ste // de'i bu ming ko li ta zhes bya //

nam shig ston chen po shag kya thub // rgyal po'i khab du mngon par sangs rgyas tshe / [3]ston pa'i bka' yis 'phags rta thul gyis // me'u dgal bu ni btul nas rab du byung // des ni nan tan chen po spyad pas na // sdug bsngal mthal byed zags zad pa thob // nyan thos [4]kyang na rdzu 'phrul mchog du gyurd //

'phags pa me'u dgal bu ni chen po yis //pha ma'i drin ni yongs su glan pa'i phyir // pha ma gnyis la legs nyes rab bshad de // bslab pa'i [5]gnas la bkod byas chos bstan kyang // me'u dgal yum mying ni sngo nag mdog // las pa mi 'jam sdig pa shin du mos // gzhan myi 'dod cing mer sna phug [6]dog che // bu la drang por myi smra gyo sgyu byed // dkon 'tshogs gsum ma dad pa 'debs // dge bshes mkhan po rig gnas la // ci mgro myed cing yid dang 'gal bar byed // [7]de nas 'chi ba'i dus tham tshe 'phos nas // myi dge las pa'i cu gis rab bda' ste // mnar myed gnas su sdug bsngal myong bar gyurd //

de'i tshe me'u dgal bu ni chen po yis // bdag ma mtho ris bde gnas [8]gang dag du // skyes 'gyurd ces rnam par rab brtags na // mtho ris bde gnas de dang de dag du // bdag gi ma ni mthong bar 'gyurd nas // ston la myi mchog par yongs zhus pa //

bdag gi ma ni [9]las zad tshe 'phos te / lha [......] gnas na ni mying gdags na // 'gro ba gang dag du ni skyes [......] // thub pa chen po [......] bstan gsol //

de nas ston [......] mchog gis// **[1b]** me'u dgal chen po la ni bka' stsald pa // khyod ma mi dgegs rnams spyad pas na // mnar myed gnas du sdug bsngal myong bar gyur // nga'i mtho yis khyod ni dang por la //

ma'i sdug bsngal ra mda' rab du byos //

de nas me'u dgal bu ni ston pa'i[2] mthus // rdzu 'phrul gyis ni mnar myed kyi gnas phyin te // bu dang ma ni de tshe phrad par gyurd // gcig la gcig ni rab 'dzus cho nges 'brab // me'u dgal ma'i sdug bsngal mthong nas ni // ma la zas skom sna tshogs byin gyur 'ang //[3] las kyi dbang gis mye dang rnag du gyurd //

de nas me'u dgal ma'i sdug bsnal rnams ston pa la ni zhib du gsol pa dang // de'i tshe ston pas me'u dgal chen po la // khyod kyis ma'i sdug bsngal zad 'dod na //[4] nyan thos dge 'dud tshul ni stong za ra ba nya la 'brung ba'i tshe // dkon mchog gsum mchod la bsod rnams byos // des ni ma'i sdug bsngal rab zhi ste // lha myi'i gnas su skye bar 'gyur zhes[5] gsungs //

de lta bas na mcho ldan mkhas pa dag // ngan song sdug bsngal spong zhing bde 'dod na // myi dge bcu'i las dang mtshams myed pas // shin du bsgrims te gtan nas rab spongs la //[6] mkhan po slobs dpon pha ma bla ma la // bsnyen bkur rim gro zhe sa tshul bzhin byos // // rdzogs so//

//dge slong chos grub kyis bgyis//

[和訳]

[1a] 孟秋満月に施物を何故に為すかの因縁を要約して説く。

mngam dha'（マガダ?）という有名な大国［があり］、その［国の］王ビンビサーラの大臣 gCis phan（?）マウドガルヤは城内に住しており、その子の名はコリタと言った。

ある日のこと、大導師シャカムニが王舎城に来住されたとき、佛の教えを［聞き］、聖アシュバジタによって、マウドガル［の］子は選ばれて出家した。かれは苦を滅し、無漏を得、声聞ではあったが神通に優れた。

聖なる大マウドガル［の］子は、父母の恩に報いるために、父母二人に善悪を説き、学処を設けて法を説いたけれども、マウドガルの母の名前は緑黒色（＝青提？）で、その行いは粗暴で、罪を好み……子に対しても真実を言わずにあざむいた。三宝を信じず……善友と師の教えに……その後、死するやいなや、変じて十不善業の業にて地獄処で苦を享けた。

その時、大マウドガル［の］子は、「私の母は忉利天の楽処に生まれた」と思い、かの忉利天の楽処のあちこちに自分の母をさがした。そして、佛に向かって荒々しく言った。

「私の母は業が盡きて、天の住処に名を見ないけれども、どの趣に生まれたのでしょうか。……大いなる力をもって……お教え下さい」。

その時、佛は勝れた……をもって、【1b】大マウドガル［の子］に申された。

「汝の母は、諸々の不善を為したから、地獄処で苦を享けている。私の力をもって、まず汝は母の苦しみを救えよ」。

それから、マウドガル［の］子は、佛の力をもって、苦しみの母の地獄処に到着した。子と母が会い、お互いに抱き合って泣いた。マウドガル［の子］は母の苦しみを見て、母に種々の食べ物と飲み物を与えたが、業力によって火と膿となった。

それから、マウドガル［の子］は、母の苦しみを教主に詳しく申しあげた。その時、教主は大マウドガル［の子］に、「汝の母の苦を除かんと欲せば、声聞衆僧……して、孟秋満月のとき、三宝を敬い功徳を為せ。それによって母の苦は鎮まって、天人の住処に生まれるであろう」と申された。

それ故に、勝れた知者たちにして、悪苦を断って楽を望むものは、十不善業と無間業をよく断棄して、和尚や先生、父や母や師を敬い、供養を理の如く行え。終わる。
比丘チェードゥプ著す。

右の文から、この著作は「目連救母」の説話を骨子として、十不善業の因果応報を示し、その業の報苦を断つために、師・僧・父母に供養をすすめることを趣旨とするものである。しかし、周知のように目連説話は中国製の偽経とされる『佛説盂蘭盆経』に根拠をもつもので、父母への孝養を鼓吹するものと見なされている。この経の写本や目連変文の写本が敦煌写本中に多数存在するところから、敦煌でも目連説話の流行があったことは明らかであるが、チベット文でのものは、いまの例以外に未だ見あたらない。

このチェードゥプの著作が、インド＝チベットの知識によったものとは見なしがたく、おそらく敦煌における漢文佛典から学んだものによろう。ただし、敦煌出土の『佛説盂蘭盆経』や「目連変文」(1)の写本の殆どは、Pch二二六八に「盆経讃述巻一」(首欠)の尾題をもつ撰者不詳の八世紀頃の写本があることを除き、十世紀の帰義軍期の特徴をもつものである。

チベット支配時代頃、『父母恩重経』がチベット訳された形跡もあり、父母孝養の思想は、チベットにありうるものであるが(2)、いまこのチェードゥプの著作の目的は、父母孝養のすすめであるよりも、目連説話をかりて業報因果の理を教え、供養をすすめるところにあるとみられる。チェードゥプにこのような善悪業報をテーマにした著作は次項に検討するPtib六八七にもあり注目されるところである。

[注記]

(1) 新井慧誉「チベット文『目連救母経』和訳」(『高崎直道博士還暦記念論集・インド学佛教学論集』、一九八七)四二七―四四五頁によると、敦煌出土の「目連変文」の内容に一致するチベット文献が蔵外の木版本に存在するという。訳出年次が不明であるが、「目連変文」の流行（敦煌では九～一〇世紀）がチベットに影響していた例として注目される。ただし、いまのチェードゥプの著作とは内容を異にするようである。

（2）「父母恩重経」のチベット訳と思われる *Pha ma'i drin lan bstan pa*（父母の恩に応える教え）が『デンカルマ目録』二六二にある。また、壬生台舜「恩思想のチベットにおける受容」（『干潟古稀記念論集』、一九六四）の論文がある。

⑵　『業報要説』[1]（仮題）

Stib六八七は、貝葉型（四五×九㎝）三葉を残す写本で、首部を欠くが末部に次のような奥書（**図13**）があり、やはりチェードゥプの著述である。

// dge slong chos grub kyis mdo sde dang / 'dul ba dang / bstan bcos rnams las 'dus te bgyi pa'o //

（比丘チェードゥプが、諸々の経と律と論とより集めて造った）

筆跡は、前項のStib六八六のものと同じで、やはりチェードゥプの直筆の写本と判定できる。写本各葉の裏面左端に da, na, pa の記号があり、この丁数よりみて、以前に逸した十葉があったことを知る。次に本文献のローマナイズ全文と和訳とをあげる。

S. tib. 687

[109a] na yang snyod? pa dang bcas pa'i chung ma dang / gyog 'khor myi srun par 'gyur ba yin no // 2 //

brdzun du smra spangs pa'i legs pa ni dge ba'i rtsa ba 'dis bral ba'i 'bras bu byang chub rnam gsum 'grub pa'i rgyur yang 'gyur la / rnam par smyin pa'i 'bras bu ni tshe rabs thams cad du lha dang myi'i gnas su skye'o // rgyu 'thun pa'i 'bras bu de dag du gzhan gyis skur ba myi 'debs pa dang / gzhan gyis [3]bslu bar myi 'gyur ba yin no //

brdzun du smra ba ma spangs pa'i nyes dmyigs rnam par smyim pa'i 'bras bu rab 'brin tha mar spyad pa'i bye brag gis sems can dmyal dang dud 'gro dang / gshim [4]'jig rten du khrid par byed do // rgyu 'thun pa'i 'bras bu ni ci ste myir skyes na yang skur ba mang ba dang / gzhan gyis bslu bar 'gyur ba yin no // //

'bru dang 'bras bu'i khu ba mhos par 'gyur ba [5]spangs pa'i legs pa ni dge ba'i rtsa ba 'dis bral ba'i 'bras bu byang chub rnam gsum 'grub pa'i rgyur yang 'gyur ba / rnam par smyin pa'i 'bras bu ni tshe rabs thams cad lha dang myi'i gnas su [6]skye ste / rgyu 'thun pa'i 'bras bu ni de dag du dbang po tshang zhing gsal la yid gzhungs par 'gyur ba yin no //

'bru dang 'bras bu'i khu bna myos par 'gyur ba ma spangs pa'i nyes dmyigs rnam par **[da 109b]** smyin pa'i 'bras bu ni rab 'bring tha mar spyad pa'i bye brag gis sems can dmyal ba dang / dud 'gro dang / gshin rje'i 'jig rten du khrid par byed do // rgyu 'thun pa'i 'bras bu ni ci ste myir skyes na yang [2]gti mug che zhing dbang po myi tshang bar 'gyur ba yin no // //

glu gar rtse 'jo rgyan byug pa spangs pa'i legs pa ni dge ba'i rtsa ba 'dis bral ba'i 'bras bu byang chub [3]rnam gsum 'grub pa'i rgyu yang 'gyur la / rnam par smin pa'i 'bras bu ni tshe rabs thams cad du lha dang myi'i gnas su skye ste / rgyu 'thun pa'i 'bras bu ni de dag du dban po dul [4]dpe byad bzang pos brgyan par lus 'tob par 'gyur ba yin no //

glu gar rtse 'jo rgyan byug pa ma spangs pa'i nyes dmyigs rnam par smyin pa'i 'bras bu ni rab 'bring tha[5] mar spyad pa'i bye brag gis sems can dmyal ba dang / dud 'gro dang / gshin rje'i rten du khrid par byed do // rgyu 'thun pa'i 'bras bu ni ji ste myir skyes na yang dbang po gyeng zhing byad bzhin myi[6] sdug la / lus tri myi zhim par 'gyur ba yin no //

mal stan che mtho spangs pa'i phan yon / dge ba'i rtsa ba 'dris bral ba'i 'bras bu byang chub rnam gsum 'grub pa'i **[110a]** rgyur yang 'gyur la / rnam par smyin pa'i 'bras bu ni tshe rabs thams cad du lha dang myi'i gnas su skye'o // rgyu 'thun pa'i 'bras bu ni de dag du kun gyi bla mar 'gyur zhing 'jigs pa myed pa'i[2] lus 'thob par 'gyur ba yin no //

mal stan che mtho ma spangs pa'i nyes dmyigs rnam par smyin pa'i 'bras bu ni rab 'byin tha mar spyad pa'i brag gis sems can dmyal ba[3] dang dud 'gro dang / gshim rje'i 'jig rten du khrid par byed do // rgyu 'thun 'bras bu ni ji ste myir skyes na yang gzhan gyis myi 'kur zhing smad pa'i [......] skye[4] bar 'gyur bar yin no // //

dus ma yin par za ba spangs pa'i phan yon ni dge ba'i rtsa ba 'dis bral ba'i 'bras bu byang chub rnam gsum 'grub pa'i rgyu yang 'gyur[5] la / rnam par smyin pa'i 'bras bu ni tshe rabs thams cad du lha dang myi'i gnas su skye'o // rgyu 'thun pa'i 'bras bu ni de dag tu yid bzhin gyi zas dang ldan zhing kha zas cing[6] kha ba zos na yang 'dud rtshi'i ro dang ldan par 'gyur ba yin no //

dus ma yin pa'i za ba ma spangs par nyes myigs rnam par smyin pa'i 'bras bu ni rab 'bring mtha (= tha?)

mar spyad pa'i **[na 110b]** bye brag gis / sems can dmyal gang (= dang?) //

dud 'gro dang / gshim rje'i 'jig rten du khrid par byed do // rgyu 'thun pa ni ci ste myir skyes na yang zas kyis brel par 'gyur zhing so rngo? bor 'gyur ba yin no[2] //

de lta bas na de lta bu'i phan yon yi legs pa la mos pa'i yid kyis sdom pa rab du bsung bar bya'o // de lta bu'i nyes dmyigs rnams sna tshogs yid la byas na yon tan brtsan[3] 'grus skyed de / nyes pa myi 'dud par bya'o // //

da ni sdom pa blangs pa'i dge ba'i rtsa ba 'gro ba yong bar bsngo bar bya ste / de yang 'di skad du //

dus gsum[4] gshegs pa'i skyal ba dang //
sras pa'i dam pa sems dpa' mchog //
nyan thos lha klu las stsogs pa //
'phags pa thams cad dgongs su gsol //
[.....] gis yang[5] lag bsgyad ldan pa //
sdom pa yang dag blangs pa yi //
dge ba'i rtsa ba rji bskyed des //
tshangs dang brgya byin rgyal chen dang //
lha klu las stsogs sde brgyad rnams[6] //
lha'i longs spyo drab gces zhing //
gzi byin mthu stobs ldan na dang //

bsod nams ye shes tshogs rdzogs te //
dam chos sgron ma bsrung ba dang //
[111a] char chu dus bzhin rab 'gebs shin //
lo phyugs 'bru rnams yongs 'phel te //
nad dang 'khrugs[2] rab zhi nas //
myi rnam par rtag du skyid par shog //
lha las myi'i rjes gyurd pa //
bod kyi mnga' bdag lha btsan po //
sku che gyung drung dbu rmog brtsan //
chab srid[3] yang nas yang mtho zhin //
thugs la dgongs rnam par 'byor grub ste //
nam nam zha zha dam chos kyis //
'gro ba 'khor bar bying ba rnams //
'dren mkhan mdzad[4] cing sgrol bar smon //
chab srid blon po che bra rnams //
so sor bsam dgu 'byor grub nas //
tshe ring nad myed go 'phan mtho //
'gro ba yongs la phan byed shog //

pha ma mkhan po slob dpon dang //
[5]dge bshes nye du sbyin bdag rnams //
byang chub spyod par yongs rdzogs te //
mya ngan 'das pa myur 'thob smon //
sems dmyal dang ni dud 'gro dang //
yi dags myi khom pa brgyad las [6]stsogs //
sdug bsngal sna tshogs rnam mong po //
de nas thams cad zhi bar shog //
de ltar rgya cher yongs bsngos? yi //
bsod nams rab bstsags ji mchis pa //
[pa 111b] 'gro rnams sdig zad dge 'phel las //
thub dbang go 'phan myur 'thob smon //

[2]// lha sras myi? rje bka' drin bcas pa'i phyir // thub pa'i gsung rab rgya mtsho rab 'byam las // khyim pa bslab par sbyin pa'i cho ga 'di // thig par 'ga' [3]zhig blangs te brtsams pa la // thog du ma phebs bka' dang 'gal ba rnams // 'phags pa dang ni skye tho'i ? mkhas rnams la //shin du [4]ngo tsha gnong bkur 'thol bshage na // 'phags pa dag dang mkhyen rnams bzod par gsol // rdzogs so // //

[5]// dge slong chos grub kyis mdo sde dang / 'dul ba dang / bstan bcos rnams las 'dus te bgyi pa'o //

[和訳]

[109a] ……場合にはまた、養っている妻と家人とが穏かでなくなる。

妄語を棄捨する善は、この善根によって離［脱］の果である三菩提を成就する因となる。異熟果は一切生において天と人の住処に生ずる。等流果は、かれらに他の人々より悪口が発せられない。また、他より欺されることがない。

妄語を棄捨しない罰は、異熟果は、上・中・下の行の区別によって、地獄と畜生と閻魔界に堕す。等流果は、もし人に生まれる場合には、多く悪口され、他によって欺される。

穀粒と果実の液に酔うこと（飲酒）を棄捨する善は、この善根によって離［脱］の果である三菩提を成就する因となる。異熟果は、一切生において天と人の住処に生ずる。等流果は、かれらにおいて感覚が完全になり、はっきりして、慎重になる。

穀粒果実の液に酔うこと（飲酒）を棄捨しない罰は、[da 109b] 異熟果は、上・中・下の行の区別によって、地獄と畜生と閻魔界に堕する。等流果は、もし人に生まれる場合には、愚癡になり、感覚が不完全になる。

歌舞劇飾油を棄捨する善は、この善根によって離［脱］の果である三菩提を成就する因となる。異熟果は、一切生において、天と人の住処に生ずる。等流果は、かれらにおいて根が柔軟になり、美しく飾られたる身となる。

歌舞劇飾油を棄捨しない罰は、異熟果は、上・中・下の行の区別によって、地獄と畜生と閻魔界に堕する。もし、人に生まれる場合には、根は乱れて、姿に魅力がなくなる。

高大床を棄捨する得益は、この善根によって離［脱］の果である三菩提を [110a] 成就する因となる。一切生において、天と人の住処に生ずる。等流果はかれらにおいて、一切の師となり、不壊の身を得る。

高大床を棄捨しない罰は、異熟果は、上・中・下の行の区別によって地獄と畜生と閻魔界に堕する。等流果は、もし人に生まれる場合には、他によって尊敬をうけず、低い□□□に生まれる。

非時食を棄捨する得益は、この善根によって離［脱］の果である三菩提を成就する因となる。異熟果は、一切生において、天と人の住処に生ずる。等流果は、かれらにおいて、思うままの食があり、辛いものを食べても甘露の味となる。

非時食を棄捨しない罰は、異熟果は、上・中・下の行の **[na 110b]** 区別によって、地獄と畜生と閻魔界に堕する。等流［果］は、もし人に生まれる場合には、食に従事するものとなり、□□□となる。したがって、かくのごときの得益の善を享けるから、律儀をよく唱えるべきである。かくのごときの種々の罰を為したなら、徳への精進を生じ、過失に堕しない。

いま、律儀を受ける善根趣すべてに祝福を為して、次のように言う。

三世の善逝王、勝子、最勝なるもの声聞、天、龍など、一切の聖者に心より請う。

□□□の八支を具し、律儀を正しく受け、善根を生じたものは、梵天と帝釈大王と、天、龍など八部と、天の化身を敬って、光と力を備え、福徳と智慧の資糧を円満し、勝法の灯を守護し、**[111a]** 雨を適時に散布して、よく家畜や穀物を育成し、病や怒りをしずめ、人をして常に幸にしたまえ。

天より来たりて人となりたるチベットの王賛普は、大いなる身、卍字を頂冠に頂き、王国に幾重にも高く、心に憶いをこめて、いつまでも勝法をもって、趣にして生死に沈むものたちの導師となって救われんことをこい願う。

王国の多くの大臣たちは、夫々に九つの心を結合して、長寿、無病、高位［もちて］、一切趣を利益せよ。父、母、師、善友、眷属、檀越などは、菩提行を円満して、涅槃を速に得られんことをこい願う。地獄と畜生と餓鬼は、八難など多種の苦悩、それよりすべて寂静となれ。

かくのごとく廣大に解脱せる功徳をあるかぎり聚め、[pa 111b] 諸趣の罪を滅盡し、善を増して佛の位を得られんことをこい願う。

天子の恩寵に報いんために、佛の廣大な教えの中より、在家信者の学べき布施の儀軌の、数滴をとって造るものである。優れたものでなく、矛盾している数々があり、聖者や賢者たちに全く恥ずかしく思い懺悔する。聖者や賢者たちの許しをこい願う次第である。終る。

比丘チェードゥプが、経と律と論などより集めて製作した。

この文献の写本は首部を欠くため、残存部分以前にどれだけの叙述があり、またどのような標題を有していたかを知りえない。しかし、現存写本にみる八斎戒の第五支不妄語以前に少なくとも不殺生、不与取、不非梵行の三支の叙述はあったであろう。ともかく、前に十葉があったことからみると（必ずしも同一文献とはかぎらないが）、全体としては相当大部な著作ではなかったかと推定できる。

奥書によると、この本はチェードゥプが経典や律典や論書から要文を集めて著作した形式であることを知るが、それは「法成集」と撰号に記す『大乗四法経論及廣釈開決記』『大乗稲芉経随聴手鏡記』の著作形式に類似するものである。ただし、Ｓtib六八七の場合、残存部分に見るかぎり、経・論などからの具体的引用の例を認めえない。しかし、根拠となる何らかの著作はあったであろう。それについて、考えられるのはチェードゥプがチベット文への翻訳を行っている『佛説善悪因果経』（大正二八八一番）である（本書一一九―一二一頁参照）。敦煌出土の写本中には、この経の漢文写本二〇余点の存在が認められる。もっとも、『佛説善悪因果経』には、十善十悪の業報について述べるところはあるが、八斎戒の主題で論ずるところはない。ちなみに、両文献のチベット文を比較すると、チェードゥプの訳法との共通性を各所に認めることができる。

次に、本文献の内容に関係する文献として注目されるものに、法成が漢訳しているチャンドラゴーミン著『菩薩律儀二十頌』がある。この文献は、追って論じるように（本書一七七―一八〇頁）『瑜伽師地論』菩薩地戒品の内容を偈頌二十に要約したものである。この本によると、菩薩戒には在家と出家の別によって二種があり、その各々に（1）律儀戒、（2）摂善法戒、（3）饒益有情戒の三種がある。その中で在家の菩薩たる優婆塞、優婆夷が受ける律儀戒が、五戒、八斎戒である。いま、Ｓtib六八七の文献中に「……律儀（sdon pa; saṃvara）をよく［受持］すべきである」（110b2）とか、「律儀を受けたる善根趣に……」（110b3）とか、「在家信者の学ぶべき布施の儀軌を……」（111b2）とかの文を見るところからすれば、チェードゥプは八斎戒を在家の信者の律儀戒と見なす立場にたって著述していると考えられる。もちろん、右に見た二文献以外からも知識を得て著述しているであろうが、詳しい検討は今後の課題としたい。

前項でチェードゥプが、やはりチベット文『孟秋施物縁起要説』（Ｓtib六八六）を書きのこしていることを見た。いま、これについて注目したいことは、目連の母について、

その後死するやいなや、変じて、十不善の業にて地獄処で苦を享けた。（S. tib. 686, 1a7）

とあり、また、

それ故に、勝れた智者たちにして、悪苦を断って楽を望むものは、十不善業と無間業をよく断棄して、和尚や先生、父や母や師を敬い、供養を理の如く行え。（ibid., 1b5–6）

と結んでいることである。この著作もまた目連説話を借りての勧善止悪の鼓吹を趣旨としている。しかも、その悪業が「十不善業（＝十悪業）」によってとらえられているが、このような説きかたは、目連説話の他の解釈に例を見ないもので、おそらくチェードゥプ独自の改変であろう。

チェードゥプが『善悪因果経』を翻訳し、『業報要説』『孟秋施物縁起要説』の著述で善悪因果の思想を示すことは、当時のチベットが、その国民に善悪業報思想の浸透を計ろうとしてとっていた施策と無関係ではあるまい。その施策とはチックデツェン王代の八二二年、チベット全土に勅をもって別名「十善経本」といわれる『大乗経纂要義』を流布せしめたことで（本書三一四―三二三頁参照）、この中に次のように十悪を遠離し、十善を精勤修習すべきことを勧めるのである。

善悪の業は、類に随って身に受くるを以て、苦楽の果は業に随いて異熟す。所以に悪業十不善等に親近することと勿れ。理もて須く遠離すべきこと、何ぞ言を仮らんや。十不善とは、身に三種の行あり。殺・盗・婬を行ずるなり。口に四種あり。妄言・綺語・悪口・両舌なり。意に三種あり。謂く、貪・瞋・癡なり。茲の如きを総結して名づけて十悪と為す。此の果報を承けて三塗に生ぜん。能く十悪を廻ぐらすを名づけて十善と為す。若し殺生［など］十悪縁等を離れれば、天上および人間に生ずるを得ん。勝処に生ずるは、此の身より上、聖位已来なり。若し能く修行すれば、皆成就を得る。当に十善を知るべく、応に勤めて修学すべし。人中に、善く善を修め、諸の法相を知るを名づけて丈夫と為す。（原文は「資料三」に収録。和訳は本書三一五―三二〇頁）

法成（チェードゥプ）の名が、その著作に見られ始める最も早い時は『大乗四法経論及廣釈開決記』の奥書にみる八三三年である。八二二年の『大乗経纂要義』の発布のころ、若年の法成はこうしたチベットの佛教施策の下で佛教を学んだに違いない。あるいはすでにチベットの翻訳事業に参画していたかもしれない。そういう情勢の中で『善悪因果経』の翻訳も手掛け、また『業報要説』の著作を為したものと思われる。

［注記］

（1）本項は、既発表の上山大峻「古代チベットにおける善悪業報思想流布の一面　―チェードゥプ著の敦煌写本Stib六八七をめぐって―」（『小野勝年博士頌寿記念・東方学論集』、一九八二）を改訂収録したものである。

漢文の部

Ⅰ　翻　訳

㉓　『般若波羅蜜多心経』

大正二五五番に「国大徳三蔵法師沙門法成訳」の訳号をもつ『般若波羅蜜多心経』の一本がある。これは北京刻経処輯『心経七訳本』（一九一九年刊）より収録したもので、「原本は国大徳三蔵法師沙門法成訳に作る。云々」と『心経七訳本』の後記に述べられる。しかし、ここには原本の所在が示されていない。おそらく北京図書館所蔵本中に存在するものではないかと思われるが、その目録『敦煌劫余録』を尋ねても右の識語を有する写本は見あたらない。しかし、それとは別に「大蕃国大徳三蔵法師沙門法成訳」の訳号を記す『般若波羅蜜多心経』の写本がPch四八八二に存在する。二九×六・七cmの貝葉型の写本で、一葉四行を写し二葉を存す（**図14**）。その他にも、訳号は無いが内容が同じか、または類似する写本はなお数点存在する。『メンシコフ目録』によるとレニングラード本のうちM三三三六、三三三七、一九七六、一九七七は法成訳であると指摘している。また『敦煌劫余録』で「別訳般若波羅蜜多心経」の題下に挙げる李五三、始五五、海七七の三点は法成訳である。スタイン蒐集本では竺沙雅章博士の調査によりSch一二五一、一三〇六(5)、五四四七が法成訳に類するものであることが確かめられた。レニングラード本以外で写真の見られる諸写本に基づいて、法成訳『般若波羅蜜多心経』を校訂して「資料四」に収録した。

ところで、法成訳の写本について検討してみて、次のような特色があることが分かった。周知のように『般若波羅蜜多心経』には小本と大本の二種がある。玄奘訳『般若波羅蜜多心経』は前者で、「観自在菩薩。行深般若波羅蜜多時。……菩提僧莎訶」までの二六〇字を経の本文とするものである。後者の大本は、右の玄奘訳に相当する部分を正宗分とすれば、その前後に序分と流通分とが加わったもので、法成訳の『般若波羅蜜多心経』はこれに当たる。スタイン本三点のうち、Sch一二五一は習字風写本の中にみられる序分の部分の残簡で、標題より「……咨具寿舍利子言若善男」までの写本である。ところで他の二点について次のような特徴が見られる。一は、『佛名経』や玄奘訳の『般若波羅蜜多心経』などを連写したSch一三〇六の中に見いだされ、冒頭の「如是我聞」より末尾の「信受奉行」までの写本である。しかし、奇妙なことに中程一〇行分の部分を空白にしており、この部分にあるべきはずの正宗分相当の経文を脱している（図15）。いま一のSch五四四七の方は『無常経』などと連写されており、後半を欠いてはいるが標題より正宗分の中ごろまでを写している。しかし、対照してみると序分の部分は法成訳に契同しているが、正宗分に続くところより「……若善男子善女人欲修［以上法成訳、以下玄奘訳］行甚深般若波羅蜜多時……」というふうに冒頭の「観自在菩薩」を除く玄奘訳の文がそのまま入れ替わって写されているのである。正宗分の殆どは空白になっているが、Sch一三〇六の写本にもやはりこのように両訳を接合した形跡が見られる。Sch一二五一、M一九七六もこの種の写本と思われる。

こうした特徴の他、目録によるとM三三七では標題が「佛説具足多心経一巻」となっており、M一九七六では「具足多心経」となっていることが注目される。(1)

『般若波羅蜜多心経』七訳のうちで小本に属するものは鳩摩羅什(三四四~四一三)訳、玄奘(六四九)訳であり、大本の方はいまの法成訳のほか、法月訳(六五三~七四三)、般若訳(七九〇)、智慧輪訳(八六一)、施護訳(九八二~一〇一七)である。これを一見して分かることは、玄奘以前は小本が訳され、法月以後は大本ばかりが翻訳されているということである。ところで、敦煌写本を調査してみると漢訳『般若波羅蜜多心経』の殆どは玄奘訳で占められており、他は先に挙げた数点の法成訳と一点の般若訳(Sch六八九七)が見いだされるのみである。ただし、その般若訳は習字風に写されたものであり、後世(十世紀末)の写本なので、当面の問題の外におかねばならない。敦煌のチベット写本を調査してみると、この頃すでに大小二本ともチベット訳されていて敦煌地方に流布していたことが分かる。(2)この内の、小本の『般若波羅蜜多心経』のチベット訳は敦煌からはじめて見いだされたもので、(3)チベット蔵経に収録されていないものである。これらの事実からみて、法成が敢えて玄奘訳の他に『般若波羅蜜多心経』を訳出した理由が推定される。すなわち、八世紀のはじめごろ、それまでの小本の『般若波羅蜜多心経』の前後に序分と流通分とを補ったより完全な形の大本の『般若波羅蜜多心経』が成立したが、法成はその原典を得て(チベット訳であったかもしれない)、それがすでに法月や般若によって訳出されていることを知らぬまま、独自に翻訳し、玄奘訳に欠けたところを補ったのである。もちろん法成もこの経全体を新たに翻訳したであろう。(4)しかし、前述のように正宗分に当たる部分を玄奘訳で入れ替えた写本が屢々存在することは、玄奘訳がより一般的であり、法成訳はあくまでも権威ある玄奘訳の不備を補うほどの意味で用いられていたことを示すものであろう。

［注記］

（1）福井文雅『般若心経の歴史的研究』（一九八六）に、敦煌本も含めた『般若波羅蜜多心経』の検討が行われている。ここで、『般若波羅蜜多心経』の標題の変遷が注目されている。敦煌写本中の漢文『般若心経』の調査については、同氏「三、般若心経」（『講座敦煌7・敦煌と中国佛教』、一九八四）三五―八〇頁参照。

（2）敦煌出土のチベット訳『般若心経』の写本については、左の拙稿以後木村隆徳氏による調査報告がある。それによると小本のチベット訳は筆者の指摘したFragment 49a（S tib 一二〇）の外に、同内容のP tib四七二～四七五があり、Cang tsim dar の署名があるという。また氏は大本の訳本にP tib四四九があり、それには「都僧録比丘孟法海（to seng lyong dge slong myeng chos kyi rgya' mtsho）が中国本より翻訳して首尾を加えたもの……」という識語があるという。そして、この本の正宗分に当たる中頃の文は、右掲の小本のチベット訳に一致するところから、小本のチベット訳は漢文本よりの訳であることになると推定されている。木村隆徳「チベット訳金剛経の敦煌写本」（『高崎直道博士還暦記念論集・インド学佛教学論集』、一九八七）四六二頁・注20参照。

（3）拙稿「敦煌出土チベット訳『般若心経』」（『印度学佛教学研究』一三―二、一九六五）。

（4）法成訳と認めうる『般若心経』の諸写本を校合してみると正宗分の殆どが玄奘訳に一致する。ただ法成訳の訳の記を有すP ch四八八二には若干の違いがみられる。この写本が法成訳の原型であるかもしれない。『心経七訳本』もこれに近い。

(24)　『諸星母陀羅尼経』

敦煌より多数の『諸星母陀羅尼経』の写本が見つかっており、そのうちの若干には、

　沙門法成。於甘州脩多寺訳。

の訳号を見る。また、S ch五〇一〇、余一五の二点には、

壬戌年四月十六日。於甘州脩多寺。翻訳此経。（余一五は「此経」を欠く）の奥書があり（図16）、法成がこの経を翻訳した時（壬戌＝八四二）と処とを知ることができる。『大正新脩大蔵経』には敦煌本より収録したこの法成訳（大正一三〇二番）の他に、同本異訳の法天訳『佛説聖曜母陀羅尼経』（大正一三〇三番）を収めているが、これは後世（十世紀末）の訳であるから今は論外である。また、敦煌写本中に『諸星母陀羅尼経』のほかに『星母陀羅尼呪』と題する呪文だけの写本が数点ある。題名も類似しており、内容も右経中の陀羅尼だけを写したものであるが、陀羅尼の音写の仕方がかなり異なっている。すなわち法成訳より陀羅尼の部分のみを抜きだしたのではなく、陀羅尼のみを別に訳した別行本である。訳者は不明である。

この経典に対応するチベット訳は、チベット蔵経 Peking ed., No. 340 の次の本である。

Grahamātṛkā—nāma—dhāraṇī; gZa' rnams kyi yum zhes bya ba'i gzungs [衆星母陀羅尼]

同種のチベット訳の写本が敦煌写本中にも見つかっており、S tib三三四、P tib四一〇、P tib四一一がそれである。

この写本（漢文）を通じてみると、他の法成著作に見られない次のような特色に気づく。まず、非常に写本の数が多いことである。全体で五〇余点を数える。次に、この経の写本はいずれも木筆で端正に写された一行十七字詰めの標準形式のものである。そして、いま一つの注目点は、この経の写本には書写人の名が最後に記されることが多いことである。すなわち、「大中十一年陽英徳書記」（P ch四五八七）、「唐再々」（S ch四四九五）、「王顒」（余一五）、「文英」（秋四二）、「鄧英」（師一四）などの写経生の名を見る。またチベット文写本のP tib四一〇には、brtan dpal bzhre、S tib三三四には pag klu brtsan の書写であることを記した奥書があり、このうちには『無量寿宗要経』の筆写や校訂にかかわったものもいる。(1)

このように数多く、しかも丁寧に書写されているところは『無量寿宗要経』の事情に類似するところがある。

『諸星母陀羅尼経』の大量の写経も同様な事情によるものではあるまいか。

［注記］

（1）「唐再々」の名は『無量寿宗要経』薑五九、荒八一、来四七、海一八の書写人に見る。「文英」は、『無量寿宗要経』の書写人に「翟文英」「唐文英」のように屢々名を見る。本書四四一—四四二頁参照。

(25)『薩婆多宗五事論』

Ｐch二〇七三は本論の完本で、右の首題の下には、

大蕃国大徳三蔵法師沙門法成。於甘州脩多寺道場訳。

とあり、尾題「五事論一巻」の後に、

丙寅年五月十五日。於大蕃甘州張掖県訳。

の識語が見られる。前述した『諸星母陀羅尼経』を翻訳（八四二）してのち四年たった丙寅年（八四六）に、同じ脩多寺で訳出したものである。写本は、目下のところ右のＰch二〇七三（**図17**）と、Ｐch二一一六の二点が知られる。前者は三〇㎝幅のチベット時代の界線と罫を有する用紙に一行約二一〜二三字詰めで謹直に写されている。跋文まで含めて一四〇行に及ぶ。文首などに朱の〇印や点を施す。裏面には「五事論一巻」の外題のほか、「三宝四諦問答」（仮題）が書かれる。いま一点のＰch二一一六も、ほぼ同様の形式で一行約二一〜二五字位に写され、全体で一四四行に及ぶ。「五事論一巻」の尾題をもって終わり、跋文はない。

この文献は羽田・ペリオ両氏により『敦煌遺書』活字本（一九二六）に収録されており、『大正新脩大蔵経』にもこれによって第一五五六番に収載している。この論の内容は題が示すように、説一切有部における阿毘達磨の名目

を解説したもので、羽田亨氏は右『敦煌遺書』の解説の中で、この論は後漢の安世高訳『阿毘曇五法行経』（大正一五五七番）の異訳であると指摘されている。

ところで「五事論」については、玄奘訳『五事毘婆沙論』（大正一五五五番）が存在する。これと法成訳『薩婆多宗五事論』を比べてみると、玄奘訳本は、法成訳「五事論」に当たる本への注釈書であることが分かる。安世高訳『阿毘曇五法行経』は玄奘本や法成本にない文の若干（大正二八・九九八頁a9―九九八頁c9）を有するが、他は内容的に一致する。いまのところ敦煌写本中に安世高訳本の写本を見いだしえない。法成はこの本の存在をあるいは知っていなかったかもしれない。たとえ知っていたとしても、安世高の本は非常に古い訳語をもって翻訳されており、法成の時代には使用に堪えず、翻訳し直す必要があったに違いない。

最近、今西順吉氏により「五事論」のサンスクリット本がトルファン写本の中に存在し、その本は「五事論」―「五事毘婆沙論」の連写本であるという報告がなされた[(1)]。このことより考えると、法成は、玄奘の『五事毘婆沙論』はあるにしても、「五事論」の方の新しい翻訳がないところから、それを行ったものであろうという推定が成り立つ。

［注記］

（1）Junkichi Imanishi: Das Pañcavastukam und die Pañcavastukavibhāṣā, *NGAW*, Jahrgang (1969) Nr. 1.

（2）百済康義「トカラ語Bによるアビダルマ論書関係の断片について—II・Pañcavastuka 註—」（『印度学佛教学研究』三二—一、一九八三）にトルファン出土トカラ語写本の中に『五事論』に類する文献が存在することの報告がある。

(26)『菩薩律儀二十頌』(1)

この文献の写本はPch三九五〇に一点だけ見いだされる（図18）。標題に続いて、

。賛多囉具名菩薩造　　国大徳三蔵法師法成訳

と撰者及び訳者を識す。訳者はやや行の右に寄せて小字で書いている。本文には五字四句の偈頌二十頌を収め、「菩薩律儀二十頌一巻」の尾題で終わっている。

Pch三九五〇

菩薩律儀二十頌　　賛多囉具名菩薩造　　国大徳三蔵法師法成訳

諸佛并佛子　随力敬礼養　一切方及時　所有菩薩□
福徳珎宝蔵　彼以勝思心　従尊有智徳　具戒人所受
爾時彼善故　最勝及佛子　常当以善心　如念於愛子
自身及他所　雖苦若有益　応作於利安　無利楽須止
由上品染起　能毀於禁戒　彼四波逸提　猶如他勝罪
一謂貪利養故　自讃亦毀他　二有苦無依護　慳法財不施
三他勧而不悔　瞋恨若打他　四棄捨大乗教　説像似妙法
犯者得再受　中濁三人識　余者対一人　染非染自心
一三宝三不養　二以随貪心転　三不敬重尊長　有問不酬答
四有請而不受　五若不納金等　六求法不恵施　七悪戒而放捨
八不学生他信　不楽利有情　九若有常不善　十受其邪命法

十一 掉動戯笑等　十二 一向楽流転　十三 非誉而不捨　十四 護悩故不教
十五 瞋罵等及艱　十六 於瞋恨軽捨　十七 捨他如法悔　十八 随順忿恨心
十九 為利求眷属　二十 不除懈怠等　二十一 貪心楽会鬧　二十二 不求三昧義
二十三 不除静慮障　二十四 静慮味見徳　二十五 棄捨声聞乗　二十六 自有教著彼
二十七 無力求外論　二十八 雖有力著彼　二十九 捨於大乗教　三十 自讃而毀他
三十一 不住説法処　三十二 軽彼讃文字　三十三 不往要作事　三十四 見病不瞻視
三十五 棄皆除苦悩　三十六 放逸不説理　三十七 有恩不反報　三十八 不除他憂悩
三十九 不利益眷属　四十 須財不能施　四十一 不順他人意　四十二 有徳不讃歎
四十三 如所宜摂取　四十四 不以神力悕　慈者憐愍故　善心則無犯

菩薩律儀*二十頌　一巻

*写本では「十二」

撰者の賛多囉具名とはインド瑜伽行派系の論師チャンドラゴーミン（Candragomin 五七〇～六七〇頃）のことで、いまの法成の翻訳はこの論師の著作 *Bodhibattva–saṃvara–viṃśaka*（Peking ed., No. 5582）と内容が一致する。この論が『瑜伽師地論』の戒品と密接な関係にあることも既に指摘したところであるが、敦煌出土のチベット文写本S tib 六三三に、この論に対する注釈書があり、そのはじめに次のような叙述があって右のことを裏付けている。

// byang cub sems dpa'i sdom pa nyi shu pa / slob dpon can dra go myi zhes bya ba ma 'ongs pa'i sems can gzhan rnams 'jug sla bar bya ba'i phyir gsungso // 'di yang rang dbang byas pa ni ma yin kyi theg pa chen po'i mdo sde dang 'dul ba mtha' yas pa'i nang nas byang cub sems dpa's bslab gsungs pa 'byang ? bas bslab pa'i mdo rnams slobs dpon a rya a sang 'gas rnal 'byor spyod pa la sa'i nang du gsungs pa las // tshan dra go myis bsdus ste gsungs so / …… (S. tib. vol. 66, ch. 73. IV. 17, foll. 7a–8a)

（『菩薩律儀二十』は論師チャンドラゴーミ〔ン〕という人が、未来の他の衆生たちが転入することを容易ならしめるために説かれたものである。これはまた、自分で造られたものではない。無辺の大乗経典と毘奈耶の中より……諸の学修の経典を論師聖アサンガが『瑜伽行地』の中で説かれたものより、チャンドラゴーミ〔ン〕が集成して説いたものである。……）

また、チベット蔵経所収のこの論にたいするシャーンタラクシタ（Śāntarakṣita）の注釈 *Bodhisattva–saṃvara–viṃśaka–vṛtti*（Peking ed., No. 5583）では、対応する『瑜伽師地論』の文を引用しながら注釈を施している。[2] これらの状況からみて法成が本論を訳出した動機は、新しい論書の紹介にあることはともかくとして、法成の『瑜伽師地論』の講義とも無関係ではないと思われる。いな、その関係から『瑜伽師地論』の講義が為された可能性もある。すなわち、新しい『瑜伽師地論』に基づく戒律（瑜伽戒）が入ってきて、その重要性を思い『瑜伽師地論』の講義をすることを選択したのではないかとも思われる。

『菩薩律儀二十頌』の敦煌写本をみると、「三宝三不養」以下の句の右肩に一より四十四までの数字を小さく付している。これが軽戒の数であることは直ちに分かる。しかし、一般には遁倫（七世紀末）撰『瑜伽論記』（大正一八二八番）などで数える四十三軽戒であって、四十四には数えない。ところで、法成は『瑜伽師地論』の講義でこの部分をどのように解釈しているであろうか。幸いに法鏡の筆録した『瑜伽論手記』（P ch二〇三六）にそれを窺うことができる。そこでは「第二別釈諸戒分四十四・一明三宝違越過失分五・一明住学人如論・二明供養処中言於日中日中者・与下三宝一々相合……」と述べ、軽戒の数をやはり四十四に数えている。右に続いて第四十四軽戒までを順次解説しているが、これは『菩薩律儀二十頌』に見る数に合致し、また内容の点からみても各番号の軽戒は一致する。ただし、『八転声頌』の場合のように『菩薩律儀二十頌』を『瑜伽師地論』の中で引用した形跡は見あたらない。法成の分け方が遁倫の『瑜伽論記』の四十三より一つ増えているのは、遁倫が第三十四に数えている「病苦者不往供戒」の項目（大正三〇巻五一九頁c27―五二〇頁a10）が「第三十四依不供病人立学処相……第三十五依不救苦有情立学処相……」となって、二に分かれていることによる。このように法成の数え方は中国の『瑜伽師地論』の権威『瑜伽論記』に依らない独自のものであって、おそらく遁倫の疏は知らなかったであろう。ちなみに、遁倫の疏は未だ敦煌写本中に見つかっていない。

［注記］

（1）Ｐch三九五〇の写本とその内容は、拙論「敦煌出土法成訳『菩薩律儀二十頌』並びに『八転声頌』について」（『印度学佛教学研究』一一―二、一九六三）に発表した。その論文では録文に随分誤りがあり、この度修正した。

（2）藤田光寛「敦煌出土瑜伽論チベット語遺文Ｉ」（『密教文化』一二六、一九七九）。同氏「菩薩律儀二十について」（『佛教と文化』、一九八三）二五五―二八〇頁。

(27)『八転声頌』

この偈頌は、前項の『菩薩律儀二十頌』に続いて同筆で連写されており（**図18**）、やはり「国大徳三蔵法師法成訳」と識す。

Ｐch三九五〇(2)

八転声頌　　　　国大徳三蔵法師法成訳

盛華林有樹　其樹被風飄　以樹推象到　為樹故放水
従樹華盛発　是樹枝甚低　於樹鳥作巣　咄咄樹端厳
第一顕本事　第二知是業　第三作作者　第四為何施
第五従何来　第六由曾上*　第七示住処　第八是呼訶

八転声頌　一巻

*Pch二〇六一本では「増」

先に検討したように（本書一五二—一五四頁）、これには対応するチベット文写本が敦煌写本中にあり、その一本Stib六二五には、「大校閲和尚・翻訳師・沙門チェードゥプがシナ語の本より翻訳し、校正して決定した」という奥書があり、チベット本も同じく法成＝チェードゥプ訳であるという。チベット文『八転声頌』といまの漢文本を対照してみると両者が同一内容であることが分かる。チベット文本奥書の言うように漢文本よりチベット訳した可能性が強いと先には結論した。しかし、若しそうであるとすると、漢文の『八転声頌』は何から訳したのか。たとえサンスクリット本より訳したものとしても、何故に自分の訳した漢文本よりチベット訳しなければならなかったのかという疑問が残るのである。

ところで、『瑜伽師地論』巻二の終わり頃（大正三〇・二八九頁c）に、「七言論句」に関する論述があり、法成はこの解説を行うに当たって、『八転声頌』全文を引用している。この部分の講義録にはPch二〇六一の法鏡本『瑜伽論手記』と筆録者不明のPch二〇三五の『瑜伽論分門記』とがあるが、『八転声頌』の引用はより詳しい筆録である前者の写本に見られる。この筆録者法鏡は、後に述べるようにチベット語に通じていた模様で、かれの写本の随所にチベット文による書入れが見られる。そして、法鏡写本の裏面には、かつて紹介したチベット文の『八転声頌』が写されているのである。このような裏面の書入れは講義録風の写本には屢々見られるもので、表面の本文に対する覚書を、そのちょうど裏側に書いて補ったものである。いま対照してみると、チベット文『八転声頌』もちょうど表面の漢文『八転声頌』の裏側に当たっているのである。この『瑜伽論手記』の中に写されている『八転声頌』には、漢文本・チベット本ともに訳者を記していないので、残念ながら先に提出した訳者に関する疑問を直接明らかにすることはできない。われわれは『八転声頌』の訳者や翻訳原本について、いろいろの可能性を考慮できるが、しかし右のように法成の講義録の中に漢蕃両語の『八転声頌』が併せて写されている事実から、次のように推定することが現時点では最も妥当と思われる。

考えられる可能性の一つとして、漢文本『八転声頌』は既に法成以前に漢訳されていたもので、法成の著作ではない。それがチベット訳されたり『瑜伽師地論』の講義に引用されるなど法成の関係が密接なため、『菩薩律儀二十頌』と連写される場合、間違って「法成訳」と識されるに到ったのではないかということである。勿論、これは推定の域を出ず、確認は今後に期さなければならない。

それはそれとして、同一種類の本の一方に「法成訳」と記し、他方に「チェードゥプ訳」と記している『八転声頌』の例は、本稿のはじめに結論づけたチェードゥプ＝法成の関係を具体的に証明するものに他ならない。いわんや、漢文とチベット文の両本が訳者自らの講義に登場することにおいて、この関係は一層確かである。

(28)『釈迦牟尼如来像法滅盡之記』

右の文献はＰch二一三九に一点だけ発見されている。首尾完備しており「釈迦牟尼如来像法滅盡之記」の首題のもとに「国大徳三蔵法師沙門法成訳」と識し、尾題「釈迦牟尼如来像法滅盡因縁一巻」で結んでいる。この写本に関してはすでに羽田亨博士が注目し『敦煌遺書』第一集影印本（一九二八）に解説と写真を載せて紹介した。大正二〇九〇番の同書は、右の『敦煌遺書』に基づいて収録したものである。羽田 亨博士も解説されるように、この本はチベット蔵経所収 Peking ed., No. 5699: *Li'i yul lung bstang pa*［于闐国懸記］の最初の部分に相当するもので、寺本婉雅氏の邦訳でいえば、その第一章に相当する。内容は于闐国第七代の王毘在耶訖多の時、一苾芻が于闐・疎勒・安西などの佛教の将来を質問したのに対して、師の羅漢がそれを予言して答えたところを記録した懸記（vyākaraṇa）である。この『于闐国懸記』については、早くはロックヒル氏が注目して *The Life of Buddha*（1884）の中で抄訳しており、更に一九二一年に、寺本氏も関連資料である Peking ed., No. 5698: *dGra bcom pa dge 'dun 'phel gyi lung bstan pa*［サンガバルダナの懸記］と共に全部を和訳して刊行した。[1] その後、先に述べたように羽田 亨博士によって法成訳の『像法滅盡之記』が紹介され、それがチベット訳の『于闐国懸記』の一部より重訳したものであることを指摘されたのである。また、同氏はその中で法成訳の標題について述べ、「釈迦牟尼如来像法滅盡之記」とは内容に因んで附けたものであろうと言う。たしかに、チベット蔵経所収本の標題『于闐国懸記』に基準をおいて見ようとすれば、法成の訳の方は題名が異なり、内容も第一章のみであることが奇異に感じられる。ところが、敦煌出土のチベット文写本の中に『像法滅盡之記』に対応するチベット文写本が見つかり、これを調べてみると、むしろチベット蔵経本の方が後世の改変を受けたもので、法成訳の方がもとの形に従ったものであることが明らかになった。

『プサン目録』及び『ラルー目録』によって『于闐国懸記』に対応する次のようなチベット文写本四点を見いだすことができる。[2]

（1）S tib五九七、　（2）S tib五九八

『プサン目録』にはいずれも Li yul gi dgra bcom bas lung bstan pa' の見出しで挙げられている。前者は貝葉

型の用紙（四五・五×七・五㎝）五枚に各面六行の dbu-med 書体で写されており、後者は dbu-can 書体で五行詰め六枚の貝葉型の用紙（五五・五×八・九㎝）に写されている。両者の内容には殆ど相違はない。この二写本について、トマス氏（F. W. Thomas）はすでに注目しており、その著 *Tibetan Texts and Documents,* Part I（1935）の中で、The Prophecy of the Li Country を訳すに当たり、前者を MS. A、後者を MS. B と名付けて援引している。

（3）S tib 六〇一(2)

『プサン目録』には dGra bcom 'ba' lung bstan の見出しで挙げるが、解説で another version of 597 and 598 とあり、前二者と異なったものであることを指摘している。この写本もやはり貝葉型の用紙（五一・五×九・九㎝）に各面七行から八行詰めの dbu-can 書体で写されたものである。Sangs rgyas shag kya thub pa' // byang cub sems dpa' chen po zla ba'i snying pos zhus pa las lung bstan pa（釈迦牟尼、菩薩摩訶薩月蔵所問の懸記）という文献[3]の次に連写されている。

（4）P tib 九六〇

『ラルー目録』の記載によれば Li yul chos kyi lo rgyus kyi dpe（于闐国の法の年代の書）とあり、巻子本の残簡（三一×八四㎝）である。これもやはり、トマス氏が前掲書の Appendix に全部を英訳して紹介している。しかし、内容は『于闐国懸記』（第二章以下）に類似はしているが、別種のものらしい。したがって、今は取り上げない。最後のP tib 九六〇は別として、前三点は同種のものであり[4]、更に法成漢訳の『像法滅盡之記』と内容・範囲を一にしている。三点を詳しく検討してみると、次のような特色が認められる。

[その一]　三点とも、標題がチベット蔵経本の Li'i yul lung bstan pa とするところと異なっている。S tib 五九七、五九八の両写本は、首題に、

/ bcom ldan 'das shag kya thub pa mya ngan las 'das pa'i 'og du // dam pa'i chos kyi gzugs brnyan ji ltar nub cing 'jig par 'gyur ba / li yul gyi dgra bcom bas lung bstan pa' // (S. tib. vol. 34, fol. 48a & vol. 1, fol. 81a)

（釈迦牟尼が涅槃に入って後、勝法の像はどのように衰え滅びるか、于闐国の阿羅漢が懸記する）

とあり、尾題も同じである。Ｓtib六〇一⑵の方は首部に / dgra bcom ba'i lun bstan / （阿羅漢の懸記）とあるだけであるが、やはりチベット蔵経本とは異なる。

次に、チベット蔵経本とは分量において相違することが挙げられる。『于闐国懸記』全体は寺本訳によれば八章に分かれるほどのものであるが、法成漢訳及びそれに契同するＳtib五九七、五九八、六〇一⑵は前述のごとく、その最初の一章（Peking ed. vol. 129, p. 299–5–2 ~ p. 301–3–3）に当たるだけである。といって、敦煌写本に欠損の様子はなく、完結した写本である。

これらのことによって、すでにトマス氏も内容を検討して気づいているように、チベット蔵経本は本来別種のものであった第一章の『像法滅盡之記』に相当する部分と、第二章以下の所謂『年代記』に相当する部分とが後世の編纂によって同一題下に合併されたものであると言えよう。そして、法成訳の「釈迦牟尼如来像法滅盡之記」という標題は、先に見たようにＳtib五九七、五九八の標題の意に合するものである。

［その二］　三点の敦煌出土のチベット文の『像法滅盡之記』の写本、及びチベット蔵経本とを字句を逐って対照してみると、Ｓtib五九七、五九八の二点は殆ど出入りが無い。しかし、この二点とＳtib六〇一⑵の写本とを比較してみるとかなりの違いが認められる。更にこれをチベット蔵経本と比較してみると、Ｓtib六〇一⑵の方がよく合うのである。この点より『像法滅盡之記』のチベット文写本には別系統があったと認めざるをえない。内容について

も若干の違いが見られるので、元来少なくとも二種類のチベット訳があったことが知られるのである。
法成がどのような理由でこの于闐の歴史書を翻訳したか、その背景は未だ充分には分かっていない。

[注記]

(1) 寺本婉雅『于闐佛教史の研究』、一九二一。中に「于闐国史」と「僧伽婆羅陀那の于闐懸記」の二文献の翻訳が含まれる。

(2) 敦煌出土本を含む于闐の歴史に関するチベット語資料についてウライ氏に次の解説がある。G. Uray: The Old Tibetan Sources of the History of Central Asia up to 751 A.D.: A Survey, *Prolegomena to the Sources on the History of Pre-Islamic Central Asia* (Budapest, 1979), pp. 288–294.

(3) 上山大峻「チベット訳『月蔵請問経』について」(『三蔵』五〇、一九七三) 参照。

(4) S tib 五九七、五九八とS tib 六〇一(2)及びチベット蔵経本との文章対照は、拙稿「法成の研究」(下) 一三四頁に試みた。

Ⅱ 集成

(29) 『大乗四法経論及廣釈開決記』

敦煌文献の中に『大乗四法経』関係の写本が約二〇点存在する。これらには次の四種がある。

(1) 『大乗四法経』 訳者不詳、大正蔵経未収 (S ch 三一九四、P ch 二三五〇V、P ch 二三五六V、雨五五)

(2) 『大乗四法経釈』世親菩薩作 訳者不詳、大正蔵経未収 (S ch 六〇九、S ch 二七〇七、S ch 三一九四、P ch 二三五〇V、P ch 二三五六V)

(3) 『大乗四法経論廣釈』尊者智威造 訳者不詳、蔵経未収 (P ch 二三五〇V[1])

（4）　『大乗四法経論及廣釈開決記』法成集　大正二七八五番、大正一五三五番（Ｓch二一六＝大正二七八五番・首欠、Ｓch二八一七＝大正一五三五番原本・首欠、Ｐch二七九四、Ｐch三〇〇七、結三〇、官四二）

これらのうち、法成の著作であることを明記しているのは、最後の『開決記』で、それの完全な写本Ｐch二七九四（図19）には、

大蕃国大徳三蔵法師沙門法成集

という撰号と、

癸丑年八月下旬九日。於沙州永康寺集畢記。

という識語とを備えている。

これらの写本を調査してみたところ、以上の諸文献は密接な関係があるらしく、Ｐch二三五〇Ｖは、（1）―（2）―（3）の順で連写されており、Ｐch二三五六Ｖ、Ｓch三一九四は（1）―（2）と連結している。法成集の『大乗四法経廣釈開決記』は勿論、『経』『釈』『廣釈』のいずれも中国中原には伝来していない。おそらく西域地方で訳され、流布していた本である(2)。

智威造『大乗四法経論廣釈』は大正蔵経に収録されていない。ただし、このたび採録することはしなかった。『経』と『釈』については、本書「資料五」に諸本校訂して収録した。法成集『大乗四法経論及廣釈開決記』については、大正蔵経は、Ｓch二一六を大正二七八五番に、Ｓch二八一七を大正一五三五番に移録している（大正蔵経は原本の出所を示していない）。ただし、前者は首部を欠き、後者は三三行の序分部分の抄出本（Ｐch二七九四の二八―七二行まで。末尾に「釈題竟」とある）である。ところで、大正二七八五番（Ｓch二一六）は首部を欠き（Ｓch二八一七は欠けた序分部分の一部に当たるが全体ではない）、Ｐch二七九四の七二行までが従来未見であった。いま、完本の写本

Pch二七九四を得て、はじめて文献の全容を知るわけである。この部分（首より七二行まで）の移録を本書末の「資料五」中に収録する。

いま法成の『開決記』（Pch二七九四）について見ると、はじめに次のような標題と撰号がある。

大乗四法経論及廣釈開決記　　大蕃国大徳三蔵法師沙門法成集

そして、論の冒頭に「将釈此経。先以五門料簡。然後解釈経之正文。云何為五。一明造論所以。二立所宗。三解帰乗。四顕帰分。五辨帰蔵」と述べ、五門料簡を行う。これは論全体の序論に当たるものであって、一には何故に世親が『大乗四法経』に注釈を造ったかを明らかにし、二にはこの経が唯識中観宗の所摂であること、三にはこの経が大乗宗のものであることと、四にはこの経が十二分教の中で、自説分・方廣分・応頌分・論義分・譬喩分に摂せられるものであることを顕らかにする。最後にはこの経が三蔵のうちで菩薩素怛攬蔵の所摂であることを述べている。この序論に続く本論は、「次当解釈経之正文。門分為二。一釈経題。二釈正経」の文で始まる。はじめに、『大乗四法経』という経題の解釈を行い、更に経本文に対して序分・正宗分・流通分の三分を与え、その次第に従って経の注釈を進める構造になっている。次に表示して示す。

『大乗四法経論及廣釈開決記』科段　　数字はPch二七九四の行数

五門料簡（2—48）
- 一、明造論所以（3—27）
- 二、立所宗（28—33）
- 三、解帰乗（33—36）
- 四、顕帰分（37—40）

二、釈経正文（63—256）
- 序分（如是我聞～不顧身命行此四法）（66—205）
  - 証信序（＝通序）（68—182）
  - 発起序（＝別序）（183—205）
- 正宗分（云何四法～降伏衆魔成等覚）（206—250）

五、辨帰蔵（41―48）

解釈経之正文（49―256）

一、釈　題（49―62）

廣（206―247）

略（248―250）

流通分（爾時薄伽梵～信受奉行）（251―256）

ところで、法成はどのような意図で『開決記』を更に著作したのであろうか。それを示唆する次の文が注目される。すなわち序分を解釈するに際して次のように述べる。

且初序分之中。復分為二。一証信序。亦云通序。此段経文。諸経共有。故名通序。二発起序。亦名別序。爾時薄伽梵已下。当部別縁。名為別序。言証信序者。世親造論。智威撰釈。但明別序已下。而不廣釈証信之序。今略明之。（Ｐch二七九四、六六―六九行）

世親の論も、智威の釈も別序以下を取扱い、証信序の方はあまり詳しく述べていないので、法成は経本文中の序分の解釈に当たって、そこのところを明らかにしようと意図するのであると言う。なるほど、この証信序の解釈には百十一行の長文を費やしており、内容もまず『大乗四法経』の（一）起之因由、（二）説之所以を明かし、序分相当の経文を釈す（三）正釈其文では、信・聞・時・主・処・衆の六の成就について詳細をきわめて解説している。

右の文中、「世親造論」とは、（2）世親菩薩作『大乗四法経釈』であり、「智威撰釈」とは、（3）尊者智威造『大乗四法経論廣釈』を指すものと考えてよい。いま、（1）『経』―（2）『経釈』―（3）『経論廣釈』と連写し、筆跡もＰch二七九四と酷似するＰch二三五〇Ｖを底本としてこれら諸本を見てゆくこととする。

ちなみに、これらにはそれぞれチベット訳が存在する。[3]『経』は *Ārya—caturdharmaka—nāma—mahāyāna—sūtra* (Peking ed., No. 917)、『経釈』は、*Ārya—caturdharmaka—vyākhyāna* (Peking ed., No. 5490)。智威造『大乗四法経論廣釈』は、チベット蔵経に、世親の *Vyākhyāna* に続いてある *Ārya—caturdharmaka—vyākhyāna—ṭikā* ［聖四法釈疏］

(Peking ed., No. 5491) がそれであり、著者 Ye shes byin (＝Jñānadatta)、訳者 Dānaśīla, Prajñāvarman, Ye shes sde と記す。ただし、著者 Jñānadatta が漢訳でなぜ「智威」と訳されたかは定かでない。

さて、法成は、世親の『経釈』も智威の『経論廣釈』も証信序に関しては詳しく述べていないとする。この部分について智威の論文は次のようである。(4)

今此四法経。智者已曉示。令諸少智喜。我今復解釈。

経曰。「如是我聞。一時薄伽梵。住室羅筏城誓多林給孤独園。与大苾芻衆千二百五十人。及無央数菩薩摩訶薩」。釈曰。此明序分也。何故住在誓多林耶。為表此教是出家法。是故為苾芻説。出家之人。能修此法故。言「大苾芻衆者。此顕数大。如経「千二百五十人」也。（Ｐch二三五〇Ｖ(3)、二―六行）

右の文に見るように智威の説明はきわめて簡単である。また、世親の『経釈』はこの部分を欠いている。法成はこれを不満とし、六八―一八二行までの文を補って委細を盡くしたわけである。

次に、発起序について、法成は次のように述べる。

次当第二明発起序。経曰。「爾時薄伽梵。告諸苾芻言。諸苾芻菩薩摩訶薩。盡形寿不顧身命。行此四法」。此段経文。正論及釈。自委明故。今当但解廣釈之中。不決之義。（Ｐch二七九四、一八三―一八五行）

法成は、発起序の「爾時薄伽梵……行此四法」の経文は世親の『経釈』や智威の『廣釈』に既に詳しく述べられているので、ここで特に説明をすることをせず、ただ、『廣釈』ではっきりしない部分だけを解説するとしている。文に当たって点検してみると、確かに世親の『経釈（＝正論）』や智威の『廣釈（＝釈）』において「自ずから委く明らかなる」部分は説を補うことをせず、「但だ廣釈の中、決せざるの義のみを解す」のである。

以上は序分の部分について対比してみたのであるが、正宗分についても次のように述べており、解説の仕方は同様である。

次当大門第二明正宗分。……四段経文。所有体義。論当具明。今但略解釈中。所有未決之義。（Pch二七九四、二〇六―二一〇九行）

以上の考察によって、法成集『大乗四法経論及廣釈開決記』の輪郭がほぼ明らかになった。すなわち、この著作は「大乗四法経の論、及び廣釈を開決せる記」であって、世親の『経釈』や、それに復注した智威の『廣釈』の中で未だ充分に意味の決定されていないところ（＝未決之義）を拾い出し、それらを明らかにした（＝開決）ものであるといえる。そしてまた、この著作が「述」でも「訳」でもなく「集」とされるのは、はじめに各種の学説を集成した五門分別の序文を付し、経論を多く援引して構成する製論方法を採ることによるものであると分かる。

法成がこの『開決記』を造論するについて、どのような文献や思想に依拠しているかについて、前田至成氏の調査がある。(5)

それによれば、本文献の五門料簡のうちの「造論所以」の部分は、『阿毘達磨大毘婆娑論』巻一に対応する文を求めることができる。次いで、「立所宗」以下の部分は、番号の与え方などに若干の差があるが、同じく法成の著作である『大乗稲芊経随聴疏』に述べるところと同様であることを認めることができる。このことについては次項『大乗稲芊経疏』のところで再び触れるが、両者の共通性を示すものとして注目したい。

次に、「解釈題目」のうちの「経」の解釈以下、証信序を終わるまでは、曇曠の『金剛般若経旨賛』の中に殆ど契同する文を見いだすことができる。前に見たように、法成は智威の『廣釈』に証信序を欠くことを不満とし、これを補ったのであるが、この序の内容は曇曠の文より承けていることを知るのである。

以上によって、法成が曇曠の佛教学をよく継承していることを確かめることができる。また、『阿毘達磨大毘婆阿毘達磨学にも造詣のあったことを知ることができる。
婆論』に通じていることも明らかになったが、法成は一面に『薩婆多宗五事論』を漢訳していることを考えあわせ、

法成集『大乗四法経疏』のその後の学習

Ｐch二三五〇やＰch二七九四などには、字間に朱点や朱カギが印されていて、学習の行われた形跡を認めることができる。比較的写本の多いことから、これら『大乗四法経』や『大乗四法経疏』に対する関心の高かったことが分かる。ただし、法成が『開決記』を造って『大乗四法経』に対して関心を喚起したのか、『大乗四法経』の流行が先にあって、法成がその学習のために施注したのかは定かでない。

ところで、法成の『開決記』が学ばれていたことを示す写本がＰch二四六一Ｖに存在する。『太上洞玄霊宝智慧上品大戒』を表面に写している裏に、「稲芉経随聴手鏡記」の序文部分などと連写されている。標題は「大乗四法経」とあるが、内容は法成の『開決記』の語句への解釈である。次に最初の若干部分を移録して示す。

Ｐch二四六一Ｖ

大乗四法経

夫立経名者。皆約四種。而立其名者。人如『維摩経』等是。二処者。如『楞伽経』。世尊謂楞伽王。名羅婆羅王。就楞伽山説法。遂約処立其名。三法者。如『大般若経』。説蘊界等法。内外倶空。不執人法二我。故名約法立也。四喩者。如『宝雲経』等。説彼経時。十方菩薩悉皆雲集。故立喩為名。問。此経於此四種。約何立名。答。今此経者。約法立也。其法云何為不捨菩提心。故不捨於空閑等是也。言所〔………〕。言修行大者。廣修自行他行者。言自行者。修六度等。六度之中。前三是他行。後二是自行。精進者。〔………〕

他行者。若有衆生。応以佛身得度者。即現佛身。及声聞菩薩等是也。以経四法合。能発菩提心。能摂自利他行。〔……〕不捨菩提心。善知識楽住空閑等。是自行。忍辱柔和。是利他行。

言智大者。了人法倶空。不同声聞。能了人空。不了法空。是以住於涅槃。無向利他。不同異生。倶不能了被煩悩縛。諸佛菩薩了人空故。不住生死泥槃。了法空故。不住涅槃。

言精進大者。三無数劫。一無数劫。修四加行円満。三無数劫。従初地至八地。修見道成就。二無数劫。従八地至無学。如舎利弗行菩薩行時。有一婆羅門。乞眼遂施。〔……〕婆羅門得眼。使〔……〕嗟之。舎利弗却問之。何故嗟之。答言。我要其声。

言方便大。同上智大説。

言業大者。盡生生死際。能作諸佛業者。能発四大願。若有一衆生。不成佛者。誓不趣求無上菩提。不同声聞不発大願。

成就大者。而能成就十力四無畏十八不共法等大功徳。故言如余処明。上来七大義者。前六為因。為一々不能成十力等。要須修此六大。後一為果。

言四法船者。即不捨菩提心。及楽住於空閑者是。

言列数者。論中自明。

（以下省略）

次に、オルデンブルグ蒐集敦煌写本中のM一四一四が別種の『大乗四法経』の疏であることが明らかになった。この一点は前田至成氏が既に研究を付して概要を紹介するところである。(6) 一九七一年、訪ソの際、筆者はこの写本をメンシコフ氏の好意によりノートに移録した。左のようである。（改行筆者）

M一四一四

將釈此四法経。大文分三。初弁釈疏縁。次釈経題目。後依文解釈。
言弁釈疏縁者。此経所釈。是西方昔有無着兄弟。二人造此釈。云々
言釈題目者。文分三。一釈大乗。云々　二釈四法。云々　三釈経義。云々
言依文解釈者。夫一切経。文分為五。此経亦爾。一物摂門。二経之所詮。三句義。四連環。五答難。
□?物摂門中。文有五段。一序分。二発起。三所知事。四所知果。五聞経信受。
言序分者。文分四。一時。二主。三処。四衆。

言発起序者。文二。一明菩薩。二釈四法。初言菩薩者。有二種。一勝義。二世俗菩提心。

言世俗中。文分五。一性相。二差別。三所縁。四功徳。五超過。

言所知事中。文四。経従「不捨菩提心」至「而此四法不応遠離」。

二言所知跏。経従「時薄伽梵」至「降伏諸魔成等覚」。

言聞経信受者。経従「爾時薄伽梵」至「信受奉行」。


前田氏が『四法経分門記』と仮題を与えたこの写本は、法成の『開決記』製作より後のものと見受けられるが、この分門科段の内容は、法成の『開決記』のものと異なっている。敢えて法成との関係を探れば、法成が『大乗稲芊経疏』で示した分門科段に近い。前田氏によれば、『大乗稲芊経疏』の分科を改変して『大乗四法経』に適用したものであろうという。いまは、それ以上に進んだ理解を示し得ないが、法成と何等かの学的関連を有する人物が『大乗四法経』に別種の解釈を与えた例として注目しておきたい。

［注記］

（1）　先稿「法成の研究」の時点では、Ｐch二三五〇Ｖを見ることができず、智威造『大乗四法経論廣釈』の内容を知るこ

とができなかった。

（2）敦煌新出の『大乗四法経』『大乗四法経釈』及び『同廣釈開決記』の一部は大正蔵経未収であるので、諸写本を校合し、本書「資料五」に収載した。

（3）チベット蔵経には、敦煌漢訳本に合うPeking ed., No. 917の他に、No. 844, 915, 916, 918の四種が収録されている。敦煌出土チベット写本中には、No. 917に合うものしか見つかっていない。中のS. tib. 69にはコロホンがあり、Sīrendrabodhi, Ye shes sdeの訳であると識していて、蔵経本で訳者不詳であったのを補うことができた。

（4）智威の「廣釈」のチベット訳との対比については、拙論「法成の研究」（下）、一四二―一四四頁参照。

（5）前田至成「敦煌本四法経論釈について」（『印度学佛教学研究』二八―二、一九八〇）。

（6）前田至成「敦煌本四法経論釈異本の系譜―メンシコフ一四一四番―」（『印度佛教学研究』二三―二、一九七五）。

(附)　『六門陀羅尼経論并廣釈開決記』及び『因縁心釈論開決記』

標記の両論の写本に、現在のところ「法成集」であることを識したものは見いだされていない。しかし、「開決記」の題名からみても、また内容など関連する諸事情からみても、前項の法成集『大乗四法経論及廣釈開決記』に類似するところが多く、法成集である可能性が濃厚である。

〔一〕　『六門陀羅尼経論并廣釈開決記』

まず、『六門陀羅尼経』(1)及びそれに関係するものとして、次のような文献が敦煌写本中に存在している。

（1）『六門陀羅尼経』玄奘訳　大正一三六〇番（Sch六〇九、Sch一五一三、Sch四九二五、Sch五五〇三、Sch六三一七、Pch二四〇四V、官三、官六四）

（2）『六門陀羅尼経論』世親菩薩造　訳者不詳、大正一三六一番（Ｐch二四〇四Ｖ＝大正原本、Ｓch一五一三）

（3）『六門陀羅尼経論廣釈』尊者智威造　訳者不詳、大正一三六一番（Ｐch二四〇四Ｖ＝大正原本、Ｓch二三三〇、Ｓch八四八、Ｓch二七〇九、結六一）

（4）『六門陀羅尼経論并廣釈開決記』作者不詳、訳者不詳、大正蔵経未収（Ｐch二一六五、Ｐch二五五六Ｖ、Ｐch二八六一Ｖ）

右にあげた四本の関係は一見して『大乗四法経』の場合と酷似している。またＰch二四〇四Ｖに、やはり（1）『経』—（2）『論』—（3）『廣釈』と三本を連写した写本がある。はじめの『経』は、中原で訳された玄奘訳をそのまま採用しているが、（2）（3）（4）は中原に知られていないものである。そのうち世親の『論』は、チベット蔵経の *Ṣaṇmukhī-dhāraṇī-vyākhyāna* (Peking ed., No. 5489) が対応し、敦煌写本中にもＳtib四一八、Ｐtib四一七などに同種のものが見つかっている。これら敦煌写本にはいずれにも訳者を Dharmapāla, Prajñāvarman, Ye shes sde と識す奥書があり、チベット蔵経では訳者不詳であるのを補うことができる。

『六門陀羅尼経廣釈』は『大正新脩大蔵経』（大正一三六一番）にＰch二四〇四Ｖによって収録している（但し、写本番号を記していない）。そして次のような奥書を備える。

癸丑十月上旬八日。於沙州永康寺集訳訖。故記之也。

これに対応するチベット訳の方は蔵経に収録されていない。しかし、敦煌出土のチベット写本Ｓtib四三〇に、著者 Jñānadatta、訳者 Ye shes sde の *Ṣaṇmukhī-dhāraṇī-vyākhyāna-ṭīkā* があり、内容を智威造の『廣釈』（漢文）と合わせてみるとまったく一致する。

『大乗四法経』に『開決記』があったように、やはり『六門陀羅尼経論并廣釈開決記』がある。この内容は『大乗四法経』の場合と同様、世親の『論』及び智威の『廣釈』を補い釈したものである。作者については明記されないが、諸点の共通性よりみてやはり「法成集」とあるべきであろう。奥書の日付の接近も両者の密接な関係を物語っている。すなわち、法成が『四法経開決記』の集成を行ったのは癸丑年（八三三）の八月下旬九日、沙州の永康寺であった。『六門陀羅尼経廣釈』が訳されたのも、やはり同じ永康寺で一カ月を少し経過しただけの同年の十月上旬八日である。このように、法成の『四法経疏』の集成より日時を経ずして、同じ永康寺において翻訳を行いうるものは、大蕃国三蔵の法成をおいて他に求められない。したがって『六門陀羅尼経廣釈』も法成の訳出である可能性がきわめて強い。

『六門陀羅尼経論并廣釈開決記』には三写本が見つかっているが、詳しくは次のようである。

（1）Ｐch二一六五Ｖ

『金剛般若経』の疏の裏面に写される。表面の『金剛般若経』の疏は首部を欠くが、末部には五行の跋文と、次の奥書がある。

開元十二年二月十日。沙州寂法師下聴。大雲寺尼妙相抄。

右により、表面の疏は七二四年の写本であり、用紙は薄手で裏に透き通っている。『廣釈開決記』は首題より、一行約二〇〜二四字詰めで四三三行に及び、尾題を有して完結している。朱点や朱カギを加えていて、学習の跡が認められる。

（2）Ｐch二二五六Ｖ

開元二年（七一四）写の奥書を持つ道経『通門論』（仮題）の写本の裏面に写される。首題を欠くが、末部は尾題まで完備する。一行二六、七字詰め。

（3） Ｐch二八六一Ｖ

開元六年（七一八）写の奥書をもつ道教典籍『無上秘要目録』と『通門論』の一部（Ｐch二三五八と連なる）を貼合した上質用紙の裏面に写される。首部は題を有して完備するが、末部はＰch二一六五の行数で四三〇行までで後は欠損する。はじめの部分は二五字、後半は三〇字詰めくらいで写される。

ちなみに、右の三点の写本のいずれもが、七一〇〜二〇年代の写本の裏紙を用いていることが注目される。『六門陀羅尼経論并廣釈開決記』の完本Ｐch二一六五Ｖは、首題を含めて全体で四三三行に及び、かなり大部な著作である。ここで論の科段を見ると次のようである。

『六門陀羅尼経論并廣釈開決記』科段　（　）内の数字はＰch二一六五Ｖの行数

五門分別（2―61）

一、明造論所以（3―21）

二、立所宗（21―28）

三、解帰乗（28―32）

四、顕帰分（33―36）

五、弁帰蔵（37―61）

解釈正経文句（62―432）

一、釈題（62―102）

二、釈正文（102―214）

序分（如是我聞……汝当受此六門陀羅尼法）（107―214）

証信序（＝通序）（109―211）

発起序（＝別序）（212―214）

正宗分（謂我流転……疾悟阿耨多羅三藐三菩提）（215―425）

因（謂我流転……陀羅尼終）（217―414）

果（諸善男子……阿耨多羅三藐三菩提）（415―425）

流通分（時薄伽梵説是経已……信受奉行）（425―432）

右により、この文献の構成や科段の名称が先に示した法成集『大乗四法経論及廣釈開決記』の場合と酷似していることがまず注目されよう。次に本文献の五門分別の部分を移録する。

『六門陀羅尼経論并廣釈開決記』移録　A本＝Pch二二六五V　B本＝Pch二八六一V　字肩の数字はA本の行数。

[1]六門陀羅尼経論并廣釈開決記

[2]欲明此経。先明五門分別。後釈経文。言五門者。一(1)明造所以。[3]二立所宗。三解帰乗。四(2)顕帰分。五弁帰蔵。[4]初言明造論所以者。問。世親菩薩。何故造論。釈此経耶。答。佛法深妙。[5]若経造論。義則易解。令法久住。又[6]佛聴造論。如経中説。佛語苾芻。随所造論。応善受持。是故於修多羅[7](3)中。取義立論。別為異部。故応造論。又[8]饒益他故。謂(4)彼菩薩。作是思惟。云何当令諸有情。(5)類於佛聖教[9]。無倒(6)受持。精進思惟。籌量観察。由此無量煩[10]悩悪行。不現在前。便得悟入。甚深法性。故造斯論。又彼菩薩[11]。以三因縁。制造此論。一為増益智故。二為開[12]覚意故。三為遮計我故。増益智者。謂於内外諸経論中。令智増益[13]。無有能如阿毘達磨。開覚意者。謂諸有情。[14]無明所昏。如睡未覚。不能了知。何者是遍行。何者非遍行。何者自界縁[15]。何者他界縁。何者有漏縁(7)。何者無漏縁。何者有為縁[16]。何者無為縁。於如是等所知境中。令諸有情。開発覚意[17]。無有能如阿毘達磨。遮計我者。菩薩所造。阿毘達磨。[18]未曾説有補特伽羅。恒顕諸行空無有我。明如是等種々因縁[19]。故彼菩薩。制造此論。(8)復次為観察。善(9)等諸法故。如別宝人[20]。能善観察。金剛等宝。阿毘達磨。亦復如是。能善分別[21]。善等諸法。故彼菩薩。制造斯論。

二言立所宗者。世間[22]宗見。惣有其二。一外二内。彼外宗見。雖有衆多。不出二種[23]。謂断及常。廣説如論。内宗見者。大師在世。同一師学[24]。無有差異。如来滅後。大小乗宗。分成多部。小乗宗見。而有二十[25]。如『宗輪論』。一々分別。大乗宗見。復分三別。一勝義皆空[26]。(10)二唯識中観。三法性円融。此三宗見。各々立法。(11)如中・廣・百・成唯[27]識等。如理応思。今此経者。唯識宗部。大論之師世親菩薩。[28]造論釈故。是故当知。唯識中観宗部摂也。

三言解帰乗者[29]。如来大悲。引接群迷。随機設教。説有三五。言説三者。一声[30]聞乗。[(12)]二独覚乗。三菩薩乗。言有五者。更加天乗。及人乗也。如是五乗[31]所修行門。廣如余処経論分別。今此経者。一々唯明。菩薩行願。是[32]大非小。是故当知。[(13)]大乗宗故。

四言顕帰分者。諸佛菩薩。及声聞等。所説言教。雖有衆多。品類[34]相摂。有十二分。雖契経等。一々行相。如余処明。今此経者。無請説[35]故。自説分摂。諸所受苦。証平等々。即是菩薩大行願故。方廣分摂。是了義故。論義分摂。是故当知。三分摂也。

[37]五言弁帰蔵者。如上所説。十二分教。惣而言之。或有説言。帰其[38]三蔵。或有説言。而有五蔵。言三蔵者。一素怛攬蔵。此云契[39]経。貫穿連綴。所詮定学。契理契機。摂益他故。蔵者摂也。二[40]毘奈耶蔵。此云調伏。亦摂戒学。調和三業。制伏悪行。而摂[41]益故。三阿毘達磨蔵。此云対法。所詮恵学。対向涅[(14)]槃。対[42]観四諦。如是三蔵。有何差別。或有説者。無有差別。所以者何。[43]一切佛教。従一智海之所生故。随一覚地之所[(15)]出故。等力無畏。所摂受[44]故。同一大悲。所等起故。復有説者。亦有差別。且名即差別。[(16)]謂此名[45]素怛攬。此名毘奈耶。此名阿毘達磨。復次依処。亦有差別[41]。[(17)]謂若依増上心論道。是素怛攬。若依増[(18)]上戒論道。是毘奈[47]耶。若依増上恵論道。阿毘達磨。問。於一切中。一切[(19)]何得。謂素怛攬[48]中。亦有依増上戒。増上恵論道。毘奈耶中。亦有依増上心[49]。増上恵論道。阿毘達磨中。亦有依増上心。増上恵論道。如是三[50]蔵。応無差別。答。依増上勝説。謂素怛攬中。依増上心論道[51]増勝。毘奈耶中。依増上戒論道増勝。阿毘達磨中。依増上恵論道増[52]勝。又作是説。素怛攬中。依増上心論道。是素怛攬。依増上戒論道[53]。即毘奈耶。依増上恵論道。即阿毘達磨。毘奈耶中。依増上戒論道[54]。是毘奈耶。依増上心論道。[(20)]即素怛攬。依増上恵論道。即阿毘達磨中[55]。[(21)]依増上恵論道。是阿毘達磨。依増上心論道。即素怛攬。依増上[56]戒論道。即毘奈耶。故由依処。亦有差別。契経等分。云何三蔵。而相摂[57]耶。『対法集』云。契経・応

頌(22)・自説。此是声聞素怛攬蔵摂。縁[58]起・譬喩・本事・本生。并加眷(23)属。名毗奈耶(24)。方廣・希法。此是菩薩素[59]怛攬蔵。論義経者。即是彼二。阿毗達磨蔵。言説有五蔵者。謂[60]更加雑蔵。及呪蔵也。今此経者。若依行願(25)。即菩薩素怛攬蔵摂[61]。唯明了義。是菩薩阿毗達磨蔵摂(26)。有密言故。亦呪蔵摂也。　（以下省略、「解釈正経文」が続く）

（1）造＋（論）B　（2）顕＝弁A　（3）［多］―B　（4）彼＝為B　（5）於＝依B　（6）倒＝対B　（7）［何者有漏縁］―B　（8）次為＝此B　（9）等＝能B　（10）二＝三A　（11）如＝而B　（12）独覚＝縁学B　（13）［大乗］―B　（14）槃＝盤B　（15）出＝生B　（16）謂＝為B　（17）謂＝為B　（18）上＋（心）A　（19）何＝可B　（20）［素］―A　（21）［中］―B　（22）頌＋（記別諷頌）B　（23）眷＝巻B　（24）耶＋（蔵摂）B　（25）行願＝二行B　（26）［摂］―B

右の録文以降の部分においても、論述の方式は法成集『大乗四法経論及廣釈開決記』のそれに類似する。大体、世親造の『六門陀羅尼経論』は、『六門陀羅尼経』の文々句々を解釈したものではなく、六門義についての解説に他ならない。それに対し智威造の『六門陀羅尼経論廣釈』は、『経』『論』の文章を引きながら、両者の関連に留意しながら解釈を進めるものである。したがって分量も増大し、Ｐch二四〇六Ｖによると、『論』三四行に対し、『廣釈』一五〇行である。いま『廣釈開決記』は、『経』と『廣釈』（世親の『論』には二回施注するにとどまる）の文を摘出しながら解釈を補う形を基本としたものであるが、そのような復注の性格に加えて、分門科段と五門分別の序分を附すところに特徴がある。

また、次のような経論を屢々引いて論述している点も注目に値する。

瑜伽論（六回）　　解深密経（五回）
佛地論（四回）　　智度論（三回）

大般若（三回）　　対法集（二回）
大毘婆沙（二回）　佛地経（二回）
摂論（二回）　　　真実論[2]（一回）
成実論（一回）　　宗輪論（一回）
対法論（一回）　　大集経（一回）
華厳経（一回）　　因縁論頌（一回）
唯識［論］（一回）　頌（不明）（一回）

右の引用経論は法成が他の著書で引用するものに共通する。右のような概観によっても、この文献が法成の著作に帰しうるものであることは首肯されよう。

ところで、敦煌写本中に『六門陀羅尼経』及び『論』『廣釈』『廣釈開決記』が複数点存在し、学習された形跡のあることを如何に解釈すべきであろうか。ちなみに、チベット写本を検討するに、『経』に当たる *Ṣaṇmukhī—nāma—dhāraṇī* を、スタイン蒐集本中に四点、ペリオ蒐集本中に五点見いだす。『論』に当たる —*vyākhyāna*—*ṭīkā* が一点存在する。数は多くはないがチベット写本の方でも、学習・流行の様子を認めることができる。

『経』は玄奘訳であるが、他はいずれも中原未伝の漢文著作で、おそらく敦煌地方で新たに漢訳されたものである。この経典がなぜこのように流行し学習されたのか。大乗佛教を六門に分けて要約する格好の入門書であるところから、玄奘は中国に伝えていたものであろう。しかし、敦煌での流行は、思うにインド＝チベット側から起こったものではあるまいか。法成がこの経と疏の重要性を思い、それらの紹介を行い、それにかかわって写本が残ったのであろう。

〔注記〕

（1）『六門陀羅尼経』に関しては、御牧克己氏に次の論文がある。

K. Mimaki: La Ṣaṇmukhī-dhāraṇī ou "Incantation des SIX PORTES", texte attribué au Sautrāntika (I) –Introducton–, *Journal of Indian and Buddhist Studies*, Vol. XXV–2 (Tokyo, 1977), pp. 972–965.

K. Mimaki: La Ṣaṇmukhī-dhāraṇī ou "Incantation des SIX PORTES", texte attribué au Sautrāntika (II) –Textes et Traducton–, *Report of the Japanese Association for Tibetan Studies*, No. 23 (Tokyo, 1977), pp. 9–13.

（2）「真実論」という名は大蔵経中に見ない本である。先稿の「法成の研究」（下）一九一頁で、筆者はこの本は「成実論」のことであろうと推定したが、これについて前田至成氏が「敦煌本四法経論及廣釈のアビダルマ的性格」（『印度佛教学研究』二二―一、一九七三）三二七―八頁でこれを論じ、この「真実論」は中国未伝の世親の「七十真実論」ではないかという説を提示されている。

〔二〕『因縁心釈論開決記[1]』

この文献にも著者は識されず、著作年時も不明であるが、左のような分門科段を与え、序文を附している点も加えて、先述の『大乗四法経疏』と類似したところが多い。ただし、大乗について「就大之中。復分三宗。一勝義皆空。二応理円実。三法性円融」と分けるのみで『大乗四法経論及廣釈開決記』や『大乗稲芊経疏』のように、一依経中宗、二唯識中宗、三依論中宗の三宗を加えて分類するところがない。この点も含めて法成の著作と断定することにはなお問題があるが、『六門陀羅尼経論并廣釈開決記』と同様、ほぼ法成に帰しうる著作と見なすことができる。

『因縁心論』関係の文献には次の三種があり、いずれも中原には未伝のものである。『大正新脩大蔵経』八十五巻古逸部に収めるものは敦煌本より移録したものである。

（1）『因縁心論頌』龍猛菩薩造　訳者不詳、大正一六五四番（Sch二四六二＝大正原本、Sch四二三五、官六八、雨五五）

（2）『因縁心論釈』龍猛菩薩造　訳者不詳、大正一六五四番（Sch一三五八＝大正原本、Sch一五一三、Sch二四六二、Sch四二三五、Pch二〇四五、海一七、海三九、麗八三）

（3）『因縁心釈論開決記』著者不詳、大正二八一六番（Sch二六九＝大正原本、Pch二三二一、Pch二五三八V）

なかに『廣釈』に相当するものを欠くが、『頌』―『論釈』―『開決記』の次第は、『大乗四法経』や『六門陀羅尼経』の場合といかにも類似する。またSch二四六二、Sch四二三五の二写本は『頌』と『論釈』を連写したもので、この点も共通する。チベット蔵経には『頌』『論釈』に対応する本がそれぞれ *Pratītyasamutpādahṛdaya—kārikā* (Peking ed., No. 5236), *Pratītyasamutpādahṛdaya—vyākhyāna* (Peking ed., No. 5237) のように収められており、また敦煌チベット写本中にも存在している。[2] しかし、『開決記』に相当するものはチベット訳には見あたらないので、やはり翻訳ではない。『開決記』の題の例から、また内容からこの文献は『論釈』の足らないところを補って新たに著作されたものである。

『因縁心釈論開決記』科段

一、明造論之主
二、明造論之因
三、明所述之論為正量否
四、弁論所宗

釈其正論文
　一、釈論題
　二、明正論 ─┬─ 一廣（初五頌）
　　　　　　　└─ 二略（後二頌）

この『開決記』には、現在までに三点の写本が見いだされる。『大正新脩大蔵経』はSch二二六九のみによって録文しているが、これは後半部分を欠く。ところが、Pch二二一一は首題・尾題ともに有する完本であり、またPch二五三八Vも首部を欠くが後半部を完備していて、この文献の全容を知ることができる。いま、『大正新脩大蔵経』録文の部分以後を、後半部を有する二写本より録文して掲げる。

『因縁心釈論開決記』抄録

大正八五・一一八二頁c20以下の部分を、Pch二五三八VとPch二二一一とにより校訂して録文。(3) 校勘記等省略。

傍線は『論釈』の文。

……（前略）　以下大門第五。明還滅門釈論也。言後言応者。即是逆観。義当知反。彼等釈論々辞者。与上論頌。智応察相合。故後言応者。即是逆観。義当知反。彼雑染因果三道法也。此中有問。云何反彼雑染因果三道法耶。為欲顕示真聖道故。故言応観諸法無常苦空無我等也。言応観諸法者。謂観順流十二法也。言無常者。無明等法。滅壊性故。言苦者。無明等法。生死因果。即是三苦八苦性故。言空者。無明等法。遠離於常不壊無転。横計我故。言無我者。無明等法。従因縁生。不自在故。無常等四。即是諸法共相。四法印也。言則不愚諸事者。以聖道力。観四法印。証現観時。了無明等。性相空故。此顕無明。得転依也。言若不愚者。則無有貪者。為無明転依。明見諸法。無可着故。此則名為愛転依也。若無有貪。瞋則不生。若無為瞋。則無有業者。具貪瞋法。

即有造作。名之為行。無貪瞋故。行転依也。言若無有業。則無有取者。無三行故。四取不起。取転依也。言若無有取。則不造後有者。生後有故。名之為有。無四取故。有転依也。上五之文。因転依也。言若無有者。而即不生者。本無今有。名之為生。初生之者。即是其識。有不生故。識転依也。言若不生者。即於身心。而若不生者。名色六処触受。生及老死。得転依也。謂名色中色。六処中五色根。生及老死。身苦摂故。名色中唯名。六処中意処。及以触受。心苦摂故。大小乗経。無明滅故行滅。乃至生滅者。老死等滅者。与此義同。如理応思。言如是不集。五種因故。即於余処。而果不生者。結上文也。言此是解脱者。若能如是。如上所説。逆観縁起。順流之法。随自楽欲。而証三乗。究竟解脱。法性身故。言是故断除。断常等諸悪見者。此顕論所詮也。次下大門第二。略明正論。又分為二。一順二逆。与下二頌。随次応知。此初也。言此中有二頌者。謂略明正論中也。言於甚微細事者。所謂如前所説。三摂十二門等。順流法也。彼四種法。微細難知。故『十地経』云。

> 微細難知。大仙道。離観分別。甚難触極細。難見離分別。離心地故。修亦難。

此偈意明。説時微細故。証時微細故。此二与前。微細難知。大仙之道。随次応知。非分別境故。為本自性。非分別故。離観分別。甚難触也。非聞思恵所縁境故。極細難見也。非世修恵所縁境故。離分別也。已上両句。非世俱生恵之所縁。離心地也。

又『阿毘達磨集論』云。

> 縁起之法。以五義故。名為甚深。一因甚深。謂対治不平等。因無因論故。二義深也。二性相甚深。謂無我故。一義深也。三生甚深。謂雖従縁生。彼不作故。二義深也。四処所甚深。謂雖無処所。顕現処所。二義深也。五生起甚深。謂従因果生。為難知故。四義深也。

言若有見断者。彼不善因縁。未見縁生義者。若人於彼如上所説縁起義中。悪見分別。起断見者。諸悪見中。此見罪重。偏列此見。亦摂諸余常等見也。

故『理論』云。

於甚深微細事。若有見生者。彼不善縁起。未見縁生義。

是故於此縁起縁性。妄計分別。起断常等。邪分別者。不見法性。無出離心。久処輪廻。

又『瑜伽論』云。

於縁起義。不善知者。有五過失。一起我見。二増長前際。及後際見。三於前後際。横起見執。四取着熱悩。五於現法不般涅槃。更有過失。

如余処明。

次後明以順逆也。言此中無可遣。亦無少安立者。謂如上所説。縁起縁性真理之中。無有少法聖。可除遣凡。可建立涅槃。妙浄生死蘊。離体一如。

故『文殊国土荘厳経』云。

無生之法。常如来一切諸法。名善逝。

又『理論』云。

彼々従縁起。自性而不生。彼々従縁起。自性而不滅。

見遣修者。迷倒有情。不了法性。妄起遣修。

故『二真諦経』云。

譬如有人夢。被蛇螫。求医封薬。而得差除。心生歓喜。従睡而覚。都無有実。

此亦如是。言於真以観真。見真而解脱者。所謂縁起真理無遣立者。即真義故。若有智者。修道見真。随所修道。各獲解脱。証法身故。

故『稲芉経』云。

若見因縁。則能見法。若見於法。則能見佛。

又『理論』云。

若於縁起法。遠離生滅壊。智者如是知。能渡見有海。

更有経論。与此義同者。智者尋之。

因縁心釈論開決記一巻

この資料の新出によって、『因縁心釈論開決記』には、全体では次のような文献の引用が行われていることが明らかになった。

楞伽経（一回）　大雲経（一回）

稲芉経（三回）　十地経（二回）

文殊国土荘厳経（一回）　二真諦経（一回）

経（一回）　瑜伽論（四回）

阿毘達磨集論（三回）　理論（三回）

右の引用経論のうち、多数回あらわれる「瑜伽論」や「稲芉経」が、いずれも法成が注釈の対象とした玄奘訳『瑜伽師地論』や訳者不詳・敦煌新出の『大乗稲芉経』であることが注目される。他は、ひとまず既存の漢訳に対応箇所を見いだしうるものであるが、文章的に完全には一致せず、取意による引用か、或は新たに漢訳して引用したかであろう。なかでも「理論」は、ナーガールジュナ著の *Yuktiṣaṣṭika–kārikā*（Peking ed., No. 5225）が対応する。この論には施護（—九八〇—）訳になる漢訳『六十頌如理論』（大正一五七五番）が存在するが、『因縁心釈論開決記』成立の時期には未だ訳出されていない。したがって、この引用文は著者が直接にサンスクリット原本かチベット訳本かに依って訳出・引用したものである。

[注記]

（1）『因縁心論』及び『同　釈』の敦煌出土チベット写本については、拙稿「敦煌における因縁論の諸相」（『佛教学研究』三九・四〇、一九八四）七三—七五頁参照。なお、同論文七三頁七行のS. tib. 769 はP. tib. 769 の誤り。最近、P. tib. 769 について次の論文が発表された。C. Anna Scherrer–Schaub: D'un manuscript tibétain des Pratītyasamut=padahṛdaya de Nāgārjuna, *Cahiers d'Extrême–Asie*, 3 (1987), pp. 103–111.

（2）右拙論、七四頁参照。なお、*Vyakyāna* に対する「備忘録」（brjed byang）がS tib六二一(2)、S tib六二二に存在し、次の論文がこれを検討している。斉藤明「中観系資料（三）『縁起心論釈備忘録』」（『講座敦煌6・敦煌胡語文献』一九八五）三三三—三三五頁。

（3）『因縁心釈論開決記』の大正蔵経未収部分の録文は、右論文中で行っている（五四—五六頁）。なお、そこでは、二写本の校勘記を附した。

(30)『大乗稲芊経随聴手鏡記』

『大乗稲芊経』に対する注釈の敦煌写本は、断簡も含めて約一一〇余点を数える。敦煌出土の佛典の論疏群の中では点数の多い部類に属し、敦煌の佛教徒が関心をもって研鑽したことを物語っている。

『大正新脩大蔵経』八十五巻には、敦煌本によって次の二種の『大乗稲芉経疏』を収録している。

(1)『大乗稲芉経随聴疏』大正二七八二番(Pch二二八四=大正原本、Sch一〇八〇=大正甲本、Pch二三〇三=大正乙本)

(2)『大乗稲芉経随聴疏決』大正二七八三番(Pch二三二八=大正原本)

敦煌写本中の『大乗稲芉経疏』の大部分は、前者の大正二七八二番に相当するものである。一点だけある後者の写本は、細字写本の「大乗百法随聴手抄」の前に貼合されているものであるが、はじめに「稽首恭敬正遍知」等の四句の帰敬頌を置いており、内容は大正二七八二番本の序分の一段(大正八五・五四四頁a)十六異論の中の初めの三論までを敷衍解釈したものに他ならない。貼合されている『百法論疏』はその奥書からみて、それ以前に研鑽されたものである。右の二種の外にSch五八三五に別本がある。標題を「大乗稲芉経」としており、「清信佛弟子張義朝書」の奥書を有する一葉一四行のみの習字風写本である。内容は大正二七八二番本の「一釈大乗義。……二者遍摂諸法称云為要」(大正八五・五四五頁c—五四六頁a)の抜き書きにすぎない。一応、右の三種の疏があるが、後の二者はいわゆる別本であって、大部を占めるのは大正二七八二番本である。以下これについて検討するものである。

まずこの疏の標題であるが、裳一三が首題に「□□稲芉経随聴記」(尾題不明)とし、Pch二二八四の首題が「大乗稲芉経随聴疏」とされているほかはすべて「大乗稲芉経随聴手鏡記」となっており、この題記が通用していたものと思われる。注釈の対象である『大乗稲芉経』とは、稲の成長にたとえて縁起の理を説いた経典で、古くより屢々翻訳されており、『大正新脩大蔵経』には敦煌出土写本を含めて五異訳(大正七〇八、七〇九、七一〇、七一一、七一二番）を収めている。このうち『大乗稲芉経随聴手鏡記』の依るのは大正七一二番の敦煌本『大乗稲芉経』で、中原未伝の経典である。

敦煌からは約四〇点にのぼるこの経典の多数の写本が出土している。

『大乗稲芉経随聴手鏡記』は、右の『大乗稲芉経』に注釈を施したものであるが、その全体は次のような科段をもって構成されている。

『大乗稲芉経随聴手鏡記』科段

総以五門分別
第一、立　所　宗
第二、明　帰　乗
第三、明　帰　分
第四、辯　帰　蔵
第五、解　釈
　Ⅰ　釈題目
　Ⅱ　釈本分

一、総摂門
　（1）序分　（2）発起序　（3）所知事
　（4）所知性　（5）所知果　（6）云何所知
　（7）経之所要
二、経之所詮
三、釈句義
四、辯次第
五、答　難

右のように、全体を（一）立所宗　（二）明帰乗　（三）明帰分　（四）辯帰蔵　（五）解釈の五門に分ける。そのうちで経の本文に対する注釈は「第五解釈」以下に行われ、第一より第四まではいわば全体の序論に当たる。第一立所宗では『大乗稲芉経』が何宗に属するものであるかを論じ、第二明帰乗では、この経が声聞等三乗のいずれの乗に帰すかを談じ、第三明帰分では、十二分教のうちのいずれの種類であるかを問い、第四辯帰蔵は素怛攬蔵等三蔵のいずれの所収であるかを論じている。これら論述の進め方は前項で検討した『大乗四法経論及廣釈開決記』におけるそれと類似しており、両者の密接な関係を証明している。

ところで法成の『大乗稲芉経疏』には次のような注釈の特徴がある。一は、第一より第四門までの序論の部分は、チベットの翻訳者エセイデ（Ye shes sde）の著作『見差別』（*lTa ba'i khyad par*）の文をそのまま訳出引用したり、曇曠の著作に準拠したりして著作されているということである。[1] エセイデ、及びかれの『見差別』のことについては別の論文で明らかにしたところであるが、[2] この本は、当時、サンスクリット佛典を翻訳していたエセイデがそれで得た知識に基づいてインド＝チベット系の佛教学を要約してまとめた佛教綱要書である。法成はチベットの翻訳事業にかかわるうち、この本を知り、その知識をここに披瀝するに及んだものであろう。かれの漢文系の佛教学の知識は、屢々関説したように曇曠より承けるところであるが、それに加えてチベット系佛教学の知識が取り入れられている事実がここに顕著に見られる。

二は、第五解釈の部門はカマラシーラ（Kamalaśīla）の著作である *Ārya-śālistambaka-ṭīkā* (Peking ed., No. 5502) を基幹として注釈をしたものであるということである。

チベット蔵経には二種の『稲芉経』の注釈が収録されている。一はナーガールジュナのもの[3]（Peking ed., No. 5486）、一は右に挙げたカマラシーラのものである。後者の写本は敦煌出土のチベット文写本の中にも存在しており、法成の時代にチベット訳されて（訳者不明）敦煌に流布していたことは確かである。

いま、法成の疏とカマラシーラの「注釈」とを比較対照してみると、たしかにカマラシーラの「注釈」が漢訳されて含まれているが、しかしそのままの翻訳ではない。たとえば、七大の説明のように位置を変更したり、また、該当する経文の範囲の指示を付したり、科段を加えたりしている。また『因縁心論頌』より引用して補ったりしている。チベット訳からの翻訳にしても直訳でない場合もある。要するに、法成の疏の「第五解釈」以下には、カマラシーラの「注釈」を翻訳した要素と、それを基にして分かりやすく独自の疏に改編した両要素が認められる。これに関連して、写本の中に次のような事実があることが注目される。

法成の『大乗稲芊経疏』の写本の多くは、先述のように大正二七八二番が原本としたPch二二八四のように、序論の最初「将釈此経。総以五門分別」より写されたものである。ところが、乙本として採用したPch二三〇三は、いわゆる五門分別の第一門より四門までを欠き、第五門の本文解釈より始まるものである。すなわち、首題に続いて直ちに

将釈此経。大門分二。初釈題目。二釈本文。初又分三。一釈大乗義。……

と始まる。この種のものは他に、始六二、裳一三、M一二九一がある。これらは「第五言解釈者。……」を「将釈此経。……」と変更しているので、結局は五門の科段をとらず、序論の部分を除いた本文の注釈のみの写本ということになる。それについてPch二三〇三の写本が首題に次いで「沙門法成訳」という五字を加えていることが注目される。カマラシーラの「注釈」の翻訳であるという意識から記されたことを意味していると思われる。以上、考察してきたところによって、本疏が全体として「法成集」とされる理由が明らかになったと思う。

法成の経歴の項で述べたように（本書一〇五頁）、この『大乗稲芊経疏』の写本Pch二二八四には「永康寺比丘福漸」の受持であることを識すものがある（**図20**）。それより推定して『大乗四法経疏』の成立と前後して同じ沙州の永康寺時代（八三三〜八三八頃）に成立したものと考えられる。時期的に接近していると同時に、内容構成においても類似点が多い。ただし、類似するといっても『大乗稲芊経疏』の場合は、『大乗四法経疏』の場合のように注釈の遺漏を補ったものではなく、カマラシーラの『注釈』よりの翻訳を中心に集成している点に違いはある。

「大乗稲芊経随聴手鏡記」という標題は、『瑜伽師地論』の講義の筆録を「瑜伽論手記」と題し、また「釈法鏡手鏡記」「比丘明照随聴写記」と記す例があるように、講義を聴いて書き留めたものであることを示している。法成の説くところに随って弟子が筆録したのである。しかし、この『大乗稲芊経疏』の写本の場合は、『瑜伽師地論』の講義録に比べていずれも整っており、講義に臨んでその場で筆記した様子が認められない。清書されたり、転写されたりしたものが残ったのであろう。

『大乗稲芊経』は佛教の因縁の教理を説いた経典である。前節で見た『因縁心論』とあわせて、これらの写本が多いことに敦煌に因縁論の強い流行があったことを知るのである。法成の因縁論関係の著作はそうした背景から為されたものと考えられる。そうした因縁思想の学習の気運は、当時のチベットに中観派系のインド佛教がとり入れられたことと無関係ではあるまい。『因縁心論』、及び『因縁心論釈』はナーガールジュナの著作であり、『大乗稲芊経』の疏にカマラシーラの著作があることに示唆されるところである。ただし、『大乗稲芊経』に関しては、チベット史書『バーシェ』に、バ・サンシがチソンデツェン王に対し、中国の金和尚から託された三経典「能断金剛」「十善経」「稲芊経」を奉献したところ、王はそれを読んで佛教の優れていることを理解し「老子経」を棄て、佛教の採用に踏み切ったという伝説が見られる[4]。「能断金剛」は言うに及ばず、「十善経」も敦煌写本中に多く流布していたことが確認できる。いま「稲芊経」についてもその証を見るところで、伝説を無視できないところがある。『大乗稲芊経』はもともと中国佛教からの教唆によって流行し、それを受けて来蔵中のカマラシーラがチベットで注釈を書いた可能性もあり、問題を残すところである。

［注記］

（1）『大乗稲芊経随聴手鏡記』序文部分とエセイデの『見差別』の文章との対照は、「法成の研究」（下）一九三―一九六頁で行っているので、いまは省く。なお、芳村修基『大乗稲芊経の註釈』（油印、一九五九）は、『見差別』とカマラシーラの註釈との対照を含めた『大乗稲芊経随聴手鏡記』の本文の刊行である。

法成の『大乗稲芊経疏』とエセイデ著『見差別』及びカマラシーラ『大乗稲芊経注釈』との関係は、次の諸論文で論じられている。芳村修基「カマラシーラ造稲芊経釈法成訳の推定」（『印度学佛教学研究』四―一、一九五六）、同「西域本による瑜伽行・中観派」（『印度学佛教学研究』二―一、一九五三）、同「佛教初学入門書残巻考」（『西域文化研究』巻一、一九五八）、立花孝全「Kamalaśīla と法成との関係」（『印度学佛教学研究』一四―二、一九六六）。

（2）拙稿「エセイデの佛教綱要書」（『佛教学研究』三二・三三合併号、一九七七）、同 Ⅱ（『佛教学研究』三七、一九八一）。なお、エセイデの『見差別』の中での学派分類のあり方と、かれの中観派教学の理解について松本史朗氏による検討及び批判がある。本書五五頁注（7）に関連。

（3）ナーガールジュナの『大乗稲芊経疏』については、大南龍昇「稲芊経註釈書の思想」（『印度学佛教学研究』一六―一、一九六七）があり、これはナーガールジュナに仮託されたもので、かなり後世の著作であることを明らかにしている。

（4）『バーシェ』及びその記事については、山口瑞鳳「チベット佛教と新羅の金和尚」（『新羅佛教の研究』、一九七三）八―一一頁参照。

（31）『歎諸佛如来無染着徳讃』

この文献はＰch二八八六に写本が一点だけあり、『大正新脩大蔵経』には収録していない。「吉祥童子授草偈」と併写されており「国大徳三蔵法師沙門法成述」の述者名が両文献の中間に記されている（**図21**）。左に録文を示す。

Ｐch二八八六

歎諸佛如来無染着徳讃

三字

佛薄伽　大牟尼　利有情　処三界　如虚空　如蓮花　煙雲水　過不染
心清浄　世八法　利衰等　不能侒　是故我　以浄心　稽首礼　無上尊

四字

佛薄伽梵　諸大牟尼　為利有情　雖処三界　猶如虚空　亦如蓮花
雲煙及水　過失不染　由心清浄　世間八法　利衰等過　而不能染
是故我今　以清浄心　稽首敬礼　諸無上尊

五字

諸佛薄伽梵　諸大牟尼尊　為利有情故　雖処於三界　猶如浄虚空
亦如妙蓮花　煙雲塵及水　諸過不能染　由心清浄故　世間八種法
利衰等過失　而亦不能染　是故我今当　以浄信之心　稽首恭敬礼
無上天人尊

七字

三世諸佛薄伽梵　十方一切牟尼尊　普欲利楽諸有情　雖処遊行遍三界
猶如清浄太虚空　亦如殊妙諸蓮花　煙雲塵霧并及水　彼諸過失不能染
皆由諸佛心清浄　是故世間八種法　利衰毀譽等諸過　而悉不能作染汙
是故我今以至誠　三輪清浄渇仰心　帰命稽首恭敬礼　一切無上天人師

国大徳三蔵法師沙門法成述

吉祥童子授草偈
　吉祥童授仏《ママ》草　佛座此草成覚
　比丘僧尼亦如是　還坐此草断三結

「法成述」の識語は両文献の中間に記され、先に論じたように（本書九四頁）筆跡は三者とも一致する。漢文々献で「訳」でも「集」でもなく、「述」と記すのは『瑜伽師地論』の講義録を除けば、この場合のみである。ただし、両方とも「法成述」であるか、どちらか一方のみであるか決め難いところがあるが、いまは前者のみを法成述と見なして論を進めることとする。

前者文献の内容は佛徳を歎じ、それに敬礼することを表す十六句からなる讃文であるが、同内容のものが、字数を変えて三字句、四字句、五字句、七字句の四種に書かれているところが興味深い。どのような目的でこのようなものを述作したのか計り知れないが、いろいろな字句数で訳される漢訳佛典の敬礼文の範例として利用されたのではあるまいか。

後者の文献は、『方廣大荘厳経』巻八（大正三・五八七頁a―b）などにみる吉祥施浄草の説話を要約したものと思われる。(1)

ところで、Ｐch二〇三五Ｖ『瑜伽論分門記』(2)の裏面（図22）に、法成直筆の筆跡とチェードゥプ直筆のチベット文とが併写されていて、法成＝チェードゥプであることを証明する落書風の写本があることは先に述べた（本書九四頁）。注目する部分は漢文七行とその左のチベット文五行である。この中間の漢文の書体は「授草偈」の書体と同じである。そして、内容も法成に関連するものである。チベット文に判読し難いところが残るが、以下に録文してみることとする。

Pch二〇三五V（＝Ptib二二〇五）

言如『吉祥問録豆子経』中廣説者。仏《ママ》在王舎城。爾時吉祥苾芻問目連曰。我於食時。[2]著衣持鉢。欲往王城。而行乞食。従鷲峯山。漸次而下。見於尊者大目健連。在彼方所。[3]愕怡微笑。何因何縁。而便微笑。願為我説。目連告曰。具寿吉祥。我見有一楼閣。[4]在於空中。其中唯聞受。於猛利苦切々声。我見此已。便作是念。如[5]是有情。如似薬叉。得如是身。受如是苦。廣説其事。爾時世尊。告諸苾芻。言[6]諸苾芻。我之声聞。住是眼者。善哉善哉。目連所見。受極苦者。彼[7]則是其。此王城中。屠牛之人。以業異熟。経於多歳。受種々苦。廣説如経。

// bka' stsal pa // me'u dgal gyis sdug bsngal gyis nyam thag nas su zhing sdug bsngal myi bzad pa sna tshogs gyong bar mthong ba ni sngon rgyal [2]po'i khob 'di nyid 'du shegs pa sang gsod pa yin ste / de'i phyir lo mang por sdug bsngal myong bar [3]'gyur ro //

dus gong ti mnam ba dag la bya rog las [3]stsogs par 'byog par mthong ba de ni shed pa nyi'i slob ma yin no // thal gong gi stang dang / sa ? sna dag la bya dog las stsogs pas 'thog [4]par mthong bar ni ba lang gsod pa'i gshed ma yin no // lcags kyi sna ba 'bar bsad gyi lang mthong ba de ni nya pa yin no // rig pa lza mcas [5]du che bar mthong pa de ni gzhal glugs la sgyu byed byed pa yin no zhes gsungs so //

チベット文の解読が未完であるが、漢文とチベット文とは内容的にも関連し、就中、チベット文の前半は漢文中の「目連所見。受極苦者。彼則是其。此王城中。屠牛之人。以業異熟。経於多歳。受種々苦。廣説如経」に対応するものである。

ちなみに、漢文については、Ｐch二〇六一法鏡本『瑜伽論手記』に同一文章が見つかった。すなわち、この文は、法成が『瑜伽師地論』の講義の中で『吉祥問録豆子経』の説明として述べたものであり、法成との関連を明瞭にするものである。

[注記]

（1） 前田至成「敦煌四法経論廣釈のアビダルマ的性格」（『印度学佛教学研究』二二―一、一九七三）三二七頁bによると、類文は『瑜伽論』二二、『増一阿含経』一一などにも見るという。

（2） Ｐch二〇三五の『瑜伽論分門記』は、法成自身の講義ノートであると推定される。本書二三〇頁参照。

Ⅲ　講　義　録

⑶『瑜伽論手記』並に『瑜伽論分門記』

敦煌出土写本中には、「瑜伽論手記」「瑜伽論分門記」と題される写本約四〇点が存在する。これら文献のテキストに当たる『瑜伽師地論』もふくめて、これらを一処に集めて対照してみると、「法成の行歴」の項であらかじめ叙べたように、法成が晩年沙州の開元寺で行った『瑜伽師地論』の講義の全容がほぼ明らかになるのである。

ところで、既刊論文「法成の研究」以後、検討の対象となる『瑜伽論手記』『瑜伽論分門記』及び『瑜伽師地論』の資料採用について、次のような異なりが生じてきたことをまず記しておきたい。

イ　前論文の時点では北京図書館本は目録『敦煌劫余録』の記事によってしか知ることができなかったが、マイクロフィルムによる調査が可能となり、内容を確かめることができた。

ロ　ペリオ蒐集本の内に、前段階では見落としていた『瑜伽論分門記』の写本Pch二〇九三とPch二二四七（共に X本）の存在を新たに確認し、資料に加えることができた。

ハ　前論文では大谷探検隊将来の『瑜伽師地論』関係の敦煌写本を「橘目録」の記事により資料として採用し、また、唐招提寺蔵『瑜伽論分門記』を資料に加えて論考を行ったが、その後の調査でこれらを資料とするにはなお不明瞭な点があることが判明したため、この度はその採用を保留し今後の確認を待つこととした。(1)

まず、『瑜伽論手記』及び『瑜伽論分門記』に識される紀年、日付を有する奥書を蒐集してみる。

（a）丙子年正月二十四日。十三巻終。（談迅福慧『瑜伽論手記』Sch六六七〇）

（b）瑜伽論第十五巻。已説所成地竟。　丙子年四月十三日終。比丘福慧記。（同右本）

（c）大中十一年八月三十日説畢記。（洪真『瑜伽論手記』巻三十三末、冬七二）

（d）戊寅年後正月二十二日説。四十一巻手記竟。（右本、閏九八）

これらに類似した日付が『瑜伽師地論』の写本にも屢々見受けられる。それらの写本の中で、日付や筆者人（または所有者）の識語をもつものの殆どは明照の本と恒安の本とである。前者に見られる主な識語は次のようである。

（a）大中十一年四月二十一日。苾芻明照写。

［朱別筆］

大唐大中十一年歳次丁丑六月二十二日。国大徳三蔵法師沙門法成。於沙州開元寺説畢。（巻三十末、Sch三九二七）（**図30**）

（b）大中十一年五月三日。明照聴了記。（巻二十八末、Sch七三五）

（c）大中十一年九［月］七日。比丘張明照随聴写記。（巻三十四、M二四七三）

（d）寅年閏正月二十二日。龍興寺沙門明照随聴写。

［朱字］大中十二年二月二十五日。三蔵和尚於開元寺説畢。（巻四十二末、Ｍ八八六）

（e）寅年六月十一日。比丘明照写記。（巻四十七末、称二）

（f）大中十三年歳次己卯四月二十四日。比丘明照随聴写記。（巻五十五末、Ｓch六四八三）

恒安本には、次の例がある。

（a）比丘恒安随聴論本。

［朱別字］大唐大中十一年歳次丁丑六月二十二日。国大徳三蔵法師沙門法成。於沙州開元寺説畢記。（巻三十末、Ｓch五三〇九）（**図31**）

『瑜伽論手記』『瑜伽論分門記』の写本を類別してみると、前者には談迅・福慧（**図23**）、洪真（**図24**）、法鏡（**図25**）の書写による三種の写本があり、後者には談迅・福慧（**図26**）、一真（**図27**）、そして筆録者不明のＸ本（**図28**）があること。また、『瑜伽師地論』に見る識語より、恒安、明照の二人が講義を随聴していたことが分かる。更に講義は巻次を追い、年次を追っていること。『瑜伽師地論』の紀年、また日付もそれに並行していること。その『瑜伽師地論』に識される「国大徳三蔵法師沙門法成於沙州開元寺説畢」の記より沙州開元寺で法成が『瑜伽師地論』の講説を行い、それにかかわってこれらの文献が成立したものであることが判明する。

それらのことを前提として、現在蒐集できるかぎりの『瑜伽論手記』『瑜伽論分門記』の写本を筆写人別に巻次を追って配列し、同時に『瑜伽師地論』におけるものも含めて識語の日付を下段に対応させ一覧にしたのが別表の『瑜伽師地論』講義録一覧表（本書二四四―二四六頁）である。なお、『ペリオ敦煌漢文写本目録』では、Ｐch二〇三七を『瑜伽論手記』に比定するが認められない。

表示によって更に分かることは、これらの写本の成立に同一人が重複してかかわっていないこと（談迅と福慧については後述する）。『瑜伽論手記』と『瑜伽論分門記』とが並行して成立していることである。すなわち、これらの写本は講義と同時に成立したもので、後に転写されたものではないということである。写本識語の中に「……随聴本」のように記すのは、これらが講義を直接に聴きノートしたものであることを意味する。

それでは、同じ講義を聴いて諸本が成立したとすれば、『瑜伽論手記』と『瑜伽論分門記』の標題、及び内容の差異は何によるものであろうか。但し、標題について、実際には『瑜伽論手記』とか『瑜伽論分門記』と記されている場合は稀で、前者は「瑜伽論第四十七巻手記」とか「瑜伽論第三十七巻手記竟」とか識される。或はまた「瑜伽論五巻随聴手記」「瑜伽論第三十八巻手鏡記」と題される場合もある。後者も「瑜伽師地論開釈分門記」「瑜伽論第三十四巻分門記」というふうに記されている。もっともX本については、『瑜伽師地論』の標題や巻次を記さず、「菩薩地第十五分門記巻第一」というふうに品題の方のみ記す特徴がある。このように題名より分ければ、一応『瑜伽論手記』と『瑜伽論分門記』の二種に分かれる。そのうち『瑜伽論分門記』の方は、一真本、談迅・福慧本、X本の三本がある。いまそれらの重なるところで対照してみると、若干の誤脱などの場合をのぞいて、殆ど同内容であることが分かる。

次に『瑜伽論手記』の方は、三種に分かれている。法鏡と洪真の『瑜伽論手記』はほぼ同一内容であるが、談迅・福慧本はそれらと別種である。したがって『瑜伽師地論』の講義録には総じて三種あることになる。これらの差異の意味を知るために、三種の本が重なる第四十四巻の若干部分において、法鏡『瑜伽論手記』、談迅・福慧『瑜伽論手記』、及び談迅・福慧の『瑜伽論分門記』を対照して示す。

『瑜伽論』講義録三種寫本對照

談迅福慧『瑜伽論分門記』Pch二〇三九

・瑜伽論第四十四分門記
國大徳三藏法師成述　談迅　福慧
・初持瑜伽處分十八中　第十六明供養親近無量品分三
・一惣問・二頌略答三如論・三長行廣解分三・一廣明供養義・二廣明親近・三廣明修無量義・初廣明供養義分七・一惣問・二略答・三列名分十如論・四別釋分十・二寶七明增上意楽
・一明設利羅供養分三・一立能供人・二立所供處・三結
・第二明制多供養分三・一立能供人・二立所供處分五如論・三結
・第三明現前供養分二・一略釋分四・一立能供人・二立所供處・三明供養者・四結

法鏡『瑜伽論手記』Pch二〇三六

・瑜伽論第四十四巻手記
・十八品第十六明供養親近品分三
・一惣問・二頌答並如論・三廣解分三・一明供養三寶分七・一惣問・二略答・三列名・四別釋・五惣結・六例餘二寶・七明增上意業・前三如論・四別釋分十
・一明色身供養
故論文言若諸菩薩等也・謂地前菩薩多修此行也・此中雖言供養於佛餘諸僧亦依此十門供養説者應知
・二明供養塔廟中
・言臺者　謂寺舍等也
・三明現前供養分二・一略釋中
・言親面對者・謂眼親見也
・言現矚子者・謂意根親浮也

談迅福慧『瑜伽論手記』Sch二六一三

・瑜伽論第四十四巻手記　談迅　福慧
・言親面對前者　謂眼觀也
・言眼矚現見者　謂意門中見如來而供養者有其二種・一者有上供養即以世間財

・二明廣大意樂分三・一物標二性分二・
一標如來性・二標制多性・二別釋供養
分二・一明供養一切如來義分二・一供
現・二供不現・二明供養一切制多義分
二・一供現・二供不現・三惣結
・第四明不現前供養分二・一明供養禮分
四・一立能供人・二明所供處分二如
論・三明供養分二如論・四結
・第二明分別福果差別相分二・一明造立
形像及窣塔波福分二・一立因・二顯果
分三・一明得大梵福果・二明得不堕惡
趣果・三明得圓滿資糧果
・第二明三種供養福差別相分三・一明現
前供養福差別相分二・一立因・二顯果
・二明不現前供養福差別相分二・一立
因・二顯果・三明現前下現前倶供養福
差別相分二・一立因・二顯果

・二廣釋意樂分三・一標可見・二別釋分
二・一明供養如來・二明供養制多
故論文言　最故我今等也
・三結分可見
・第四明不現前供養分二・一明供養　如
論
・二明差別果分二・一明造立形像等相中
・言無量劫者・謂小劫中劫也
・言資糧者・能成福智資糧也
・二明三種供養福差別等中
・言廣大福者・謂得資糧加行果也
・言大大福者・謂十地果也
・言最大福果者・謂佛地也

物等・二無上供養即以變化種々者花及
法等即以此二種供養三寶也
・言厳臺者　謂香臺也
・言無量劫者　謂小劫中劫也
・言資糧者　能成福智二種資糧也
・言廣大福者　謂資糧加行果也
・言大大福者　謂見道位所得果也　於地
之中亦有三種之果
・言最大福果者　謂究竟佛位也

・第五明自作供養分四・一立能供人・二立所供處分二如論・三明自作義・四結	・第五明自作供養 ・故論文言　唯自手作等也
・第六明敎他供養分三・一明自他作供養分四・一立能供人・二立所供處分二如論・三明他作分有卅如論・四結・第二明唯他供養分三・一立因・二顯果分四・一明施相・二明廣願・三明作供養・四明自不作義・三結	・第六明敎他作供養分三・一明自他作供養 ・故論文言　非唯自作等也 ・二明唯敎他作供養 ・故論文言　若諸菩薩現有少分等也
・三明三種供養福差別相分三・一明唯自作福分二・一立因・二顯果・二明敎他作福分二・一立因・二顯果・三明二俱作福分二・一立因・二顯果	・三明三種供養福差別相 ・故論文言　此中菩薩等也
・第七明財敬供養分四・一立能供人・二立所供處分二如論・三明財敬體相分二異門・初門依衣服等明財敬供養分二	・第七明財敬供養分二・一依衣服等明財敬供養分二
・一立財供養分五如論・二立敬供養分十五如論	・一明財供養如論・二明敬供 ・故論文言　敬問禮拜等也 ・言或復奉施等者、謂供敬故位末尼等廣拭三寶而供敬也

（以下省略）

右の対照によって、法鏡の『瑜伽論手記』には『瑜伽論分門記』に相当する部分があることがまず分かる。しかし、それは『瑜伽論分門記』だけの談迅・福慧本に比べてかなり脱落や省略のあるものである。そのかわりに、例えば「故論文言……」に対応する論文、すなわち『瑜伽師地論』本文の指摘や、「言親面対前者……」というような難語釈が加わる。すなわち法鏡の『瑜伽論手記』は、『瑜伽論分門記』と同種の分門科段を行うと同時に、対応論本文の指摘や難語釈なども併せて筆録したものである。洪真の『瑜伽論手記』も概ね法鏡のそれと同軌の筆録方法である。これに対して談迅・福慧の『瑜伽論手記』は、法鏡の『瑜伽論手記』の中の難語釈に相当する部分のみを写している。そしてかれらの『瑜伽論分門記』は、分門科段の部分のみを写したものと分かる。

法成の講義は、各写本の内容を総合して判断するに、かなり詳細にわたるものであったと思われる。推定するに、『瑜伽師地論』の本文にまず分門科段を行うほか、途中で難解な語句に説明を加えたり、チベット訳『瑜伽師地論』と対照してその異同を指摘したりしながら進めている。おそらく法鏡や洪真の『瑜伽論手記』がその原型を伝えるものであろう。

各人そうした講義を聴講しながら、直接に筆録した。そのことを示す徴表が各写本に歴然としている。まず各写本に脱落が多いことが指摘できる。もっとも後に訂補されているが、諸本を対照して跡をたどってみると、その多くが講義を耳で聴きながら急いで筆録した場合に起こり易い性格のものである。たとえば「聖教興由」であるべきところを「聖教興遊」と写し、のち「遊」を「由」に訂正したり、「境行過等」において「過」を消して「果」に改めているなどである。また、法鏡本に著しいように写本の筆跡が一定でなく、部分によって乱れのあることも講義に随っての筆録であることを物語っていよう。

右のような講義の進行と筆録の仕方を前提にすれば、次のようなことが言えるであろう。

筆録写本各自に特色が著しく、誤写・脱落・出入が多いのは、相当な複雑さと速さで進行する講義を完全に写しとれなかったからである。殊に法鏡や洪真の『瑜伽論手記』は講義の全てを写そうとしているため、脱落や省略をまぬがれず、いずれも満足にできない結果になった。これに対し談迅・福慧の『瑜伽論分門記』は、講義の分門科段の部分のみを写しとったもので、したがって時間的余裕をもって筆録できたから脱落が少ない。三本の間で差異が少ないことがそれを示している。次に談迅・福慧本は興味ある筆録方法を採っている。「……丙子年四月十三日終　比丘福慧記」（談迅福慧『瑜伽論手記』Ｓch六六七〇）のように一人が署名している例もあるが、ほとんどが「談迅福慧」と二人が同時に署名している。また「談迅　福慧随聴」という記が随所にある。更に写本の裏面紙縫に談迅と福慧が交互に署名している例、「談迅福慧二人同一本」の記もあるところから、談迅と福慧の二人が一組になって法成の講義を随聴・筆録し、出来上がった『瑜伽論手記』『瑜伽論分門記』を二人で共有していたことが明瞭である。その場合、筆録はそれぞれで手分けし、一方が『瑜伽論手記』を、一方が『瑜伽論分門記』を担当したものと思える（福慧が『瑜伽論手記』を担当?）。両者の筆跡は酷似しており、筆者は先にいずれか一人のみが筆録に当たったと推定したことがあるが、現物写本に当たってみると、両者の筆跡に違いがあり、右の推定が妥当であることを確かめえた。

講義を筆録した用紙は、いずれもチベット支配期特有の厚手の紙で、一紙の寸法三〇×四五㎝である。上下僅かの余白を残して界線を引き、一紙約三〇本の罫を引いているのが普通である。それぞれ個性はあるが、概して速書きの書体で、一行に約二八字より三〇字を詰めている。木筆を用いての筆写である。

写本の裏面を見ると、紙縫に筆写人（または所持者）の署名を行っているほか、諸処に注釈が書き入れられている。この裏面の注釈は表面の文に対する補注である。もっとも、それらが表面で書きもらした部分を後に補ったものか、表面の難解部分に各人が施注したのか、法成の追釈をそのまま書き入れたものか未だ明瞭でない。なお、法鏡本の行間にチベット文の書き入れが屡々されていることが注目される。法成がチベット語で言ったことを、チベット語に達者な法鏡が書き込んだか、法鏡が独自に書き入れたかであろう。

調巻についてみるに、X本Pch二〇三五のように二十巻分を一巻きにした長巻のものから、四巻分を一巻きにしたものまで種々である。ただ第五十巻のところで各本とも切れているのは区切りがよいためであろう。X本Pch二〇三五などは約五十一メートルに及ぶ長さで随分大きい巻物になる。しかし、実際はこのような大きな巻物状の用紙をもって講義に臨んだのではなく、まず手ごろな長さの用紙（一枚ずつであったかもしれない）に筆写して後に貼り合わせて整理し、裏面紙縫に署名したらしい。

ノートの抜けていたところを書き足したり、切り貼りして整理したあとも見つかった（**図29**）。また、後に再度学習した形跡のあることも、朱点などの記入のあることによって確認することができる。

以上のように講義内容を筆録することをせず、『瑜伽師地論』テキストのみを持参して聴講したものもいた。明照、恒安は明らかにそのような形で講義を受けている。かれらは講義に臨むに際してあらかじめテキストを書写し、それをもって講義に赴いている。たとえばM八八六『瑜伽師地論』巻四十二末の識語をみると「寅年閏正月二十二日　龍興寺沙門明照随聴写」と本文と同筆にて記され、その後に朱字別字で「大中十二年二月二十五日　三蔵和尚於開元寺説畢」とある。(2)また同じ明照本のSch三九二七『瑜伽師地論』巻三十末には「大中十一年四月二十一日苾芻明照写」とあり、その後に朱字別字で「大唐大中十一年歳次丁丑六月二十二日　国大徳三蔵法師沙門法成於沙州開元寺説畢」と識される（**図30**）。それぞれ『瑜伽師地論』を書写したときと、それをもって講義を聴いたときとの間に約二ケ月の日数が経っている。かれらの写本をみると、文中に朱点が打ってある。これは、文の句読をしめすものであって、聴講にしたがって打点して読み方の覚えとして控えたものであろう。

Sch五三〇九恒安本も亦、明照本と同じ特徴をもつが、巻三十の末に明照本の場合と同じ筆跡で同文の「大唐大中十一年歳次丁丑六月二十二日　国大徳三蔵法師沙門法成於沙州開元寺説畢」の識語を見る（図31）。誰がこれを記入したのであろうか。この際、考えられる人物としては講義者の法成自身である。講義をし終った法成が受講者の所持するテキストにその旨を書き識し、聴講の証明にしたものに違いない。

法成は、この『瑜伽師地論』の講義を大中九年（八五五）三月頃よりとりかかり、一ケ月約一・二巻の割りですすめた。講筵は沙州開元寺に設けられた。聴講者には、談迅、福慧、法鏡、一真、洪真、明照、恒安などであった。その中の明照は龍興寺の所属であるが開元寺に赴いている。また、恒安は先に提示した「呉和尚邈真讃」を書写した（本書九七頁参照）。そこで「法学弟子」と冠して、邈真讃主法成の弟子であることを表明している。[3]

ところで、講義録一覧表で分かるように巻六十一以降の『瑜伽論手記』『瑜伽論分門記』の写本が見あたらない。この辺りで講義が中断したとみられる。このことは、講義と関連している『瑜伽師地論』の写本が巻五十九あたりまでは多く遺っているのに、それ以後のものは僅か八点（『総目索引』による）にすぎないことによっても裏付けられる。講義を中断した理由とは何か。推定できることとしては講者法成の病臥、更には逝去である。

ところで、X本であるが、一覧表に見るように最も完全に遺りながらどこにも署名や日付がない。藤枝博士は、この写本の筆跡が明照本（Sch三九二七）及び恒安本（Sch五三〇九）『瑜伽師地論』巻三十末に見られる法成直筆と推定される識語のそれに近似するところから法成が自らの講義に用いた自筆本ではないかと推定された。法成自身の講義ノートであれば識語が無いこともうなずけることである。この本はまた、行間への書き込みの非常に多い本である。裏面の注記もある。ところがその書き込みがX本Pch二〇九三（五十四～五十七巻）の中頃より見られなくなる。続くX本Pch二二四七（五十八～六十一巻）にも書き込みも裏面の注記も見られない。書き込みがあるということは、この写本の主が、講義に臨んであらかじめノートを準備し、講義中かあるいはそれが終って、補筆をした状況を示唆する。六十一巻までのノートは準備していたものの、講義を中断したために書き込みの少ない部分が存在するのであろう。そうであるとすれば、それを為し得るのは講義者法成自身しかないことになる。法成の講義の日付の最後のものは、明照本巻五十五末に記す「大中十三年歳次己卯四月二十四日。比丘明照随聴写記」（Sch六四八三）である。講義録としては法鏡本『瑜伽論手記』（Sch一一五四）に巻五十六末までのものがあるが、このあたりが、X本Pch二〇九三の書き込み状況が変化するところでもある。先に（本書二一七頁）に、X本Pch二〇三五の裏面にチェードゥプ（＝法成）直筆の書き込みがあることを指摘したが、そのことと併せてX本が法成自身の講義本であった可能性は高いと言える。このことは同時に、巻第五十六を講義し終った頃（大中十三年［八五九］五月末頃）が法成の病臥あるいは死去の時期であろうとする推定を根拠づけるものである。

『瑜伽論手記』や『瑜伽論分門記』の写本を蒐集して気付くことに、論疏類の筆写に多く裏紙が用紙として利用されたのに、これらは新しい用紙をもって筆録している点である。大切な講義として聴講されたのではあるまいか。また一覧表を見ても気付かれるように、談迅・福慧の『瑜伽論手記』は殆どスタイン蒐集本であり、法鏡本や談迅・福慧本、及びX本の『瑜伽論分門記』はペリオ蒐集本に多く属している。このことは各探検隊が蒐集を行った際、それぞれの写本が一まとめになって存在していたことを物語っていよう。さらにX本が初巻より六十一巻に到るまで連続して遺っていることは異例である。

『瑜伽師地論』講義にみる法成の学問

法成と『瑜伽師地論』との結びつきを具体的に示していることに、たとえば『大乗稲芉経疏』の序分の立所宗の項において、先学曇曠は外道の十六宗を論ずるに「故顕揚論総標頌曰」と『顕揚聖教論』巻九の十六異論の説明（大正三一・五二一頁b）を引用しているのに対し、法成は「是故瑜伽論本地分中有尋有伺等三地内云嗢拕南曰」と同趣旨の説明を『瑜伽師地論』巻六（大正三〇・三〇三頁b—c）より引用する例を挙げえよう。同じ論文でありながら、師と見なしうる曇曠の場合とことさらに異なる『瑜伽師地論』を典拠とするところは、法成がより『瑜伽師地論』に親しんでいたことを示すものである。

法成が何故に『瑜伽師地論』を重視し、学習対象としてとりあげたのか。その背景にはやはりチベット佛教からの影響があったのではあるまいか。その一つとして、『瑜伽師地論』戒品に基づいて構成されたCadragomin: *Bodhisattvasaṃvara-viṃśaka*を法成が漢訳していることが注目される。この菩薩律儀はシャーンタラクシタがもたらし、チベットの戒律の中心にあったと見なしうるもので、この点からチベット佛教と『瑜伽師地論』との結び付きが想定できる。法成の講義録『瑜伽論手記』（法鏡本）によると、法成は一般に中国では四十三に数える軽戒を四十四に数える方式によっている。これは『菩薩律儀二十頌』で採る数え方であり、かれがインド＝チベット系の学問方式を承けている証左である。

次に『瑜伽師地論』の講義における法成の注釈方法が注目される。まず、講義録に『瑜伽論分門記』の題が与えられているように、かれが『瑜伽師地論』に精緻な分門科段を与え、この論の構成を明らかにすることを意図していたことが指摘できる。しかし、専ら分門科段のみを行ったのではなく、実際は法鏡筆録の『瑜伽論手記』に見るように、分門を行いながら「……四別釈分十・一明色身供養。故論文言。若諸菩薩等也」と『瑜伽師地論』の該当する文を指示したり、「言台者。謂寺舎等也」というふうに難解語句に対する解釈を施したりしたのである。

ところで、法成のこのような注釈方法が『瑜伽師地論』の講義に至って突然現れたものではない。既に初期の著作『大乗稲芉経疏』において類似の形をみることができ、『瑜伽論分門記』はそれより更に発展・徹底したものと理解される。

次に、『瑜伽師地論』講義録中の引用経論に注目する。『瑜伽論手記』（Pch二〇六一、Pch二〇三六、Pch二三四四、Pch三七一六、Sch一一五四、Sch一二四三、Sch二六一三、Sch四〇一一、Sch六四四〇、Sch六六七〇）の調査によると次のように引用される。

大宝積経（三回）、華厳経（一回）、梵網経（二回）、阿含経（五回）、増一阿含経（一回）、般若経（一回）、維摩経（一回）、十地経（二回）、憶耳長者所問経（一回）、三十唯識論（一回）、二十唯識論（一回）、毘婆舎論（一回）、解深密経疏（一回）、最勝子釈（十回）、弁中辺論（一回）、百法釈（一回）、八転声頌（一回）、論語（一回）

右の引用経論の中に、かつてチェードゥプ（＝法成）がチベット訳したことのある『大宝積経』と『解深密経疏』がある。これらを引用していることは、かれが翻訳の経験によってその内容を習熟していたことを示すものである。

ところで、『瑜伽師地論』の講義で『最勝子釈』に関説するところの多いことは特筆すべきである。『最勝子釈』とは、言うまでもなく、唯識十大論師の一人である最勝子（Jinamitra）等の造れる『瑜伽師地論釈』（玄奘訳）を指している。ところがこの『釈』を玄奘はついに全訳していない。日本の善珠の『唯識義灯増明記』（大正二二六一番）巻一には「真空法師、三蔵ノ言ヲ伝ウ。『瑜伽釈論』ハ若シ具ニ訳セバ、応ニ五百巻ナルベク、若シ本釈ヲ合シテ総ジテ具ニ訳セバ六百巻許リナルベシ。云々」（大正六五・三三八頁a）と伝える。すなわち最勝子の『瑜伽論釈』の梵本が頗る廣多であったため、玄奘三蔵は全訳する暇なく、ただ総説のみ翻訳して一巻十九紙としたというのである。したがって、大正一五八〇番に収録されているものもわずかに『瑜伽師地論』巻一の冒頭の十七地の嗢拕南の解釈をもって終っている。

ところが法成の『瑜伽師地論』講義の開端は、実にこの最勝子の『釈』を引くことによってはじまっている。Ｘ本『瑜伽論分門記』（Ｐch二〇三五）の巻首（**図28**）には、

瑜伽師地開釈分門記五識身相応地等前十二地同巻
・最勝子菩薩将釈此論。先立三門之義。方釈論正文・言三門義者・一帰敬等門有六行頌分為五門・一帰敬三等門。頌初一頌・二歎説門。謂次一行頌・三讃造論門。謂次両行頌・四讃論功門。謂次一行頌・五造論意門。謂次一行頌・第一所為門分十・一久住並益門・二隠不隠門・三破無見有見門・四成就大小門・五離倒生信門・六利略広門・七立正破邪門・八破増損門・九不相違有差別門・十位果差別門
・第二所因門分三。一明教初興由・二明二宗起由分二・一明勝義皆空宗興由・明唯識中観興由分二・一明造論因・二歎論功・三明智所被分二。一天二小
・釈論正分二。一釈論題目。二釈論正分……（以下省略）

巻首の小部分を損してはいるが、法鏡本『瑜伽論手記』（Ｐch二〇六一）からも幸いに同部分の様子を知ることができる。（改行、原写本のまま。傍点筆者）

故、又云無勝、是名梵云□□
□□□也・廣採衆經等者、雖是師□□
言因説也・法流者、即法者空?也、無着菩薩證法流□□
立名無着・聖者無勝海、即於彌勒所説法海、造瑜伽論□□
飡食者音、自己滿足、爲利他故・造此論也・等注者、猶如無□□
一切草木、各自夫々榮、今此論中、等雨法雨、三乘五乘隨自根機、各獲利□□

伽教廣流通故・如意樹者、猶如諸天、及明人中、如意之樹所求皆得、今此□□
所説諸法・三乘正果所求皆得、故明喩也・此論若蓮花者、猶如蓮花日開夜合、香
氣遠騰・此論亦爾・妙寶藏者・猶如寶藏、亦如大海、出種々寶、滿衆生願
瑜伽亦爾・三乘因果、十二分敎、皆證澤故・滿行人願、所求皆得也
論所爲中十門・一久住普益門・二隱不隱門有姓無姓・三破無見有見門
・四成就大小門・五離倒生信門・六利略廣門・七立正破邪門・八破
增損顯無倒門・九明不相違有差別門・十位果差別門
今説此論所爲云何者・最勝子等意中・此論不同集論有□
無用・及得差伽龍王如意寶珠・有用無方便取得耶・故此
□謂有二緣、故説此論等也・有情界中者・五趣皆名有情界
世間善名增上生・決定勝者涅槃・世間道理者・有四種觀待・法爾・證成
□用如下説・二藏者・經藏・律藏・此隨轉理門・具説三藏名眞實理門、即本母□
所以云・瑜伽論者、即是本母・能出生三乘敎法故・境界者・六塵敎境界、及三乘人所緣
境界也　　・論所因中・文分四・一初聖教興由・二中教興由勝義是・三後教興
□唯識宗是・一々皆有病藥二義・後結・無知者・於世法都不能知・處中實相者即
中道實相之義……（以下略）

法鏡本の方は、以前に論じたように、分門の筆録の点で劣るが難語釈が加わっている。注釈されている傍点の語は、最勝子の『釈』にみられるもので、このあたりの講義は『最勝子釈』に対する分門・復注の感がある。玄奘の

訳出している部分は、ちょうど『瑜伽師地論』全体に対する序論に相当するものであり、その構成も『大乗四法経疏』や『大乗稲芉経疏』におけるものと矛盾しない。法成はこの『最勝子釈』をそのまま自己の講義の序論として採用しているのである。右のような『最勝子釈』への注釈は、一応玄奘の訳出のあるところまで続き、以後は直接『瑜伽師地論』に分門・注釈が行われる。ところが『最勝子釈』の漢訳が既に存在しないところにまで屢々「最勝子釈云」という引用が見られる。その中の二、三を例示する。（傍点筆者）

（a）・言目呼剌多者・此云息・故最勝子釈云・弾指傾有六十刹那・一百二十刹那成一怛刹那・六十刹那成一臘縛・三十臘縛成一目呼剌多・三十目呼剌多成一日夜・三十日夜成一月・十二月為一年・一年之中有冬夏等名之為時（『瑜伽師地論』巻二［大正三〇・二八八頁a］の部分の注釈）

（b）・言由此道理等者・由上道理等也・故最勝子釈云・第六名為王・此着彼亦着・不着彼非着・若着説名愚（『瑜伽師地論』巻三［同、二九一頁b］の部分の注釈）

（c）・第八明二世楽静慮分三・一問・二略答並如論・三別釈中雖有九文依最勝子釈義分為二・一唯依後世楽立前三種分三・一依未入正法有情明神変静慮……（中略）・第九明浄清慮分三・一総問・二略答並如論・二別釈雖十文依最勝論義分為六……（『瑜伽師地論』巻四十三［同、五二八頁b］の部分の注釈）

右のような論述は、もちろん玄奘訳『最勝子釈』には見あたらない。法成は明らかに玄奘未翻の部分の『最勝子釈』を参照しているのである。[4] しかも、それを座右にして講義している様子である。

次に法成が『瑜伽師地論』の講義を行うのにチベット訳の『瑜伽師地論』（蕃本）を参照していることが注目される。『瑜伽論手記』の文中に屢々、「故蕃本云……」とか、「若於蕃本……」とかの語句が見受けられる。残存写本だけでみても四十箇所以上を数える。この蕃本とはエセイデらによって既に翻訳されているチベット訳の『瑜伽師地論』（Peking ed., Nos. 5536–5543）のことに違いない。二、三の例をあげてその参照の仕方を見てみよう。

『瑜伽師地論』本文の「復次依止静慮。発五通等」（大正三〇・四六九頁a23）対応するところを『瑜伽論手記』（法鏡本Pch二〇三六）では「廣解中大門第六明神通分六。一総標如論。若依蕃本。無其等字有神字」と説明している。この箇所のチベット訳は de la bsam gtan la brten nas mngon par shes pa lnga mngon par 'grub par 'gyur te /……（Peking ed., vol. 110. p. 120–2–3）となっている。法成の指摘する漢訳本と蕃本との差異は、前者が「五通等」となっているのに対して、後者は「五神通」と「神」の字が加わり、「等」の字を欠くということである。このことをチベット訳で確かめると、「通」に対応する語は mngon par shes pa で「神通」が当てられるべきであり、また「等」に当たる複数を意味する rnams の語は欠いていて、法成の指摘の通りである。

また、『瑜伽師地論』に「復次於有尋有伺三摩地相。心能棄捨。於無尋無伺三摩地相。繫念安住。於諸忽務所行境界。能正遠離。於不忽務所行境界安住。其心一味寂静。極寂静転。是故説言尋伺寂静故。……」（大正三〇・四六七頁b）と四静慮を論述するに対して、法成は「一立因。故論文言。復次於有尋等也。若於蕃本。此四静慮。一一皆先標其経句。然後解釈。漢本雖無。応如是説」（法鏡本Pch二〇三六）を講述している。すなわち蕃本においては各々の静慮の説明の前に経典の語句があると言うのである。そこでこの部分のチベット訳を見ると「『有尋有伺を遠離して内を清浄にし、心の相続を成ずることによって、無尋無伺三摩地より生ずる喜と楽を具足する第二静慮を成じて住する』と説かれる。ここにおいて、『有尋有伺を遠離して』というのは、有尋有伺三摩地の相より心を退けて、無尋無伺三摩地の相に［心を］ひきつけ、対境を不確実に行じて、思いを一にして、清浄を転じて安住するならば、［である］。それ故に『尋伺を遠離して、内を清浄にし』と説かれる。……」（Peking ed., vol.110. p. 118–1–3 ~ 1–7 より和訳）とあり、たしかにチベット訳では法成の指摘するように経典の語句が挿入されているのである。

また、法成の講義中に「第六明六十四種有情之類分二。一問。二答。三輪王差異問文可知。答中若依蕃本有六十四類。漢本之中雖六十二。義具足故。最勝子釈中亦六十四。雖四十三中取近住弟子。四十六中取貪利恭敬者為六十四。……」（法鏡本Ｐch二〇六一）とある。この中、『最勝子釈』がどうなっているかは、その部分が現存しないので確かめ得ないが、漢訳『瑜伽師地論』の当該箇所（大正三〇・二八八頁c―二八九頁a）では六十二を挙げており、チベット訳では六十四になっている（Peking ed., vol. 109. pp. 222–4–4 ~ 5–7）。その差異は法成が言うように、第四十三と第四十六の項がそれぞれ二つに分かれるかどうかによる。

右の諸例にみるように、法成の蕃本参照はきわめて精密である。最初の例の「五通等」が「五神通」であるか否かの場合のように、むしろ無意味と思えるような些細な指摘も少なくないが、このような蕃本参照の態度からみて、法成は漢訳『瑜伽師地論』と同等に蕃本『瑜伽師地論』にも通暁しており、講義にはそれを座右にして臨んだに違いない。

蕃本だけでなく、梵本を参照した形跡がある。例えば「七虧盈中言於上稍蔽者。月初出時。月輪廻転近人之分障其遠分令不見故。但見近分半月。論中彼余分障近分者。此謂梵漢句義前後有異。若於蕃本及詳正義近障於遠与理相応」（法鏡本Ｐch二〇六一）とあり、また「三列数中文六。謂蘊善巧等如論。若約梵本。応言応知摂蘊善巧等。……為破此執。故佛世尊説十二縁起。故論文言。縁起善巧。若依梵本摂字於先」（同本）とある。もっとも、梵本参照は回数もわずかであり、はたしてどの程度参見していたか定かでない。

また、法鏡本『瑜伽論手記』においては、諸処に朱でチベット字の書き入れがあることが眼を惹く。主として対応するチベット訳語を添書したものであるが、他の『瑜伽論手記』や『瑜伽論分門記』の写本にそのような例がなく、法鏡本のみにチベット語の書き入れが行われているところより、かれに特にチベット語の素養があったものと考えられる。このように書き入れが為されるについては、法成自身が対応チベット訳語を指摘しながら講義を行っており、法鏡がそれを筆録したのであるか、あるいは法鏡が独自に書き加えたかの二の場合が考えうる。いまそのいずれであるかを決定しがたいが、これに関してPtib一二六一（＝Pch三三〇一）に次のような写本があることに注目したい。それは既に李方桂が『通報』誌上に、A Sino–Tibetan Grossary from Tun–huang と題して紹介しているもので(5)、二九×四二〇cmの巻子形用紙に、漢文術語とそれに対応するチベット語とを付記したものである（図32）。写本は首尾を欠いているので標題も編者も明らかでないが、内容は李氏の研究によって『瑜伽師地論』中の術語を対象とした蕃漢対照グロッサリーであると判明した。蕃漢両語対照の『瑜伽師地論』学習の資料として用意されたものと思われる。ただし、李氏の研究によると、このグロッサリーに書き入れられているチベット文は、必ずしも現在のチベット訳『瑜伽師地論』の文に一致しない。別訳本が存在したか、現存の本が伝承中に何らかの改訂をうけたかであろう。この写本の筆跡も法成のそれに類似し、法成自筆の携行本であった可能性が強い。

[注記]

（1）羅振玉編『日本橘氏敦煌将来蔵経目録』（一九一四）に十三点の『瑜伽師地論』と三点の『瑜伽論分門記』の写本を載せる。これらは『大連図書館旅順博物館蔵大谷光瑞氏将来敦煌出土経典目録』（一九二九）、及び『敦煌劫余録続編』（一九八一）にも載せるもので、吉川小一郎が第三次大谷探検隊の際、一九一二年に敦煌に滞在中、王道士より購入したものであるとされている。

右のうちに見られる識語のあるもののみを挙げれば次のようである。写本番号は『関東庁博物館大谷家出品目録』による。（写真アリ）は、井ノ口泰淳他編『旅順博物館旧蔵大谷探検隊将来古写経目録（図版）』（一九八九）に龍谷大学所蔵の写真から掲載するもの。

◇『瑜伽師地論』写本

二二六　『瑜伽師地論』巻第一
（巻一末）「聴学比丘智校本」（写真アリ）

二二七　「瑜伽師地論巻第四」
（巻四末）「学問沙彌一真本」（写真アリ）
（巻七末）「大中九年十月沙彌一真書記」（橋目録による）

二三一　「瑜伽師地論巻第十四」
（巻二十三末）「大中十年十一月二十四日　苾蒭恒安随聴抄記」（橋目録による）

二三三　「瑜伽師地論巻第三十一」
（巻三十一末）「丁丑年七月十日説畢　沙彌一真随聴本」（写真アリ）

二三四　「瑜伽師地論巻第三十九」
（巻三十九末）「大中十年六月十三日　沙門智慧山書記」（写真アリ）

二三五　「瑜伽師地論巻第四十三」
（巻五十一末）「索李和及沙□真本」（橋目録による）

二三六　「瑜伽師地論巻第五十二」
（巻五十二末）「大中十二年六月十一日　苾蒭智慧山」（橋目録による）

二三七　「瑜伽師地論巻第五十六」
（巻五十六末）「苾蒭智慧山」（写真アリ）

二三八　「瑜伽師地論第五十九」
（巻五十九末）「苾蒭僧智慧山」（橋目録による）

◇『瑜伽論分門記』写本

二三九　「瑜伽師地論第四十巻分門記」

（巻末）「国大徳三蔵法師法成述僧智慧山」（橘目録による）

二四〇　「瑜伽師地論巻第五十」―「同　巻第五十二」

（巻五十首）「沙門智慧山手記」（写真アリ）

（巻五十二首）「沙門智慧山手記」（橘目録による）

二四一　「瑜伽論巻五十三巻分門初記」

（巻五十三首）「沙門智慧山随聴学記」（写真アリ）

（巻五十四首）「国大徳三蔵法師法成述　智慧山随聴学」（写真アリ）

大谷探検隊将来以外に次のものがある。

◇『瑜伽師地論』写本

［デンマーク王立図書館蔵本］

「瑜伽師地論巻第一」

（巻末）「大中九年三月十五日智恵山随学聴」

［書道博物館蔵本、『書苑』七―二、西域写経第二集より］

「瑜伽師地論巻三十五」

（巻末）「大唐大中十一年十月六日比丘明照就龍興寺随聴写此論本記」

［別筆］「大唐大中十一年三蔵和尚於開元寺説畢」

「瑜伽師地論巻第五十二～五十三」

（巻五十二末、同筆小字）「大唐大中己卯歳正月二十六日沙州龍興寺僧明照賀跋堂奉為皇帝陛下宝位遐長次為当道節度願無実障早開河路得対　聖顔及法界蒼生同露斯福随聴写畢」

◇『瑜伽論分門記』写本

［唐招提寺蔵本（山本梯次郎旧蔵）］　大正蔵経に甲本として採用。

「瑜伽論巻第四十四分門記」―「同　巻第四十六分門記」

（巻四十四首）「大中十二年四月一日沙門智慧山随聴学記」

［出口常順師蔵］

「瑜伽論第三十九巻分門記」―「同　第四十一巻分門記」

（巻四十首）「国大徳三蔵法師法成述　苾芻智慧山」

右の諸点のうち、大谷探検隊将来写本の『瑜伽師地論』及び『瑜伽論分門記』は写真（龍谷大学蔵）で検するかぎり、ペリオ、スタイン蒐集本から帰納される写本のあり方に相違する点が認められる（本文筆跡、署名筆跡、日付などの点より）。なお、橘目録のみの記載は形を確かめえない。このようなところから、今後、現在北京図書館に移管されている現物を調査する必要があるが、それを果たしていない現時点では資料としての採用を差し控えることとした。『書苑』と『敦煌劫余録続編』に大谷探検隊将来本以外のもの（推定）の中に報告する明照本『瑜伽師地論』については、その識語のあり方から見るかぎりでは矛盾点は認められないが、現物で確かめていないので資料としての採用は留保する。コペンハーゲン本については左注(3)参照。

智慧山随聴の『瑜伽論分門記』の写本は、いずれも法成の講義の随聴本としてのあり方にそわないものである。なお、『瑜伽師地論』Ｓch六五三六に一点だけ「智恵山」の記のある写本がある。しかし、これは筆跡も異なり、「智慧山」とは別人とみなければならない。

なお、北京図書館には『敦煌劫余録続編』によると、上記橘本以外にも次の写本が存在するようであるが、実見をしていないので資料としての採用は保留することとする。

◇『瑜伽論手記』或は『瑜伽論分門記』写本
九二七（目録二五五頁）『瑜伽師地論分門記』
一〇〇九（目録二六四頁）『瑜伽論手記』巻十一
◇『瑜伽師地論』写本（ただし、識語のあるもの）
九五〇（目録二六一頁）『瑜伽師地論』

「国大徳三蔵法師法成述僧智慧山」

一二〇〇（目録二五九）「瑜伽師地論巻四十五」

（巻末）「大唐大中十二年二月十日　沙州龍興寺沙門明照於開元寺随聴写記」

拙論「法成の研究」以前に『瑜伽論手記』『瑜伽論分門記』をとりあげたものに次の諸論がある。石濱純太郎「法成に就いて」（『支那学論攷』一九四三、一九六一―七頁）。矢吹慶輝『鳴沙餘韻解説』一九三〇、一部一三八―一四七頁）。諏訪義譲「敦煌本瑜伽論分門記に就いて」（『大谷学報』一一の三、一九三〇、P. ch. 2122, 2038, 2039 の談迅福慧本を扱う）。同氏「敦煌本瑜伽論手記に就いて」（『宗教研究』新七の三、一九三〇、P. ch. 2036 法鏡本を扱う）。古泉壽「敦煌本瑜伽師地論分門記の一本」（『四天王寺學園女子短期大學研究紀要』二、一九五九）。福原亮嚴「敦煌出土瑜伽師地論決擇分分門記巻第一」（『西域文化研究』六、一九六三、P. ch. 2210 X本を扱う。但し、録文不完）。

（2）この写本は石塚晴通氏が入手されていた写真によって確認することができた。氏の好意に感謝するところである。

（3）コペンハーゲン本『瑜伽師地論』知恵山本・巻第一末の識語「大中九年（八五五）三月十五日智恵山随学聴」が、講義随聴の日付としては最も早く、講義開始の時を示唆するが、なお写本の資料性について確認ができず、現時点で決定的な日付と見なすことを保留する。

（4）チベット蔵経には、戒品のみ最勝子釈が存する。藤田光寛「瑜伽師地論菩薩地戒品に対するチベット語註釈書、最勝子釈註と海雲註をめぐって」（『密教文化』一一七、一九七七）参照。

『瑜伽師地論』の最勝子釈について、曇曠が『大乗百法明門論開宗義記』に「故最勝子瑜伽釈云。令説此論。所縁云何。……」（大正八五・一〇四六頁b―c）と関説しているので、法成はこの文献についての知識を既に曇曠から得ていた可能性もある。

（5） Fang-kuei Li; A Simo-Tibetan Glossary from Tun-huang, *T'oung Pao*, Vol. XLIX-Livr. 4-5 (Leiden, 1962).

『瑜伽師地論』講義録一覧表

S.＝スタイン蒐集漢文写本　P.＝ペリオ蒐集漢文写本
明＝明照所持『瑜伽師地論』　恒＝恒安所持『瑜伽師地論』
——は巻子の完結を示す　＊首尾の欠損を示す

巻	『瑜伽論手記』談迅福慧	『瑜伽論手記』法鏡	『瑜伽論手記』洪真	『瑜伽論分門記』談迅福慧	『瑜伽論分門記』一真	X	紀年識語
一		＊P.2061				P.2035	
二		P.2061				P.2035	
三		P.2061				P.2035	
四		P.2061				P.2035	
五		P.2061				P.2035	
六						P.2035	
七						P.2035	
八	＊P.2344					P.2035	
九	P.2344					P.2035	
一〇	P.2344＊		光26			P.2035	
一一						P.2035	
一二						P.2035	
一三	＊S.6670					P.2035	丙子年正月二十四日（S.6670）
一四	S.6670					P.2035	
一五	S.6670					P.2035	丙子年四月十三日（S.6670）
一六				P.2122		P.2035	
一七				P.2122		P.2035	
一八				P.2122＊		P.2035	

一九		＊S.2552	P.2035	
二〇		S.2552	P.2035	
二一	＊S.6440	P.2038	P.2053	
二二	S.6440	P.2038	P.2053	
二三	S.6440	P.2038	P.2053	
二四	S.6440	P.2038	P.2053	
二五	S.6440	P.2038 ＊S.6788	P.2053	
二六	＊P.2134 S.6440	P.2038 S.6788	P.2053	
二七	P.2134	P.2038 S.6788	P.2053	
二八	P.2134	P.2038 S.6788＊	P.2053	大中十一年五月三日(明、S.735)
二九	P.2134	P.2038	P.2053	大中十一年歳次丁丑六月二十二日 (明、S.3927　恒、S.5309)
三〇	P.2134	P.2038	P.2053	
三一	S.4011 ＊P.3716	P.2038	P.2053	
三二	S.4011 P.2036 P.3716＊	P.2038	P.2053	
三三	S.4011 P.2036 冬72	P.2038	P.2053	大中十一年八月三十日(冬72)
三四	S.4011 P.2036 冬72	P.2038＊	P.2053	大中十一年九月七(明、M.2473)
三五	P.2036 冬72		S.6786	
三六	P.2036 冬72		S.6786	
三七	＊S.1243 P.2036 冬72秋57		S.6786	
三八	S.1243 P.2036 秋57		S.6786	
三九	S.1243 P.2036 秋57, 閏98		P.2190	
四〇	S.1243 P.2036 閏98		P.2190	
四一	S.1243 P.2036 北7205		P.2190	戊寅年後正月二十二日(閏98)
四二	P.2036 辰87＊	＊S.0333	P.2190 P.2080	大中十二年二月二十五日(M.886)
四三	＊S.2613 P.2036	S.0333＊	P.2080	

四四	S.2613	P.2036	P.2039	P.2080	
四五	S.2613	P.2036	P.2039	P.2080	大唐大中十二年歳次戊寅五月十三日(S.5730)
四六	S.2613	P.2036	P.2039	P.2080	
四七	S.2613	P.2036	P.2039	*S.6678	
四八	S.2613	P.2036	P.2039	S.6678	寅年六月十一日(明、称三)
四九	S.2613	P.2036	P.2039	S.6678	
五〇	S.2613	P.2036	P.2039	S.6678	
五一				P.2210	
五二				P.2210	
五三		*S.1154		P.2210	
五四		S.1154		P.2210	
五五		S.1154		P. 2093	大中十三年歳次己卯四月二十四日(明、S.6483)
五六		S.1154		P. 2093	
五七				P. 2093	
五八				P. 2247	
五九				P. 2247	
六〇				P. 2247	
六一				P. 2247	

第三章　チベット宗論の始終

一　問題の輪郭とこれまでの研究

『プトン佛教史』など、伝世のチベット史書がチソンデツェン王（Khri srong lde brtsan 七四二～七九七）治世の終わり頃の事件として記述していることに、中国禅僧マハーヤーナ和尚（Hwa shang Mahāyāna）とインド僧カマラシーラ（Kamalaśīla）との御前宗論がある。この事件は、チベットがチソンデツェン王治下、中国やインドより多くの学僧や翻訳僧を招き佛教興隆を図る中、中国僧マハーヤーナの主唱する禅宗の跋扈を抑えるため、シャーンタラクシタの予言に従ってその弟子カマラシーラを招き、王の面前で両者を対決させ佛教宗義の是非を論議させたというもので、これによりマハーヤーナは敗退し、以後のチベットの佛教は龍樹の系統のものに統一されたという、前伝時代のチベット佛教の方向を決定する重要な出来事である。

しかし、この事件をはじめチベット史書の記事は、その伝説的叙述傾向のため従来あまり学問的対象にされることがなかった。ところが、一九五二年、フランスのP・ドミエヴィル教授（Paul Demiéville）がフランス国民図書館所蔵のペリオ蒐集の敦煌写本Pch四六四六に『頓悟大乗正理決』なる漢文々献を発見し、*Le concile de Lhasa* (1952) を著して発表した[1]ことにより状況が一変した。ドミエヴィル教授がその著作のなかで検証したように、禅僧摩訶衍と婆羅門僧との教義論争の記録であるこの文献は、〈摩訶衍＝マハーヤーナ〉の一致をはじめ多くの点でチベット史書の伝承する右の論争を内容とするものであった。この資料の発現は、この宗論の一件を伝説の世界から一挙に史実としての研究対象とさせるとともに、敦煌出土資料が古代チベットの史的研究にとって第一次資料として重要であることを明確にさせ、初期チベット佛教の実証的解明への門を開くこととなった。

ドミエヴィル教授の資料の発表をうけて、一九五八年、G・ツッチ教授（Giuseppe Tucci）は、『頓悟大乗正理決』にでる人名などの事項をチベット史書のそれと同定し、更にこの宗論がラサではなく、サムエのチャンチュブリン寺（Chan chub ling）で行われたとしてドミエヴィル教授のラサ説の訂正を提唱した。(2) また、チベットの伝世資料、殊にニンマ派の資料のなかに中国禅の影響が認められることを『カータンデガ』（*bKa' thang sde lnga*）などの資料を示して指摘した。もっとも、「ラサの宗論」を「サムエの宗論」とすることについては、後にドミエヴィル教授より、その範囲が廣範にわたるということなどより「チベットの宗論」とするのがよりふさわしいという提言が出された。(3) 妥当として筆者はこれに従うところである。(4)

ところで、チベット史書と新出の漢文記録との間に看過できない記述の相違がある。前者ではカマラシーラが勝利し、マハーヤーナが敗退して中国に追放されたとなっているのに対し、敦煌資料『頓悟大乗正理決』では、最後に摩訶衍が勝ったことになっているのである。これをドミエヴィル教授は、実際はインド婆羅門たちが勝ったのであるが、漢文記録の編纂者が自らの立場を有利に改竄して記述したのであろうと解釈された。この場合、ドミエヴィル教授の意見は、インド婆羅門僧とはカマラシーラであり、『頓悟大乗正理決』の叙述する論争全体がチソンデツェン王の面前で行われた宗論であるという前提にたって出されたものである。一九六四年、筆者も曇曠撰『大乗二十二問』の検討に関連してこの事件に触れ、宗論の勝利者に関する資料間の矛盾を、勝利記録『頓悟大乗正理決』は長い宗論の過程での前半のものであり、後に敗退する論争があったという考えを示した。そして、『大乗二十二問』はその宗論の過程の中で、宗義の是非を問うためチベット賛普が敦煌在住の碩学曇曠に質問を行ったところに成立したものであると論じた。そして、それに関連して『頓悟大乗正理決』に記す論争年代の中～戌年は七八〇～七八二年であるとして、ドミエヴィル教授の七九二～七九四年説に異論を唱えた。[5] もっとも、拙論の前者の説は大方の賛同を得たが、後者の年代論については、資料とした写本の年代判定などに誤りをおかしていることが判明して推定の根拠が失われ、撤回するのやむなきにいたった（本書三〇頁）。

爾来、この宗論に対する関心は高まり、諸学者により多くの研究が発表された。[6] また、新たなる資料も発見された。就中、『頓悟大乗正理決』の問答（旧問部分）に対応するチベット文写本P tib八二三が今枝由郎氏によって発見され、[7] 宗論の記録のあり方を知る貴重な資料を得たこと。敦煌写本中にチベット文の禅文献が存在し、[8] 中にMkhan po Ma ha yan の名さえ見ることが知られるにいたり、それら写本と宗論との関係が問われることとなり、併せてチベットに伝承された禅佛教の解明の課題が浮かび上がってきたことなどは特筆すべきことであろう。また最近、筆者は『頓悟大乗正理決』編纂の原資料と推定できる問答体の漢文々献P ch四六二三を発見した。[9] 新資料として宗論研究に加えられるべきものである。

右のような研究経過のなかで、チベット宗論の史実を同時代資料を基に解明してゆく重要性の認識は高まり、考察の範囲も資料も拡大した。しかし、そうした研究状況にもかかわらず、宗論の具体的輪郭については依然として曖昧なところが多い。筆者としては、本課題に初期の段階からかかわってきた責任もあり、ここで従来の研究をふまえつつ、もう一度資料や方法に検討を加え、宗論の史実に少しでも近づくべく試みてみたいと思う。

二　資料と方法

（a）チベット宗論を解明するための第一の資料は、同時代の古写本資料である『頓悟大乗正理決』（Ｐch四六四六、Ｓch二六七二）[10]、及びそれに関連する敦煌写本（Ｐtib八二三、Ｐch四六二三）である。

（b）次に『バーシェ』はじめ『プトン佛教史』などの伝世史書の記述がある。[11] これらには、伝世の間に改竄や主観的編纂、潤色などが加わっていることが予想され、第二次的資料に留まる。ただし、出土資料に比べ、より編年的・叙述的であるので、全体の流れについて示唆を得ることがあり、事項の同定・検証に有効である。

（c）敦煌チベット写本Ｐtib一一六などにMa ha yan（＝摩訶衍）の語録があり、[12] 同時代資料であるので看過できないが、その伝承のあり方には些か問題があり、未だ全貌の解明に至らない現在、その適用には慎重を期すべきである。

（d）宗論の後、王の命により著述したとチベット史書の言う三篇の『修習次第』（*Bhāvanā-krama*）がある。[13] これらはカマラシーラの思想や宗論の争点を見るに有効なものではあるが、カマラシーラが論争にどうかかわったかに関してはなお確証の無いことであり、資料性についての吟味が適用にあたっては行われなければならない。

（e）曇曠撰『大乗二十二問』を、かねて筆者は宗論に直接関係する資料と見なす考えを示したが、その後の検討でも未だ直接資料とするまでの証拠を見いだしがたい。しかし、当時のチベット佛教との関連性は否定できない（本書五四―五五頁）。

以上のような資料があるが、（a）以外は不確定な要因がある。伝世史書の記述もすべてが信用できないわけではないであろうが、その判断が難しい。敦煌出土の同時代の考古学的古写本資料を得たいま、それによる事実解明をまず先行させ、二次的資料を批判的に参考にしてゆく方法がとられるべきである。[14]

［注記］

（1）Paul Demiéville; *Le concile de Lhasa* (Paris, 1952).

［和文抄訳］島田虔次訳「ラサの宗論」（『東洋史研究』一七―四、一九五九）一〇〇―一〇八頁。

［中国語訳］耿昇訳『吐蕃僧諍記』（一九八四）。呉其昱選訳「吐蕃佛教会議」、附・P四六四六影印（『敦煌学』第一輯、一九七四）五―三二頁。

（2）Giuseppe Tucci; *Minor Buddhist Texts,* Part II Chapter 1 (Roma, 1958), pp. 3–155.

（3）P. Demiéville; Bibliographic; Guiseppe Tucci, Minor Buddhist Texts Part II, *Toung Pao,* vol. XLVI (Leiden, 1958), pp. 402–408.

（4）山口瑞鳳氏は「吐蕃王国佛教史年代考」注(55)(58)で、ドミエヴィル教授の論説に批判を加え、摩訶衍の佛教活動がサムエを中心としたことと、カマラシーラと摩訶衍の御前宗論が伝世史書によるとサムエのチャンチュブリン寺であったとすることから「サムエ宗論」であることを支持される。筆者は、カマラシーラとのサムエのチャンチュブリン寺での両者対決しての宗論の伝承が、なお史実として確定しない状況のなかで、摩訶衍が訟割＝サムエに住し説法・論議したことがあったとしても、その他の地（邏娑など）に移住しそこで質問を受けたこともあること、また、この教義論争はかなり長期にわたり多くの人が関わって何度も行われているという特質より、時間的にも場所的にもより包括的な「チベット宗論」の呼び名の方が妥当であると考える。

（5）上山大峻「曇曠の佛教学」、一六六頁。

（6）饒宗頤「神会門下摩訶衍之入蔵兼論禅門南北宗之調和問題」（『香港大学五十周年記念論文集』、一九六四）。

立花孝全「Lam rim chen mo に見られる bsam yas の宗論について」（『印度学佛教学研究』一五―一、一九六六）。

長谷部好一「吐蕃佛教と禅」（『愛知学院大学文学部紀要』一、一九七一）。

芳村修基「サムエ論義とカマラシーラの思想」(『インド大乗佛教思想研究』第一編、一九七四)。

G. W. Houston; The bSam yas Debate: according to the rGyal rabs gsal ba'i me long, *Central Asiatic Journal*, XVIII (1974), pp. 209–216.

上山大峻「チベットにおける禅とカマラシーラとの争点」(『日本佛教学会年報』四〇、一九七五)。

山口瑞鳳「rin lugs rBa dPal dbyans –bSam yas の宗論をめぐる一問題—」(『平川彰博士還暦記念論集』、一九七五)。

沖本克己「摩訶衍の思想」(『花園大学研究紀要』八、一九七七)。

原田覚「頓悟大乗正理決の妄想説について」(『印度学佛教学研究』二五—二、一九七七)。

同　「摩訶衍禅師考」(『佛教学』八、一九七九)。

同　「摩訶衍禅師と頓門」(『印度学佛教学研究』二八—一、一九七九)。

山口瑞鳳「中国禅とチベット佛教・1、摩訶衍の禅」(『講座・敦煌8・敦煌佛典と禅』所収、一九八〇)。

(7) Y. Imaeda(今枝由郎); Documents tibétains de Touen–houang concernant le concile du Tibét, *JA*, Tome 263 (1975).

(8) チベット文の禅文献の研究については、本書三二五頁、及び三三六頁注記(1)参照。

(9) 昭和62年度内地留学生としての東洋文庫のペリオ蒐集漢文写本(写真)の調査において偶然にも発見することができた。巻末「資料二—三」に移録。なお、この写本の形式が、いわゆる「長編」と名付けられる何らかの文献の編纂以前の原資料集であることを藤枝晃先生より教えられた。

(10) ドミエヴィル教授は『頓悟大乗正理決』の別写本をスタイン蒐集敦煌写本中に発見し次の論文で発表された。Deux documents de Touen–houang sur le Dhyāna chinois(『塚本博士頌寿記念・佛教史学論集』、一九六一)。同論文和訳・林信明訳「〝神会語録〟とチベット宗論—中国禅に関する二つの敦煌資料」(『花園大学禅学研究』六〇、一九八一)。

饒宗頤氏は最近、『大蔵経補編（三五）』（一九八七）に『頓悟大乗正理決』の校訂本（Ｐch四六四六とＳch二六七二）を「序説」「校記」を附して発表した。

（11）『バーシェ』＝R. A. Stein; *Une chronique ancienne de bSam—yas: sBa—bžed* (Paris, 1961).

『プトン佛教史』＝*dDe bar gshegs pa'i bstan pa'i gsad byed chos kyi 'byung gnas gsung rab rin po che'i mdzad*, Lokesh Chandra ed, *The Collected Works of Bu—ston*, part 24.

『王統鏡』＝*rGyal rabs gsal ba'i me long*, Tibetan Text in Transliteration with an Introduction in English (Leiden, 1966).

『学者の宴』＝*Dam pa'i chos kyi 'khor los bsgyur ba rnams kyi byung ba gsal bar byed pa mKhas pa'i dga' ston, Śatapiṭaka Series*, vol. 4 (New Delhi, 1962).

右を含む宗論に関説する伝世史書についてまとめたものに次のものがある。G. W. Houston: Sources for a History of the bSam yas Debate (St. Augustin, 1980).

（12）本書二九九—三〇三頁。

（13）本書三〇七—三一〇頁。

（14）芳村修基氏は、『プトン佛教史』などの伝世史書の記述を基本にして、カマラシーラのチベット史上の位置を決定し、それを基準に『修習次第』などの意味を見ようとされる（芳村修基『インド大乗佛教思想研究』、一九七四、一四頁）。しかし、この方法は、むしろ逆でなければならないと思う。

三　資料の検討

前項で述べたように、宗論の史実解明にあたっては、Ｐch四六四六『頓悟大乗正理決』など敦煌資料が第一次資料として取りあげられるべきである。以下、この資料について検討する。

(1) 写本の形状

Pch四六四六『頓悟大乗正理決』は、八・三×二七㎝の貝葉型の用紙三十二枚からなっている。各面には木筆での楷書体で六行、各行三〇字内外に写されている（図33）。写本上部に頁数を記すがその「一百三十一」は重複している。また、「一百五十二」の数を見ないが、前後の続き具合いからみて、この葉は欠落していると認められる。Pch四六四六の写本は次のような五つの文献を含む全体で一五二枚から成る写本束で、該文献はその第三番目に当たる。

1　「維摩詰所説経」　F1a1～87a6
2　「文殊師利所説般若波羅蜜経」　F87b1～126a5
3　「頓悟大乗正理決」　F126b1～158a4
4　「観心論」　（別頁数）F1a～17a2
5　「禅門経」　F17a3～24b2

右の内、1～3の文献は同じ写本形式で、上下に界線を引き、さらに各面六行の罫を引き、一行約二六～二八字詰めで表裏に写す。用紙の上から1／3くらいのところに穴を穿ち、そこに紐を通して綴束する。4～5も新しく丁数を付すところが異なるが、同じ写本形式である。用紙はチベット支配期特有の厚手の紙を貼りあわせて更に厚くしたものである。その四辺は丸くなっており、使用を重ねたことを示している。書体は楷書で端正であるが、木筆書きの特徴がみられる。本書巻末に資料として録文と訓読とを掲載した（資料二）。

本文献には、Sch二六七二の別写本とPch四六二三、Ptib八二三の関連写本がある。前者は巻子形の用紙に一行約三〇～三二字を木筆で稚拙に写す。九～十世紀頃の写本と判定される。首部を破損しているが、全体で一三五行を残す。Pch四六四六の写本のF129b2より末尾までを存す。これによりPch四六四六の欠落部分（F152a～b）を補うことができる。末尾には題名はなく、「揚州　禅師与女人贈答詩」（題記はない）と「行路難」風の詩文が書写されている。巻末の資料『頓悟大乗正理決』では対校本として採用し、校勘記をもってＰch四六四六との差異を示した。

Ｐch四六二三（図34）は、一行約一八字詰め、全体で二五〇行を存す写本である。[1] 首尾共に欠損しており、題も作者も不明であるが、Ｐch四六四六の F145b3～151b6 の「問答（その二）」の部分、すなわち「問。万一或有人言。十二部経中説云」～「令愛楽。努在聞此功徳。若有人問如何答」を含む文献である。ただし、その問答の前に『頓悟大乗正理決』には編入されていない一三二行に及ぶ未見の部分がある。しかも、図34にみるように、両文献の接合部分は同筆で連続していて、別文献を接合した形跡が見られない。このような写本の特徴は、史書などの編纂に際し、それ以前に原資料を蒐集し連写した「長編」といわれる資料集を思わせる。『頓悟大乗正理決』が、何らかの原資料の取捨を経て編集されたものであることは、内容を通覧して明らかなことであるが、本写本こそ、そうした編纂以前の原資料集であると認められる。ただし、Ｐch四六二三の写本が編集者の自筆本であるのか、複写を重ねたものであるかは現時点では確かめえないが、編集者（王錫）の自筆本である可能性は大きい。

Ｐtib八二三は、一葉七×二九cmの折本形四面を残すチベット文写本である。一面にdbu-can書体で端正に四行を写す。頁数の記入がなく、前後を欠いているので首尾にどのくらいの写本が連なっていたかを知りえない。同筆で裏面にも文献を写す。これも首尾を欠くが、内容はＰtib一一六（Ｖ）の文献に対応するものである。内容は『頓悟大乗正理決』の最初の問答部分のうちの旧問とその答えに一致する。ローマナイズ録文と研究が今枝由郎氏によって発表されているが、[2] 後にも論ずるように（本書二七一頁）、本資料は右のＰch四六二三が漢文記録の長編であるように、チベット文記録の「長編」に相当するものであると推定される。重要な資料なので巻末「資料篇二―三」に再録した。なお、和訳は二六四―二七〇頁に試みた。

(2) 『頓悟大乗正理決』の構成

『頓悟大乗正理決』の叙文は、この文献の成立の経緯を物語るものである。それによると、この文献は宗論の当事者・摩訶衍が著述したものではない。題下に「前河西観察判官朝散大夫殿中侍御史王錫撰」とあるように王錫という中国人の元官吏が摩訶衍の命ずるところによって、論争の内容を叙を付して編集したものである。この王錫という人物は、右の肩書が示すように、チベットの沙州占領にともなって官を失なった元下級官吏である。新しく支配者となったチベット王朝に自薦して就職した経緯がドミエヴィル教授によって明らかにされている。(3) それが同じ漢人の摩訶衍のもとで用をつとめることになった。後に検討するように、この文献の編集構造はきわめて分かりにくい。その責の一端は編集者の能力に帰すべきであろう。同様なことは作文能力にも言えるようである。いずれにしても、王錫は、佛教理解の点でも、編集能力、作文力の点でもあまり優れていたとは言い難い。この文献は摩訶衍が私的に意図した記録であったのか、チベット政府からの命によって公文書的に編纂されたものであるかなどなお性格の不明な点は残されているが、目下のところわれわれに与えられた宗論の貴重な資料である。

『頓悟大乗正理決』を内容によって分けると、次のような部分から成りたつ。

（1） 叙　F126b1～129a3

（2） 問答記録

a　問答(その一)　F129a4～143a1

b　摩訶衍上表文(その一)　F143a1～145b1

c　問答(その二)　F145b1～153a3

d　摩訶衍上表文(その二)　F153a3～154a1

e　問答(その三)　F154a2～154a6

（3） 摩訶衍聞奏文

a　摩訶衍聞奏文(その一)　F154a6～155a4

b　摩訶衍聞奏文(その二)　F155a5～155b6

（4） 摩訶衍行実　F155b6～158a4

右のうち「叙」は王錫の文。（２）「問答記録」中のｂ摩訶衍上表文（その一）と（その二）、及び（３）「摩訶衍聞奏文」中のａ摩訶衍聞奏文（その一）と（その二）の計四文は摩訶衍自身による叙述。（４）「摩訶衍行実」は弟子のだれかが叙述したもの。その他の（２）の中の問答体は、論争の記録である。このように、この文献にはいろいろの種類の文章が含まれるが、叙は別として（２）～（４）の部分の構成や順序がどのような意味をもつものであるかは未だ明瞭でない。ただし、問答部分に関してはＰtib八二三、Ｐch四六二三の発見により、問答を記録した原本があり、編纂者はそれらを資料として、その部分を選択したり並べ変えたりして『頓悟大乗正理決』を編集した経緯が明らかになった。

[注記]

（１）『頓悟大乗正理決』異本Ｐch四六二三については、一九八八年十月七日にColloque Franço–Japonais de documents et archives provenant de l'asie centrale（日佛コロック）において、Le concile du tibét: nouvelles perspectives の題で発表した。

（２）本書二五二頁、注記（７）。

（３）P. Demiéville: *Le concile de Lhasa*, pp. 194–238.

(3)「叙」にみる宗論の経緯

たとい『頓悟大乗正理決』が伝世を経ていない同時代資料であるとしても、編集が加えられているかぎり、当然、編集者の主観や理解の違いが反映していることであろう。ドミエヴィル教授が、論争の結果は本当は中国側が敗けていたのであるが、勝ったように王錫が記述したのであると解釈されたのも、そのような疑いからであった。たしかに記述には著者や編集者の潤色のあることを予想しなければならない。しかし、それらを免れないこととしても

『頓悟大乗正理決』の記述は宗論の経過を知るための第一の根拠である。それらが示すことを十分に読み取り、可能なかぎり事実を露呈させる作業を第一着手としなければならない。

それに当たって、まず、本文献の文面の処々に書きのこす事項を収集して、論争のあらましを描き、さらに詳しい資料検討で検証する手順を採りたいと思う。

王錫の述べる宗論の経過に関する事項を摘記すれば次のようである。

（1）「叙」（F126b～129a3）

a　茲に蕃国にては、俗は邪風を扇り、佛教の伝わること無く、禅宗も測ることなし。

b　聖神なる賛普は、真筌を頓悟す。
　万性の迷うをあわれみて、[佛教を] 境内に伝えんとする。
　隣邦より聘び、龍象を延き、五天竺国より婆羅門僧等三十人を請じ、大唐国より漢僧大禅師摩訶衍等三人を請ず。

c　同に浄域に会し、互いに真宗を説かしむ。
　我が大師は禅門を密授す。

d　皇后没盧氏は、劃然として開悟し生霊を化誘す。
　賛普の姨母・悉嚢南氏、及び諸大臣の夫人三十人余の為に大乗の法を説きて、皆、一時に出家せり。

e　僧統大徳宝真、蘇毗王の嗣子の須伽提は禅を習う。

f　中年、大師、明詔を奉ずるの日より、婆羅門僧等奏言すらく、「漢僧の教授するところの頓悟禅宗は、並びに金口の所説に非ず。即ち停廃せんことを請う」と。

g　［摩訶衍］奏して曰く。「伏して聖上に請う。婆羅門僧より問目を責め、対して相い詰難し、経義を校勘すれば、須らく指帰有るべし。少しく差違あるに似たれば、便ち停廃されんことを請う」と。

h　帝曰く、「兪り」と。

i　婆羅門僧等、月を以て年に繫け、経義を捜索して、屢々、問目を奏し、務めて瑕玼を掇う。

j　婆羅門等、言に随って理は屈し、義を約しては詞窮す。

k　大臣を眩惑して、朋党を結ばんと謀る。

l　吐蕃僧乞奢彌尸、毗磨羅等二人、「吾れ、朋党を相い結び、禅法を毀謗するを見るに忍びず」と曰いて、遂に死す。

　又、吐蕃僧三十余人あり。奏して曰く。「若し禅法行われずば、吾れら盡く袈裟を脱して、命を溝壑に委《す》てん」と。

m　小乗の轍乱れ、あに復た能く軍わんや。大義の旗揚り、猶然として賈勇あるを看る。

n　戌年正月十五日に至りて、詔を宣べて命じて曰く、「摩訶衍の開くところの禅の義は、究めて経文を暢ぶ。一として差錯なし。今より已後、道俗が法に依りて修習するに任す」と。

摩訶衍自身の文に次のようなことが記されている。なお、摩訶衍上表文（その二）は教義的な内容に終始しているので省く。

（2―b）摩訶衍上表文（その一）（F143a1～145b1）

a　臣は問に拠りて経を演ぶ。

b　臣に上足の学徒有り。伏して望むらくは、臣の請う所をゆるし、緇俗をして欽承せしめんことを。

c　臣の今問目に対うるところは、皆な経文を引くなり。
d　六月十七日、臣沙門摩訶衍表を上る。

（3―a）摩訶衍聞奏文（その一）（F154a6～155a4）

a　沙州降下の日に当たりて、賛普の恩命を奉じ、遠く追って禅門を開示せしむ。
b　邏娑に至るに及んで、衆人共に禅法を問う。未だ進止を奉ぜざるが為に敢えて即ち説くなし。
c　後ち追って訟割に到り、屢々聖主の詰を蒙り訖る。
d　却た発遣して邏娑に赴かしめ、禅を説かしむ。
e　復た章蹉及び特に邏娑に便して数月盤詰せしむ。
f　又、勃磐漫に於て其の源を尋究すること是れ一度に非ず。
g　陛下は臣の説くところの禅門の宗旨は是れ正なるを了知せり。
h　達摩低と与に同じく禅教を開かしむ。
i　領下の諸処に勅命して百姓官寮をして盡く知らしむ。

（3―b）摩訶衍聞奏文（その二）（F155a5～155b6）

a　佛の法義、寂禅の教理の為に、前後に頻に賜問を蒙る。盡く以て対答せり。
b　其の六波羅蜜等及び諸善は修・不修を要す。恩勅もて屢々詰す。
c　兼た師・僧・官僚も亦六波羅等の諸善を論ずるも自身は行ぜず。弟子及び余人にも亦修行せしめず。諸弟子、亦学ぶこと是の如し。
d　復、人の奏聞する有り。

e　但だ臣の教授する所の弟子は、皆な経文の指示に依る。臣の行ずる所の行及び弟子に教ふる法門、兼た弟子の修行する所の処は、各々見解を具して進上せり。

さて、論争の発端は右の（1）fの記述に見られる。ただし、この解釈についてはいささか補説を要する。従来、筆者もふくめて、「首め申年、我が大師、忽に明詔を奉じてより、曰く」と読み[1]、婆羅門僧側が出した奏言に基づき、賛普が禅宗停廃の詔勅を下し、その詔勅に「曰うには……」の意に理解していた。しかし、「曰（イワク）」と「日（ニチ）」とは写本では区別がつかず、「日（ニチ）」とも見なしうる。また、「自」の本来の意味は「以来」であるから、「首め申年、我が大師、忽に明詔を奉ずるの日より」と読むことが可能である。この読みによると、「[摩訶衍が]申年に詔勅をうけたときから、婆羅門僧たちは、中国僧の教えるところは金口の説ではないから、止めさせるようにと奏言しはじめた」ということになる。思うに、まだ禅について議論を経ていない段階で、賛普が婆羅門僧の批判を直に取り入れて禅の停廃を命ずるのは不自然であるから、この読みの方が納得がゆく。そうであるとすると、この「申年の詔」とは何であろうか。その明示はないが、前後の経緯から、婆羅門僧とともに「浄域で会して禅門を開示せしめた」ことであろう。そこで正式に禅が披瀝されたことを承けて、婆羅門僧は摩訶衍の教えが大いに自らの宗義と異なることを知り、「金口の説に非ず」として停廃を奏言した。その動きに対して、摩訶衍が是非をはっきりさせようと賛普に問答の許可を請うたのである。この方がより事実に即しているといえよう。

その場合、申年は、「沙州降下の日」（七八六年）以後の申年で七九二年となる。八〇四年ではあまりにも論争までの間が長すぎることになるので、この年が妥当と思われる。

（1）a　の文によると、摩訶衍等が来るまではチベットには全く佛教は伝わっていなかったように見える。しかし、他の資料から知られるところでは当時すでにインドから中国から佛僧が入っており、すでに相当な素地があったようである。チベット史料から言えばサムエ寺院もすでに建っていたと推定できる。「僧統大徳宝真」という肩書の人がいることも制度としての佛教が整っていたことを示唆していよう。はじめて佛教が伝わったように述べる王錫の表現は婆羅門僧と摩訶衍とを高く評価する意図からとられたものであろう。

（3―a）a に、「沙州降下の日に当たりて、賛普の恩命を奉じ、遠く追って禅門を開示せしむ」とある。この文脈からすると、これは「禅を説くように、賛普から招喚された」ということではなく、沙州にいる摩訶衍に、賛普からはるばる使いが来て禅を開示させた」ということである。曇曠の『大乗二十二問』の事情（本書三二一―三三頁）と考え併せるとき「賛普の恩命」とは、曇曠が大乗佛教に関する二十二の質問に答えることを求められたのと同種のものではなかったかと思われる。摩訶衍は禅の立場からこれに答えたに違いない。沙州が新しく領土になると同時にそこの高僧に佛教を問う性急な姿勢が物語るように、チベットはこのとき佛教の高度な知識を強く求めていたと思われる。賛普は沙州の学僧に質問を行うと同時に人そのものがチベットに来ることをも求めたに違いない。曇曠は晩年で病臥していたため不可能であったが、摩訶衍はこれに応じた。「邏娑に至るに及んで」という文の示すところである。

しかし、邏娑（lHa sa）に到着してから、直ちには禅を説いたわけではない。「衆人共に禅法を問う。未だ進止を奉ぜざるが為に敢えて即ち説くなし」と賛普の命令を受けるまでは禅を説かなかった。

後、「追って訟割に到り、屢々聖主の誥を蒙り訖る」こととなる。訟割は、ツッチ氏により考古学的に考証され[2]、Zun mkhar の音写で、サムエ（bSam yas）の西数里に位置するという。続いて「却た発遣して邏娑に赴かしめ、禅を説かしむ」とある。すなわち、再び邏娑に行かされて、はじめて禅を説くことを命ぜられている。その後も「復た章蹉、及び特に邏娑に便して数月盤詰せしむ。又、勃磨漫に於て其の源を尋究すること是れ一度に非ず」というように、居所を変わりながら質問を受けている。ここで勃礜漫とはツッチ氏は brag dmar の音写でサムエの北数里のところにあったチベット王の冬の離宮の地であるという。(3) 章蹉は不明であるが、饒宗頤氏は昌諸が音が似るところから昌諸寺の場所ではないかと推定している。(4) 右の過程のなか、中年に婆羅門僧と同席して、浄域で真宗を説くことを命ぜられ、摩訶衍が禅を説いたと王錫が記述する場面は、c、d、eのいずれかであろうが「却た発遣して邏娑に赴かしめ、禅を説かしむ」と述べるところが相当するように思われる。(5) もしそうであるとすると、沙州の降下の年よりこの時まで六年を経過したことになる。いずれにしても、摩訶衍は処々を転々とし、屢々質問に答えている。その間、相当の年月を要したことであろう。

中年より始まった禅への批判に応えるため、賛普の許可をもらって、摩訶衍は婆羅門僧側より質問を受けながら、それに答えた。その記録が『頓悟大乗正理決』の（2）「問答記録」の部分である。そのなかでもa「問答（その一）」が主体である。ところが、この部分をみると問答に「旧問」「新問」などの別があり、質疑応答が何層にもわたっていることが分かる。一体、問答はどのようなあり方で進行したのであろうか。それを知るに当たって、チベット文の論争記録が一つの鍵を提供する。次にそのチベット資料を検討することとする。

［注記］

（1）　P. Demiéville, ibid., p. 39.

（2）　G. Tucci; *Minor Buddhist Texts*, Part II, p. 32.

（3）　G. Tucci, ibid., pp.32–33.

（4）　饒宗頤「頓悟大乗政理決・序説」（『大蔵経補編（三五）』（一九八七）八〇七―八〇九頁。

（5）　「浄域」の「域」は「城」にも見え、かつてはそのように録文したが、字形はやはり「域」と見る方が妥当であろう。

浄城の場合は邏娑の王宮に見なされるが、浄域となるとサムエの伽藍一帯の地域の感があり、この点からツッチ氏は「サムエ宗論」でなければならないとする。しかし、サムエの近郊と比定される訟割では、「屢々聖主の詰を蒙る」とあり、サムエが摩訶衍と婆羅門僧とが共に自らの宗とするところを説いた場面であることを想定しがたい。「却た発遣して邏娑に赴かしめ、禅を説かしむ」の文脈の方が賛普の前で両者の宗義を述べた場所としてふさわしく思われる。

(4)　問答のチベット文記録

Ｐtib八二三の文献は、『頓悟大乗正理決』の「問答記録」に対応するチベット文記録であるが、その全体に及ぶものではない。（2）a問答（その一）の部分で、それもいわゆる「旧問」を冠す一連の問答である。写本の首尾を失っているので、もともと前後にどれだけのものが続いていたか分からないが、残存写本でみるかぎり全部で十三の問答がみられ、幸いなことにそれらの殆どについて漢文の資料の方に対応文を見いだすことができる。次に、チベット文からの和訳(1)と、それに対応する『頓悟大乗正理決』の文を対照して示す。

Ｐtib八二三［チベット文の和訳］ 原文は「資料二—四」

（前欠）〔**1**〕それ故に『楞伽経』の中にまた、「一切法に自性は無く、すべては妄想によって見たものである」と出ている。

問う。想において、過失はどのように有るのか。

答える。想の過失は、一切の衆生において一切を知

［対応漢文］ F133a5—143a1

旧問第三問。言一切想者。其想云何。

答。想者心念起動。及取外境。言一切謂下至地獄。上至諸佛已下。『楞伽経』云。「諸佛無自性。皆是妄想心見」。（F133b5—134a′）

旧問。想有何過。

答。想過者。能障衆生本来一切智。及三悪道。久

る智が、本来有ることを覆い、三悪趣と永久に輪を転じているなどによって過るのである。『能断金剛』の中にまた、「想を断ぜよ」と出ている。

問う。〝心を看る〟とは、どのようなことか。

答える。六門を返して、再び心を看て、想が動く場合にも、有と無と浄〔2〕と不浄と空と不空などはどこにも思わない。不観不思もまた思わない。『浄名経』の中にまた、「不観が菩提である」と出ている。

問う。想と習気を除く場合に、いかなる方便にて除くか。

答える。妄想が動じて覚受するとき、生死を覚受する。想のごとくに行ぜず、習せず、著さないなら、心は各刹那に各々解脱する。『能断金剛』と『大宝積』等の中にも、「少しも法を得ることが無い場合に、無上菩提である」と説く。

問う。六波羅蜜〔3〕等の他の法門は必要か必要でないか。

答える。世俗［諦］のごとくなら、六波羅蜜は勝義

遠輪廻故。有此過。『金剛経』説。「亦令離一切諸想。則名諸佛」。（F134b3–5）

旧問。云何看心。

答。返照心源看心。想。若動。有無・浄不浄・空不空等。盡皆不思不観。不思者亦不思。故『浄名経』中説。「不観是菩提」。（F135a2–4）

旧問。作何方便。除得妄想及習気。

答。妄想起不覚名生死。覚竟不随妄想。作業不取不住。念々即是解脱。

『般若』『宝積経』云。「不得少法名無上菩提」。（F135b3–4）

旧問。六波羅蜜等。及諸法門要不要。

答。如世諦法。六波羅蜜等為方便。顕勝義故。非

を教示するための方便として説かれるもので、不要ではない。勝義は言・思を超えた理という［点では］、六波羅蜜等の他の法門は必要とも不要とも言うことはないのである。経典の中に廣く説くところである。

問う。六波羅蜜を必要とする場合に、方便をどのように行ずるのか。

答える。六波羅蜜等を行ずる場合に、外と内の二がある。内の場合は、自らの解脱、外の場合は、衆生の利益を設けることであって、〔4〕行ずるところの方便は『般若波羅蜜』と『楞伽』と『思益』等の中に、「六波羅蜜等を行ずる場合には、一切法に対して、不観・不思であれ。三輪を清浄にし、陽炎のように何ら思わず取らずに行ずるのである」と出ている。

問う。この法門を行ずる場合、どのくらいで解脱を得るのか。

答える。『楞伽』と『能断金剛』の中に、「一切の想と離れるならば、佛である」と出ているから、根の利鈍に従ってより、そのごとくに修習して、妄想と一切

是不要。如勝義離言説。六波羅蜜及諸法門。不可説言要与不要。諸経廣説。

（F136b2–6）

旧問。六波羅蜜等要時。如何修行。

答。修行六波羅蜜者。為内為外。内外有二種。内為自度。外為利益衆生。所修行方便者。抛『般若経』『楞伽』『思益経』。六波羅蜜時。於一切法。無思・無観・三業清浄。由如陽炎。於一切不取・不住。

（F137b1–4）

旧問。修此法門。早晩得解脱。

答。如『楞伽』及『金剛経』云「離一切想。則名諸佛」。随其根性利鈍。如是修習。妄想習気亦歇。即得脱。

（F138a5–138b1）

の習気〔5〕と離れる［ならば、そのとき］に直ちに解脱を得るのである。

問う。この法の理を行ずることによって、どのような功徳が有るのか。

答える。不観・不思の功徳は、思と解とによって量り取ることはできない。佛の思いのあるかぎりを見よ。したがって少しでも語るとすれば『般若波羅蜜』の中にまた、「一切衆生、天と人と声聞と独覚より無上菩提に達するまで、般若波羅蜜の理を聞いて信ずる功徳は、数え及ぶことができない。なぜかというと、人と天と声聞〔6〕と独覚と無上菩提など一切は、般若波羅蜜より生じるが、菩提と人等と名付ける人々より般若波羅蜜は生じないからである」と。

その中で般若波羅蜜は何であるかといえば、無相・無取・無捨・無著が般若波羅蜜と言われるのであり、『如来功徳不思議』の中に「人ありて、三千大千の微塵数ほどの如来に対して、無量劫の間、礼拝し、供物を捧げるに、〔7〕かの佛たちが涅槃してのち七種の寶

旧問。又行此法義。有何功徳。

答。無観無想功徳。思及観照不可測量。佛所有功徳。応如是見。且如此少分拠『般若経』云。「仮令一切衆生・天人・声聞・縁覚盡証無上菩提。不如聞此般若波羅蜜義。敬信功徳。算数所不能及。何以故。人・天・声聞・縁覚及諸菩薩等。皆従般若波羅蜜出。人・天・及菩薩等。不能出得般若波羅蜜。

（F138b1–6）

又問。何名般若波羅蜜。

所謂無想・無取・無捨・無著。是名般若波羅蜜。

及『入如来功徳経』「或有於三千大千世界微塵数佛所供養。承彼佛滅度後。又以七宝荘厳其塔。高廣例如大千世界。又経無量劫供養之功徳。不及聞斯法義。

にて美しく飾られた三千大千の塔を造り、無数劫の礼拝を為すことよりも、不思議のこの法義を畏れ（?）［無く］聞く功徳は、百千数・無数ほど大である」と説かれている。

また、『能断金剛』の中に「或る人が三千大千を七宝で満たして、布施を為し、恒河の砂ほどの身を捨てるよりも、一の四句 を聞く功徳のほうが大であって、〔8〕喩えたり量かったりすることはできない」と説かれているなど、諸のすべての大乗経の中にもまた廣く出ていて、「功徳は、佛以外の別のものよりは生じない」と説かれているのである。

問う。想を断じ、不思・不観より一切種智はいかにして生ずるか。

答える。妄心が起こらず、一切想を断じるならば、真実性は本来有る。智慧によって自然に生ずるものは、『華厳』『楞伽』等の中にまた、「太陽が雲のなかより現れると、〔9〕濁水が清浄であると、鏡が浄らかであると、鉱石より銀(?)が生ずる如くである」と説い

生無疑心而聴。所獲福徳。過彼無量百千倍数」。

又『金剛経』云。「若有人満三千大千世界七宝。已用布施。及以恒河沙数身命布施。不如聞一四句偈。其福甚多。不可比喩。諸「大乗経」中廣説此義。其福徳除佛無有知者。

（F138b6–139a6）

旧問。若離想思不（＝不思）不観。云何得一切種智。

答。若妄心不起。離一切妄想者。真性本有。及一切種智自然顕現。如『花厳』及『楞伽経』等云。「如日出雲。濁水澄清。鏡得明浄。如銀離鉱等」。

（140a2–5）

ている。

　問う。不観の智によって、衆生の利益をいかにして為すのか。

　答える。不思・不観において、衆生の利益を為すということは、『如来功徳不思議』のなかに廣く説かれている。例えば、「日月が一切を輝らす」と、「如意宝珠より一切が現れる」と「大地より一切が生ずる」とのごとく説いている。

　問う。学説のなかで、「境を取る」と「識を取る」と〔10〕「中を取る」との三があるうち、このように説くところの義は何であるか。

　答える。これは、般若波羅蜜・無思・大乗の義のなかに説くものであるから、一として取ることは無い。『般若波羅蜜』のなかに廣く説かれている。

　問う。義がそのようであるならば、経典の中に種々に現れるのは、また何の故であるのか。

　答える。すべての経典の説述は、衆生の妄想を説くだけである。想を離れるならば、法を説くこともまた

旧問。若不観智。云何利益衆生。
答。不思不観利益衆生者。『入如来功徳経』中廣説。「由如日月光照一切。如意宝珠具出一切。能大地生一切」。（F140b5–6）
又問。説執境・執識・執中論此三法中。今依何宗。
答。此義是般若波羅蜜。無思大乗禅門。無思義中何論有三。一亦不立。『般若経』廣説。（F141a1–2）
旧問。義既如此。何為諸経廣説。
答。如諸経所説。祇説衆生妄想。若離妄想。更無法可説。所以『楞伽経』云。「一切諸経。祇説衆生

無い。したがって、『楞伽』に、「全ての経典は、衆生の想を説〔11〕き、真実は言葉の中には無い」と出ている。

妄想。真如不在言説之中」。　（F142a1–3）

問う。佛は衆生の想をどのように説くのか。

答える。佛の一切を知る智と行境は不可思議であって、量り知ることはできない。智慧によっても知ることができない。一切の識によって計ることはできない。

（以下対応漢文欠）

「このように思い為す」と量り計ることはできない。

「大乗経」の中に「一切の想を離れるとき、佛である」と出ているから、看心して、一切の想と習気を清めるのである。あるものが義を問う。（以下欠）

両資料を対照することによって、次のようなことが結論づけられる。

（ア）両資料の内容は、文脈も、順序も良く一致する。ただし、「旧問」などの標記はチベット文には無く、『頓悟大乗正理決』の編纂者が後に付加したものである。

（イ）チベット文資料の最後の問答に対応する漢文が見あたらないが、それのみで、他には欠落や省略の形跡がない。

（ウ）チベット文は、古い時代の訳語の特徴をもつもので、[2] 宗論と同時成立のものと見なしうる。

これらの特徴から見て、チベット文資料は、編纂を加えていない問答のチベット語での原記録であると判断できる。論争は、インド語の婆羅門僧と中国語の摩訶衍との間で行われ、更にそれを審判するチベット人賛普らが参画する形をとっている。このような多言語の交錯する状況の中では、質疑応答は口頭では不可能である。殊にチベット佛教の将来にかかわる重要で微妙な事項を論議するのであるから、当然正確さを期して文書の交換によって行われたに違いない。その場合、インド語と中国語とチベット語との三種類の同内容の文書が用意されることが必要である。その予想はかねてからあったことであるが、問答のチベット文記録Ｐtib八二三の発現はそれを裏付けることとなった。インド語の記録は未だ発見されないが、中国語の記録の存在は、先述したように（本書二五五頁）Ｐch四六二三の発見によって証明された。『頓悟大乗正理決』の編纂者は、それらの中の中国語の原記録から採文して、問答の内容を紹介したわけである。両資料の比較によって『頓悟大乗正理決』の編纂者は、「新問」などの別層の問答を間に挿入するなど編集を加えてはいるが、内容も順序もほぼ原記録のままに取り入れていることが判明した。ただしチベット文資料にある最後の問答が『頓悟大乗正理決』では採用されていないことは編者の取捨が加わっていることを例証するものである。

チベット文資料の首尾が欠損しているので、なおどのくらいの問答が前後に記録されていたか不明である。しかし、首部については、最初の問答が漢文の「旧問第三」に相当するので、その前になお二問が先行していたであろうということが推測できる。問答の性格から推定して『頓悟大乗正理決』に載せている次の二問答がそれに当たると思われる。

◇問て曰く。「看心もて習気を除かしむ」とは何の経文に出ずるや。

謹みて答う。『佛頂経』に准るに云う。「一根既に源に反れば、六根は解脱を成ず」と。『金剛経』及び「諸大乗経」に拠るに、皆云う。「一切の妄想・習気を離るれば、則ち諸佛と名づく」。所以に、看心もて一切の心

想・妄想・習気を除かしむ」と。（F129a4−6）
◇第二に問う。「一切相を離るれば、諸佛と名づく」とは、是れ何経に説くや。
謹みて答う。『金剛経』に云う。「一切諸相を離るれば、即ち諸佛と名づく」と。又、『大般若経』『楞伽』『華厳』等経中に亦具に廣く説くなり。（F132b1−2）

末部がどれくらい続いていたか不明であるが、以上合計すれば、旧問層に属すこの種の問答は少なくとも十五組はあったこととなる。

［注記］

（1）『頓悟大乗正理決』のチベット文部分の和訳（意訳）が、最近、沖本克己氏により発表された。『大乗佛典・敦煌Ⅱ』（中央公論社刊、一九八九）二八三―二九〇頁。
（2）上山大峻「チベット訳『頓悟真宗要決』の研究」（『禅文化研究所紀要』八、一九七六）六三頁参照。

(5) 問答往復

右のようにチベット文資料が発現し、『頓悟大乗正理決』の問答文をそれと対照することによって、最初に比較的基礎的な問題に関しての問答群があったこと、『頓悟大乗正理決』は、それを「旧問」と名づけ、更にそれに続く問答を「新問」などと冠して編纂していることが裏付けられた。しかし、具体的にそれらの問答往復はどのような次第に行われたのか。

『頓悟大乗正理決』によると、摩訶衍は婆羅門僧の批判に対し「伏して聖上に請う。婆羅門僧より問目を責め、対して相い詰難し、経義を校勘し、須らく指帰あるべし。……」（F128a4−5）という論議の方法を提案した。それに対し婆羅門僧らは、「月を以て年に繫け、経義を捜索して、屢々問目を奏し、努めて瑕玼を掇う。……」(F128b5–6) という対応をしたと記す。したがって、この問答は質問がまず賛普に提出され、それが賛普から摩訶衍に下され、さらに摩訶衍が賛普を介して婆羅門僧に回答するという手順をとっている。そしてそれはかなりの時間を要して進められたであろう。摩訶衍は「対して相い詰難し……」と対面の問答も辞さない姿勢であったが、実際は右のような文書の往復によって進んだと見られる。三言語の問答記録が存在したと見なす所以である。

ところで、婆羅門僧からの質問は一括して提出され、それに一度に解答する形式をとったであろうか。曇曠の『大乗二十二問』の例では一括であった。しかし、この度の場合、旧問グループの問答はどうであろうか。たとえば、次の問答を注視しよう。

(ア) 第二に問う。「一切相を離るれば、諸佛と名づく」とは、是れ何経に説くや。

謹みて答う。『金剛経』に云う。「一切諸相を離るれば、即ち諸佛と名づく」と。又、『大般若経』『楞伽』『華厳』等の経中に亦具に廣く説くなり。(F132b1–2)

旧問第三に問う。一切の想と言うは、其の想とは云何。

答う。想とは、心念の起動、及び外境を取ることなり。一切とは、下は地獄に至り、上は諸佛已下に至るなり。『楞伽経』に云う。「諸佛は無自性なり。皆、是れ妄想心の見なり」と。(F133b5–134a1)

旧に問う。想に何の過ありや。

答う。想の過とは、能く衆生の本来の一切智を障え、三悪道に及び、久遠に輪廻するが故に、此の過あり。『金剛経』に説く。「亦、一切諸想を離れしむれば、則ち諸佛と名づくなり」。(F134b3–5)

(イ) 又、問う。執境、執識、執中論の此の三法を説く中、今は何宗に依るや。

答う。此の義は是れ般若波羅蜜、無思の大乗の禅門なり。無思の義中に何ぞ三あるを論ぜん。一すら亦立たず。『般若経』に廣説するなり。（F141a1–2）

旧に問う。義、既に此の如くなれば、何をか諸経の廣説を為すや。

答う。諸経の説く所は、祇だ衆生の妄想を説くが如し。若し妄想を離れば、更に法の説くべく無し。……（F142a1–3）

右の二例のうち、（ア）の問答往復をみると、答文で出てきた「一切［諸］想（或は相）」の語を捉えて、続く二の問答が起こり、更に第三の問答が展開している。また（イ）の「義、既に此の如くなれば」の文脈は、前の答文の意を承けており、「廣説」もまた、両者関連している。つまり、旧問層では質問は一括ではなく、まず第一問が提示され、答え終わって、さらにその答えを承けて第二問が発っせられるという進行の形が認められる。

それでは、これら「旧問」グループと「新問」などの問いとの関連はどうであろうか。

最初の問答に関しては些か分かりにくいのでしばらくおくとして、番号のはっきりしている「旧問」第三問答以下について、ちなみに「旧問」「新問」の組み合わせをみると次のようである。ただし、旧問グループの番号は、「旧問の第三」を基準としてチベット文資料に基づいて仮に与えた通し番号である。

旧問第三問……………新問第三　旧問（7）……………新問第七　旧問（11）……………新問第十
旧問（4）……………新問第四　旧問（8）……………新問第八　旧問（12）……………（欠）
旧問（5）……………新問第五　旧問（9）……………（欠）　旧問（13）……………新問第十一
旧問（6）……………新問第六　旧問（10）……………新問第九　旧問（14）……………（欠）

以上のように旧問（9）（12）（14）の三問に対応する新問が見あたらないが、他はよく対応し、内容を検するに旧問の答文を承けて「新問」を発していることが分かる。(14) 以降には対応する「新問」が見あたらない。右からみて、新問は、旧問のすべてに対応するものではないが、順にしたがって旧問の解答文に再度質問したものであると言うことができる。すなわち、旧問の問答が全部終わって、再び旧問答の段階で残っている不審の問題点を質問した。その問答を旧問の該当箇所に配当して編纂した模様である。

ところで、「又問」などの質問はどうであろうか。これについて、例として第七問の組について観察してみることにする。

第七問答は次のように継続している。

(ア)旧に問う。六波羅蜜等、及び諸の法門は要するや要せざるや。

答う。世諦法の如くんば、六波羅蜜等をば方便と為す。勝義を顕すが故に、是れ不要に非ず。勝義の如くは言説を離る。六波羅蜜及び諸法門は、要と不要を説くべからず。諸経に廣く説くなり。(F136b2–6)

(イ)　新問の第七。問う。世間及び第一義諦は、是れ一なるや、是れ異なるや。

答う。一ならず、異ならず。云何が一ならざるや。妄想、未だ盡きざる已来、世諦有るを見る。云何が異ならざるや。一切の妄想習気を離れる時、一と異とは分別すべからざるなり。(F136b6–137a1)

(ウ)　又、問う。此の方便は、第一義を顕示するが為の故なり。只、鈍根の為なりや、また、利・鈍の倶に要する為なるや。

答う。鈍根にして勝義を了せざる者は要す。利根の者は、要不要を論ぜず。(F137a1–2)

(エ)　又、問う。六波羅蜜等及び余の法門は、要不要を言説すべからずとは、何をか不可説と為すや。

答う。法性の理は、即ち不可説と為す。法性の理中に拠れば、要不要、有無、一異、倶に得べからず。

（F137a3–4）

（オ）又、問う。「経文に廣く説く」と言うは、如何が説いて要不要を説言するや、会せず。

答う。「経文に廣く説く」とは、鈍根は要するを説き、利根は要不要を論ぜず。譬えば、病の人は薬を要し、……河を渡り了れば、更に船を要せず。（F137a5–137b1）

ここには（ア）―（オ）までの五組の問答がある。このうち、新問は明らかにその前の旧問の答の文への再質問である。すなわち、勝義（＝第一義諦）のことを問題にしての質問である。そして、それ以下の質問も旧問の答文の中に質問の根拠を見いだすことができる。「又問」は、敢えて前の新問への答文を承けると考える必要はない。すなわち、（ウ）―（オ）の三問答は新問に付随して発せられたものと見なし得よう。

第一の問答については、新問と旧問の区別がはっきりせず、また問答が重層的である。やはり、「問うて曰く。今、『看心もて習気を除く』とは何の経文に出すや」（F129a4）が第一の旧問で、番号を冠する「第一に問う。或は人有りて言う。……」（F129b2–3）が新問であろう。その前に直前の答文の内容を承けて「問う。言う所の『大乗経』とは、何をか大乗の義と名づくや」の質問は、前後するがその新問第一に付随するものと考えるべきであろう。

旧問（14）については、対応する新問が無い。直ちに「又、問う。衆生は本来佛性を有すとは……」（F142a3–4）の問答が続くが、その「佛性」の質問の根拠は前の旧問（14）の答文の中に見あたらない。漢文記録がチベット文では有る第十五問答を欠くなどの点よりみて、このあたり編集の混乱があったのではないであろうか。

いずれにしても、問答（その一）の検討より、問答往復に「旧問」と「新問」の少なくとも二の層があることが分かった。旧問の問答往復の段階が終り、それらについて詳しい検討がされ、更に疑問点が新問で提出された。その行程はきわめて繁雑で、時間を要することであったと思われる。

次に、『頓悟大乗正理決』が掲載する（2）c「問答（その二）」、及びe「問答（その三）」は、右に見てきた「問答（その一）」の部分とどのような関係にあるかが検討されなければならない。

「問答（その二）」には十四の問いと十二の答が見られる（Pch四六四六では、F152a–bの一葉を欠くため不明であったが、Sch二六七二により補うことができた）。

ここの問答は、質問に「問う。万一に人有りて言う。……」の常套句で始まるものが多いこと。また、後にも論ずるように内容が複雑であることが特徴である。また、答文中に「此の問は早に已に両度答了れり」（F148b1–2）、「答う。此の義は前の文に已に答え了る」（F149a1–2）の語が見られる。後者は文字どおり、直前の答文を指すとみられるが、前者は、「問答（その一）」の中で出てくる「又、問う。天人の妄想を制する有り。妄想を制するを以ての故に無想天に生ず。此等は佛道に至らず。明に想を除くは成佛を得ずと知るが如何」（F131a6）の問答を指すようである。すなわち、この一連の問答は「問答（その一）」とは層位を異にし、その後に提示されたもので、重複のあるところからすれば、前とは別の質問者から発せられたものであろう。先に見たように（本書二六二頁）摩訶衍は何回かの質問を受けている。その中のどれかに相当するものであろう。

ところで、この問答部分は、Pch四六二三の写本の発見により、別に独立した記録の文書（長編）があり、その一三三行以下を抄出して『頓悟大乗正理決』に採用したものであることが判明した。新資料によるとその前におよそ次のように要約される四の問答がある（最初の問答は、首部破損で不明）。

（その二）

又、問う。何を頓門・漸門と名づくや。

答う。若し人有りて、初に発心し、法性の理を学び、法性の理に通達する若くは、是を頓門と名づく。三乗

教を学ぶ若くは、是れを漸門と名づく。（84—86）

（その二）

又、問う。云何が法性の理に通達するや。

答う。『大佛頂経』に准るに云う。「佛の菩提及び大涅槃を観ずるに、猶えば人の用事有りて遠行するに、未だ帰還を得ず、迷いて道路を失うに、後、醒悟を得て、其の家に帰るところの道路に明了なるが如し。一切衆生も亦復是の如し。無量劫来、法性に迷い、妄想の流に順う。今、醒を得て妄想の流に順うを得ず。是を頓悟禅と名づく」。（86—91）

（その三）

又、問う。禅既に頓悟なるに、行は是れ漸行なるや頓行なるや。

答う。『思益経』に准るに云う。「問う。文殊師利よ。云何が行づるを名づけて正行と為すや。答う。若し一切を行ぜざれば、名けて正行と為す。人千万億劫に道を行ずるも、法性の理において不増不減なるが若し」。（91—94）

（その四）

又、問う。云何が正行と名づくるや。

[答う。『思益経』第二に云う]。「佛言く。若し菩薩生法を行ぜず、滅法を行ぜず、……得を行ぜざれば是を正行と名づく。亦、頓行と名づく。衆生に心想妄想有るに縁って、則ち漸頓を説く。若し心想妄想を離れれば漸も頓も不可得なり。是の如く行ずれば、一切の諸佛は則ち阿耨多羅三藐三菩提の記を授く。……」（94—104）

以上の部分には、多くの経典からの引用がある。所出回数の多いものから示せば次のようである。

1　「楞伽経」＝『入楞伽経』七巻、実叉難陀訳（大正六七二番）
2　「密厳経」＝『大乗密厳経』三巻、地婆訶羅訳（大正六八一番）
3　「思益経」＝『思益梵天所問経』六巻、鳩摩羅什訳（大正五八六番）
4　「大佛頂経」＝『大佛頂如来密因修証了菩薩萬行首楞厳経』十巻、般刺蜜帝訳（大正九四五番）
5　「積善住意天子所問経」＝『聖善住意天子所問経』三巻、毘目仙共般若流支訳（大正三四一番）
6　「佛華厳入如来徳智不思議境界経」＝同名、闍那崛多訳（大正三〇三番）
7　「宝積経」＝『大宝積経』巻第百五「善住意天子会」（大正三一〇番）

以上の内、「楞伽経」は一四回、「密厳経」は八回、「思益経」は五回、「大佛頂経」は四回に及ぶ。これらの経典は、いずれも『頓悟大乗正理決』でも屢々引用されている経典で、両文献が同類のものであることを証する根拠となることでもある。

なお、右の四組の問答から見るかぎり、直前問答の答の内容の不明部分を次の問で更に質問するという、連続した質疑応答の形式をとって進行している。

以上は、資料Ｐch四六二三の一三二行までの部分についての検討であるが、一三三行以下の問答の形式はまた異なる。『頓悟大乗正理決』でみると、この部分の問答は十四組ある。いまのＰch四六二三では、その第十一問答まで見ることができる。対照してみるときわめてよく一致する。その内の殆どは「問。万一或有人言。……」で始まる。問答は連続していない。このような特色より、前半の問答とは性格が異なっていた様子である。だからこそ、『頓悟大乗正理決』で、後半部分を分離して採用したのであろう。但し、Ｐch四六二三の写本では連続しているように書写されている。（**図34**）

「問答（その三）」は、三十七道品の要不要に関する一問答だけである。ここでも答文中「此の問は両度答え了る」（F136b2–3）の語があり、「問答（その一）」の「旧に問う。六波羅蜜等、及び諸の法門は要するや要せざるや」（F136b2–3）などの問をめぐる応答を指すと思われる。これも少なくとも「問答（その一）」とは層位を異にして発せられたものである。

(6) 問答の内容

そもそも、この論争の発端は婆羅門僧たちが「漢僧の教授するところの頓悟禅宗は、並びに金口の所説に非ず」（F127b5）と奏言し、それに対して「伏して聖上に請う。婆羅門僧より問目を責め、対して相い詰難し、経義を校勘し、須らく指帰有るべし。少しく差違あるに似たれば、便ち停廃されんことを請う」（F128a4–5）と応じたところにある。したがって、第一に問われるべきことは、摩訶衍の所説が「金口の説」、すなわち「経典」の説くところと一致するか否かであり、これが争点の基本であると言える。質問者が屢々「何の経文に出すや」と問い、答者が「『……経』に曰く」と答える形に現れている。また、摩訶衍自身が次のように度々表明するところである。

◇臣は問に拠りて経を演ぶ。是れ信口（金口？）にして虚説に非ず。頗る貝葉の伝に依りて直に禅門を啓く。（F143b1）

◇臣の今問目に対うるところは、皆な経文を引くなり。（F145a5）

◇臣の前後の所説は皆な問に依り、経文に依りて之に対う。（F154b6）

◇摩訶衍の説くところは疏論に依らず、大乗の経文の指示に准る。（F156b4–5）

その結果、賛普より「摩訶衍の開くところの禅の義は、究めて経文を暢ぶ。一として差錯なし」（F129a1–2）という形で結論が出された。

この摩訶衍の経典依拠の姿勢に対し、「若し法相を聴かんと欲せば、婆羅門法師の辺に聴かしむ。摩訶衍の説くところは疏論に依らず、大乗の経文の指示に准る」（F156b3–5）と言い、インド婆羅門僧は法相を優れて説き、また疏論に依るものであるという。

それでは、経文に根拠を求めながら、その是非を議論した事項は何であったか。『頓悟大乗正理決』から窺える論議の内容は多岐にわたっているが、基本的には、その殆どは旧問の段階で現われており、新問段階では、質疑がさらに敷衍されたり、また論理的矛盾点が指摘されたりすることとなる。今、旧問グループに依って、議論を分類して見てみると次のようである。

（1）　想とは何か。

◇旧問第三に問う。一切の想と言うは、其の想とは云何。

答う。想とは、心念の起動、及び外境を取ることなり。一切とは、下は地獄に至り、上は諸佛已下に至るなり。『楞伽経』に云う。「諸佛は無自性なり。皆、是れ妄想心の見なり」と。（F133b5–134a1）

◇旧に問う。想に何の過ありや。

答う。想の過とは、能く衆生の本来の一切智を障え、三悪道に及び、久遠に輪廻するが故に、此の過あり。『金剛経』に説く。「亦、一切諸想を離れしむれば、則ち諸佛なり」。（F134b3–5）

◇問う。佛は衆生の想を、どのように説くのか。

答う。佛の一切智と行境は、不可思議であって、量り知ることはできない。一切の識によって、計ることはできない。智慧によっても、知ることができない。「このように思う」と、量り計ることはできない。「大乗経」の中に「一切の想を離れるとき、佛である」と出ているから、看心して、一切の想と習気を清めるのである。……（以下欠損）（チベット文にあり）

（2）　想を断ずるだけで悟れるのか。

◇第二に問う。「一切相を離るれば、諸佛と名づく」とは、是れ何経に説くや。

謹みて答う。『金剛経』に云う。「一切諸相を離るれば、即ち諸佛と名づく」と。又、『大般若経』『楞伽』『華厳』等経中に亦具に廣く説くなり。（F132b1–2）

◇旧に問う。此の法門を修すれば、早晩、解脱を得るや。

答う。『楞伽』及び『金剛経』に、「一切想を離るれば、則ち諸佛と名づく」と云うが如し。其の根性の利鈍に随って、是の如く修習せば、妄想習気は亦やみ、即ち解脱を得るなり。（F138a5–b1）

◇旧に問う。若し想を離れ不思不観なれば、云何が一切種智を得るや。

答う。若し妄心起こらず、一切の妄想を離るれば、真性本有、及び一切種智、自然に顕現す。『花厳』及び『楞伽経』等に、「日、雲より出で、濁水の澄清し、鏡の明浄を得るが如く、銀の鉱を離れる等の如し」と云うが如し。（F140a2–5）

（3）　どのようにして想を断つか。

◇問うて曰く。「看心もて習気を除かしむ」とは何の経文に出ずるや。

謹みて答う。『佛頂経』に准るに云く。「一根既に源に反れば、六根は解脱を成ず」と。『金剛経』及び「諸大乗経」に拠るに、皆云う。「一切の妄想・習気を離るれば、則ち諸佛と名づく」。所以に、看心もて一切の心想・妄想・習気を除かしむ」と。（F129a4–6）

◇旧に問う。云何が看心するとは。

答う。心源を返照し、心を看るなり。心想、若し動ぜば、有無・浄不浄・空不空等あり。盡く皆な、思議せず、観せざるは亦思わず。故に『浄名経』中に、「不観は是れ菩提なり」と説く。（F135a2–4）

◇旧に問う。何の方便を作して、妄想及び習気を得るを除くや。

答う。妄想起こるを覚らざるを生死と名づく。覚し竟るや妄想に随わず。業を作すも取らず、住さず、念々即ち是れ解脱なり。『般若』『宝積経』に云う。「少法たりとも得ざるを無上菩提と名づく」。（F135b3–5）

（4）　行は必要か否か。

◇旧に問う。六波羅蜜等、及び諸の法門は要するや要せざるや。

答う。世諦法の如くんば、六波羅蜜等をば方便と為す。勝義を顕すが故に、是れ不要に非ず。勝義の如きは言説を離る。六波羅蜜及び諸法門は、要と不要を説くべからず。諸経に廣く説くなり。（F136b2–6）

◇旧に問う。六波羅蜜等を要するとき、如何が修行なるや。

答う。六波羅蜜を修行する者は、内の為なると、外の為となり。内と外に二種有り。内は自度の為なり。外は衆生を利益するが為なり。方便を修行するところのものは、『般若経』『楞伽』『思益経』に拠るに云う。六波羅蜜を修する時、一切法に於て、無思・無観・三業清浄なり。なお、陽炎の如く、一切に於て、不取・不住なり。（F137b1–4）

（5）　禅を修する功徳は何か。

◇旧に問う。又、此の法義を行ずるに、何の功徳有りや。

答う。無観無想の功徳、思及び観照は測量す可からず。佛のあらゆる功徳は、是の如く見るべし。且つ、此の如きの少分は『般若経』に拠るに云う。「仮令、一切衆生、天人、声聞、縁覚が盡く無上菩提を証するも、此の般若波羅蜜の義を聞くに如かず。敬信の功徳は、算数の及ぶ能わざる所なり。何を以ての故に、人、天、声聞、縁覚、及び諸の菩薩等は、皆、般若波羅蜜より出ずるや。人、天、及び菩薩等は般若波羅蜜を出得する能わず。

又、問う。何をか般若波羅蜜と名づくるや。

〔答う〕。謂うところの無想・無取・無捨・無著、是れを般若波羅蜜と名づく。及び、『入如来功徳経』に「三千世界に微塵数の佛の供養するところ有り。彼の佛の滅度の後に、又、七宝を以て其の塔を荘厳するに、高く廣きこと、例えば大千世界の如し。又、無量劫供養の功徳を経るも斯の法義を聞くに及ばず。無疑心を生じて聴けば、獲る所の福徳は、彼の無量百千倍数を過ぐ」と。

又、『金剛経』に云う。「若し人有りて、三千大千世界に満つる七宝もて、已《よ》って用て布施し、及び、恒河沙の数の身命もて布施するも、一の四句偈を聞くに如かず。其の福甚だ多く、比喩すべからず」と。諸の大乗経中に廣く此の義を説く。其の福徳は佛を除きて知る者有ること無し。(F138b1–139a5)

◇旧に問う。若し智を観ずれば、云何が衆生を利益するや。

答う。不思不観が衆生を利益するとは『入如来功徳経』中に廣く説く。「由ほ日月の光が一切を照らし、如意宝珠が一切を具出し、大地の能く一切を生ずるが如し」と。(F140b5–6)

(6) 経説は不要ではないか。

◇旧に問う。義、既に此の如くなれば、何為れぞ諸経は廣説するや。

答う。諸経の説く所の如きは、祇だ衆生の妄想を説くのみ。若し妄想を離るれば、更に法の説くべき無し。

所以に『楞伽経』に云う。「一切の諸経は、祇だ衆生の妄想を説く。真如は言説の中には在らず」と。（F142a1–3）

（7）禅は既存のどの教学に当たるのか。

◇又、問う。執境、執識、執中論の此の三法を説く中、今は何宗に依るや。

答う。此の義は是れ般若波羅蜜、無思の大乗の禅門なり。無思の義中に何ぞ三あるを論ぜん。一すら亦立たず。『般若経』に廣説するなり。（F141a1–2）

右の問答を承けて「新問」などの質疑が更に提示され、議論が複雑に展開することになるが、それらの中で注目すべきものを摘記しておこう。

（1）「不思不観＝佛」とする禅の説にたいする疑問がいろいろと提示され、論議される。次のようなものが目を惹く。

ア　妄想を無くすだけでは天に生まれ、佛にはならないではないか、という疑義から次のように問う。

「又、問う。天人の妄想を制する有り。妄想を制するを以ての故に無想天に生ず。此等は佛道に至らず。明に想を除くは成佛を得ずと知るが如何」。（F131a6）

これに対して、摩訶衍は「彼の諸の天人に観有り、趣有り。無想定を取るも、此の妄想に因りて彼の天に生ず。若し、能く観を離れ、無想定を離れれば、則ち妄想無く、彼の天に生ぜず」（F131b1–2）と答え、『金剛経』の「一切の諸想を離れれば、則ち諸佛と名づく」を引いて経証とする。

また、次のように疑義が出される。

「万一に或は人有りて言う。諸経中に説いて曰く。禅天をば名づけて大果と為す。彼の天は無心想なりと。然りといえども還た観ずるところ有り。還た趣向有り。無心想定を得たる者は、滅心想を成就せる人に於て、豈に此の如きの分別有りや。初め無想念に入るの時、初め此の分別の門より無想念を観察す。此の如きの分別を現ぜずといえども、本と此の門より入る。所以に是の分別有り。此の二は若箇が是なるや。人有りて問うに如何に対うるや」。(F148a3–6)

この質問は分かりにくいが、一は無心想である天に、なぜ分別があるのか。二は無想念に入るには分別をもって無想念を観察しなければならない。したがって、分別はあるはずである。このことは矛盾しないかという意味であろう。

これへの答えは、「問うところの天乗とは、皆な是れ自心の妄想の分別なり」(F148b1)と言い、問題としている天そのものが妄想の所産であるとして、議論の根拠を奪う方法をとっている。

イ　「『十地経』中に拠るに、「八地の菩薩は、唯だ不観に入るのみ。佛は修行に入らしむ」と。此事に拠れば、凡夫は初地においてすらなほ未だ得ず。唯だ不観のみなるに如何が得べきや」。(F135a4–5)

不観は八地の菩薩にして始めて可能なもので、初地も得ていない凡夫においては不可能ではないかとする批判である。これには、「凡夫の未だ初地を得ざるは不観すべからずとは、此義行わるべきか、行わざるべきかは、前問に説き訖る」(F135b2–3)と答え、凡夫にも可能であると言う。

ウ　不観を直ちに成ずるのではなく、漸々に成ずるのであるということを議している。漸々であるべきことを「『金剛経』に云う。若し、諸法に了達し、観じ了って然る後に観じず」(F132b2–3)の経証をあげ、さらに「一切法を具するは、是れ智なり。一切の善法を修するは、是れ福なり。是の如きの一切を成就せんが為の故に、所以に多劫を経歴するなり」(F132b5–6)と言う。そして『首楞厳三昧経』の「初めに観を習する故に、然して此の三味を得る。譬えば射を学ぶが如し。初めに竹篳の大きこと牛身の如きを射る。已後に、漸く小さくしてなお毛髪の如くなるも、並に亦皆な中る」の喩をあげて、「従って、観を習いて、是れ漸々に修行す。諸佛の説く所は皆な漸門にして、頓門を見ず」（F133a1–3）と結んでいる。

これに対して、次のように答える。

「……『思益経』に云う。法性の理を説くに、若し人、千万億劫に道を行ずるも、法性の理に於て不増不減なりと。若し、この理を了知せば、是を大智慧と名づく。法性理中に於て修するも、修せざるも、皆、是れ妄想なり。法性の道理に拠って、若し妄想を離れば、大智の本は自然に成就す。……言う所の漸・頓は、皆、衆生の心想、妄想の見たり」。（F133a5–b2）

エ　「或は、故に生長せしむるの想あり。或は、生ぜしめざるの想あり。凡夫地に処して、初めに修行するとき、一切想を除くを得ず」（F134b5–6）。この質問中の「生長せしむるの想」と「生ぜしめざるの想」とがどのようなものか不明であるが、要するに二種の想があること、そして凡夫地ではこれらすべてを除くことはできないと言う疑問である。

これにたいして、「諸の大乗経に云う。一切の衆生は妄想分別あるに縁りて、生・不生の妄想に取著す、是故に生死に流浪す。若し、能く生・不生の妄想に取著せざれば、便ち解脱す」（F134b6–135a1）と答え、二種の想についてでは触れていない。

（2）次に、注目されるのは「妄想を離れる」ことと「六波羅蜜などの行」との関係についての議論である。

ア　「若し、只だ妄想を離れるのみにて成佛を得ば、亦、六波羅蜜、十二部経を説くを要さず。合に妄想を滅せしむると説くべきのみ」（F129b2–4）。ここでは、六波羅蜜などの行が必要であり、妄想を離れるだけでは成佛できないのではないかということと、若しそれが可能ならば、あえて経典に説く必要はないではないかということが議論される。

摩訶衍は、これに対し『諸法無行経』を引き、「但だ、心想の妄想を離るれば、即ち三十七道品は自然に具足し、一切の功徳は、亦、皆な円備す」（F130b1–3）と答える。

また、『楞伽経』第三を引き「但だ、心の妄想を離れるのみにて、則ち、諸佛如来の法身なり。不思の智慧は、自然に顕現す。又、法身は頓に報身、及以び、化身を現示す」（F130a3–4）と言う。

次に、何故、六波羅蜜などの必要性を経典は説いているかということにたいして、「佛の説く所の経は、皆、是の義有り。大慧よ。諸の修多羅は、一切の衆生の心に随順して説き、真実は言中に在るに非ず」（F130b6）、「大慧よ。まさに義に随順して、言説に着すこと莫るべし」（F131a2）との『楞伽経』の文を引いて答える。また、「佛、言く。我れ、某夜に成道し、某夜に涅槃に入る。此の二の中間に於て、一字も説かざるなり。已に説かずして今説き、当に説くべくして説かずとは、是れ佛説なり」（F131a2–4）と言って、そのようなことを実には佛が説いていないと答える。

イ　「問う。此の義は是れ般若波羅蜜とは、従令、是の般若波羅蜜の智慧は論ずるを得べきも、禅は相当せず。佛すら由ほ自ら般若波羅蜜に於て分別して六種と作し、智慧を共す。各自に別説するや」（F141a3–5）。ここでは「不思不観＝智慧（般若波羅蜜）」としても、例えば禅波羅蜜は含まれない。六種に分ける理由があるはずであると議するものであろう。

これにたいして「六波羅蜜を行ずる所は般若波羅蜜を求めん為なり。若し智慧波羅蜜を具うれば、余の五波羅蜜は修するも修さざるも、亦得るなり」（F141a5–6）と答える。

また、特に禅波羅蜜については、「禅の相い似ざる所と言うは、『宝積経』中に、善住意天子、文殊師利に白して云く。大士よ。言う所の禅行の比丘とは何等を名づけて禅行の比丘と為すや。文殊師利言く。天子よ。少法も取るべき有ること無し、是れ禅行なり」（F141a6–b2）の経証をあげて、禅波羅蜜も「少法も取るべき有ること無き」の無想の智、即ち般若波羅蜜に含まれるとする。

ウ　六波羅蜜を修するときはどのようなときか。これについて摩訶衍は次のように答えている。

「未だ不観不思を得ざる中間には、事須らく、六波羅蜜を行じて果報を希望せざるべし」。（F138a2–3）

「勝義中に於ては修・不修を離る。若し世間法を論ぜば、三業の清浄に仮りて住さず、看ぜず。則ち是れ六波羅蜜を行ずるなり。又、外に声聞戒を持して、内に菩薩戒を持す。此の両種の戒は則ち能く三毒の習気を除く。修行する所の者は、言説を空しうし、益事なからしめて、須く修行すべし」。（F156a3–5）

エ　「又、問う。万一に或は人有りて言う。修行に住在するに縁り、所以に授記せずと。是れ修行に縁りて授記せざるに非ず。尚ほ修行中に在るも、未だ合に授記に到るべからざる時の似し」（F149a6–b1）。この問いは、修行すれば授記されないというが、それは修行が未だ授記されるまでに完成していないということではないのかという質問と見受けられる。

これにたいして、「『思益経』第二に云う。梵天、佛に白して言く。菩薩は何の行を以て諸佛は授記するや。佛、言く。若し菩薩が生法を行ぜず、滅法を行ぜず、不善法を行ぜず、世間法を行ぜず、……禅を行ぜず、三昧を行ぜず、慧を行ぜず、行を行ぜず、知を行ぜず、得を行ぜず。若し菩薩にして是の如く行ずれば、諸佛は則ち授記す。授記とは、何の義有るや。佛、言く。諸法の二相を離れる、是れ授記の義なり。生滅を分別せずは、是れ授記の義なり。身口意の業相を離れるは、是れ授記の義なり。……」（F149b4–150a4）と経文を引用して答える。

（3）大乗とか二乗とかの区別について議する。

「問う。言う所の大乗経とは、何をか大乗の義と名づくや」。（F129a6）この質問は、単に摩訶衍の経証とする経典（当然、大乗経典）を問うたにすぎないと思えるが、答えは「大乗」と言うこと自体を問題にして次のように答える。

「答う。『楞伽経』に曰く。妄想有るに縁りて、則ち大乗の有るを見る。若し、妄想無ければ、則ち大小乗を離れ、乗及び乗者無し。乗の建立有ること無きを、我は説いて大乗と為す」。（F129a6–b1）

（4）言説を否定するのに、経を認めるのはどういうわけか。これについて次のように議するところがある。

「又、問う。『経文に廣く説く』と言うは、如何が説いて要不要を説言するや、会せず」。（F137a5）

これにたいして、経典の役目は鈍根の為であるとする。

「答う。『経文に廣く説く』とは、鈍根は要するを説き、利根は要不要を論ぜず」。（F137a5–6）

この議論は次のような問答に敷衍する。

「又、問う。此の方便は、第一義を顕示するが為の故なり。只、鈍根の為なりや、また、利・鈍の倶に要する為なるや。

「答う。鈍根にして勝義を了せざる者は、要す。利根の者は、要不要を論ぜず」。（F137a1–2）

（5）旧問群で基礎的な質問は出盡くしている感があるが、なお次のような質疑がある。

◇「問う。何をか名づけて衆生と為すや」。

「答う。衆生とは、妄想及び五陰・三毒を具足するに従るが故に有り」。

「又、何をか二乗人と名づくや」。

「答う。二乗人とは、一切の有は因縁より生ずると見る。一切の因縁和合所生のものは、無常・苦・空なりと覚

す。苦を厭うが故に涅槃を楽う。空寂に住し、取捨有るに縁るが故に二乗と名づく。……」。(F142b1–3)

◇「問う。世間及び第一義諦は、是れ一なるや、是れ異なるや」。

「答う。一ならず、異ならず。云何が一ならざるや。妄想、未だ盡きざる已来、世諦有るを見る。云何が異ならざるや。一切の妄想習気を離る時、一と異とは分別すべからざるなり」。(F136b6–137a1)

◇「又、問う。衆生は本来佛性を有すとは、何を以て本来有るを知るを得るや。外道の有我を言うが如きと何の差別ありや」。

「答う。本来佛性有りとは、日の雲より出で、濁水の澄清し、鏡磨かれて明浄なるが如し。……外道の有と同じからず。言う所の有我等とは、作者あるを見、時変者あるを見る」。(F142a3–142b1)

新問以後の婆羅門側からの質疑には、かなり論理的矛盾を突く姿勢がある。なかでも次のような問答は「有上」「無上」の言葉の矛盾にからむもので、いわゆる「あげ足とり」的である。

「新問第九。問う。一切衆生をして盡く無上菩提を証せしむも、由ほ此の福に及ばざれば、此の無上菩提も乃ち有上を成ず。此れ乃ち是なるや否や」。

「次後に説いて言うらく。無上菩提等は般若波羅蜜より出ず。無上菩提は般若波羅蜜を出でずと。出でざれば、是を阿那箇の菩提と説くや。若し、無上菩提を説かんに、今現の如きの般若波羅蜜に拠らば、此の如くに似たり。只、此の如く説かば、是れ無上菩提たる可からず」。(F139a6–b3)

総じて婆羅門側が相手の論理的矛盾を指摘する質問方法をとるに対し、摩訶衍側の「無想ならば大乗・小乗の分別は既に無し」「若し妄想を離るれば、更に法の説くべき無し」というような言葉による議論を回避する答え方に終始する。これらの両者の論争方法の違いは議論のかみ合わせをかなり困難にしたにちがいない。

四　摩訶衍の教学とその形成

インド僧より金口の説にあらずと批判され、論争をひき起こすに到った摩訶衍の佛教教学はどのようなものだったのであろうか。従来、伝世チベット史書やカマラシーラ著『修習次第』（後編）の叙述の中から推定するにとどまっていたが、『頓悟大乗正理決』などの資料を得たからには、それら第一次資料から読み取ってゆく方法がまず採られるべきである。

摩訶衍の教学的立場は、前項でみたような『頓悟大乗正理決』中の問答部分の答文（Ｐch四六二三、Ｐtib八二三も含め）、及び上奏文・聞奏文などに披瀝される。それらを基に以下に教学の輪郭の理解を試みてみよう。

(1)　摩訶衍の教学

『頓悟大乗正理決』にみる頓悟禅宗の基本構造

摩訶衍は自らの宗旨を、『頓悟大乗正理決』の用語例にみると「禅」「禅教」「禅法」「禅宗」「禅門」と呼んでいる。そして、「二乗禅」にたいして「大乗禅」（F154b4, 155a5）「大乗禅門」（F141a2, 157a1）「大乗無観禅」（F157a4）とも言う。また、教学の特色から「頓門」「頓悟」「頓悟禅宗」（F127b4）と言う。そして、これら頓門と漸門とがどのように違うかについてＰch四六二三（84―86）によれば「若し人ありて、初に発心し、法性の理を喜び、法性の理に通達する如きは、是を頓門と名づく」と言い、「三乗教を学ぶ如きは、是れを漸門と名づく」と定義している。

成佛論は、基本的に『金剛般若経』の次の引用に示される。

『金剛経』に云う。「一切諸相（＝想）を離れば、即ち諸佛と名づく」。（F131b2, 132b1）

この同じ引用は二回におよぶ。この句は、『大般若経』『楞伽』『華厳』等経中にもまた説くものであるという。また、次のように引用する。

『金剛経』及び諸「大乗経」に拠るに、皆云う。「一切の妄想・習気を離るれば、則ち諸佛と名づく」。（F129a4–5）

すなわち、「諸想＝一切の妄想・習気を離るれば成佛する」という。「想」とは「心念の起動、及び外境を取ること」（F133b6）である。「衆生は本来佛性を有す」ものであるが、これこそが「よく衆生の本来の一切智を障え、三悪道に及び、久遠に輪廻させる」（F134b3–4）過失をもつものであるから、佛になるためにはこの想を離れる（＝断つ）ことが必要であるとする。この想を離れた状態が「若し想を離れ不思不観なれば……」（F140a2）と言うように「不思不観」である。したがって、〈不思不観＝佛〉である。それでは、そのような「不思不観」の状態をどのようにして獲得するか。その方法が「看心して一切の想と習気を清める……」（P tib八二三）、「看心もて一切の心想・妄想・習気を除かしむ」（129a5–6）と述べている「看心」である。

「看心」とは、具体的にはどのようなことか。次のような文がそれに触れる。

◇旧に問う。云何が看心すとは。

答う。心源を返照し、心を看るなり。心想、若し動ぜば、有無・浄不浄・空不空等あり。盡く皆な思議せず観ぜざるは亦思わず。故に『浄名経』中に、「不観は是れ菩提なり」と説く。（F135a2–4）

◇又、問う。心の妄想を看るは、覚を起こすの時とは、何の経文に出すや。

答う。『涅槃経』第十八に云う。「云何が名づけて佛と為すや。佛とは覚に名づく。既に自ら覚悟し、復た能く他を覚す。善男子よ。譬えば、人有りて、賊有るを覚知すれば、賊の能く為さざるが如し。菩薩摩訶薩が、能く一切の無量煩悩を覚し、既に覚し了れば、諸の煩悩をして能く為すこと無からしむ。是の故に佛と名づく」と。是の故に坐禅して心の妄想の念を看じて覚を起こせば、則ち不取不住を取りて煩悩の作業に順わず。是れを念々解脱と名づく。（F147a5–147b3）

前者の問答は、まさに「看心」を問うものである。そこで「心源を返照し、心を看るなり」と答えられる。それでは「心源を返照する」とはどういうことか。それについて後者の問答から「心の妄想の念を看ずること」であると知る。すなわち看心の「心」とは「妄想の念」を言う。それでは、なぜ看心が「覚を起こさせる」ことになるのか。それは「能く一切の無量煩悩を覚し、既に覚し了れば、諸の煩悩をして能く為すこと無からしむ」「譬えば、人有りて、賊有るを覚知すれば、賊の能く為さざるが如し」であると説明する。すなわち、〈煩悩＝妄想の念を看る（＝覚す）ならば、煩悩の起動が無くなる〉という理由に基づく。ちなみに「坐禅」とは、「是の故に坐禅して心の妄想の念を看ずれば覚を起こす」と言うところからすれば、看心のための方法を意味し、「若し真如理性に通達せば、即ち是れ坐禅なり」（F156b1）と語るところからすれば「悟り」そのものを坐禅とも言う。

付随する諸問題

右のような教学体系をとれば、一般に言われる佛教の教義、例えば六波羅蜜の修行などがどう関連するのかが問題になる。それらにたいして摩訶衍はどのように考えていたか、『頓悟大乗正理決』の文中に見てみよう。

まず、六波羅蜜、三十七道品などの修行が必要か否かである。これにたいし、摩訶衍は『諸法無行経』の「但だ、心想の妄想を離るれば、即ち三十七道品は自然に具足し、一切の功徳は皆な円備す」（F130b2–3）と答え、不思不観の中に六波羅蜜などは含まれ、修行は成佛の必要条件ではないとする。「一切の想を離れれば、即ち諸佛である」とする考えが基本である。当然、利他行もそれに含まれる。それは「由ほ日月の光りが一切を照らす」（F140b6）ように不思不観に備わった徳相として語られる。しかし、経典で説く六波羅蜜などを全面的に否定するわけではない。世俗諦においては方便として認めており、「世諦法の如くんば、六波羅蜜は方便と為す。勝義を顕すが故に、是れ不要に非ず」（F136b3–4）と言う。しかし、勝義の立場からは要・不要を論じないとしてそれが必要条件であることを否定する。また、「鈍根にして勝義を了せざるものは要す。利根の者は、要不要を論ぜず」（F137a2）と機根の違いから方便として認める。

衆生の機根の違いが成佛の可否や内容に関係するかについて、「若し妄心起こらず、一切の妄想を離るれば、真性本有及び一切種智、自然に顕現す」（F140a3–4）と言い、佛性はすべての者にあるから、衆生であろうとも妄想を離れれば成佛するとするのが基本的立場である。ただし、「其の根性の利鈍に随って、是の如く修習せば、妄想習気は亦やみ、即ち解脱を得るなり」（F138a6–b1）と言うところがあり、機根に対応しての修習のあり方は認めるのである。しかし、それらはあくまでも世諦法の立場である。したがって三乗の別などは、妄想の有る状態で論ぜられているものであって、本来的には存在しないものである。このことを『楞伽経』の文により「妄想有るに縁りて、則ち大乗の有るを見る。若し、妄想無ければ、則ち大小乗を離れ、乗及び乗者無し。乗の建立有ること無きを、我は説いて大乗と為す」（F129a6–129b1）といい、また「此の義は是れ般若波羅蜜、無思の大乗の禅門なり。無思の義中において何ぞ三あるを論ぜん。一すら亦立たず」（F141a1–2）と言っている。

経典が種々に説くことの意味についても、真実は言葉で説きえないものであるが、佛は「一切の衆生の心に随順して説き、真実は言中に在るに非ず」（F130b6）とする。

引用経典の特徴

摩訶衍は以上のような教学を多くの経典に典拠を求めて説明するのであるが、『頓悟大乗正理決』とそれに類する資料で引用する経典には次のようなものがある。ただし、名前だけのものは除く。（ ）は『頓悟大乗正理決』での引用回数。［ ］はＰch四六二三の一三三行までの部分での引用回数。

(1)「楞伽経」＝実叉難陀訳『入楞伽経』七巻本（26）［14］
(2)「密厳経」＝（3）［8］
(3)「思益経」＝（11）［5］
(4)「大佛頂経」＝（2）［4］
(5)「積善住意天子所問経」＝（1）［1］
(6)「佛華厳入如来徳智不思議境界経」＝［1］
(7)「宝積経」＝（3）［1］
(8)「涅槃経」＝（3）
(9)「維摩経」＝（1）
(10)「浄名経」＝（1）
(11)「入如来功徳経」＝（3）
(12)「法華経」＝（2）
(13)「金剛経」＝（7）
(14)「金剛三昧経」＝（3）
(15)「諸法無行経」＝（3）
(16)「首楞厳三昧経」＝（3）

その他、「十地経」「金光明経」「花厳」「普超三昧」「大般若」「般若」の経名を見る。摩訶衍は教学の依るところを専ら経典におくことを表明し、「摩訶衍の説くところは疏論に依らず、大乗の経文の指示に准る。摩訶衍の修習する所は『大般若』『思益』『密厳』『金剛』『維摩』『大佛頂』『花厳』『涅槃』『宝積』『普超三昧』等の経に依りて信受し奉行す」（F156b4–6）と述べる。「若し法相を聴かんと欲せば、婆羅門法師の辺に聴かしむ」（F156b3–4）と言うところからみると、婆羅門僧の立場は、必ずしも経典に准拠するものではなかったらしい。

(2)　摩訶衍の教学系統

摩訶衍が、どのような禅の思想系譜を承けたかについては、次の項で見るように、中原で師をたずねたことを自ら述べていることに知られる。しかし、右のようなかれの教学をわれわれのもつ北宗禅・南宗禅などと分類される教学史的知識にあてはめてみると、そのいずれに属するかの明瞭な徴表を見いだし難い。専門の学者の意見によっても、かれは一応、北宗系の禅を承けるが、神会の南宗の思想もみられ、更に保唐宗系の特色もあるという。(1) たしかに、「看心」の思想は、北宗系と見なされる『頓悟真宗要決』などに現われるものである。しかし、『金剛般若経』の文を教学の中心的根拠に置く点など、また、不思不観など「無念」を思わせる思想は南宗禅に近い。さらに、引用経典を見ると『楞伽経』が非常に多いが、ところがこの『楞伽経』は、北宗禅が依った『四巻楞伽』ではなく実叉難陀訳の『七巻楞伽』であり例外を見ない。このような摩訶衍教学の特色を当時の禅が未だ固定的でなく流動的であったためであると見るべきか、摩訶衍自身がチベット佛教の中にあって臨機応変の対応のやむなきより出た姿勢であると見るべきか意見の分かれるところであろう。今後の研究にまつべき問題である。

(3)　摩訶衍の足跡

以上のような禅の教学を主張する摩訶衍とはどのような経歴をもつ人物であろうか。

摩訶衍は自身のことについて『頓悟大乗正理決』の最後の聞奏文のなかで次のように述べている。

摩訶衍の依止せる和上の法号は、降魔、小福、張和上、准仰、大福、六和上なり。同じく大乗の禅門を教示せり。法を開いてより已来、五、六十年を経る。亦、曾て久しく山林樹下に居り、出家已来得るところの信施財物は、亦、曾て着積せず。随時に盡く皆な転施せり。毎日朝に施主及び一切衆生の為に大乗経一巻を転じ、世聞法に随って香を焚く。皆な発願し、四方寧静、万姓安楽にして、早に成佛を得るを願う。亦、曾て京中の巳上の三処に於て、法を聞き信受する弟子の約五千余人有り。（F156b6−157a5a）

右の叙述中より、かれの師の法号が、降魔、小福、張和上、准仰、大福、六和上であること。[2] 聞法以来五、六十年になること。京（＝長安）中にあって弟子が五千余人あったこと、などを知る。

『頓悟大乗正理決』に記す宗論の終結の戌年が七九四年とすると、その五十年以前は七四四年となる。そのころ摩訶衍は向学心あふるる青年であったにちがいない。長安は七五五年の安史の乱で混乱に陥るが、そのころ曇曠がそうであったように、摩訶衍もまた河西へと遊出し、やはり敦煌に留まっていたのではあるまいか。

摩訶衍の伝記を中原の史書に求め得ないが、宗密（七八〇〜八四一）の著になる『中華伝心地禅門師資承襲図』（卍続蔵・二・一・一五・五）の中、磁州智如の項にその名を列する。これが果して、いまの摩訶衍か否かは定かでないが、智如（＝法如）は七二三〜八一一年であるから、ほぼ同年の人であり、いまの摩訶衍が相当する可能性がある。いずれにしても、論争にたずさわっていたころの摩訶衍はかなり高齢であったにちがいない。謙遜の辞としても「況や臣は老耄し、心風《ゆら》ぎ、説きし所、前を忘れ後を失す」（F143a5）と述べるところがある。

かれは、曇曠と同様、敦煌にあって著名な学僧であったに違いない。したがってチベット賛普からの佛理に対する質問をうけることとなり、遂にはチベット本土に招請されることとなった。

しばらくチベットの各地を転々とした後、申年（七九二）に浄域で法を説かしめられ、以後戌年（七九四）にいたるまで婆羅門僧と宗義の是非をめぐって問答する。後、ドミエヴィル教授の研究によれば、[3] 七九六年頃までに敦煌に帰り、蕃大徳として遇せられていた。

チベットに来たときは「漢僧大禅師摩訶衍等三人」であったと記すが、他の二人の消息は不明である。しかし、婆羅門僧が意識せざるを得ないほど、そのチベットにおける布教力は強力で、この地に多くの信者や弟子を育てたようである。「臣に上足の学徒有り。且、聡明にして利根なり。復た後生畏るべし」(F143b3)と言っている。具体的には叙文にでる僧統宝真、須伽提などがそうであろう。

摩訶衍が果たして伝世史書が言うように「追放」されたかどうかは疑わしい。『バーシェ』によると、摩訶衍は寺院を建てて中国にかえったとある(本書三〇八頁)。「追放」の記述に傾いたのは、後世のインド中観教学中心の後伝期チベット佛教を背景としての風潮からであろう。

[注記]

(1) 小畠宏允「古代チベットにおける頓門派(禅宗)の流れ」(『佛教史学研究』一八—二、一九七六)六六—七三頁。

(2) 饒宗頤「神会門下摩訶衍之入蔵兼論禅門南北調和之問題」(『香港大学五十周年記念論文集』)一七三—一八一頁、沖本克己「摩訶衍の思想」(『花園大学研究紀要』八、一九七七)参照。六和上を六人の和上とすると人数が合わないし、数も多すぎる。張和上(降魔、小福)、六(=陸)和上(准仰、大福)の二和上と見るべきではないか。なお検討を要す。

(3) P. Demiéville, ibid., p. 278.

(4) チベット写本中のマハエン資料

摩訶衍の思想は『頓悟大乗正理決』によってほぼ知り得たが、ところが、同じく敦煌出土のチベット文写本のなかに mKhan po Ma ha yan の教義と称して記述する文献がある。紹介すれば、次のようである。[1]

P. tib. 117V, 5–7

[5] / mkhan po ma ha yan gyi // bsam bstan chig car ’jug pa’i sgo dang // bshad pa’i mdo’ //[2] bsam gyis myi khyab par bzhag go // de ltar nus na ni chig car 'jug ces kyang bya // nye las [3]zhes kyang bya // gsang ba'i sgo zhes kyang bya // grol thard pa'i lam sgo zhes kyang bya // de ltar myi [4]nus na ni // de la thabs lnga zhig yod de // lnga gang zhe na 'di yin no // myi rtog pa la 'jug [5]pa'i tshen myi bden ba'i sems gyos tshor na ni lung du myi nyon pa'o // myi bden pa'i sems [6]gyos tsher ba'i rjes su myi rtog cing 'brang na // sems can phal lo // myi bden ba'i **[6]** sems gyos tsher gyo ba nyid skyon du rig nas / tshor bas g-yo ba 'byung du myi ster na [2]'gyog pa'o // myi bden ba'i sems gyos tshor zhing rang myed na ni // zhi ba phyogs gcig [3]pa zhes kyang bya // stong pa bag la nyal zhes kyang bya / myi bden ba'i sems g-yos tshor [4]zhig / rjesu myi rtog myi 'brang na sems thang re yang grol thard pa re re'o zhes bya'o // mkhan [5]po ma ha yan gyi bsan brtan myi rtog pa'i nang du / pha rol du phyin pa drug dang / bcu [6]yang 'dus par bshad do // myi rtog pa la zhugs pa'i tshe na /khams gsum yongs su **[7]** btang bas na / sbyin pa chen po yang rdzogs so // myi rtog pa la zhugs pa'i tshe // [2]sgo'i sems myi 'byung bab na tshul khrims chen po yang rdzogs so// myi rtog pa la zhugs [3]pa'i tshe na bskyes kyi 'du shes myi 'byung bar bzod pas na / bzod pa chen po yang rdzogs so // [4]myi rtog pa chu bos rgyun bzhin du myi gcod bas na / bstson 'grus chen po yang rdzogs so // myi rtog pa tinge 'dzin yin bas na / tinge 'dzin chen po yang rdzogs so // myi rtog pa nyid [6]shes rab ste // 'jig rten 'das pa'i ye shes su gyur pas na // shes rab *chen pos yang rdzogs so // myi rtog pa nyid bla na myed pa'i gnas su 'gro ba'i thabs yin pas na // thabs chen pos yang rdzogs so // myi rtog pa la zhugs pa'i tshe // khams gsum zil kyis non pas na // thobs chen po yang rdzogs so // myi rtog pa smon lam de bzhin gshegs pa'i smon pas na // smon lam chen po yang rdzogs so // myi rtog pa nyid de bzhin gshegs pa'i dbyings yin pas na // ye shes chen po yang rdzogs so ////

＊印以下はP. tib. 116 (172–173) による。

〔和訳〕

和尚マハエンの禅に頓入する門と、解説の要約

（A）不思議に住す。そのようにできるとき頓入と言い、近道とも言い、秘密門とも言い、解脱道門とも言う。そのようにできないとき、それにたいして、五方便というものがある。五とは何であるか、次のようである。

（B）（1）妄念起動を覚するとき、無授記である。

（2）妄念起動を覚し、覚を伴うとき、凡夫である。

（3）妄念起動を覚し、起動の過失を知って、覚による動揺の生ずることがないなら、滅盡である。

（4）妄念起動を覚し、無自性なるとき、一向寂静といい、空随眠とも言う。

（5）妄念起動を覚し、覚を随念せず、伴わないとき、各々の刹那心は念々解脱し、最勝の禅である。

（C）和尚マハエンの禅・不観のうちに六と十の波羅蜜が集約されることを説く。

（1）不観に悟入するとき、三界を普く捨てるから、大施を満足する。

（2）不観に悟入するとき、三門の過失を生じないから、大戒を満足する。

（3）不観に悟入するとき、心行が生じないことを忍ぶから、大忍を満足する。

（4）不観においては、河の流れの如く不断であるから、大精進もまた満足する。

（5）不観は定であるから、大定もまた満足する。

（6）不観は慧であって、出世間智を成ずるから、慧もまた満足する。

（7）不観そのものが、無上の住処にゆく方便であるから、大方便もまた満足する。
（8）不観に悟入するとき、三界は調伏されるから、大力もまた満足する。
（9）不観そのものが願であり、如来の願に入ることを願うから、大願もまた満足する。
（10）不観そのものが如来界であるから、大智もまた満足する。

Ｐtib一一七の他に、Ｐtib八一二は右の（A）に相当する序文と（B）の（5）の途中までで、それ以下を欠く写本である。また、Ｐtib一一六（171[1]–173[3]）には（C）の部分のみが見られる。ただし、Ｐtib八一二の序文は、Ｐtib一一七のものと相当に違っており次のようである。

P. tib. 812, 6–8

// mkhan po ma ha yan // bsam btan [2] gyi snying po' / bstan pa' / theg pa chen po'i / bsam [3] btan gyi mdo yang manste / de'i nang dam na pa ni / [4] don dbu' ma la cig car 'jug pa yin to / cig car 'jug pa la ni thabs myed de / **[7]** nyid kyi rang bzhin las bsgom mo / de la [2] mos ni sems sems ni ma skyes pa'o / ma skyes pa [3] ni stong pa ste / dper na nam ka' dang 'dra bas / dbang po [4] drug gyi spyod yul ma yin bas / stong pa de na / tshor ba [5] zhes bya'o / tshor ba nam ni tshor ba nyid kyang myed de / **[8]** de bas na thogs pa dang / bsam ba'i shes rab la ma gnas [2] par chos mnyam ba nyid la bsgom shig / mkhan po ma ha ya na'i / bsam btan ci la yang / myi rtogs pa ni // bsam du yang [4] myed pa la bsam gyis myi khyab par bzhag pa'o / de ltar ma [5] nus na / de la thabs lngas bstang ba zhig yod do / gang zhes na / ……

〔和訳〕

和尚マハエンの禅の心髄を説く。

大乗の禅の典籍は多いが、そのうちで勝れているのは中の義に頓入するものである。頓入に関しては方便は無く、法の自性を深く思うことである。そのうちで、法は心であり、心は不生である。不生は空である。たとえば虚空のようであり、六根の対象となるものではないから、その空であることが覚である。覚すれば覚そのものも無である。それ故に憶持と想の慧に住さず、法の平等であることを深く思え。和尚マハエンの禅の何物も分別しないとは、不思であり、不思議に住することである。そのようにできないとき、それに対して五方便の教えがある。何かといえば……

先に見たように、摩訶衍は「其の根性の利鈍に随って、是の如く修習せば、妄想習気は亦やみ、即ち解脱を得る」と言い、修習のあり方を説いていたことが推定できる。「看心」もその一である。『頓悟大乗正理決』には説いていないが、その他にも方便としての修習を鈍根の為に設けており、それを独立した著作に示していた可能性はある。右の文中の「五方便」がそうであることを否定するものはない。

また、「和尚マハエンの禅に頓入する門」(mkhan po Ma ha yan gi bsam gtan cig car 'jug pa'i sgo)という文献がStib四六八にある。五行詰め貝葉形用紙三面を残す。これについては筆者もかつて触れたが、その後、種々の和訳が試みられているので、(2) いまはその原文と和訳の紹介を省く。内容は、生死輪廻の根本は分別心にあり、どのようなものにも分別しない状態(=不思不観)が法道行である。不思にすら執着しないのが如来禅であるという趣旨である。『頓悟大乗正理決』には「法道行」や「如来禅」に相当する語は見あたらず、この内容が果たして摩訶衍自身のものであるかどうかを見定め難い。後にも論ずるように(本書三三五頁)チベット文の禅関係の文献の中には、論争以後の禅の伝承のなかで作製されたものもあり、右の二文献にもそうした過程の中で摩訶衍に仮託して作製された可能性を否定できない。

[注記]

（1） この文献は上山大峻「敦煌出土マハエン禅師遺文」（『印度学佛教学研究』一九―二、一九七一）で紹介した。その時点で筆者はこれを摩訶衍のものとほぼ断定しているが、その後の研究でその断定を保留するに到った。なお、沖本克己氏が和訳を刊行した。『大乗佛典・敦煌Ⅱ』（中央公論社刊、一九八九）二九一―二九九頁。

（2） 右拙稿、一二四頁。なお、この文献には次の紹介がある。S tib四六八「摩訶衍禅師の『禅定頓悟門』」を御牧克己氏は紹介する（『講座大乗佛教・7』一三〇―一三一頁）。これには沖本克己の和訳『日本西蔵学会会報』一三号、山口瑞鳳氏の部分訳『講座敦煌・8』四〇五頁、Houston のテキストと英訳、Houston G. W., The system of Ha shang Mahayana, *Central Asiatic Journal*, XXI–2 (1977). pp. 105–110.沖本克己「サムエの宗論（3）、二種の摩訶衍遺文」（『日本西蔵学会々報』一三、一九七七）。同「摩訶衍の思想」（『花園大学研究紀要』八、一九七七）。原田覚「敦煌蔵文 mKhan po Ma ha yan 資料考（1）」（『印度学佛教学研究』三〇―一、一九八一）。Houston, G. W., Further Studies on Pelliot 117 and the System of Ha Sang Mahayana, *The Tibet Journal*, vol. X (1985).

五　インド婆羅門僧とその思想

摩訶衍がどのような教学をもっていたかを前項で見てきたが、次にそれに対峙した「婆羅門僧等三十余人」がどのような人々で、どのような教学をもっていたかが問われなければならない。従来は『頓悟大乗正理決』が伝世史書の伝える宗論の記事を実証したことから、自明のこととして婆羅門僧たちはカマラシーラたちであったとする傾向がある(1)が果してそうであろうか、慎重であるべきである。カマラシーラであることに疑問を感じる一は、『頓悟大乗正理決』に彼の名前が出てこないことである。カマラシーラほどの人物であるなら当然その名前の紹介があるはずである。しかし、どこにもその記述が見られない。二は宗論の結末が『頓悟大乗正理決』では摩訶衍側の勝利になっており、カマラシーラが勝ったとする史書の述べるところと異なる点がある。これらの問題を解釈するため筆者はかねてカマラシーラは、『頓悟大乗正理決』に記録された事件以後に登場したのではないか、すなわち申〜戌年の論争はカマラシーラと摩訶衍が賛普の面前で論争する以前のものであると推定した。(2) 更に今枝由郎氏は、御前宗論自体が後世の史家の虚構であると論じた。(3) このように、明確な証拠をもって「婆羅門僧」がカマラシーラであるという同定ができない現在、われわれは「インド婆羅門僧」を直ちにカマラシーラであると断定することを避け、まず『頓悟大乗正理決』から婆羅門僧の思想を抽出し、その後、それとカマラシーラの思想を比較検討しその同異をあらためて判定するという手続きをとらざるを得ない。

[注記]

（1）芳村修基は、伝世史書にいうカマラシーラが宗論の主役であったことを考察の出発とする。ドミエヴィル教授にも特に疑ったところはない。

（2）拙稿「曇曠の研究」一六九頁。

（3）Y. Imaeda: Documents tibétains de Touen-houang concernant le concile du Tibét, *JA* (1975). pp. 125–146.

(1)　『頓悟大乗正理決』にみる婆羅門僧の思想

『頓悟大乗正理決』に婆羅門僧側の教学をまとめて紹介するところはない。摩訶衍教学への批判のなかに反顕されるところより推定する他ない。それらを収集してみるとほぼ次のような主張が浮かび上がる。

◇六波羅蜜等の修行を通じて、徐々に佛果を得てゆく。

◇福と智の二を認める。
◇三乗の別を認める。
◇佛とは多劫以来の功徳が備わったものと解釈する。
◇衆生が本来佛性を有すとする説に批判的。
◇悟りへの過程は漸悟であって、頓悟ではない。
◇種々の善を修しおわって、はじめて解脱する。
◇諸法に了達し観じおわって後に観ず。
◇智慧の他に方便が必要。
◇経典の説法は必要。
◇経典を多く引いて論証する姿勢に乏しい。
◇法相に詳しい。

大体、以上のような教学的特徴を断片的に知ることができる。これからみると、まず彼らが大乗佛教の徒であったということは確かである。そして、後にカマラシーラの教学に見るような智慧と方便を重視する特色も認めることができる。したがって、教学の特色から見るかぎりカマラシーラである可能性を否定できない。しかし、それだけをもって彼らが直ちにカマラシーラであったと決定することはできない。先行してチベットに入ったという師のシャーンタラクシタも同類の教学体系をもっていたと思われるからである。(1)

［注記］

（1）　カマラシーラとその師とされるシャーンタラクシタとの間に教学的相違があったことが、松本史朗氏「チベットの佛教学について」（『東洋学術研究』二〇—一、一九八一）一四一—四二頁などに論じられているが、両者の教学の基本的構造については同じであると見なしてよかろう。

(2)　カマラシーラとその著作

チベット史書は宗論に関して一致してカマラシーラの存在を述べる。はたしてカマラシーラはチベットに在住し、どのような教学をもち、実際に宗論にかかわったのか。

史書は、カマラシーラが宗論の後、賛普の要請によって三篇の『修習次第』を著作したことを述べる。ところで、その三篇の『修習次第』のうち後篇の『修習次第』は、具体的名前こそ出ないが、明らかに禅の教学を対象とした論議を内容としている。従来、そのことが宗論との関係を証明するものとして宗論へのカマラシーラのかかわりが納得されていた。ともあれこれら文献の成立について、伝世史書ではあるが最も古い層に属すといわれる『バーシェ』には、次のように述べる。

R. A. Stein ed: *sBa–bzhed*

…..[p. 62: 16] de nas lha shang ma ha yana gtsug lag khang gcig[2] bzhengs [p. 63] nas slar rgya nag du gshegs / btsan pos thugs dgongs grub nas / tshong dus su bad rngam pa’i lha khang bzhengs nas / dga’ ston mdzad pa’i dus su / bod ’bangs thams cad tshogs pa dang / ’bangs[3] thams cad chos la bzud cing chos mi byar mi rung pa’i phyir / dbus mtha’ thams cad du slob dpon[4] bskos / zhang blon gyi bu tsha dang btsun mo thams cad ka pa li re thog nas dhar ma bslab du bcug / slob dpon[5] ka ma la shi la la chos thams cad thos bsam gyis bdag med par gtan la phob pa’i[6] chos de ji ltar lags pa cig yi ger bkod pa zhus pas / sgom rim pa dan po brtsams nas [7] btsan po la gnang / btsan pos gzigs pas don dgongs nas dges te/ de'i don gtan [8] gcig gi thog tu bsgom na ji ltar sgom zhus pas / sgom rim bar pa brtsams nas gnang [9] de ltar bsgom pas de la 'bus bu ji lta bu mchi zhus pas / sgom rim tha ma brtsams nas 'bras [10] bu bstan pa'i zhar la ha shang gi lta ba nor ba de sun phyung nas gnas gnang de la shin tu dges pas / [11] de'i don 'grel du bho dhi sa twa'i sgongs pa la brtsed pa rgol ba byung bar dogs pa'i don du lung dang rigs pa [12] 'grel bar dbu ma snang ba rtsam nas gnang /.....

〔和訳〕

その後、マハーヤーナ和尚は、一の寺院を建てられて、[p. 63] もう一度中国に帰られた。賛普は禅定を成就されて、市場にバドガンパの佛殿を建てられて、祭典を行われた時、チベットの全ての人々が集まり、法をたもち、法によるように、一切の中・辺に学僧を並べ、尚論の子息と王女のすべてを ka pali ro thog（?）して、ダルマを学ばせられた。

師カマラシーラに、一切法を聞思することによって無我を決択するのは、どのようなものであるかを文章にするように請われた。そこで、最初の『修習次第』を著作されて賛普に差し出された。賛普は、それを覧られて意味を知られ喜ばれ、その意味を一期間に(?)修習するとき、どのように修するかを問われたので、中間の『修習次第』を著作して差し出された。そのように修習することによって、それに対する果がどのようであるかを問われたので、終わりの『修習次第』を著作して、果を示した続きに、和尚の見解の間違いを批判して、根拠を出されたので、そのことを大変喜ばれた。そこで、その意味の解釈を、ボディサットバの思想に対立して争いを生ずる疑問点に関して、経と理の注釈である『中観明』を著作して差し出された。

右の文中に出る初・中・後の三篇の『修習次第』も『中観明』（*sBu ma snang ba*）も、チベット蔵経に伝承されており、和訳すれば次のような奥書が付いている。

〔初篇〕カマラシーラによって、この『修習次第略摂』は造られた。『修習次第』第一、終わる。

〔中篇〕『修習次第』はアーチャーリヤ・カマラシーラによって、中間に造られた。終わる。

〔後篇〕『修習次第』はアーチャーリヤ・カマラシーラによって、最後に造られた。終わる。

これらのうち、初篇と後篇にはサンスクリット本も発見されており、後篇の奥書は、

ācāryakamalaśīlanibaddho bhāvanākramaḥ samāptaḥ / (*MBT*, III, p. 31)

とある。また、初篇には漢訳『廣釈菩提心論』四巻（大正一六六四番）があるが、撰号は「蓮華戒（Kamalaśīla）菩薩造」とある。

伝世資料であるから、伝承中の増減・加筆などを免れないであろうが（後篇で対照したかぎりでは、サンスクリット本とチベット訳とは両者よく一致する）、一致してカマラシーラの著作とするところ、まず事実を示すと考えられる。そして、敦煌のチベット写本のなかに『修習次第』の断簡（初篇のみであるが）が存する。いずれも奥書の部分を損失した断簡のみである。現在の版本と対照してみると、訳語の違いなどが認められ古い原初形態を示すテキストであると認められる。(1) これらのことから『修習次第』著作の事実を承認することができる。また、カマラシーラが『大乗稲芊経』の注釈を著作し、法成がそれを翻訳している事実は、カマラシーラが当時のチベット佛教に密接に関係した存在であったことを物語っている。論争の収拾のためか否かは不明であるとしても、彼がチベットに在住し、当時のチベット佛教に大きな指導力を発揮した可能性は大きい。

では、カマラシーラは『修習次第』のなかにどのような教学を明らかにしているのであろうか。要約して紹介すれば次のようである。

一切智者の位を得ようとするものに必要なものは、慈悲と菩提心と実践行とである。それら三者の関係は、慈悲が根本、菩提心が原因、方便（＝実践行）が究竟である。

したがって、慈悲が最初に修習されなければならない。衆生を救おうとする誓に基づいて悟りを得ようとする菩提心が生ずるのである。

悟りを得るためには実践行が必要である。それは何かといえば、般若の智と方便の双行である。

そのうちで、方便とは六波羅蜜のうちの般若波羅蜜以外の他の五波羅蜜、及び四摂法などの善巧のことである。般若の智とは、聞所成慧、思所成慧、修所成慧である。

聞所成慧によって経典の意味を確定し、思所成慧によって、経典と論理により妙観察し「諸存在の真実なる本性」（＝勝義としては不生であること）を修習する。修所成慧とは止（心一境性 cittaikāgratā）と観（真理の妙観察 bhūta-pratyavekṣā）を双運することである。このうち、観の対象となる真理とは人法の二無我を指す。

こうした修習は、信解行地、十地、佛地という菩薩の修行の階梯を経て実現されてゆくのである。

［注記］

（1）『修習次第』の資料と研究に関しては、次の論文に詳しい。御牧克己「頓悟と漸悟―カマラシーラの『修習次第』」（『講座大乗佛教・7』、一九八二）二三三―二三八頁。最近の研究としては、松下了宗氏が印度学佛教学大会（一九八九年九月五日）で「敦煌本修習次第と混成文献」を発表し、Ｐtib六八二、Ｐtib八二五に混ざっている他の文献の検討を行った。

(3) カマラシーラによる禅批判

『バーシェ』の伝えるように、『修習次第』後篇には禅にたいする厳しい批判が見られ、宗論が背景となって著作が為されていることを示唆している。その後篇を中心に検討を加え、カマラシーラの批判のあり方と彼の主張する教学構造を理解してみようと思う。

『修習次第』後篇で、カマラシーラは禅を批判するに当たって、まずその禅の説を次のように紹介している。

いかなるものもすべて心の分別（citta–vikalpa; sems kyi rnam rtog pa）から生じた善・不善の業力によって、有情は天界等の果をうけて生死に輪廻するのであるから、人は何も思わず（na kimcic cintayanti; ci yang mi sems）何も為さない（nāpi kimcit karma kurvanti; ci yang mi byed pa）ならば、輪廻から解脱するであろう。その故に、何も思わず、何らの布施等の善行（dānādi–kuśala–caryā）を為すべきではない。布施等の善行は愚夫（mūrkhajana; skye bo blun po）の為に説かれたのであるから、教説としてだけのものであると考えて、そのように説くのである。

以上は、先に『頓悟大乗正理決』でみてきた摩訶衍の思想に基本的に一致する。その禅の思想にたいし、カマラシーラは次のように批判する。

（A）そのように何も思うべきでないと説くことは、正しく個別観察（＝妙観察）する特徴をもった智慧（bhūta–pratyavekṣālakṣaṇa–[prajñā]; yang dag par so sor rtog pa’i mtshan nyid kyi shes rab）を断棄することになる。正しい智（samyagjñāna; yang dag pa’i yes shes）の根本は正しく個別観察することであるから、それを断棄したならば、出世間の智慧（lokottara–prajñā; ’jig rten las ’das pa’i shes rab）を断棄することになるであろう。

（B）布施等の善行を為すべきでないと説くことは、また布施等の方便を全く断棄したことである。

総括すれば、大乗は智慧と方便（prajñā–upāya）である。

この批判の中で、まず注目されるのは、（A）の部分にみる「個別観察の断棄」のことである。すなわち、カマラシーラは、出世間智に到るには正しく個別観察することが必要であるとする。禅のように〈何も思わず、何も為さない＝不思・不観〉ことをもって悟りに到ると言えば、個別観察という思考作用までも含めて否定してしまうことになり、したがって、悟りに到ることができなくなると言うのである。この論理は『頓悟大乗正理決』の中に見あたらないものであるが、一体、「正しい個別観察」とは何か。

カマラシーラやその師シャーンタラクシタは、後期インド論理学派の影響をうけて佛教における無我・無自性の認識を論理学的に証明することを試みる。[1] これは、言葉をもって構成される論証式をもって行われるが、この方式がここで「個別観察」（＝妙観察）と言われるものと考えられる。これは思考の範疇に属する。そして彼らは「梯子が無かったら、真理の宮殿に登ることはできない[2]」と言い、言葉を通してはじめて勝義の世界に到ると見るのである。佛教教学の上に不可欠のものであると認めるのである。そのような教学からすれば、摩訶衍の直ちに「不思不観」に入ることを主張する禅の方式は認められないものとなる。その批判が右の（A）の文中にあらわれている。[3]

ところで、『頓悟大乗正理決』の問答の中にみる婆羅門僧の教学の特徴のうち「福と智」の二要素の必要、また「方便と智慧」の双行を主張するところはカマラシーラの教学に一致するところであることを認めることができる。しかし、「個別観察」をめぐる論議は見あたらない。かろうじてその関連を思わせるものとして、次の問答がある。

問う。万一に或は人有りて言う。初め未だ心想を滅せざるに縁る時は、此の門より観ず。所以に分別有り。則ち『楞伽』七巻中に説く。「此の門より観察して頓門に入る。亦、分別非想天に入りて無心想を現ず」と。

若し趣向有るに縁りて分別と言わば、即ち是れ有心想なり。無心想と言うを得ず。若し人有りて問わば如何に対うるや。

謹みて答う。言うところの「初め未だ心想を滅せざるに縁る時は、此の門より観ず。所以に分別有り。則ち『楞伽』七巻中に説く。此の門より観察して頓門に入る」とは、此の義に答えるに前の文に已に答え了る。今、更に再び問うなり。衆生に妄想分別の心有り、即ち若干の種有り。（F148b4–149a2）

この問答は、婆羅門僧が方便としての「観察」の必要性を前提として、直ちに無心想に入りうるという摩訶衍教学の矛盾を指摘するものである。しかし、ここには『修習次第』後篇で見るような決定的な批判が見られない。すなわち、カマラシーラが摩訶衍を批判するとすれば、もっと強力な論理矛盾をつく問答を提示したと思うのである。筆者が、『頓悟大乗正理決』の論争段階ではカマラシーラは、未だ登場していなかったのではないかと推定する一根拠である。

また、カマラシーラの『修習次第』を見るとき、『解深密経』の引用が多い。(4) ところが『頓悟大乗正理決』では、婆羅門僧もこの経典を引用していないし、摩訶衍もまったく引用していない。『プトン佛教史』によると摩訶衍は『解深密経』を足げにしたという。(5) すなわち、摩訶衍の説に反するものとして採用しなかったとする。その可能性も大いにあるが、しかし、もし『解深密経』が漸門派の重要な経典であるならば、この経典をもって頓門派教学への批判を試みてもよいであろう。また、摩訶衍もこの経典の中に自説の典拠を求める努力をしてよいであろう。これが『頓悟大乗正理決』でまったく見られないことは、『解深密経』を典拠とするカマラシーラの教学が未だかかわっていなかったことを意味しないかという疑いをいだかせる。

［注記］

（1）拙稿「シャーンタラクシタの教学的特質」（『印度学佛教学研究』九―二、一九六一）、江島恵教『中観思想の研究』第五章（一九八〇）、梶山雄一「シャーンタラクシタの批判哲学」（『佛教の比較思想論的研究』、一九七九）参照。
（2）この言葉はバブヤの『中観心論』第三章一二偈に現われ、シャーンタラクシタの『中観荘厳論』の中に引用される。一郷正道『中観荘厳論の研究』（一九八五）テキスト篇一三二頁、和訳一六八頁参照。
（3）拙稿「チベット宗論における禅とカマラシーラの争点」（『日本佛教学年報』四〇、一九七五）。
（4）『修習次第』における『解深密経』の引用は、筆者の調査では初篇三回、中篇九回、後篇二回である。
（5）佐藤長『古代チベット史研究』下、八六〇頁参照。

六　チベット宗論の結末とその後

『頓悟大乗正理決』は摩訶衍が勝利したとするが、チベット伝世史書はカマラシーラが勝ち、以後のチベット佛教の方向は中観派に統一されたと述べている。カマラシーラが宗論に事実かかわっていたかどうかは分明でないが、チベット佛教のその後が中観派になったことは敦煌写本中に存在する『大乗経纂要義』という文献により証明される。次にまずこの文献について見ることとする。

(1)　『大乗経纂要義』について

敦煌出土写本の中に、「大乗経纂要義」と題記される写本が存在する。現在までに、Ｐch二二九八、Ｓch三九六六、Ｓch五五三三の三点を見いだすのみであり、内容的にみても簡単な佛教綱要書であるが、チベット佛教の史的解明の点からみて看過できないものである。(1) この文献について、まず注目されることはＳch三九六六（**図35**）の奥書に見る次のような識語である。

壬寅年六月。大蕃国有讃普印信并此十善経本伝流諸州流行読誦。後八月十六写畢記。

Pch二二九八にも奥書があり、「壬寅年後八月十五日。写畢功記」とある。これらの識語から、「十善経本」といわれるこの『大乗経纂要義』は、諸州に流行・読誦すべきことを命じた賛普の押印のある書信と共に壬寅年六月に発布され、それを後八月十五日、或は後八月十六日に転写したものであることが分かる。壬寅年が何時であるかであるが、写本の筆跡や紙質、またこの文献が敦煌のチベット支配期のものであることなどから、自ずから八二二年に定まる。「後八月……」という記し方が、やはりチベット支配期特有のものであるところからもこの年代比定は動かない。(2)いま和訳にて全文を示す。

『大乗経纂要義』和訳　〔漢文原文は「資料三」に掲載〕

1 大乗経纂要義一巻
2 無上なる一切の佛、
三身を証せる天・人の尊、
3 教法の甚深にして難思議、
無為解脱せる僧の和合に敬礼す。
4 是れ真に三宝に帰依するなり。
諸佛の出世は憂曇〔華〕の如く、
5 海にて盲亀の浮木に遇うが如し。
人身の得難きこと、甚だ希有なり。

茲[6]より一たび失えば、復た期すこと難し。
此の身中に修して漸進し、
永[7]常に八難を棄捨せん。
教に依りて修行し精進を加えん。
善[8]悪の業も、亦亡びず、
因が種に値えば、果また然るが如し。
所[9]以に十悪を遠離し、
精勤して十善を修習し、
須[10]らく善く其の二諦を分別して、
常に輪廻を捨て、解脱を求め、
勤[11]めて正道を行じ、智慧を増し、
聖跡を修して、無為を証せんことを願わん。
是[12]の如く、一切衆生は先ず須らく三宝に帰依し、敬事遵仰すべし。
三[13]宝とは何ぞや。謂う所の佛・法・僧の宝なり。
佛宝と言うは、謂[14]う所の法体・報・化の身にして、三種を具足するを名づけて佛宝と為す。法[15]身と言うは、人・不思議なる無分別智を具え、一切法を自在に観[16]察す。報身と言うは、是れ不思議なる功徳の成就にして、天[17]の快楽を超過し、相好の殊勝を具足し、生死を離れ、究竟なる盧[18]舎那佛を証得すなり。化身と言うは、慈悲誓願究竟の成就なり。生[19]死を盡し、衆生を度脱し、機に随って引導し、永く衆苦を離れしむ。母[20]胎に入りて誕身し、出家して魔怨を降伏し、正法輪を転じて、[21]涅槃の相を示す。徳を具足するものは、人天を超過する時すなわち現わるのみ。是の故に[22]遇うこと難きは、世に喩うるものなし。所以に世間の宝を仮りて其の法義を顕し、[23]諸の衆生をして無上の果を獲せしめ、永く生老輪廻の苦を離れしむ。少分たりとも[24]帰依すれば即ち加護を蒙り、諸の悪鬼神も侵擾すること能わず。斯の[25]五義を具えれば、如意宝を獲、世・出世において、人天の師、両足中の尊、[26]真実依となるが故なり。

法宝と言うは、あらゆる教法にして、真俗諦において[27]十二分を説くなり。八聖道を修し、真の体性は、本来寂静にして無[28]住涅槃なるを悟る。号して三宝と名づく。所以に佛未だ出世せざれば、其の[29]秘要の法を顕す能わず。〔しかるに〕如来の出世甚だ希有なり。所説の教法も亦た復た是の如し。[30]余の外道の能く其の義を顕すに非ず。一切諸法の能く及ばざる所なり。斯の[31]法宝利楽の道と佛と異なること無きを以て、是を法宝と名づく。

僧と言う所のものは、[32]大菩薩衆にして、生死に著せず、涅槃に住せず、自利利他を具足成就[33]〔するもの〕、及び、諸の羅漢、八上人等にして、解脱地に住するもの、凡夫、比丘にして、各々[34]信受して聖位を楽い、出家学道し、別々に解脱せるもの、教に依りて修行し、[35]未だ証果せざると雖も、能く軌範聖法を修行するものなり。佛出世せざればまた[36]僧宝なし。如来に等同して希有の相を生じ、一切の無上智徳を具足す。[37]聞思修に依りて、善く漸く微妙なり。世間諸仙も聖恵を具すれば、[38]安楽地を修す。是の如く造作すれば、僧宝をば勝れりと為す。

上の如きの三宝の諸の功徳[39]力は大慈悲を有し、最尊、最勝、不思議の故に、能く衆生の[40]現在の苦難を抜く。永く生死長劫の輪廻を離れ、また能く加護して[41]解脱の楽を得さしむ。応に当に無上の三宝を供養すべし。

先ず、須らく恭敬作礼[42]して、帰依すれば、能く一切の福徳の芽を生じ、永く一切の苦悩の[43]事を離るべし。諸佛如来は、是の功徳を具して世に出興するなれば、甚だ希[44]有なり。諸の群生と同じく善根を種き、世に出現すること憂曇花[45]の如し。諸の佛、世に出でて甚深の法を伝えることも、また復た是の如し。

佛、世[46]に出で深法有りと雖も、人身に遇うは、要らず善業の成就[47]を具足すべし。其の難きこともまた爾り。譬えば、大海の海底中に一盲亀[48]の寿億万劫にして、百年に一度水上に昇るものあり。或時、人[49]有りて一竅木を棄て海中に置くに、其の亀水より出で、頭[50]を以て斯の浮木の孔に遇うこと甚だ希有たるが如し。或は人身を得るに、難きこと亦[51]是の如し。

人身を得、六根具ると雖も、正法を聞くを得、身心[52]自在にして、教に依りて修行すること最も甚だ有ること難し。衆生の界は不可[53]思議なり。其の中にて人身を獲得、六根具足し、自在に受生[54]すること極最の難の故なり。所以は、如来及び法、世間に現れることまた復[55]た遇うこと難し、人身は得ること難きに、いま乃[56]ち大報分を獲得するが故に。時に乃[56]ち一たび現る。前数劫において善業を承けるが故に、はじめて人身を得る。特に須[57]らく精勤し、虚しく棄てしむこと勿れ。

智恵及び法の善根を増加し、聖[58]地已来、須らく勝行を求むべし。誓って復た地獄・餓鬼・畜[59]生の趣に堕せざれ。三宝を聞かざる辺地の下賎は、人身を得ると雖も、盲[60]聾音啞、長寿天の難あり。或は人中に生ずるも、邪を信じて倒見す。佛[61]世に出づると雖も、佛前佛後の八難の中にして、種々の苦悩の道[62]を障える処なり。復た堕落して永く八難を離れず。如来世[63]尊大果報を証するなれば、諸の修行者、勤加精進す。頭[64]燃を救うが如く、八難を躲除すれば、大善は成就せん。

然に善悪の業は繊毫も亡[65]びざるが如し。

昔、仙人嬌答摩等、草を以て鹿の蝿を刺し道[66]に遺す。五百歳の下部の中において、木籤の報を受け、後、乃ち死[67]に到るが如し。昔、童子あり。恭敬心を以て僧に白石一掬ばかりを施す。斯[68]の因縁を承けて、無量劫において豪富の家に生じ、其の七宝を雨ふらし、快楽自在を具足成就す。[69]

善悪の業は、類に随って身に受くるを以て、苦楽の果は業に随いて異熟す。[70]所以に悪業十不善等に親近する[71]こと勿れ。理もて須く遠離すべきこと、何ぞ言を仮らんや。

十不善とは、身に三種の行あり。[72]殺・盗・婬を行ずるなり。口に四種あり。妄言・綺語・悪口・両舌なり。[73]意に三種あり。謂く、貪・瞋・癡なり。茲の如きを総結して名づけて十悪と為す。[74]此の果報を承けて三塗に生ぜん。能く十悪を廻らすを名づけて十善と為す。[75]若し殺生〔など〕十悪縁等を離れれば、天上および人間に生ずるを得ん。[76]勝処に生ずるは、此の身より上、聖位已来なり。若し能く修行すれば、皆成就を得る。[77]当に十善を知るべく、応に勤めて修学すべし。

人中に、善く善を修め、諸の法相を知るを名づけて丈夫と為す。[78]善く能く真俗二諦を校量し、自他二性の理[79]を悟るを得る。此の中、世諦の法相は因縁所生にして、[80]幻化なること夢の如く、炎の如く、温の如し。界と入、善と不善、有福と無福、[81]世と出世間の法相は種々にして、相貌分別す。但だ言詮を仮りて顕彰し、[82]一切諸相を表示するのみ。有漏の法は皆、自然の性にして、無常・苦空・無我を相と為す。[83]言う所の無漏の法とは、空・無我の故なり。[84]是の如く、二諦もて一切法を知れり。

無明・行・識・名色・六入・触・受・愛・取・有・生・老死に輪廻せる十二因縁は、[85]輪の如く流転し、六道[86]に生じ、苦を温身に受く。

各々の禀けたる根機の利鈍に随い、類に随って成ずるを得る。[87]言う所の解脱とは、聖の依るところの地なり。其の鈍根の性は声聞乗を受け、[88]中根の者は辟支佛の果なり。根に随って証するところ各々差別あり。[89]無上大乗等の三種と為す。

其の鈍根なる者は小乗[90]を証す。但だ能く自利のみにして、他の義を益すること無し。生死の苦を厭い、寂滅の楽[91]を修す。諸の不善を捨て、根境識を禁ず。初に四諦を観じ、修して預流[92]・八輩等の地の無余涅槃を証す。辟支佛は、四諦の法[93]、因縁所生を観じ、遂に生死の源を滅す。聖道において無余涅槃[94]を証し、上人の智を具して大乗を取向し、生死と涅槃にて二を分別せず、自利[95]利他の無上菩提なり。菩薩は大慈もて助道の法を修し、極喜地[96]より乃ち法雲〔地〕に至るまで次第して修行し、菩薩を証し已り、仍ほ六度[97]、布施・愛語・利行・同事なる四摂の法を修め、福智[98]具足して不思議なる無上上智を成ず。十力・四無所畏[99]を獲て具足成就し、佛地を証して衆生を利楽し、生死の際[100]を盡すまで般涅槃せず。

大乗経纂要義[101]一巻

　壬寅年六月、大蕃国にて、賛普の印信もて、并に此の十善経本を諸州に伝流し、流行読誦せしむる有り。後の八月十六〔日〕、写し畢りて記す。（奥書はS ch三九六六による）

本文献の論述内容を順序に従って要約すれば次のようである。（　）内は原文の行数。

（一）偈頌にて論を要約する。（2—11）
（二）三宝への帰依を勧める。（12）
（三）三宝とは何かを論ず。（13—38）
（四）三宝の功徳を要説し、再び帰依を勧める。（38—43）
（五）佛出世の希有なるを論ず。（43—46）
（六）人身を得、佛法に遇い、修行することの難きを論ず。（46—57）

（七）勝行を求め、大善を成就するを勧める。（57—64）
（八）善悪の業により苦楽の果を得るを論ず。（64—71）
（九）十不善・十善と、その果報の何たるかを論ず。（71—77）
（十）真・俗二諦を解して、自利・利他の理を悟るを勧める。（77—84）
（十一）十二因縁にて苦を身に受けるを論ず。（84—86）
（十二）根機の利鈍に随って三種の証果を得るを論ず。（86—89）
（十三）小乗・辟支仏乗・菩薩乗の修行と証果を論ず。（89—100）

要するにこの小論の趣旨とするところは、現在の苦難を抜き、長劫の輪廻を断ち、解脱の楽を得しめる功徳を具す三宝への帰依を勧めることにある。そのことを人身の得難きことと、善悪業報の理論とから分かりやすく説き、戒律の遵守や難解な教義問答などは一切省いている。このような論調からみて、この綱要書は僧侶を対象にしたものではなく、一般民衆も含むチベット国民全体に佛教を勧めることを意図して作製されたものであると見られる。

発布の日付が「壬寅年（八二二）六月」であって、その転写はわずか二カ月遅れた「後八月十六日」（Sch三九六六）であり、「後八月十五日」（Pch二二九八）である。原本到着後、急ぎ転写されたことを示している。また、Pch二二九八、Sch三九六六の二点とも、同じ用紙、同じ書写形式である。原本に忠実に多数転写されたことを示す。流布の対象とした「諸州」とは、大蕃国の領域全土を意味すると思われる。ちなみに、八二二年時点におけるチベットの範図は、長慶元年（八二一）で確認されたところでは、八盤山脈以西の河西回廊のかつての中国領諸州を含む。いま言う諸州とは勿論そうした中国の州に限らず、チベット範図全体を含むものであろう。その各州で何点ずつの転写が行われたかは不明であるが、一般民衆を対象とした本文献の性格からすればその数は膨大であったにちがいない。

本文献にはまた、チベット文の写本があったことが報告されている。(3) それもまた同様に配布されたと考えなければならない。

これだけの重要事項がチベット史書や蔵経中に記録されていないのは不思議であるが、賛普の印を押した手紙とともに諸州に流布するという性格からみても、この書の内容は、チベット国民の以後従うべき佛教教義を賛普自らが決定・公布したものであると考えてよい。ところが、この中には次に見るように漸悟の佛教が示され頓悟の佛教は片鱗も見いだせないのである。

まず、『大乗経纂要義』には善悪業報の思想が説かれる。「善悪の業は、類に随って身に受くるを以て、苦楽の果は業に随いて異熟す。所以に悪業十不善等に親近すること勿れ」と言い、十不善とは何か、十善とは何かを説明し、十悪によって三塗の果報を受け、十悪を離れ（＝十善）れば、天上・人間等の勝処に生ずるから十善を勧めて修学すべきことを重ねて勧めている。しかし、この善悪業報を根拠にした十善の修行の勧めは摩訶衍の頓悟の教学においては成佛の条件として必要とするものではない。

続いて、「善を修め、諸の法相を知るを名づけて丈夫と為す」と規定し、その法相の内容として真俗二諦を校量することと、自他二性を悟ることを挙げる。後者の自他二性（＝自他二利）のことについては具体的な説明が見あたらないが、真俗二諦についてはかなり詳しく論述する。すなわち、世諦の法相は因縁所生で幻の如きものである。相貌の分別があり、言詮をもって諸相を表しているとする。真諦という語は用いていないが「無漏の法」というのがこれに当たると考えられる。すなわち空・無我である。このように、この二諦によって一切法を知る。十二因縁における流転が六道に苦を受けることであるとする。このような縁生の思想は、敦煌出土の『因縁心釈論開決記』

及び『大乗中宗見解義別行本』に見られるものである。[4] 前者は法成の著作と推定されるもので、龍猛（＝龍樹）著『因縁心論頌』『因縁心論釈』を注釈したものである。[5] 後者は『大乗中宗見解』に付帯する文献で著者不明であるが中観の思想を要約した綱要書風の小文献である。[6] いずれにしてもこれらは九世紀前半の敦煌（およびチベット）で行われていた中観思想を示すもので、『大乗経纂要義』に強く龍樹の中観思想が取り入れられていると考えてよい。

本文献の最後の部分は、利鈍の機根と三乗との関係。声聞乗・辟支佛乗・菩薩乗の修行内容と証果の違いについて述べている。これについて摩訶衍は三乗の差や、六波羅蜜・三十七助法などの修行を伴う段階的修行体系を認めない。ところが本文献ではそれをはっきり認め、証果についても「根に随って証するところ各々差別あり」と違いのあることを明言している。更に「菩薩は大慈もて助道の法を修し、極喜地より乃ち法雲〔地〕に至るまで次第して修行し……」と漸悟の立場を示す。

〔注記〕

（1）上山大峻「敦煌出土大乗経纂要義攷　—八二二年、チベット賛普発布の佛教綱要書—」（『中村瑞隆博士古稀記念論集・佛教学論集』、一九八五）。写本の寸法などについては、同論文四七二頁参照。

（2）藤枝晃「敦煌暦日譜」（『東方学報』四五冊、一九七三）三八八頁に、チベット時代の紀年の弁別法が紹介される。

（3）黄文煥「河西吐蕃文書簡述」（『文物』一二、一九七八）五九頁。

（4）右拙稿「経纂要義攷」四八四—四八五頁参照。『大乗中宗見解義別行本』は、本書四三三頁に録文。

（5）拙稿「敦煌における因縁論の諸相」（『佛教学研究』三九・四〇合併号、一九八四）参照。

（6）『大乗中宗見解義別行本』のMs. Bの写本では、題下に著者を示唆する「呉法師」の記があり、「呉法成」との関係が注目される。詳しくは右拙稿「大乗経纂要義攷」四八三—四頁参照。

(2) 宗論の結末

以上見てきたように、この『大乗経纂要義』には龍樹の中観の思想をはじめとして、いわゆる漸悟門の佛教のみが示されており、頓悟の佛教の性格はどこにも見あたらない。すなわち、賛普はここで頓悟の佛教を取らず、チベット佛教が漸悟門によるべきことを明確にしたのである。このことは、チベット史書が宗論によって摩訶衍が敗退し、その後、賛普が龍樹の説に統一することを宣言したと述べることに一致する。ちなみに、敦煌写本の調査より、チベット支配時代後半期に龍樹の『因縁心論』やカマラシーラの著作などが学ばれており、インド中観派佛教が主流を占めていたこと、また、佛典のチベット訳事業もインド佛教の方に主力が移っていた実状が明らかになりつつあり、宗論の結末がインド中観派佛教の選択にあったことと符節を合っする。

そうであるとすると、戌年に禅の布教があらためて許可されて以後、八二二年までの間、漸門派と頓門派とは一体どのような経過をたどったのであろうか。ドミエヴィル教授の考証するとおり摩訶衍が七九六年までに敦煌に帰っていたとすれば、戌年は七九四年ということになる。八二二年までの間の二十六年は相当長期であるが、その間にチベット佛教は漸門・頓門並立の状態から漸門への統一が果たされていったと考えなければならない。インド中観派佛教が優位を占め、中国禅を公式の場面より駆逐したということであろう。賛普もチソンデツェン王（Khri srong lde brtsan 七四二～七九六）からムネツェンポ（Mu ne btsan po 七九六～七九七）、チデソンツェン（Khri srong brtsan 七七七～八一五）、チツクデツェン（Khri gtsung lde brtsan 八〇六～八四一）へと変わった。推定の域を出ないことではあるが、その過程においてカマラシーラの登場があったのではあるまいか。もっとも、七九四年からあまり隔たらない或る時期であろうが、そこで彼は賛普に請われて『修習次第』を著作し、自らの中観派佛教を明らかにするとともに禅を批判した。それはチベット佛教のインド化を決定的にしたであろう。そのことを史書

は御前宗論の形に戯曲化したのではあるまいか。(1)

［注記］

（1） 筆者は、カマラシーラが『頓悟大乗正理決』論争の後に登場したことを、先の論文で推定した。しかし、その時は御前宗論を否定しなかった。いまもその可能性をまったく無しとしないが、言語状況から御前宗論がおそらく不可能なこと。伝世史書の御前宗論の内容が殆ど『修習次第』の借文であることなどから両者対峙しての論争は無く、虚構の事件であるとする今枝由郎氏の考え方に傾く。

(3) 宗論以後の禅

敦煌出土のチベット文写本の中に、禅の思想をもつ文献の存在することが注目されるようになり、関連資料の蒐集と内容分析が重ねられてきた。(1) なかでも、Ｐtib 一一一六の写本は最も大部で、中に十一の文献を連写する折本型、表裏合計二四六面からなる完結した写本で、しかも同じ文献の写本の断簡が数点発見され、使用度の高い重要な資料と認められるものである。(2) この写本の中には『頓悟真宗要決』という漢文禅文献からのチベット訳や、中国の禅師たちの語録が収録されていて、全体として禅を継承する人々が携行し学習していた文献集と見受けられるが、同時に禅とあまり関係のない『普賢行願讃』や「佛教綱要書」風の文献、「無所得という一理趣の宗義、大瑜伽の人々に必要とする義を記憶するところによって書いたもの」という奥書のある文献など、従来の中国禅の知見では存在の意味をはかりかねるような文献も含まれていて、その性格を未だ明確にしかねているものである。こうした文献群が一体なにを意味するのか、それを探る手がかりとしての一つは「大瑜伽」（mal 'byor chen po）という言葉で代表される金剛乗密教との関係である。いま一つは摩訶衍禅師（mKhan po Ma ha yan）が「中観義の師」

（dbu ma'i don gyi mkhan po）と称されていることに見る禅とインド中観派との合体の問題である。前者のことが何時ごろから起こったことであるかは判然としないが、後者のことは禅とインド佛教とが争っていたチベット宗論中には少なくとも起こりえないことである。チベット訳語の特徴からみても、『頓悟真宗要決』などの古い層に属すチベット訳もあるが、(3) 全般に新しいチベット文の特徴をもち、この文献は宗論時代よりかなり後世に編纂されたものであると判断できる。その時点で何故チベット佛教の表面より消えたはずの禅がチベット文献に存在するのか。その理由を探るために、まず禅と中観派との合体の事実(4)について注目したい。

Ｐtib一一六のⅥの文献は「大乗不観（mi rtog pa）の中に発菩提心が含まれるとはどういうことか」にはじめる二十三の質疑応答と、それに続く次のような文章からなる。

P. tib. 116 (VI)

cig car 'jug pa'i sgo 'di ni de ltar mdo sde mang po'i lung[4] dang yang myi 'gal la // mkhan po mkhas pa rnams kyi man dang yang 'thun ba nyid de //
lang kar gshegs pa'i mdo las // **[164]** theg pa chen po lung bstan pa'i mkhan po na ga rju nas // *rten 'brel gyi snying po bshad pa* las kyang //
'di las bsal pa gang yang myed[2] // gzhag par bya ji yang myed // yang dag nyid la yang dag lta // yang dag mthong na rnam par grol
zhes 'byung //
bdun rgyud[3] kyi dang po bo de dar ma ta las bshad pa las kyang //
don la 'jug pa ni bstand pas gzhung go bo ste // so so'i skye bo dang yang dag[4] pa'i ngo bo nyid gcig

cing // tha myi dad pa yin na // myi bden ba'i glo bur gyi rdul gyis bsgribs pas // yang dag pa'i ngo bo nyid **[165]** mngon bar ma rtogs so // gal te myi bden ba spangs te / yang dag pa la phyogs shing / rtog pa spangs te / lham mer gnas na // [2]bdag kyang myed // gzhan yang myed // ma rabs dang 'phags pa yang mnyam zhing gcig ste // myi 'gyur bar brtan bar gnas na // [3]de phan cad yi ge dag bstan pa'i rjes su myi 'brang ngo // da ni yang dag pa'i rnal du bab pa / rnam par rtog pa myed pa / zhi zhing bya ba [4]myed pa ste // de ni don la 'jug pa'o

zhes 'byung //

bsam grtan gyi mkhan po bu cus bshad pa las kyang //

myi sems pa ni **[166]** tshul khrims so // myi dran ba ni ting nge 'dzin // sgyu ma'i sems myi 'byung ba ni shes rab bo

zhes 'byung //

bsam brtan gyi mkhan [2]po bdud 'dul gyi snying pos bshad pa las kyang //

ji yang myi dran ba ni sangs rgyas dran ba'o

zhes 'byung //

rtag du sangs rgyas [3]dran zhing dmyigs pa myi 'byung na // phyang nger mtshan ma myed la // mnyam snyoms te myi dmyigs so // gnas 'dir chud [4]na dran ba'i sems zhi'o // yang brtan myi dgos te // 'di nyid la bltas te snyoms na // de bzhin gshegs pa'i yang dag **[167]** pa'i chos kyi sku nyid yin no

zhes 'byung //

bsam brtan gyi mkhan po a rdan hwer gyis bshad pa las kyang //
sems ji bzhin du[2] mnyam ba ni // rnal 'byor nges pa'i lam yin no
zhes 'byung //
'gwa lun shan shis bshad pa las kyang //
sems g-yo ba'i rjes su[3] dran zhing // yul rnams la myi // dmyigs na brtul zhing bsdu myi dgos so // glan zhing gdags myi dgos so
zhes 'byung //
mkhan po ma ha yan gyi bshad pa las kyang //
chos nyid bsam du myed pa la // myi bsam myi rtog par gzhag go /
zhes 'byung // **[168]** slobs dpon a rya de bas *lag pa'i tshad bshad pa* las kyang //
kun nas nyon mongs pa spong 'dod pas // dam pa'i don kyis btsal[2] bar bya'o
zhes 'byung // ba la stsogs te //

〔和訳〕

この頓入の門は、以上のように多くの経典の聖語とも違わず、師や智者たちの語とも共通である。

『楞伽経』の中に出る大乗授記の師であるナーガールジュナによって［著作された］『因縁心論』の中にまた、

この中に除かれるべきものは何ら無い。安立されるものも何ら無い。真実性を正しく看る。真実を見るとき解脱である

と出ている。

七代の初、菩提達摩多羅（Bo de dar ma ta la）の［語の］中にまた、

理に入るとは、教えによって宗を悟るのであって、異生と真実とは一であって異ならないが、虚妄の客来の塵に覆われているから、真実性を明らかに了解しない。もし虚妄を断じて真実を志し、分別を断じて光に住せば、自らも無く他も無い。凡夫と聖者は平等であり、一であり、不移の堅固に住せば、それ以上は文字などの教えに従わない。これが真実の安静であって、分別の無き寂然たる無為である。これが理入である

と出ている。

禅師無住（Bu cu）の語られたものの中にまた、

無心は戒である。無念は定である。幻心の生じないのが恵である

と出ている。

禅師降魔蔵（bDud 'dul gyi snying po）の語られたものの中にまた、

何ものも無念であることが、佛を念ずることである

と出ている。［また］

常に佛を念じ、所得を起こさないならば、即ち無相であり、平等にして無境である。この処に入れば念の心も寂す。また堅固となるべきでなく、これそのものを看て平等であるならば、如来の真実の法身である

と出ている。

禅師アルダンヴェル（A rdan hwer）の語られたものの中にまた、

心のままに平等であることが、瑜伽に決定する道である

と出ている。

臥輪禅師（'Gwa lun shan shi）の語られるものの中にまた、

心の動ずるままに念じ、諸の境に対して無所得ならば、制御の要なく施設の要なし

と出ている。

師摩訶衍（Ma ha yan）の語られたものの中にまた、

法性は思いが無いことであって、不思不観において成立する

と出ている。

和尚アーリャデーヴァ（A rya de ba）の『手杖論』（*Lag pa'i tshad; Hastavāla*）の語の中にまた、

煩悩を断つことを望むものは、勝義によって求むべきである

と出ているなどである。

ここに(1)ナーガールジュナ　(2)菩提達摩多羅　(3)無住　(4)降魔蔵　(5)アルダンヴェル　(6)臥輪　(7)摩訶衍　(8)アーリャデーヴァの八人の師の列挙が見られる。アーリャデーヴァがナーガールジュナの次に位置しないのが不自然ではあるが、この形は禅の伝灯の一種である。もちろん、中国の歴史には例を見ないもので、時代的にも思想的にも摩訶衍を最も近い師として信奉する人々が、独自に構成した系譜であると見受けられる。ここでわれわれが注目したいのは、この系譜の中にナーガールジュナとその弟子のアーリャデーヴァという禅となじまないインド中観派の論師が加わっている点である。就中、ナーガールジュナはその始祖の位置を占める。これらの論師の説が、その前に述べられる「不観」の思想と共通するというのである。この不観の思想とは、次に続くP tib 一一六Ⅶの文献「摩訶衍が、不観の中に六波羅蜜と十［波羅蜜］とが含まれることを説く書」と同軌のものである。しかし、摩訶衍が宗論で対決したと伝えられるカマラシーラは、インド中観派の最後の学派である瑜伽行―中観派に属す論師で

ある。そして、ナーガールジュナはそうした中観派の依拠する師である。そのような論師が摩訶衍を主役とする系譜に現われるのはどういうことであろうか。次に摩訶衍が中観の論師とされている事実に注目する。

Ｐtib八二九は「中観義の師が大乗における法と義と因とを問答と教説とで書き誌したもの」という標題をもつ写本であるが、続いて写される本文に当たるものは、摩訶衍禅師のかかわった『頓悟大乗正理決』の旧問部分のチベット訳であり、〈マハエン＝摩訶衍〉であることが裏付けられる。したがって、「中観義の師」とは、まさしく摩訶衍禅師その人のことである。

先に紹介したＰtib八一二「和尚マハエンの禅の心髄を説く」（本書三〇二―三〇三頁）では、明らかに「摩訶衍（マハエン）の禅」＝「中の義に頓入するもの」であり、〈摩訶衍＝中観論師〉と見られている。そして注目すべきことに、「大乗の禅の典籍は多いが、そのうちで勝れているのは中の義に頓入するものである」と言い、このような禅こそが禅の中でも最も勝れたものであるとする判定が加えられているのである。

次に、摩訶衍の禅を説く文献とカマラシーラの著作とが一緒に写されている事実が注目される。Ｓtib七〇九は「禅定の過失を説いたもの」などの十二文献を同筆で連写した写本であるが、この中にカマラシーラ著『修習次第』の一節が含まれている。[5] 前述したように、『修習次第』と摩訶衍の禅教学とは本来対立関係にあるものである。しかし、両者が同じ写本内に連写されているということは、写本のあり方の例よりみて両者が同じ立場のものとして認められていることを意味する。ただし、両者がまったく同じ性格のものとしてではない。それについてＳtib七〇九Ⅵの文献の次の文が注目される。

S. tib. 709(VI)

[F36b4] dang por dge ba'i [5] bshes gnyen las // dam pa'i chos mdo zab mo mnyan te // thos pa'i shes rab la brten nas // bsam ba'i **[F37a]** shes rab kyis / don gang yin ba gtan la phab ste // sems zhum rgod kyi gnyen po zhi gnas dang / lhag mthong gyis [2] bcos shing // btang snyoms kyi tshul du yang nas yang du goms par byed pa la bsgom bya'o zhes bya 'o//

最初に善知識から正法たる甚深経を聞き、聞慧を依り所とし、思慧をもって義を体系づけ、浮き沈みする心を対治するものである止観によって正し、［心を］平等に保つ仕方で繰り返し訓練することが修習であると言われる。（木村隆徳氏訳）

この聞思修の三慧による修習は『修習次第』の内容に等しい。そして、右の文に『解深密経』の一節が続き、更に、

[F40b3] de lta bas na las dang po ba'i rnal 'byor pas ni / theg pa che chung gang gi sgor zhugs kyang rung ste // [4] zhi gnas dang lhag mthong ma bsgoms par // bla na myed pa'i 'bras bu myi thob par ni // mdo sde kun [5] las kyang bsal bar 'byung ngo //

そうであるから初心者の瑜伽の行者（las dang po ba'i rnal 'byor pa）は、いかなる大小乗の門に入ってもよいが、止観を修習しない場合には無上の果を得ることはできない、とすべての経典に説かれている。（同訳）

とある。すなわち、同じ中観義であっても、カマラシーラの主張する次第修習の方法は「初心者の瑜伽の行者」のものと位置づけられている。このことに関連して、本写本のⅧに写されている前出の「和尚マハエンの禅の心髄を説く」の冒頭の文、

大乗の禅の典籍は多いが、そのうちで勝れているのは中の義に頓入するものである。頓入に関しては方便は無く、法の自性を深く思うことである。……

が想起される。要するに、共に〈大乗の禅＝中観の義〉としながらも、止観の方便を用いるもの（カマラシーラの禅）と、方便無く頓入するもの（摩訶衍の禅）とが区別される。

　このようなチベット文献側に見られる禅と中観との合体の傾向は、例は少ないが敦煌出土の漢文の禅写本にも見ることができる。禅文献の検討のところで触れるように（本書四三一―四三二頁）、『菩提達摩南宗定是非論』『絶観論』などと、中観に属す『掌中論』『縁起心論』『大乗稲芉経疏』などが連写・貼合されるＰch二〇四五の写本があること。『大乗中宗見解』という中観の題をもつ禅の内容の文献があり、しかもそれがインド中観思想の内容の『大乗中宗見解義別行本』を伴っていること。更にそれに『大乗諸法二辺義』という禅に密接する経典の引用集が付加された写本が存在していることなどが示すところである。

　右のように両者が合体したといっても、摩訶衍が中観義の論師と称されているように、摩訶衍禅がインド中観派に統摂された形である。このことに関して、Ｐch一一六Ⅲに連写される「大小乗の特徴と、それへの転入門と、それぞれのあり方を要約して説くならば……」という文ではじまる佛教綱要書が注目される。そこで全佛教が次のように分類されるのを見る。

小乗―声聞乗
中乗―独覚乗
大乗┬未了義―識宗
　　└了　義―中観┬瑜伽行―中観
　　　　　　　　　└経　部―中観

この種の佛教綱要書は、エセイデ（Ye shes sde）著『見差別』（*lTa ba'i khyad par*）に典型を見るように、八、九世紀のチベットで受け入れられた諸佛教に判釈を加えて整理し、各々の教義の特色を要約して紹介するもので、当時かなりの種類のものが行われていたようである。(6) それぞれに若干の違いはあるが、いずれも中観派を最後に配し、この教学を最高階であるとする点で共通している。この配列はインドですでにできあがっていて、チベットでもそれを踏襲したものであろうが、同時に当時のチベット佛教の実状を反映したものでもあろう。この文献がＰtib一一六に連写されているということは、この写本の所有者が自らを中観派とする意識のもとに、その教学が佛教の中で了義であり、最勝であることを明確にさせようとした意図があるからであると見られる。この種の綱要書が禅の内容の写本に連写されている例は他にもあり、この考え方が定着していたことを窺わせる。しかし、ここに禅は独立して配列されていない。禅は中観派に内包されるという認識からに違いない。

宗論の時点でインド中観派と対立していた禅が、どのような経緯のもとに右に見てきたように中観派の一部に統摂される結果になったのであろうか。

禅の信奉者が増えるにあたって、インド佛教側が賛普に奏言して禅の停廃を求めるまでの挙に出たこと。それに対する禅側の生命をかけての抵抗の激しさは、若干の誇張はあるとしても、同時代資料である『頓悟大乗正理決』の伝えるとおりであったであろう。このような両者の抗争は、しかし、戊年の禅の布教許可の詔勅をもってしても解消することなく継続したに違いない。そうした中で佛教の発祥の地から伝来してくるインドの佛教が優勢を占めてくることは理の当然で、「陛下は臣の説くところの禅門の宗旨は是れ正なるを了知せり」（F154b3–4）、または「陛下一覧して、具に勝義を明らむ」（F154b5）と賛普が禅の正しいことを理解していたとはいえ、チベット佛教の大勢は賛普も含めインド中観派に傾いていったであろう。それは八二二年の『大乗経纂要義』の発布によって決定的となった。そのような趨勢の中で、禅の継承者たちはどうしたであろうか。中観派への同化ということは、そうした状況の中でかれらがとった生き残るための方策ではなかったであろうか。

そのような視点から〈禅＝中観〉合流のあり方を見るとき、それらが自らの存在の確保にきわめて有効な変容であることを認めざるをえない。すなわち、ナーガールジュナ、アーリャデーヴァを伝灯の祖に加え、摩訶衍を中観の師と称することは、自らがインド中観派と同じ場の中にあることの表明である。それによって、禅としての学派的独立性は失うこととなるが、インド婆羅門僧側からの批判や排斥は封じることができる。一方、悟りに到る方法、すなわち修習のあり方において、カマラシーラら中観派の漸悟と自らの頓悟の分野を明瞭にし、さらにその優位性を主張することに成功しているのである。(7) この形は、いわば禅の内容を中観という言葉で包んだ偽装であるともいえよう。禅では不思不観の境地を目指し、中観派では不生・無分別智を求めながら、方法論的に頓悟と漸悟で争っていた対立が、教相判釈的処理によって、一転して同化の方向をとったのである。

おそらく、このような中観派と同化しながら禅を主張した人々は、純粋な中観派とは異なり、摩訶衍の薫陶を受けたグループであったことであろう。かれらが、チベット本土でも存在を確保していたのか、あるいは敦煌だけでの特殊事情であったかは定かでない。(8) いずれにしても、チベット文の禅関係の文献はこうしたグループによって伝承されたものであると見られる。宗論の時代の成立と判断されるS tib 八二三（『頓悟大乗正理決』旧問部分のチベット文記録）やそれ以前の『楞伽師資記』『頓悟真宗要決』のような古い時代の翻訳禅文献はともかく、他のもののなかには、そうした後世の意図から編纂されたものもあるであろう。「摩訶衍（マハエン）の禅」と題記されていても仮託して創作された可能性もあり、直ちに摩訶衍の教学であると認めることを躊躇する所以である。

なお、宗論以後の禅がたどったもう一の方向として、金剛乗密教との合流の問題がある。これがどのようなあり方で果たされていったのか、充分に明らかにされる必要があるが、なお検討が不十分なため考察を後日にゆずるこ

ととする。(9)

[注記]

（1） 敦煌出土チベット文禅文献に関する研究目録

D. Ueyama: The Study of Tibetan Ch'an Manuscripts recovered from Tun–huang: A Review of the Field and its Prospects, *Early Ch'an in China and Tibet* (USA, 1983)

D. Ueyama: Études des manuscrits tibétains de Dunhuang relatifs au bouddhisme de Dhyāna bilan et perspectives, *JA*, Tome 269 (1981).

木村隆徳「敦煌チベット語文献目録初稿」（『東京大学文学部・文化交流施設研究紀要』四、一九八〇）。

〔その他、関係論文〕

原田覚「bSam yas 宗論以後における頓門派の論書」（『日本西蔵学会々報』二二、一九七六）。

同　「摩訶衍禅師と頓門」（『印度学佛教学研究』二八―一、一九七九）。

同　「敦煌蔵文 mKhan po Ma ha yan 資料考（1）」（『印度学佛教学研究』三〇―一、一九八一）。

小畠宏允「古代チベットにおける頓門派（禅宗）の流れ」（『佛教史学研究』一八、一九七六）。

同　「歴代法宝記と古代チベットの佛教」（『禅の語録3』所収、一九七六）。

P. Demiéville; Appendice sur "DAMODUOLUO" (Dharmatrā / ta /),『敦煌白画』*(Peintures monochromes de Dunhuang)* (Paris, 1978), pp. 43–49. 同和訳・林　信明・「〝達摩多羅〟(Damoduoluo, Dharmatrā / ta /)論」（『花園大学禅文化研究所紀要』一二、一九八〇）

『大乗佛典・敦煌Ⅱ』（中央公論社刊、一九八九）中には、沖本克己氏和訳によりチベット文禅文献一〇点余が収録されている。

（2） 上山大峻「敦煌出土チベット文禅資料の研究—P. tib. 116 とその問題点—」（『佛教文化研究所紀要』一三、一九七四)。

沖本克己「サムエの宗論（一）、Pelliot 116 について」(『日本西蔵学会々報』二一、一九七五)。

小畠宏允「Pelliot tib. no 116 文献にみえる諸禅師の研究」(『禅文化研究所紀要』八、一九七六)。

沖本克己「サムエの宗論（二）、敦煌西蔵文献における諸禅師」(『日本西蔵学会々報』二二、一九七六)。

Kimura Ryutoku et Guilaine Mala: Un traité tibétain de Dhyāna chinois (Chan 禅) – Manuscrit de Dunhuang, Pelliot tibétain 116, folios 119–170, Buletin de la Mais on Franço–Japonaise, Nouvelle Série, Tome XI, No. 1 (日佛会館学報、新一一―一), Tokyo, 1988.

(3) 上山大峻「チベット訳『頓悟真宗要決』の研究」(『禅文化研究所紀要』八、一九七六)。

(4) 上山大峻「チベットにおける禅と中観派の合流」(『山口瑞鳳博士記念・チベットの佛教と社会』、一九八六)。

木村隆徳「敦煌出土のチベット文禅宗文献の性格―e中観義」(『講座敦煌8・敦煌佛典と禅』、一九八〇）四五五―四五六頁参照。

(5) 木村隆徳「敦煌出土チベット文写本 Stein 709」(『日本西蔵学会会報』二二、一九七六）一一―一三頁。

(6) 上山大峻「エセイデの佛教綱要書」(『佛教研究』三二・三三合併号、一九七七)、同（Ⅱ）(『佛教学研究』三七、一九八一)。また、本書五六頁注記(7)参照。

(7) 拙稿「チベットにおける禅と中観派との合流」(『チベットの佛教と社会』四八頁）で摩訶衍禅の求める不思不観と中観派の無分別とが、本来同一の境地であるということを安易に書いたが、方法の違いは結果に必然的に違いを招くことになることを考えると、この結論には慎重であるべきであった。両派がどう考えていたか更に追求されなければならない。この点についての袴谷憲昭氏の教示に感謝する。

(8) 摩訶衍が敦煌に帰って、この地で摩訶衍支持グループが新しい禅の教学を形成したということも充分考えられる。しかし、木村隆徳氏のように「……敦煌で出土したチベット禅文献の大半は同じ敦煌地方で翻訳・著作されたものであろう。チベット人が支配した約六〇年間を中心とする時期の敦煌は、漢語とチベット語とが同居していたのであり、漢文禅籍を基本的資料とするチベット語禅文献にとって、その敦煌が成立場所の中心となるのは言うまでもないことである」（同氏「敦煌出土のチベット文禅宗文献の性格─（五）文献の成立場所」『講座敦煌8・敦煌文献と禅』四六二頁）とまで断定するのは研究の現段階では問題である。

（9）　上山大峻「ペーヤン著の大瑜伽（mahāyoga）文献─P. tib. 837について─」（『佛教文化研究所紀要』一六、一九七七）において、敦煌出土チベット写本中の大瑜伽文献についての問題提起を行った。其後、平松敏夫氏により次の論考が発表されている。「敦煌のタントラ文献」（『講座敦煌6・敦煌胡語文献』、一九八五）三五九─三七八頁、「ニンマ派と中国禅」（『岩波講座東洋思想第一巻・チベット佛教』、一九八九）二六三─二九三頁。

第四章　中原未伝・古逸の漢文佛典

前章までに、曇曠、法成という二学僧、及び「チベット宗論」のテーマを基軸において研究を行う中に、多くの敦煌出土写本を資料として取り上げた。それによって、かなりの数量の佛典写本の性格を検討し、その存在の意味を明らかにすることができた。しかし、これによって、敦煌から出土したチベット支配期佛典写本の全部のあり方を明らかにし得たわけでは決してない。なお、その素性を問わなければならない文献の多くを残している。その作業は今後たんねんに継続されてゆかなければならない課題であるが、現時点までに筆者が検討の対象とし、ある程度その成果を得たものについて、以下に発表しておきたいと思う。

第一節　中国系佛教学の諸論疏

第一、二章において行った曇曠・法成の著作写本の調査より、敦煌の教学佛教の学習が、かれらの存在を契機として行われたことを明らかにすることができた。しかし、かれらだけによって占められていたかどうか。かれら以外の同時期の学問系統や学僧の存在は当然予想されなければならないことである。本章では、曇曠の著作以外の中国系の論疏文献の写本を対象に調査を行い、それがどのような内容であるかを明らかにし、更に写本の形態的検討を通して、敦煌佛教における位置および学習の実状を尋ねることとする。

同種の文献の写本が集まっていて目立つものに、次の三グループが挙げられる。『浄名経関中疏』『四分戒本疏』『法華玄賛』である。現在まで『浄名経関中疏』は約一〇〇点、『四分戒本疏』は約七〇点、『法華玄賛』には一一点の写本が数えられる。これだけの数の写本が存在するということは、背景にそれらを必要とする何らかの要因があったと考えなければならない。本節ではまず、右の三写本群について検討することにする。

次に、右ほどの群集はないが、『摂大乗論』『十地論』『瑜伽師地論』『倶舎論』『成唯識論』『弁中辺論』などの唐代長安教学佛教の論とそれらへの注釈書の写本が存在する。この中、『摂大乗論』と『十地論』、及びその注釈書についてはかなりの点数を数えるが、何れも六〜八世紀ごろのものであり、曇曠の時代と明らかに層位を異にする。曇曠は著作の中では、「無性釈云」などと『摂大乗論』を引用するところが多いが、『摂大乗論』自体に対する学習は敦煌では行っていないらしい。『摂大乗論』の研究は曇曠の頃にはすでに廃れ、現存する一群の疏は、地論宗や摂論宗の行われていた時期（六世紀）の学問の遺品と見なされる。このようなところから、すでに矢吹氏や宇井氏の研究もあることでもあり(1)、『十地論』『摂大乗論』については、以上の点を指摘するに止どめ、この度は取り上げない。

『瑜伽師地論』は、前章で見たように、法成によって講義された。敦煌写本中のこの論の写本の殆どは、この講義に関連して成立したものとみてよい。同様に、『大乗百法明門論』『大乗起信論』の写本も曇曠の講義に付随して写されたものとみなすことができる。『大乗入道次第』も曇曠の『大乗入道次第開決』に付帯するものであろう。『大乗起信論』については、曇曠のもの以外に法蔵の『大乗起信論義記』（結六一）が一点、著者不明のものが一点あるのみで(2)、その他のものは見あたらないが、これらの疏も曇曠との関係で解釈すべきであろう。なお法蔵の『華厳経探玄記』の写本（Pch二三二九）がある。この文献は八世紀前半の特徴をもつ、草書体で写されたものである。華厳系の論疏として注目すべきものであるが、内容はほぼ現蔵経本に一致する。

『成唯識論』の写本は二点見つかっている。曇曠もよくこの論を引いており、『唯識三十論要釈』にいたっては殆どその文章を採用して構成している。このようなこの論の重要性からみて二点は少ない感がある。

『弁中辺論』の写本は何点かあるが、時代は九世紀以後にかかるものである。疏は著者不明の一点を見いだすのみであるが、学ばれていた形跡は認められる。

因明関係の文献としては、文軌著『因明入正理論疏』（Sch二四三七）、浄眼著『因明入正理論略抄』及び『因明入正理論後疏』の連写本（Pch二〇六三）、『因明論三十三過』（Pch三〇二四）が存在する。前二写本は章草体で書写された八世紀中頃の写本であるが、後の一点は十世紀を下る遅い時期のものである。(3)

右の中に、われわれの知識にある主要唐代佛教論疏の存在は無くはないが、それらの長安佛教での重視され方からみて敦煌に遺る写本の数は少ない。逆に、われわれの知識にない論疏が意外に混ざっているのである。それらの中には、中国製でありながら中原で失われ名前さえも知られていないもの。たとえば『大乗百法明門論』にたいする注釈は、曇曠の二疏のみでなく、晏法師、窺基法師著作（推定）になる別種のものもあることが判明した。また敦煌あたりで製作された気配のあるものなどがある。今後の調査でまだ加え得るものと思うが、本節四の項において、当面五点を取り上げて紹介・検討し、併せて敦煌の教学佛教解明への手がかりを得ることを期待したい。

以上のような論疏群とは、若干性格を異にするが、唐代より急速に興ってきた禅の写本が約二五〇点存在する。この写本群への関心は、佛教学者の敦煌文献に対してもった最初のもので、今日にいたるまで最も精緻に研究が施されているものである。最近では、禅のチベットへの影響からも関心を呼んでいる。しかし、従来はとかく禅文献だけを独立して注目していた傾向があり、敦煌佛教全体の中での位置、特色、変遷などについては未だ答えていない。内容的問題については専門家の成果にゆずるが、本節五において、これまで等閑にされていた写本学的方法を用いての検討を可能なかぎり試みてみることとする。

〔注記〕

（1） 矢吹慶輝「摂論古逸疏と敦煌出土摂論古章疏とについて」（『鳴沙余韻解説』、一九三〇）。宇井伯寿『西域佛典の研究』、一九六九。

（2） 前出、本書三九頁注（1）、東光爾英「敦煌出土の『起信論疏』の研究―Sch二五八七について―」参照。

（3） 因明論疏三点については武邑尚邦博士が『因明論―起源と変遷―』（一九八六）に録文を附して研究・紹介された。本書七三頁、及び七四頁注記（4）参照。

一 『浄名経関中疏』

(1) 写本の状況

敦煌写本中に『維摩経』の注釈書の写本が約一五〇点見いだされる。(1)その内の八割が八～一〇世紀の特徴の認められるものである。他は、北朝及び隋代の写本群で、新旧の層ははっきり分離しており、別々に扱うことができる。それらの内わけは、『浄名経関中疏』や『浄名経関中釈批』など道液の著作の写本が多くを占める。現在まで確認したかぎりにおいて、『浄名経関中疏』の写本は六三点、『同　釈批』の方は二四点にものぼる。それに、道液の序と僧肇の序とに体清が復注を加えた『維摩疏釈前小序抄』九点などを加えると、道液関係の写本の数は一〇〇点近くにのぼり、この時代の『維摩経』注釈書関係全写本の殆どを占めることとなる。しかも、これらの写本には朱点や朱カギを加えているものが多い。また写本の様相も類似したものが多いが、そうした場合、曇曠や法成の例より判断して、その背後に講義を伴う研鑽があったことが推定できる。したがって、そうした『関中疏』の類が非常に多いということは、その講義が敦煌で大々的に行われ、更にそれが敦煌における八〜九世紀の維摩学の主流になっていたことを物語っている。そのような講義は何時、どのようにして行われたのであろうか。曇曠にも法成にも『関中疏』を講義した形跡は認められない。一体、だれがそれを行ったのであろうか。

(2)　『浄名経関中疏』とその関連文献

道液の二著の撰号(A)や識語(B)、『大正新脩大蔵経』への収録状況など(C、D)は次のようである。

1　『浄名経集解関中疏』二巻（尾題「浄名経関中疏」）

(A)　中京資聖寺沙門道液集

(B)　(a)　丁未年（八二七）三月二十日。蓮僧慶会自手記□　（Sch二四三二V）

(b)　戊戌（八一八）四月一日。比丘神威記。（Sch二七〇一、巻上末）

(c)　巨唐大暦七年（七七二）三月二十八日。沙門体清。於虢州開元寺。為僧尼道俗。敷演此経。写此疏。以伝来学。願秘蔵常開。廣布真如之理。蓮宮永麗。弘分般若之源矣。

又至辰年（七八八）九月十九日。俗弟子索遊巌。於大蕃管沙州。為普光寺比丘尼普意。転写此巻訖。（Sch三四七五、巻上末）（**図36**）

（d）乙丑年（八四五）二月十四日（Sch六四一八、巻下末）
（e）時蕃中歳次乙酉（八〇六）冬末月下旬二日。於報恩寺写訖。比丘神応記。（Sch六五〇三、巻上末）
（f）丁酉歳（八一四）閏正月十五日勘乞《ママ》。（Sch六五五六八、巻上末）
（g）比丘譚義疏巻記。（Sch六五八〇、巻上末）
（h）戊年二月五日写了。（Sch六六一〇、巻下末）
（i）酉年十一月十五日。比丘海倩記。（Sch六八一〇、巻上末）
（j）歳次庚辰年（八〇〇）十月六日。比丘帰真写。并受持記。（Pch二三三一、巻上末）
（k）乙巳年（八二五）三月二十一日。比丘談哲記（致七二、巻上末）
（l）乙丑年（八四五）三月六日。□（洪一四、巻上末）
（m）法門法曇疏。（洪三四、巻上末）
（n）己巳年（七八九）四月二十三日。京福寿寺沙門維秘。於沙州報恩寺。為僧尼道俗。敷演浄名経。已伝来学之徒。願秘蔵不絶者矣。龍興寺僧明真写。故記之也。（台湾本一二一番、巻上末）
（C）番号省略。他に約六三点
（D）大正二七七七番（敦煌写本より移録。上巻の原＝Pch二一八八、上巻の甲＝Sch一四一二、上巻の乙＝Sch三四七五、上巻の丙＝Sch二七〇一、上巻の丁＝Pch二三三一、下巻の原＝Pch二一九一、下巻の甲＝Sch二六七〇、下巻の乙＝Sch一八一三）

2　『浄名経関中釈批』二巻（又は「浄名経関中釈抄」）

（A）沙門道液撰集

（B）（a）壬辰（八七二）正月一日。河西管内都僧政京城進論朝天賜紫大徳曹和尚。就開元寺。為城煌攘災。曽講維摩経。当寺弟子知恵弁随聴写此上批。至二月二十三日写訖。（Pch二〇七九、巻上末）

（b）卯年十月□生日。比丘一真写記。（M一二八八a）

（c）戊戌年（九三八）夏五月二十日。三界寺沙門道真念記。俗姓張氏。（台湾本一二四番、巻上末）

（C）番号省略。他に約二四点。

（D）大正二七七八番（上巻の原＝Pch二五八〇、上巻の甲＝Sch二五八四、上巻の乙＝Sch二七三九、上巻の丙＝Pch二〇七九、下巻の原＝Pch二二五四）

これら巻子の殆どは、三〇×四五cmの厚手の用紙に罫を引いて貼りつぎ、木筆で筆写したものである。数点に章草体のものをみるが、他は比較的丁寧な中字または小字で写されており、講義を聴いて直ちにその場で筆録したような筆跡に極端な乱れのあるものは見あたらない。しかし、これらの約半数には朱点や朱カギなどの印が施されている。こうした朱点は、その写本をテキストとして学習を行った形跡で、多くは講義随聴の覚えとして記入したものである。したがって、右二著作の諸写本は講義のテキストとして書写されたものである可能性が強い。

敦煌写本中にのこる道液の著作は右の二にとどまるが、関連するものとして、更に次のような文献が見られる。

3　『維摩疏釈前小序抄』

（A）崇福寺沙門体清撰

（C）Sch九一四、Sch一三四七、Sch一五一三V、Sch二四九六、Sch四四五五、Pch二一四九、Pch三四八八、Pch三七二六

（D）大正二七七五番及び大正二七七六番（大正二七七五番＝原Pch二一四九、甲Sch一三四七。大正二七七六番＝

Ｓch二四九六）

これは、道液の『浄名経関中疏』の序として付されている二の序、すなわち道液の自序と鳩摩羅什訳『維摩詰経』にたいする僧肇の序とに注釈を加えたものである。はじめに道液の序を釈し終わって、

余永泰二年。時居資聖。伝経之暇。命筆真書。自為補其闕遺。豈敢伝諸田事（大正八五・四三六頁ｃ）

と識す。次いで「釈肇断序抄義」と題して、僧肇の序を分門・注釈し、最後に、

余以大暦二年春正月。於資聖寺。伝経之次。記其所聞。以補多忘。庶来悟義。伯無誚斐然矣。崇福寺沙門体清記（大正八五・四三九頁ｃ）

と書き記している。したがって、この書は崇福寺沙門の体清が、資聖寺において『関中疏』の序の部分の講義を永泰二年（七六六）と大暦二年（七六七）に聴講した（おそらく道液自身より）ことによって成立したもので、『関中疏』と併せて敦煌に入ってきたものと考えられる。

4 『天台分門図』

（Ｃ） Ｓch一三一〇Ｖ、Ｓch二四九六、Ｐch二一三一

（Ｄ）大正二八二四番（原＝Ｐch二一三一）

Ｓch二四九六の『小序抄』の写本の末尾には、更に「僧肇序」の内容の分門科段を図示したものが付加されている。ところが、これに類似したものがなおＳch一三一〇Ｖ、Ｐch二一三一に見いだされ、後者は大正蔵経に収録されるところである。Ｓch一三一〇Ｖは「天台五義分門」、Ｐch二一三一の方は「天台分門図」と題されている。しかし、内容は（イ）道液の『関中釈批』巻上の前半「釈序文四」までの科段を図示したものと、（ロ）道液講・体清記の『維摩疏釈前小序抄』道液序（＝今序）の注釈の科段と、（ハ）僧肇序（＝古序）の注釈の科段とを図示した

ものである。Ｐch二一三一は（イ）―（ロ）―（ハ）、Ｓch一三一〇Ｖは（イ）―（ハ）―（ロ）の順に書かれている。Ｓch二四九六の末尾は（ハ）のみを写したものである。内容は大同小異であるが、Ｐch二一三一が最も詳細である。なお、Ｐch二一三一の末尾には、

……後明註意。庶将来君子等句。是下文言。「余以大暦二年」者。是造彼釈序時。略記年代也。其造序僧体清。即是後資聖寺和尚甥是也。

三門之中。天台今古已上釈竟。今当第三正経題。且就題中。略分為二。

とあり、体清が道液の甥であること、及びこの図に続く分門図があることを知る。これらの写本は『関中釈批』や『小序抄』を学習するに当たって、その内容科段を図示して理解の資としたものであろう。

右のような道液の疏、並びにその注釈類は何時ごろ敦煌に運び込まれ、学習されたのであろうか。それを知るために写本の識語に注目してみたい。

識語の紀年の多くは干支または十二支のみで記されているので、年代の確定ができないが、「蕃中」と冠する場合はチベット支配期の七八六～八四八年の間にかぎられる。したがって1の（Ｂ）の（ｅ）の「蕃中歳次乙酉冬末月」は八〇六年と定まる。また「閏」を用いるのは、この時期にかぎられるので、1の（Ｂ）の（ｆ）「丁酉年閏正月十五日」は八一七年に限定される。

(3)　敦煌への搬入

次に、道液の疏が敦煌にもたらされて講義された経路と時期を物語る三の識語が注目される。まず、1の（Ｂ）の（ｎ）であるが、これによると長安福寿寺の僧である維秘が己巳年四月二十三日に沙州報恩寺において『浄名

経』を講義した。龍興寺の僧の明真が写したとある。この維秘という僧も明真という僧も、七八八年に成立した敦煌在住の僧尼名簿『辰年牌子暦』の中にその名を見ることができる。すなわち、前者は報恩寺の条に「王維秘」として、後者は龍興寺の「張明真」として記載されているのである。(2) したがって、己巳年は七八八年の直後の七八九年に自ずから決まる。ところで、右の写本は筆書きの見事な草書体で、用紙も立派なものである。中原から来住した講者・王維秘が長安の写経生に書かせ、沙州に携行してきたその本である可能性が強い。以後の敦煌における『関中疏』の転写・流伝は、おそらくこの本を祖本として行われたであろう。(3)

(4) 講　義

1の(B)の(c)の識語は、沙門体清が大暦七年(七七二)に虢州の開元寺で『維摩経』の講義を行い、それに伴って『浄名経関中疏』を写し伝布しようとしたこと。そして、俗弟子の索遊巌が辰年にチベットの支配をうけている沙州において普光寺の比丘尼普意のためにそれを転写した経緯を述べている。右の体清とは永泰二年および大暦二年に長安の資聖寺において道液より直接『維摩経』の講義をうけ、随聴したところを『維摩疏小序抄』にまとめた崇福寺沙門体清その人であると見なされる。大暦二年(七六七)より五年後、今度は虢州において自らこれを講義し、流布を企てたのである。索遊巌がこの写本を得、敦煌にて尼普意の為にこれを転写した。この普意の名は『辰年牌子暦』に名を見る普光寺の王普意または陰普意のいずれかであろうが、(4) そうであるとすればこの写本の辰年は七八八年か八〇〇年となろう。ところで、この識語の伝えるところと、前の王維秘の記事とはどのように関連するのであろうか。両者を組み合わせていろいろな事情を考慮することができるが、少なくとも『浄名経関中疏』が八世紀の末に敦煌に入ってきて講義され、書写されたこと。それに当たって王維秘という長安から来た僧が関わっていたという事実は明らかである。

2の（B）の（a）の識語によると、壬辰年に都僧政の曹和尚が開元寺で『維摩経』の講義を行い、開元寺の僧知恵弁がこれを聴いて『関中釈批』を書写したということが分かる。右の都僧政曹和尚とは、敦煌の名士の肖像画の讃文である「邈真讃」を集めた文献Ｐch四六六〇の四番目に挙げる入京進論大徳兼管内都僧政賜紫沙門故曹僧政と同一人物と見なすことができる。次がその「邈真讃」である。

Ｐch四六六〇(4)

入京進論大徳兼管内都僧政賜紫沙門故曹僧政邈真讃
河西都僧統京城内外臨壇供奉大徳兼闡揚三教大法師賜紫沙門悟真撰
丕哉粋気　歴生髦傑　顧歩超群　佩觽多節　厭世諠華　預投緇列
弱冠進具　戒円秋月　洗濯八塵　永辞九結　参禅問道　寝食倶輟
寸陰靡棄　聚蛍映雪　温故知新　玄源妙絶　仰学惟明　資奚不哲
瑜伽百法　浄名倶徹　敷演流通　傾城懌悦　後輩疑情　頼承漸決
入京進徳　明庭校劣　勅賜紫衣　所思皆穴　旋帰本群《ママ》　誓伝講説
葺治伽藍　縄愆有截　年朞八十　示同損滅　法鼓絶音　渠波水噎
愁雲四起　門人泣血　図茲影像　往来瞻渇　銀鈎綴微詞　沈香名長設
中和三年歳次癸卯五月二十一日　聴法門徒敦煌釈門法師恒安

〔訓読〕

丕ナル哉粋気、歴生ノ髦傑、顧歩ヨリ群ヲ超ユ。佩觽ヨリ節多シ、世ノ諠華ヲ厭ヒ、預テ緇列ニ投ジ、弱冠ニシテ具ニ進ミ、戒ハ秋月ヨリ円ナリ。八塵ヲ洗濯シ、永ク九結ヲ辞ス、禅ニ参ジテ道ヲ問ヒ、寝食倶ニ輟ム。寸陰モ棄ツルナク、蛍ヲ聚メ雪ヲ映ズ、故ヲ温ネ新キヲ知リ、玄源ノ妙絶タリ。学ヲ仰イデ惟明カナリ。資ナンゾ哲ナラザランヤ。瑜伽、百法、浄名倶ニ徹リ、敷演流通スルトキ、傾城懌悦ス。後輩ノ疑情ハ、頼テ承テ漸ク決ス。京ニ入リテ徳ヲ進メ、明庭ニ校劣ス。勅モテ紫衣ヲ賜ヒ、思ウトコロ皆ナ穴ル。旋チ本郡ニ帰リテ、誓伝講説シ、伽藍ヲ葺治シ、縄愆截アリ。年八十ヲ期シ、損滅ニ同ジキヲ示ス。法鼓音ヲ絶チ、渠波水噎フ。愁雲四ニ起リ、門人血ヲ泣ス。茲ノ影像ヲ図シテ、往来スルモノ瞻渇ス。銀鈎モテ微詞ヲ綴リ、沈香モテ長設ト名ク。

右の文中より、曹和尚が「瑜伽」「百法」「浄名」に通じていたことが知られ、開元寺における『維摩経』(＝浄名)の講義と呼応する。また、2の(B)の(a)の識語にみる壬辰年は「邈真讃」の題記が中和三年(八八三)であることと、曹僧政が帰義軍期の肩書を持つところから八七二年と見なければならない。王維秘が七八九年に講義して以来八三年を経過してなお、敦煌においては道液の疏が講義されていたのである。

ところで、題記者の恒安には注意すべきである。かれは、筆跡よりみても明らかに「呉和尚邈真讃」を記した恒安と同一人であり、したがって、法成の講義を随聴し、『瑜伽論手記』を筆録した恒安その人に他ならない。かれが曹和尚の「邈真讃」を題記して「聴法門徒敦煌釈門法師恒安」と署名するのは、曹和尚の講筵にも列したものであることを示している。2の(B)の(b)の識語に見る「一真」も法成の講筵に連なった一真と関係して考えることができる。曹和尚の講義した開元寺は、かつて、大中九年(八五五)より同十三年(八五九)頃まで法成が『瑜伽師地論』の講筵を開いたところであった。法成亡きあと同じ開元寺において、壬辰年(八七二)、今度は曹和尚が『維摩経』の講義を行い、法成の薫陶を受けた恒安、一真らがそれに連なったのである。(5)

(5)　流行の背景

北朝期のものを除けば、八、九世紀の敦煌における『維摩経』の注釈書としては、曇曠の著作に推定したもの（本書六二一―六五頁）と、今の道液の『浄名経関中疏』と『同　関中釈批』とがあったことが写本の調査より浮かび上がった。前者については、しかし、あまり行われた形跡がなく、後者の天台系道液の著作が、敦煌の維摩学の主流となって一度ならず講義され、廣く書写された。初めの講義は七八九年、長安の福寿寺の僧で敦煌に来住することになった王維秘が報恩寺で行った（おそらくかれが道液の疏を持ってきた）。この『関中釈批』は帰義軍時代になってからも学習され、八七二年僧政曹和尚が開元寺において講筵を開き、かつての法成の弟子たちもそれに参じた。九世紀末になっても敦煌で『維摩経』が学ばれ、その注釈書が多く遺されていること自体については、『維摩経』という経典の流伝性からみても当然のことであろう。しかし、いわゆる曇曠系の維摩学ではなく、天台系の道液の疏が定着して学ばれたことはどう理解すべきであろうか。しかし、唯識・曇曠系の教学を主軸にして展開したはずのチベット支配期および帰義軍時代の敦煌の学問風潮の中にあって、曹和尚の「邈真讃」には、「瑜伽・百法・浄名倶徹」とあり、曹和尚は『瑜伽師地論』にも『大乗百法明門論』にも通じた学者である。当然、このうちの前者は法成の講義によって、後者は曇曠の著作に依って学を修めたに違いない。その彼が『維摩経』に関しては道液の疏を選んでいるのである。道液の疏がなぜそのように重視されたのか、内容的に見てみる必要がある。

鳩摩羅什（三四三～四一三）による『維摩詰経』の翻訳とともに、鳩摩羅什門下の僧肇（三八四～四一四）、道生、僧叡らによって競って注釈が行われた。これに鳩摩羅什自身の注釈も加えて、後に諸説あい交えて編纂されたものが『注維摩詰経』十巻（大正一七七五番）である。以後、鳩摩羅什等の行った解釈は、後世にいたるまで『維摩経』注釈の基準となった。鳩摩羅什時代以後にも『維摩経』にはおびただしいほどの注釈が施されたに違いない。しかし、その中にあって、代表的なものとして残ったのは浄影寺慧遠『維摩義記』八巻（大正一七七六番）、天台大師智顗『維摩経玄疏』六巻本末（大正一七七七番）、嘉祥大師吉蔵『浄名玄論』八巻（大正一七八〇番）、慈恩大師窺基『説無垢称経疏』六巻（大正一七八二番）などである。これらはそれぞれ釈風や思想内容に特色があるが、いま道液の二疏をこれらと比較してみるとき、『関中疏』は『注維摩詰経』に、『関中釈批』は天台智顗の『維摩経玄疏』に近く、強い影響をうけて造られていることが分かる。次に二疏に当たってその点を検討する。

道液が『関中疏』のはじめに付した自序は次のように述べている。

『浄名経関中疏』釈前道液自序（大正八五・四四〇頁ａ）

昔漢明中。法教始流於葱左。肇建塔像。翻訳尚阻。爰及魏晋。創硲宣伝。而所出諸経。猶詞疎理蹇。蓋習学者。未融於大観。伝訳者。闕通於方言。既為大法浸微。未可量其得失。自秦弘治三年冬。羅什入関。先訳大品・智論。爰及中観・門・百。使陶染至理。然後重訳茲経。及法華等。所以文切理詣。無間然矣。日者伝習多疎道。尚学以瞻異端。致使大宗。蕪蔓真極。而関中先製。言約旨深。将伝後進。或憚略而難通。蓋時移識昧。豈先賢之闕歟。道液不揆庸浅。輒加裨廣。浄名以肇注作本。法華以生疏為憑。然後傍求諸解。共通妙旨。雖述而不作。終愧亡羊者哉。

于時上元元年歳次困頓、永泰初祀。又於長安菩提道場。夏再治定。庶法鏡転明。恵灯益〔照〕矣。

〔**訓読**〕

昔、漢ノ明〔帝〕ノ中、法教始メテ葱左ニ流レ、肇メテ塔像ヲ建ツルモ、翻訳、尚ホ阻マル。爰ニ魏晋ニ及ビ、創メテ宣伝ヲ硲ク。而モ所出ノ諸経、猶ホ詞疎ク理蹇マル。蓋シ学ヲ習ウモノ未ダ大観ニ融ラズ、伝訳スル者ハ方言ニ通ズルコトヲ闕ク。既ニ大法浸ク微ナルガタメニ、未ダ其ノ得失ヲ量ルベカラザリキ。秦ノ弘治三年ノ冬、羅什関ニ入リテヨリ、先ズ大品・智論ヲ訳ス。爰ニ中観・門・百ニ及ビ、至理ヲ陶染セシメ、然ル後ニ茲ノ経及ビ法華等ヲ重訳ス。所以ニ文切ニシテ、理詣リ、間然ナシ。コノゴロ、伝習スルモノ多ク、道ニ疎ク、尚ホ学ブニ異端ヲ瞻ルヲ以テス。大宗ヲシテ真極ヲ蕪蔓セシムルヲ致ス。而シテ関中ノ先製ハ、言約ニシテ旨深ケレバ、将テ後進ニ伝ウルニ、或ハ略ニシテ、通ジ難キヲ憚ル、蓋シ時移リテ識昧シ、豈ニ先賢ノ闕ナランヤ。道液ハ庸浅ヲ揆ラズ、輒チ裨廣ヲ加ウルニ、浄名ハ肇注ヲ以テ本ト作シ、法華ハ生ノ疏ヲ以テ憑ト為ス。然ル後ニ傍ニ諸解ヲ求メ、共ニ妙旨ニ通ゼントス。述ベテ作ラズト雖モ、終ニ亡羊ヲ愧ズル者ナルカナ。

時ニ、上元元年（七六〇）歳次困頓ナリ。永泰ノ初祀、又、長安ノ菩提道場ニ於テ、夏再治シテ定ム。庶クバ法鏡転明シ、恵灯益ス照サンコトヲ。

右の序により『関中疏』が上元元年（七六〇）に述作され、永泰元年（七六五）に再治されたことを知るとともに、本疏が僧肇の注釈を本として造られたものであり、その目的が関中の僧肇など先賢の注釈が簡略に過ぎ、現代の人々に分かりにくくなったという要望に応える点にあったと窺える。しかし、『注維摩詰経』は十巻の大部であり、それが分量において簡略であったとは言えない。当時の学者がそれでもなお略を憚った理由はどこにあったのであろうか。それを知るためには内容を対比してみる必要がある。

『注維摩詰経』（大正蔵経本）の構成を見ると、首部に三四行にわたる僧肇の序が付され、その後直ちに、経題にはじまる随文解釈が続く。その解釈の仕方は、まず経文の句節を掲げ、それに対して「什曰」「肇曰」「生曰」の語に導かれる各師の解釈を挙げてゆく。但し、ある箇所は什師の釈のみを挙げ、ある箇所は肇師と生師との両釈を挙げるという風に、常に三師の解釈すべてを出すわけではなく、編纂者自身を経て取捨された形跡が見られる。(6) しかし、最後に到るまで、科段の行われることもなく、また論の構成に関するいかなる説明も介入することがない。『浄名経関中疏』の場合も、首に道液の自序一五行の添加はあるが、やはり、僧肇の序があり、次いで直ちに「維摩詰所説」の経題より解釈が始まる。また経句を区切って、什、肇、生などの各師の釈を挙げながら随文解釈を進める点も同じであり、外観の形式は両者よく似ている。しかし、内容的には看過できない変更が加えられている。その差異を見るために次に両疏の若干部分を対照してみよう。

『注維摩詰経』『浄名経関中疏』対照（ゴチックは経文、傍線は両者一致する文）

『注維摩詰経』（大正三八・三二八頁a10—b19）

佛国品第一　什曰。経始終由於浄国。故以佛国冠於篇也。

如是　肇曰。如是信順辞。夫信則所言之理順。順則師資之道成。経無豊約。非信不伝。故建言如是。

『浄名経関中疏』（大正八五・四四一頁b9—c18）

佛国品第一　什曰。経始終由於浄国。故以佛国冠衆篇也。真応二土会以平等。廣如下文。然十四品経。大分三別。初此品半。為未信令信。故名序分。次十一品半。信已令悟。故名正宗分。三後二品。盡経悟已応伝。名流通分。初序分中。復有三別。初列時方処等。是集経者。引事証信。次合蓋現土。是説経者。駭物令信。後称歎讃揚。是問経者。使仰徳生信也。初文又六。一信経辞。二伝経旨。三聞経時。四説経者。五聴経処。六聞経衆。

如是　此初信経辞也。肇曰。如是信順辞也。夫信則所言之理順。順則師資之道成。経無豊約。非信不伝。故

我聞　什曰。若不言聞。則是我自有法。我自有法。則情有所執。情有所執。諍乱必興。若言我聞。則我無法。則無所執。得失是非帰於所聞。我既無執。彼亦無競。無執無競。諍何由生。又云愛有二種。一五欲愛。二法愛。外道出家。能断欲愛。不断法愛。故情有所執。佛弟子兼除二愛。法愛既盡。執競都息。経始称我聞。存於此也。肇曰。出経者。明己親承聖旨。無伝聞之謬也。

一時　什曰。説経時也。肇曰。法王啓運。嘉集之時也。

佛在毘耶離　什曰。拠佛所在方也。毘言稲土廣所宜也。耶離言廣厳。其地平廣荘厳。肇曰。毘耶離国土名也。秦言広厳。其土平廣厳事。因以為名也。

菴羅樹園　什曰。菴羅樹其果似桃。而非桃也。肇曰。菴羅果樹名也。其果似桃而非桃。先言奈氏。事在他経。

建立。

如是我聞　此二伝経旨也。肇曰。出経者。明己親承聖旨。無伝聞之謬。

一時　此三聞経時也。衆生信重。為感如来悲願。為応道交。故曰。一時。肇曰。法王啓運。喜集之時。

佛　此四説経者。梵音云。具言佛駄。此翻為地者。大品云。知諸法実義故。大論云。菩提名智。佛名智者。是即解円徳備言誠物信也。

在毘耶離　此下五列聴経処。有通有別。通為遠者。知別為近不謬。此初通処。肇曰。毘耶離国名也。秦言広厳。其土平廣厳事。因以為名。又云。好稲土之宜也。

菴羅樹園　別処。肇曰。菴羅樹名也。其果似桃而非。先言奈氏失也。事在他経。園者。住処之通称。梵云僧

与大比丘衆八千人倶　肇曰。比丘秦言。或名浄乞食。或名破煩悩。或名浄持戒。或名能怖魔。天竺一名該此四義。秦言無一名以訳之。故存義名焉。別本云。摩訶比丘僧八千人倶。什曰。共聞経人也。挙時方人三事。以証其所聞也。摩訶秦言大。亦言勝。亦言多。於一切衆中最上。天人所宗。故言大。能勝九十六種論議。故言勝。其数八千。故言多也。比丘秦言破煩悩。亦言乞士。除五種邪命養法身。故言乞士。比丘菩薩不合数者。以比丘盡是肉身。菩薩多是法身。身異故。若肉菩薩。未正位取証心異故。以二因縁比丘菩薩不合説也。所以先羅漢後菩薩者。人謂菩薩未盡諸漏智慧未具。羅漢三漏既盡。智慧成就。随人情所推。以為先後耳。……

伽藍摩。此云衆園。言加藍者略也。

与大比丘衆八千人倶　此下六列同聞経衆証非己謬伝衆。有三別。初列声聞。形心倶勝。証信最親。故先列也。次列菩薩。心同形異。証信小疎。故次列也。後列天龍。形心倶乖。証信最疎。故後列也。初列比丘与者共也。大即極果。比丘人名衆言和合。肇曰。比丘秦言。或名浄乞食。或名破煩悩。或名能持戒。或名能怖魔。天竺一名該此四義。秦無一名以訳之。故存其義名焉。……

右の対照より看取できるように、『関中疏』と『注維摩詰経』とは決して同じ内容ではない。その違いの一は、『関中疏』においては『注維摩詰経』にみられる各師の説に取捨を加えて挙げていることである。右に対照した部分でいえば、はじめの「佛国品第一」で什説を採用する他は、『関中疏』ではすべて什説を省いていることである。二には、『注維摩詰経』に無い文が添加されていることである。右の部分には現われないが、「叡曰」「融曰」「天台曰」のように、新たな諸師の説が加えられている。三に、例えば「佛」の字に対して「梵音云。具言佛駄。此翻為知者」というように語義解釈が独自に付加されている。四に、「然十四品経。大分三別。初此品半。為未信令信。故名序分。……」（「佛国品第一」の説明文のうち）のように、経文の構成に関する分門科段が与えられているなどである。

以上のような違いはあるものの、大綱において『注維摩詰経』と『浄名経関中疏』との関係はきわめて密接である。このことはまず、「浄名経集解関中疏」という題記そのものの中に、「浄名経集解」とは『注維摩詰経』の別称として通用していること、「関中疏」とは僧肇・道生・僧叡など「関中の諸師の注疏」の意であることなど、本疏が『注維摩詰経』と趣旨を同じくするものであることが標示されていることに認められる。道液の意図は、『注維摩詰経』の外形と権威は保ちつつ、この疏を近代の人々に分かりやすく改編し、当時の佛教界に再登場させることにあった。しかして、その課題を右にみたように、起伏なく随文解釈に終始する『注維摩詰経』に分門科段を与え、内容を整理し、新しい解釈を付け加えることによって果たそうとしたのである。このことに関して、姉妹篇『浄名経関中釈批』の中の次の文が注目される。

三分者。釈文大体。略有二種。一関中注解。真明理宗。諸禅師釈通。但弁観理。並造文便解。不開科段。又近代諸師文。起盡各有科酌。而取捨多異。而今講者。必不可偏。然随文生起。不可遺於科段。而文理相承。正相通会。不可隔以科文。取捨之宜。異在説者。（大正八五・五一一頁b）

右は、序分、正宗分、流通分の三分科を行うに当たって意見を述べたものであるが、これによって僧肇など関中の諸師は解釈に科段を開かないこと、近代の釈風は科段を用いていること、講者はいずれにも偏らない立場を採るが、科段を無視することはできないとしており、道液が著作を行うに当たって採った意図と方法を知ることができる。

次に、『浄名経関中釈批』についてみるに、その冒頭は次の文ではじまる。

天台云。此経理致深遠。言旨淵玄。若但依文帖釈。恐指事数而已。一教宗極。終自難量。猶須略付幽微。顕不思議旨趣。今輒於文前。撰五重玄義。第一釈名。第二出体。第三明宗。第四弁力用。第五判教相。（大正八五・五〇一頁b）

この文は、はじめ「天台云」とあるように、実は天台大師智顗の『維摩経玄疏』の同じく冒頭の文（大正三八・五一九頁a）に他ならない。天台の『玄疏』は『維摩経』の随文解釈を行ったものではなく、右の五重の玄義にしたがって、経題の解釈にはじまる経全体の性格や位置を論じたもので、文を逐っての注釈を本論とすれば、いわば序説に相当するものである。中国では、六世紀中頃以後こうした釈風が現われ、殊に天台は五重玄義に基づいてそれを顕著に論じた。『関中疏』においては、この玄義に相当するものは付加されることはなかった。しかし、一経の注釈を行うに当たっては、この序説は当然なければならない。それが新しい注釈の形式である。それが省かれていたのは、『関中疏』が『注維摩詰経』の原型をなるべく忠実に保とうとしたからであろう。いま『関中釈批』において、その欠を補ったものと思われる。内容はもちろん、天台の『玄疏』と同一ではないが、五重の玄義に準じて論述を構成する意図は明瞭であり、道液が『維摩経』の注釈を天台の釈風に範を求めて行ったことは間違いない。このことは前述したように、『関中釈批』の科段を図示した文献に「天台五義分門」および「天台分門図」を標題として与えている点にも窺える。『関中釈批』は五重玄義をおわって、「肇序」を解釈し、続いて経文の一々に解釈を加える。ところで、この随文解釈は、『関中疏』が肇・生・什の関中の諸師の説を中心としたのに比べ、関係する経・論の引用を主体としたもので、『関中疏』に対する資料集的性格がある。要するに『関中疏』と『関中釈批』とは姉妹関係にあり、両疏が合わさることによって、はじめて学習が完成するのである。このことは、敦煌写本中に、両者の写本が共に多く遺っていることが示唆するところである。しかして、両疏を分離した道液の功によって、『注維摩詰経』は原型を損せずして蘇り、かつ、繁雑になって主題が混乱することを防いだ。しかも、二者合一すれば新しい釈風に基づいての新古の学説に接しうる精緻な注釈書と化す。道液の『維摩経疏』の一組が盛行した理由であろう。

道液という僧については、中国の僧伝にその名を見ないが、日本の留学僧常暁、円仁、円珍らの将来目録（大正五五・一〇六九頁、一〇七五頁、一〇九三頁、一一〇五頁など）や朝鮮の経録『義天録』（大正二一八四番、大正五五・一一七〇頁）などにかれの著作名が屡々見えており、それによってかれの著作活動と当時の佛教界における評価とを伺うことができる。各種目録の記すところによると道液には次のような著作があったらしい。

（1）『浄名経集解関中疏』四巻（または三巻）　（4）『金剛般若疏』二巻
（2）『浄名経関中疏釈批』二巻　（5）『金剛弁宗』二巻
（3）『維摩経関中疏科文』一巻　（6）『仁王護国般若経疏』二巻

右のうち、敦煌より発現したのは目下のところ（1）（2）の二著作のみである。（3）―（6）の著作は各目録に共通に載せていないので、必ずしも道液の著であったかどうか疑問が残る。また、これら以外に、例えば『関中疏』の序において自ら触れている道生の疏に基づいて著したという『法華経』の注釈があったことが考えられる。それはともかく、平安初期の入唐諸家の持ち帰った維摩疏群のうちには殆どの場合、『関中疏』と『関中釈批』の二著作が含まれていることは注目に値する。道液の疏と併せて将来されている文襲、契真、牛頭山恵融の疏がどのようなものであったか明らかでないが、各留学僧が競って道液の二著を将来していることは、それが最新の著作であったという事情の外に、当時の中国の維摩学をリードするものとして重視されていたことを反映していよう。このことは、承和六年（八三九）上表の『常暁和尚請来目録』（大正二一六三番）の次の記事に一層明瞭である。

右ノ維摩経ハ、微ヲ窮メ化ヲ盡ス、妙絶ノ称ナリ。疏ヲ造ル人数般ナレド、論旨ハ左右シテ、詞踈ク、理蹇マル。是ニ関中ノ液公ニ至ッテ、大宗蕪蔓シテ、真極開カル。今見ルニ、大唐ノ真典近代ニ興盛シ、講文、学義ノ類ハ総ジテ此ノ疏等ヲ以テ指南ト為ス。是故ニ寺ゴトニ浄名ノ典ヲ講ジテ白衣ヲ化度シ、液公ノ疏ヲ以テ緇徒ヲ提撕ス。皆ナ云ウ、諸師ノ註疏有リト雖モ、恵底ハ未ダ足ラズ。乍チ此ノ文ヲ学ブニ、法鏡転明シ、恵灯益ス照ナリ。（大正五五・一〇六九頁c、原文は漢文）

道液の『維摩疏』が従来の諸注釈より優れ、維摩学に新時代を画するものであったことが、右の文より看取できるであろう。

中国本土において道液の『維摩疏』が強い支持を得たことについては、この疏自体が『維摩経』の学習書として卓越していたことに主な原因が認められるべきであることは言うまでもないが、他に学派的対立意識が拍車をかけていた事情も考慮される。玄奘は鳩摩羅什の『維摩詰経』を改訳して『説無垢称経』を出し、慈恩大師窺基（六三二〜六八二）はこれに注釈して『説無垢称経疏』を学界に送った。この一連の動きには、明らかに鳩摩羅什訳の『維摩経』を中心に形成されてきた従来の学問を退けようとする意図がある。法相唯識家の学派的勢力を背景にしてのこの企ては、当時の維摩学徒の間にかなりの混乱を招いたに違いない。ところが、これを無視し天台の注釈方法を中心にして『注維摩詰経』を再び学界の主流にしようとした道液の試みは、こうした趨勢に全く逆行するものである。しかるに、それが歓迎されたことは、少なくとも維摩学に関するかぎり、新訳を中心とする法相宗系の学風が定着せず、旧訳『維摩経』とその代表的研究書である『注維摩詰経』への復帰を指向する風潮があったことを示唆している。

敦煌の維摩学にも唯識系の曇曠の疏より天台系の道液疏への移行があり、この事情に類似点が認められはする。しかし、敦煌における道液疏盛行の理由を理解しようとする場合、右のような学派的問題を適用することは必ずしも妥当ではない。敦煌の佛教学は、中原と隔絶されていて、中原の学派的意識がそれほど敏感ではないと思われるからである。例えば、曹和尚が、かつて十年以前は法成の『瑜伽師地論』の講義が行われ、その影響が残っているであろう開元寺において、道液の『浄名経関中疏』等を講義した事実は、唯識系法成学の否定、天台系道液教学高揚の姿勢によってではなく、むしろ両派の差異に対する意識が無かったから起こり得たことであろう。道液の疏が敦煌で受け入れられた理由は、一つには道液の著作が最新の長安の権威であって、学習書として優れていたことに求められるべきであろう。そしてまた、王維秘の来住と講義に契機があろう。

［注記］

（1）この論考は拙稿「八・九世紀『維摩経』諸注釈の系譜」（『龍谷大学論集』三八七、一九六八）を改訂したものである。

（2）藤枝晃「敦煌の僧尼籍」（『東方学報』二九冊、一九五九）二九三―四頁。

（3）中華民国々立中央図書館に蔵するこの写本は、二六・七㎝幅のきわめて薄手の唐の役所用紙二十一枚を貼合した長巻子で、実見したところ長安の職業写字生の手になったと思われ、王維秘の携行本と推定した。「明真写」の識語は本文と別筆なので、この本より転写したことを意味する記ではないであろうか。

（4）藤枝右掲「敦煌の僧尼籍」、二九四頁。

（5）先に発表した拙稿「八・九世紀敦煌における『維摩経』諸注釈の系譜」一一八頁においては、2の（B）（a）に現れる「智恵弁」を「智恵山」と見誤り法成との関連を論じたが、訂正する。

（6）「注維摩経」の構成については次の論文がある。臼田淳三「注維摩詰経の研究」（『印度佛教学研究』二六―一、一九七七）、同「維摩経僧肇単注本」（『聖徳太子研究』一一、一九七七）。

（補）Ｐch二二三二『浄名経関中疏』は『敦煌書法叢刊』二五巻（二玄社刊、一九八四）中に影印収録される。なお、本叢刊の第二五、二六巻は、章草体写本を収載したものである。

二　『四分戒本疏』

敦煌写本中の次の諸点は「四分戒本疏　沙門慧述」の題記をもつ四巻の文献の写本である。

Ｓch四〇五、Ｓch五八〇、Ｓch一一四四、Ｓch一三二一、Ｓch一四八一、Ｓch二五〇一、Ｓch二六六三Ｖ、Ｓch二八八六、Ｓch四〇〇四、Ｓch四〇九二、Ｓch四八七一、Ｓch五四〇三、Ｓch五九八六、Ｓch六二三八、Ｓch六四〇五、Ｓch六五四九、Ｓch六六〇四、Ｓch六八八九、Ｐch二〇六四、Ｐch二二四五、Ｐch二三二〇、蔵一二、蔵七九、蔵八二、冬六五、陽九〇、陽九二、昃一七、地三六、騰三四、雨四七、服二、始二〇、往二一、列五三、鹹八六、人七三、荒四八―洪六四―荒九〇―月二七―日五九―荒七三―荒六九―荒九九―月四一―洪六九―荒六六―月六九―荒七五―洪一〇〇―月七七―荒一、辰六二―辰六一、盈六一、海二二、羽八〇、龍大一一八、龍大一一九、龍大五三六、

六二点の多きを数える。ただし、そのうちの―□―□―は、もともと連接していたことがはっきりしており、一写本であったものである。なかには同筆のものもあるので、写本の種類はそれほどでもないが、この点数は注目に値する。

どういうわけでこれだけの写本が残されるにいたったのか。

写本には、朱の奥書を有するものがかなりある。なかで注目すべきはＳch六六〇四（**図37**）の、

乙亥年十月二十三日起首。於報恩寺。李教授闍梨講説此疏。随聴随写。十一月十一日。

というものである。李教授の名は、Ｐch四六六〇に収められる次の三種の「邈真讃」に現われる。

（1） 故李教授和尚讃

（2） 故沙州緇門三学法主李和尚写真賛

（3） 敦煌都教授兼三学教主隴西李教授闍梨真讃

これら「邈真讃」成立の年代が、いずれも大中十二年（八五八）頃と推定されるところから、それ以前の人と考えられる。ただし、これら「邈真讃」の語る李教授が同一人物であるかどうかは確定的ではない。いま三のうち最後の「邈真讃」を掲載する。

敦煌都教授兼三学教主隴西李教授闍梨真讃

釈門都法律兼副教授苾芻洪辯述

大哉法主　間世莫首　位高十徳　解盡九流
三端備体　四辨難酬　蕃秦互曉　緇俗斉優
五乗研激　八蔵精修　刊定邪正　隔絶傍求
両邦師派　一郡帰投　等然恵炬　遍運慈舟
逗根演教　量器伝幽　謂寿逾籌　将冀遐籌
闍浮魄散　宝界神遊　哀々地慟　参々天愁
花台飛錫　再会無猶　芳名万代　播美千秋

この文面よりみると、李教授は、ひろく佛教学を修め（五乗研激。八蔵精修）、チベット語にも通じていた（蕃秦互曉）碩学であり、『四分戒本疏』の講義を行った学僧としてふさわしい。なお、右の文からは、殊に律に関わったことを記していないが、第二の「邈真讃」には、「精持戒律」の文を見ることができる。

ところで、李教授闍梨の「邈真讃」を述作した「釈門都法律兼副教授苾蒭洪辯」とは、帰義軍時代に入るや張議潮より河西都僧統に任ぜられた呉洪辯である。竺沙雅章博士の研究によると、(1)かれはチベット支配時代の八二〇年頃より帰義軍時代になる直前まで副教授にあったという。洪辯がその官位にあるとき、師李教授は逝去し、かれはその「邈真讃」を製作したのである。

右のことよりSch六六〇四の識語にみる李教授の講義は、チベット支配期内であり、亥年は八一九年に定まる。この年の十月二十三日より十一月十一日にわたって報恩寺で講説し、それを聴くに随って写したものである。この「随聴写」ということは具体的にどういうことか。この場合、『大乗稲芊経随聴手鏡記』や『瑜伽師地論』講義録のように直接の講義筆録ではなく、テキストをあらかじめ写しておき、講義を聴きながら朱点など書き入れたことを意味すると考えられる。いずれにしても、李教授による講義があり、それを聴いたことによって成立した写本である。ただし、他の写本にそのように講義を聴いたとする記事は見あたらず、「勘」したことを記すもののほうが多い。写本の識語を列挙すれば次のようである。

乙丑年（八四五）十一月二十五日勘記。（第二巻末、Sch一一四四）

壬子年（八三七）十二月。沙州金光明寺僧大律師□書其疏。用於流通記。（第一巻末、蔵一二）

未年五月二十三日。比丘惟其書。（第一巻末、蔵四七）

壬子年（八三七）三月二十八日。於沙州寿永寺写。(2)（第三巻末、辰六一）

沙門福慧勘記。寅年十月十一日。比丘福漸詳閲。（第三巻末、Pch二二四五）

寅年十月二十日。於東山接続。及点勘並了。（紙縫）談廣（第四巻末、Sch六八八九）

午年三月一日。於莫高窟勘了。記之也。午年三月一日勘了。（第四巻末、Ｐch二三三〇）

右のうちの壬子、乙丑は、それぞれ八三七、八四五となる。とすると、李教授が報恩寺で八一九年に第一巻の講義を行った時期とかなりの隔たりがある。また、法成の『瑜伽師地論』の講義の場合のように第一巻より順次に年代を追ってゆくこともできない。写本に随聴の特徴も少ない。講義の後、別の機会に、個別に写されたと見なければならない。これらの写本は、講義随聴の際成立したものではなく、経典に準じる内容の正確さをもって、流布・伝承を意図したことを示唆しており、その基本となるテキストを転写（おそらく専門の写字生により）し、それを校勘し、詳閲（Ｐch二二四五）したものである。流通の意図があったことは、蔵一二の識語が示すことである。

このように学習され、伝承された『四分戒本疏』は中国中原に見ないものである。その著者「慧」とはだれか。曇曠のように敦煌在住の僧であるのか、中原の人で、その書いた本のみが搬入されたのかも分からない。中国の律は道宣が『四分律行事鈔』をまとめ（六三〇）律学の基礎を築いた。この道宣の律の著作は敦煌写本中にも多く見出される。しかし、いまの疏は、法礪（五六九〜六三五）の系統をひくものであると専門家により判断されている。(3)

［注記］

（1）竺沙雅章「敦煌の僧官制度」（『東方学報』三一冊、一九六一）一五五頁。なお、「教授」の称はチベット支配時代に用いられたものである。

（2）寿永寺はチベット支配時代に現われる寺名である。藤枝晃「敦煌の僧尼籍」二八九頁参照。

（3）月輪賢隆・土橋秀高「沙門慧述『四分戒本疏』第一について」（『西域文化研究』巻一、一九五八）一五六―八頁、同「『四分戒本疏』巻四について」（『同』）、一七九―一八〇頁。なお、龍大本『四分戒本疏』巻一、巻四は、右『西域文化研究』巻一に録文される。

三　『法華玄賛』

(1)　写本の状況[1]

慈恩大師窺基（六三二～六八二）の著作になる『妙法蓮華経玄賛』（略『法華玄賛』）十巻（大正一七二三番）の写本が、敦煌出土の佛典写本群の中に一〇点あまり見いだされる。現在までに確認できた『法華玄賛』の写本は左記のようである。

Ｓch一五八九、Ｓch二四六五、Ｓch三七一三Ｖ、Ｐch二一七六、Ｐch三八三一、号六六、結四三、昃六八、黄一二、河三四、結四八[2]

また、『法華玄賛』に直接関係をもつ文献である『法華玄賛科文』がＰch二一五九にある。この『法華玄賛』は、後述するようにチベット訳されてチベット蔵経に収録されており、またトルファンより出土するところであり、一部分ながらウイグル訳の写本も見つかった。これらの事実はこの疏が敦煌だけでなく、周辺の地域にも流布していたことを示すものである。この疏が何時ごろから敦煌で用いられるようになり、また、どういう事情がその学習を促したのであろうか。写本の観察より探って行きたいと思う。

写本の検討より次のようなことが判明する。

ア　七六三、四年頃の写本が存在する点がまず注目される。

Ｐch二一七六（**図38**）は、首欠ながら末尾に「妙法蓮華経玄賛巻第六」の題記を有する一三mにも及ぶ写本である（大正三四・七五七頁ｃ２―七七八頁ａ13に相当）。きわめて薄い、文字が裏にまですきとおって見える（bon pap.; très fin, le texte du R transparait au V）章草体で書かれたものである（ecr. très cursive）。この種の写本は、曇曠の著作の写本に屢々例を見るもので、その中のＳch二四三六『大乗起信論略述』には奥書「宝応弐載（七六三）玖月。於沙州龍興寺写訖」、Ｓch七二一Ｖ『金剛般若経旨賛』には奥書「廣徳二年（七六四）六月五日。釈普遵於沙州龍興寺写訖」があり、年代を知ることができる。

薄手用紙と章草体の二の特徴を備えた写本は、他の時代に現われた例がなく、七六三～四年頃にかぎられるところから、いまの『法華玄賛』のＰch二一七六写本も同時期の成立になるものと判定できる。

また、右のような薄手用紙、章草体ではないが、結四三（首尾欠、存二三〇行、大正三四・六六四頁c7—六六七頁c21）、黄一二（首欠、尾題「法華経玄賛第四」、存七一二行、大正三四・七二〇頁b25—七三四頁a末）の二点は、きわめて端整な中字楷書で書写されたもので、右のＰch二一七六と同時代か、あるいはそれ以前のものと判定できる。

また、昃六八（首欠、尾題「法花経玄賛第二」、存一一六四行、大正三四・六七三頁b26—六九四頁b10）は、やはり薄手用紙に草体筆跡で写されたものである。八世紀後半であろう。朱点や朱カギの書き入れがあり、学習された跡が見られる。

以上のような特徴が写本に認められるところから、『法華玄賛』という疏は、八世紀中頃には敦煌に搬入され、この地で書写されていたこと。また、写本の特徴が曇曠の著作のそれに類似するものであることが看取できる。

イ　次に、チベット支配期（七八六～八四八）より、帰義軍期（八四八～一〇〇〇頃）の写本があり、後世でも学習されていた形跡がある。

河三四（首尾欠、存二一七行、大正三四・七一六頁c18—七二〇頁c10）は、端整な楷書の写本であるが、木筆によるものと判定でき、八世紀末以降のものである。号六六（首尾欠、存一一九行、大正三四・六五六頁a20—六五八頁b13）も木筆による楷書体の写本である。用紙はチベット支配期特有の厚手紙である。右より更に遅い時代で十世紀に入っての写本と思われる。その他、Ｓch一五八九（大正三四・七八四頁c6―七八六頁b末）も木筆の楷書体である。末尾は「……二頌法喩合説滋茂因異」で止筆した不完全な写本で、十世紀のものであろう。Ｓch三七一三Ｖは、習字風の写本で、「金剛経疏」などの写される中に「妙法蓮華経玄賛序品第二」の標題の一行だけの木筆写本である。

Ｓch二四六五（大正三四・六五一頁b16―六六〇頁b13）は、章草体で、朱点や朱カギの附された写本である。しかし、用紙は目録が buff paper と叙べているように後世の厚手のものである。筆跡の章草体も、目録は good cursive としているが、実はＰch二一七六にみるような流麗なものではなく、それに似せて書写したものである。おそらく筆写に当たって手本とした写本が章草体であったところから、後世に筆跡をそのまま真似て写したのではないかと推定される。ところが、この特徴をもつ写本がやはり曇曠の著作の中にも見いだされ、Ｓch二七八二『金剛般若経旨賛』、『大乗百法明門論』の疏であるＳch三九九四、Ｐch二二五八、Ｐch二五七六Ｖ、Ｐch三九九四がその特徴をもつ。

Ｐch三八三二（大正三四・六五一頁a―六七一頁b4）は「法華玄賛第一　慈恩寺沙門基撰」の題記を有し、写真で四〇コマにも及ぶ長巻の写本である。写本の大部分は章草体で書写されているが、先のＳch二四六五の場合と同じく、用紙は厚手の後世のもの、筆跡は章草体に似せたものである。また、注目すべきに、首部二七行分は本体部分と別筆の木筆楷書体で、後世に修復の目的で継ぎ足した形跡が歴然としたものである。本文中に、これと同筆と判定できる小字の書き込みも見いだされ、朱点や朱カギも認められるところから、本体部分の書写（九世紀）以降、更に時代を経て修復・学習を経た写本であると推定できる。

Ｐch二一五九Ｖは、「妙法蓮華経玄賛科文巻第二燕台憫忠寺沙門詮明科定」の題をもつ方便品の科段である。[3] 実叉難陀訳の新訳『華厳経』の前部に写される。この詮明なる人物は遼代（九〇七～一一二五）の人物である。したがって、この例は、八世紀中頃からの学問継承においてのみこの疏が学ばれてきたのではなく、十世紀に入って『法華玄賛』の学習のうちには、北中国に継続していた法相系学問の影響をうけての新たな流入があった事実を明らかにするものである。

以上のように、本疏はチベット支配期、及びそれ以降の帰義軍時代でも書写され学習されていたことが知られる。また、後世に真似た章草体の写本があり、曇曠の『大乗百法明門論疏』系統の写本に同じ例を見る点も明らかになった。

ウ　敦煌発現の『法華経』の注釈書五〇点近くの中で、『法華玄賛』及びその系統のものが占める率が非常に大きく、しかも、本疏が八世紀中頃に敦煌に現われはじめて以後は、『法華経』の注釈書といえば、この疏の類で殆ど占められていることが注目される。

『法華経』の代表的注釈書で、後世まで学習されてよいはずの吉蔵（五四八～六二三）の『法華義疏』（大正一七二一番）もＳch六八九一、Ｐch二三四六に見ることができるが、いずれも七世紀の隋代か唐初の特徴のある写本である。その他のいくつかの北朝期の『法華経』の疏の写本とともに、『法華玄賛』とは層位を異にした時代のものである。(4)

八世紀中頃かそれ以降、『法華玄賛』が登場しはじめてからの時代のもので、『法華玄賛』以外の『法華経』の注釈書にＰch二一一八、Ｓch二六六二、菜一一の三点が注目される。Ｐch二一一八は、八世紀後半頃に見る薄手用紙に、やはり章草体で書写された一九ｍにも及ぶ写本である。原巻子の軸も紐も附いたままの保存の良い写本である。尾題に「妙法花経明決要述巻第四」とあるが未伝の内容である。しかし、外題には「法華玄賛第十」とあるところから、両者は何らかの関係があるものと思われる。Ｓch二六六二も薄手用紙に章草体の写本である。内容は問答体の形式をもつが未伝である。朱点や朱カギが見られる。菜一一も、用紙、書体ともに同様である。経文を挙げての注疏であるが、やはり内容の同定ができない。これらの『法華経』の注釈書がどのような性格のものか検討を今後にまたねばならないが、いま写本の特徴より言えることは、いずれもが八世紀中頃の薄手用紙で章草体の写本形式のもので、曇曠の著作写本や『法華玄賛』の初期の写本と類似したものであるということである。ところが、それ以後には『法華玄賛』の場合のように伝写された形跡がない。要するに、八世紀中頃、敦煌にはいく種かの『法華経疏』があったが、それ以降は独り『法華玄賛』が伝承され学習されていたということが結論づけられる。

(2) 学習の背景

『法華玄賛』の敦煌での学習を促した背景は何であったのか。それについて、まず思いいたるのは曇曠との関係である。見てきたように、『法華玄賛』の写本と曇曠の著作の写本とに共通点があるが、このことはその学習集団が同系統であることを示唆している。ちなみに、曇曠の写本群のほか、禅の写本群、『浄名経関中疏』、『四分戒本疏』の写本群などがあるが、それらのいずれとも様相を異にしていて、これのみが曇曠のそれに類似している。

『法華玄賛』(5)は、法相唯識家の慈恩大師窺基の『法華経』への注釈である。ということは五姓各別、一乗不了義を説く『解深密経』を根本聖典とする法相唯識学の立場より、一乗真実・三乗方便、衆生皆有佛性を説く経典を解釈しているということである。そのような立場の違いがありながら、なぜ慈恩は敢えて『法華経』に注釈したのか。法相唯識の学説を宣揚するに当たっては、一乗真実か不了義か、皆成佛か無佛性かの基本的問題を避けて通れず、どうしても法相唯識の立場からこの権威ある『法華経』に解釈を示して決着をつけておかなければならなかった教学史的背景があったからであろう。そのような事情の中から生まれた本疏は、法相唯識に立場をおき、この学問を学ぶものには必須の学習書であったと考えられる。

曇曠は、唐代における唯識学の一方の学匠円測（六一二〜六九六）のいた西明寺で学んだ。しかし、八世紀前半、曇曠が学んだころの長安の佛教界はすでに慈恩、円測の教学的確執や、法相唯識学一辺倒の風潮も薄らいだのか、曇曠の学問には慈恩の教学を承けながらも、同時に法蔵の説に依拠して『大乗起信論』に注釈を行っており、性相融会の傾向が認められる。いまの一乗真実・不了義の問題についても、『大乗二十二問』に見るに、かれは法相唯識家の主張である一乗は不定姓にたいして説かれた方便であり、不了義の説であるとする解釈を示しながらも、『法華経』の一乗真実の説も紹介し、むしろその方に真実究竟の立場が存することを言わんとしている（本書六九頁）。いずれにしても、曇曠を含め、当時の唯識家にとって『法華経』の一乗真実をどのように理解するかは重大な課題であった。そのようなところから、『法華玄賛』は曇曠のもたらした唯識学と並行して学習された可能性が大である。

(3)　周辺地域への流伝

『法華玄賛』は敦煌のみならず、チベットやトルファン地方にも受容されていた。

チベット蔵経の Peking ed., No. 5518 に

Dam pa'i chos punda rika'i 'grel pa [正法蓮華の注釈]

がそれで、rgya las bsgyur ba（シナからの訳）であると記し、奥書に次のようにある。

dam pa'i chos padma dkar po'i 'grel yul sing ga la'i slon po sa'i rtsa lag gi byas pa rdzogs so / lan gcig zhus te bkra shis par cig // (Peking ed., vol. 107, p. 60–4–7〜8)

（正白蓮の注釈。シンガラ国の地親〔または地友〕の造れるもの終わる。一校、幸あれ）

訳者に関する記載はない。大谷大学編の北京版目録はカッコして「大慈恩寺沙門基撰妙法蓮華経玄賛」に対応すると指摘している。ただし、東北目録は「cf. 妙法蓮華経玄賛」とあり、同一本であることの言明を避けている。内容の検討については、故山口益博士の専論がある。[6] それによると本訳は原本からの逐字訳ではなく、甚だしい抄訳であるという。しかし、博士は、著者が「シンガラ国の地親」[7] で慈恩大師窺基に一致しないことに疑問をいだきながらも、『法華玄賛』からの訳であると比定される。対照してみると、確かに『法華玄賛』との一致も認められるところであるが、省略があまりにも甚だしく、はたして『法華玄賛』を原本としての訳出か否か断定できない。いまは一まず先学の意見に従い『法華玄賛』の抄訳としておく。年代については、未だ敦煌本中に同時代の写本を見いだしえないので確認はできないが、『デンカルマ目録』五六八番の *'Phags pa punda ri ka'i 'grel pa* がこれに当たる可能性があり、八世紀末より九世紀前半のチベットの初期翻訳時代の成立であるとみてよかろう。翻訳の経緯については、法成が円測著『解深密経疏』（Peking ed., No. 5517）、及び円暉著『楞伽経疏』（S tib 二一九）を訳したと同じ事情ではあるまいか。法成はこれらのテキストを、曇曠が搬入して敦煌に存在している重要な論疏に求めた可能性が強い。いま、『法華玄賛』もそのような一つではあるまいか。

トルファンへの伝播は、ベルリン科学アカデミーに保管されるル・コック、グリュンウエーデルがトルファンより蒐集した写本中に『法華玄賛』の断簡が発見されたことによって確かめられた。漢文のものとウイグル訳とがあり、前者は Ch. 1215 の番号が与えられているものである。[8] 一五・六×三二㎝で三三行を有す残簡である（大正三四・七六一頁 c 23—七六二頁 b 23）。写本の年代は、チベット支配時代以後のものに判定できる。後者は、W. Bang and A. von Gabain: *Turfan—Texte V*（Berlin, 1931）の中で紹介するトルファン近郊ヤルホト出土 VIIY 21 文献の

B面である。最近、百済康義氏が解読し、『法華玄賛』中の「十種信」を説く部分（大正三四・六六二頁a22―c5）を翻訳したものであると判明した。(9) もっとも、『法華玄賛』に対応する標題はなく、「法華経に述べている」の語ではじまる。なお、ウイグル訳の写本には「これはシャシュー（沙州）の紙である」という一文が見られるといい、敦煌との関連を示唆している。『法華玄賛』が敦煌のみでなく、周辺の地域でも存在し、読まれていた事実を示すものとして注目したい。

[注記]

（1）本節の論考はかつて発表した上山大峻「唐代佛典の西域流伝の一面 ―『法華玄賛』の出土写本をめぐって―」（『隋唐帝国と東アジア世界』、一九七九）を訂補したものである。なお、敦煌出土『法華玄賛』をとりあげたものに、平井宥慶「曇曠と法華経疏」（『印度佛教学研究』二五―二、一九七七）がある。

（2）中村不折氏蒐集の敦煌写本中（『禹域出土墨宝書法源流考』下、一九二七、一一―一四丁）は瓜沙州大経印を捺した「妙法蓮華経玄賛巻第四」（五一紙、六丈三尺、章草体）、同巻第八（四二紙、五丈四尺、章草体）の二写本、及び慧沼（六四九〜七一四）撰「法華経玄賛義決」（四二紙、五丈四尺、一巻完、章草体）が存す。しかし、写本の資料性について明瞭でないところがあるので、いまは資料として採用することを保留した。

（3）竺沙雅章「宋元佛教の南北問題―慈恩宗の系譜―」（『日本歴史学協会年報』一、一九八六）、同「宋代における東アジア佛教の交流」（『佛教史学』三一―一、一九八八）三九―四〇頁。先稿においては証明の「法華玄賛科文」が、八―九世紀における敦煌に入った『法華玄賛』に継続するものであるように述べたが、竺沙雅章氏の上論文により証明がずっと後代の学僧であること、したがってこの文献の敦煌への搬入は別途に考えるべきことを指摘された。教示に感謝する次第である。

（4）敦煌出土の「法華経疏」の全般については、平井宥慶「敦煌本・法華経疏の諸相」（『豊山教学大会紀要』五、一九七七）の研究がある。

（5）『法華玄賛』について次のような研究がある。勝呂信靜「窺基の法華玄賛における法華経解釈」、中村瑞隆「西蔵訳正法蓮華註と法華玄賛に見られる三草二木喩」（いずれも『法華経の中国的展開』一九七二）。末光愛正「法華玄賛と法華義疏」（『曹洞宗研究員研究生研究紀要』一七、一九八六）。

（6）山口益「チベット佛典における法華経―法華玄賛のチベット訳本について―」（『法華経の成立と展開』第六章、一九七〇）。

（7）世親（Vasbandhu）をSa'i rtsa lagと書くこともあるとのことであるので、世親の「法華経疏」との関連も考慮する必要があるかもしれない。なお、世親＝地親（Sa'i rtsa lag）については、小谷信千代「大乗荘厳経論のBhāṣyaの著作について」（『日本西蔵学会々報』二四、一九七八）一〇頁b参照。

（8）*Katalogue chineisischer buddhistischer Textfragmente*, Band I (Berlin, 1975), p. 181.

（9）百済康義「ウイグル訳『妙法蓮華経玄賛』（1）」（『佛教学研究』三六、一九八〇）、同「妙法蓮華経玄賛のウイグル訳断片」（『内陸アジア・西アジアの社会と文化』、一九八三）、K. Kudara; Uigurische Fragmente eines Kommentars zum Saddharmapuṇḍarīka–Sūtra, *Der turkische Buddhismus in der japanischen Forschung* (Berlin, 1988), S. 34–106.

（補）Pch二一七六『法華玄賛』とPch二一一八『妙法花経明決要述』の二写本は『敦煌書法叢書』二六巻（二玄社刊、一九八四）中に影印収録される。

四　古逸の諸論疏

(1)　『深密解脱要略』

Pch二八〇三Vのこの標題の写本は首部を欠損し、首題も作者も不詳であるが、末尾に標題らしきものを記して完結しており、それに「深密解脱要略」とある（図39）。内容は、菩提流志（五七二～七二六）訳『深密解脱経』（大正六七五番）を要約したものである。[1]

一行に約二五字をややくずした楷書体で写し、全体で五二九行に及ぶ。この文献は、すでに論じたように「天宝九載（七五〇）」の記のある敦煌県の差科簿を貼りついで用紙とし写している。[2] したがって、本文献の書写はそれより以後となるが、筆跡からみて七五〇年をあまり隔たらない時期のものであろう。

ここでいう「要略」とはどういうことか。調べてみて次のようなことが分かった。すなわち、本文献は、『深密解脱経』の文の不用な箇所や重複の文をすべて削除し、経の文を採用しながら、趣旨を変えずに、約1／3に短縮したものである。

次に若干部分について『深密解脱要略』と経本文との対照を行い、要略の仕方を示す。

Pch 二八〇三V『深密解脱要略』 首部録文。改行原写本通り。句点等は筆者。

体常
能知他力因縁法相。能知
離染法相。証浄法相功
□□故佛説。菩薩摩訶薩善知諸法。世尊偈言。如実知諸法　即捨染法
相　捨染法相已　證於清浄法　不観有為過　懈怠放逸害　諸法常不動
相名菩薩　成就第一義菩薩問佛言。一切法本来無体相。本来不生不滅。
寂静。本来涅槃楽。成就第一義。我意依諸法三種無体相。作如是説
謂依諸法無自体相。以彼諸法随名相。説非有自体。故言

相成就第一義諸法無生体相者。以彼生法。依他力因縁故言無生体相。成就第一義。何者是第一義。無体相成諸法中清浄観相。我説彼是第一義相。成就第一義。依他力相中観故。是故我説。第一義無自体相。成就第一義。一切諸法無成就相。以是彼法体得名。如空中花。無自体相。譬如幻師幻化像諸因縁法。無自体相。亦復如是。是故如空中花。色無体

（以下省略）

右に対応する原経文。傍線個処は右の「要略」に採用された部分。

……菩薩如實能知虚妄法相。能知他力因縁法相。能知第一義相無相。如實能知染相浄相。離染法相證淨法相。功徳林。菩薩摩訶薩應當如是善知諸法。是故佛説菩薩摩訶薩善知諸法。爾時世尊。而説偈言

如實知諸法　即捨染法相　捨染法相已　證於清浄法
不観有爲過　懈怠放逸害　諸法常不動　離相名菩薩

聖者成就第一義菩薩問品第八

爾時聖者成就第一義菩薩依無體相第一義相白佛言。世尊。世尊我独在於空閑之處。生覺觀心作如是念。如来種種説於陰自體相法。所謂能知生滅之相。離於如是諸入因縁而起諸行。如是説諸諦自體相。所謂知離證修。如是説諸界自體相。種種別相。種種界相。無量界相。如是説諸念處正勤如意根力覺道自體對治修行。未生令生。已生令増廣。世尊復説一切法本來無體。一切法本來不生。一切法本來不滅。一切法本來寂靜。一切法本來自性涅槃。世尊。是故我問如來此義。如來何意作如是説。爾時佛告成就第一義菩薩言。善哉善哉。成就第一義。汝能

如是正念思惟生此覺觀。復言善哉。成就第一義。汝今乃能問佛此義。何以故。汝爲安樂一切衆生。安隠一切衆生。爲欲利益一切衆生。安隠一切天人。故問此義。成就第一義。汝一心聽我意。何故作如是説。一切法本來無體相。一切法本來不正。一切法本來無滅。一切法本來寂靜。一切法本來涅槃。成就第一義。我意依諸法三種無體相作如是説一切諸法無自體相。何等為三。所謂依諸法無自體相。無生體相。第一義諦無自體相。成就第一義。諸法無自體相者。諸分別相。何以故。以彼諸法隨名相説。非有自體。是故我言無自體相。成就第一義。何者諸法無生體相。謂諸法無體相。何以故。以彼生法依他力因縁非自體相。是故我説生體相。成就第一義。何者是第一義無體相。成就第一義。第一義無體相者。一切諸法本無生體。是故我説一切諸法無自體相。以彼依於因縁生故。以依第一義無體相故。成就第一義。於諸法中清淨觀相。我説彼是第一義相。成就第一義。以他力相中清淨觀故。是故我説第一義諦無自體相。成就第一義。一切諸法無成就相。是故我説彼第一義諦無自體相。何以故。成就第一義。諸法無我無我體相。是故我説彼一切法無自體相。成就第一義。以是彼法依無體得名。是故我説第一義諦自體相。成就第一義。如空中華無自體相。一切諸法無自體相亦復如是。是故我説一切諸法無自體相。法應如是。應知成就第一義。譬如幻師幻作種種色像。諸因縁法無自體相亦復如是是故。我説一切諸法無自體相。成就第一義。第一義諦無自體相亦復如是。是故我説第一義諦無自體相。成就第一義。如空中華色無體相得名。

……（大正一六・六七〇頁b6〜六七一頁a5）

このような要略本の形式は、まだ一般の知識にはなっていないが、敦煌写本中の『涅槃経節鈔』（仮題）に類似した形式がみられる(3)。ただし、この場合は時代的に六世紀ごろのものであり、また『深密解脱要略』ほど徹底したものではない。本文献は、こういう経典の省略形式があったことを実証する具体例として注目すべきものである。『深密解脱経』は、玄奘訳の『解深密経』が出るや、その存在の影がうすくなったと考えられている。注釈書も殆ど知られない。敦煌写本のなかには、数は少ないが『深密解脱経』が何点かあって、この地で用いられていたことを示しているが、写本年代は六〇〇年ごろのものである。この頃は未だ玄奘による『解深密経』は翻訳されていなかった。しかし、七五〇年頃はすでに玄奘訳が主流になっていたはずである。それなのになぜ『深密解脱経』の要略が写されたのか。かつて筆者は禅との関係を示唆したが、(4) その関係はいまのところ見いだし難く旧見を訂正する。曇曠との関係も直接にはなく、前時代の影響の残りかとも思われるが、詳しくは今後にまたなければならない。なお、この要略本が、以上のように経文を要略しただけのものであるとすると、「経」であって「論疏」とは言いがたいが、手を加えて学習の便に供したものである性格から、「論疏」の範疇に入れてここでとりあげることにした。

［注記］

（1）この写本は「敦煌新出の唯識系論疏」（『龍谷大学論集』四二五、一九八六）一一一―一一四頁でとりあげた。
（2）池田温「八世紀中葉における敦煌のソグド人聚落」（『ユーラシア文化研究』I、一九六五）五三、四頁参照。
（3）赤松孝章「敦煌出土写本にみる涅槃経伝承の一形態」（『印度学佛教学研究』三二―一、一九八三）一二二―一二三頁。
（4）拙稿「敦煌における禅の諸相」（『龍谷大学論集』四二一、一九八二）、九二頁。

(2)　『大乗百法明門論疏』（仮題）

この写本（崑六）は、表裏に書写されるものである（**図40**）。表面は、木筆（？）による流麗な章草体の筆跡である。裏面の書写はそれより遅れたもので、筆跡もかなりみだれて稚拙である。表面の文献は、一行約二七字詰で、全体で四四六行を遺す。

『大乗百法明門論』中の文を逐次「論曰……」と挙げ、それに「述曰……」の形で注釈を加えている。最初に現れる「論」の引用は、「論曰。一切最勝故。至顕示故」（大正三一・八五五頁b16—17）で、最後は「論曰。一忿二恨」（同・八五五頁c2）である。

注釈は、先ずその論の文が、論全体の中でどのような位置をもつかを明らかにし、次いで五門分別あるいは十門分別の仕方で語義解釈を詳細に行う。以下、若干部分を録文し、例示する。

崑六　六六～一〇三行録文。改行は原写本通り。句点等は筆者。ゴチック字は『百法明門論』の本文。

……論曰。**挙一心法。略為八種。**述曰。第四別標重解。就此門中。大文分五。一最勝能縁門。二共勝同縁門。三所縁境界門。四分位建立門。五顕是実性門。就前門中。分為二。一総標挙数。二随標別列。此即最初也。第一心法。即総標也。略有八種。是挙数也。六釈之中。帯数釈也。論曰。**一眼識至阿頼識。**述曰。第二随標別列。能此八識。経論具彰。義等廣沙《?》。雖以尋究。外及乃色羅万像。内即能所皆成。雖復義招千衢。且以十門分別。一釈名義。二出体性。三縁境寛狭。四諸名通局。五遍計有無。六或《ママ》障増減。七四縁有異。八心所多少。九依縁弁釈。十問答料簡。○《ママ》即是初也。初通次別。通如前釈。別名者。前六転識。随六縁境。種類異故。謂名眼識。乃至意識。随根立名。具五義故。五以依発。属助如根。雖六識身。皆依意転。然随不共意識名。如五識身。無相濫過。或唯依意。故名意識。弁識得名。心意非別。或名色識。乃至法識。随境立名。順一識義。故謂於六境。了別名識。色等五識。唯了色等。法識通能了一切法。或能了別法。独得法識名。故六識名。無相濫失。此復随境。立六識名。依五色根。未自在説。若得自在。諸根身用。一根発識。縁一切鏡。但可随根。無相濫失。『荘厳論』説。「如来五根。一々皆於五境」者。且随麁顕同類境説。『佛地経』説。「如来成所作智。決択有情心行差別。起三業化作四記等」。若不遍縁無此能故。第七末那。具足応言。訖利瑟吒末那。唐言染汙恒審思量。名之為意。思量即意。持業釈也。此名何異第六意識。此持業釈也。如蔵藤《?》名。識有意故。彼依主釈。如眼識等。識異意故。然諸聖教。恐此濫彼。故於第七。但立意名。又標意意。名為簡心。識積集了別者。余識故。或欲顕此与彼。意識為近。所依故。但名意。第八頼耶。唐言蔵識。識能含蔵諸法種故。又此頼耶。具三蔵集。能蔵所蔵執蔵義故。謂与雑染。楽為縁故。有情執為自内我故。

由斯三義。謂蔵識名蔵。即是識持業釈也。〇《ママ》第二出体性者。

此之八種。有五重別。一唯約自名。而名体性。二相。三料中。識蘊意処。及用七心。而為体性。三於五法中及分別。而為体性。四依三性中以依他円成二。而為体性。五於二諦中俗二真初。而為体性。更有余義。恐繁不説。下心所能。随此識説。更不別陳。・《ママ》第三縁境寛狭者。前五転識。五塵為境。是現量故。縁実非仮。或仮従実。縁実之時。雖不作□?。等義状。亦任運。縁理亦無失。若不縁仮。豈非作青等。解由此但任運縁。此即反顕不作長等解。亦任運縁。此解為勝。第六意識。通縁一切。遍三量故。仮実倶縁。第七末那。頗為境是非量故。境仮非実。若約本実。境亦是実。第八頼耶。縁於三境。種子根身。器世間相。故又種根身縁。而執受器世間量縁。非執受是現量故。縁実非仮。若唯五識。亦得縁仮。豈現量心。皆唯縁実。由此即顕。亦任運縁仮。深契道理。未転依位。花事若理。皆是現量。遍縁不遮。……

この注釈の仕方は、いま知られるかぎりの『大乗百法明門論』のどの注釈書と対照してみても、その方式、内容ともに一致するものがなく、しかも、最も詳細である。したがって、われわれはここに未知の一論を得たわけである。

注釈に当たっては、他の文献を引用しているが、『瑜伽論』を頻繁に引き、四回に及ぶ。また『荘厳経論』『佛地経』『薩遮尼乾子経』を各一回引く。その他に、識の生起と縁との関係を論ずるに当たっての次の文が注目される。

……如有頌言。

眼識九縁生　耳識唯従八　鼻舌身三七　後三五三四　若加等無間　於処各同一

問。論生四天眼。具九縁不。答。不具籍空明。而亦起故。又高中亦有肉眼。不籍於明。由此応作四句分別。如理応思。又四真説種子。増上四尋三依与十縁中種子縁等無間分別染浄縁□?□?縁有何差別。義体雖無別。約用有珠分。依縁別余四。非依非常有故。又四八何故。常恒眼等六識。寧非相續。答。七八生所籍縁少異辨。常恒眼等識生所籍縁多難料非續。由此頌言。

依止根本識　五識随縁現　或倶或不倶　如濤波依水　意識常現起　除生無想天　及無四二定　睡眠有問訖

更有余門。如『百法決』中説。……（二三九～二四八行）

右の文中の偈が何に載るものであるかを直接的には同定しえない。また「百法決」とは何か。現在、失われているが、『新編諸宗教蔵総録』巻三に窺基述『百法論決頌』一巻なるものの名を挙げる。いま右にみる「頌」及び「百法決」は、これに相当するのではないであろうか。そして文中の偈頌はそれに属するものではないであろうか。そうであるとすると、この撰者不詳の『大乗百法明門論疏』は、窺基自身か、それを承ける者の著作ということになる。窺基の『大乗百法明門論』関係の著作としては、『大乗百法明門論解』二巻がある。現存のこの本は、明の普泰が増修しているものであって、原型は若干は違っていたことが予想される。それにしてもこの本とは異なる。そのほかには、これ以上に詳細で大部な窺基の『大乗百法明門論疏』の存在したという報告に接しない。ここで次の晏法師撰『大乗百法論義章』の検討のところで注目する窺基の「大章」との関係が問われる。これこそが、いまの崑六『大乗百法明門論疏』に当たるものではあるまいか。直接の同定ができないので推定の域を出ないが、その可能性はきわめて高い。

写本・崑六の裏面は、明らかに表面文献書写の後に別人が裏紙を利用して記した乱雑な写本であるが、内容は看過できない。その首部二三行は、題を記していないが、曇曠撰『大乗百法明門論開宗義記』の一節（大正八五・一〇五五頁b2―c11）である。そしてそれに接して「大乗百法論随聴手記」の題記があり、さらに、「夫者発語之端。痒者□《?》忽然。委照者委由細也。委細知故。名委照。……」の語義解釈が続くが、これは『大乗百法明門論開宗義記』の冒頭の「夫遍知委照渾真俗於心源。……」（大正八五・一〇四六頁a12）への難語釈に他ならない。すなわち、この写本は、曇曠の『大乗百法明門論開宗義記』の学習ノートである。内容から言って、表面の文献に対する注ではないが、しかし、表裏とも『大乗百法明門論』の注釈である点で、無関係とはなしがたい。表面がもはや不用になったので、学習の用紙として利用したのか、それとも、表面を座右にしていたが故に、その裏面に覚え書きをしたのかは分からない。しかし、いずれにしても、裏面を写した人物のところに表面文献が存在していたことは確かであり、両者をつなぐ何かがあったにちがいない。あえて推定すれば、曇曠を中心とする学習グループの資料として存在していたもので、それはおそらく曇曠によってもたらされたものであったであろう。ちなみに、窺基のものと推定される疏と曇曠の『大乗百法明門論開宗義記』とを対照してみると、一致するとは言いがたいが、しかし、他のどの疏よりも近いし、また諸処に同一の文や類似の注釈方式を認めることができる。曇曠が何らかの形で参照していたことは間違いないであろう。

[注記]

（1）本論考は、拙稿「敦煌新出の唯識系論疏」（『龍谷大学論集』四二八）一二四―一二八頁を訂補したものである。

（3）　晏法師撰『大乗百法論義章』

露四六は首尾完備した写本である（**図41**）。首題と尾題は次のようである。

（首）「大乗百法論義章一巻　晏法師撰」

（尾）「大乗百法明門論疏一巻」

一行に約二二字を写し、全体では八五三行にのぼる長巻の写本である。朱点や朱カギが付されていて学習の跡が認められる。北京図書館所蔵本で現物を見ていないので正確な紙質や寸法をはかり知ることができないが、マイクロフィルムで見るかぎり、二六・八〜二七㎝幅のチベット支配期特有の厚手用紙に木筆で書いた九世紀ごろの写本である。

撰者である晏法師が誰であるか、中原の資料中にも、敦煌の僧名の中にも未だ見いだしえない。

右の露四六の写本以外にも同文献の写本が二点存在している。一は、玉五六で、首尾欠損しているが、露四六の二〜三一五行までの部分を存するものである。一行に二五、六字を写す。やはりチベット支配期の木筆による写本である。いま一は、潜六七で、露四六の三七三〜四〇〇行の部分を残した残簡である。一行に二一〜二三字を写し、右写本とやはり同時代のものである。ただし、これは対照してみると露四六の文章とは完全には一致せず、処々で文字を省略して写している特徴が認められる。

本文献は、はじめに「将釈此論。略作七門分別」とのべ、全体を次の七項に分けて論述する。

一　明造論意　（　四〜　一一行）
二　釈論題目　（　一二〜　一九行）
三　弁論宗体　（　二〇〜一五七行）
四　顕教時分（一五七〜二六四行）
五　明教所被根（二六四〜二九四行）
六　陳造論年主（二九五〜三三八行）
七　依文解釈　（三三九〜八五三行）

右のうち、一から六までの前半は、いわば『大乗百法明門論』について解説した序論に当たり、文章に即しての解釈は第七以降である。

内容について調べてみると次のようなことが分かった。すなわち、この疏は普光（＝大乗光）の著作として知られる『大乗百法明門論疏』二巻（大正一八三七番、大正四四・五二一〜六一一頁）の全体を取り入れて造論しているということである。まず、四〜一九行にわたる序文中の「一明造論意」「二釈論題目」の二項の文が、普光のそれ（大正四四・五二頁c末～五三頁a20）にほぼ完全に一致する。普光は疏の構成を冒頭に述べ、「将欲造文。略以三門分別。第一明造論意。第二釈題目。第三随文解釈」とする。晏法師の疏は、先述のごとく七項に分けるものであるが、その中の第一、二の項が、題目も内容も同じである。

次に、晏法師の疏の第七の部分が一致する。「晏法師疏」では次のように始まる。

第七依文解釈者。就此文中。義別不同。分為三段。第一引経標宗。第二尋経起問。第三依問為通。論云。如世尊言一切法無我者。解云。此初第一引経標宗。明法無我。如佛世尊。諸経説一切法中。都無有我。故今挙教標以為宗。………（三三九―三四二行）

右は「普光疏」では、次のようになっている。

第三随文解釈者。就此文中。義別不同。分為三段。第一引経標宗。第二尋経起問。第三依問為通。論云。如世尊言一切法無我者。解云。此初第一引経標宗。明法無我。如佛世尊。諸経皆説一切法中。都無有我。故今挙教標以為宗。………（大正四四・五三頁a20―26）

要するに「第七依文解釈」と「第三随文解釈」の違いだけである。この一致は文の末尾まで続き、次のようである。

「**晏法師疏**」末部（八五〇―八五三行）

……二法無我者。謂蘊処界等。名之為法。此法無我人。故名無我。此即次第。前後問訖。

大乗百法明門論疏一巻

「**普光疏**」末部（大正四四・六一頁a2―4）

……二法無我者。謂蘊処界等。名之為法。此無人。故名無我。此則第二。答後問訖。

大乗百法明門論疏巻下

また、他の項についても次のようなことが判明した。「三弁論宗体」（二〇―一五七行）が殆ど円測（六一三〜六九六）と窺基（六三二〜六八二）の文より採って集成されていることである。すなわち、一二八行に「上明測法師所出教体也。下叙大乗基法師出教体者。……」とあり、これに示唆されて調べてみると、それまでの文は、ほぼ円測撰『解深密経疏』中の「二弁経体」の叙述に求めることができる（卍続蔵・一・三四・四、二九一頁b下一八行―二九六頁a下一七行）。もっとも、文の取捨はされており、殊に一〇九〜一一五行の文は、「円測疏」中に見あたらないので、晏法師自身の文であろう。

続く大乗基（＝窺基）法師の「出教体」の説とは次のようである。

露四六　一二八―一四二行録文。

…[128]上明測法師所出教体也。下叙大乗基法師出教体書。引経頌曰。

[129]諸悪者莫作　諸善者奉行　善調伏自心　是諸佛聖教

[130]説「諸」字時。余「悪者」等。並在未来。唯有一字。及依一字。所成之名。於心上[131]顕現。後言「悪」時。余者「莫」等。並在未来。其前諸字。雖入過去。[132]現元本質。由峻習力。唯識変力。仍於此念。説「悪」字時。心上顕現。即有[133]二個一字身両個一字所成名。又「者」時。有三個一字両個二字身以[134]二二合説。謂「諸悪」。「悪者」一個三字多字身三個一字所成名。後言「莫」字時[135]。有四個一字三個二字身亦二二説両個三字多字身三三合説更互除初[136]後一個四字多字身四個一字所成名。又言「作」字時。有五個一字四個二字[137]身二二合説三個三字多字身二個四字多字身一個五字多字身[138]五個一字所成名至此総合有十五個一字十五個一字所成名十個二字身六[139]個三字多字身三個四字多字身一個五字多字身字及字身并多[140]字身有五十含有一句。心上聚集。以為教体。廣如『大章』上来且説。未転[141]依位。率爾心等。聚集顕現。若転依位。於一念中。具足顕現。如理応思[142]。廣釈五心。具如別章。

ところが、ここの率爾に関する大乗基法師の解説と同文のものを、現在知られるかぎりの窺基法師の著作に見いだすことができない。「廣如大章」という「大章」がその出拠とみられるが、この「大章」とは何か。これについては前述の崑六『大乗百法明門論疏』の条で注目したところであるが、要するに、未伝であるが窺基法師には『大乗百法明門論』の疏の著作があり、それが「大章」に当たると推定される。そうであるとすると窺基撰（明・普泰増修）『大乗百法明門論解』（大正一八三六番）は「小章」に当たることになろう。なお、右文の末尾の「上来且説。……具如別章」は、円測疏の文と「具如別章」が「具如前章」となっている違いのみでまったく一致する。

「三弁論宗体」の項の、続く最後の文は次のようである。

露四六　一四二―一五七行録文。

……所詮宗者。略有二種。一部別顕宗。於一々部。顕[143]雖有多門。究其言趣。随部各別。『法華経』以一乗為宗。『維摩経』即用[144]不思議解脱為宗。『花厳経』以四十二賢聖観行為宗。『涅槃経』以佛性[145]為宗。『解深密経』以無等境行果三為宗。二就時弁宗。不遇三種。三種即[146]是四諦。無相了義大乗。下時分中。当廣分別。今此『百法論』部顕宗中[147]。明一切法無我為宗。三時宗中。了義宗摂。若依大乗法師。判大小乗。総有[148]八宗。小乗有六。一我法倶有宗。五部同計。犢子・法上・賢冑・正量・密林山[149]。二有法無我宗。三部同計。薩婆多・多聞・雲転。三法無去来宗[150]。八部同計。大衆・化地・陰光・鶏胤・制多山・西山・北山・法蔵。無去来[151]世。唯立現在。四現通仮実宗。二部同計。説仮・経量・蘊実処仮[152]。亦無去来世。五諸法倶名宗。有名無体一説部。六世妄出真宗[153]。説出世部。世間妄出世真。大乗有二。一勝義倶空宗。即是龍猛[154]造『智度論』『百論』。為南人所立。二応理円実宗。即是弥勒・無着・護[155]法等造『瑜伽』『唯識』等論。為北人所立。下年主中。具廣分別。今此一部。既[156]是大乗了義。非是小乗。亦非空教。即是応理円実宗摂。上来略[157]序宗体訖。廣如解深密疏

文中の「法華経…… 涅槃経以佛性為宗」は円測の『解深密経疏』中に同文を見いだすが、それ以後は見あたらない。実はこのような分類はむしろ大乗基法師の説により近いものである。したがって、右文中の「若依大乗法師」とは大乗基法師であると認められる。そうであるとすると、「廣如解深密経疏」とは何を意味するか。直前の文の出拠を指すとすれば、大乗基法師の疏であり、かれに『解深密経疏』未見の著作があったことになる。しかし、そうではなくこのことは、一部大乗基法師の説を援引するも、全体としては円測の『解深密経疏』の説に多く負うところであるのでそう記したとみるべきであろう。

「四顗教時分」~「六陳造論年時」の諸項は、他の部分のようには未だ一致するところを見いだしえない。ここは、晏法師独自の叙述になるものかと思われる。

以上、本文献の内容を分析・同定してきたが、こうなるとこの文献の撰者である晏法師の功は何であるかが問題となろう。まず晏法師が普光の疏を自著の中に取り入れたと考えるべきか、それとも、もともと晏法師の著作であったものから「依文解釈」の部分などを抜き出して、後世に普光の著として独立させたかが問題となるが、まずは、普光の疏や円測、窺基などの説を取り入れながら晏法師が若干の自説を加え集成したと考えるのが妥当であろう。

普光は玄奘門下で『倶舎論記』三十巻(大正一八二一番)を著した人物として有名であるが、その伝歴については分明でない。この度、普光の著として知られる疏を敦煌写本のなかにも確認できたことは喜ばしいことである。

先にも述べたように、本文献の撰者・晏法師については、何ら知られるところがない。窺基、円測、普光の説を援引しているから、それ以後であることは確かである。しかし、曇曠は彼についてまったく触れていない。逆にもし、晏法師が曇曠以後の敦煌在住の人物であるとすると、曇曠の影響を何らかのかたちで承けているはずであるが、そのようなところも認められない。曇曠とほぼ同時代の人物であったからであろう。教学系統としては、「普光疏」

の全部を採り、窺基の説を引きながらも円測の『解深密経疏』に典拠の多くを求めている。円測―普光に親しかったと見るべきであろう。敦煌に三点の写本が存在しているということは、敦煌佛教界でこの文献が重要視され、学習されていたことを物語っている。晏法師自身が敦煌に来た可能性も無いとはいえないが、未だそれを証するものは見いだされていない。曇曠とは文章上での直接の関連は認められないが、晏法師は主に円測に依拠する点で西明寺系であり、曇曠も西明寺で学んだ学僧である。両者の共通性から考えて、この文献の敦煌への搬入と紹介は、やはり曇曠によって行われたのではあるまいか。

［注記］

（1）本論考は、上山大峻「敦煌新出の唯識系論疏」一一八―一二四頁で発表したものを訂補したものである。

(4)　円暉述『楞伽阿跋多羅宝経疏』

［一］　写本の形状

敦煌写本中に、東京中大雲寺沙門円暉述『楞伽阿跋多羅宝経疏』の写本三点が存在している。Ｐch二一九八、Ｓch五六〇三、Ｐtib六〇九である。この文献は、いわゆる『四巻楞伽』として知られる求那跋陀羅訳（四四三訳）『楞伽阿跋多羅宝経』四巻（大正六七〇番）にたいする注釈書である。円暉によりてなるこの疏は、文献自体が中国本土で散逸しているばかりでなく、円暉に関する伝記の中にも該当する著作の名を見ないもので、敦煌より出土するに及んではじめて存在を知るにいたったものである。(1)

右に挙げた三点のうち、Ｓch五六〇三、Ｐtib六〇九の二点については、すでにその存在が知られ、検討が加えられている。この二は、いずれも折本型で、経典本文に対してチベット訳が対照して書き込まれている。その点より

Ｓch五六〇三が、まず河口慧海氏の注目するところとなり、[2] その所論が一九三二年に発表された。更に一九六七年に、筆者がＰtib六〇九をとりあげ、Ｓch五六〇三と併せて論じたところである。[3] のこるＰch二一九八は巻子型で、目録の記述によると26.5 à 27.7 × 1153cm の寸法で、紙は Pap. médiocre peu épais, à verg. beige clair. とある。楷書で一行当たり二三～二六字詰め、二六紙七一三行を存するが、最後は紙の余白を残しながら止筆している。本写本は、疏の首部に当たり、はじめに「楞伽阿跋多羅宝経疏叙　太子少詹［事］高陽斉澣撰」と題記した叙文二八行。次に「楞伽阿跋多羅宝経開題　東京中大雲寺沙門円暉詞」と標記する開題（二九～五〇行）。続いて五言三八句の帰敬偈（五一―六〇行）がある。六一行より「将解此経。略為三門。一明宗由。二解題目。三釈経文。……」の次第に従って経文の解釈がはじまる。経の本文を挙げ、「解曰」を冠して解釈を加えるが、本写本では、「経云。何如幻夢。及乾闥婆城。世間熱時炎。及与水月光。第三十六回　何因説覚支。及与菩提分」（大正一六・四八〇頁ｃ18―20）の経文を解釈するところまでで、その後を遺していない。

　斉澣の叙文中に、本疏が五巻であることを記す。しかし、残念ながら現存写本からは、その全容を回収することはできない。Ｓch五六〇三は、大正一六・四八二頁ｂ10―四八九頁ｂ9までの経文の解釈部分で、疏では巻一と巻二の部分を残すにとどまる。Ｐtib六〇九は経の巻四の僅少部分（大正一六・五〇八頁ｃ）の解釈部分を残すにすぎない。なお、本疏には右にあげた三点の漢文写本の外に、チェードゥプ（＝法成）によるチベット訳の写本Ｓtib二一九が敦煌より出土している（本書一一四―一一六頁）。しかし、この写本もまた、経の巻四以下の解釈部分（大正一六・五〇七頁ａ11―五一四頁ｂ末）を残すのみである。

　右のように、発現した写本が断片的で全内容を見通せないということもあって、従来、本文献に対する関心は、専らＳch五六〇三などの写本に見られるチベット訳文の書き込みの意味するところについてか、チェードゥプの翻訳業績の点からに留まっていた。しかし、Ｐch二一九八に存す首部の記述には注目すべき内容がみられ、ここに、曇曠の教学形成を知る上での糸口があることを知るのである。以下、ここでは主としてＰch二一九八を中心に、円暉という人物、及びその思想的特色を尋ねてみることとする。

〔二〕　円暉の伝記

『宋高僧伝』巻五に「唐中大雲寺円暉伝」（大正五〇・七三四頁ａ）の項があり、円暉についての簡単な伝記を見る。それによると、円暉の本貫は不明。性相学を研鑽し、諸学にも達して名声が高かった。幼少の頃より倶舎学の一門にあって才能を示した。そのころ、礼部侍郎賈曾なるものが倶舎の書をこのみ、円暉に命じてその宗義を談ぜしめ、更に梗概を造らせた。普光（六四五〜六六四玄奘の訳場に参ず）の疏の難解なところを究明したものであった。普光と法宝の後に円暉が現われ、かれの『倶舎論』の疏は両河の間で盛んに行われた。

円暉のことは、また普光の伝中に、「其疏至円暉。略之為十巻」とあり、普光を承けてそれに疏を施したことを確かめうる。普光と法宝とは、共に玄奘の門下で、あたかも羅什門下の融叡に匹敵する倶舎学の学匠として知られる。普光は、『成唯識論』の糅訳（六五九）に際しても名を列する。円暉はその後にあって、繁雑な倶舎学を分かりやすく論じたところに面目があり、かれの疏は廣地域に盛行した。

右の記述中にみる『倶舎論』の疏とは、大正一八二三番『倶舎論頌疏論本』三十巻（大正四一巻所収）である。その始めに著述を請うた賈曾の序文「阿毘達磨倶舎論略釈記」なるものがあり、また円暉自身、巻一のはじめに述作に到る経緯を述べるところがある。内容は『宋高僧伝』の記事とも同趣旨で、円暉が倶舎学の優れた学者であり、普光の疏を要約した本を著したこと以外に『楞伽経疏』を撰述した一面をうかがわせるものはない。

ところで、Ｐch二一九八『楞伽経疏』の叙の末部において斉澣は次のように記している。

有南岳北（＝比）丘待Ѡ者。粤自荆呉。頃遊何（＝河）洛。伝灯以照。杖錫而来。一見法師。宛其如旧。乃従容言曰。霊山少別。峨爾千年。遼海不居。忽焉三変。緬維宝花之会。嘗接甘露之言。言則無為。教其有付。楞伽経者。法師得之。不有章疏。鮮能開解。安可已乎。法師乃怡然神受。豁然心悟。立誠覃思。秉牘揮毫。欽若大猷。光敷誠訓。撰楞伽疏五巻。婉而採賾。微而証道。乗理垂制。極深研幾。挙而錯之。従而釈之。前聖之伝授詳矣。

法師以余旧学于金仙氏。承聞直諦。託詞老夫。編叙遺範。乃重宣妙旨。豈曰能文。凡身禅思。曁乎默語。後之覚者。懿道流之有人焉。（Ｐch二一九八・一九―二八行）

右の文中より、円暉が『楞伽経』を比丘待Ѡより受けたこと。その疏五巻を撰したことなどを知ることができる。また、叙の撰者斉澣が金仙氏と関係があったことを記すが、就中、斉澣、金仙、及び『倶舎論疏』の著述を請い叙を撰した賈曾という個人名は、著作年代考証の手がかりとなるものである。

斉澣は、『唐書』『旧唐書』の列伝中(4)にその記をみるところで、定州義豊の人、聖暦初（六九八）の進士で、円暉の『楞伽経疏』に叙を撰したときの少詹事には天宝初（七四二～）に就いている。七十二歳にして卒。賈曾もまた両唐書列伝中(5)に記をみるところで、河南洛陽の人。景雲年間（七一〇～七一二）に吏部員外郎となる。開元六年（七一八）以降、慶州、鄭州等の刺史を歴任して、礼部侍郎となり、開元十五年（七二七）卒した。したがって、円暉に『倶舎論疏』を請い、序文を書いたのは、七一八～七二七年の間であったとみられる。右のことから、円暉は、七一八～七二七年の間に『倶舎論疏』を、七四二年頃『楞伽経疏』を撰述したと見なしうる。ちなみに、斉澣が学んだという金仙氏とは、睿宗第九女の金仙公主が該当するように思える。公主は、神龍二年（七〇六）に女道士となっているが、雲居寺の大蔵経石刻に対しても援助を行い、開元十八年（七三〇）に「大唐新旧訳経四千余巻」（一切経一組）及び寺領を賜っていることで有名である。(6) 開元二十年（七三二）、三十四歳で卒しているが、年代的にみて斉澣との重なりは認めうる。斉澣が、佛教にも帰依せる金仙公主と関係あったことを機縁として、円暉が叙の執筆を依頼したということであろう。

〔三〕『楞伽経疏』にみる円暉の思想

Ｐch二一九八の『楞伽経疏』の写本は、それが首部であるところから、ちょうど経の品題「一切佛語心品」の解釈部分を含んでおり、ここで円暉の心に対する見解を見ることができる。周知のように、玄奘―慈恩（六三二～六八二）と承け継がれた法相唯識説では、識を全面的に妄識とみなし、『大乗起信論』で説くような清浄心の一面を認めないのが特色である。その心について、円暉はどのような思想的立場をとっているであろうか。

文に従っての詳しい検討の過程は、すでに発表した拙論にゆずり、いま結論を述べれば、円暉は、『楞伽経』の心を『大乗起信論』の心識説に依って真妄和合識と理解する。そして、この心識説に立つ真妄相熏の説の方が、唯識宗における真不受熏の説よりも理に契うとして簡びとっている。また、真如を相続常と凝然常という範疇によって評価し、唯識宗における四智や円成実性はいずれも相続常で、依他起性に分類される有為法であるとし、『楞伽経』や『大乗起信論』の凝然常の真如に及ばないとするのである。

伝記の検討で見たように、円暉は七四二年頃『楞伽経疏』を著す十数年以前に、普光（―六四五～六六四―）の『倶舎論疏』を略述した『倶舎論頌疏』を著述している。普光は、玄奘の訳場に参じ、師の信頼を得た生粋の玄奘門下である。『宋高僧伝』普光伝には次のように述べている。

　釈普光。……明敏為性。爰択其木。請事三蔵奘師。勤恪之心。同列靡及。至於智解。可譬循環。聞少証多。奘師默許。末参伝訳。頭角特高。左右三蔵之美。光有功焉。(大正五〇・七二七頁a)

円暉は、「精研性相。善達諸宗」(『宋高僧伝』円暉伝)と言われ、性相学を学んでいるが、普光の疏とかかわるところから、当然、玄奘―慈恩の倶舎・唯識の学問を承け、その学系に属すと考えなければならない。いま『楞伽経疏』の文中にも、屢々『唯識論』を引き、また「大唐三蔵」(＝玄奘)の言を挙げて知識の根拠としている。しかし、すでに見たように『楞伽経疏』の心識説においては、玄奘―慈恩のそれと異なるものであり、批判する立場をとっている。このことは法相唯識家で採る『七巻楞伽』ではなく、阿頼耶識を如来蔵・真識と説く求那跋陀羅訳『四巻楞伽』(＝『楞伽阿跋多羅宝経』)に注釈を行うこと自体が物語っているところである。

　ところで、円暉がこのような教学的方向転換をしたについては、なんらかの状況の変化があったのであろうか。文献中に明記するところはないが、やはり玄奘―慈恩の唯識学が学界を席巻し、それが若干おとろえた頃、則天武后(六八四～七〇四)の庇護の下に台頭した華厳の法蔵(六四三～七一二)の性相融会の思想風潮の影響ではあるまいか。法蔵が『大乗起信論』の如来蔵心識説を基に、唯識学の術語や知識を採り入れながら、性相融通門を立てたことは周知されるところである。法蔵はこの法門に属す経論として『涅槃』『楞伽』『密厳』『宝性』『起信』などを挙げて終教とし、『深密』『佛地』『瑜伽』などの始教より高く位置づけた。かれは『成唯識論』の糅訳に遅れること二十五年にして『大乗起信論義記』を著して(六八四)右の説を確立した。唯識家がこの思想に動揺し、それに同調するものがいたとしても不思議ではない。円暉の場合、終教に属す『楞伽経』、就中、如来蔵を説く『四巻楞伽』をとりあげて施注する点。また心を『大乗起信論』に依って真妄和合識と解釈する点、法蔵の影響が及んでいると考えてよかろう。ちなみに、唯識宗の四智が凝然常ではなく、『大乗起信論』の真如こそ凝然常であるとする論議は、『華厳五教章』巻二で論ずるところであり[7]、法蔵が主張していた考えである。

［四］ 円暉と曇曠

『楞伽経疏』における円暉の思想が、当然予想される玄奘—慈恩の法相唯識宗系のものではなく、それと異質な起信論系のものに属し、多分に法蔵からの影響のあることを知った。ところで、そのような疏が、どのような経路で敦煌に搬入され、また、チェードゥプ（＝法成）によってチベット訳されるに到ったのであろうか。それについて、考え及ぶことは曇曠との関係である。両者、だいたい年代が同じであること。曇曠もまた円暉と同様に唯識学を修め、その関係の著作を遺しながら『大乗起信論』の注釈を行っており、学問傾向に類似点があること。更に曇曠がその著作で円暉について関説しており、彼への知識を持っていることなどにより何らかの関係が予想されるからである。

まず、曇曠はその著『大乗百法明門論開宗義決』の中で、次のように円暉について二ケ所にわたって触れるところがある。

（1） 円暉法師『楞伽疏』中。不許世親是二十二伝法人数。深為迷謬。（大正八五・一〇六九頁a 4—5）

（2） 一縁慮義等者。然准『四巻楞伽経注』。有二種心。一者質多。縁慮之心。二者乾栗大《ママ》。真実之心。（大正八五・一〇七四頁a 27—29）

前者には、円暉法師『楞伽経疏』と書名を明記している。ただし、内容は、現在までに得ている『楞伽経疏』の写本の中には見いだせない。

後者は、円暉の名前は出してはいないが、心を質多と乾栗太の二に分けて解釈することは、円暉述『楞伽経疏』

のＰch二一九八の写本の一〇六～一〇八行に見るところである。

曇曠は右の『大乗百法明門論開宗義決』を大暦九年（七七四）に著したと記している。しかし、戦乱の中、また当時の文化交流の状況から新作の書物が自由に見られたわけではないから、曇曠の円暉『楞伽経疏』（七四二頃著作）に対する知識は、長安在住の時にすでに得ていたと考えなければならない。曇曠の著『大乗起信論略述』の一写本Ｓch二四三六に宝応二年（七六三）に沙州で書写したとの奥書を持つものがあるところから、その時までに曇曠は敦煌の地に来ていることになる。その以前の何時に曇曠が長安を出発したかが問題であるが、やはり七五五年の安史の乱が曇曠に離京を決意させた可能性は強い。そうであるとしても、曇曠は長安にあって円暉の著作を閲覧できるわけである。曇曠は、円暉の『楞伽経疏』を、最も新しい学問として受け止めたに違いない。

次に、曇曠の学問傾向の類似である。曇曠は『大乗起信論』に注疏二本を著すと同時に、唯識宗の代表的論書である世親の『大乗百法明門論』にも二注釈書を著している（本書四〇—四一頁）。これらのうち、『大乗起信論廣釈』五巻が最も大部で、曇曠の主著であると推定できるが、その思想は法蔵の『大乗起信論義記』を承けて注釈されたものである。しかし、一方の『大乗百法明門論』の注釈においては、若干は円測の説を採るところがあるが、慈恩・唯識学を基調としている。更に、唯識宗第三祖の智周（六七八～七三三）の『大乗入道次第』に施注し、時の唯識学の碩学・道氤（—七三五—）の『御注金剛般若経宣演』にならって『金剛般若経旨賛』を述作している事実を加えて、曇曠の学識の基礎が唯識学、それも慈恩のそれを承けていることはほぼ認められることである。『大乗起信論』の立場と法相唯識の立場とを、曇曠はどのように統合したのか。その委曲はおそらく、『大乗起信論廣釈』の序文に披瀝するところであろうが、いまは散逸して確かめ得ない。それはやむを得ないとして、他の著作から検討して、曇曠が個人的に採る思想は、『大乗起信論』『楞伽経』などの法性宗を頓教とし、唯識宗の始教にたいして終教と判定するものである。また、心識説には真妄和合識を認める立場をとろうとする。おそらく、こうした曇曠の折衷的教学形成は、先行する円暉の同傾向の著作、すなわち『楞伽経疏』に学んだのではあるまいか。

なお、円暉の『楞伽経疏』は、後に法成（＝チェードゥプ）によりチベット訳された（本書一一二—一一五頁）。法成が曇曠の学問をよく承けていることは、著作内容の検討から明らかであるが、法成がこの疏をチベット訳の対象に選んだのも、この疏が曇曠にとって重要視されていた論疏であったことによるのではあるまいか。

[注記]

（1）本論考は、上山大峻「敦煌出土円暉述『楞伽経疏』攷」（『木村武夫教授古稀記念・僧伝の研究』一九八一）でほぼ論じたものである。

（2）「河口慧海氏矢吹博士撮影将来の入楞伽経の研究」（『鳴沙余韻解説』Ⅰ、一九三三）。

（3）拙稿「法成の研究」(上)、一五九—一六八頁。

（4）『唐書』巻一二八、『旧唐書』巻一九〇中。

（5）『唐書』巻一一九、『旧唐書』巻一九〇中。

（6）塚本善隆「石経山雲居寺と石刻大蔵経」（『東方学報』第五別冊、一九三五）一二五—六頁。

（7）『華厳五教章』巻二（大正四五・四八四頁c—四八五頁a）。なお、右注記（1）拙稿二五〇頁、注⑮参照。

(5)　『弁中辺論疏』（仮題）

Sch五四二の写本は、首部を欠いて表題を知ることができず、また尾題を記していないので、もとの標題も作者も分からないが、玄奘訳『弁中辺論頌』（大正一六〇一番）に対する未見の注釈である。[1]

幅約二五cmの使用ずみの文書を貼り連ねて用紙とし、全体で三〇ftにおよぶ。その紙背に木筆で一行に三〇〜三四字を章草体で書写し、全体で五五六行を遺す。用紙はチベット支配時代の特徴をもつ。

この文献の用紙となった文書は、「丑年十二月」の記年をもつ敦煌各寺所有羊数報告書で、同種のもの五通を連貼したものである。この丑年は竺沙雅章博士により八〇九年か八二一年と推定されているものである。[2] したがって、『弁中辺論疏』の書写はそれより当然遅れる。

造疏の対象となった『弁中辺論』には、チベット支配期の八二〇～八四〇年ごろの写本が数点存在しており、敦煌で学ばれていた形跡があるが、疏は一つだけであり、その写本もこの一点だけである。

従来、漢文での『弁中辺論』については、真諦の『中辺分別論』(大正一五九九番)と玄奘訳『弁中辺論頌』(大正一六〇一番)、同訳・世親釈『弁中辺論』(大正一六〇〇番)とが知られる。これらにたいする研究としては、窺基に『弁中辺論述記』(大正一八三五番)があり、現存する。他に唐代では玄範、玄応、元暁などの疏があったことが知られるが散逸して現在に伝わっていない。

ところで、いまの疏はどのような性格のものであろうか。これを現在知られる窺基の疏に合わせてみても形式・内容ともに異なる。頌に直接注釈したもので世親の論への復注ではない。形からみれば世親の論に似るが、それとも異なる未知の注釈書である。

はじめに九門分別を行い、それに従って注釈を行う。一有為相、二…、三自相、四釈相、五入無相方便相、六差別相、七異門相、八生起相、九雑染相の九相である。次に本文献の最初の部分若干を録文して示す。

S ch五四二一　一—二四行録文。改行は原写本通り。句点等は筆者。

1 □頌。九門分別。一有相。

□自相。四摂相。五入無相方便相。六差別相。七異門相。八生起相。九雑染相。初釈有相無相。有一行頌。頌曰。「虚妄分別有　於此二都無　此中唯有空　於此亦有彼」。「虚妄分別有」者。於此虚妄分別中。有此能所取分別故。此法界法性真理。有佛出現不出現。其性常住。不変不異故。言虚妄分別中。□□如相故。故言有也。「於此二都無」者。於虚妄分別。能取所取中。二種永無性故。能取□□即色香味等。既執能所。不見真理空性故。此両句是雑染法。

若無能所。即証空性。頌曰。「此中唯有空」。此空性即是真実。□具性。若無空性。一切衆生。不応成無上菩提道。故知空性是清浄性。「於此亦有此」。於此謂即釈彼二空性。亦但有此虚妄分別二取。此一行頌上両句。是世間因果。即是流転法。中道是因滅是果。即還滅涅槃法也。上釈有為無為法竟。下合前文。又一行頌。頌曰。「故説一切法　非空非不空　有無及有故　是即契中道」。「一切法」者。不離有為無為。凡夫不了故。執有無増益謗。二乗不了故。執空是損減謗。為離此謗故。故説「非空非不空」非空離増益謗非不空離損減謗。故説非空等有故是依他等。無故是遍計所執。及有故是空性。若能如是観。不顚□?無。即啓於中道。

第三釈自相者。有両行頌。頌曰。「識生変似義　有情我及了　此境実非有　境無故識無」。「識心変似義」者。識心能変三種境。為即種子色根器世界。如是三種境界。即自所変。還自所縁。有為無為等一切間自心変。似義者。似為相。似不是真実。故言似也。義者境也。識心所変。託境方生。若無前境。心必不生。故言心不孤起。託方生。有情者。即是薫

識。能含蔵諸識種子。故言蔵識。我者即第七末那識。是識□
執阿頼耶識。以義為末那識。四惑所覆。故執第八識以為我。故言我
也。及了者。眼等六識。能了別故。是別色香味等六塵境。故能了麁
境。故言了也。此境者。境有四種義。有情我及了。是其四境義。是境境即是所取。有
情是識心。心是能取。是之四境。是心所変。心還自縁。既心所縁。既是其境也。
実非有者。四境為心所変故。『花厳経』云。「佛言三界唯心。心外更無法」。故知是
境是心変。非実有故。故此下句。「境無故識無」。似有境故。実非有也。了境非
実。識即不生。故言境無。故識無。此一行頌。釈一切法自相境。(以下省略)

この文献は、他の文献からの引用が殆どみられず、素性を知る手がかりに乏しいが、一つ注目すべきことに次のような安恵の言葉からの引用がある。

安恵師釈欲界有二十処者。……(五七行)

周知のように安恵(Sthiramati 四〇〇~四五〇頃)には『弁中辺論』への注釈がある。しかし漢訳された形跡がなく、チベット訳だけで残っている。これで調べてみると、「有情地獄等の相なる二十種の相起れるはこれ欲界なり」(山口益訳)[3]の部分が当たると思われる。

安恵釈が漢訳された形跡がないところから、この部分はサンスクリットかチベット本によって見ていることになるが、そうであるとすると、この文献が、中国で著作された可能性は希薄である。といって九門分別の仕方など、サンスクリットやチベットの原本があり、それから直接訳したとも考えにくい。考えうることは、中国系佛教学の素養があって、サンスクリットかチベット語の安恵釈を参照しうるものが、敦煌地方で新たに著作したのではない

かと言うことである。このような事実があることは、すでに『因縁心釈論開決記』の場合（本書二〇九頁）で検証ずみである。その場合、われわれは著者を法成に推定したが、このたびの場合もその系統ではないかと思う。ちなみに安恵釈の『弁中辺論』のチベット訳、敦煌写本中には見つかっていないが、『デンカルマ目録』には載ってお[4]り当時存在していたことは確かである。

［注記］

（1）本論考は、拙稿「敦煌新出の唯識系論疏」一二八―一三二頁を訂補したものである。
（2）竺沙雅章「敦煌の僧官制度」（『東方学報』京都三一冊、一九六一）一七六―七頁。
（3）山口益『中辺分別論釈疏』（一九六七）四八頁。
（4）芳村修基編『デンカルマ目録』六三一番に de [dbus dang mtha' rnam par byed pa'i tshig le'ur byas pa] 'i rgrel bshad と出ている。ただし、これが安恵の疏に当たるかどうかは不明。

五　禅文献の諸層

(1)　敦煌禅写本の時代層位

敦煌の禅がどのようであったかを検証するに当たって、まず関心にのぼってくる問題は次のようである。

ア　敦煌からは北宗禅・南宗禅の両系の文献が見つかっているが、これらは時代層を隔てて学ばれたのか、それとも並行していたのであろうか。

イ　南北両禅のほかに、他の派に属する禅は入っていなかったか。

ウ　チベットの禅との関係をどのように認めることができるか。

エ　敦煌の佛教界に禅はいつ頃、どのようなルートで流入し、どのような人々により、どこで学ばれたのか。

ところが、敦煌の禅写本群(1)を通覧してみても、右の諸点への回答は容易に得られそうにない。時代を判別する紀年や、書写の事由などを物語る識語を有した写本がきわめて少ない。また早い時代の北宗禅系の写本があるかと思えば、同一文献がずっと後世に写されている例があらわれ、北宗南宗が時代を隔別して流布したのではないかという予想が覆される。講義が行われて多数の写本が成立したというような、曇曠や法成の場合のような例も見いだせない。このような雑然とした様相の禅写本から、どのようにしてその構成を物語る条理を結像させたらよいであろうか。その場合、第一に為すべきことは、写本それぞれの成立年代を明らかにするという作業である。ただし、前述のように禅写本の場合、成立年代を直接示す識語のあるものが稀である。したがって、筆跡の特徴や紙質、裏文書との関連などから手がかりを得ながら、写本の時代層を検出してゆくこととする。

敦煌の禅の写本群は、結論的に言って、およそ三時期に区分することができる。一は七五〇〜七八〇年代頃のもので、「初期」とする。敦煌に禅写本が現われはじめる上限から、敦煌がチベットの支配下に入る頃までである。二は「中期」で、チベット支配期（七八六〜八四八）中、及びその影響の残る若干期間で、七九〇〜八六〇年頃の期間が当たる。「後期」はその後、帰義軍時代に入ってから敦煌写本の下限までの八六〇〜一〇〇〇年頃である。

［一］　初期の禅写本群

敦煌禅写本中で、識語の紀年から知りうる最も早い年代は、『絶観論』の写本Ｐch二七三二にみる貞元十年（七九四）である。しかし、これ以前の書写と推定できる写本も幾点かある。

まず注目すべきは、Ｐch二六五七、Ｐch三〇一八、Ｐch三五五九、Ｐch三六六四の四点である。これらの四点の裏面文書は、従来より池田温氏などにより「敦煌県差科簿」という社会経済資料として注目され、研究されているもので、天宝十年（七五一）頃の役所文書である。(2) こうした文書の裏面を用いて禅の文献を書写しているのである。破損により四点に分かれているが、本来同巻で連続するものであり、裏面文書も順序は前後するが、やはり同時代、同種のものである。禅写本の面の連結順序に従って連写された諸文献を挙げれば次のようである。

Ｐch三六六四

（首題）「円明論」（尾欠）

Ｐch三五五九

（a）（尾題）「円明論一巻」（首欠、Ｐch三六六四より続く）

（b）不明題本

（c）（首題）「導凡聖悟解脱宗修心要論　蘄州忍和上」

（d）（首題）「伝法宝紀并序　京兆杜朏字方明撰」（尾題「伝宝紀七祖一巻」）

（e）（首題）「先徳集於雙峯山塔各談玄理」

（f）「稠禅師意……」

（g）（首題）「稠禅師薬方療有漏」

（h）（首題）「大乘心行論　稠禅師」

（i）（首題）「寂和上偈」

（j）（首題）「姚和上金剛五礼」（尾欠）

Ｐch二六五七
（首尾欠）［観心論］

Ｐch三〇一八
（首欠）　［二入四行論］（尾欠、擱筆）

役所文書が不要になり、廃棄・払い下げられたものを入手し、佛典の書写に当てることは屢々例を見るところである。そしてこれが、それを用紙とした写本の年代を推定する手がかりとなることが多い。いまの場合、禅文献が天宝時代の「敦煌県差科簿」より後に写されたということ、またそれが敦煌で写されたということは直ちに言えることである。しかし、その廃紙文書を利用しての書写が、どのくらい後になるかは決めがたい。文書が作製され、それが廃棄にいたるには、その性質にもよるであろうが、やはり十年くらい見なければならないであろう。更に役所より廃棄されてすぐに佛典の書写を行ったとも一がいに言えず、書写年代の決定は難しいが、右の一連の禅写本については筆跡を加味して、七六〇年か七七〇年頃の書写であると見て概ね妥当であろう。

右のほか、ほぼ同時代と認められるものに次の諸点がある。

Ｓch二〇五四
（首題）「楞伽［師］資記一巻　東都沙門釈浄覚居太行山霊泉谷集」（序文首欠、尾欠、擱筆。裏面空白）

この写本をＬ・ジャイルズ氏は、Thin, soft buff paper. Semi–cursive MS. of 8th cent. と叙べている。原写本を実見したところでは、紙質、筆跡など曇曠の著作の七六三、六四年頃の写本の特徴に一致し、同じ頃成立のものと認められる（**図42**）。

以上の写本の特徴を判断基準として調査するところ、なお次の諸点が初期の写本群に加えられる。

S ch六一八四　「円明論」
服六　　「円明論」
P ch三八五八　「伝法宝紀」
S ch二五九五　「観心論」
P ch四七九五　「二入四行論」（識語）庚申年五月二十三日
M 一二七七　「修心要論」

〔二〕　中期の写本群

この時期に属することの明瞭な写本としてまず挙げうるのは次の二点の「絶観論」の写本である。

P ch二七三二

（首題）「入理縁門一巻」（尾題「絶観論一巻」）
（識語）（朱字）大唐貞元十年歳甲戌仲夏八日西州落蕃僧懐生
（墨字）阿志澄闍梨各執一本校勘訖
（朱字）〔…〕於甘州大寧寺南居再校

この写本は、唐代の黄麻紙に写された道教経典の裏面に端正な楷書で書写されたものである。なお文中の「問」の部分は単行で、「答」は双行で書かれている。また最後の一紙は、そのはじめに「金剛檀（＝壇）廣大清浄陀羅尼経」の題と本文首部二行を写しており、この経の書き損じを用紙として貼り合わせ、三行の経文を消去しないまま「絶観論」を写し継いだものである。

識語は種々の問題をはらむ。本文と同筆に見える墨字一行のうち、阿志澄闍梨とは何者か。「志澄」なる名は、藤枝晃博士紹介の七八八年の「辰年牌子暦」（Sch二七二九）中にみる霊図寺の僧「索志澄」の名に見るが、(3) これとは別人であろう。「何」であれば敦煌在住の漢人の中にその姓を求めうるが、写本は「阿」に見える。あるいは胡人であろうか。その人物が、書写でなく「各一本ヲ執リテ校勘シ訖ル」とはどういうことかとの事情も分明でない。朱字の記は、墨書の本文より後であり、文中朱筆にて訂正加筆しているものと一致する。貞元十年（七九四）仲夏（陰暦の五月）八日に西州の落蕃僧懐生が、甘州の大寧寺の南に住んで、この本を他の本と合わせて再校したことを示している。なお、標題と併せて三行のみ写されている『金剛壇廣大清浄陀羅尼経』は、敦煌写本中に複数点見いだされているもので（本書四六〇頁）、七五三年頃劉曇倩なるものが于闐の蔵中で得た梵本に基づき、安西の地で翻訳し、それが比丘利貞により西州の妙徳寺に石経として留められていたが、甘州には未伝であった。もと西州の人で、貞元八年（七九二）のチベットの侵攻で甘州の寺戸となっていた趙彦賓が貞元九年（七九三）十月十五日にこれを口伝により書写したという流伝経緯をもつ。したがって「絶観論」本文は七九三〜七九四年の間に写されたことになる。ところで、これら二文献の流伝例は、西州の陥落にともなって甘州に移住した僧のあったことを例示する。懐生が再校した阿志澄闍梨の「絶観論」は、もと西州か甘州で書写されたもので、それが同じチベット文配圏の敦煌に搬入されたのではあるまいか。

Pch二八八五

（尾題）「達磨和尚絶観論一巻」（首欠）

（識語）辛巳年三月六日写記　僧法成

一行約二二字詰、罫をきちんと引いて、少しくずした楷書で端正に写されている。用紙は磨きのかかった茶褐色のパリパリした紙で、朱点や朱字の書き入れもある。[4] 裏面は、表面と類似した筆跡で、佛教部派に関する題不明の論を途中まで写し、その後にかなり後の時代の別筆で「十哲声聞」なる数行が落書風に写されている。

筆写人法成については、直ちにかの大蕃国三蔵法師法成を想起するが、筆跡に若干の差異が認められ、同一人とすることにはなお慎重でありたい。[5]

『絶観論』の写本は、右の他にも、なお次の三点が存在する。

Ｐch二〇四五

次のように連写貼結される文献の第四番目に『絶観論』の写本を見る。

（ａ）（尾題）「菩提達摩南宗定是非論一巻」（首欠）

（ｂ）（首題）「南陽和上頓教解脱禅門直了性壇語」

（ｃ）（首題）「南宗定邪正五更転」

（ｄ）（首題）「三蔵法師菩提達摩絶観論」（尾題「無名上士集」）

（ｅ）（首題）「掌中論一巻　陳那菩薩造　三蔵法師義浄奉　詔訳」（尾題「掌中論一巻」）

（ｆ）（首題）「縁起心論并釈一巻　尊者龍猛菩薩造」（尾題「縁起心釈論一巻」）

（ｇ）　不明題論

（ｈ）　［大乗稲芉経随聴手鏡記序分］抄出

右のうち、（ａ）―（ｂ）―（ｃ）は同筆で連写される。また、（ｅ）―（ｆ）も連写である。他はそれぞれ別の写本で、それらが右の順序に貼り合わされて一巻を形成している。このうち、（ｄ）「絶観論」は異様な貼り合わせがされており、文の途中の二六行分が上下逆さに貼りつがれており、また文末の方でも一五行分が逆になっている。

その意味するところは不明であるが、文としては正せば連なる。含まれる諸文献のうち「絶観論」が最も早い時期の写本と筆跡より推定する。前出の法成写のＰch二八八五の頃のものであろう。(6) しかし、写本の全体の貼合構成は最後の（ｈ）「稲芉経疏」が法成により八三三年頃著されたものであるから、その後とみなければならない。なお、この連写の文献群の意味するところについては別章にてとりあげるところである（本書四三一―四三二頁）。

Ｐch二〇七四

（首題）「絶観論　菩薩心境相融一合論」（尾欠）

一行約二四字詰めの木筆楷書の写本。実見したところでは、用紙はチベット支配期特有のものである。

閏八四

（ａ）（尾題）「無名上士集」（尾欠）

（ｂ）（首）沙門知嵩述……

（ｃ）（首）寂和尚説　……

右の中の（ａ）が「絶観論」である。楷書で端正に写されているが、木筆によるものである。

『歴代法宝記』の写本計五点はいずれも年代の明記がないが、次の二点はこの時期に比定しえよう。

Ｓch五一六

（首題）「暦代法宝記　亦名［…］壊一切心法　亦名最上［…］」（尾題「暦代法宝記一巻　暦代法宝記又名師資血脈伝」）

幅二六㎝で四五ftに及ぶ長巻子である。一行約二四字詰め。楷書で端正に書写されているが、木筆字で、用紙もチベット支配期の Rather thick buff paper.（ジャイルズ氏による）である。

Ｐch二一二五

Ｐch三七一七

（首題）「暦代法宝記　亦師資血脈伝　亦名定是非摧邪顕正破壊　亦名最上乗頓悟法門」（尾題「暦代法宝記」）

首尾を備えた完本である。用紙はチベット時代の厚手の紙で裏面の使用はない。朱点や朱訂正の書き込みがある。

Ｐch二六二六Ｖ、Ｐch二八六二Ｖ

（尾題）「暦代法宝記一巻」（首若干欠）

筆跡は『瑜伽論手記』（八五五〜八五九成立）などの木筆字体に類似する。

右の『歴代法宝記』に関連して『漢法本内伝』のこの時期の写本の存在が注目される。この文献は吉岡義豊氏が大業十年（六一四）から武徳七年（六二四）の間の成立と推定するもので(7)あって、『歴代法宝記』がその編に当たって大いに依拠する文献である。おそらく両者併行して流行したと思える。いまこの文献の次の二群の写本を挙げる。

［漢法本内伝］（いずれも首尾欠）

右の二点は、同筆で本来同一巻に写されたものである。用紙は天宝時代（七四四〜七五八）の役所文書である敦煌郡会計帳の裏面を利用している。

Ｐch二六五四Ｖ、Ｐch二七六三Ｖ、Ｐch三四四六Ｖ

［漢法本内伝］（いずれも首尾欠）

三点とも同じ筆跡で、同一巻子であったものである。チベット支配期の役所文書の裏面を用紙としているが、池田温氏の研究によれば(8)、Ｐch二六五四、Ｐch三四四六は「吐蕃巳年（七八九?）沙州倉曹会計牒」で、Ｐch二七六三は「吐蕃午年（七九〇）三月沙州倉曹楊恒謙等牒」などである。

右の両群の筆跡は別筆であるが、ともにややくずした楷書で、時代は八〇〇年をやや下る時期とみなされる。

次に、題に「頓悟」を冠する二種の文献の写本をとりあげる。

Ｐch二一六二

（首題）「大乘開心顕性頓悟真宗論　沙門大照居士慧光集釈」（尾題「大乘開心顕解脱論」）

一行約二二字詰めの木筆字写本で、用紙はチベット支配期の厚手の紙である。裏面には（a）「納丑年突田歴」と、（b）「如来十号」とが写される。（a）の方は池田 温氏の言及するところで、氏は八二二年の文書と推定する。(9)これが先に写されているので標題の『頓悟真宗論』は、それ以後の書写となる。また『頓悟真宗論』の写本中に本文と別筆の書き入れが行われているが、この書体は『瑜伽論手記』などの木筆書体に類似する。

Ｓch四二八六

［頓悟真宗論］（首尾欠）

前号と同じく、チベット支配期の用紙に木筆で、一行約二四字詰めに書かれている。やはり同時代の写本である。

Ｐch二七九九

（a）（首題）「頓悟真宗金剛般若修行達彼岸法門要決」（尾未完、擱筆）

（b）（首題）「観世音菩薩秘密蔵無障礙如意心輪陀羅尼経」（尾題「観世音菩薩秘密無障如意心輪陀羅尼蔵義経一巻」）

きっちりと罫を引いて書写された巻子本であるが、木筆字で、用紙もチベット支配期のものである。漢字の筆格に無知なところが諸処に見られ、中期も遅い時期のものであろう。(10)

同じ文献の写本として、Ｓch五五三三、Ｐch三九二二の二点がある。前者は二〇×七㎝の貝葉型で、表裏に毎葉六行を写し、五葉を遺す。ジャイルズ氏は、Indifferent MS. of 10th cent. Thick buff paper. と記し、後期に属す写本と見なしている。他の一点も七・三×二九・七㎝の貝葉型であるが、これは横型で、文字が横に、しかも左から右に書かれた異例の写本である（図44）。各面六行から七行を写し、全体で七葉を遺すが、『法句経』と次のように連写される。

（a）（尾題）「法句経一巻」（首尾欠）

（b）（首題）「頓悟真宗要決侯莫陳琰問　智達禅師口決」（尾欠）

漢字の書法に通じぬところがあり、漢人以外のだれかか、漢人にしても正しい書法の忘れられた時代のもので、中期としても末のものであろう。

次に、南宗系の禅文献で、この期に属する写本を見ることにする。

Ｐch二〇四五

この写本は、すでに「絶観論」の項で紹介したところであるが、はじめの部分に次のように南宗系文献が含まれる。

（a）「菩提達摩南宗定是非論一巻」

（b）「南陽和上頓教解脱禅門直了性壇語」

（c）「南宗定邪正五更転」

これらは同筆で連写されているが、木筆字である。

Ｐch三〇四七

（a）「問答雑徵義」（首尾題欠）

（b）（首題）「菩提達摩南宗定是非論一巻并序　独孤沛撰」（尾欠）

雑な木筆写本で、一行約二六字を写す。用紙も厚手のチベット支配期のものである。裏面に僧名の列記があり、中に「辰年七月八日…」の記を見る。この方が先に写されたもので、この文書の裏を用いて禅写本を写している。時代はチベット支配期後期の辰年（八三六）頃であろう。

寒八一

（首題）「□□和尚頓教解脱禅門真了性壇語」（尾欠）

チベット支配期の厚手紙を用紙とし、一行約二五字を木筆で写した写本である。前号と同じ頃のものであろう。

Sch二四九二

［南陽和上壇語］（首尾欠）

ジャイルズ氏は紙質をThin buff paper. と記す。小字で写され、字体は『瑜伽論手記』などのものに似る。前号と同じ頃と思われる。

右のほかで、この期に属す写本に次のようなものがある。

Pch三七七七

（a）　［修行入合法薬服防外五辛中五辛内五辛持犯軌則義理文］（首欠、題は附箋による）

（b）（首題）「菩薩総持法一巻　亦名破相論亦名契経論亦名破二乗見」

（c）（首題）「了性句并序　崇済寺禅師満和尚撰」

（d）（首題）「澄心論」

（e）（首題）「除睡呪」

（f）（首題）「蘄州忍和上　道凡趣聖悟解脱宗修心要論一巻」（識語）作鄂年三月為病記

この写本は、軸木、絹ひもをなお残す保存の良い巻子本である。外題に「五辛文書一巻」と記す。首部若干を損欠したまま装釘しているところから、収容する文献の題を小さい紙に別書して貼附している。木筆字で一行二二字ぐらいで端正に楷書で写す。磨きのかかったパリパリした紙を用いている。裏面には「智厳大師付三嘱偈」が落書風に書かれる。識語の作病年とは酉年の別名、三月為病も三月を意味する。酉年は七九三、八〇五、八一七、八二九などが当たるが、八一七年が妥当であろう。

この写本における「了性句」―「澄心論」―「除睡呪」―「修心要論」の順序の連写形式は、後期の写本ではあるが、Ｓch三五五八、Ｓch四〇六四、裳七五にも見られる。本写本は、その形式の最初のものである。

裳六七

（首題）「[……]并序」（尾欠）

この写本は『了性句』の残簡であるが、おそらく右と同様の連写本の一部であろう。右のうちの『修心要論』は七八〇年頃の書写と推定した初期の禅写本Ｐch三五五九に含まれていたもので、それが中期になっても伝写されているわけであるが、この本にはその他にも次の二点がある。

Ｐch三四三四、宇四

[修心要論]（首尾欠）

また、次の諸文献の写本も初期にすでに登場していたものである。

Ｓch一八八〇Ｖ、Ｓch三三七五Ｖ、Ｐch四六三四Ｖ

[二入四行論]（いずれも首尾欠）

これらの三点の写本は連結するもので、本来同一巻子であったものである。一行約二四字詰めのややくずした楷書の木筆写本で、筆跡はチベット支配期のものである。文書の裏面を用いて写したものであるが、この文書は「永徽東宮王府職員令」で、すでに研究も多い[11]。ただし永徽年間（六五〇～六五六）と写本の写された時との間に、かなりの隔りがあることが注目される。次の諸点も中期に属す写本と判断される。

Ｐch二九二三

［二入四行論］（首尾欠）

Ｓch二七一五

［二入四行論］（首欠、尾題「論一巻」）

宿九九

［二入四行論］（首欠、尾題無）

（巻末）「五言詩一首　贈上写書今日了　因何不送銭　誰家無頼漢　廻面不相有」

Ｐch三二九四

［楞伽師資記］（首尾欠）

Ｐch三五三七

［楞伽師資記］（首尾欠）

Ｐch三七〇三

（尾題）「楞伽師資記一巻」（首欠、裏面「釈迦授記」）

Ｐch四五六四

（首題）「楞伽師資記并序」（尾欠）

その他、中期のものと見なしうる写本で、次のものを注目しておきたい。

Ｐch四六四六

（ａ）（首題）「維摩詰所説経　一名不可思議解脱」（尾題「維摩詰経巻下」）

（ｂ）（首題）「文殊師利所説般若波羅蜜経」（尾題「文殊師利所説般若波羅蜜経一巻」）

（ｃ）（首題）「頓悟大乗正理決叙　前河西観察判官朝散大夫殿中侍御史王錫撰」（尾題「頓悟大乗政《ママ》理決一巻」）

（ｄ）（首題）「観心論」（尾題無）

（ｅ）（首題）「禅門経」（尾題「佛説禅門経一巻」）

この写本は縦型の貝葉型で、一面六行で罫を引き表裏に写す。用紙はチベット支配期の目の粗い紙を貼り合わせている（**図33**）。（ａ）―（ｃ）までは同筆で、（ｄ）（ｅ）はそれと別の筆跡で丁数のうち方も異なる。右の諸文献のうち（ｃ）「頓悟大乗正理決」は禅師摩訶衍とインド僧が行ったチベット宗論の記録で（本書第二章）、もともとチベット本土で著されたものである。ただし、いまの写本がチベットで写されたものか、敦煌で転写されたものか未だ明らかにできない。

Ｓch二六七二

（ａ）　［頓悟大乗正理決］（首欠、尾題無）

（ｂ）（巻末）有一禅師尋山入寂遇至石穴見一婦人……（尾擱筆）

これは巻子形の写本である（本書二五四頁）。字体は木筆であるが、Ｐch四六四六より乱雑である。中期としても終わり頃の写本である。

Ｐch四六二三

［頓悟大乗正理決・長編］（首尾欠）

巻子形の写本。木筆であるが、ほぼ一七字詰の丁寧な書写。後半は『頓悟大乗正理決』の問答部分に同定できるが、その前に『頓悟大乗正理決』に収録していない部分があり、『頓悟大乗正理決』編纂の原本になったいわゆる「長編」であると推定できる（本書二五五頁）。

S ch三〇一七

［徴心行路難］（首尾欠）

P ch三四〇九

［徴心行路難］（首尾欠）

右の二点は、同文献の写本であるが、共に残簡である。両者とも一行約二〇字くらいに端正に写される。前者についてジャイルズ氏は、Good MS. of 7th cent. Thin soft buff paper. と叙べるが、後者と同様木筆体で、中期の写本と見るべきである。

［三］ 後期の禅写本群

後期に属す禅の写本群は、きわめて雑多である。この時期になってはじめて現われた文献の写本もあり、前の時期のものがひき続き書写される場合もある。形状、筆跡は稚拙で乱雑になり、書写も何かの裏に落書風になされることが多い。紙についても白っぽく厚く、すき目の粗い大判のもの（e.g. S. ch. 2561 ; Coarse whitish paper. 30.5×41 cm.）が現われるようになってくる。また、前時代と同様に連写本が多いことも眼を惹くところである。まず、この時期になって現われはじめた幾つかの写本グループを注目したい。

ア 『大乗五方便北宗』『大乗無生方便門』『大乗北宗論』

『大乗五方便北宗』の写本にはＰch二〇五八、Ｐch二二七〇がある。共に厚手の紙に写されている。

Ｐch二〇五八

（ａ）「大乗五方便北宗」

（ｂ）「大唐進士白居易千金字図」

（ｃ）「南天竺国菩提達摩禅師観［門］」

（ｄ）「嘆佛文」（裏面は「亡斎文」「然灯文」などの同時代の筆写）

Ｐch二二七〇

（ａ）「大乗五方便北宗」

（ｂ）「五更転頌」（識語）三界寺道真

『大乗無生方便門』は内容的にかなりの違いがあるが、右の『大乗五方便北宗』と同系統のものとされる。他にＳch七三五Ｖ、Ｓch一〇〇二、Ｓch二五〇三、生二四がある。

これらのうちＳch一〇〇二は、首尾欠損の九五〇年頃の写本の残簡である。Ｓch七三五Ｖは、明照写『瑜伽師地論』巻第二十八の裏面に乱雑に写されたもの（首欠、尾題無）。Ｓch二五〇三は「讃禅門詩」と連写され、「丁卯年二月二十三日沙彌明慧記」の識語をもつ。Ｐch二二七〇（図45）の「三界寺道真」の識語は本文と同筆で書写人の署名と考えられ、この道真とは九三四～九八七年に名を見る敦煌の高僧である。[12] また、Ｓch七三五Ｖの用紙となった明照写の『瑜伽師地論』は、法成の講義随聴の為に準備されたもので、第二十八巻は大中十一年（八五七）に写されている。これを裏紙として用いるにはかなりの年月の経過があると考えられるので、『無生方便門』の方は九〇〇年以後の書写と見られる。Ｓch二五〇三に記す「丁卯年」は、それらの写本の形状と比べ、九〇七年とみるのが妥当であろう。

『大乗北宗論』は、Ｓch二五八一に一点のみあり、紙質よりみて、九七〇年頃の写本である。

イ　『南天竺国菩提達摩観門』『天竺国菩提達摩禅師論』

前者は、Ｓch二五八三、Ｓch二六六九、Ｓch六九五八、Ｐch二〇五八にみる。これらのうち、Ｐch二〇五八は連写本で『大乗五方便北宗』の項ですでに示した。[13] Ｓch二六六九は、藤枝博士により八六五～八七〇年のものと推定される敦煌諸寺戸籍簿の裏面に書写されたもので、次のような諸文献の連写の中に見る。

（a）［気象占？］　（e）「澄心論」
（b）「四弘誓願」　（f）「除睡呪」
（c）「天竹国菩提達摩禅師観門」　（g）「道凡趣聖悟解脱宗修心要論」
（d）［法性論］　（h）「大乗諸法二辺義」

表面の文書との関係から、およそ九〇〇年以降の写本とみられる。なお、この写本では「天竹国……」と題記され、「南天竹国……」となっていない。Ｓch六九五八は首尾欠で、題は確かめられない。

『天竺国菩提達摩禅師論』の写本は、Ｐch二〇三九Ｖの中に見いだされる。

（a）「天竹国菩提達摩禅師論一巻」　（c）「三界唯心無外境論一巻」
（b）「大乗起世論一巻」　（d）「金剛経讃一巻」

これらは、法成述・談迅福慧筆録の「瑜伽論第四十四分門記」の裏面に写されたものである。この『瑜伽師地論』巻四十四の講義は、大中十二年（八五八）に行われたことが分かっており（本書二四六頁）、したがって禅写本はそれ以後、相当年月を経た九〇〇年以後と推定される。

ウ　『聖胄集』

Sch四四七八は首尾題を欠くが『聖胄集』の写本と同定されている。この本は光化二年（八九九）に華岳玄偉禅師が編纂したと伝えられるもので、(14) したがって敦煌の写本は当然この年より後のものである。写本の様相は一〇世紀のものであることを示す。

なお、この『聖胄集』には、密教的な記述を加えて改編した次の題をもつ異本Pch三九一三がある。

「金剛峻経金剛頂一切如来深妙秘密金剛界大三昧耶修行四十二種壇法経作用威儀法則　大毗盧遮那金剛心地法門秘法戒壇法並儀則　大興善寺三蔵沙門大廣智不空奉詔訳」（略「壇法儀則」）

Sch二二七二、Sch二一四四V、冬七四、鹹二九などがこれに関連する文献である。いずれも一〇世紀の写本であり、部分抄写が多い。ただし、Pch三九一三は縦型貝葉型（二八・五×一〇㎝）で、計八七葉の大部のものである。

エ　『南宗讃』などの讃文、礼文、五更転、禅僧偈

禅に関するものの讃文などを挙げれば次のようである。

「金剛経讃」　Pch二〇三九V、M一三七〇

「浄土法身讃」　Sch三八二、Sch三〇九六、Sch四六五四、Sch五五六九、Sch六一〇九、Sch六七三四、Pch二四八三、Pch二六九〇、Pch二九六三、Pch三八三九、M一三七六

「南宗讃」　Sch四一七三、Sch五五二九、Pch二九八四、M一三六三

「金剛五礼」　Sch四一七三、Sch四七一二、衣三七、鳥二九、乃七四、M一四〇一

「無相礼」　乃七四、重二〇

「法身礼」　推七九

「大通和尚七礼文」　Sch一四九四

「禅門十二時」　Sch四二七、Pch二六九〇

「五更転」　Sch六〇八三、Sch六九二三、Pch二二

七〇
「無相五更転」　Ｓch六〇七七
「維摩五更転」　Ｓch二四五四
「荷沢和尚五更転」　Ｓch六一〇三
「南宗定是非（または邪正）五更転」　Ｓch二六七九、
　Ｓch四六五四、鹹一八

「南宗大乗五更転」　Ｐch二九八四
「融禅師定後吟」　Ｓch二九四四
「臥輪禅師偈」　Ｓch五六五七、Ｓch六六三一Ｖ、菓
　四一
「坐臥行禅師偈」　Ｓch五八〇九

なお、右のうち『浄土法身讃』[15]は浄土系ではあるが、内容は禅と密接に関係し、写本に禅系のものと組み合わされたものが多い。例えばＰch二六九〇では、（ａ）「敦煌弐拾詠一首」—（ｂ）「出家讃」—（ｃ）「禅門十二時」—（ｄ）「浄土法身讃」—（ｅ）「南宗讃」というふうに連写される。右の讃文などは、いろいろに組み合わされ、連写されている場合が多いことも特徴である。Ｐch二九六三には、乾祐四年（九五一）の奥書を有しており、他の三文献もおよそこの時期の前後に流行したと思われる。

オ　その他の後期禅写本

以上のほかに、後期に属す禅写本として管見に入ったかぎりで次の諸点を挙げる。

「了性句」—「澄心論」—「除睡呪」—「修心要論」
　連写本　Ｓch三五五八、Ｓch四〇六四
「澄心論」　裳七五
「修心要論」　Ｓch六一五九、宇四
「観心論」　Ｓch五五三二、Ｐch二四六〇

「楞伽師資記」　Ｐch三四三六
「歴代法宝記」　Ｓch一七七六Ｖ、Ｓch一六一一、
　Ｐch三七二七
「頓悟真宗要決」　Ｓch五五三三
「漢法本内伝」　Ｓch五九一六、Ｐch四九六四

「頓悟無生般若頌」　Sch四六八、Sch五六一九
「無心論」　Sch五六一九
「頓悟大乗門大意」僧張明照写　海五一
「六祖壇経」　Sch五四七五（図46）
「南陽和尚問答雑徴義」　Sch六五五七
「恵達和上頓悟大乗秘密心契禅門法」　致八六
「禅門秘要決」　Sch二一六五、Sch四〇三七、Pch二一〇四、Pch二一〇五、Sch六〇〇〇、Sch五六九二
「修行最上大乗法」　Sch二九七三V、Sch六九五八
「大乗要語」　Sch九八五V
「臥輪禅師看心法」　Sch六四六、Sch一四九四
「佛説楞伽経禅門悉談章并序」　Pch二二〇四、Pch三〇九九
「秀禅師勧善文」　Sch五七〇二
「請二和上答禅策十道」　Sch四一一三
「梁武帝問志公」　Pch三六四一
「大潙警策」　Pch四六三八
「泉州千佛新著諸祖師頌」　Sch一六三五
「大乗薬関」　Pch三一八一

以上、三時期に分かって禅写本の分類を試みた。しかし、禅の写本でありながら検出から漏れたものもかなりあることと懸念される。また、年代判定についても、中期の終わりごろとすべきか、後期の初期とすべきか俊巡したものも少なくない。今後一層の検討を経て、より正確にしてゆかなければならない。

ところで、検討の対象とした中に、一般に禅の文献と見なされてきた『三宝四諦問答』『小乗三科』『大乗三科』『大乗中宗見解』『梁朝傅大士頌金剛経』『般若心経疏』などを含めなかった。また、禅と密接な関係をもつ『禅門経』『法王経』『法句経』『金剛三昧経』『付法蔵因縁経』『大通方廣経』などをとりあげていない。

『三宝四諦問答』などについては、確かにその文章構成に禅文献との関連が認められるが、これらの文献は必ずしも禅を主題とするものではなく、当時（一〇世紀）の佛教綱要書として一般的に用いられたのではないかと考え

られるからである。各種の『般若心経疏』『梁朝傅大士頌金剛経』についても、それらが当時はたして禅の意識の下に流行したかどうか。また『禅門経』などの経典類は、禅文献が多く依拠するところなので、写本の多くは禅の流行と併行して成立したことは確かであろう。しかし、すべての写本を禅の領域でとり扱うことには慎重でなければならない。また『付法蔵因縁経』には六、七世紀と見なしうる写本（Ｓch一七三〇、Ｐch二一二四）があり、『法句経』（Ｓch三三、為四五、為四六、露二一、露二四）、及びその疏（Ｓch六二二〇、Ｐch二三二五）にも同じ頃のものが存在していて、これらは禅の成立・流伝以前の写本である。これらまで一括して禅の写本に分類してしまうのは些か問題があると判断したからである。

［注記］

（1）本論考は、上山大峻「敦煌における禅の諸層」（『龍谷大学論集』四二一、一九八二）を訂補したものである。敦煌出土禅文献について研究史は、田中良昭「敦煌禅籍（漢文）研究概史」（『東京大学文学部文化交流研究施設研究紀要』Ⅴ、一九八一）がある。敦煌の禅写本をあつかった最近の代表的な著書に次のものがある。
柳田聖山『初期禅宗史の研究』、一九六七。
田中良昭『敦煌禅宗文献の研究』、一九八三。
『講座敦煌８・敦煌佛典と禅』、一九八〇。

（2）池田温「八世紀中葉における敦煌のソグド人聚落」（『ユーラシア文化研究』Ⅰ、一九六五）、同『中国古代籍帳研究』、（一九七九）二六三―二八一頁。

（3）藤枝晃「敦煌の僧尼籍」（『東方学報』二九冊、一九五九）二九三頁。

（4）この種の紙は『四分戒本疏』『浄名経関中疏』などの写本に多く見られるもので、ジャイルズ氏によれば、crisp yellow paper (S. ch. 1144), rather crisp, light buff paper (S. ch. 2886) と説明される。実見したところではＰch二一三一

『御注金剛般若経宣演』（七八二写）がやはりこの種の紙である。
（5）本書九五頁、注記（4）参照。
（6）この写本は修復のために裏打ちがしてあり、紙質を確認することができなかった。
（7）吉岡義豊「道佛二教の対弁者としての漢法本内伝について」（『道教と佛教』第一巻第二章、一九五九）。
（8）池田温前掲『籍帳研究』五〇八、五一一頁。
（9）同右、五四三頁。
（10）『頓悟真宗要決』にはチベット訳（P tib一一六所収）もあり、上山大峻「チベット訳『頓悟真宗要決』の研究」（『禅文化研究所紀要』八、一九七六）で発表した。
（11）土肥義和「永徽二年東宮諸府職員令の復元」（『國学院雑誌』三八―二、一九八一）、岡野誠「唐永徽職員令の復元―S一一四四六の剝離結果について―」（『東洋史の探求・島田正郎博士頌寿記念論集』一九八七）。
（12）道真については、竺沙雅章「敦煌の僧官制度」（『東方学報』三一冊、一九六一）一五八―九頁。
（13）藤枝晃前掲「敦煌の僧尼籍」三〇五頁。
（14）柳田聖山「玄門『聖冑集』について」（『佛教史学』七―三〇）、田中良昭『敦煌禅文献の研究』一二一―一六六頁。なお、『聖冑集』の敦煌写本について、田中良昭氏より懇切な教示を受けた。記して感謝する次第である。
（15）上山大峻「敦煌出土『浄土法身讃』について」（『真宗研究』二一、一九七六）。

(2)　敦煌における禅

［一］　敦煌における禅の展開

これまでの考察は写本の形態的特徴から時代判別を試みたもので、教学的史的解釈を除いての、いわば無機的な作業であった。ここではその結果を収約しながら、敦煌の禅がどのようであったのかの展開のあり方を、若干の解釈を加えながら輪郭づけてみたいと思う。

［初期］

前項の終わりで触れたように、『法句経』や『付法蔵因縁経』の六、七世紀の写本が存在するが、これらは、禅の興起の年代からみて未だ禅文献としての意識で書写されたとは見なし難い。七六〇年頃と推定できる『楞伽師資記』（Sch二〇五四）や『伝法宝紀』『修心要論』『二入四行論』など連写の写本（Pch三六六四他）が、目下のところ敦煌に禅の文献が登場する上限である。『楞伽師資記』は開元七年（七一九）頃、『伝法宝紀』は開元初年（七一三）に成立しているので、敦煌でそれらの写本が現れ始めるまでかなりの時間を要したことになる。もっとも、現存する写本が敦煌の事情の全てを示すとは限らないので、もう少し早く届いていた可能性も無いとは言い切れない。それらが敦煌に搬入された経路は明らかに為しえないが、七六三年頃、敦煌に入って、かなりの佛典類を搬入し、自らも自身の著書を講義してのこした曇曠の例は、河西地方への佛典の流入の経緯を示唆するものとして注目すべきであろう。ただし、曇曠の場合、その流行を促すような禅の専門家を伴っていたかどうかは定かでない。敦煌の差科簿の裏面を用紙としているところから、敦煌で書写したことは確かであるが、同一文献に多くの別筆写本が存在するということがないので、講義によってテキストが多数書写されるというようなことはなかったと思われる。

初期の禅文献が、いわゆる北宗禅系のものに限られていることに注目すべきである。北宗禅の流伝が先にあり、南宗禅が後であること、同時にその頃なお南宗禅が形成・伝播する段階になかったことを示している。もちろん、この頃北宗という意識はない。『大乗五方便北宗』など、北宗を標題に明示する文献写本は後期に属し、南宗の流伝を経過して現われたものである。

［中期］

この時期は、敦煌がチベットの支配下にあったときで、それに応じ佛教も特殊な様相を呈したときである。折しも敦煌の禅は台頭してきた南宗禅や『歴代法宝記』『絶観論』等の禅文献を迎える。この時期の禅は重層的で、その構造を分析し難いが、いくつかの点をとりあげ注目したい。

ア　『南宗定是非論』[1]など、南宗を標傍した神会の文献がこの時期に現われる。また『大乗開心顕性頓悟真宗論』（Ｐch二一六二他）、『頓悟真宗金剛般若修行達彼岸法門要決』（Ｐch二七九九他）も現われる。この後者の二論、略称して『頓悟真宗論』と『頓悟真宗要決』とは、類似した思想と標題をもち、教学史的には北宗禅から南宗禅への過渡的段階にあると言われる。ただし、時代の前後を写本の特徴によって判断しうるまでには至らない。なお、「頓悟」を標題に冠するのは、これらの文献が初めてである。

イ　数点の『絶観論』の写本が、この時期に現われる。その貞元十年（七九四）の紀年をもつ最も早い写本（Ｐch二七三二Ｖ）は、西州落蕃僧懐生が甘州で再校したことを明記している。この頃、西州や甘州経由で佛典が流入する例は他にもあり[2]、『絶観論』もそうである可能性がある。

ウ　『歴代法宝記』の写本もこの時代に登場する。この本の巻首に述べるように、『歴代法宝記』は『漢法本内伝』を主要資料として形成されている。『漢法本内伝』の写本は、『歴代法宝記』と並行して成立したものであろう。

エ　初期の主流であった北宗禅の文献が、それを批判する南宗禅の台頭の中期にあっても依然として写し継がれている。就中、「了性句」―「澄心論」―「除睡呪」―「修心要論」の連写本が形成され、後期にまでこの形式の伝承があったことは注目すべきである。北宗・南宗の両禅が、一方を駆逐するということなく共存していることは、後述するように当時の敦煌佛教の一般的特徴として認められるところである。

オ　この時期はチベット支配下にあり、人物が交流し、宗教や言語も交わった。Ｐtib一二二八に『南天竺国菩提達摩観門』のチベット音写本が存在するところから、禅文献がチベット人に読まれていた事実を知りうる。禅はチベット本土にも伝えられ、チベット語への翻訳もされた。[3] そしてこの禅が逆に敦煌に伝えられた。「頓悟大乗正理決」の写本の存在が証するところである。なお、敦煌とチベットの禅の交流の問題は別章（第三章）でもとりあげた。

［後期］

この時期は、敦煌の歴史では「帰義軍期」といわれ、八四八年に張議潮が挙兵してチベット支配より再び中国へ支配権が移った時代である。中国中原との交流が復活し、敦煌の仏教界も当然それに伴う変化をうけたはずである。讃文や五更転の形式をとった禅文献の写本が、この時代になって多数出現するようになったことがそのことを物語る。

しかし、従来からの禅が継承されていることも注目すべきである。この時期に推定できる『楞伽師資記』の写本が存在し、「了性句」――「澄心論」――「除睡呪」――「修心要論」の連写本も引き続き写されている。すなわち、北宗系の禅も依然として学習されており、殊に『大乗北宗論』『大乗五方便北宗』など、はっきり北宗の論であることを銘うった文献がこの時期に現われることは興味深い。その意図するところが何処にあるかは今後の検討にまたなければならないが、全体としては南宗禅が主流になってきた感がある。

『聖冑集』の異本（Ｐch三九一三他）のように、密教的に改変した禅文献が現われたことも看過できないことである。禅が密教と関連している気配は、すでに中期の写本と推定するＰch二七九九『頓悟真宗要決』が『観世音菩薩秘密蔵無礙如意心輪陀羅尼経』と連写されていることに見ることができる。また『頓悟真宗要決』中の一文が『恵達和上頓悟大乗秘密心契禅門法』という密教的標題を与えて別行された例（致八六）もある。[4] 禅と密教との接近融合は中国中原においても起こってきたことで、『聖冑集』異本は不空の訳に擬せられていることでもあり、一応は中原からの新着文献であると推定できるが、チベットにおいて起こった禅と密教との融合が敦煌に影響を及ぼし、独自に編纂された可能性も否定できない。

ともあれ、後期の禅写本群を通覧して認められることは、きわめて書体が稚拙となり、多くは落書や抄出文の写本であること、何かの裏面に写したものが殆どで、しかもいろいろの種類の文献と連写されていることである。敦煌佛教の質が低下し、さらに雑居的になってきた印象は拭えない。

〔二〕　敦煌における北宗禅・南宗禅

敦煌写本の検討により、南宗禅の流入伝播をみた中期・後期にも北宗禅系の禅写本が存在し、敦煌ではこれら両系統の禅が並行していたことを知った。中国禅宗史では、南宗禅の盛行にともなって北宗禅が姿を消していった経緯をみるが、右のような敦煌の禅の傾向はどのような事情を示すものであろうか。

河西都僧統洪辯の告身第二件（Sch三七二〇）に、

……乞以八解脱修行。一音演暢。善開慈力。深入教門。降伏西土之人。付囑南宗之要。……

の文を見る。日付は大中十年（八五六）四月二十二日である。洪辯がこの唐中央からの言をうけて、南宗の付囑につとめたかどうかはともかくとして、ここでは北宗が語られていない。

他に、廣明元年（八八〇）に題記を行っている陰法律の「邈真讃」（Pch四六六〇(7)）では、

……教誡門徒。宗承六祖。随機授薬。応縁化度。……

と徳を叙べ、六祖（南宗の慧能）を学んだことを示している。

また、同光三年（九二五）題記の不明氏の「邈真讃」（Pch三七一八）に、

……伝灯鹿苑。導引南宗。……

の文を見る。

これらは、敦煌の高僧が南宗（のみ）を学習対象とした例を示すが、南宗も北宗も学んだことを示す次のような例もある。

河西都僧統翟和尚（八六二〜八六九年に都僧統位）の「邈真讃」（Pch四六六〇(20)）に、

……南能入室。北秀昇堂。戒定慧学。鼎足無傷。……

の文がある。「南能」とは慧能の南宗を指し、「北秀」は神秀の北宗を意味する。

また、文徳二年（八八九）に題記する金光明寺索法律の「邈真讃」（Pch四六六〇(2)）には、[5]

……灯伝北秀。導引南宗。……

と記して、その徳を叙べるところがある。禅の南北の別が明確に認識されながら、両系禅が同時に学習されていたことを示すものである。

次に、Sch二五八三などにみる大乗宗の分類が注目される。

Sch二五八三は、八六六〜八七一年頃の文書の裏面に書かれた曇曠述「百法論疏」の復注であるが、[6]次のような文が見られる。

言大乗宗者。一勝義皆空宗。亦言破相宗。亦云経中宗。亦呼為南能頓宗。……二応理円実宗。亦云法相宗。亦云唯識宗。亦漸宗。亦呼北秀宗。三法性円実（＝融）宗。亦云法相（＝性）宗。亦是論中宗。……

同趣旨の文が、誤脱の多い題不明の落書風の論疏（Sch四四五九、後期写本）にも次のように現われる。

勝義者。勝前有義。号曰勝義皆空宗者。亦言破相宗。亦言経中宗。亦言南楞頓宗。

……以対機根者。佛以一音演説法。衆生随類各得解。利根衆生悟大乗。中根衆生悟得中乗。鈍根衆生悟得小乗。

二応理円実宗。円者円為円満真理得故。成為成実理虚妄故。宗者亦云法相宗。亦云漸宗。亦云瑜釈（＝伽）宗。

亦云北秀宗。……

いま一例、Ｐch二二五八Ｖに見える文を挙げる。

大乗者。勝義皆空宗。亦云破相宗。亦云無相宗。亦云経中宗。亦頓教宗。亦南宗。……

応理円実宗。亦云法相宗。亦云唯識宗。亦云漸宗。亦云北宗。……

法性円融宗者。亦云法性宗。亦云論中宗。古今諸徳所立宗義有異。或於大乗唯二宗。一勝義宗。遠承文殊。近是龍猛・提婆・青弁・青目等。此上諸徳。見諸衆生。於佛滅後。示百歳中者。於有見於無相教。中観・二十論遂立此論宗。破諸有見。此宗云。於西方南印度境。従南海水路。而来至漢地。至南京南縁府。号云南宗。二応理円実宗。遠承弥勒。近是無着・世親・護法・護月等諸徳。復見衆生佛涅槃後六百歳来。外九百年中。若於空見依深密経・瑜伽論等。遂立此宗。破其空見。此宗出自西方北印度境。従北海北水路。而来至漢地北京太原府。故号北宗。……

若干の違いはあるがＳch二五八三、Ｓch四四五九、及びＰch二二五八Ｖの引用前半部分に見える大乗の分類は次のように要約される。

一　勝義皆空宗―破相宗―経中宗―南能頓宗

二　応理円実宗―法相宗―唯識宗―漸宗―北秀宗

三　法性円融宗―法性宗―論中宗

右から「南能頓宗」「漸宗―北秀宗」の項を除けば、この大乗の分類は、法成が『大乗稲芊経随聴手鏡記』（八三八年頃成立）の序文で示したところに一致する。これは法成が曇曠の『大乗百法明門論開宗義記』で示されていた学派分類を承けながら、チベットの学者エセイデの著書に現われるインド＝チベット系の学派分類を加えて独自に構成したものである。敦煌の地で独創されたものであることは明らかである。この分類によれば、禅はもはや中観や唯識の学問と同一線にあり、しかも両者対立するものではなく、それぞれの特性に従って大乗佛教の中に位置を得ている。このような教学観が成立するには、当時の敦煌の実状が背景にあったと見なければならない。その一として、先に注目した（本書三二五―三三五頁）禅と中観派との合流の動向も指摘しえよう。

なお、Ｐch二二五八Ｖ後半にみる南宗北宗の分類は、南宗を南印度境、北宗を北印度境に当てて説明する特異なものである。これはＰch三九一三やＰch二七九一の異本『聖冑集』に現われる次の文と軌を一にする。[7]

大乗教法。聖滅度後。分成両宗。住処別故。一南宗。依大般若経・十八空・三無性為了義。遠承文殊菩薩。近承龍猛・提波中論。清弁菩薩掌珍論等以為了義。二者北宗。依解深蜜《ママ》経。判三時教。以為了義。遠承弥勒菩薩瑜伽論等。無着菩薩摂大乗論。近承護法・安慧弁中辺論・成唯識論等。各述如此。廣義余論中説。（Ｐch二七九一による）

南宗北宗の概念がインドにおける地域的分類と、中観派と瑜伽行派の学派分類に関連して、新しく変化したものである。

以上みてきたように、敦煌において南北両禅の区別とその存在はきわめて明瞭であるが、他の禅の系統についてはどうも浮かび上がってこない。『絶観論』は牛頭系であり、『歴代法宝記』は保唐宗であると言われるが、敦煌において当時それらがどのように区別され意識されていたか、また流入経路がどうであったか未だ分明になしえないところである。

(3) チベット禅からの影響

チベット宗論のところで論じたように、チベットに伝わった禅は宗論以後、インド中観派の中に合流して独自な変貌を遂げた。いまそれを仮に「チベット禅」と名づけておく。チベット文のそれらの資料は、いずれも敦煌に残されていたもので、敦煌の人々が伝承してきたものである。そうであるとすれば、同じ地に行われる漢文の禅の伝承の中にも何らかの影響があり、その痕跡を示すような文献は存在していないであろうか。従来、中国禅の知識から理解困難であった二写本を、そのような関心から注目することとする。

その一は、先に『絶観論』のところで取り上げたPch二〇四五の写本である。これはいろいろの文献の連写本であるが、説明の便宜のため、いま一度、その連写のあり方を示す。

(a) (尾題)「菩提達摩南宗定是非論一巻」(首欠)
(b) (首題)「南陽和上頓教解脱禅門直了性壇語」
(c) (首題)「南宗定邪正五更転」
(d) (首題)「三蔵法師菩提達摩絶観論」(尾題「無名上士集」)
(e) (首題)「掌中論一巻　陳那菩薩造　三蔵法師義浄奉　詔訳」(尾題「掌中論一巻」)
(f) (首題)「縁起心論并釈一巻　尊者龍猛菩薩造」(尾題「縁起心釈論一巻」)
(g) 不明題論
(h) [大乗稲芉経随聴手鏡記序分] 抄出

前にも説明したように、右の諸文献のうち（a）—（b）—（c）は同筆で連写される。また、（e）—（f）も連写である。他はそれぞれ別の写本で、それらが右の順序に貼り合わされて一巻を形成している。しかし、単なる裏紙利用のために偶然にこのように貼合されたのではなく、何らかの統一した意図をもって集められたものである。その意図とはやはり禅の文献集ということであろうが、そのうちに（e）（f）（h）という禅になじまないものが含まれる。（e）の『掌中論』は、聖提婆（Āryadeva）の『手杖論』にたいする陣那の注釈である。（f）は龍猛、すなわち龍樹の著作である。（h）は大蕃国大徳三蔵の法成の著作であるが、その基となったのはカマラシーラの『大乗稲芊経疏』である。ただし、ここに抄出される部分は、その序文に当たるところで、大乗佛教を依経中宗・唯識中宗・依論中宗に分けて概説するところである。これらが中国禅の文献と連写されているのである。それは何故か。ここでPtib一一六に現われる摩訶衍禅の系譜にナーガールジュナ（龍樹）とアーリャデーヴァ（聖提婆）が編入されている構図（本書三二〇頁）が重なり合うのである。もっとも、Pch二〇四五では、聖提婆ではなく陣那であるが、これはアーリャデーヴァの『手杖論』（*Hastavāla*）の漢訳が無いため、その注釈である陣那の『掌中論』をもってかえたと考えられる。ちなみに、チベット訳では『掌中論』もアーリャデーヴァの著作ということになっている。また、『大乗稲芊経疏』の大乗学派分類の抄写があるのも、「佛教綱要書」の連写の形と共通する。他の漢文禅文献の組合せについては後考にまたざるをえないが、それはともかく、ここにインド中観派に属すナーガールジュナとアーリャデーヴァの著作が加わっているのは、この写本の製作者が、これら両論師が禅の系統に入るべきであるというチベットの禅文献に見たと同様な認識を持っていたからであると考えてまず間違いあるまい。

その二は、『大乗中宗見解』という文献である。この文献はかつて宮本正尊氏やF・W・トマスらにより発表されているもので、漢文本の他にチベット音写本があることで有名である。内容の主要部分は、四大・五蘊・十八界・

十二入・三種三宝・有無・四諦・三毒・物・四倒などの佛教の基本的概念の解説である。これに関しては、『法門名義集』に関連して成立したこと、禅籍に現われる法門解説と類似することなどが指摘され、これまで禅文献の範疇に属するものとして扱われてきた。ところで、この本には末尾に『大乗中宗見解義別行本』なる左のような文献が付加されている。(8)

大乗中宗見解義別行本

言大乗中宗見解者。謂観三界内外諸法。縁起縁性。以世俗諦。猶如幻化。夢乃陽炎。仮施設有。若第一義。此縁生法。因果皆空。自性涅槃。無生無滅。超過語言。及思量竟。而無所得。言中宗者。遠離損減。及以増益。二辺謗故。於世諦門。観縁生内外諸法。如引有故。不謗世法。一向是無。於第一義。而観諸法。超語言境。以無所得。是故不謗。出世間法。一向是有。遠離二辺。故名中宗。言見解者。以恵之眼。了達世俗。第一義。故名見解。

大乗中宗見解本

この内容はインド中観派の教義を要説したものである。(9)なぜ、性格の異なる二の文献が『大乗中宗見解』という標題の下に合併して写されているのであろうか。その組合せが何を意味するのか甚だ理解に苦しむところであった。ところが、P・マニャン（Paul Magnin）氏によりPch三三五七Vにある『大乗中宗見解』の写本が発表された。(10)この写本はチベット支配時代特有の紙に木筆で書かれており、表面には律の『略抄本』（大正二七九〇番に相当）が写されている。首尾の標題を欠くが、内容において従来知られている本よりも更に多くの部分を有す。『大乗中宗見解義別行本』はやはり併写されており、すでに知られる内容と一致する。ところが、その後のマニャン発表本の一一四—一四一行（写本末）に『大乗諸法二辺義』という文献が続いて写されている。この文献は、これまでは

『天竺国菩提達摩禅師観門』『澄心論』『修心要論』の連写本であるＳch二六六九の最後の方に題名のみが記されていることで知られるにとどまり（本書四一八頁）、その実体は不明のままであった。いま、はじめてその内容を知るわけであるが、その首部は次のようである。

大乗諸法二辺義

法性無言仮。言詮而顕理。法身無像。起方便而出興。随類現形。廣開利益。但衆生起妄心。心生而法生。若識妄心。便成解脱。

（法性に言仮無くも、言詮は理を顕す。法身に像無けれど、方便を起こして出興す。類に随って形を現し、廣く利益を開く。但だ、衆生妄心を起こして、心生じ、法生ず。若し、妄心を識れば便ち解脱を成ず）

続いて経文の引用を行い、その解釈が続いて終わる。ただし、尾題が無く擱筆されているので、なお何らかの文章があったのかどうかは不明である。引用される経文のみを出てくる順序に従って挙げれば次のようである。

『佛頂経』「狂心若揭々。即菩提。勝浄明心。遍周法界」（狂心し若し揭々すれば、即ち菩提なり。勝浄明心、法界に遍周）

『般若経』「離一切相。則名諸佛」（一切の相を離れば、則ち諸佛と名づく）

『密厳経』「想為繫縛。無想即解」（想は繫縛なり。想無ければ即ち解す）

『楞伽経』「若了境界如幻。則滅妄想。三有苦。無知愛業縁」（若し境界の幻の如くなるを了すれば、則ち妄想・三有の苦・無知愛業の縁を滅す）

『楞伽経』「不了心及縁。即起二妄想。了心及境界。妄想即不生」（心及び縁を了せざれば、即ち二の妄想を起こす。心及び境界を了すれば、妄想即ち生ぜず）

『維摩経』「常求無念。実相智慧」（常に無念を求れば、実相智慧なり）
『涅槃経』「道者雖無色像可見。称量可知。而実有用」（道とは色像の見る可き、量る称き、知る可き無きと雖も、実に用有り）

一覧して分かるように、右は『般若経』の「離一切想。則名諸佛」に代表されるような禅の教学にほかならない。更に言えば、「若し、妄心を識れば便ち解脱を成ず」という『頓悟大乗正理決』で摩訶衍の説いている「看心」の思想に通ずるものである。また、ここに引用されている諸経典は、いずれも『頓悟大乗正理決』やＰtib一一六Ⅴ、Ⅵの文献の中に名を現わしているものである。このような点からみて、『大乗諸法二辺義』は、宗論にかかわってチベットで成立した可能性も無しとしない。このような摩訶衍の禅の内容をもつ文献と中観の論が連写されるところにチベットの禅の特色を見ることができる。(11)

例は少ないが、右によって漢文禅とチベット禅との間に何らかの交渉があったことが認められる。

【注記】

（1）『南宗定是非論』は神会が七三二年に滑台で行った宗論の記録として成立したとされる。

（2）本書四六〇―四六八頁で取り上げた『金剛壇廣大清浄陀羅尼経』の流伝事情の他、西州で写された写本が敦煌に流入した例にＰch二〇八四『御注金剛般若経宣演』、Ｐch二〇四一『四分律删繁補闕行事鈔』がある（本書三二六頁、注記（2）参照）。なお、『絶観論』の写本がトルファンから出土しており、敦煌とトルファンとの連関を示唆する。

（3）敦煌出土のチベット文禅写本の研究状況については、拙稿 Études des manuscrits tibétains de Dunhuang relatifs au bouddhisme de Dhyana billan et perspectives, *JA.*, tome CCLXIX, 1981., op. cit.: The Study of Tibetan Ch'an Manuscripts Recovered from Tun-huang: A Revew of the Field and its Prospects, *Early Ch'an in China and Tibet*, (Berkeley, 1983)., また、『講座敦煌８・敦煌佛典と禅』（一九八〇）第六章参照。なお、このことは本書三三六頁、注

記(1)でも指摘した。

(4) 前掲拙稿「チベット訳『頓悟真宗要決』の研究」参照。

(5) 「索法律窟銘」には、かれが咸通十年（八六九）に、坐して金光明寺の本居の禅院に終わったとある。藤枝晃「敦煌千佛洞の中興」（『東方学報』三五冊）によると、索家窟の東壁婦人像の題記の文中には「……修行頓悟優婆姨□一心供養」とあり、男の場合、「頓悟大乗賢者」と称する例もあるという。この索家の例のように、頓悟（＝禅）の修行を専にしていた人々のあったことを知る。そして禅院がその場所であったようである。

(6) 拙稿「曇曠と敦煌の佛教学」、二〇六頁参照。

(7) 田中良昭『敦煌禅宗文献の研究』一五三頁に録文あり。なお、田中氏は、禅の伝灯に無着・護法等が加わることを、法相宗との関連で理解される。同右書・六四四頁。

(8) 『大乗中宗見解』は最初、次の論文で発表された。F. W. Thomas, S. Miyamoto and G. L. M. Clauson : A Chinese Mahayana Catechism in Tibetan and Chinese Characters, *JRAS* (1929). 宮本正尊「敦煌出土大乗中宗見解に就いて」（『宗教研究』五の八、一九二八）。『大乗中宗見解』と「別行本」の写本は次のようなものがある。（1）Ms. A (ch. 9, 11, 17) = 『大乗中宗見解』のチベット音写本　（2）Ms. B (ch. 80, xi) = 『大乗中宗見解』と「別行本」の写本で、行間にチベット字での発音が記されるもの　（3）S. ch. 4492V = 「別行本」のみの写本　（4）P. ch. 3357V マニャン氏発表のもので、『大乗中宗見解』と「別行本」と『大乗二辺義』が連写されたもの。

(9) 世俗諦に「縁生法」を配する構造は『大乗経纂要義』や法成著『因縁心釈論開決記』に見るものと同じである。なお、Ms. B の「別行本」の写本に「呉法師」の記があり、著者を示すものではないかと見られるが、この人物が「呉法成＝'go chos grub」である可能性が高い。

(10) P. Magnin: Dépassement de l'expérience noétique selon trois courts traités de Mādhyamika chinois; une études

de manuscrit P. 3357V, *Contributions aux études de Touen-houang*, Volume III (Paris, 1984) pp.263–303 +Plamche XLII–XLVI.

（11）この問題については、拙稿「チベットにおける禅と中観派との合流」（『チベットの文化と社会』一九八六）四一―四九頁参照。

第二節　未伝経典

敦煌出土の写本の中には、中国中原に伝わっていない漢訳経典が存在している。それには法成訳の『諸星母陀羅尼経』『般若波羅蜜多心経』『薩婆多宗五事論』や、大蕃国三蔵無分別訳『普賢菩薩行願王経』[1]などがある。右は訳者の分かるものであるが、訳者不明の『大乗四法経』『無量寿宗要経』『大乗稲芊経』もまたそうした未伝経典である[2]。漢訳され流伝していた経典であるが、遠隔の地方で訳されたり、異民族支配の状況に阻まれた理由で遂に中国中原に伝わらないままであった経典は相当数あったにちがいない。それらが偶然にも敦煌写本の中に保存されていて、いまその片鱗を知ることとなった。次に、それらの中から、これまでの論述において取り上げることのなかった三経典について紹介・検討する。

(1)　『無量寿宗要経』

［一］　敦煌出土の『無量寿宗要経』

本経は、その漢訳本とチベット訳本のおびただしい写本が敦煌から出土して注目をあびた経典である。

この経典の漢訳本に相当するものは、大蔵経中に法天（～九八二～）訳『佛説大乗聖無量寿決定光明王如来陀羅尼経』（大正九三七番）があるが、敦煌出土のものは従来知られていないもので、『大正新脩大蔵経』十九巻所収の大正九三六番は敦煌本（田談廣写）によって収録するものである。訳者は不明であるが、おそらく敦煌かその周辺地域で八世紀末より九世紀初頭にかけて翻訳され流行したものである。この経典の翻訳者を『昭和法宝総目録』は法成とするが、それを明記する写本は未だ見つかっていず、憶測にすぎない。筆者は法成以前に誰か無名の訳者が翻訳したと推定する。法成が訳したと考えられていたところから、チベット語本から重訳されたのではないかと推定されていたが、何語から翻訳したかも定かではない。

チベット訳は、*Aparimitāyur jñāna—nāma—mahāyāna—sūtra; Tshe dpag tu med pa zhes bya ba theg pa chen po'i mdo*（Peking ed., No. 361, 362, 464）の首題と尾題をもつ。訳者未詳である。異訳は見つかっていないが、内容に若干の違いがあり、系統の違いがあったことが予想される。敦煌出土のチベット訳本もこれと同種であり、漢文本とやはり同時代の翻訳であると推定される。

本経は、舎衛国の祇樹給孤独園において佛陀が文殊菩薩を対象に説法されたものを内容とする。この経を書写し書写せしめる者は現世において寿命百歳を保ち、死後においても無量功徳聚の世界に生まれること、また、過去の悪業は生滅し、災難に遇うこともなく、四天王に護られ、阿弥陀佛の極楽浄土に生まれることなどのことが説かれる。そうしたことを説く教説部分の区切り毎に同一の陀羅尼（宗要）が繰り返され、二十九回に及ぶ。末部は、六波羅蜜を讃える四句六偈の偈頌をもって終わる。

本経の写本が漢訳本、チベット訳本ともに多数敦煌に存在することは初めに述べたが、その数はほぼ次のようである。

漢文本の方は、スタイン本＝二八八点、ペリオ本＝二九点、北京本＝五〇九点、橘本＝一〇点、龍大本＝一点、台湾本＝五点、計八四二点が現在知られる。

チベット文の方は、中国所蔵本＝三一三点、橋本＝二一〇点、レニングラード本＝五一点、天理図書館所蔵本＝七点[3]、龍大本＝一点、スタイン本＝六六〇点、ペリオ本＝六五七点、計一八九九点が知られる。

なお、スタイン本のチベット写本については、このたび山口瑞鳳氏らによるインディアオフィス図書館の調査で、多数の未整理のチベット文『無量寿宗要経』が保管されていることが明らかになった[4]。

『無量寿宗要経』の漢文写本のうち、最も一般的で多数を占めるのは、三〇×四五㎝の用紙四紙（三紙、五紙の場合もある）を貼り継いだ巻子に一行につき約三〇〜三二字を書いた形式のものである。この他、二五㎝幅の用紙に一行一七字で書写した、いわゆる正規写経のものがある。筆跡は端正な楷書に似るが木筆で書かれたものである。更に例外的ではあるが、狭い幅の用紙に一行約一二字で書写したもの（宙九六）もある。

裏面を利用している場合は殆どないが、まれに他の文献が写されている例がある。例えば盈七六の裏面には「目連救母変文」が写されている。

また、二点以上連写したものがかなり存在する。盈三一、余五七は三部を連写したものである。

内容については、後に紹介する異本の例があるが『大正新脩大蔵経』に収録されている本が殆どで、微細な書写上の違いはあるにしてもほぼ同じ内容である。

首題や尾題は、一般には

（首題）「大乗無量寿経」

（尾題）「佛説無量寿宗要経」

時に違いがあり、次のような場合が見られる。

（首題）「大乗無量寿宗要経」（淡五三など）、「無量寿宗要経」（帝七六など）、「佛説無量寿宗要経」（呂八二）
（尾題）「無量寿宗要経」（鱗五九）、「大乗無量寿宗要陀羅尼経」（潜三五）
また、題下に「一巻」を記す場合もある。

［二］『無量寿宗要経』（漢文本、チベット文本）の大量書写

用紙の最後に小さく書写人の署名をするのもこの経典写本の特徴である。この識語から分かることは以下のようなことである。

殆どに署名があり（写本が欠損していて、署名があったか否か確かめ得ないものも多い）、書写人が署名するのが普通であったと考えられる。チベット字の署名もみられる。

殆どは、単一の人で書写しており、別人による校正はない。ただ、剣四二に「第一校光璨、第二校法鸞、第三校先（?）徳、張環写」、Sch四〇八八に「唐文英写、智忻勘」のわずかな例がある。

同一人が一部のみを書写している場合、二〇部以上を書写している場合などがある。もっとも、残った資料からの例ではあるが。

「僧志索」及び「僧略没蔵」と「僧」を冠した二例がある。あえて僧というところからみると、他は俗人であったということであろう。名前一覧よりみても法名と思われるものは無いので、僧の参加は少なかったのであろう。

「龍興　唐文英写」（Sch三九一五）のように「龍興」の寺名を記した写本がある。

次に、漢訳『無量寿宗要経』の写本に署名された書写人名を列記する。(5) 但し、写真が不鮮明で判読できにくいもの。字形などからみて名前が類似しているが、同一人か否かを確認できないものは、そのまま示した。また、張十

郷／張小郷／張小卿、昂文達／昂達／文達、張涓子／張涓、虚淡／廣談／盧淡／盧談などは字形が類似し同一人である可能性が強い。今後筆跡などから精密に確かめる必要がある。( )内の数字は所出回数。所出写本の番号は省略した。

'sho byu lem	cang si ka (3)	heng nge'u	zhwang hen (2)	安国興
王瀚(11)	王宗(6)	王潮	王瀛	加興
解晟子(7)	虚淡	孔宣(3)	廣談	索慎言(14)
索滔(2)	索閏(2)	張卿	常卿	僧志索
僧略没蔵(3)	宋昇(10)	宋良金(4)	宋良昇(7)	宋良念(2)
宋良念	曹興	曹興朝(7)	張英環	張英讓(3)
張加寺	張環	張義朝	張卿(2)	張興国(4)
張興周	張謙逸	張寺加(3)	張十郷	張小卿(3)
張小郷	張貞(2)	張発蔵	張曜々(4)	張要々(3)
張略	張略没蔵(6)	張良友(14)	張力没蔵(3)	張涓(4)
張涓子(14)	張瀛(15)	朝曜々	田廣談(29)	唐再々(4)
唐悉翟	唐文英(8)	鄧英	鄧英子(2)	鄧呉(4)
道真	馬唐一	馬豊(5)	氾華(7)	氾廣
氾子昇(20)	文達(2)	法清子	孟郎子(8)	李加興(2)
李義(3)	李興加	李弁	李弁子(3)	劉再英
劉法子	令狐晏児(21)	令狐晏(3)	呂日	呂日興(17)

呂宝(2)　姚良(3)　翟文英(5)　盧淡　盧談
裴達(3)　裴文達(16)　毗良(5)

右に八八人の名を見るが、写本からの判読などの時点で、正確を期し難いため若干の異同はありうる。大谷探検隊将来のもので現在中国に保管されるものなど写本に当たって調べていないものもある。また、敦煌十七洞内の写本が全てではないであろうから、実際にはもっと人数は多くなるはずである。

チベット訳本の写本は、殆どは横長の巻子型に三〇×四五cmの用紙三紙をつなぎ、縦に二区を仕切り、それぞれの区分に二〇行を写す（最後は一一行）という特殊な書写形式のものである。チベット写本の場合も、漢文写本と同じく二点、三点と連写したものが多い。

チベット訳本の写本の最後にも書写人と校正人を記す。漢文本の書写の場合はあまり校正されている例が見られなかったが、チベット写本では二校、三校を加えている場合が多く、朱での訂正が本文にも認められる。書写人や校正人に関する識語は例えば次のようである。

jin lha bazhe gyis bris / leng pe'u zhus / pab weng yang zhus / dam 'gi sum zhus /（天理本）

※ … bris＝書写、 zhus＝校正　… yang zhus＝二校、 … sum zhus＝三校

書写人のみの署名（校正はなし）の場合もあるが、書写人自身が二校、ときには三校までもしている場合もある。例えば 'ge tig は書写・初校・二校・三校を、'pha la brtan は書写・初校を、de khong legs は書写・初校・二校を一人で行っている。次に写本より採取した人名を挙げる。(6)

チベット文『無量寿宗要経』書写人一覧

（）内数字は書写点数。＊印は、校正にも携わっているもの。名前が同じでも、姓を冠する場合と、それが無い場

合で同一人か否か判断できない場合は両方を挙げた。字形が類似していて、おそらく同一人と判断される場合は、／符号で両者を挙げた。連写本の場合は、全部を一点とした。所出写本の番号は省略した。

’bre legs rton
’bre lha bu (2)
’bring yas stag spes
’bye heng tsun / tshen
’bye mdo / mdo’i snang (6)
’do ’gyu len
’e ban khyi prug *
’e wan lhyi
’ge tig *
’ge tin
’go gyu len (2)
’go kang kang
’go le’u le’u (3)
’go mdo brtsan (3)
’gu brtan kong
’gu gyu len (2)
’gu khong brtan (2)
’ju tshe hing
’phan la brtan (9) *
’phanl brtan
’phug ’gi
’van klu legs
an btsan / btshan zigs / zig (6)
an dge brtan (6)
an phab / pab dzang (6)
an stag tse (2)
bam kim kang (5)
bam kong
bam kwang
bam legs bzang (3)
bam lha legs (12)
bam lyang tsheng
bam rma bzher (3)
bam shes rab
bam stag brzang / bzang (6)
bam stag slebs
bam thong thong (6)
bam zhan ’do
bam zhun ’do
ban de ci sun (2)
bang thong thong
beng man tse
beng rma bzang
brtan kong
brtan legs (11)
bung stag snya / snyas (7)
byi hing tshun / tsun (2)
bzang dkor

bzang kong (7)	bzang skyong (3)	can lha legs
can stag ras	cang 'phan legs (6) *	cang brtag lod
cang chos / cos brtan / btan *	cang cung cung (2)	cang hing tse
cang hwe 'gwag (2)	cang i tse (2)	cang jung jung
cang klu legs (8) *	cang legs brtsan / rtsan (10) *	cang lha legs (8)
cang lha lod (3)	cang lha snang	cang lyang 'gi
cang se'u hwan	cang shib tig (15)	cang snags legs (3)
cang snang legs (8)	cang stag lod (20)	cang stag ra / rma (5)
cang stag skyes (3)	cang thong tse (3)	cang tsi dam (10)
cang wen yir	cang zhir hing (2)	cang zhun tshe (9)
cang zhun zhun	chos grub (4)	chos gyi / kyi ye shes (11)
ci cing	ci / ji keng / geng (3) *	ci king (6)
cu rib lhas btsas	cung gywi (2)	dam 'gi (5) *
dam ing *	dam tshong / ysong (5)	dang phab tshin
dang tse / tshe tse (2)	de khong legs *	dge slong bam shes rab
do khong / kong legs (6)	do lha sbyin (18)	dpal gyi chos grub
dpal gyi / kyi sgron ma (9) *	dpal mchog (4) *	dse'u cang zhi (2)
dse'u dse weng	dse'u tsheng tsheng	dse'u weng tse

dwan hing dar	dze tshang*	dze tsheng (2)
dze'u cang zhi (4)	dze'u hing tsin (8)	gchug / gtsug legs (89)
glu legs	gtsug / gtshug bzang (6)	gtsung bzang
gu rib lha btsa (2)	gu rib lha lung brtsas (4)	gyu zigs
gzang lha sto (3)	gzigs kong	ha stag lod (2)
ha stag slebs (4)	heng je'u (14)	hing tshin (2)
hing tshin	h'wa / hwa hwa hwa (20)*	hyan ci
im 'phan 'phan (10)*	im 'phans / 'phanl brtan (3)*	im hor tse
im lha bzher (6)	im stag rma (9)	im stag slebs (2)
im tshe tsheng	je'u brtan kong (3)	je'u hing tsan (2)
je'u hwa 'do (14)	je'u lha brtan	je'u tsheng tsheng
jeg brtan kong	jeg bzang kong (4)	jeg shan she'u
ji sun	jin hla bzhre (5)	jin legs kong (5)
jin legs kong / kongs (10)	jin lha bazhe	jin lha bzang bzher
jin lha bzher (13)	ka hing	kang 'go (2)
kang brtsan kong	kang btsan bzhre	kang gog hen
kang tig tig (2)	kham kim kang	khang 'go 'go (5)
khang btsan bzher	khang kog khen (3)	khang rmang legs (11)

khang tig tig (15)	khang tigi gthigis	khe rgad lha tse (2)
khong dge legs(4)	khyi phrug (2)	klu gzigs
klu legs (6)	kong 'go 'go	kong son tse
kung tse	kwag stag rtsan (4)	ldong nya (3)
legs kong (3) *	legs rma / rmas (4) *	leng ce'u *
leng ho be'u tshon	leng ho be'u tshwe	leng ho hing je'u (5)
leng ho kog lon	leng ho pe'u tshwen	leng ho shing
leng ho shing tse	leng ho zhun tse (3)	leng ho zhun tses
leng pe'u (5) *	lha bu / bus (3)	lha legs (2)
lha lod (11)	lha rma	lha snang (2)
lha snya gzigs	lha tse	li brtan legs (4)
li chos kyi rgyan	li stag / stang snang (5)	li'u lha legs (4)
ling ho kog lon	long? klu legs	lu ju ju (6)
lu tse shing (5)	lu tshe hing (10)	lyang sha tses
mal gzigs kong (7)	mchims gyu gzigs (10)	mchims brtanl bses (4)
mdo / mdob brtsan / tsan (2)	meg le gyu bzang	mo pu? brtsan
mtshams gyu gzigs	myeg leg yu	ne ldang klu brtan (2)
ngo brom khyung nong (2)	ngo brom zla bzher	pe'u tshwen (7)

phan la brtan *	phan phan (27)	pong stag skyes
rma gong	rma snang	rmang legs (10)
rnyag ra / ras (2)	rtag ra / rma (3) *	rtag snang
sa hwa hwa	sag chos grub (3)	sag dge legs (3)
sag klu gzigs (9)	sag legs bzang (2)	sag lyang 'gi
sag phan	se thong pa (21)	se'u hwan (2)
ser thong thong (27)	sgron ma / mas (3) *	shes par
shes rab (3) *	shin cheg (5)	shin dar (4) *
skyo lha legs	smon legs	snyal kha ba skye / skyes (7)
snyal kha bskyes (2)	snyal lha gzigs / gzis (11)	snyal stag snya / snyas (13)
snyas nyag snyas	so hwa hwa (16)	so stag snya
song ag tshe	song klu legs (2)	song stag skye
spang po ldong nya / nyas (2)	sron ma	stag 'phanl
stag brtan (6)	stag lod (6)	stag ra / ras / rma (6)
stag skye	stag slebs	stag snang (2)
stag spe	stog lod	wang dge brtan (2)
wang gyu rton	wang hing rtse / tses (3)	wang hwa cho
wang hwa tse	wang kim kang	wang klu legs (3)

wang legs brtan (8)*　wang lha spe　wang rgyal legs (2)
wang rma snang (11)　wang stagu　yam lha sbyin
yang log cung (2)　yem lha byin / sbyin (2)　yun btshan slebs
zhim tshir　zhir hing

以上に二七五人を数えることができる（同一人あるものを別人として扱っている間違いもありうるが）。中で校正も兼ねているものは二六人にすぎない。殆どが書写専門に従事していたと思われる。

チベット文『無量寿宗要経』校正人

A: 初校　B: 二校　C: 三校　D: 四校　AA: 初校のみで二、三校がないもの。数字は所出回数。＊印は書写人を兼ねているもの

’od snang (A:5,AA:24)　’e ban khyi prug (AA:1)*
ben ceng (B:2,C:2)　’ge tig (A:1,B:1,C:1)*
phan la brtan (A:1)*　byin ci (C:1)
cang ’phan legs (A:1,B:1,C:1)*　cang chos brtan (A:1)*
cang legs rtsan (A:1)*　cang leng ce’u (A:4)
cang snang legs (A:1,B:1)*　cang tsi dam (A:2,B:1,C:1)*
cang ye tsi (C:1)　ce king (AA:2)
chi keng (C:1)　chos ’grub (B:1)
chos brtan (C:1)　chos / cos brtan (C:2)
ci geng (B:1)　ci in (C:1)

ci / ji keng / geng (A:18,B:35,C:51,AA:24)*
ci shin (A:1)
cing kang (AA:1)
dab dsang (C:1)
dam ing (A:9,B:6,C:3,AA:9)*
dam zhan (A:1,B:2)
de khong legs (A:1,B:1)*
de'u sing (B:1)
deng khu 'do (A:1)
dge slong 'do tsheng (A:1)
dge slong leng ce'u (AA:1)
dge slong shin dar (A:1,AA:5)
dpal ldan (B:)
dphyad ldan (AA:1)
dseng the (B:1)
dseng the'i dang (A:1)
dze the (B:2,AA:13)
dze tshang (AA:1)*

ci shan (B:2,C:3,AA:2)
ci sun (AA:)
cos brtan (AA:1)
dam 'gi (A:21,B:11,C:18,AA:8)*
dam tseng / tsheng (A:3,B:6)
de ing (A:1,B:1)
de'u eng / ing (A:8,B:8,C:9,AA:6)
deng bur 'do (A:3)
deng khur 'od (AA:1)
dge slong dam cheng / tsheng / tshong (AA:5)
dge slong shig dam 'gi (D:1)
dpal gyi sgron ma (A:15,B:2,C:6)*
dpal mchog (A:18,B:31,C:45,AA:28)*
dse'u dge brtan (AA:1)
dseng the'i (C:2)
dze be (B:1)
dzeng the / the' (B:6,C:2,AA:21)
h'wa / hwa hwa hwa (A:8)*

he jing / leng (A:4,B:6,C:4,AA:2)

ho jang (B:2,C:2)

im 'phan 'phan (A:1) *

im dseng the'i (A:1)

ji en (B:1)

ji / ci keng (A:1,B:12,C:5,AA:2)

ji sin (B:1)

jing thi (A:1)

legs 'dus (AA:2)

legs kong (A:3,B:3,C:3) *

leng ce'u / che'u (A:23,B:6,C:10,AA:12) *

leng le'u (A:1)

li phab weng (A:6,B:2,C:3,AA:6)

lpal mchog (A:1)

pab / phab weng (A:19,B:13,C:9,AA:12)

pab dzang (B:1,C:20)

phab (A:1,B:1)

phab ce (A:5,C:4,AA:14)

he jing (A:1)

hwe ing (B:1)

Im 'phans brtan (AA:1) *

im leng pe'u (A:2)

ji in (A:2,B:5,C:1)

ji min (AA:1)

jin in (AA:1)

le'u leng pe'u (AA:1)

legs ston (C:1)

legs rma (A:1,AA:1) *

leng le ce'u (AA:1)

leng pe'u (A:28,B:24,C:21,AA:19)

ling pe'u (C:2)

phab dzang (AA:8)

pab 'gi (B:1)

pab ting (B:1,C:1)

phab 'veng (AA:1)

phab ci (A:19,B:21,C:3)

phab dzang (A:20,B:19,C:28,AA:50)　　phab ting (B:3,AA:2)
phan tsun (C:1)　　phan la brtan (A:1,AA:1) *
phan weng (C:1)　　phug ’g (B:2)
phug ’gi (A:25,B:16,C:4,AA:1)　　phung ’gi (B:1)
sgron ma (a:1,B2,C:1) *　　shes rab (A:8,B:3,C:1,AA:2) *
shes rab (A:1)　　shin dar (A:15,B:5,C:30,AA:11) *
shin dar sa (AA:1)　　song ci keng (AA:3)
tseng the’i (C:1)　　wang legs brtan (A:2,B:1,C:1) *

校正に従事したもの一〇八人を数える。これから見ると、校正については初校だけを行うとか、三校のみに関わるとかの役割の分担は認められない。

　この経典がこのように多数の人員を動員して、多量に書写された時期については、敦煌にのこるチベット文写経文書から『大般若経』が八二六～二七年頃にやはり多量に時の賛普チックデツェン（八一五～八四一在位）の命により写されている例を知るところから、それとほぼ時を同じくする頃ではないかと推定される[7]。また、子年（八四四）に漢文とチベット文の『無量寿宗要経』を写経の手本として龍興寺より多数借り出したことを記すチベット文書もある[8]。ちなみに、これら写経に従事した人々の殆どは音写された人名から見て漢人である。チベットの支配下に入った敦煌在住の漢人がこの事業に徴用されたのであろう[9]。

　なぜ、このように、多数の『無量寿宗要経』が書写されたのか。それは先に紹介したように『無量寿宗要経』の中に、この経典を自らも、また他をして写させ、受持し読誦すれば「長寿」「往生無量福智世界無量寿浄土」「不墮地獄」「罪除滅」などの願いが実現することが書かれていることによると思われる。それが賛普の願いと一致し、国の政策としてその書写を推進したからであろう。

〔三〕 異訳（漢文）『無量寿宗要経』

ところで、漢文本『無量寿宗要経』に異訳本があることが最近分かった。[10] 現在のところ雨三四（図48）とSch一四七（首部欠）（図47）とがそれである。目下は二点（二種）にとどまり、その数の少ないことからみてあまり行われることがなかったものと見られるが、異訳が存在した例として貴重である。その二異訳は、それぞれ巻末「資料六」に収録した。

首尾を完備する完本である雨三四の写本により最初の若干部分を移録すれば次のようである。

無量寿経一巻

如是我聞。一時佛在舎衛国祇樹給孤独園。与大比丘無量衆俱。爾時佛告文殊師利童子。上方有世界。名無辺功徳。彼世界有佛号。智寿無量決定威徳王如来無上正等阿羅訶三藐三佛陀。施佛事廣説法要。佛告文殊師利。諦聴堪忍世界衆生寿命短促。唯満百年其間多有夭横中夭。若有衆生聞是佛名。讃歎功徳。於此法門。若自書写教他書写。受持読誦。復以種種花蔓塗香末香焼香。而為供養寿命満足。不遭横夭。文殊師利。若有衆生。聞此智寿無量決定威徳王如来名号者。増益寿命。文殊師利。是故善男子善女人。欲求長寿者。応当称彼佛名一百八遍。若聴聞書写。教他書写。其福如是。爾時世尊。即説呪曰。……

右文を大正九三六番（敦煌写本）と比較してみると、まず、訳語において、（大正本）薄伽梵→佛（雨三四・異訳本）、苾芻→比丘、曼殊室利→文殊師利などの違いがあり、異訳本の方が古い訳語を用いている。また、文章において出入がある。例えば、大正本にあって、異訳本に無いものに「曼殊如是無量寿如来功徳名称法要」（大正一九・八二頁a10）、「一百八名号」（同、八二頁a15）がある。また、異訳本に存す「不遭横夭」は大正本には見あたらない。それ以外では、序以下の部分においては、陀羅尼は双方とも二十九回繰り返され、あいだの教説も二十八あり構成の点で一致する。また、内容的にも両本ほぼ一致する。ただし、雨三四の写本では三一行「爾時復有六十五倶胝。諸佛異口同音。演説此呪」以下では繰り返しを避けて、陀羅尼を省略し、その部分を空白にしている特徴がある。

いま一点の異訳本Sch一四七は、首部を欠損しているが、大正本の大正一九・八三頁a16よりを存す。残存部分で他の二本と比較対照してみると、教説の第十四番目の「若有自書写。教人書写是無量寿宗要経。即是書写八萬四千部。建立塔廟」（大正一九・八三頁b10―11）の文とそれに続く陀羅尼とが見あたらない。また、第二十六番目の「若有七宝等。於須彌以用布施。其福上能知其限量無量寿経典。其福不可知数」（同・八四頁b21―22）と陀羅尼も欠く。ところが、第二十五番目の教説の直前に「頌曰。毗婆尸式。棄毗舎倶留殊倶那舎牟尼。迦葉釈迦文」が附されている。また、末部の　頌の後に他の二本には無い陀羅尼が挿入されるという違いがある。もちろん、訳語上の相違はあるが、その他の点では内容上の重大な違いはない。

ところで、三本における陀羅尼の違いが注目される。次に三本を対照して示す。

（大正本）　南謨薄伽勃底。阿波唎蜜哆。阿喩紇硯那。須毗你悉指陀。囉佐耶。
（雨三四）　南謨薄伽跋帝。阿波唎蜜哆。阿喩紇硯那。須鼻你失只多。帝祖囉左耶。
（Sch一四七）怛姪他。南謨薄伽薄底。阿波利蜜多。阿喩也那。　須毗你只多。囉左耶。

怛他竭他耶。　　　　　　怛姪他。唵。薩婆桑悉迦囉。波利輸底。達磨底。

怛他梼多耶。阿囉訶羝。三藐三勃馱耶。怛姪他。唵。薩婆桒塞迦囉。波唎輸馱。達磨羝。

怛他梼多耶。　　　　　唵。薩婆僧塞羯囉。波利輸馱。達磨底。

伽迦那。莎訶某持迦底。薩婆婆毘輸底。摩訶娜耶。波唎婆。　麗莎訶。

伽伽那。娑呣特羯羝。莎皤。婆毗秫?提。摩訶那耶。波唎跋餘。　莎訶。

摩訶衍那。波利跋餘。　莎訶。


この呪の違いは敦煌出土の『無量寿宗要経』のチベット写本にもあり、次のような二系統があることが分かっている。(11)（チベット字音写のまま）

（甲本）　…… namo baghavate aparimita–ayujñāna–suviniścita–rajaya tathagataya–taddyatha oṃ sarva–saṅs-kara–pariśuddha–dharmate–gagana–samdugāte svabhāva–viśuddhe mahānaya–parivare svahā.

（乙本）　tadyatha namo baghavate aparimita–ayujñāna–suviniścita–rajaya–tathagataya …… oṃ sarva–saṅs-kara–pariśuddha–dharmate ……… mahānaya–parivare svahā.

右のうち雨三四は甲本、Ｓch一四七は乙本の系統をうけているといえる。

次に末尾の　頌の違いである。右行が雨三四、左行がＳch一四七である。

以施之力佛超勝　施力能生人師子　願入慈悲聚落時　殊勝施力普皆聞
布施之力佛最勝　人中師子妙能知　善逝慈悲聚落中　檀那之力遍聞響
以戒之力佛超勝　戒力能生人師子　願入慈悲聚落時　殊勝戒力普皆聞
持戒之力佛最勝　人中師子妙能知　善逝慈悲聚落中　持戒之力遍聞響

以忍之力佛超勝　忍力能生人師子　願入慈悲聚落時　殊勝忍力普皆聞
忍辱之力佛最勝　人中師子妙能知　善逝慈悲聚落中　忍辱之力遍聞響
以勤之力佛超勝　勤力能生人師子　願入慈悲聚落時　殊勝勤力普皆聞
精進之力佛最勝　人中師子妙能知　善逝慈悲聚落中　精進之力遍聞響
以定之力佛超勝　定力能生人師子　願入慈悲聚落時　殊勝定力普皆聞
禅定之力佛最勝　人中師子妙能知　善逝慈悲聚落中　禅定之力遍聞響
以慧之力佛超勝　慧力能生人師子　願入慈悲聚落時　殊勝慧力普皆聞
般若之力佛最勝　人中師子妙能知　善逝慈悲聚落中　般若之力遍聞響

訳語の新旧からみて、大正本に比し両異訳本の方が先行した訳本であると思える。写本の数が少ないところからみて、これらは殆ど行われなかったのではあるまいか。おそらく大正本のより新しく、完成度の高い翻訳の出る前に試行的に訳されたものであろう。

ところで、この経典はチベットでそれほどに重視されチベット訳され漢訳とともに書写されたが、コータン語、ウイグル語、西夏語などの中央アジアの諸言語にも翻訳されていて、流行した形跡がある。また時代は下るがモンゴル語や満州語にも翻訳されている[12]。その流行の実状や文献的検討は未だ充分ではないが、中央アジアにおける佛教伝播のあり方を物語るものとして重視すべき資料である。

【注記】

（1）　無分別訳本を含む『普賢行願讃』の考察に次の論文がある。井ノ口泰淳「普賢行願讃考（1）」（『龍谷大学論集』四一二、一九七八）、「同　（2）」（『龍谷大学論集』四二〇、一九八二）。

（2）　法成訳『般若波羅蜜多心経』『諸星母陀羅尼経』『薩婆多宗五事論』、及び『大乗四法経』『大乗稲芉経』は法成の著作の検討の箇所で関説したところである。
（3）　天理図書館所蔵本（チベット訳本）については、藤枝晃・上山大峻「チベット訳『無量寿宗要経』の敦煌写本」（『ビブリア』二三、一九六二）参照。
（4）　榎一雄研究代表者、山口瑞鳳現地調査総合指揮による「スタイン蒐集敦煌文献現地総合調査」（昭六一年一〇〜一一月実施）の報告による。東洋文庫刊『チベット特別調査研究年次報告・昭和六一年度』二頁参照。
（5）　台湾本の中の三点には「孟郎子」「僧略没蔵」「解晟子」の署名がある。ただし、資料性についての確認ができていないので、書写人一覧に加えなかった。
（6）　西岡祖秀「ペリオ蒐集チベット文『無量寿宗要経』の写経生・校勘者一覧」（『印度学佛教学研究』三三―一、一九八四）に書写人など採取の成果があり、本一覧にも採用した。
（7）　西岡祖秀「沙州における写経事業―チベット文『無量寿宗要経』の写経を中心として―」（『講座敦煌6・敦煌胡語文献』、一九八五）三七九―三九三頁参照。
（8）　Pch九九九の文書で、山口瑞鳳氏による和訳がある（右『講座敦煌6』四九九―五〇〇頁）。なお、王堯氏によりテキストが出されている（王堯・陳践編著『敦煌吐蕃文書論集』、一九八八、四一三―四一五頁）。
（9）　上山大峻「吐蕃の写経事業と敦煌」（『中国都市の歴史的研究』唐代史研究会編、一九八八）一九〇―九八頁参照。
（10）　異訳本Sch一四七の存在は、古泉円順国際佛教大学教授より教えられた。雨三四は、一九八七年東洋文庫にての北京本写本（写真）の調査中に発見した。
（11）　藤枝晃・上山大峻前掲論文三五五頁。
（12）　サンスクリット原典のことも含めそれら諸本については御牧克己氏が紹介するところである。御牧克己「大乗無量寿経」（『講座敦煌7・敦煌と中国佛教』、一九八四）一六七―一七二頁。

（2）『入無分別総持経』

北京図書館蔵の薑二三に、尾題に「入無分別総持経」と記す中原未伝の経典の写本が存在する（図49）。一行に平均一七字で一三四行を残す。標準型の巻子に端正な楷書で写されたものであるが、紙も筆跡もチベット支配時代の特徴をもつ。首部を欠き、訳者の名は不明である。現在のところ一点だけの確認であるが、本経にはチベット訳があり、当時のチベット佛教との関連で注目される経典であるので、ここで取り上げ紹介する。なお、全文の移録は本書末「資料七」に収録した。

この経典に相当する異訳（漢文）に、施護（―九八〇～九九〇―）訳『佛説入無分別法門経』（大正六五四番）があり、大正蔵経に収録されているが、チベット訳と対照してみると新出の敦煌本の方がよく合い、原典を共通にするものと見なされる。施護訳の方は、それにたいし語句の出入りが多く、訳文も逐次的でなく、果たして同種の原典からの訳かどうかを疑うほどである。そのようなところからこの度、チベット訳に合う漢訳を得たことは貴重である。

本経のチベット訳はチベット蔵経（Peking ed., No. 810）に左のように収録されている。

'Phags pa rnam par mi rtog par 'jug pa zhes bya ba'i gzungs, Ārya-avikalpapraveśa-nāma-dhāraṇī

［聖無分別に入るという陀羅尼］

（奥書）翻訳者・インドの和尚 Jinamitra と Dānaśīla と大校閲翻訳師 dKa' の dPal brtsegs が翻訳し決定した。（Peking ed., vol.32, p.232-5-8）

敦煌出土のチベット写本のなかにも、S tib 五一とS tib 五二との二点がこの文献に当たる。前者の文章に当たってみたところ、Pothī形で首尾を欠くが、蔵経本の p.231-5-5～p.232-5-3 の部分を有しており、対照してみると若干の綴字法の違いなどを除けば、きわめてよく一致し、同一訳本であることが明瞭である。また、敦煌写本中に複数点のチベット訳写本が存在することは、当時この経が行われていたことを物語るものである。ちなみに、八二四年成立と推定される『デンカルマ目録』の「一巻未満の経典」の項に ’Phags pa rnam par mi rtog par ’jug pa’i gzungs (No.196) の名が見られる。『プトン目録』でもその名が見られ、ここではペルチェク（dPal brtsegs）の訳であることを記している。

チベット蔵経には、この経典にたいする左のカマラシーラの注疏が収録されている。

Ārya-avikalpapraveśa-dhāraṇī-ṭīkā (Peking ed., No.5501)

なお、『デンカルマ目録』（五五二番）には Sakya bshes gnyen の注疏（’grel pa）を紹介しており、右のカマラシーラ以外の注疏があったことを窺わせる。

本経は、世尊が入無分別総持（rnam par mi rtog par ’jug pa zhes bya ba’i gzungs）を受持すれば、速やかに（myur ba myur bar）佛の勝法を証得することを大衆に告げ、無分別明（rNam par mi rtog snang pa）菩薩の請に応じて、無分別界に住することの意義と、それに到る方法とを説くことを内容とする。ところで、この経典からの引用が『唯識三十頌』安慧釈のなかにあることが早くより知られていたが、その他にもカマラシーラの『修習次第』初編と後編に各一回、そして敦煌写本の中に知られたP tib一一六なる写本の中に、

rnam par myi rtog pa’i mdo las // ji ltar mtshan ma de dag yongsu spong zhe na // mngon du snang ba yid la myi byed pas spang ngo zhes ’byung / (P. tib. 116., verso, f.30:2-3)

と引用されている。ただし、これらの引用文をチベット蔵経所収のチベット訳と比較してみるとかなり異なる。現行チベット訳を知っていて、それから引用したものではないらしい。なお、アティーシャ（Atīśa 九八二～一〇五四）の『菩提道灯』の中にも引用があり、これはチベット蔵経本と文章が一致する。(2)

この経典は安慧（Sthiramati 五〇〇～五五〇頃）のころ、すなわち六世紀ころには成立していたのであろうが、八～九世紀のカマラシーラの頃になり流行しだしたものらしい。未だ漢訳されていない（施護訳はその後の翻訳）この経の重要性を思い、河西の翻訳者の誰かが漢訳したものと推定される。訳者として考えられるところではまず法成か、『普賢菩薩行願王経』を訳した大蕃国三蔵無分別である。ただし、その他にも『無量寿宗要経』や『大乗稲芊経』を訳した無名の訳者がいた。それが誰であったのか、写本の首部を欠損するため残念ながら確かめることができない。なお、本経にはサンスクリット本が発見されている。[3]

[注記]

（1）D. Ueyama, K. W. Eastman & J. L. Broughton; The Avikalpapraveśadhāraṇī: The Dharani of Entering Non-Discrimination（『佛教文化研究所紀要』二二、一九八三）の論文において、本経の録文、他論疏への引用、思想的特色なども論じた。

（2）アティーシャの『菩提道灯』（Peking ed. No. 5501: *Byang chub lam gyi sgron ma*）の第五六偈に次の引用がある。

rnam par mi rtog pa la 'jug pa'i gzungs las kyang / dam chos 'di la rgyal ba'i sras // rnam par mi rtog bsam gyur na / rnam rtog bgrod dka' rnams 'das te // rim gyis mi rtog thob par gyur // zhes gsungs so / (Peking ed., Vol. 32, p. 232-5-4～5)

右の文は『入無分別総持経』の最後の偈「安住無分別　勝法最勝子　超過分別路　漸獲得無分別」に相当する。

（3）松田和信「Nirvikalpapravesadharani について　―無分別智と後得智の典拠として」（『佛教学セミナー』三四、一九八一）。なお、松田和信氏は「第二十八回日本西藏学会」（一九八七年十一月二十八日）において、ソ連科学アカデミー・レニングラード支所所蔵の Ms. Ind. VIII, 23 の文献群中のカタログ所載番号四二〇（不明文献とする）が、*Nirvikalpapraveśadhāraṇī* のサンスクリット写本（完本）であることを報告した。

(3)　曇倩訳『金剛壇廣大清浄陀羅尼経』

[一]　写本の形状

Ｐch三九一八に、首尾に次のような題記を有する経典がある。

（首題）「佛説金剛壇廣大清浄陀羅尼経　　沙門曇倩於安西訳」

（尾題）「佛金剛壇廣大清浄陀羅尼経」

この訳本は中国中原に伝わっていないもので、敦煌新出本である(1)。右の写本の他になお、北京本の冬七〇、宙七〇、宙八五、月一〇〇がこの経の写本である(2)。若干の欠落があるが、Ｐch三九一八の写本が完本に近い首尾を有する写本で、しかも末尾には、本経翻訳の経緯を述べた異例の跋文がある（**図50**）。

この写本は、貝葉型の用紙三〇枚から成っており、各葉は七・五×二八・四㎝の大きさで、二枚の用紙を貼合わせて厚くし、表裏ともに罫を引いて、一面に標準五行、二七～八字詰めに写す。ただし、場所によって、一面六行、三二～六字詰めに写すところもあり、特に終わりの方にいたってこの傾向を見る。紙の上方には丁数を示す番号が記される。三〇枚のうち、はじめより第五葉の表までは、一より五までの丁数を付し、『佛説廻向輪経』を写す。次の第五葉裏と第六葉の表裏は題号のない願文一五行。続く二四葉は別番号ではじまり、『金剛壇廣大清浄陀羅尼経』（略『金剛壇陀羅尼経』）とその跋文一八行（六三〇字）が写される。これらの前後になお別の経典が加わって一束になっていたかどうかは不明である。この写本に記される丁数は「一」より「二十七」までであるが、そのうち三、四、十四の三葉は散逸している。筆跡は木筆を用いて毛筆字風に真似た楷書体で、端整に写されている。経本には校勘の跡も見られる。この写本の直接の書写人は不明であるが、『廻向輪経』と『金剛壇廣大清浄陀羅尼経』とその跋文とは同一人の手になるものである。ただ、『廻向輪経』の次にある願文一五行は同じく木筆字ではあるが、明らかに別人によって写されたものである。

ペリオ蒐集本以外の四点は、いずれも一行にほぼ一七字を端整な楷書で写した標準型の類似した巻子本である。すべて首尾を欠損しているが、最も長巻の冬七〇によって、Ｐch三九一八の第十四葉の欠落を補うことができる。なお、巻末「資料八」にＰch三九一八を底本として本経を移録した。

〔二〕　跋文の意味するところ

さて、右の諸写本の中、Ｐch三九一八に付されている跋文の内容はきわめて注目すべきもので、いろいろな重要な事実を知らせるものである。原文の録文は別処で示したので、次に訓読により全文を示す。

此ノ『金剛壇廣大清浄陀羅尼経』ハ、チカゴロ劉和尚、法諱曇倩ガ安西ニテ翻訳シ、今大唐ノ貞元九年（七九三）ニ至ルマデ約四十年ナリ。是レ諸佛如来大乗秘密了義ノ勝因ニシテ、マタ乃チ衆生ノ修行解脱ノ捷径ナリ。于闐ト安西ニテハ合国ニテ、今弘ク持スルヲ見ルモ、此ヨリ東ニ向ッテハ未ダ宣布スルヲ聞カズ。

即チ捨官ノ入道比丘僧利貞、俗姓ハ李、字ハ孚須ト曰ウモノ有リ。往《ムカ》シ西州長史兼判官前庭県事タリシ日ニ、此ノ経ニ遇フニ因ッテ深ク渇仰ヲ生ジ、大利益ヲ作シテ、廣ク流通紙写セムト欲スルモ、年祀遷リ変リテ、法教ノマサニ斷ケントスルヲ恐レテ、遂ニ俸料の余資ヲ割減シ、敬ンデ彼ノ州ノ妙徳寺ノ宝方ニ於テ、祇園ノ買地ヲ像ッテ、精室ヲ創造シ、良工ヲ徴召シテ貞石ヲ鐫砺シテ、崇テ斯ノ経ヲ写シ、将ニ不朽ニ伝ヘントス。

彦賓ノ居ヲ為スヤ、部属ハ此ノ勝縁ヲ見テ、聿ニ来リテ随喜シ、碑経ヲ写スヲ助ク。其ノ経本ハ約二十三紙アリ。字数ハ稍廣クシテ、写サムト欲スルモ、長短ノ算料ノ周カラザルヲ恐ル。数日憂惶シ、未ダ題作スル能ハズ。忽チ夜夢ニ一老人アッテ報ゲテ言ハク、儞、若シ此ノ石経ヲ写サムニ、行ゴトニ五十五字ヲ書ケ、疑慮スベカラズト。豁然トシテ驚悟シ、此ノ夢言ヲ尋ネ、更ニ計算セズニ、決意シテ便チ書ク。「信〔受〕奉行」

マデ至ルニ唯両行ヲ残スノミ、題記、年月日ヨリ、兼テ施主名号ニ及ベバ、亦一字ノ余剰無シ。信ニ知ル、聖力ノ冥加シ、善神ノ潜助シ、斯ノ感応ニ拠リ、徴験ト為スニ足ルコトヲ。

其ノ経ノ梵本ハ于闐蔵中ニ在リ。一小僧有リテ、蔵ニ夾ヲ取リ、開テ読ムモ信ゼズ。毀呰シテ便唾シ、墻ヲ隔テ其ノ夾ヲ拋棄スルニ、掛ッテ樹上ニ在リ。其の夜、洞徹シテ光ヲ放チ、国ヲ挙ゲテ咸ク見ル。其ノ僧、悔恨シ樹下ニ投ジテ、身ヲ砕キ自戒シ、求哀懺悔ス。其ノ時、二百余ノ小乗僧有リ。並ニ本業ヲ捨テ、大乗ニ帰向ス。爾ヨリ僧俗諷誦シテ弘ク持ス。其ノ次ニ一僧有リ。此ノ経ヲ受持ス。終ニ臨ミ澡濯ニ於テ口上ニ正念シ、結跏シテ逝ケリ。諸如勝境、其ノ数寔ニ繁ク具ニ載ス能ハズ。

其ノ経ハ、去年西州ガ傾陥セルトキ、人心蒼忙シ、収拾スルモ着セズシテ、本ノ来ルヲ得ズ。乃チ同行ノ僧廣林アリ、先ノ日ヨリ受持ス。昨、沙州ニテ略ボ諷誦スルアリ。僧俗忽チ聞テ、欣歓頂戴ス。咸ク本ニ留メ、相ヒ伝ヘテ受持セムコトヲ請ウ。今次、甘州ニ届ルニ、未ダ聞ク者アラザレバ、遂ニ廣林闍梨ニ請テ、口ニ付ケテ題ヲ抄シ、将ニ未暁ニ伝ヘントス。之ヲ見聞スル者ハ、普ク弘持シテ、廣ク流布セシメンコトヲ願ウ。

癸酉歳（七九三）十月十五日、西州没落官甘州寺戸唐伊西庭節度留後使判官朝散大夫試大僕卿趙彦賓写ス。廣林闍梨ト与ニ審ニ勘校スルニ、並ニ差謬ナシ。普ク宣通シ、大利益ヲ作サムコトヲ願フ。其ノ廣林ハ、俗姓ハ田氏ナリ。

乙亥年（七九五）秋、向西ノ元本ヲ得テ勘スルニ、頭辺ノ三紙ヲ闕キテ未ダ得ザルモ、余ハ校シ竟レリ。比丘利貞、此本モテ勘スルノ後、勘定ス。之ヲ受持スル者、疑慮ナカラムコトヲ請フ。

右に述べる訳経・流布の経緯を追ってみれば次のようである。

（1）本経の梵本は于闐の蔵中にあったものである。
（2）漢訳は、劉曇倩が貞元九年より四十年以前、すなわち天宝十二年（七五三）頃に安西の地で為したものである。
（3）本経は于闐及び安西の国中では弘く受持されているが、そこより東の地方には伝わっていないものである。
（4）比丘利貞（＝李孚須）が、かつて西州長史兼判前庭県事であったとき、西州（＝高昌）の妙徳寺に本経を石経にして留めた。[3]
（5）かつて趙彦賓は、唐伊西庭節度留後使判官朝散大夫試大僕卿であったとき、西州にてこの石経を部属と共に書写した。
（6）そのうち（＝貞元九年の去年）西州が陥落して、彦賓は官を失って甘州の寺戸となったが、混乱のため経本を伝持することができなかった。
（7）一方、田廣林なる僧があって、沙州にてこの経を誦していたところ、僧俗はこれを聞いて仰信し、経典を文字に留めて受持し伝えることを願った。
（8）［彦賓のいる］甘州には未だこの経典は伝わっていないので、流布せんとして廣林の誦するところを口伝えに書写した。貞元九年癸酉歳（七九三）十月十五日のことである。
（9）後、乙亥年（七九五）秋、西方の元本を入手した。西方の元本は、はじめの部分の三紙を欠いていたが他の部分に関しては比丘利貞が校勘を為した。

右よりみると、本経は廣林が口誦するところを彦賓が貞元九年に書写したものである。跋文も彦賓によりこの時附されたものである。ただし、末部の（9）の部分「乙亥年秋云々」に関しては、書写の二年後、比丘利貞（はじめ西州にあって本経を石刻したと跋文中にいわれる人物である。西州の陥落に伴い官を捨てて甘州に来ていたらしい）が向西の元本と勘定した際に附加したものと解釈できる。しかし、写本を見るとこの部分もそれ以前の部分も同一筆跡であり、したがって本写本は乙亥年（七九五）以後、利貞の勘定の条をも含んだ本から更に書き写したものと考えなければならない。そしてそれは写本の形態等より見て、七九五年をあまり下るものではない。

［三］　翻訳成立の歴史的背景

七五三年頃曇倩が本経を訳出した地安西とは、貞観二十二年（六四八）に高昌より亀茲に移された安西都護府の治所を指す。跋文に「于闐安西合国」と言って于闐に近接していることを示唆し、また「自此向東。未聞宣布」とあって、訳出後、西州・沙州・甘州へとこの経典が流布しているところからすれば、安西は西州以西に当たり、右の位置であることを裏付けている。

ところで八世紀安西での訳経に関して『貞元釈教録』（大正二一五七番）に次のような記事を見いだす。

大威力烏枢瑟摩明王経二巻（或三巻亦云烏芻渋摩経）
穢跡金剛説神通大満陀羅尼法術霊要門一巻
穢跡金剛法禁百変法一巻
右三部四巻其本見在。
北天笠国三蔵沙門阿質達霰（唐言無能勝将）於安西訳。開元二十年。因法月三蔵。貢献入朝。附上件経。至于京邑。
不及得入開元目録。准勅編入貞元新定釈教目録。（以上『貞元録』巻十四、大正五五・八七八頁b）

佛説十力経一巻
右一部一巻。亀茲三蔵沙門勿提提犀魚（唐言蓮花精進）　於安西城西蓮花寺訳。
佛説廻向輪経一巻

佛説十地経九巻

右二部十巻。于闐三蔵沙門尸羅達摩唐言戒法 於北庭州龍興寺宣訳。梵文兼漢語訳。

右三部共十一巻。其本見在。

右新訳十地経。及廻向輪経。十力経等者。即上都章敬寺沙門悟空。本名法界。因使罽賓。於中天竺国之所得也。師以玄宗朝。天宝十載辛卯之歳。奉使罽賓。癸巳之年。方達彼国。使還之日。遘疾不瘳。後遂発心。出家受戒。巡礼八塔。至於中天。歴歳既多。発願帰国。於舎利越魔三蔵所。受得梵本十地等経。廻至安西住蓮花寺。有三蔵沙門勿提提犀魚。請令訳出十力経一巻。又至北庭。被節度使御史大夫楊襲古。与龍興寺沙門大震等。請于闐三蔵沙門尸羅達摩。訳出廻向輪経一巻。及十地経九巻。至貞元六年二月。来届上都。左街功徳使竇文場。繕写進奉訖。其本見在。准十五年十月二十三日勅。編入貞元新定釈教目録。右従後漢逮至。（以上『貞元録』巻十七）

右から知られるところでは、まず、北天竺の三蔵阿質達霰なるものがあり、安西で『大威力烏枢瑟摩明王経』等の三経を訳出し、開元二十年（七三二）、法月三蔵入朝の際に、長安に届けられて、『貞元録』に編入された。また、亀茲国三蔵の勿提提犀魚なるものがあり罽賓より帰途の悟空が将来した梵本『十力経』を安西の蓮花寺で訳出する。更に北庭では于闐三蔵の尸羅達摩が同じく悟空のもたらした『廻向輪経』と『十力経』を訳出した。悟空はこれらの経典を携行して帰朝、貞元六年（七九〇）に中央に届け、同十五年（七九九）には『貞元録』に編入された。これらのことは、八世紀の中葉より後半にかけて安西（＝亀茲）の地に漢訳三蔵がいて訳経に従事したことを明らかにしているが、折しも戦乱の時世に当たり、河西路が絶たれ梵夾の携行が難しく(4)、中原を目指す取経求法僧や三蔵の多くがこの地で滞留のやむなきにいたった事情と無関係ではない。曇倩もそうした求法僧の一人であったに違いない。

[四]　本経の異訳

跋文の記すところによると、本経は安西より東に向かっては未だ伝わっていないという。ところが実際には、大蔵経中に左の二異訳が存在する。(5)

(1)　『金剛上味陀羅尼経』（大正一三四四番）

元魏天竺三蔵佛陀扇多訳（元魏正光六年［五二五］訳）

(2)　『金剛場陀羅尼経』（大正一三四五番）

隋三蔵法師闍那崛多訳（隋開皇七年［五八七］訳）

跋文を記した彦賓がすでに右の異訳があることに無知であったと見受けられる。右の二訳と新出の曇倩の本とを比較してみると、訳語の違いや細部についての差異はあるが、重大な脱落・付加はなく、原本を同じくする同本異訳であると認められる。流布にたずさわった彦賓だけでなく、曇倩もまた于闐より梵本を得、本経が東夏未伝であるという認識に立って訳出に当たったものと思われる。すでに二百年近くも以前に二訳が為され、入蔵されているにもかかわらず、まったくそれを関知せず、新訳流布している事実は注目に値いする。四、五世紀頃、まだ中国が西域を通して佛教の受け入れに懸命であった時期をすぎ、天冊万歳元年（六九五）の『大周刊定衆経目録』、及び開元十八年の『開元釈教録』の編纂を経て欽定による大蔵経が成立し、その権威が確立してからは、たとい地方であっても佛典を新たに漢訳しようとする場合、大蔵経にすでに収録されているものとの関係が意識されて然るべきである。そのことは法成の訳経において確かに認めることができる。すなわち、法成が漢訳する場合は、大蔵経に未収の経典、すでに訳出されていても新たに得た梵本に比べて不備である経典、訳出があまりにも古く改訳の要を認めるものに限られ、大蔵経の内容を知悉していた形跡がある。これは、かれが大蕃国の三蔵として、チベット蔵経の整備に関与しており、漢訳経典の一切に通ぜざるをえなかったことに由るものと思われる。しかし、この法成のような場合は、むしろ異例であって、たとい三蔵であっても、大蔵経のすべてに精通し、異訳関係にまで該博な知識をもつものはまれであろう。まして三蔵でない沙門曇倩において、また一般の信者においてそうである。大蔵経は、いわば礼拝の対象であり、たとい閲覧しえても高僧知識に限られていたであろうから、小さい経典のいちいちについて、存在の有無を確かめうるものではない。梵本やその他の言語の原典の新たな将来や流入をまって、既訳の存在が充分確認されることなく訳出され、流布することも屢々であろう。特に大衆性の強い小巻の経典においては、その傾向が強いものと考える。曇倩の『金剛壇陀羅尼経』の訳出、及びその流伝は、そうした事情を示唆するものであろう。

彦賓が本経を紙写した貞元九年（七九三）前後の河西一帯は、唐・吐蕃・廻鶻の勢力が入り乱れて攻防をくりかえす戦乱の渦中にあった。北庭節度使の楊襲古は吐蕃の進攻を逃れて西州に退き、廻鶻と結んで反撃したが果たせず遂に屈した。「去年西州傾陥云々」の「去年」の語を文字通り「昨年」の意に解せば、それは本経書写の前年貞元八年（七九二）のことである。森安孝夫氏によると、その後一年間を経てウイグルは西州の吐蕃軍を攻めた。「西州傾陥」とは、ウイグルによって吐蕃軍が追放されたことを指すという。[6] 唐の官吏で西州にあった李孚須も趙彦賓も官を失い、すでに吐蕃の支配下にある甘州に落ち、前者は比丘利貞と改めて佛門に入り、後者は寺戸に身を沈めた。跋にみるところの『金剛壇陀羅尼経』の西州より沙州、甘州に届き流布する経緯は、こうした戦乱不穏の中で、佛典の流通が容易でないことを明らかにしている。まして、西域より中原にまで、たといそれが新出の経典であろうと届く可能性はきわめて薄い。七九〇年頃、悟空の仲介により、『十力経』『十地経』『廻向輪経』が、かろうじて長安に到着した一件は、むしろ例外とすべきことであろう。
先にみたように『廻向輪経』(7)が中原に届き、『貞元釈教録』に編入されたのは、貞元十五年(七九九)十月二十三日のことである。いまの敦煌出土写本は貞元十一年(七九五)以後あまり下らないとすると、本写本のはじめに書写されている『廻向輪経』は、中原より届いたものではなく、北庭で訳出された本の直接の流布である。ちなみに阿質達霰三蔵が安西で訳出した『穢跡金剛説神通大満陀羅尼法術霊要門』及び『穢跡金剛法禁百変法』も敦煌出土本中に存在を認めることができ、同じく当地から直接流伝したものと考えられる。中原に届けられる一方、『金剛壇陀羅尼経』と同様に訳地近辺で流布していた事実を知ることができる。ところで『廻向輪経』と『金剛壇陀羅尼経』が同巻に綴られていることは注目すべきである。同じく、中原未伝で入蔵されていないものである。安西及び北庭の西域の地で訳され、しかも中原未伝の経のみを集録せんとした意図が窺われる。

[注記]

(1) 本論考は、上山大峻「曇倩訳『金剛壇廣大清浄陀羅尼経』—八世紀安西における未伝漢訳経典—」(『龍谷大学論集』三九九号、一九七二)に発表したものを、その後の研究成果を加えて改編したものである。
(2) 北京本は、現物の実見ができなかったので用紙の寸法、紙質、筆跡などのことが不明である。『メンシコフ目録』のM八四一、M二七三〇に本経と見なされる項目があるが、内容を確認できなかった。
(3) 利貞が本経を石経に留めたという西州の妙徳寺は、龍谷大学所蔵大谷文書一二二三、一二二四、二三七三等のトルファン出土の唐代文書に名を見ることができ、高昌県内に存在した寺院であることが確かである(白須浄真氏の教示による)。
(4) 『廻向輪経』等の経典を中原に搬入するに関して「当為沙河不通。取廻鶻路。又為単于不信佛法。所齎梵夾。不敢持来。留在北庭龍興寺蔵。所訳漢本。随使入都」(『十力経』序、大正一七・七一七頁a)の記事が見られ、梵夾の携行がはばまれたことがあった。

（5）　この経典はチベット訳にもある。 *'Phags pa rdo rje'i snying po'i gzungs zhes bya ba theg pa chen po'i mdo* (Skt; *Ārya-vajramaṇḍa-nāma-dhāraṇī-mahāyāna-sūtra*), 訳者は Sīrendrabodhi, Ye shes sde で八世紀末より九世紀にかけての訳である。内容は漢訳本と大同小異。敦煌出土のチベット写本中にも存在している（Ｓch四〇九）ので、漢訳本の流行と平行してチベット訳も行われたらしい。

（6）　注(1)の旧稿においては『旧唐書』廻鶻伝の記事により貞元六年（七九〇）には未だ西州は吐蕃に陥ちていないが、『元和郡県図志』では西州は「貞観（＝元）七年没於西蕃」とあり、貞元七年（七九一）には吐蕃に降った。したがって、いまの貞元八年の西州の陥落は、年代の接近より吐蕃に降ったことを指すものとして疑わなかった。ところがその後、森安孝夫氏によりこのことに関わる論文が発表され、跋文（6）の「其経去年（＝七九二年）西州傾陥。人心蒼忙。収捨不着。不得本来」という記事はウイグル軍が吐蕃軍を西州から追い払いそこを占拠した、その時のことを伝えたもので、趙彦賓らもこの時に西州を去って吐蕃軍ともども河西の方に移ったのだという見解が提示された（森安孝夫「増補・ウイグルと吐蕃の北庭争奪戦及びその後の西域情勢について」『アジア文化論叢』3、一九七九、一二八―一三〇頁）。ただし、筆者の知見では、そのいずれが是かの決定を為しえない。いまは、この分野の専門である森安氏の説に従う。

（7）　『廻向輪経』は、このＰch三九一八の写本の他にもＰch二〇〇八、Ｓch一三八五、Ｓch二五四〇、麗七四にある。なお、本経については、白須浄真「敦煌における『廻向輪経』の伝承―吐蕃支配期の中原未伝漢訳経典の研究」（『佛教史学研究』一七―一、昭四九）の研究がある。

結章　総括と展望

本研究が意図するところは、敦煌出土の写本群を調査し、それらが物語るところを集積して、同地に展開した佛教の歴史像を浮かび上がらせてゆくことである。その方途にしたがってこの度の研究で果たし得たことは、まず、曇曠、法成という敦煌写本中に多くの著作とその写本を見ることのできる中国佛教史上に未知なる二人物の行歴と教学の解明である（本書第一、二章）。

第一章の曇曠は、張掖郡内の建康軍で生まれ、長安西明寺で学習し、のち故郷に帰ろうとするが、折しも跋扈したチベットの戦火に追われ敦煌に入った（七六三年まで）。途中、『金剛般若経旨賛』などの著作を行い、敦煌においても『大乗百法明門論開宗義記』などを撰述して、敦煌の佛教界に長安の佛教学を伝達した。晩年、敦煌の支配者となったばかりのチベット賛普（チソンデツェン王）から佛教教理に関する質問を受け（七八六年頃）、それに答えて以後まもなく没した。敦煌写本中より現在までに彼の著作計九種を回収することができ、それらの写本の調査から以上の経歴を明らかにすることができた。また、著作の検討より、かれが『大乗起信論』の思想と慈恩系唯識学を折衷するという性相融会の学風をもち、それを円測や円暉などを通して学んでいることをほぼ跡付けることができた。なお、写本のあり方より、曇曠の学問が後まで敦煌の佛教学の主流となり学ばれていたことが明らかになり、長安との路の断たれた辺境都市において、かれの存在が中国長安佛教学の伝達と移植に大きな役割を果したことを知ることができた。曇曠の研究を進めるにしたがって、当時のチベットの動向を明らかにすることもできた。かれがたどった長安から敦煌までの軌跡は、チベットの河西攻略の次第と関連する。また、チベット王からの佛教教理に関する二十二の質問は、当時のチベットの佛教導入の切実な状況を推測させるものである。

第二章の法成は、呉法成なる漢人で、おそらく敦煌で生まれ育ち、中国語とチベット語に通じた。後、その才能を買われてチベット王よりチベットの翻訳者に採用され、〈大校閲翻訳師＝大蕃国大徳三蔵法師〉の肩書を与えられて翻訳事業の主管に登用され、ゴ・チェードゥプ（'go Chos grub）の名で『楞伽阿跋多羅宝経』など漢文経典からのチベット訳を行い、一方『諸星母陀羅尼経』などを西方の原典（サンスクリット、チベット語、コータン語などのいずれからかを決定しえない）から漢訳した。また、『大乗稲芊経疏』や『大乗四法経論疏』などを著し、インドからの新着の佛典を自らの見解も入れて漢訳し紹介することに努めた。そこには敦煌に定着していた中国佛教の学問とインド＝チベットから入ってきた新しい知識とが混りあった全く独自な教学の形成を見ることができる。かれは晩年、帰義軍時代に入ってから、大中九年（八五五）以後、沙州の開元寺で『瑜伽師地論』の講義にとりかかった。そのときの少なくとも七人の聴講者の受講ノートが残っていて、その講義の状況などが辿れる。それは四年間続いて、大中十三年（第五十五巻）あたりで途絶える。法成の逝去を示すものとみられる。かれに関する最初の紀年は、沙州永康寺で著作した『大乗四法経論及廣釈開決記』に記される癸丑年（八三三）である。この頃から学僧として頭角をあらわしたのであろう。法成の著作として、現在までに漢文とチベット文の双方で計三十二種を確認することができ、その殆どの写本を敦煌写本中より蒐集することができた。種類は翻訳、集成、著述、講義録などに及び、かれのはば廣い活躍と学識を知ることができる。ところで、その内の中国佛教に関する知識には、曇曠からの影響が強く認められる。年代的にみて、かれが直接に曇曠に師事し得たかどうかは確定できないにしても、このことは少なくとも彼が曇曠の残した中国佛教学の学習環境にあったことを物語るものである。インド＝チベットの佛教の知識は、かれがチベットの翻訳事業に携わっていた時に得たものであろう。法成が漢文とチベット文の双方の分野にまたがっていたことは、かれの学問方法にも現われており、漢文佛典の解釈に当たってチベット訳本を対照する特徴が見られる。彼の著作や経歴の検討の中に、われわれはチベットがとった佛典翻訳事業などの佛教政策、チベット支配下の敦煌佛教界の状況などを知ることになったが、それらは従来のチベットの歴史には全く記載されていないことであった。チベットの翻訳者チェードゥプが漢人・法成であること、その活躍が敦煌を中心とするものであったことも新たに明らかになったことである。法成の研究は同時に、従来の初期チベット佛教史の欠落を指摘し、チベット佛教の解明に実証的研究の可能性と必要性を認識させることとなった。

次に「チベット宗論」にたいする検討を行った（第三章）。本来、チベット宗論は、チベット佛教研究の領域に属するものではあるが、その解明は、チベット支配期の敦煌佛教を明らかにする上にも不可欠のことだからである。従来、筆者を含め多くの学者の討議をへていることではあるが、この度、出土資料である『頓悟大乗正理決』を新発見の異本も加えて徹底解読し、宗論の経過を見直し、また双方の教学の特徴を分析して宗論の争点を明らかにした。なお不明の点を残すが、ほぼ史実に近い状況を把握しえたのではないかと思う。殊に、「沙州降下の日」の前後における摩訶衍の動静と宗論にいたる経過については、曇曠の関わりと併せて再考し、従来の考えに修正を試みた。また、八二二年にチベット佛教のあり方を明示して発布された『大乗経纂要義』の内容から、チベット佛教が宗論以後インド中観派重視に推移したことを確認し、宗論以後の禅の行方を推定したことは、先論に歩を進めたものである。

最後に（第四章）、曇曠・法成の著作以外で注目される古逸や未伝の敦煌写本の検討を四部門にわたって行った。

一は『浄名経関中疏』『四分戒本疏』『法華玄賛』の写本群の検討である。これによって、曇曠や法成以外にも佛教学の学習系統が敦煌に存在していたことを明らかにした。

二は禅宗関係写本群の検討である。従来の敦煌禅写本への取り扱いの盲点を補う意味において、ここでは禅写本の形態的観察を中心に、敦煌において禅がどのように受容されたか、敦煌独自のものとしての変容があったかどうかなどを探った。これによって北宗禅から南宗禅へと移行する受容の変遷、両系禅が混淆する帰義軍期における敦煌禅の特徴などをほぼ浮き上がらせることができた。また、一度チベットに入って変化した禅が、敦煌に再び入っている例証を得ることができた。

三は晏法師撰『大乗百法明門論章』など古逸の論疏四本の検討である。これによって、曇曠の教学形成に影響を与えた円暉の思想を明らかにし、また、窺基の著と推定できる古逸の文献を回収するなどの成果を得ることができた。

四は『金剛壇清浄廣大陀羅尼経』など、新たに発見した中原未伝の経典四種の検討である。これらは、法成の翻訳したもの以外にも中原未伝の漢訳経典が種々存在することを例証した。なかでも『金剛壇清浄廣大陀羅尼経』に付される跋文は、この経の翻訳と流伝の経緯を物語るもので、中央アジアにおける地方訳経典の成立と伝播を知る貴重な資料である。また、このたび『無量寿宗要経』に二種の異訳本が存在することを発見し紹介したが、これらは本経の原典解明にとっても重要な資料となるものである。

本研究を通してわれわれが得たことには、右のような敦煌の佛教事象の直接的解明はもちろんであるが、その他に、敦煌写本の研究あるいは敦煌佛教の解明が、いかに佛教研究に連結し、役割をはたすかという認識を明瞭にしたということがある。付随して明らかになったことではあるが、本研究の成果の一面として以下に指摘しておきたい。

（1）従来は敦煌出土（漢文）写本は中国佛教の補助資料としてしか注目されなかった。また、敦煌の佛教は中国佛教の一模型にすぎないとして、その解明の意義も充分には認識されていなかった。しかし、このたび明らかになったチベット支配期の敦煌の佛教などは、まったくこのような先入観を覆すもので、同地の佛教が中国佛教の範疇で理解できない面をもっており、まったく独立したあり方として把え、解明されなければならない領域であることを明確にした。このことは同時に敦煌が歴史的にみても、中国領であるよりも実体は独立、ないし半独立国、或は外国の支配をうけていた時間の方が長いことを認識させるものである。

（2）従来、敦煌研究は、珍貴な文献の写本の一点一点に関心がもたれ、敦煌佛教の編年的な展開を描くという方向に向かわなかった。その一因は断片的な出土資料から敦煌佛教を体系的に明らかにする方法が見いだせなかったことにあるが、本研究では写本を文字記録としてのみでなく、形態的な観察も含めた考古学的古写本学的方法で取り扱い、その資料性を拡大することによって、従来の壁をやぶり、いわゆる点から線へ、更に面への解明を可能にした。これは、従来、殆ど放棄されていた佛教の実証的歴史的解明の可能性への実験であるといえる。この方法は敦煌はもちろん、中央アジアの出土資料の研究に適用できるものである。

（3）敦煌写本が豊富にして第一次的な考古学的出土資料であるところから、記録資料には載っていないようなきわめて具体的な佛教活動の様相を再現することを可能にさせた。例えば、法成の『瑜伽師地論』の講義の復元により、当時の講義とその筆録の実況を知ることができた。

（4）中国佛教研究の方向からもチベット佛教研究の面からも、敦煌出土資料及び同地の佛教解明が次のように重要な役割をもつことが明確になった。

ア　漢文佛典でありながら西域地方で翻訳または著作され、同地では流行していたが中国には伝わらないままで歴史下に隠れていた未伝佛典がかなり存在していることを敦煌写本は明らかにした。法成訳の『諸星母陀羅尼経』『薩婆多宗五事論』、曇倩訳『金剛壇廣大清浄陀羅尼経』などはその例であるが、これらの存在は決して例外的なものではなく、漢文文化圏における佛典のあり方として注目しなければならない性格のものである。また、矢吹慶輝氏らによりかなり回収されてはいるが、中国で著作されたものでありながら、同地では散逸していた古逸の佛典が、なお存在している可能性があることも明らかになった。例えば、窺基撰と推定できる『大乗百法明門論疏』などである。チベット文佛典に関しても、チベット蔵経収録以外の佛典が敦煌写本中に多く発見される。従来、それらは単に珍本としての関心から蒐集されるにとどまっていたが、今後はそれらの流伝の経路などの史的背景や存在の意味を尋ねることも加えて、更に渉猟されてゆくことが必要であることを認識せしめた。

イ　従来、チベット佛教は伝世史書の記述から理解されるだけで、実証的歴史研究は、わずかに碑文による考証が試みられるのみであった。史実としての佛教を知る方途はほとんど閉ざされており、敦煌がチベットとかかわっていたこと自体まったく知られないことであった。この度、敦煌がチベットの宗論や写経事業に大きく関わっていることが判明して、そこに残された写本のチベット佛教史研究における資料性が確認され、伝世史料の示すことに欠落や錯誤があることが露呈し、それを実証する可能性と必要性が認識されることとなった。中国佛教研究においても、中国佛教の伝記史料のみでは把握できなかった唐代長安佛教学の実態、例えば西明寺系佛教学のあり方や『浄名経関中疏』や『法華玄賛』の流伝の状況なども浮かび上がってきた。

ウ　従来、敦煌出土写本が中国佛教やチベット佛教の研究資料として用いられる場合、その資料の成立の背景が分からないまま適用されることが多かった。しかし、これはきわめて危険である。たとい漢文で書かれた資料であっても敦煌のきわめて特異な状況の中で成立した場合もありうるからである。たとえば、『頓悟大乗正理決』は漢文で書かれた禅の写本ではあるが、直ちに中国禅の資料とはなり得ない。法成の漢文著作も同様である。敦煌佛教の史的構造が明らかになり、各写本の成立事情もある程度明らかになったことにより、敦煌写本を中国佛教やチベット佛教研究の補助的資料として用いる場合の確実性を高めることになった。

（5）敦煌出土の佛教典籍と同種のものが（それが異言語の場合もあるが）、周辺地域の遺跡からの発掘写本に同定される例が幾つか確認された。例えば『無量寿宗要経』にウイグル語訳、コータン語訳、西夏語訳などがあり、『時非時経』にソグド語訳が存在し、『法華玄賛』がトルファンからも出土しているなどである。そうした例は西域地方の民族間に、佛典の共通の受容や流伝があったことを例証するものである。敦煌以外の他の地の出土写本はその数が少ないので、歴史像の構成が困難であるが、その場合、資料の豊富さから詳細に解明できる敦煌の佛教のあり方は、ほぼ同一な経典流伝の傘下にあった周辺の民族の佛教のあり方を知るに当たっての有力な判断基準となる。当然、周辺地域からの出土資料が敦煌佛教のあり方を立証することもあるわけで、今後、敦煌佛教の研究とそれ以外の周辺地域の資料研究との連携の必要性を認識させた。

本研究の目指すところは「敦煌佛教の研究」の標題の示すとおり、敦煌遺物の実証的研究に基づいての「敦煌佛教」全像の解明である。しかし、この度の研究で果たしえたことは、殆ど時代的には八世紀中頃より九世紀ころの、いわゆるチベット支配期の範囲に属し、内容的には敦煌の佛教活動の教学面に関わるものであって、研究対象とすべき全領域のほんの一部にすぎない。研究の進歩とともに課題は拡大するものではあるが、現時点において考えられる今後に残された方法上の問題点や研究領域について述べておきたい。

（1）目録の作製には、研究者の関心からの重要度の判別を免れない。従来、直接写本を実見する機会が限定されていた関係で、専ら目録から資料の内容を推定し選択する傾向があった。しかし、それでは目録作製者の認識以上を出ることはできず、新しい資料の発見は期待できない。また、写本の形態的特徴も観察できない。写本などの現物資料を少なくとも写真で調査することができるようになり、研究の領域や方法も大幅に拡大された現研究段階で、改めて資料の再調査をする必要がある。それによって、従来の眼からでは見過ごされていた事実が浮かびあがってくる可能性があるからである。この度の調査作業においても、従来の研究者の眼にとまらなかった重要な資料を発見する場合が多かった。今後も、研究の進歩とともに、資料は現物（あるいは写真）に当たって何度も調査されなければならない。

（2）出土遺品を資料とする研究では、その純正さが重要であるが、敦煌写本の中にそれを疑わせるものが混在することが知られている。出土写本に一〇〇パーセント資料的根拠を求める場合においては、万一その写本が偽造であるとすれば、それを根拠に構築される結論は根底から信頼性を失うこととなる。ところが、偽造写本の判定には高度の技術を必要とし、研究者のすべてがその能力を持つのは困難である。本研究においては、慎重を期して若干でも疑いのあるものはそれを研究資料に採用することを保留した。殊に、本研究では従来疑われることのなかった橘氏将来敦煌写本について、その中の一、二点に敦煌写本研究から帰納したあり様から外れるものがあるところから疑義をもつにいたった。しかし、それも疑義にとどまり決定的ではない。今後、この問題は避けて通れない重要性をもつだけに、紙質や筆跡に加え、更に確かにそれを判定しうる方法の開発が行われる必要がある。

（3）筆跡や紙質などの写本の形態的特徴を判断材料に取り入れて、写本のもつ資料性を拡大する方法は、本研究を可能にした方法である。しかし、研究を進めるにしたがって、それがもっと確実に、そしてより廣い範囲の写本に適用できることが必要となってきた。例えば、チベット支配期とそれ以後の用紙や筆法については藤枝晃博士はDの分類で一括されるが、約三〇〇年間にわたるこの時代の写本群には、もっと細分化した推移があるはずである。(1) それをどのように見いだしてゆくかが今後の課題である。また、チベット写本においても、筆跡や紙質による判定方法が進められる必要があろう。筆者が本研究のなかでチェードゥプのチベット文の直筆を同定したことが、唯一の試みとなっている現状である。この状況を乗り越えるには、もっと実物の資料に当たって、写本間の差異を把握し、法則性を帰納してゆくことが必要である。

以上は研究の資料や方法上の問題であるが、内容分野について次のようなことが課題である。

（4）本研究は、曇曠、法成に関わる教学佛教の分野、すなわち唯識、『大乗起信論』、『金剛般若経』などの部門、及び禅などに検討を及ぼしたが、なお戒律、密教、浄土教などに及んでいない。もっともいずれも分離してはすでに調査研究があるが、本研究の方法論的立場からの検討を試みなければならない。殊に帰義軍期における佛教は、内容的には禅、浄土教、密教、形式的には讃文、変文、講経文などが混在しているのが特徴であるが、写本の検討から分析し、その特色と構造を明らかにする必要がある。

（5）法成の研究に付随して、チベット資料を検討することになったが、なお充分ではない。殊に密教の問題は、禅と金剛乗との合流の問題も含め、チベット資料からの状況の把握を並行させてゆかないと果たせない。また、チベットの資料の研究から翻訳語の変遷の実態が明らかになりつつあるが、今後も、これ以外にいろいろな問題がチベット資料の中に浮かび上がってくるであろう。この資料の側面からの研究が進められてゆく必要がある。

（6）壁画や佛窟、塑像などの美術関係の分野は、当然、佛教活動の具体相であり、教学佛教の動向とも無関係ではない。例えば浄土変相図の流行は、敦煌における浄土経典やその学習と並行していたに違いない。とかく写本から明らかになる佛教の動きと、視覚的資料とが別々に研究される傾向があったが、その一体化が試みられることが必要と思われる。殊に密教画の方面は、いままで殆ど注目されなかった。日本の密教研究者からの注目をひかなかったことが一因であろうが、敦煌佛教の研究の立場からすれば、この地に新しく入ってきた密教がどのように流行していったか、それが密教系写本とどのように関連するかということは是非明らかにされなければならないことである。

また、敦煌に近接し類似した遺跡をもつ楡林窟や西千佛洞も、敦煌研究と並行して研究されることが必要である。

（7）敦煌の寺院の構成、僧侶の生活、佛教儀礼、経済などの佛教教団の機構と活動の具体相の解明が、敦煌佛教のよりリアルな把握に重要である。例えば、『無量寿宗要経』の多量の写本とそれに記されている署名である。従来、『無量寿宗要経』は内容も教学的にみて興味をそそる要素はないし、また署名も殆ど無視されていた。しかし、それはそれを写させた必要性、政治的背景、それの費用や材料、人的動員などの問題とつながる。署名を集めることにより、その写経事業に従事させられた具体的人名や組織、写経にかかわる敦煌の役割などを明らかにすることができる。それを遂行したチベット人支配者の動機と権力、佛教への傾倒などの位相が立体的に浮き上がってくるのである。更に写経所としての寺院の機能も問われてくる。写経用紙をどのように製造し調達したかも興味がもたれることである。このような視点からの研究を進めてゆくことによって、より具体的な敦煌の佛教の姿が明らかになるものと思える。

たびたび言ったように、本研究の為しえたことは、敦煌佛教の全体像に比すれば、時代的にも内容的にも一部であり、未完である。しかし、このたび解明したチベット支配期の佛教は、敦煌佛教全期を通じて最も難解で特徴的な領域であること、そして、敦煌研究が中国佛教研究などの補助的役割に留まっていた方向を、敦煌自体の佛教の解明へと転換した点において、あえて「敦煌佛教の研究」という標題を与えることとした。もちろん、本研究は領域的にも方法的にも敦煌佛教研究の第一の壁を破った段階であって、残された課題を果たし、標題にふさわしい内容に近づける努力が今後続けられなければならない。

われわれが本研究で行ったような写本検討を通しての実証的な佛教研究は、従来からの教学優先の佛教学の通念から見れば異例である。このような研究のあり方がはたして佛教学と認められるか否かはともかく、われわれはこの研究によって、敦煌に生きた佛教徒たちの信仰や佛典学習の姿を見、息づかいを聞くことができた。これこそ佛教を解明するということであり、佛教学の原点ではあるまいか。また、われわれに与えられた資料が直接的ではあるがあまりにも断片的であったために、それらが経典であろうと絵画であろうと、既成の方法や分野を越えて、ひたすら事実を明らかにすることに努めなければならなかった。佛教活動は本来、教学のみ、佛像や佛畫の佛教芸術のみと分離してあるものではない。一体になって行われているものである。そのように総合的であるものは、総合的に明らかにされなければならない。この度の研究によりその重要性をあらためて認識することになったが、これもまた佛教研究に要求される基本的方法ではないであろうか。

敦煌の遺品は限られたものである。しかし、そこには敦煌に展開した佛教徒たちの生活の無限の様態が含まれている。そのような敦煌の人々の語りかけをどのように聞きとり、描きだしてゆくか。われわれの関心の狭さで、見るべきことを見逃しているのではあるまいか。敦煌が遺してくれた豊富な資料の恵みを前にして、研究者としての責務を痛感することである。

［注記］

（１）　藤枝晃博士は、敦煌写本をＡ（北朝時代）、Ｂ（隋時代）、Ｃ（唐時代）、Ｄ（チベット支配時代—帰義軍時代）に紙質や筆跡などの特徴から帰納して類別される。なお、博士はトルファン出土の写本については、Ａにあたるものが更にＡＡ、Ａ、Ａ'に細分できることを写本の特徴から見極められた。関係論文は本書一三頁注記（６）参照。

フランスのドレージュ氏は、紙の厚さや紙質の特徴を精密に計測し、そのデータを集積して、時代判別の基準を定めようと試みている。Jean-Pierre Drége : Notes codicologiqes sur les manuscrits de Dunhuang et de Turfan, *Bulletin de l'école française d'extreme-orient,* Tome LXXIV（Paris, 1985）, pp. 486-504., L'analyse fibreuse des papiers et la datation des manuscrits de Dunhuang, *Journal Asiatique,* Tome CCLXXIV.

※　本研究は昭和63年度科学研究費補助金・一般研究（Ｃ）課題番号・63510204の研究成果を含む。

敦煌佛教年譜（チベット支配期）

[チベットの歴史]	[敦煌の歴史]		[敦煌佛教]
		750	
チソンデツェン王即位（754）	安史の乱（755-763）		曇曠、河西に旋帰 『金剛般若経旨賛』著作（霊州にて） 『大乗起信論廣釈』著作（涼州にて）
佛教の導入決定（761）			『大乗起信論略述』著作（甘州にて）
	チベット長安占拠（764）		曇曠、沙州に入る（763 ca.）
	涼州陥落（764）		『入道次第開決』著作
サムエ寺院地鎮（775）	甘州、粛州陥落（766）		『百法明門論開宗義記』著作
良琇・文素招く（781）	瓜州陥落（776）		『百法明門論開宗義決』著作（774）
建中の会盟（783）			
サムエ寺院落慶（787）	沙州陥落（786）		チベット賛普、曇曠・摩訶衍に質問（786）、『大乗二十二問』
	[チベット支配期] 786～848		敦煌僧尼人口調査、『辰年牌子暦』（788） 王維秘『浄名経関中疏』講義（789）
チソンデツェン王逝去（797）			チベット宗論（792-794）
		800	
チツクデツェン王在位（815-841）			
翻訳語欽定（814）			李教授闍梨『四分戒本疏』講義（819）
長慶の会盟（821-822）			チベット賛普『大乗経纂要義』を発布（822）
『デンカルマ目録』編纂（824）			『無量寿宗要経』『大般若経』大量写経（826-827）
ダルマ王殺さる（842）			法成『四法経廣釈開決記』集成（833、沙州永康寺にて）
			法成『諸星母陀羅尼経』訳（842、甘州脩多寺にて）
チベット国分裂（846）			法成『薩婆多宗五事論』訳（846、甘州脩多寺にて）
	張議潮沙州回復（848）		
	[張氏帰義軍時代] 848～905		
	呉洪辯都僧統（851-853在位）	850	
			法成『瑜伽師地論』講義（855-859） 法成死去（859 ?）
	翟法栄都僧統（863-869在位）		曹僧政『浄名経関中疏』を開元寺で講義（872）
	唐悟真都僧統（869-893在位）		
		900	

資料

資料目次

資料一　『大乗二十二問』

一　校訂本文

［校合諸写本］

A本＝Sch二六七四（大正原本。首部欠、尾完）　**B**本＝Pch二二八七（完本［首部破れあり、首題不明、尾題無］）　**C**本＝Pch二六九〇（首より第十九問まで）　**D**本＝Sch四二九七（首［首題部分欠］より五問まで）　**E**本＝位二〇（首［首題欠］より二問まで）　**F**本＝Pch二八三五（第一問のみ）　**G**本＝M一一三九（第五問のみ）　**H**本＝Sch二七〇七V（第十五問のみ）　**I**本＝Sch四一五九（第二十二問のみ）

[1]C本⇩二十二問

[2]B本、E本、F本⇩夫至教幽深。下凡不測。微言該遠。上智猶迷[3]。D本⇩況[4]曇[5]曠識量荒塘。学業膚浅。博聞既懵(ママ)於経論。精解又迷於[補1]理事。臥病既久。所苦彌深。気力転微。莫能登渉。伏[補2]枕辺外。馳恋　聖顔。深問忽臨。心神驚駭。将欲辞避[6]。恐負力課[補3]。疾[補4]苦之中。恭答甚深之義。敢申[7]狂簡。竊効[補5]微誠。然其問端。至極幽隠[補6]。或有往年曽学。或有昔歳不聞。所解者。以知見而釈之。未暁者。以通理而暢之。所懼[補7]不契　聖[補8]情[補9]。乖於本旨。特乞　哀恕。遠察衷[8]懃。

第一問云。菩薩離世俗之地。不向声聞[9]縁覚之行。欲令一切衆生除煩悩苦。作何法者。

謹対。謂諸凡夫。有人我執。由執我故。起煩悩業。沈溺三界。輪転四生[10]。受苦無窮。莫能自出。即此三界。可治可壊[11]。故名為世。隠覆真理。顕現妄法。又名為俗。地者。即是依持之義[12]。既依人執[13]A本⇩。世俗事成。故人我執。名世俗地。若二乗人。修我空観。了人我空。不起凡夫諸漏煩悩。不発世間生死漏業。雖離凡夫世俗之地。由有法執。見有五蘊生滅之法。執有世間三界之苦。深厭生死。楽求涅槃⇧F本[14]。不楽住世。救抜群品[15]。故是声聞縁覚之行。若初発心修行菩薩。自信己身有真如法。知心妄動。無前境界。修無相法。離一切相。都無所得。了人法空[16][補10]。乃人空故。不著三界。能離凡夫世俗之地。了法空故。不楽涅槃。不向声聞縁覚之行。了人法空。能離凡夫二乗之行。名菩薩行。故[17]『維摩経[18]』云。非凡夫行。非賢聖行[19][補11]。是菩薩行。此菩薩行。契順真如。離一切相。一切分別故。離凡夫世俗之地。不向声聞縁覚之行。能為衆生説如是法。令離一切煩悩之苦[20]。故修無念。離一切相。即是此中所作法也。

第二問云[補12]。又不退入行菩薩。内所思意。外身顕現。法中内修第一行法。何是外行。第一法是何。

謹対。所問深遠。文意難知[21]。須述両解。以通妙趣。第一釈云。夫云不退。総有三種。一信不退。即十住初。自信己身有真如法性無動念。是本源心[22]。由有此性。決定成佛。深信解故。分証真如。決定不退。大乗正信[補13]。心亦不退転。趣入二乗。亦能権現。化作佛身。八相成道。利衆生事。由得定信。成此功能。故此菩薩。名信不退。二証不退。即初地位。断分別障。正証真如。一念能至百佛世界。供養百佛。請転法輪[補14]。開導群生[23]。抜済含識。由証真如。離分別故。不起一切煩悩過失。永不退失真無漏心[24]。故此菩薩。名証不退。三行不退。即入八地[25]。常任運住[26]。純無性心[27]。在法駛流。任運[28]而転。刹那刹那。萬行倍増[補15]。外雖起化。不動無相。内雖無動。外化無窮。由不退動。無相行故。此位菩薩。名行不退。今此文中。言不退者。即此三位不退人也。言入行者⇧E本[29]。行謂行位。即入此三不退位也。此諸菩薩。内心所有思惟意楽。為化衆生。外起作用。是故名為外身顕現。即彼所修無相妙行。名為内修第一行法[30]。第二釈云。言不退者。即不動也。若心無念。名為不動也[31]。若至無念不動行中。名為不退入行菩薩。内心所有思惟意楽。行住[32]坐臥。常現在前。所修行中。是故名為外身顕現。而其内修無相妙行。常不動念。名為内修第一行法。

第三問云。修身口意。従初至修行(33)。行如何。

謹対。修身口意。須戒定恵。言修戒者。復有三種。一摂律儀戒。離身口意所有十悪。二摂善法戒。即身口意所修(34)行十善。三摂衆生戒。即行十善。利益衆生。修行如此三聚浄戒(補16)。即是初修身口意也。言修定者。身定。謂即結跏趺坐。不低不昻不傍不側。故「経偈」云。見盡跏趺像。魔王尚恐怖(35)。何況入道人。端坐不傾動。口定謂即。言成准的。語行相応。心口皆順。如説能行。如行能説。楷定正邪(36)。令物帰信。心定謂即。遠離散乱。常在有相無相三昧。恒不遠離心一境性。有相定者。即経所説。観佛三昧。観浄土等。無相定者。即経所説。離一切相。一切分別。身口意業。能如是定。即是次修三業地也。言修慧者。身慧有二。有相無相。二種別故。身謂眼耳鼻舌身也。身者聚義。聚此五種。総名為身。此五雖無計度随念。而亦得有微細分別。能取(37)色声香味触境。而生恋著。於此五塵。有二種慧。若能了知。是非好悪。不迷不謬。名為世間。有分別慧。若於此五。無所分別。雖声(38)聞知。而不貪著。是即名為無分別慧(39)。即修身業所有慧也。口業慧者。亦有二種。有相無相。二種別故。辯説善悪。命(40)衆生如是。名有相口業慧也。雖能記別。徳《ママ》失差別。而於其中。不著語相。雖終日語。而無所語。雖常説法。而無所説。是(41)即名為無分別語。是名依慧所修語也。言意慧者。亦有二種。有相無相。二種別故。若意了知。一切諸法。善悪得失。因果差別。捨悪従善。名有相慧。能於此中。都無所得。於一切法。無所取捨。心念不生。名無相慧。若身口意。依如是慧。而修行者。是究竟修身口意也。

第四問云。又今処於五濁悪世。自既無縛。彼亦無解。義如何者。

謹対。濁者滓穢。不清浄義。衆生所以処濁劫者。由自身命。不清浄故。衆生及命。皆渾濁者。由煩悩濁。有煩悩者。由其見濁。妄見塵沙。遍処生執。不清浄故。名之為濁。衆生本性。即是真如。常楽我浄(42)。具恒沙徳。自背(43)本源。妄生諸見。起煩悩業。受苦無窮。真楽本有失。而不知。妄苦本空。得而不覚。如是一切。皆従見生。見濁不生。諸濁皆静。若離妄念。照達心源。浄相尚無[44]。濁相寧有。離浄濁相。不見身心。無瘂無礙。誰縛誰解。了無解縛。乃能離縛。但自無縛。彼亦能解。如斯妙義。著在群経。伏願披尋[45]。照然自見。

[46]G本⇩第五問云。佛有有余無余涅槃[47]。此二涅槃。為別実有。為復仮説。

謹対。言涅槃者。是円寂義。円謂円満。具衆徳故[48]。寂謂寂浄。異苦障故。涅槃不同。諸教異説。就要而言。不過四種。一者。自性清浄涅槃。謂一切法[49]。本真如理。雖有客染。而本性浄。且無辺徳。湛若虚空。一切有情。平等共有。其性本寂。故名涅槃。二有余依涅槃。謂即真如。出煩悩障。此有二種。若二乗人。至無学位[50]。此生死苦身之上。断煩悩障。顕真如性。心徳寂静。名為涅槃。而此苦身。尚未棄捨。苦未寂静。名為有余依[51]。言余依者。即苦身也。若佛世尊。煩悩雖尽。⇧D本[52]身心寂静。名為涅槃[53]。有余無漏。常楽我浄。功徳身在。依此身上。所得涅槃。是故名為有余依涅槃。三無余依涅槃。謂即真如。出生死苦。此有二種。若二乗人。至無学位。一切煩悩。先以断尽[54]。今復更厭此苦依身。以滅尽定。滅其心智[55]。又自化火。焚分段身。無苦依身。諸苦永寂。是故名曰。無余依涅槃。若佛世尊。無漏功徳。所依身上。一切煩悩。生死苦悩。悉以寂静[56]。永無苦悩。余所依故。是故名曰。無余依涅槃。四無住処涅槃。謂即真如。出所知障。大悲大智。常所輔翼。由斯不住。生死涅槃。利楽有情。窮未来際。用而常寂。故曰涅槃。若諸菩薩。至第五地。能断下乗般涅槃障[57]。能証真如。無住真理。名為分得。無住涅槃、若佛世尊。一切障尽。摩訶般若。解脱法身。三事円満。名大涅槃。四涅槃中。一切衆生。皆有初一。二乗無学。容有前三。唯我世尊。可言具四[58]⇧G本。既四涅槃。皆依真立。就其出障[59]。立四不同拠。其真如体。無差別故。佛身上有余無余。但幻義存。実無有二。

第六問云。佛有三身。其法身者。周遍法界。化身各々在一切佛[60]。而其応身。有一有異。

謹対。然其佛身。諸教異説。或開或合。義理多門。今者先明。佛身之相。次則顕其開合之門。然後答其所問之義。統論[61]諸教。有五佛身。第一身者。是諸如来。真浄法界。具無数量[62]。真常功徳。無生無滅。湛若虚空。一切如来。平等共有。此有二名。一名法身。是報化身。諸功徳法。所依止故。二名自性身。真如乃是諸法自性[63]。是報化身。実自性故。第二身者。是諸如来。三無数劫。所集無辺。真実無漏。自利功徳。感得如是[64]。浄妙色身。諸根相好。一一無辺。相続湛然。盡未来際。此有三名。一名法身。諸功徳法。所集成故。二名報身。以果酬因。受楽報故。三名自受用。唯自受用。妙法楽故。第三身者。謂諸如来。三無数劫。所集無辺。利他功徳。随住十地。菩薩所宣[65]。所顕漸勝。相好之身。此有五名。一名他受用[66]。令他受用[67]。妙法楽故。二名報身。酬報菩薩。見佛因故。三名応身。応諸菩薩。浄心現故。四名化身。前後改転。如変化故。五名法身。諸功徳法。所荘厳故。第四身者。是諸如来。大慈悲故。為未登地。諸菩薩衆。二乗凡夫。所現微少[68]。麁功徳身。此有三名。一名化身。以非真身。如化現故。二名応身。但応凡小。心所現故。三名法身。亦功徳法。所聚集故[69]。第五身者。是諸如来。為化六道。外道等類。諸衆生故。所現種種異類身相。此有二名。一名化身。但是暫時変化現故。二名応身。暫応六道。衆生現故。非法身者[70]。非功徳法集成相故。明佛[71]身已。顕開合者。或有聖教。開為五身。依廣義門[72]。是分別故。或有聖教。開為四身。即五身中。前之四身。不説第五。第四摂故。暫時化現。非久住故。或有聖教。合為三身。謂法報化。此有三義。或合五中。前之二身。名為法身。其第一身。是真如理。其第二身。是真如智[73]。理智無別。合為一故。『金光明経』説。法如如智[74]。名法身故。其報身者。即是五中。第三佛身。報諸菩薩功徳因故。其化身者。即五身中。第四化身。謂化[75]地前凡小現故。第二義者。或初法身。即前五中。第一佛身。是諸功徳法之体故。言報身者。合前五中。第二第三。有経論中。皆名受用。為自為他。受楽報故。化身即是。五中第四。義如前説[76]。此依大乗経論説也。小乗経論。説法報化三身之義。與此不同。言法身者。即是如来。無漏戒蘊。定蘊。慧蘊。解脱蘊。解脱智見蘊。此五是其功徳之法。是諸賢聖。所依体故。名為法身。言報身者。即是王宮。父母所生。三十二相八十種好。酬報過去因[77]之果故。言化身者。即是如来所現。神通化[78]相。是此有二種。一者共有[79]。即同二乗。所有[80]化現。十八変等。二不共有。即如経説。如来所現。大神変身。或有聖教。合為二身。一者法身。即合五中。前之二身。二者化身。即合五中。後之三身。義如前説。或有聖教。合為一身。即是五中。前之四身。皆功徳法。総名為法。自体依止。聚集義故。総名為身。顕開合竟。答所問者。所言法身。周遍法界。此依五中。前二身説。真如妙理。及能証智。[81]理智平等。皆遍周故。[82]化身各々。在一切佛。即是五中。第四佛身。随彼彼佛。所現別故。応身為一。為異義者。此[83]言応身。即当五中。第三佛身。此佛応身。随応十地。菩薩所現。初地菩薩。所現佛身。坐於[84]百葉蓮華花臺上。一[85]葉有一大千世界。其佛身量。称彼蓮花。二地所見。[86]坐千葉蓮花。三地所見。坐萬葉[87]蓮花。乃至十地。如[88]是転増。初地見小。二[89]地見大。同処同時。不相障礙。不可言一。不可言異。不可言[90]一者。十地所見。各不同故。不可異者。所見之佛。無別処故。[91]菩薩所見。一異若斯。諸佛応身。一異亦爾。一[92]微塵中。有無量佛。一刹那中。含三世劫。一佛住処。有一切佛。一切[93]佛國。有一[94]佛。一即一切。一切即一。同処同時。不相障礙。以諸色法。無実体故。真如理智。無限礙故。如衆翳者。同於一処。所見差別。不相障礙。如衆燈光。各遍似一。由是義故。非但諸佛。所現応身。非一非異。乃至報身[95]化身亦爾。

第七問云。佛有一切智。因従修行六波羅蜜。但本性清浄。湛然不動。是一切智。此二種如何。

謹対。佛一[96]切智。[97]有因縁具足。乃得成就。本性清浄。湛然不動。是一切智者。據有因説也。因[98]従[99]行六波羅蜜。成一切智者。就具縁説也。因縁具足。一切智成。随闕一種。則不成就。此中随闕因縁義者。雖有内因。若不修行十波羅蜜。無由能成佛一切智。若雖修行十波羅蜜。而心取相。乖背本因。亦不能成。佛一切智。故『起信論』云。如是報身。功徳之相。因波羅蜜。無漏行薫。及由真如。不思議薫。内外二[100]薫之所成就。一切智用。在於報身。報身尚然。智何不爾。

第八問云。衆生若行諸菩薩行。発菩提心。如何発行。

謹対。夫欲修行[101]諸菩薩行者。先須発起。大菩提心。然此発心。有其二種。一令初根。発有相心。二令九機。発無相心。所言有相菩提心者。復有三種。一厭離有為心[102]。為説世間。生死苦悩。令其厭離。不楽有為。永断諸悪。為出離因。二欣楽菩提心。為説佛身。無量功徳。究竟安楽。令其欣楽。修行諸善。為成佛因。三悲愍有情心[103]。為説悲愍。一切衆生。自得無量。勝妙功徳。令生廣大。救度之心。此三名為大菩提心[104]。由有此心[105]。能行萬行。故経説此。名加行持。能持六度。加勝行故。所言無相菩提心者。菩提名覚。即是真如。此性澄清。離一切相。但離妄念。覚道自成。何仮起心。外念求取。若発心念。外求菩提。此乃妄心。返成流浪。縦修萬行。豈成菩提。今者但能一切不発。是名真実。発菩提心。所言菩提。既即是覚。不被一切煩悩破壊。即是諸法。真実之心[106]。所言発者。即是顕発。但能不起。一切妄情。菩提真心。自然顕発。是名真実。発菩提心。雖名発心。而無所発。由無所発。無所不発。乃是廣発。大菩提心。非但名為発菩提心[107]。亦名真行。菩薩妙行。如前三種。発菩提心。若無後説。真実発心。縦多劫修[108]。[109]終滞生死。如斯解釈。深契佛心。亦順大乘。無相妙理。

第九問云。十地菩薩。幾地有相[110]。幾地無想。有想無想。何者是行。

謹対。夫想与相。心境不同。想謂心想。相謂境相。心境互依。不可離別。今所問者。約心想言。経論所明。就境[111]相説。故『摂大乗』『唯識』等論[112]。説五地前。有相観多。無相観少。至第六地。有相観少。無相多観[113]。七地能得。純無相観。雖恒相続[114]。猶有功用。若至第八不動地中。常任運住純無相観。有相功用。永不現行[115]。故此八地。初一念心。所生功徳。過前両大阿僧祇劫。所行萬行功徳善根。第二念後[116]。倍倍増勝。此以此故知[117]。修無相行。百千万億恒河沙倍勝有相行。然菩薩萬行皆修[118]。但於所修。心無所住。是即名為。無相勝行。不以無相。都無所修。祇以有相。心有礙故。不能遍修。一切諸行。是故無相。心無礙故。乃能遍修。一切妙行。故経論説。八地已上。心無礙故。一切行中。起一切行。法駛流中。任運而転。刹那刹那。功徳増進。如是皆由得無相行。是故無相[119]。是真実行。

第十問云。菩薩具修諸解脱門。行法如何。

謹対。然解脱門。有其多種。如『花厳経』。善財童子。百二十処。求善知識。一一皆為。説解脱門。事具経文。雖以備載。就本而論[120]。具説一種。若入此門。諸門皆具。謂一切法。皆不離心。若心離念。無所分別。心無罣礙。即心解脱。諸解脱門。従茲証得。故経偈云。若分別境相。即堕於魔網。不動不分別。是則為解脱。又「経偈」云。相縛縛衆生。亦由塵重縛。善双修正観。方萬得解脱。

第十一問云。菩薩法身。与佛法身。同不同者。

謹対。『大般若経』最勝天会。所説法喩。正与此同今者謹依経文而説。最勝天王。重白佛言。如来法身。菩薩法身。如是二身。有何差別。佛告最勝天王。当知。身無差別。功徳有異。身無別者。同一真如。無別体故。功徳異者。由満未満。有差別故。菩薩法身。功徳未満。如来法身。功徳已満。譬如無價末尼寶珠。若未施[121]功。瑩磨荘飾。与施功力。磨瑩荘飾。如是二相。雖有差別。而其珠体。即無差別。当知此中。道理亦爾。同不同義。如経可知。

第十二問云。菩薩涅槃。及与輪廻。並不分別。義如何者。

謹対。夫見涅槃。由執生死。不見生死。何執涅槃。既都[122]無見。於何分別。且[123]二乗。未離法執。不了諸法。皆従念生。執有離心。生死苦法。見身心外。別有涅槃。執涅槃故。妄起欣求。著生死故。妄生厭離。是故欣厭。皆是妄心。其[124]猶怖夢。虎而生嫌。翫空花而自楽。菩薩了達。照見心源。生死本空[125]。亦何所厭。涅槃無相[126]。於何所欣。了空無相。心念不生。輪廻涅槃。故不分別。

第十三問云[127]。菩薩所知。不著[128]涅槃。不染世間。依何法者。

謹対。菩薩了知。法従縁起。如幻如化。非久非堅。既知諸法。虚妄不真。何彼世間法所染汚[129]。此依初教。作縁起観。知世如幻。能不染也。若能了達。一切唯心。法従心生。心外無法。今所見者。但見自心。離心[130]之外。都無所見。既無外法。何染世間。此依終教。作唯識観。乃能不染世間法也。若了境界。唯是自心。外境既無。内[131]心何見。心既無見。念本不生。一切皆知。何所染汚[132]。此依頓教。作真如観。則於世間[133]。無能所染。既知世法。一切皆如本来涅槃。何所取著。雖在世間。世法不染。雖得涅槃而不楽着。即是無住大般涅槃。是故菩薩。依此三種。所説法門。無染著也。

第十四問云[134]。又大乗法。智慧方便二種双行。衆生欲行。如何起行[135]。菩薩自在。則[136]可能行。衆生不然。何能行者。

謹対。此中義理[137]。意趣[138]難知。若不審詳。詎申妙旨[139]。今於此中。略述両解。一云。大乗之法。有俗有真。俗則諸法。若有若空。真謂都無。空之与有。為照空有。智慧要存。為泯有空。方便須立。照空有故。俗智得生[140]。泯空有故。真[141]智成就。若唯照俗。未免輪廻。若但観真。不起悲済。照俗之行。由智慧成。証真之功。由方便得。智慧方便。故要双行。若開[142]一門。不達二諦。二云。大乗之法悲智双行。自行化他。闕一不可。若無自行。不異凡夫。如不化他。乃同小聖。此中智慧。即是自行。以実智慧。証真如故。言方便者。即是化他。以権方便。化衆生故。鳥具二翼。乃得翔空。車有両輪。方能載陸。既知智慧方便二門。凡夫欲行。但依此理。不能依学[143]。即是凡夫。若能修行。是称菩薩。凡夫不学[144]。是繫縛人。菩薩[145]能行。成自在者。妄先修学[146]。成自在人。非先自在。然後修学[147]。故凡夫者。亦能修行。

[148]H本⇩第十五問云[149]。声聞縁覚菩薩三乗。於六塵境。各如何見。

謹対。三乗所見理合不同。然其二乗。多分相似。故有聖教。合名下乗。故見[150][151]六塵。不分[152]差別。而与菩薩。顕不同者。佛法理門。総有四種。因縁。唯識。無相。真如。二乗之人。唯了初一。知一切法。皆従[153]縁生。六塵境界。皆是実有。[154]見染見浄。有愛有憎[155]。不了第二唯識門故。未達諸法。皆従心生。執六塵境。心外実有。不達第三無相門故。不許諸法。本性[156]皆空。逐執六塵。実有自性。不[157]悟第四真如門故。不[158]信諸法。平等皆如。逐執六塵。一一差別。菩薩具解。四種理門。悟六塵境。假従縁起。縁無自性。一切皆空。心生[159]則生。心滅[160]則滅。若離[161]心妄。平等皆如。無是無非。無取無捨。宛然而有。宛然而空。此是菩薩所見相也。声聞縁覚。執相未亡。故与菩薩。所見全別[162][163]。⇧H本第十六問云[164]。菩薩[165]縁覚声聞三乗。初発心相。行法如何。

謹対。夫発心者。皆由因縁[166]。因謂衆生。出世本性。此性[167]即是。諸法真如。由有此性。当得出離。然為無明。所覆障故[168]。輪転三界。沈溺[169]死生。受苦無窮。不能出者。皆由不聞。三乗正法。此三乗法。法界所流。故能熏発。真如本性。令其発起[170]。三乗之心。此義云何。謂佛世尊。証真如性。此性即是。出世正因。如其所証。為衆生説。声発本性。故能発心。故発心因。是真如性。発心縁者。由聞三乗。聞大乗法。発大心者。即名菩薩。聞縁覚法。発縁覚心。名為縁覚。聞声聞法。発声聞心。即名声聞。今此菩薩発心相者。謂聞大乗。所説正法。説有為法。過患極多。世間諸法。皆可[171]破壊。諸佛功徳。最勝無辺。二乗極果。非是究竟。四生五趣。同一真如。一切衆生[172]。曾為父母。流浪生死。受苦無窮。発心救度。功徳無量。行菩薩行。能利自他。勇猛修行。速成佛果。由聞正法。能起信心。深厭世間。有為過患。於佛功徳。深起願求。於諸衆生。普欲救度。因此能発大菩提心。勇猛修行。菩薩妙行[173]。此是菩薩。発心相也。縁覚乗人。発心相者。此由宿世善根所成。於証果時。出無佛世。故発心相。微隠難知。謂於過去。種善根時。遇縁便修。不念果報。所聞正法[174]。便起信心。亦不思惟。勝劣徳《ママ》失。但楽早得。出離涅槃。不楽世間。生死果報。由此成就。解脱善根。善得人身。生無佛世。宿世所種。善根力強。暫遇外縁。成縁覚果。及得果已。不楽度人。常厭喧煩。楽独善寂。故有経中。名為独覚。此是縁覚発心之相。声聞乗人。発心相者[175]。謂曾聞説。四諦法門。知苦断集。証滅修道。知此苦身[176]。因煩悩集。若欲出苦。要断集因。若永断集。証涅槃楽。修八聖道。以為正因。聞此法已。深起願求。便能修行。戒空智慧。解脱分善従此得成。由此善根。生於佛世。遇佛聞法。便得涅槃。此即声聞発心相也。

第十七問云[177]。又此三種。皆入涅槃。声聞縁覚菩薩涅槃。各如何者。

謹対。経説三乗。皆同涅槃。然其涅槃。応有差別。声聞縁覚。勝劣雖殊。而彼所証。同我空理。故二乗者。涅槃不殊。今以二乗。同一位説。謂二乗人。於此身上。所得涅槃。名有余依。煩悩雖盡。苦身在故。飢渇寒熱。衆苦極多。深厭此身。以滅盡定。滅其心智。又身[178]化火。焚滅此身。身心都無。如燈炎滅。衆苦倶寂。名無余依。如太虚空。寂無一物。此是二乗。所得涅槃。二乗之人。作如是見。菩薩所得。涅槃義者。於此義中。有其二説。一依唯識漸教説者。地前菩薩。未得涅槃。一切苦障。皆未断故。地上雖得。百法明門。能証二空。真如妙理。為化衆生。起煩悩故。不得名曰有余涅槃。未捨生死。有微苦故。不得名曰無余涅槃。由有下乗般涅槃障。由是未得。無住涅槃。要至第[179]五地。方断此障。故至五地。方能証得。無住涅槃。此是菩薩涅槃相也。二乗所得。是有無余。菩薩所得。是無住処。故与二乗。涅槃別也。此依漸教。作此分別。若依頓教。分別説者。菩薩能了一切皆空。一切萬法。皆従心起。心[180]若不動。一切皆如。能除分別。執著心故。了真実相。不起妄心。即是清浄。涅槃妙理。雖得此理。都無所得。由無所得。無所不得。無所得故。離諸苦障。是無余依。無不得故。功徳成就。是有余依。生死涅槃。但無所住。是無住処。由無所得。自性無染。是名自性。清浄涅槃。此是頓教。涅槃相也。是謂三乗涅槃差別。

　第十八問云。「大乗経」中。有説三乗。是方便説。或説究竟。或説[181]二乗。皆得成佛。或説一乗。不得成佛。義如何者。

謹対。佛法教旨[182]。深廣無辺。随所化宜。隠顕異説。顕即究竟。真実理門。隠即方便。随転理門。随転理門。是不了義。随小乗宗。義可転故。真実理門。是真了義。是実大乗。円極理故。由有二種理門別故。経或説有定姓二乗。或経説有不定姓[183]二乗。或得成[184]佛。或[185]不成佛。総説[186]須然。別分別者。略明種姓。有其二門。一就種子。別立五乗。二就真如。唯立一性[187]。初約種子。立五性[188]者。無盡意等。諸経所説。一切衆生。有五種性[189]。一無種性。謂無三乗。出世[190]種子。由此畢竟。常処凡夫。二声聞性[191]。謂即本有声聞種子。由此定成声聞菩提。三縁覚性[192]。謂[193]即本有縁覚種子。由此定成縁覚菩提。四佛種性。謂即本有成[194]佛種子。由此定得[195]無上菩提。五不定性。謂具三乗無漏種子。由此漸得三乗菩提。此[196]五種子。非是新生。従本已来。法爾而有。諸経論中。言佛性者。即是第四成佛正因。由有此性。当成佛故。故此種子。名為佛性。不以真如。名為佛性。若以真如。為佛性者。草木瓦石。皆有真如。則草木等。皆応成佛。経説衆生。得成佛者。唯約有此佛種性[197]人。而説一切。皆成佛者。即是一切。有佛種者。非前三類。皆得成佛。経説二乗。不成佛者。説第二三決定性[198]人。定入涅槃。不成佛故。有説二乗。得成佛者。唯約第五不定性[199]人。廻心向大。乃成佛故。経説闡提。不出世者。但約第一無種姓人。無三乗因。永沈溺故。衆生既有如是五性[200]。故佛為説五乗法門。為第一人。説人天法。五戒十善。生人天故。為第二人。説四諦法。[201]令観染浄。成阿羅漢[202]故。為第三人。説十二因縁。[203]令観因縁。成縁覚故。為第四人。説波羅蜜。令修萬行。得成佛[204]故。為第五人。具説三乗。令漸修行。成佛果故。既有如是。定性[205]三乗。故三乗法。是其実理。而有経中。説一乗者。但為引摂不定性[206]人。令捨二乗。向佛果故。就権方便。仮説一乗。定性二乗。若成佛者。則一乗法。応是真実。何故『深密』。及諸経中。説一乗法。是不了義。復約真如。立一性者。即『涅槃』等諸経。皆説一切衆生皆有佛性。即是。諸法真如。一切衆生。平等共有。由有此性。皆得成佛。故説衆生。皆唯一性。既諸衆生。皆当得佛。即一切行。皆順真如。是故唯立。一乗正法。而経有説。五乗性者。但由無明。厚薄不同。出[207]世因縁。有小有大。故有五乗。種姓差別。無明厚者。未起信心。是阿闡提。名無種性。無明薄者。[208]発出世心。随[209]聞三乗。成三乗性[210]。故有三乗。決定性人。若於[211]三乗。倶可愛楽。是故名為。不定性[212]人。此五種性[213]。既近熏成。近可令其。得利楽故。故佛随姓。為説三乗。為無姓人。[214]説人天法。為三乗人。説三乗法。然其三乗。有隠有顕。初為別摂。小乗性[215]人。令其証得。小乗果故。是故隠覆。為説小乗。不言所説。是小乗法。不道別有。無上大乗。佛説自身。是阿羅漢。我与汝等。同在一乗。衆生由是[216]。得成聖果。不知別有。究竟大乗。執我与佛。等無差別。世尊為破。如是執着。及為別摂。大乗姓人。令普修行。大乗法故。更為顕説。三乗法門。乃説三乗。是其実理。言一乗者。是権教門。『解深密経』。依此而説。此就麁淺。近縁門説。有此五性。三乗法門。若就真如。微細正因。一切衆生。皆有佛性。是故究竟。唯有一乗。一切二乗。皆得成佛。決定実無定性二乗。十方佛土。[217]唯一乗法。故知実理。唯一佛乗。『法花経』等。依此而説。而『深密経』言一乗法。不了義者。一乗有二。一者方便。即前所説。合三為一。権説一乗。二者真実。即『法花』説。会三帰[218]一。実説一乗。『深密』所言。一乗之法。不了義者。説前一乗。非説『法花』。後教一乗。在『深密』後。説『法花』故。既知衆生。皆有佛性。一切皆得。成佛菩提[219]。故無一分。無性衆生。盡未来際。不出離者。亦無一類。定性二乗。定入涅槃。不廻心者。如此説者。是小乗教。設有大乗。作此説者。当知[220]皆是随転理門。非是大乗。究竟実理。

第十九問云[221]。経説声聞所得涅槃。与佛無異。後智三身。一切並滅。猶如燈焔。滅即無余。此是定説。是不定説。

謹対。声聞涅槃[222]。与佛全別。言無異者。是小乗宗。佛為化彼下性衆生。令其証得阿羅漢果。説身極苦。令起厭心。但有心[223]身者。皆是苦悩。故得涅槃。一切皆滅。由此永寂。安楽無為。而我修行[224]。成此滅度。我所得者。汝亦得之。故説三乗。同一解脱。説佛与彼。同一涅槃。後智三身。一切皆滅。如燈焔滅。余盡亦無。依小乗宗。而作此説。據其実理。或即不然。言涅槃者。是円寂義。円謂円満。三徳具足。寂謂寂静。衆苦皆無。三身若無。説誰円寂。四智既滅。誰証涅槃。故佛涅槃。非是永滅。萬徳具足。衆善斯円。據此涅槃。唯[225]佛独[226]有。故声聞等。未得涅槃。方便門中説。声聞得涅槃不同[227]。有其二種。一者方便。二者真実。方便涅槃。又有二種。一者外道。二者声聞。外道即以。生無想天。生無色界。離欲界苦。仮説涅槃。声聞即以。断麁煩悩。入滅盡定。麁動息滅。名曰涅槃。亦与外道涅槃差別。外道滅度。不離[228]四生。声聞涅槃。乃出三界。雖与外道滅度不同[229]。亦与大乗涅槃有異[230]。大乗所得。究竟無余。真実無為。常楽我浄。声聞所得。但名有余。未名無余究竟滅度。有三種余。非無余故。言三[231]余者。一煩悩余[232]。即所知障。二業行余。即無漏業。三果報余。即意生身。総説雖然。別分別者。以諸聖凡有二種障。由此能感。二種生死。以煩悩障。従我執起。能発凡夫。五趣漏業。能感凡夫。分段苦身。以所知障。従法執[233]生。能発聖人。浄分別業。感得聖人。変易苦身。二乗已能断煩悩障。滅有漏業。離三界生。能得有余涅槃楽故。厭此麁苦。所依身心。欲入無余。寂滅安楽。以滅盡定。滅其心智。又以化火。焚焼苦身。謂言一切。如灯[234]焔盡。所滅心者。滅六識心。豈能滅得阿頼耶識。所焚身者[235]。焚分段身。豈能焚得。変易身相。非彼知見。不能除故。分段身心。雖然滅已。由所知障。不能滅故。復無漏業[236]。亦不捨故。阿頼耶識[237]。不可断故[238]。法爾皆有[239]。変易報続。此変易報。名意生身。此身微細。余不能見。欲入滅時。滅六識故。意生身上。六識[240]不行。如重酔人。都無知覚。後滅盡定。勢力[241]盡故。佛悲願力。所資重故[242]。還従定起。如重酔醒。見意生身。在佛浄土。始知不是。無余涅槃。故『楞伽経』依此偈云。三昧酒所酔。乃至劫不覚。酒消然後覚。得佛無上身。又『智度論』依此説云。有妙浄土。⇧C本[243]出過三界。諸阿羅漢。生在其中。既声聞等。求[244]得涅槃。豈更与佛。涅槃無異。故前所言三[245]乗涅槃。与佛同者。是不定[246]。定執見小乗。妄興此論。達観君子。詎可従之。

第二十問云[247]。「大乗経」説。一切諸法。皆無自性。無生無滅。本来涅槃。既爾如何更須修道。一切自然得涅槃故。

謹対。佛説法空。為除有執。有執除已。空法亦除。若更執空。却成重過。如薬治病。病息薬亡。既於薬病。皆不合留。故於有空。並不可著。故『深密経』。依此義云。勝義生菩薩白佛言。世尊。世尊初説一切諸法。生相滅相。未生令生。生已相続。増長廣大。世尊復説。一切諸法。皆無自性。無生無滅。本来寂静。自性涅槃。未知世尊。是何密意。世尊告言。我初為彼未種善根。令得[248]種故。未滅諸障。令其滅故。未滅資糧。令成熟故。故為宣説。生相滅相。未生令生。生已相続。若諸衆生。已種善根。已滅諸障。已能成熟。福知資糧。然由未能除其執着。未能証得。安楽涅槃。故我為説。一切諸法。皆無自性。無生無滅。本来寂静。自性涅槃。若諸衆生。已種善根。已滅諸障。已成資糧。是智慧類。非愚痴類。聞我説是。無自性法。便能信受。善解佛意。如理修行。而離執着。証得究竟。安楽涅槃。此無自性。無生滅法。則於彼人。成大利益。若諸衆生。未種善根。未滅諸障。未成資糧。聞我説是。一切諸法。皆無自性。無生滅法。雖能信受。不能善解。所説意故。而定執着。由執[249]着。起断滅見。執一切法。実無性等。於諸善法。不肯修行。不種善根。不滅諸障。不能成就。福智資糧。誹謗[250]一切。有自性法。破滅一切。功徳善根。故無自性。甚深妙法。即於彼人。成大[251]衰損。経文極廣。旨散文弘。故於今者。探意而説。至教昭著。自可依憑。如或廣明。恐成繁重。

第二十一問云[252]。其含蔵識。与大智慧。雖有清濁。是一是異。義如何者。

謹対。含蔵識。是阿頼耶。大智慧者。即如来蔵。有大智慧。光明性故。清濁雖異。性相難分。由此言之。非一非異。故『密厳経』。依此偈云。如来清浄蔵。世間阿頼耶。如金与指環。展転無差別。金与指環。喩如来蔵。与阿頼耶。非一異義。非一異者。如『楞伽経』云。泥団微塵非一[254]非異。金荘厳具。亦復如是。謂金全体。以成指鐶。故金与鐶。不可一異。若金与環是一者。鐶相滅時。金体応滅。鐶相若滅。金体不亡[255]。故金与環。不可言一。金与環相。若是異者。豈離金外。環相得存。非可離環。別求金体。金与環相。非一異成。蔵識与智。当知亦爾。如来蔵者。即是真心。阿頼耶者。乃是妄識。真心清浄。即是本源。妄識生滅。乃成流浪。総説雖然。別分別者。謂如来蔵本源真心。性雖清浄。常住無為。而亦不守本清[256]故。受無明崚。動成妄識。随流生死。而作衆生。雖成衆生。不失本性。故離妄識。還帰本源。若如来蔵。守常住性。不作衆生。有常辺過。若如来蔵。成衆生時。失其本性。有断辺過。既如来蔵。非断非常。故与妄識。非一非異。若定一者。妄識滅時。真心応滅。即随断辺。若定異者。妄識動時。真心不動。即堕常辺。離此二辺。故非一非異。所問之因。依法性宗。所対之門。依頓教立。與唯識等。義稍不同。宗旨有殊。伏惟昭鑒。

第二I本⇩十[257]二[258]問云。佛在[259]世時。[260]衆僧共行一法。乃[261]佛滅後。分為四部不同[262]。於四部中。何是一法。

謹対。[263]佛在世時。大師導世。真風廣扇。法雨遐霑。共稟慈尊。別無師範。大士壊道。不二法門。小乗遵途。混一知見。並無異轍。咸稟通達。乃至覚帰真。邪魔孔熾。群生失御。正法陵夷。遂使一味之法。分成諸見之宗。三蔵微言湮滅。群迷之口。競申別趣。各擅師資。互起憎嫌。更相黨援。始分部執。盛開二十之名。終久流行。但聞四五之[264]説所言四者。即是西域。各有三蔵。盛行四宗。一上座部。二説有部。三大衆部。四正量部。言五部者。即是東方。

但就律宗。説[265]有五部。一者薩婆多。即十誦律。漢地似行。二曇無徳。即四分律。漢地盛行。三彌沙塞。即五分律。漢地少行。四摩訶僧祇。即僧祇律。漢地不用。五迦葉[266]毘耶。空[267]伝律名。但有戒本。東方五部。従西域来。西域四部。咸伝本有。皆称佛説。並号聖言。今者須明有之始末。部執初興。即二十別。及伝永久。唯[268]四五存。先明二十名之所因。後配四五教之同異。言二十部者。『文殊経』云。十八及本二。皆従大衆出。無是亦無非。我説未来起。所言本二。有[269]其両重。佛涅[270]槃後。十有二年。大迦葉波。思集法蔵。撃妙高山。普告之曰。諸聖者等。勿入涅槃。集王舎城。当有法事。是時四洲聖衆咸集。未生怨王。盛興供養。過七日已。大迦[271]葉波。恐人衆多。難成法事。簡取五百無学聖僧。精持三蔵。具多聞者。於七葉窟。而座安居。雨前三月。集成三蔵。一素怛羅。二毘奈耶。三阿毘達摩。余衆亦有通三蔵人。既被簡退。共悲嘆曰。如来在日。同一師学[272]。法王寂滅。簡異我曹。欲報佛恩。宣集法蔵。於其窟外。空閑林中。坐雨安居。集成五蔵。前三更加。呪蔵雑蔵。初以迦葉[273]。僧中上座。名上座部。後以凡聖大衆同居。名大衆部。此即是其第一重本。既結集已。於二法蔵。随楽受持。不相非序。至佛滅後百有余年。去聖時俺《ママ》。如日久没。摩羯陀國。倶蘇摩城。王号無憂。統摂瞻部。感一白蓋。化洽人神。是時佛法大衆初[274]破。謂因四衆。共議大天。五事不同。分成両部。言四衆者。一龍象衆。二辺鄙衆。三多聞衆。四大徳[275]衆。言大天者。末[276]兎羅國。有一商人。婚娶幼妻。生一児子。顔貌[277]端正。字曰大天。商人貿遷。久滞他國。子既年壮。母逼行烝。後聞父還。心懐怖懼。與母設計。遂煞殺之。恐事漸彰。共竄他國。逃難展転。至波吒釐。彼城遇逢。門師羅漢。恐泄家事。矯情殺之。母後他非。其子遇見。悔恨交集。遂又殺之。雖造三逆。不断[278]善根。憂悔罪深。何縁当滅。伝聞沙門。有滅罪法。遂至鶏園。伽藍門外。見一苾芻。誦伽他曰。若人造重罪。修善能滅除。彼能照世間。如日出雲翳。大天聞偈。踊躍[279]帰知。故[280]請出家。有僧遂度。性識聡敏。三蔵遽通。詞論既清。善於化導。波[281]吒釐人。無不帰仰。既耽名利。悪見乃生。矯言我得。阿羅漢果。五悪見事。従此而生。既称得聖。人惑聖凡。育王頻請。説法供養。見諸宮女。不正思惟。於夢[282]寐中。漏失不浄。

涜衣弟子。怪而問之。豈阿羅漢。有斯漏失。大天矯答。魔嬈使然。以漏失因。有其二種。煩悩漏失。羅漢即無不浄漏失。無学未免。羅漢豈無便痢涕唾。然諸天魔。常疾佛法。見行善者。便往壊之。縦阿羅漢。亦被嬈乱。故我漏失。是彼所為。汝今不応有所疑怪。又彼大天。欲令弟子。益生歓喜。親附情発。次第矯受。四沙門果。弟子怪疑。咸来白曰。阿羅漢等。応各証知。如何我等。都不自覚。大天告曰。諸阿羅漢。亦有無知。勿自不信。謂諸無知。亦有二種。一者染倿。羅漢即無。二不染倿。無学[283]猶有。由斯汝輩。不能自知。又於一時。弟子啓白。曾聞聖者。已度諸疑。如何我等。尚疑諦宝。大天又告。諸阿羅漢。亦未免疑。疑有二故。随眠性疑。羅漢已無。処非処疑。無学[284]猶有。独覚於此。而尚有之。況汝声聞。能無疑惑。設諸弟子。披読諸経。因白師言。経説無学[285]。有聖慧眼。我於解脱。応自証知。如何但由師言悟入。彼即答言。有阿羅漢。但由他入。不能自知。如舎利子。智慧第一。佛若不記。猶不[286]能知。況汝等輩。非由他入。是故汝等不応自軽。然彼大天。雖造衆罪。不起邪見。不断善根。後於夜中。自懐罪重。当於何処。受諸極苦。憂惶所逼。数唱苦哉。近住弟子。驚怪来聞。彼便告言。我呼聖道。謂有聖道。若不至誠。称苦命喚。終不現前。故我昨夜[287]。唱苦哉矣。大天於後。集先所説。五悪見事。而作頌[288]。余所誘無知。猶預他令入[289]。道因声故起。是名真佛教。十五日夜。布灑陀時。次当大天。昇座誦戒。彼便自誦。所告伽他[290]。爾時衆中。有学[291]無学[292]。多聞持戒。修静慮者。聞彼所説。無不驚呵。咄哉愚人。寧作是説。此於三蔵。曾所未聞。咸即翻彼所説。頌云。余所誘無知。猶豫他令入。道因声故起。汝言非佛教。於是竟闘諍紛然。乃至崇朝[293]。朋黨転盛。城中仕《ママ》庶。乃至大臣。相次来和。皆不止息。王聞見已。亦復生疑。遂乃令僧。両朋別住。賢聖朋内。耆年雖多。而僧数少。大天朋内。耆年雖少。而衆数多。王遂従多。依大天語。訶伏余衆。事畢還宮。時諸聖賢。知衆乖違。欲往他所。育王聞已。自怒令曰。宜載破船。中流墜溺。験其聖凡。時諸聖衆。遂運神通。又接同志。諸凡夫衆。変種種形。陵空而去。王聞悲悔。遣人追尋。王躬固迎[294]。僧殻辞命[295]。王遂総捨迦湿彌羅。造僧伽藍。安置聖衆。於後大天。相者見云。竊記七日。定当命盡。

弟子聞已。憂惶白師。便矯答言。[296]吾久知矣。遺人散告。涅槃之期。王庶悲哀。[297]香薪焚葬。火至便滅。竟不能然。占相者云。不消厚葬。宜狗糞汁。而洒穢之。便依其言。火遂炎[298]発。焚蕩儵盡。飄散無遺[299]。由是[300]乖諍。僧成両部。大天朋[301]黨。取結集時。大衆為名。名大衆部。諸賢聖衆。取結集時。上座為名。名上座部。此即本部。第二重分。是十八部之根本也。大衆部中。既無賢聖。二百年初。因有乖諍。前後四破。流出八部。通成九部。上座七破。通成十一部。共計通成二十部也。其如『百法抄』中。初[302]第一[303]。流出三部。一者説世出世法[304]皆是仮。既唯説假。名一説部。二者世法顚倒。則不名実。説出世法実。名説出世部。三者。上古有仙。染鶏生子。部主姓氏。名鶏胤部。第二破者。又因乖諍。流出一部。此師学廣。玄悟佛経。勝過本部。名多聞部。第三破者。又有一師。説世出世。亦有少仮。不同一説。及説出世。名説仮部。第四破者。二百年滿。有一外道。捨邪帰正。亦名大天。重詳五事。分出三部。一者此人所居。山似霊廟。即依本処。名制多山部。二者又有一類。与此乖違。住制多山西。名西山住部。三者又有一類。乖前二見。住制多山北。名北山住部。故大衆部。四破別分。本末別説。有其九部。其上座部。賢聖住持。経爾所時。一味和合。三百年初。四百年末。本末七破。為十一部。第一破者。有一大德。造『発智論』。令後進者。研究深[305]宗。其諸上坐。先唯習定。既遭詰難。自恥無智。避[306]諸論者。移居雪山。転立別名。名雪転部。其学論者。説一切法。皆有実体性[307]。名説一切有部。又説有為因。亦名説因部。第二破者。於有部中。流出一部。上古有仙。染牛生子。是部性名犢子部。第三破者。従犢子部。流出四部。一謂部主。有法可上。法在人上。名法上部。二顕部主。姓賢且善。賢聖苗裔。名賢胄部。三顕部主。善立法義。刊定無邪。其量必正。名正量部。四謂部主。所居近山。林木蓊欝。繁而且密。名密林山部。第四破者。復従有部。流出一部。謂此部主。身雖出家。本是國王。名化地部。第五破者。従化地部。流出一部。部主業弘。含容正法。如蔵之密。名法蔵部。第六破者。三百年末。復従有部。流出[308]一部。部主上代[309]有仙。身真金色。飲弊余光。名飲光部。第七破者。四百年末。復従有部。流出一部。自称我以慶喜為師。依経立量。名経量部。

説有種子。能従前世。転至後世。名説転部。如是上座本末重破。兼本共成十一部計。通前九部[310]。為[311]二十焉[312]。一大衆部。二一説部。三説出世部。四鶏胤部。五説仮部。六多聞部。七制多山部。八西山住部。九北山住部。十上坐部。十一説一切有部。十二犢子部。十三法上部。十四賢冑部。十五正量部。十六密林山部。十七化地部。十八法蔵部。十九飲光部。二十経量部。已[313]明二十部[314]因由竟。以四五部。相配属者。漢地所明[315]。五部名中。薩婆多者。即四部中。説一切有。当二十中。第十一部。曇無徳者。唐言法蔵。四部中無。即二十中。第十八部。彌沙塞者。唐言化地部[316]。四部中無。是二十中。第十七部。摩訶僧祇。四中大衆。即二十中。第一部也。迦葉毘耶。唐言飲光。即二十中。第十九部。其四部中。初一上坐。五部中無。即二十中。是第十部。四中正量。五部中無。是二十中。第十五部。如是東西。共行六部。一上坐部。二説有部。三大衆部。四正量部。五化地部。六法蔵部。余十四部。両処不行。其化地部。本出印度。印度已滅。于闐盛行。其法蔵部。本出西方。西方不行。東夏廣闡。化地有部。漢地似行。上坐正量。印度盛行。余方不見。初分部時。二十具足。去聖漸遠。法教淪涓。住持人無。部計即滅。住持人在。部計乃存。不以諸部。有是有非。而其部執。有存有没。不以法有。法[317]用不用。而於諸部論正論邪。如折金杖。彼此倶金。但依修行。皆得四果。如有毀謗。並堕三塗。情見不乖。皆是一法。知見宣者[318]。即相是相。非識解寛者。乃無彼無此。迷情執見。則有憎毀過生。若達士通情。豈有慊謗正法。以斯解釈。用[319]蕩群疑。願審参詳⇧I本[327]。無迷一法。

大[321]乗二十二問本

丁[322]卯年三月九日写畢　比丘法燈書⇧A本B本[333]

資料一・校勘記

(1) C本⇩ (2) B本、E本、F本⇩ (3) 智
＝知E (4) D本⇩ (5) [曇]―DE (6)
(既)＋将E (7) 申＝中E (8) 衷＝忠B
(9) [聞]―F (10) 生＝先F (11) 壊＝懐F
(12) 依＝於B (13) A本⇩ (14) ⇧F本
(15) 故是＝是故A (16) [乃人空]―A (17)
[故]―B (18) [経]―B (19) [非]―C (20)
悩＋(灯)C (21) 文＝問D (22) 源＝
原C (23) 導＝道DE (24) 真＋(如)C (25)
[入]―E (26) 運＝軍A (27) 性＝相BCE
(28) 運＝軍A (29) ⇧E本 (30) 行法＝法行A
BD (31) [也]―BC (32) 住＝往B (33)
修＝終B (34) [修]―B (35) 尚恐＝上驚D
(36) 令＝命AB (37) 取＝趣C (38) 声＝了B
C (39) 即＝則BD (40) 命＝令BCD (41)
即＝則D (42) [浄]―D (43) 背＝皆D (44)
尚＝上D (45) 照＝昭BD (46) G本⇩ (47)
[此二涅槃]―A (48) 徳＝得AC (49) 法＝衆生
C (50) 位＋(依)BCG (51) [為]―BCG

(52) ⇧D本 (53) 為＝得BC (54) 以＝已BG
(55) 智＝知C (56) 以＝已ABG (57) 涅＝温
G (58) ⇧G本 (59) [出障立四]―A (60)
[其]―A (61) 諸＝之C (62) 真＝其A (63)
法＋(身)A (64) [浄]―A (65) 顕＋(謂)A
(66) 令＝命A、[令他受用]―C (67) 妙＝好A
(68) 少＝妙AC (69) 聚集＝集聚A (70) (71)
[身]―A (72) 是＝具BC (73) 如＝実BC
(74) 如＋(及如如)B (75) [化]―A (76) 此依
＝依此B (77) [之]―A (78) 相＋(身)BC
(79) [有]―A (80) 化現＝現化A (81) [理智]
―AB (82) [周]―A (83) [言]―A (84)
[於]―A (85) [一葉]―A (86) [坐]―A
(87) [蓮]―B (88) 如＝而C (89) 地＋(是)C
(90) [言]―B (91) [菩薩所見一異若斯諸佛応身一
異亦爾一微塵中有無量佛]―A (92) [塵]―C
(93) [佛]―A (94) 一＋(切)AB (95) [身]―
AC (96) 智＋(有因有縁)AB (97) [有]―B
(98) 従＝縁A (99) [行]―A (100) 薫＝重AB

(101) [諸]—AB (102) [有]—AB (103) 有＝友
AB (104) [三]—C (105) [有]—A (106) 之
＝真AB (107) [名]—A (108) 修＝行C (109)
[終]—A (110) 相＝想BC (111) 境相＝相境A
(112) [地]—A (113) [観]—A (114) 猶＝由A
(115) 行＝前C (116) 後＝須C (117) [此故]—A
(118) 薩＝提道BC (119) [無]—A (120) 論＝証
C (121) 功＝工C (122) [無]—B (123) 且＝
具如AB (124) 猶＝由AB (125) 何＝可AB
(126) 相＝想B (127) [云]—B (128) 著＝善A
(129) 汚＝佞C (130) [心]—A (131) 内心＝心内
AC (132) 汚＝佞C (133) 間＝法B (134)
[云]—B (135) [何起]—AB (136) [可]—A
(137) [中]—A (138) 趣＝取A (139) 申＝身AB
(140) 生＋(滅)AC (141) 智＝如AB (142) 開＝
闕B (143)(144) 学＝孝A (145) 菩薩＝共A
(146)(147) 学＝孝A (148) H本⇩ (149) [云]—B
(150) [故]—A (151) 見＋(有)AH (152) [分]—
AH (153) (因)＋縁A (154) [見染]—C (155)
憎＝増CH (156) [皆]—A (157) [悟]—A

(158) [信]—A (159) 則＝即A (160) 則＝即A
[則滅]—C (161) 離心＝心離BC (162) [全]—A
(163) ⇧H本 (164) [云]—B (165) [菩薩]—AB
(166) 縁＋(因故)C (167) [性]—C (168) [故]—
A (169) 死＝四B (170) [発]—AB (171)
[可]—A (172) [生]—A (173) [行]—A (174)
正＝政B (175) [謂……一切苦]三〇二文字—C
(176) [苦]—A (177) [云]—B (178) 身＝自B
(179) [第]—BC (180) [心]—C (181) [説]—A
(182) [旨]—AB (183) [姓]—BC (184) 成佛＝
佛成B (185) [或]—C (186) 須＝雖C (187)
(188)(189) 性＝姓AB (190) 世＝性C (191)(192)
性＝姓A (193) [即]—A (194) [成]—A (195)
[得]—C (196) [五]—A (197) 性＝姓AB
(198)(199)(200) 性＝姓B (201) 令＝命A (202)
[故]—C (203) [令観因縁成縁]—C (204) 佛＋
(果)B (205)(206) 性＝姓B (207) 世＋(不)C
(208) 発＝初A (209) 聞＝同A (210) 性＝姓B
(211) 三＝二C (212)(213) 性＝姓B (214) 説人＝為
C (215) 性＝姓A (216) [是]—AB (217) 唯＋

(有)C　(218)　[帰]―C　(219)　提＝薩AB　(220)
[是]　―　A　(221)　[云]　―　B　(222)　与　＝　余　A　B
(223)　[心]―AB　(224)　成＝皆C　(225)　佛独＝独
佛BC　(226)　有＝得B、徳C　(227)　有其＝其有C
(228)　四＝死C　(229)　同＝問A　(230)　異＝与C
(231)　三＝無A　(232)　余＋(故言三余言)C　(233)
生＝起BC　(234)　灯＝証A　(235)　者＋(焚身者)A
(236)　業＝障C　(237)　[識]―A　(238)　断＝段A
(239)　爾＝示AB　(240)　識＋(不識)C　(241)　[力]
―C　(242)　重＝薫C　(243)　⇧C本　(244)　求＝
未B　(245)　三＝二B　(246)　定＝言B　(247)
[云]B　(248)　得＝其B　(249)　着＋(故)B　(250)
[謗]　―　B　(251)　大　＋　(乗)　B　(252)　[云]　―　B
(254)　(非)＋一―A　(255)　亡＝已B　(256)　清＝静
性B　(257)　I本⇩　(258)　[云]―BI　(259)
世＋(之)I　(260)　衆僧共業一法＝法摂一味I　(261)
佛＝聖I　(262)　[不同]―I　(263)　[佛在……更相
黨換]一〇三文字―I　(264)　之＝云AB　(265)
[説]―A　(266)　葉＝摂A、＝福B　(267)　(律)＋空
A　(268)　唯＋(永)B　(269)　[有]―I　(270)　四

＋(潤)AB　(271)　葉　＝　摂　A　(272)　学　＝　孝　A
(273)　葉＝摂A　(274)　[初]―BI　(275)　[大]―A
(276)　[末兎…]―I　(277)　貎＝貝B　(278)　[断]―
A　(279)　知帰＝帰知A　(280)　故＝固B　(281)
波＝彼A　(282)　(夜)＋夢A　(283)　猶＝由A
(284)(285)　学＝覚A　(286)　能＝自B　(287)　[昨]―
A　(288)　頌＋(曰)B　(289)　令＝命A　(290)　告
＝造B　(291)(292)　学＝覚A　(293)　朋＝用B
(294)　迎＝仰A　(295)　命＝令A　(296)　定＝言B
(297)　[薪]―A　(298)　炎＝焚A　(299)　[…無遺]―
I　(300)　是＝因I　(301)　朋＝用A　(302)　[初
第…]―I　(303)　一＋(破)B　(304)　[世]―A
(305)　深＝染A　(306)　[諸]―A　(307)　姓＝性A
(308)　[出]―A　(309)　代＝我A　(310)　[…九部]―
I　(311)　為＝言I　(312)　焉＝部者I　(313)
[已明]―I　(314)　[因]―I　(315)　明＝的A
(316)　(四)＋部BI　(317)　[法]―BI　(318)　者＝
先A　(319)　[蕩]―A　(320)　⇧I本　(321)　[大
乗二十二問本]―B　(322)　丁卯年三月九日写畢比丘法
燈書＝丙申年二月　日書記　B　(323)　⇧A本、B本

補注

（補1）［於］—E　（補2）［枕］—E　（補3）力＝刀F　（補4）（虚）＋疾F　（補5）［微］—F　（補6）［或有］—F　（補7）［不］—F　（補8）情＝精F　（補9）（偶心）＋乖F、乖＝乗F　（補10）乃＝了E　（補11）［行］—E　（補12）［又］—E　（補13）［心］—E　（補14）輪＝論E　（補15）倍＝位E　（補16）（結）＋跏A

二　訓読

[1]二十二問

[2]夫れ、至教は幽深にして、下凡は測れず。微言は該遠にして、上智すら猶迷う。況や曇曠は識量荒塘にして、学業は膚浅なり。博聞既に経論に懵く、精解せんとするもまた理事に迷う。[3]病に臥して既に久しく、苦しむところ弥よ深し。気力転《うた》た微にして、能く登渉する莫し。枕に辺外に伏して、聖顔を馳恋するのみ。

深問、忽に臨みて、心神驚駭す。将に辞避せんと欲すも、力課に負《そむ》くを恐れ、[4]疾苦の中、恭しく甚深の義に答う。敢て狂簡を申べて、竊《ひそか》に微誠を効《いた》す。然るに其の問端は至極幽隠なり。或は往年に曾て学ぶものあり、或は昔歳に聞かざるものあり。解するところのものは、[5]知見を以て之を釈し、未だ暁かならざるものは、通理を以て之を暢べん。懼るところは、聖情に契わず、本旨に乖くことなり。特に哀恕を乞い、遠く衷勤を察せられんことを。

[6]第一に問うて云く。菩薩は世俗の地を離れ、声聞・縁覚の行に向かわず。一切衆生をして煩悩の苦を除かしめんと欲するに、何法をか作すや。

[7]謹んで対う。諸の凡夫と謂うは、人我の執あり。我に執ずるに由っての故に煩悩業を起し、三界に沈溺し、四生に輪転し、苦を受くること窮り無く、能く自ら出ること莫し。即ち、此の三界は治むべく[8]壊たるべき、故に名づけ

て世と為す。真理を隠覆し、妄法を顕現するを又、名づけて俗と為す。地とは、即ち是れ依持の義なり。既に人執に依りて世俗の事成ず。故に人我の執を世俗地と名づく。二乗[9]の人の若きは、我空観を修し、人我の空なるを了し、凡夫の諸漏・煩悩を起さず、世間生死の漏業を発せず。凡夫世俗の地を離ると雖も、法執有るに由りて五蘊[10]生滅の法有るを見、世間三界の苦有りと執ず。深く生死を厭い、楽って涅槃を求め、世に住して群品を救抜するを楽わず。故に是れ声聞・縁覚の行なり。

初発心修行の菩薩[11]の若きは、自ら己身に真如法有るを信じ、心の妄動にして、前に境界無きを知る。無相法を修して、一切法を離る。都て所得無く、人法の空なるを了る。乃ち人空なる故に三界に着さず、能く[12]凡夫世俗の地を離る。法空を了るが故に涅槃を楽わず、声聞・縁覚の行に向わず。人法の空を了り、能く凡夫・二乗の行を離る。菩薩行と名づく。

故に『維摩経[13]』に云く。「凡夫の行に非ず、賢聖の行に非ず。是は菩薩の行なり」と。此の菩薩の行は真如に契順す。一切の相、一切の分別を離れるが故に、凡夫世俗の地を離れ、声聞[14]・縁覚の行に向わず。能く衆生の為に是の如きの法を説きて、一切の煩悩の苦を離れしむ。故に無念を修し、一切相を離れるは、即ち是れ此の中に、作す所の法なり。

第二[15]に問うて云く。又、不退入行の菩薩は内所に思意するを外身に顕現す。法中、内に第一行法を修す。何ものか是れ外行。第一法とは是れ何ぞ。

謹[16]んで対う。問うところ深遠にして、文意知り難し。須く両解を述べ、以て妙趣を通ずべし。

第一の釈に云く。夫れ不退と云うに総じて三種あり。一に信不退。即ち十住の初、自ら[17]己身に真如法性有りて動念無きを信ず。是れ本源の心なり。此の性有るに由りて決定して成佛す。深く信解するが故に真如を分証す。決定して不退なり。大乗を正信すれば、心亦た不退転なり。二乗[18]に趣入し、亦た能く権りに現われ、化して佛身となり、八相もて成道し、衆生の事を利す。定信を得るに由て、此の功能を成ず。故に此の菩薩を信不退と名づく。

二に証不退なり。即ち初地[19]の位にして、分別障を断じ、真如を正証す。一念能く百佛世界に至りて百佛を供養す。転法輪を請い、群生を開導し、含識を抜済す。真如を証するに由て、分別を離れるが故[20]に、一切の煩悩の過失を起さず、永く真の無漏心を退失せず。故に此の菩薩を証不退と名づく。

三に行不退なり。即ち八地に入る。常に任運に住して、純に無性心なり。法[21]の駛流に在て任運に転じ、刹那刹那に萬行倍増す。外に起化すると雖も、不動無相なり。内に無動なりと雖も、外化は無窮なり。不退動・無相行なるに由ての故に、此の位の菩薩[22]を行不退と名づく。今、此の文中に不退と言うは、即ち此の三位の不退の人なり。入行と言うは、行とは行位を謂う。即ち此の三不退位に入るなり。此の諸の菩薩の内心[23]に有するところの思惟・意楽は、衆生を化さんが為に外に作用を起す。是故に名づけて外身に顕現すと為す。即ち彼の修する所の無相の妙行は、名づけて「内に第一行法を修す」と為す。

第二に釈して云く。不退[24]と言うは、即ち不動なり。若し心無念ならば、名づけて不動と為す。若し無念不動行中に至らば、名づけて不退入行の菩薩と為す。内心に有するところの思惟・意楽は、行住坐臥[25]に常に前に在って修する所の行の中に現る。是の故に名づけて「外身に顕現す」と為す。而して其の内に無相の妙行を修すれば、常に動念せず。名づけて「内に第一行法を修す」と為す。

第三[26]に問うて云く。身口意を修するに、初めより修行に至る。行とは如何。

謹[27]んで対う。身口意を修するは、戒定恵を須う。戒を修すると言うは、復た三種あり。一に摂律儀戒なり。身口意の所有の十悪を離るなり。二に摂善法戒なり。身口意の修行する所の十善[28]に即く。三に摂衆生戒なり。即ち十善を行じて衆生を利益す。此の如きの三聚浄戒を修行するが、即ち是れ初に身口意を修するなり。
定を修すると言うは、身の定なり。即ち結跏趺坐[29]にして不低・不昂・不傍・不側を謂うなり。故に「経偈」に云う。

跏趺の像を見盡すれば、魔王すら尚驚怖す。
何ぞ況や入道の人、端座して傾動せざるおや。

口の定とは、即ち言の准的なるを成ずるを謂う。語[30]行相応すれば、心口皆な順う。説の如く能く行じ、行の如く能く説けば、正邪を楷定し、物をして信に帰せしむ。心の定とは、即ち散乱を遠離するを謂う。常に有相と無相の三昧に在って、恒に心[31]の一境性を遠離せず。有相の定とは、即ち経に説くところの観佛三昧、観浄土等なり。無相の定とは、即ち経に説くところの一切相と一切の分別を離るなり。身口意の業は、能[32]く是の如きの定にして、即ち是れ次々に三業の地を修す。

慧を修すと言うは、身の慧に二あり。有相と無相と二種が別《ことな》るが故に。身とは眼耳鼻舌身を謂うなり。身とは聚の義なり。此の五種を聚めるを総[33]じて名づけて身と為す。此の五は随念を計度することなきと雖も、亦た微細の分別有るを得る。能く色声香味触の境を取りて恋著を生ず。此の五塵に於て二種の慧あり。若し能く是[34]非と好悪を了知せば、迷わず謬たず。名づけて世間有分別慧と為す。若し此の五に於て分別するところ無くば、声聞知と雖も貪著せず。是れ即ち名づけて無分別慧と為す。即[35]ち身業の所有の慧を修するなり。口業の慧とは、亦た二種あり。有相と無相と二種が別るが故に。善悪を弁説して、衆生をして是の如くたらしむ。有相の口業の慧と名づくなり。能く得[36]失・差別を記別すと雖も、其の中に於て、語相に著せず。終日語ると雖も、語る所無し。常に説法すと雖も、説く所無し。是れ即ち名づけて無分別語と為す。是れを慧に依りて修[37]する所の語と名づくるなり。意の慧と言うは、亦た二種あり。有相と無相と二種が別るが故に。意が一切諸法の善悪・得失・因果・差別を了知し、悪を捨て善に従う若きは、有相[38]の慧と名づく。能く此の中に於て都て所得無く、一切法に於て取捨するところ無く、心念生ぜざるを無相の慧と名づく。若し身口意、是の如きの慧に依りて修行すれば、是れ究竟して身口意を修するなり。

第[40]四に問うて云く。又、今五濁悪世に処《お》り、おのずから既に縛なければ、彼れ亦た解くなし。義は如何。

謹[41]んで対う。濁とは滓穢にして清浄ならざるの義なり。衆生の濁劫に処《お》る所以のものは、自らの身命清浄ならざるに由るが故なり。衆生及び命、皆な渾濁なるは、煩悩の濁に由る。煩悩の有るは其[42]の見濁に由る。妄に塵沙を見、遍処に執を生じ、清浄ならざる故に、之を名づけて濁と為す。衆生の本性は、即ち是れ真如、常楽我浄にして恒沙の徳を具すも、自ら本源に背き、妄[43]に諸見を生ずれば、煩悩の業を起して、苦を受くること窮りなし。真の本有を楽うも、失して知らず。妄に本空に苦しみて得んとするも覚らず。是の如きの一切は、皆な見より生ず。見濁生ぜざれば、諸[44]濁皆な静かなり。若し妄念を離れ、心源を照達すれば、浄相すら尚ほ無く、濁相いずくんぞ有らん。浄と濁の相を離れば、身心を見ずして無主・無碍なり。誰か縛し、誰か解かん。解縛の無きを了れば、乃ち能く縛[45]を離る。但だ自ら縛無ければ、彼も亦た能く解かん。斯の如きの妙義は、著して群経に在り。伏して願くは披尋せられんことを。照然におのずから現われん。

第[46]五に問うて云く。佛に有余無余の涅槃あり。此の二涅槃、別して実有と為すや、復た仮説と為すや。

謹[47]んで対う。涅槃と言うは、是れ円寂の義なり。円とは円満を謂う。衆徳を具するが故なり。寂とは寂浄を謂う。苦障と異るが故なり。涅槃の不同は、諸教に説を異にす。要に就て言えば四[48]種に過ぎず。

一は、自性清浄涅槃なり。一切法とは真如に本づくの理なるを謂う。客染ありと雖も、本性は浄なり。且つ無辺の徳は湛《ひろ》きこと虚空の若し。一切有情平等に共有[49]し、其の性本と寂なり。故に涅槃と名づく。

二に、有余依涅槃なり。真如に即きて煩悩障を出るを謂う。此れに二種あり。二乗の人の若きは、無学位に至るまで、此の生死・苦身の上に、煩悩障[50]を断じて真如性を顕す。心の徳寂静なるを名づけて涅槃と為す。而るに此の苦身、尚ほ未だ棄捨せず、苦未だ寂静ならざるを名づけて有余依と為す。余依と言うは、即ち苦身なり。佛[51]世尊の若きは煩悩雖盡して身心寂静なるを、名づけて涅槃と為す。有余の無漏、常楽我浄の功徳は身に在り。此の身上に依りて得る所の涅槃を、是故に名づけて有余依[52]涅槃と為す。

三に、無余依涅槃なり。真如に即きて生死の苦を出るを謂う。此れに二種あり。二乗の人の若きは、無学位に至るまで、一切煩悩を先に断盡するを以て、今、復た更に此の苦[53]の身に依るを厭い、滅盡定を以て其の心智を滅す。又、自ら火と化し、分段身を焚き、依身に苦しむ無く、諸苦永く寂す。是故に名づけて無余依涅槃と曰う。佛世尊の若きは、無漏の功徳の所依の身上に、一切の煩悩、生死の苦悩、悉く以て寂静なれば、永く余の所依に苦悩する無きが故に。是の故に名づけて無余依涅槃と曰う。

四に、無住処涅槃なり。真[55]如に即きて所知障を出ずるを謂う。大悲大智の常に輔翼する所なり。斯に由て生死・涅槃に住さず、有情を利楽すること未来際に窮るまで用て常に寂す。故に涅槃と曰う。諸[56]の菩薩の若きは、第五地に至りて、能く下乗の般涅槃の障を断じ、能く真如を証して真理に無住なれば、名づけて分得無住涅槃と為す。佛世尊の若きは、一切障を盡し、摩訶般若[57]・解脱の法身・三事円満すれば大涅槃と名づく。

四涅槃の中、一切衆生は皆な初の一を有す。二乗の無学は前の三を容有す。唯だ我が世尊のみ四を具すと言う可し。既[58]に四涅槃、皆な真に依て立つなれば、其の障を出ずるに就て、四の不同を立つ。其の真如の体に拠れば、差別無き故に。佛身上の有余無余は、但だ幻の義として存す。実には二有ること無し。

第[59]六に問うて云く。佛に三身あり。其の法身は法界に周遍す。化身は各々一切の佛に在り。而して其の応身は一ありや、異ありや。

謹[60]んで対う。然るに其の佛身、諸教は説を異にす。或は開き、或は合す、義理多門なり。今は先ず佛身の相を明かさん。次に則ち其の開合の門を顕し、然る後に其の問う所の義に答えん。

諸[61]教を統べ論ずれば、五の佛身あり。

第一身は、是れ諸の如来の真浄の法界にして、無数量の真常の功徳を具す。無生無滅にして湛《ひろ》きこと虚空の若し。一切如来、平等[62]に共有す。これに二の名あり。一は法身と名づく。是れ報化身は、諸の功徳法の依止する所なるが故に。二は自性身と名づく。真如にして乃ち是れ諸法の自性なり。是れ報化身の実の自性[63]なる故に。

第二身は、是れ諸の如来の三無数劫に集めるところの無辺の真実無漏の自利功徳なり。感得すること是の如くにして、浄妙の色身、諸根の相好、一々無辺[64]にして、相続すること湛然として未来際を盡す。此れに三の名あり。一は法身と名づく。諸の功徳の法の集成する所なるが故に。二は報身と名づく。果が因に酬ゆるを以て楽報を受くるが故に。三は自受用と名づく。唯[65]だ自のみ妙法の楽を受用するが故に。

第三身は、諸の如来の三無数劫に集むる所の無辺の利他の功徳を謂う。十地に住するに随って菩薩の宣べる所、顕す所の漸く勝れたる相好[66]の身なり。此れに五の名あり。一は他受用と名づく。他をして妙法の楽を受用せしむるが故に。二は報身と名づく。菩薩の佛を見る因に酬報するが故に。三は応身と名づく。諸菩薩の浄[67]心現ずる所に応ずるが故に。四は化身と名づく。前後に改転すること変化の如きが故に。五は法身と名づく。諸の功徳法もて荘厳せらるが故に。

第四身は、是れ諸の如来、大慈悲の故に、未[68]登地の諸の菩薩衆・二乗・凡夫の為に現す所の微少の麁なる功徳身なり。此れに三の名あり。一は化身と名づく。真身に非ず、化現の如きを以ての故に。二は応身と名づく。但だ凡[69]

小の心現れる所に応ずるが故に。三は法身と名づく。亦た功徳法の聚集する所なるが故に。

第五身は、是れ諸の如来、六道・外道等の類・諸の衆生を化する為の故に現すところの種々[70]の異類身の相なり。此れに二の名あり。一は化身と名づく。但だ是れ暫時に変化し現れるが故に。二は応身と名づく。暫く六道・衆生に応じて現れるが故に。法身に非るは、功徳法の集成の相[71]に非るが故に。

佛身を明にし已り、開合を顕せば、或は聖教の開いて五身と為す有り。廣義の門に依て、是れ分別するが故に。或は聖教の開いて四身と為す有り。即ち五身中の前の四身[72]にして第五を説かず、第四に摂するが故に。暫時の化現にして久住に非るが故に。或は聖教の合して三身と為す有り。法報化を謂う。此れに三義あり。或は五中の前の二身を合して名づけて法身と為す。其の第一身は是れ真如の理なり。其の第二身は是れ真如の智なり。理智別つことなく合して一と為るが故に。『金光明経』に「法の如々智を法身と名づく」と説くが故に[74]。其の報身は、即ち是れ五中の第三の佛身なり。諸の菩薩の功徳の因に報ずるが故に。其の化身は、即ち五身中の第四の化身なり。地前・凡小を化せんが［為に］現ずるを謂うが故に。第二義[75]は、或は初の法身なり。即ち前の五中の第一の佛身なり。是れ諸の功徳法の体なるが故に。報身と言うは、前の五中の第二と第三を合するなり。経論中に皆な受用と名づけるあり。[76]自の為、他の為に楽報を受けるが故に。化身は即ち是れ五中の第四にして、義は前に説くが如し。此れ大乗の経論に依りて説くなり。

小乗の経論の説く法報化の三身の義は此れ[77]と同じからず。

法身と言うは、即ち是れ如来の無漏の戒蘊・定蘊・慧蘊・解脱蘊・解脱智見蘊なり。此の五は是れ其の功徳の法にして、是れ諸の賢聖の所依の体[78]なるが故に、名づけて法身と為す。

報身と言うは、即ち是れ王宮にて父母より生れたる所の三十二相・八十種好なり。過去の因の果に酬報せるが故に。

化身と言うは、即ち是れ如来の現ずる所の神[79]通の化相にして、是れ此れに二種あり。一は共有なり。即ち二乗に同じくして、所有の化現せる十八変等なり。二は不共有なり。即ち経に説く如く、如来の現ずるところの大神変身[80]なり。

或は聖教に、合して二身と為す有り。一は法身なり。即ち五中の前の二身を合す。二は化身なり。即ち五中の後の三身を合す。義は前に説くが如し。

或は聖教に、合[81]して一身と為す有り。即ち是れ五中の前の四身にして、皆な功徳の法なり。総じて名づけて法と為す。依止を体とし、聚集を義とするに自るが故に総じて名づけて身と為す。開合を顕し竟る。

問う所に答うれば、言[82]う所の「法身は法界に周遍す」とは、此の五中の前の二身の説に依る。真如の妙理、及び能く証するの智は、理智平等にして皆な遍周するが故に。「化身各々一切佛に在り」とは、乃ち是れ五[83]中の第四の佛身にして、彼々の佛の現るところ別なるに随うが故に。「応身は一為りや異為りや」の義は、此の応身と言うは、即ち五中の第三の佛身に当る。此の佛の応身とは、十地[84]の菩薩の現ずる所に随応するなり。初地の菩薩の現ずる所の佛身は、百葉の蓮花台上に坐す。一葉に一大千世界あり。其の佛身の量は彼の蓮花に称う。二地所現は千[85]葉の蓮花に坐す。三地所現は万葉の蓮花に坐す。乃ち十地に至るまで是の如く転増す。初地は小を現じ、二地は大を現ず。同処同時に相い障碍せず。一と言う可からず、異[86]と言う可からず。一と言う可からずとは、十地所現各々同じからざる故に。異と[言う]可らずとは、所現の佛に別処なき故に。菩薩の所見の一異、斯の若くんば、諸佛の応身の一[87]異、亦た爾り。一微塵中に無量の佛あり。一刹那中に三世劫を含む。一佛の住処に一切佛あり。一切佛国に一佛あり。一即一切、一切即[88]一、同処同時に相い障碍せず。諸の色法は実体なきを以ての故なり。真如理智限碍するなきの故に。衆翳は、同じく一処に於て現ずるところ差別あれど、相い障碍せざるが如し。衆灯の光り[89]、各の遍じて一に似るが如し。是の義に由るが故に、但だ諸佛のみに非ず。所現の応身も非一非異なり。乃ち報身・化身に至るまで、亦た爾るなり。

第七に問うて云く[90]。佛に一切智あり。因は六波羅蜜を修行するに従るなり。但し本性清浄・湛然不動なれば是れ一切智なり。此の二種は如何。

謹んで対う[91]。佛の一切智は因縁の具足する有りて、乃ち成就を得る。「本性清浄・湛然不動、是れ一切智」とは、因を有するに拠って説くなり。「因は六波羅蜜を行ずるにより、一切智を成ず[92]」とは、縁を具するに就て説くなり。因縁具足して一切智成ずなり。一種を闕くに随って、則ち成就せず。此の中、因縁の義を闕くに随えば、内因ありと雖も、若し十波羅蜜を修行せざれば、能く[93]佛の一切智を成ずるの由なし。若し十波羅蜜を修行すると雖も、心が相を取り、本因に乖背すれば、亦た能く佛の一切智を成ぜず。

故に『起信論』[94]に云う。

是の如きの報身の功徳の相は、波羅蜜に因る無漏行薫と、及び真如に由る不思議薫となり。内外二薫の成就する所なり。

一切智の用は報身に在り。報身すら尚ほ然り。智何ぞ爾ら不らんや[95]。

第八に問うて云く[96]。衆生、諸の菩薩行を行ずるに菩提心を発するが若き、如何が行を発すや。

謹んで対う[97]。夫れ諸の菩薩行を修行せんと欲するものは、先ず須く大菩提心を発起すべし。然るに此の発心に其の二種あり。一は初根をして有相心を発さしむ。二は九機をして無相心[98]を発さしむ。

言う所の有相の菩提心とは、復た三種あり。一は有為を厭離する心なり。世間の生死苦悩を説いて其れを厭離し、有為を楽わず、永く諸悪を断たしめ、出離の因と為さしめんが為なり。二[99]は菩提を欣楽する心なり。佛身の無量功徳・究竟安楽を説いて、其れを欣楽し、諸善を修行せしめ、成佛の因と為さしめんが為なり。三は有情を悲愍する心なり。一[100]切衆生を悲愍し、自ら無量の勝妙功徳を得るを説き、廣大救度の心を生ぜしめんが為なり。此の三を名づけて大菩提心と為す。此の心あるに由りて能く万行を行ず。故に経に此を説いて加行[101]持と名づく。能く六度を持し、勝行を加える故に。

言う所の無相の菩提心とは、菩提は覚と名づく。即ち是れ真如なり。此の性澄清にして一切の相を離る。但だ妄念を離るれば、覚道自から成ず。何[102]ぞ仮に心を起して、外に求取を念わん。心念を発して外に菩提を求るが若きは、此れ乃ち妄心にして、返って流浪を成ず。縦い万行を修するも、豈に菩提を成ぜんや。今は但だ能く一切発せざればなり。是れを真[103]実の発菩提心と名づくるなり。言う所の菩提とは、既に即ち是れ覚にして、一切の煩悩の破壊を被らず。即ち是れ諸法の真実の心なり。言う所の発とは、即ち是れ顕発なり。但だ能く一[104]切の妄情を起さず。菩提の真心は自然に顕発す。是れを真実の発菩提心と名づく。発心と名づくと雖も、発する所なし。発する所なきに由て、発せざる所なし。乃ち是れ廣く大[105]菩提心を発すなり。但だ名づけて発菩提心と為すのみに非ず。亦た真に菩薩の妙行を行ずと名づくるなり。

前の如きの三種の発菩提心あるも、若し後説の真実の発心なくんば、従《たと》い多劫に修するも、終に生死に滞るなり。

斯[106]の如きの解釈は深く佛心に契う。亦た大乗無相の妙理に順がうなり。

第[107]九に問うて云く。十地の菩薩、幾地が有相、幾地が無想なるや。有想と無想、何者か是れ行なるや。

謹[108]んで対う。夫れ想と相とは心と境にして、同じからず。想とは心想を謂い、相とは境相を謂う。心境、互いに依りて離別すべからず。今、問う所のものは、心想に約して言い、経論に明かにするところは境相[109]に就て説くなり。

故に『摂大乗』『唯識』等の論は、五地前には、有相観多く無相観少しと説く。第六地に至って、有相観少く無相観多し。七地は能く純[110]なる無相観を得る。恒に相続すと雖も猶ほ功用あり。若し第八不動地中に至れば、常に任運にして純無相観に住す。有相の功用永く現行せず。故に此の八地の初一念の心[111]の生ずる所の功徳は、前の両大阿僧祇劫に行ずる所の万行の功徳善根に過ぐ。第二念後は倍々増勝す。此れを以て此の故に知る、無相行を修すれば、百千万億恒河沙倍[112]も有相行に勝る。然して菩薩は万行皆な修すなり。但だ修する所に於て心に住する所無し。是れを即ち名づけて無相勝行と為す。無相なるを以て、都て修する所なきにあらず。祇だ有相は心[113]有礙なるを以ての故に能く一切諸行を遍修せず。是故に無相は心無礙なる故に、乃ち能く一切の妙行を遍修するなり。故に経論に、「八地已上は心無礙なる故に、一切[114]行中に一切行を起す」と説く。法は駛流の中、任運にして転じ、刹那刹那に功徳増進す。是の如きは皆な無相行を得るに由る。是故に無相は是れ真実の行なり。

第十[115]に問うて云く。菩薩は具に諸の解脱門を修す。行法は如何。

謹[116]んで対う。然り解脱門に其の多種あり。『花厳経』[117]に、善財童子が百二十処に善知識を求むるが如し。一々皆な為に解脱門を説くなり。事は経文に具わり、以て備載すと雖も、本に就て論ずれば、具には一種と説く。若し此の門に入れば、諸門皆な具る。謂く、一切法は皆な心を離れず。若し心念を離るれば、分別する所なし。心は無罣礙なれば、即ち心[118]は解脱す。諸の解脱門は茲より証得さる。故に「経偈」に云う。

若し分別の境相、即ち魔網に堕せば、動ぜず、分別せず。是れ則ち解脱と為す。

又、「経偈」に云う。

相は衆生[119]を縛々す。亦、塵に由て重ねて縛す。善く正観を双修すれば。はじめて萬に解脱を得るなり。

第[120]十一に問うて云く。菩薩の法身と佛の法身と同じなるや、同じならざるや。

謹[121]んで対う。『大般若経』最勝天会に説く所の法喩は正に此と同じ。今は謹んで経文に依りて説かん。

最勝天王、重ねて佛に白して言く。如来の法身と菩薩の法身[122]と是の如きの二身に何の差別ありや。佛、最勝天王に告ぐ。当に知るべし、身に差別なし。功徳に異りあり。

身に別なきとは、同一真如にして、別の体なきが故に。功徳の異りとは、満[123]と未満の差別あるに由っての故に。菩薩の法身は功徳未だ満たず、如来の法身は功徳已に満ちたり。譬えば無価の末尼宝珠の如し。未だ功を施して瑩磨荘飾せざると、功[124]を施し力めて磨瑩荘飾するが若きとなり。是の如きの二相は、差別ありと雖も、其の珠の体は即ち差別なし。当に知るべし、此の中の道理も亦た爾り。同と不同の義、経の如く知るべし。

第[125]十二に問うて云く。菩薩は涅槃及び輪廻とを並に分別せず。義は如何。

謹[126]んで対う。夫れ涅槃を見るは生死に執ずるに由る。生死を見ざれば何ぞ涅槃に執ずるや。既に都て見ることなければ何に於てか分別せん。且つ二乗は未だ法執を離れず。諸法は皆な念より生ずるを了らず、心[127]を離れて生死苦法ありと執ず。身心の外に別に涅槃あると見て涅槃に執ずるが故に、妄に欣求を起す。生死に著する故に、妄に厭離を生ず。是れ故に欣も厭も、皆な是れ妄心なり。其[128]れ猶お夢に虎を怖れて嫌を生じ、空花を翫《もてあそ》んで自ら楽しむがごとし。菩薩、心源を照見して生死の本空なるを了達すれば、亦、何をか厭う所なるや。涅槃に相なければ、何に於て欣むるところあらん。空無相を了れば[129]心念は生ぜず、輪廻と涅槃とは故に分別せざるなり。

第[130]十三に問うて云く。菩薩の所知は涅槃に著さず、世間に染まず。何法に依るや。

謹[131]んで対う。菩薩は法は縁起に従い、幻の如く化の如く、久しからず堅からざるを了知す。既に諸法は虚妄にして真ならざるを知れば、何ぞ彼の世間法の染汚する所なるや。此れ初教に依りて縁起観を作し、世[132]の幻の如きを知れば、能く染まざるなり。

若し能く一切は唯心にして、法は心より生じ、心外に法なきを了達すれば、今見るところのものは但だ自心を見て、心を離れて外に都て見る所なし。既[133]に外法なければ、何ぞ世間に染まらん。此れ終教に依りて唯識観を作し、乃ち能く世間法に染まざるなり。

若し境界は唯だ是れ自心なるを了《さと》らば、外境既に無く、内心に何をか見ん。心既に見[134]なく、念本と生ぜず。一切皆な知らば、何ぞ染汚する所なるや。此れ頓教に依りて真如観を作すなり。則ち世間に於て能く染るところなし。既に世法を知らば一切皆な本来涅槃の如きなり。何[135]ぞ取著する所あらん。世間に在ると雖も世法に染まず。涅槃を得ると雖も楽著せず。即ち是れ無住大般涅槃なり。是の故に菩薩は此の三種の所説の法門に依て染著する所なき[136]なり。

第[137]十四に問うて云く。又、大乗の法は智恵と方便との二種の双行なり。衆生行ぜんと欲するに如何が行を起すや。菩薩は自在なれば則ち能く行ずべくも、衆生は然らず。何をか能く行ずるや。

謹[138]んで対う。此の中の義理、意趣知り難し。若し審詳せざれば、なんぞ妙旨を申《の》べん。今、此の中に於て、略《ほ》ぼ両解を述べん。

一に云く。大乗の法に俗あり真あり。俗は則ち諸法の、若[139]しくは有、若しくは空なり。真とは都て無きを謂う。空の有における、空有を照さん為に、智慧存するを要す。有空を泯ぼさんが為に、方便須らく立てるべし。空有を照さんが故に、俗智生ずるを得る。空有を泯ぼすが故に、真[140]智成就す。若し唯だ俗を照すのみならば、未だ輪廻を免れず。若し但だ真を観ずるのみならば、悲済を起さず。俗を照すの行は、智慧に由りて成ず。真を証するの功は、方便に由りて得る。智慧と方便は故に要ず双[141]行すべし。若し一門のみを開けば二諦に達せず。

二に云く。大乗の法は悲智の双行なり。自行と化他の一を闕くも不可なり。若し自行なければ凡夫に異ならず。

如し他を化さざれば乃ち小聖[142]に同じ。此の中、智慧は即ち是れ自行なり。実の智慧を以て真如を証するが故に。方便と言うは即ち是れ化他なり。方便を権りて以て衆生を化するを以ての故に。鳥は二翼を具えて乃ち空[143]を翔ぶを得、車は両輪を有して方《はじ》めて能く載陸す。既に智慧と方便の二門を知れり。

凡夫は行ぜんと欲するに、但だ此の理に依りて、能く学に依らず。即ち是れ凡夫なり。若し能く修行すれば、是れを菩薩と称す。凡夫学[144]ばざれば、是れ繫縛の人なり。菩薩は能く行じて、自在を成ぜる者なり。妄に先に学を修して自在を成ずる人、先に自在にして、然る後に学を修するには非ず。故に凡夫も亦た能く行を修するなり。

第[145]十五に問うて云く。声聞・縁覚・菩薩の三乗は、六塵境を各々如何に見るや。

謹[146]んで対う。三乗の所見は、理はまさに不同なるべし。然るに其の二乗は多分に相似す。故に聖教の合して下乗と名づくる有り。故に六塵を見るに差別を分たず。而して菩薩とは顕らかに同じからざるなり。

佛[147]法の理門に総じて四種あり。因縁・唯識・無相・真如なり。二乗の人は唯だ初の一を了《さと》る。一切法は皆な縁より生じ、六塵の境界は皆な是れ実[148]有なりと知る。染を見、浄を見、愛あり、憎あり。第二の唯識門を了らざるが故に、未だ諸法は皆な心より生ずるに達せず、六塵の境は心外に実有なりと執ず。第三の無相門に達せざるが故に、諸[149]法の本性は皆な空なるを許さず。逐って六塵を実有自性なりと執ず。第四の真如門を悟らざるが故に、諸法は平等皆如なるを信ぜず、逐って六塵の、一々差別あるに執ず。

菩薩は具[150]に四種の理門を解して、六塵境は仮に縁起によるを悟る。縁は無自性にして、一切は皆な空なり。心生ずれば則ち生じ、心滅すれば則ち滅す。若し心妄を離れば平等にして皆な如なり。是無く、非無く、取[151]無く、捨無く、宛然として有、宛然として空なり。此れは是れ菩薩所見の相なり。声聞・縁覚は相の未だ亡びざるに執ず。故に菩薩と所見全く別なり。

第[152]十六に問うて云く。菩薩・縁覚・声聞の三乗の初発心の相と行法とは如何。

謹[153]んで対う。夫れ発心とは、皆な因縁に由る。因とは衆生出世の本性を謂う。此の性とは、即ち是れ諸法の真如なり。此の性有るによって当に出離を得べし。然るに無明の為に覆障[154]せられるが故に、三界に輪転し死生に沈溺す。苦を受くること窮り無く出ずること能わざるは、皆な三乗の正法を聞かざるに由る。此の三乗の法は、法界所流なり。故に能く真如本性を熏発し、其[155]をして三乗の心を発起せしむ。此の義は如何。佛世尊は真如性を証すと謂う。此の性とは即ち是れ出世の正因なり。其の証する所の如くに衆生の為に説き、声は本性を発す。故[156]に能く発心す。故に発心の因とは、是れ真如性なり。

発心の縁とは、三乗を聞くに由る。大乗の法を聞きて大心を発す者は、即ち菩薩と名づく。縁覚の法を聞きて縁覚の心を発すを名づけて縁[157]覚と為す。声聞の法を聞きて声聞の心を発すを即ち声聞と名づく。今、此の菩薩の発心の相とは、大乗所説の正法を聞くを謂う。有為法を説くは、過患極めて多く、世間の諸法[158]は、皆な破壊すべし。諸佛の功徳は、最勝にして無辺なり。二乗の極果は、是れ究竟に非ず。四生五趣は同一真如なり。一切衆生は曽て父母の生死に流浪して苦[159]を受くること窮りなきが為に、発心救度すれば功徳は無量なり。菩薩行を行じ、能く自他を利し、勇猛修行して速に佛果を成ず。正法を聞くに由り、能く信心を起し、深く世間の有為[160]の過患を厭う。佛の功徳に於て深く願求を諸の衆生に起し、普く救度せんと欲す。此れに因って能く大菩提心を発し、勇猛に菩薩の妙行を修行す。此れは是れ菩薩の発心の相[161]なり。

縁覚乗の人の発心の相とは、此れ宿世の善根の成ずる所に由て証果の時に無佛の世に出ず。故に発心の相は微隠にして知り難し。過去において善根を種える時を謂う。縁[162]に遇えば便ち修し、果報を念ぜず。正法を聞く所に便ち信心を起すも、亦た勝劣得失を思惟せず。但だ早く出離涅槃を得るを楽いて、世間の生死の果報を楽わず。此れに由て[163]解脱の善根を成就し、善く人身を得て無佛の世に生る。宿世に種えし所の善根の力強ければ、暫く外縁に遇うて縁覚の果を成ず。果を得已るに及びて人を度するを楽わず。常に[164]喧煩を厭い、独り善く寂するを楽う。故に経中に名づけて独覚と為す有り。此れは是れ縁覚の発心の相なり。

声聞乗の人の発心の相とは、謂うに曾て四諦の法門を説くを聞き。苦を知り、集を断じ、[165]滅を証し、道を修すなり。此の苦身は煩悩の集に因るを知れり。若し苦を出でんと欲すれば、要らず集の因を断ずべし。若し永く集を断ずれば涅槃の楽を証せん。八聖道を修して以て正因と為せり。此の法を聞き已りて[166]深く願求を起し、便ち能く戒空智慧を修行す。解脱分は善く此れ従り成ずるを得る。此の善根に由りて佛世に生じ、佛に遇い法を聞きて便ち涅槃を得る。此れ即ち声聞の発心の相なり。

[167]第十七に問うて云く。又、此の三種は皆な涅槃に入るに、声聞・縁覚・菩薩の涅槃は各々如何。

[168]謹んで対う。経に、「三乗は皆な同じ涅槃なり」と説く。然るに其の涅槃には応に差別あるべし。声聞・縁覚は勝劣殊ると雖も、而るに彼の証する所は我空の理に同じ。故に二乗は涅槃[169]殊らず。今、二乗は同一位の説なるを以て二乗の人と謂う。此の身上に於て得る所の涅槃を有余依と名づく。煩悩を盡すと雖も苦身に在るが故に、飢渇寒熱の衆苦極めて[170]多し。深く此の身を厭うて棄捨して、以て滅盡定せんことを求めんと欲して其の心智を滅す。又、身を火に化し、此の身を焚滅す。身心の都て無きこと灯炎の滅するが如し。衆苦の倶に寂するを無余依と名づく。[171]太虚空の寂して一物も無きが如し。此れは是れ二乗の得る所の涅槃なり。二乗の人は是の如きの見を作す。

菩薩の得る所の涅槃の義は、此の義中に其の二説あり。一に[172]唯識漸教に依りて説かば、地前の菩薩は未だ涅槃を得ず。一切の苦障皆な未だ断ぜざるが故に。地上には百法明門を得、能く二空・真如の妙理を証すると雖も、衆生を化さんが為に、[173]煩悩を起すが故に、名づけて有余涅槃と曰うを得ず。未だ生死を捨てず、微苦あるが故に、名づけて無余涅槃と曰うを得ず。下乗には般涅槃の障あるに由て、是に由て未だ無住涅槃[174]を得ず。要らず第五地に至て方《はじ》めて此の障を断ず。故に五地に至て方《はじ》めて能く無住涅槃を証得す。此れは是れ菩薩の涅槃の相なり。二乗の得る所は是れ有無余にして、菩薩の得る所は是れ[175]無住処なり。故に二乗と涅槃は別なり。此れは漸教に依て此の分別を作す。

若し頓教の分別に依りて説かば、菩薩は能く一切は皆な空にして、一切万法は皆[176]な心より起るを了《さと》る。心若し動ぜざれば一切皆な如なり。能く分別執著の心を除くが故に真実相を了《さと》り妄心を起さず。即ち是れ清浄なる涅槃の妙理なり。此の理を得ると雖も都て所[177]得なし。所得なきに由りて得ざる所も無し。所得なきが故に諸の苦障を離る。是れ無余依なり。得ざること無きが故に功徳成就す。是れ有余依なり。生死と涅槃は但だ所[178]住なし。是れ無住処なり。所得なきに由て自性は無染なり。是れを自性清浄涅槃と名づく。此れは是れ頓教の涅槃の相なり。是れを三乗涅槃の差別と謂う。

第[179]十八に問うて云く。「大乗経」中に三乗は是れ方便の説なりと説くあり。或は究竟と説き、或は二乗は皆な成佛を得ると説き、或は二乗は成佛を得ずと説く。義は如何。

謹[180]んで対う。佛法の教旨は深廣にして無辺なり。所化の宜しきに随て隠・顕異りて説く。顕は即ち究竟にして真実理門なり。隠は即ち方便にして随転理門なり。随転理門は是れ不[181]了義なり。小乗宗に随て義転ずべきが故に。真実理門は是れ真了義なり。是れ実なる大乗にして円極の理なる故に。二種の理門の別あるに由るが故に。経に或は定姓の二乗ありと説き、或[182]は経に不定姓の二乗ありと説き、あるいは成佛を得、或は成佛せずと。総じて説かば須く然るべきも、別して分別すれば略ぼ種性に其の二門あるを明す。一は種子に就て別して五乗を立つ。二は真[183]如に就て唯だ一性を立つ。

初に種子に約して五性を立つとは、『無盡意』等の諸経の説く所なり。一切衆生に五種性あり。一は無種性なり。三乗に出世の種子無し。此れに由て畢竟して常に凡夫に処るを謂う。二は声聞性なり。本より声聞の種子あるに即し、此に由て定んで声聞の菩提を成ずを謂う。三は縁覚性なり。本より縁覚の種子あるに即し、此に由て定んで縁覚の菩提を成ずるを謂う。四は佛種性なり。本より成佛の種子あるに即す。此に由て定んで無上菩提を得るを謂う。五は不定性なり。三乗の無漏の種子を具し、此に由て漸く三乗の菩提を得るを謂う。此の五の種子は是れ新生に非ず。本より已来、法爾としてあり。諸経論中に佛性と言うは、即ち是れ第四の成佛の正因なり。此の性あるに由て当に成佛するが故に。故に此の種子を名づけて佛性と為す。真如を以て名づけて佛性と為さず。若し真如を以て佛性と為さば、草木瓦石皆な真如あり。則ち草木等皆な応に成佛すべし。経に衆生成佛を得と説けるは、唯だ此の佛種性有る人に約す。而して一切皆成佛すと説くは、即ち是れ一切とは佛種ある者にして、前の三類が皆な成佛するを得るに非ず。経に二乗は成佛せずと説くは、第二、三の決定性の人を説く。定んで涅槃に入るも成佛せざるが故に。二乗は成佛を得と説くあるは、唯だ第五の不定性の人に約す。心を廻して大に向わば、乃ち成佛するが故に。経に闡提は出世せずと説くは、但だ第一の無種性の人に約す。三乗の因なく、永く沈溺するが故に。衆生は既に是の如きの五性あり。故に佛は為に五乗の法門を説く。第一人の為に人天の法を説く。五戒・十善もて人天に生ずるが故に。第二人の為に四諦法を説く。染浄を観じ阿羅漢を成ぜしむが故に。第三人の為に十二因縁を説く。因縁を観じ縁覚を成ぜしむが故に。第四人の為に波羅蜜を説く。万行を修め成佛を得せしむが故に。第五人の為に具に三乗を説く。行を漸修して佛果を成ぜしむが故に。既に是の如きの定性の三乗あり。故に三乗法は是れ其の実理なり。而して経中に、一乗を説く者有り。但だ不定性の人を引摂して二乗を捨てて佛果に向わしめんが為の故に、就ち方便を権りて一乗を仮説す。定性の二乗、若し成佛すれば、則ち一乗法は応に是れ真実なり。何故に『深密』及び諸経中に、一乗法は是れ不了義と説くや。

復た真[195]如に約して一性を立つるとは、即ち『涅槃』等の諸経に皆な「一切衆生に皆な佛性あり」と説けり。即ち是れ諸法の真如にして、一切衆生平等に共有す。此の性あるに由て[196]皆な成佛を得る。故に衆生は皆な唯だ一性のみと説けり。既に諸の衆生、皆な当に佛を得たれば、即ち一切行は皆な真如に順う。是の故に唯だ一乗の正法を立つるのみ。

而るに経に、五乗の性[197]と説くこと有るは、但だ無明の厚薄同じからざるに由る。出世の因縁に小あり大あり。故に五乗の種性の差別あり。無明厚きものは未だ信心を起さず。是れ阿闡提にして無種[198]性と名づく。無明薄きものは出世心を発す。三乗を聞くに随って三乗性を成ず。故に三乗の決定性の人あり。若し三乗に於て倶に愛楽す可くんば、是の故に名づけて不定性の人と為す。此[199]の五種の性は既に崚成に近し。其をして利楽を得せしむる可きに近づくが故に。故に佛は性に随いて為に三乗を説く。無性の人の為に人天の法を説き、三乗の人の為に三乗法を説く。然[200]るに其の三乗に隠あり顕あり。初に別して小乗性の人を摂し、其れをして小乗の果を証得せしめんが為の故に。是の故に隠覆して小乗を説かんが為に説く所を言わず。是れ小乗法にして、別[201]して無上大乗ありと道《い》わず。佛は「自身は是れ阿羅漢なり。我と汝等と同じく一乗に在り。衆生は是れに由て聖果を成ずるを得るも、別して究竟大乗のあるを知らず。我と佛と等[202]しくして差別なしと執ず」と説けり。世尊は是の如きの執著を破さんが為に、及び別して大乗性の人を摂し、普く大乗法を修行せしめんが為の故に、更に為に三乗の法門を顕説す。乃ち三乗は是[203]れ其の実理なりと説く。

一乗と言うは是れ権教の門なり。『解深[204]密経』はこれに依りて説く。此の麁浅の近縁の門に就て説かば、此の五性三乗の法門あり。若し真如に就いて正因を微細せば、一切衆生に皆な佛性あり。是故に究竟して唯だ一乗あるのみ。一切の二乗は皆な成佛を得る。決定して実に定性の二乗なし。十方の佛土には唯[205]だ一乗法のみ。故に実の理にては唯だ一佛乗のみと知れり。『法花経』等は此れに依りて説く。而るに『深密経』に「一乗の法は不了義」と言うとは、一乗に二あり。一は方便なり。即[206]ち前に説くところの三を合して一と為す。権りに一乗と説く。二は真実なり。即ち『法花』の説にして、三を会して一に帰すも、実には一乗を説く。『深密』に言う所の一乗の法は不[207]了義とは、前の一乗を説いて、『法花』を説きし後に一乗を教えるに非ず。『深密』の後に在りて『法花』を説くが故に。

既に衆生に皆な佛性ありと知れり。一切は皆な佛[208]の菩提を成ずることを得る。故に一分の無性の衆生無し。盡未来際まで出離せざる者、亦た一類も無し。定性の二乗は、定んで涅槃に入る。廻心せざると、此の如く説けるは是れ小[209]乗教なり。設し大乗にして此の説を作すものあらば、当に知るべし、皆な是れ随転理門にして、是れ大乗究竟の実理に非ず。

第[210]十九に問うて云く。経に、声聞の得る所の涅槃と佛と異なること無しと説く。後智、三身の一切並びに滅すること猶ほ燈焔の滅して、即ち余り無しと説くが如し。此れは是れ定説なりや、是れ定説にあらざるや。

謹[211]んで対う。声聞の涅槃と佛とは全く別なり。「異なること無し」と言うは、是れ小乗の宗なり。佛は彼の下性の衆生を化し、其れをして阿羅漢果を証得せしめんが為に、身の極苦を説いて厭心を起さしむ。但[212]し心身を有する者は、皆な是れ苦悩あり。故に涅槃を得れば一切皆な滅す。此れに由て永く寂して安楽無為なり。而して我が修行するは、此の滅度を成ず。我が得る所は、汝も亦た之を得る。故[213]に三乗は同一解脱なりと説く。佛と彼とは同一涅槃なりと説く。

後智と三身の一切皆な滅すること、燈焔滅して余盡亦た無きが如しとは、小乗宗に依りて此の説を作すなり。其[214]

の実理に拠らば、或は即ち然らず。涅槃と言うは是れ円寂の義なり。円は円満にして、三徳具足するを謂う。寂は寂静にして、衆苦皆な無きを謂う。三身若し無くば、誰か円寂なりと説くや。四智既[215]に滅すれば、誰れか涅槃を証せん。故に佛と涅槃とは是れ永滅するに非ず。万徳具足すれば、衆善斯れ円なり。此に拠って涅槃唯だ佛のみ独り有り。故に声聞等は未だ涅槃を得ず。方便門中[216]に、声聞が涅槃を得ること同じからずと説く。其の二種あり。一は方便、二は真実なり。方便の涅槃にまた二種あり。一は外道、二は声聞なり。外道は即ち無[217]想天に生れ、無色界に生じ、欲界の苦を離るるを以て仮に涅槃と説く。声聞は即ち麁の煩悩を断じ、滅盡定に入り、麁動息滅するを以て名づけて涅槃と曰う。亦た外道の涅槃と差[218]別す。外道の滅度は四生を離れず。声聞の涅槃は乃ち三界を出ず。外道の滅度と同じからずと雖も、亦た大乗の涅槃と異なる有り。大乗の得る所の究竟無余は真[219]実無為にして、常楽我浄なり。声聞の得る所は但だ有余と名づけ、未だ無余究竟の滅度と名づけず。三種の余有りて無余に非さる故に。三の余と言うは、一は煩悩の余なり。即ち所知障なり。二[220]は業行の余なり。即ち無漏業なり。三は果報の余なり。即ち意生身なり。総じて説かば然りと雖も、別して分別すれば、諸の聖凡に二種の障有るを以て、此れに由り能く二種の生死を感ず。煩[221]悩障は我執より起るを以て、能く凡夫の五趣の漏業を発し、能く凡夫の分段の苦身を感ず。所知障は法執より生ずるを以て、能く聖人の浄分別業を発し、聖[222]人の苦身を変易するを感得す。二乗は已に能く煩悩障を断じ、有漏業を滅して三界の生を離る。能く有余涅槃の楽を得る故に。此の麁苦の依る所の身心を厭い、無余の寂[223]滅安楽に入り、滅盡定を以て其の心智を滅せんと欲す。又、化火もて苦身を焚焼するを以て、謂いて「一切の燈焔の盡きるが如し」と言う。心を滅せらるとは、六識心を滅すなり。豈に能く阿頼耶識を得るを滅せんや。身[224]を焚ぜらるとは、分段身を焚ずるなり。豈に能く変易身の相を得るを焚ぜんや。彼の知見に非ずんば除くことあたわず。故に分段の身心、燃滅し已ると雖も、所知障に由て滅するあたわざるが故に[225]。復た無漏業も亦た捨てず。故に阿頼耶識も断ずべからず。故に法爾として皆な変易の報続有り。此の変易の報を意生身と名づく。此の身は微細にして、余は見るあたわざるものなり。[226]入滅せんと欲する時、六識を滅する故に。意生身上に六識は行ぜず。重酔人の都て知覚無きが如し。後に滅盡定にて勢力盡るが故に。佛の悲願力に資重されるが故に。還た[227]定より起つは重酔の醒るが如し。意生身を見るは佛浄土に在りて、始めて是れ無余涅槃にあらずと知れり。故に『楞伽経』は此の偈に依りて云う。

三昧の酒に酔う所、乃ち劫に至るも覚さず。
[228]酒消《さ》めて然る後に、佛の無上身を得るを覚す。

又、『智度論』は此の説に依りて云う。

妙なる浄土有りて、三界を出過す。諸の阿羅漢、其の中に生在す。

既に声聞等は求めて涅槃を得る。[229]豈に更に佛の涅槃と異なること無からん。故に前に言う所の三乗の涅槃と佛とは同じとは、是れ定かならず。定んで見に執ずるは小乗の妄りに此の論を興すところなり。達観の君子、なんぞ之に従うべけん。

[230]第二十に問うて云く。「大乗経」に、一切諸法は皆な無自性、無生無滅、本来涅槃なりと説く。既に爾らば、如何が更に道を修すべきや。一切は自然に涅槃を得るが故に。

[231]謹んで対う。佛は法は空なりと説く。有執を除かんが為なり。有執除き已れば、空法も亦た除かる。若し更に空に執ずれば、却て重過を成ず。薬が病を治すも、病息めば薬亡ずるが如し。既に薬病に於て皆な[232]留るべからず。故に有空に於て並に著すべからず。故に『深密経』は此の義に依りて云う。

勝義生菩薩、佛に白して言く。世尊よ。世尊は初に一切諸法の生相、滅相、[233]未だ生ぜざるは生ぜしめ、生じ已れば相続して増長廣大すると説きたもう。世尊は復た一切諸法は皆な無自性、無生無滅、本来寂静、自性涅槃なりと説きたもう。未だ知らず、世尊よ、是れ何[234]の密意なるかを。

世尊告げて言く。我れ初に彼の未だ善根を種えざるものの為に種えることを得さしめんが故に。未だ諸障を滅せざるものに其れを滅せしめんが故に。未だ資糧を滅せざるものに成熟せしめんが故に。故に為に生相滅相を宣説して、未[235]生なるを生ぜしめ、生じ已りたるを相続せしむ。若し諸の衆生、已に善根を種え、已に諸障を滅し、已に能く福智資糧を成熟するに、然るに未だ能く其の執著を除かず、未だ能く安[236]楽涅槃を証得せざるに由るが故に、我れは為に一切諸法は皆な無自性、無生無滅、本来寂静、自性涅槃と説く。若し諸の衆生、已に善根を種え、已に諸障を滅し、已に資[237]糧を成ずれば、是れ智慧の類にして愚癡の類に非ず。我が是れ無自性法なりと説くを聞きて、便ち能く信受し、佛意を善解し、如理に修行して執著を離れ、究竟なる安楽涅槃を証得す。此[238]の無自性、無生滅の法は則ち彼の人に於て大利益を成ず。若し諸の衆生、未だ善根を種えず、未だ諸障を滅さず、未だ資糧を成ぜず、我が是れ一切諸[239]法は皆な無自性、無生滅の法なりと説くを聞きて能く信受すと雖も、説く所の意を善解する能わざるが故に定んで執著すれば、執著に由て断滅の見を起す。一切の有執じ、諸[240]の善法に於て修行を肯わず。善根を種えず、諸障を滅せず。福智資糧を成就するあたわず。一切法は実に無性等と自性の法を誹謗して、一切の功徳善根を破滅す。故に無[241]自性たる甚深の妙法は即ち彼の人において大衰損を成ず。

経文は極めて廣し。旨は散じ、文は弘し。故に今は意を探ねて説けり。至教をば昭著して自ら依憑すべし。或は如し或は廣[242]く明さんことあれば繁重を成さんことを恐る。

第[243]二十一に問うて云く。其れ含蔵識と大智慧とは清濁ありといえども、是れ一にして、是れ異なりと、義は如何。

謹[244]んで対う。含蔵識は是れ阿頼耶なり。大智慧とは即ち如来蔵なり。大智慧に光明性あるが故に。清濁異ると雖も、性相分ち難し。此れに由て之を言えば、一に非ず、異に非ず。故[245]に『密厳経』は此れに依て偈に云う。

如来は清浄の蔵にして、世間は阿頼耶なり。金と指環と展転して差別なきが如し。

金と指環とは、如来蔵と阿頼耶[246]とが一異に非るの義に喩う。一異に非ずとは、『楞伽経』に云うが如し。

泥団と微塵とは一に非ず、異に非ず。金と荘厳具も亦た復た是の如し。謂く、金全体を以て指鐶を成ず。故に金[247]と鐶と一異たるべからず。若し金と環と是れ一なれば、鐶相滅するとき金体も応に滅すべし。鐶相若し滅するも金体亡びず。故に金と環と一と言うべからず。金と環相と[248]若し是れ異ならば、豈に金と離れて外に環相存するを得んや。環と離れて別に金体を求むべきに非ず。金と環相とは一異に非ずして成ず。

蔵識と智とは当に亦た爾りと知るべし。如来蔵とは即ち是[249]れ真心なり。阿頼耶とは乃ち是れ妄識なり。真心清浄なれば、即ち是れ本源なり。妄識生滅すれば乃ち流浪を成ず。総じて説かば然りと雖も、別して分別すれば謂く、如来蔵とは本源は真心[250]なり。性は清浄にして、常に無為に住すと雖も、而して亦た本清を守らざるが故に、無明の崚を受けて、動じて妄識を成じ、生死に随流して衆生を作す。衆生を成ずと雖も本性を失わず。故に妄[251]識を離れて本源に還帰す。若し如来蔵が常住の性を守らば、衆生常辺の過あるを作さず。若し如来蔵が衆生を成ずるの時は、其の本性を失して断辺の過あり。既に如来蔵[252]は断に非ず、常に非ず。故に妄識と一に非ず、異に非ず。若し定んで一ならば、妄識滅する時は真心応に滅すべし。即ち断辺に随う。若し定んで異ならば、妄識動ずる時は真心不動[253]なり。即ち常辺に堕す。此の二辺を離る。故に非一非異なり。

問う所の因は法性宗に依る。対う所の門は頓教に依りて立つ。唯識等と義稍か同じからず。宗旨に殊[254]りあり。伏して惟うらくは昭鑒あらんことを。

第[255]二十二に問うて云く。佛在世の時、衆僧共に一法を行ず。乃ち佛滅後分かれて四部と為って同じからず。四部の中に於て、何ものか是れ一法なるや。

謹[256]んで対う。佛在世の時、大師世を導きたもう。真風廣く扇ぎ、法雨遐《さかん》に霑《ふ》る。共に慈尊を稟けて別に師範なし。大士道を不二法門に壊し、小乗は途に遵いて知見を混一す。並[257]に異轍なく咸く通達を稟け、乃ち覚に至り真に帰す。邪魔孔《はなは》だ熾《さか》え、群生は御を失う。正法陵夷して、遂に一味の法をして諸見の宗に分成せしむ。三蔵の微言[258]は湮滅し、群迷の口は競て別趣を申ぶ。各の師資を擅いままにし、互に憎嫌を起し、こもごも相い党援して、始めて部執を分つ。盛に二十の名を開くも、終に久しく流行するは但だ四、五の説を聞くのみ。

説[259]に四と言う所は、即ち是れ西域にして、各の三蔵ありて四宗盛行す。一には上座部、二には説有部、三に大衆部、四に正量部なり。

五部と言うは、即ち是れ東方にして、但[260]だ律宗に就て説に五部あり。一に薩婆多。即ち十誦律にして漢地に行わるるに似たり。二に曇無徳。即ち四分律にして漢地に盛行せり。三に彌沙塞。即ち五分律にして漢地に少[261]しく行わる。四に摩訶僧祇。即ち僧祇律にして漢地に用いられず。五に迦葉毘耶。空しく律の名を伝う。但だ戒本あり。

東方の五部は西域より来る。西域の四部は咸く伝[262]本有りて、皆な佛説と称し、並に聖言と号す。今は須く之に始末有るを明らかにすべし。部執初に興りて、即ち二十の別あり。永久に伝るに及んで、唯だ四、五のみ存す。先に二十の名の所因を明にし、後[263]に四、五教の同異を配す。

二十部と言うは、『文殊経』に云う。

十八及び本の二は、皆な大衆より出ず。是なく、亦た非なし。我れ未来に起ると説く。

言う所の本の二に、其[264]の両重あり。佛涅槃の後十有二年、大迦葉波、法蔵を集めんと思い、妙高山を撃ちて普く之に告げて曰く。「諸の聖者等、涅槃に入る勿れ。王舎城に集いて当に[265]法事あるべし」。是の時、四州の聖衆咸く集る。未生怨王は盛に供養を興す。七日を過ぎ已りて、大迦葉波、人衆多くして法事を成すこと難きを恐る。五百の無学の聖僧にして[266]三蔵を精持し多聞を具する者を簡び取り、七葉窟に於て安居に座し、雨前の三ケ月に三蔵を集成す。一は素怛纜、二は毘奈耶、三は阿毘達磨なり。余の衆にして亦た[267]三蔵に通ずる人あり。既に簡退を被りて共に悲歎して曰く。「如来在りし日のとき、同一の師に学ぶ。法王寂滅して、我曹に異るを簡ぶ。佛恩に報わんと欲して宣べて法蔵を集めむ」。其の窟外の空閑の林[268]中に於て、雨安居に坐し、五蔵を集成す。前の三に更に呪蔵・雑蔵を加う。初は迦葉が僧中の上座なるを以て上座部と名づく。後は凡聖の大衆同居するを以て、大衆部と名づく。[269]此れは即ち是れ其の第一重の本なり。既に結集し已りて、二法蔵に於て楽いに随いて受持し、相い非序せず。佛滅後百有余年に至りて、聖時を去ること淹《ひさ》しく、日久しく没するが如し。摩竭陀[270]国倶蘇摩城に王の無憂と号するもの贍部を統摂し、一白蓋を感じ、化は人神に洽《あまね》し。是の時、佛法の大衆初めて破る。四衆共に大天の五事を議するに同じからざるに因て[271]両部を分成すと謂う。四衆と言うは、一に龍象衆、二に辺鄙衆、三に多聞衆、四に大徳衆なり。

大天と言うは、末兎羅国に一商人あり。婚じて幼妻を娶り、[272]一兒子を生む。顔貌端正にして字は大天と曰う。商人賀遷し、久しく他国に滞る。子既に年壮、母に逼りて烝を行ず。後に父の還るを聞て、心に怖懼を懐く。母と計を設けて、遂に鴆《どく》もて之を殺す。事の漸く彰かになることを恐れ、共に他国に竄る。難を逃れて展転し、波吒釐に至る。彼の城にて門師の羅漢に遇逢し、家事を泄すを恐れ、情を矯《ため》て[273]之を殺す。母後に他と非《よこしま》あり。其の子遇見して、[274]悔恨交もに集る。遂に又之を殺す。三逆を造ると雖も、善根を断ぜざれば、罪の深きを憂悔し何に縁てか当に滅すべけん。沙門に滅罪の法あるを伝え聞きて、遂に鶏園に至りて伽藍門外に[275]一苾芻の伽他を誦するを見る。曰く。

若し人重罪を造るも、善を修し能く滅除すれば、彼れ能く世間を照すこと日の雲翳を出るが如し。
大天　を聞きて踊躍して帰知す。故に出家を請うに、僧有りて[276]遂に度す。性識聡敏にして三蔵に遽に通ず。詞論既に清く、化導を善くし、波咜鼇の人の帰仰せざる無し。既に名利に耽り、悪見乃ち生じ矯りて我れ阿羅漢果を得たりと言えり。[277]五悪見の事は此より生ず。既に聖を得たりと称し、人は聖凡に惑う。育王頻りに説法を請いて供養するに、諸の宮女を見て不正を思惟し、夢寐中にて不浄を漏失す。[278]衣を浣《あら》えし弟子が怪みて之を問う。豈に阿羅漢に斯の漏失ありや。大天矯りて答う。「魔嬈《なやま》せて然らしむ。以て漏失の因に其の二種あり。煩悩漏失なり。羅漢は即ち不浄の[279]漏失なし。無学は未だ免れず。羅漢豈に便痢涕唾なからんや。然るに諸の天魔常に佛法を疾《にく》む。善を行ずるを見れば、便ち往きて之を壊す。縦えば阿羅漢なるも亦た嬈乱を被る。故に我れ漏失す。[280]是れ彼の所為なり。汝、今、疑怪する所あるべからず」と。又、彼の大天弟子をして益す歓喜を生ぜしめんと欲して、親しく附して情発し、次第して四沙門果を矯授す。弟子怪疑して、咸く来りて白して曰く。[281]「阿羅漢等応に各の証知すべし。如何が我等都て自覚せざるや」。大天告げて曰く。「諸の阿羅漢に亦た無知あり。自ら信ぜざる勿れ。謂く、諸の無知に亦た二種あり。[282]一は染汚なり。羅漢に即ち無し。二は不染汚なり。無学に猶有り。斯に由て汝輩は自ら知る能わざるなり」。又、一時に於て弟子啓白す。「曾て聖者已に諸疑を度《わた》ると聞く。[283]如何が我等尚ほ諦宝を疑うや」。大天、又、告ぐ。「諸の阿羅漢すら、亦、未だ疑を免れず。疑に二あるが故に。随眠性の疑は羅漢已に無し。処非処の疑は、無学に猶有り。[284]独覚すら此において尚之れ有り。況や汝声聞、能く疑惑なからんや」。諸の弟子を設けて諸経を披読するに、因に師に白して言う。「経に無学に聖なる慧眼ありと説く。我れ解脱に於て応に自ら[285]証知す。如何が但だ師の言に由りて悟入するや」。彼れ即ち答えて言う。「阿羅漢に但だ他に由て入り、自ら知る能わざるあり。舎利子の如し。智慧第一なれど、佛若し記さざれば猶ほ能く知らず。[286]況や汝等輩、他に由て入るに非ず。是の故に汝等応に自ら軽んずべからず」。然るに彼の大天は衆罪を造ると雖も邪見を起さず、善根を断たず。後、夜中に於て自ら罪の重きを懐う。当に[287]何処に於て諸の極苦を受けん。憂惶逼る所、数《しばし》ば苦哉と唱う。近住の弟子驚き怪しみて来りて聞く。彼れ便ち告げて言く。「我れ聖道を呼べり。聖道ありと謂うも、若し至誠にして苦を称して喚ばしめざれば、[288]終に現前せず。故に我れ昨夜に苦なる哉と唱す」と。大天、後に於て先に説くところの五悪見事を集めて頌を作る。

　余に誘われると、無知と、猶預と、他の入らしむると、道は声に因るが故に起こる。[289]是れを真の佛教と名づく。

十五日夜、布灑陀の時、次は大天に当りて座に昇りて戒を誦す。彼れ便ち自ら所告の伽他を誦す。爾の時、衆中の有覚・無覚・多聞・持戒・[290]修静慮のものは、彼の説く所を聞いて驚呵せざるなし。咄、愚人なるかな。寧ぞ是の説を作すや。此れは三蔵において、曾て未だ聞かざる所なり。咸、即ち彼の所説を翻えし、頌に云く。

　余に誘われると、無知と、[291]猶預と、他の入らしむると、道の声に因るが故に起るとの汝の言は、佛教に非ず。

是に於て、竟に闘諍紛然たり。乃ち崇朝に至るまで朋党転た盛んなり。城中の士庶より乃至大臣まで相い次いで来りて和し、[292]皆な止息せず。王、聞見し已て、亦た復た疑を生ず。遂に乃ち僧の両朋をして別住せしむ。賢聖の朋内は耆年多しと雖も僧数少なし。大天の朋内は耆年少なしと雖も衆[293]の数多し。王、遂に多に従いて、大天の語に依りて余衆を訶伏す。事畢りて宮に還る。時に諸の聖賢、衆の乖違するを知りて他所に往かんと欲す。育王、聞き已り自ら怒り令して曰く。「宜《よろ》しく[294]破船に載せ、中流にて墜溺せしめ、其の聖凡を験すべし」と。時に諸の聖衆、遂に神通を運らし、又、同志・諸の凡夫衆を摂し、種々の形に変え、空に陵《しの》いで去る。王、聞きて悲悔し、人を遣して追[295]尋す。王躬《みずか》ら固迎するも僧殻《かた》く命を辞す。王、遂に総じて迦湿彌羅を捨し、僧迦藍を造て聖衆を安置す。後に於て大天を相者見て云く。「竊に七日を記せ。定んで命盡くべし」と。[296]弟子、聞き已りて憂惶して師に白す。便ち矯答し、「吾れ久しく知れり」と言えり。人を遣して涅槃の期を散告せしむ。王庶悲哀し、香薪もて焚葬す。火至れば便ち滅す。竟に然す能わず。占相者[297]云く。「厚葬を消《もちい》ざれ。宜く狗糞汁もて、洒《そそ》ぎて之を穢すべし」と。便ち其の言に依るに、火遂に炎発し、焚蕩儵《たちま》ち盡き、飄散して遺るなし。

是の乖諍に由りて僧両部を成ず。大天の朋党[298]は結集を取るの時、大衆を名と為し、大衆部と名づく。諸の賢聖の衆は結集を取るの時、上座を名と為し、上座部と名づく。此れ即ち本の部の第二重の分なり。是れ十八部[299]の根本なり。

大衆部中に既に賢聖なし。二百年の初、乖諍あるに因て、前後に四破し、八部を流出す。通じて九部を成ず。上座は七破し通じて十一部を成ず。共計[300]して通じて二十部を成ずなり。其れ『百法抄』中の如し。

初め第一に三部を流出す。一は、世出世の法は皆な是れ仮なりと説く。既に唯だ仮を説くのみにして、一説部と名づく。二は、世法は顚倒[301]なれば則ち実と名づけず。出世の法を実と説くを説出世部と名づく。三は、上古に仙あり。鶏を染して子を生む。部主姓氏もて鶏胤部と名づく。

第二の破とは、又、乖諍に因りて一[302]部を流出す。此の師学廣く、佛経を玄悟す。本の部を勝過す。多聞部と名づく。

第三の破とは、又、一師あり。世出世を説くも亦、少仮ありて、同一の説ならず。出世[303]を説くに及んで説仮部と名づく。

第四の破とは、二百年に満るに一外道あり。邪を捨て正に帰す。亦、大天と名づく。重ねて五事を詳にし、三部を分出す。一は、此の人の居するところの山[304]、霊廟に似る。即ち本処に依りて制多山部と名づく。二は、又、一類あり。此と乖違し制多山の西に住す。西山住部と名づく。三は、又、一類あり。前の二見に乖《たが》い、制[305]多山の北に住す。北山住部と名づく。故に大衆部は四破して別に分かれ、本末説を別つに其の九部あり。

其の上座部は賢聖住持し、爾の所を経るの時は一味和合するも、三[306]百年の初、四百年の末、本末七破して十一部と為る。第一の破は、一大徳ありて『発智論』を造り、後進者をして深宗を研究せしむ。其の諸々の上座、先[307]には唯だ習定するのみ。既に詰難するに遭うに、自ら無智なるを恥ず。諸論を避ける者は、移りて雪山に居し、転じて別名を立て、雪転部と名づく。其の論を学ぶ者は、一切法は皆な実体性ありと説く。説[308]一切有部と名づく。又、有の因たるを説く。亦、説因部と名づく。

第二の破は、有部中より一部を流出す。上古に仙あり、牛を染して子を生む。この部の姓を犢子部と名づく。第[309]三の破は、犢子部より四部を流出す。一は部主の有法を上とす可く、法は人の上に在るを謂う。法上部と名づく。二は部主の姓賢旦善、賢聖の苗裔なるを顕す。賢[310]胄部と名づく。三は部主の善く法義を立て、刊定するに邪まなく、其の量必ず正なるを顕す。正量部と名づく。四は部主の居するところ山に近く、林木蓊鬱にして、繁にして且つ密なるを謂う。密[311]林山部と名づく。

第四の破は、復た有部より一部を流出す。此の部主、身は出家なりと雖も本は是れ国王なるを謂う。化地部と名づく。

第五の破は、化地部より一[312]部を流出す。部主の業弘く、正法を含容すること蔵の密なるが如し。法蔵部と名づく。

第六の破は、三百年の末、復た有部より一部を流出す。部主は上代に仙あり。身は真[313]金色にして、余の光を飲弊す。飲光部と名づく。

第七の破は、四百年の末、復た有部より一部を流出す。自ら我れ慶喜を以て師と為すと称せり。経に依り量を立つ。経量部と名づく。種[314]子有りて能く前世より転じて後世に至ると説く。説転部と名づく。

是の如く、上座は本末重て破し、本を兼ね共に十一部の計を成ず。前の九部を通ずれば二十と為れり。一大衆部[315]、二一説部、三説出世部、四鶏胤部、五説仮部、六多聞部、七制多山部、八西山住部、九北山住部、十上座部、十[316]一説一切有部、十二犢子部、十三法上部、十四賢冑部、十五正量部、十六密林山部、十七化地部、十八法蔵部、十[317]九飲光部、二十経量部なり。已に二十部の因由を明し竟れり。

四、五部を以て相配属すれば、漢地に明す所の五部の名の中、薩婆多とは即ち四部の中、説[318]一切有なり。二十の中の第十一部に当る。曇無徳とは、唐に法蔵と言う。四部の中に無し。即ち二十の中の第十八部なり。彌沙塞とは、唐に化地部と言う。[319]四部の中に無し。是れ二十の中の第十七部なり。摩訶僧祇は、四［部］の中の大衆、即ち二十の中の第一部なり。迦葉毘耶は、唐に飲光と言う。即ち二十の中の第十[320]九部なり。其の四部の中、初の一は上座なり。五部の中には無し。即ち二十の中、是れ第十部なり。四の中の正量は、五部の中に無し。是れ二十の中の第十五部なり。是の如く東[321]西共に六部を行ず。一上座部、二説有部、三大衆部、四正量部、五化地部、六法蔵部なり。余の十四部は両処には行われず。其の化地部[322]は、本は印度より出ずるも、印度に已に滅し、于闐に盛行す。其の法蔵部は、本は西方より出るも、西方に行われず、東夏に廣闡す。化地、有部は、漢地に行わるるに似たり。上座、正量は、印[323]度に盛行す。余方に見ず。

初、部を分つの時、二十具足す。聖を去ること漸く遠く、法教淪涓《りんけん》となりて住持の人無ければ、部計即ち滅す。住持の人在れば、部計乃ち存り。諸[324]部の是あり非あるを以てせず。其の部執の存あり没あるも、法の有と法の用不用を以てせず。諸部に正を論じ邪を論ずること、金杖を折るに、彼此倶に金なるが如し。但だ修行に依りて皆な四[325]果を得、毀謗あらば並に三塗に墮すが如し。情見乖せず、皆な是れ一法なり。知見もて宣ぶれば、相に即し相を是とす。識解の寛きに非るものは、乃ち彼なく此なく、情に迷い[326]見に執し、則ち毀過の生ずるを憎むこと有り。若し、達士にして情に通ずれば、豈に正法を嫌謗すること有らんや。斯の解釈を以て用て群疑を蕩《のぞ》かん。願くは審に参詳して、一法に迷うこと無からんことを。

[327]大乗二十二問本

丁卯年三月九日、写し畢る。　比丘法灯書

資料二『頓悟大乗正理決』

一　校訂本文

[校合諸写本]

A本＝Pch四六四六　B本＝Sch二六七二（首部欠損）　C本＝Pch四六二三（一三三行以下）　J本＝饒宗頤（Jao Tsung-i）校訂本（『大蔵経補編』三五、所収）

※[　]内はPch四六四六の葉頁。aは表頁、bは裏頁。

[P.ch.4646: F126b]

[1]頓悟大乗正理決叙

[2]前河西観察判官朝散大夫殿中侍御史王錫撰

[3]自釈迦化滅。年代逾遠。経編貝葉。部帙雖多。其或真言。意兼秘密。理既深[4]遂。非易涯津。是乃諸部競興。邪執紛糺。爰有小乗浅智。大義全乖。肆蛍火[5]之微光。與太陽而争耀。厥茲蕃国。俗扇邪風。佛教無伝。禅宗莫測。粤[6]我聖神賛普。夙植善本。頓悟真筌。愍万性以長迷。演三乗之奥旨。固知真違言説。**[F127a]**則乗実非乗。性離有無。信法而非法。蓋随世諦。廣被根機。不捨声聞。曲存文字。[2]頌伝境内。備遣精修。交聘隣邦。大延龍象。於五天竺国。請婆羅門僧等三十人。於大[3]唐国。請漢僧大禅師摩訶衍等三人。同会浄域。互説真宗。我大師密[4]授禅門。明

標法印。

皇后没盧氏。一自虔誠(1)。劃然開悟。剃除紺髪。披掛《ママ》[5]緇衣。朗戒珠於情田。洞禅宗於定水。雖蓮花不染(2)。猶未足為喩也。善能為方[6]便。化誘生霊。常為賛普姨母悉囊南氏。及諸大臣夫人三十余人。説大乗法。皆[F127b]一時出家矣。亦何異波闍波提。為比丘尼之唱首爾。又有僧統大徳宝真。俗本姓鶡[2]。禅師律不昧於情田。経論備談於口海。護持仏法。陪更精修。或支解色身。曾非[3]嬈動。並禅習然也。又有僧蘇毗王嗣子須伽提。節操精修。戒珠明朗。身披《ママ》[4](3)百衲。心契三空。謂我大師曰。恨大師来晩。不得早聞此法耳。

首自申年。我大師[5]忽奉明詔曰。婆羅門僧等奏言。漢僧所教授。頓悟禅宗。並非金口所説。請即[6]停廃。我禅師乃猶然而嘆曰。(4)异哉此土衆生。豈無大乗種性。而感魔軍嬈動[F128a]耶。為我所教禅法。不契佛理。而自取殄滅耶。悲愍含霊。泫然流涙。遂於佛前。恭(5)虔稽首。[2]而言曰。若此土衆生。與大乗有縁。復所開禅法不謬。請與小乗論議。商確是非。則法[3]鼓振。而動乾坤。法螺吹而(6)倒山岳。若言不称理。則願密迹金剛砕貧道。為微[4]塵聖主之前也。

於是奏曰。伏請聖上。於婆羅門僧。責其問目。対相詰[5]難。校勘経義。須有指帰。少似差違。便請停廃。帝曰。俞。婆羅門僧等。以月繫[6]年。捜索経義。屢奏問目。務掇瑕玼。我大師乃心湛真筌。随問便答。若清風[F128b]之巻霧。豁覩遙天。喩宝鏡以臨軒。明分衆像。婆羅門等。随言理屈。約義詞窮[2]。分己摧鋒。猶思拒轍。遂復眩惑大臣。謀結朋黨。有吐蕃僧乞奢彌尸。舮磨羅[3]等二人。知身聚沫。深契禅枝。為法捐軀。何曾顧己。或頭然熾火。或身解[4]霜刀。曰。吾不忍見朋黨相結。毀謗禅法。遂而死矣。又有吐蕃僧三十余[5]人。皆深悟真理。同詞而奏曰。若禅法不行。吾等請盡脱袈裟。委命溝壑。[6]婆羅門等。乃瞠目巻舌。破膽驚魂。顧影修墻。懐慙戦股。既小乗轍乱。豈復能[F129a]軍。看大義旗揚。猶然賈勇。

至戌年正月十五日。大宣詔命曰。摩訶衍所開禅義。究暢[2]経文。一無差錯。従今已後。任道俗依法修習。小子非才。

大師徐謂錫曰。公文墨者。其所問答。[3]頗為題目。兼制叙焉。因目為頓悟大乗正理決。

[4]問曰。令看心除習気。出何経文。

謹答。准『佛頂経』云。一根既反源。六根成解脱。抛[5]『金剛経』及諸「大乗経」皆云。離一切妄想習気。則名諸佛。所以令看心。除一切心想。[6]妄想習気。

問。所言大乗経者。何名大乗義。

答。『楞伽経』曰。縁有妄想。則[F129b]見有大乗。若無妄想。則離大小乗。無乗及乗者。無有乗建立。我説為大乗。

[2]第一問。或有人言。佛者無量(9)B本⇩多劫已来。無量功徳。智聚円備。然始成佛。独離妄想。[3]不得成佛。何以故。若只妄想離(10)。得成佛者。亦不要説六波羅蜜十二部経。只合[4]説令滅妄想。既若不如是。説於理相違。

答。一切衆生。縁無量劫已来。[5]常不離得三毒煩悩。無始心想。習気妄想。所以流浪生死。不得解脱。准[6]『諸法無行経』上巻云。若一切法中。除却其心。縁相不可得故。是人名為已得度者。[F130a]又『金剛三昧経』云。佛言。一念心動。五陰倶生。令彼衆生。安坐心神。住金剛地。既無一念。此如如之理。[2]具一切法。又『金光明経』第二云。一切煩悩。究竟滅盡。是故法如如。如如之智。[3]摂一切佛法。又『楞伽経』第二云。但離心妄想。則諸佛如来法身。不思智慧。[4]自然顕現。又法身即頓。現示報身。及以化身。又『諸法無行経』。佛告文殊師利。[5]若有人問汝。断一切不善法。成就一切善法。名如来。汝如何答。文殊師利言。如佛坐於道場。[6]頗見法有生滅不。佛言。不也。世尊。若法不生不滅。是法可得説。断一切不善[F130b]法(11)。成就一切善法不。佛言。不也。世尊。若法不生不滅。不断一切不善法(12)。不成就一切善法。[2]是何所見。何所断。何所証。何所修。何所得。但離心想妄想。即三十七道品。自然具足。[3]一切功徳。亦皆円備。

経文廣述。不可盡説。任自検尋。當見経義。拠理問。所[4]対於理不相違。若有衆生。離得三毒煩悩。無始心想習気妄想。便得解脱。[5]亦得成佛。如是功徳。不可比量。

又答。(13)十二部経者。(14)准『楞伽経』云。佛所説経。皆有是義。[6]大慧。諸修多羅。随順一切衆生心説。而非真実在於言中。譬如陽炎。誑惑諸[F131a]獣。(15)令生水想。而實無水。衆経所説。亦復如是。随諸愚夫。自所分別。令生歓喜。[2]非皆顕示聖智。証処真実之法。大慧。応随順義。莫着言説。(16)又「経」云。佛言。我某夜成道。[3]某夜入涅槃。於此二中間。不説一字。不已説今説當説。不説者。是佛説。[4]又『涅槃経』云。聞佛不説法者。是人具足多聞。又『金剛経』[5]云。乃至無有少法可得。是為無上菩提。又「経」云。無法可説。是名説法。

拠此道理。応不相違。

[6]又問。有天人制於妄想。(17)以制妄想故。生無想天。此等不至佛道。明知除想。不得成佛。

[F131b]謹答。彼諸天人。有観有趣。取無想定。(18)因此妄想。而生彼天。(19)若能離無想定。則無妄想。[2]不生彼天。『金剛経』云。離一切諸相。(20)則名諸佛。若言離妄想。不成佛者。出何経文。[3]准『楞伽経』云。無三乗者。謂五種性。衆生中謂不定性者仮説。不応如是執也。[4]

又答。所言五種性者。只縁衆生。有五種。妄想不同。所以説有五種名。[5]若離得妄想。一種性(21)亦無。何処有五耳《ママ》。豈更立余方便耶。

問。『楞伽経』云。所言与声聞授記。[6]化佛化声聞授記。拠此只是方便。調伏衆生。数箇義中。涅槃道是[F131bis–a]三乗也。若離於想。大小之乗。無可言者。謂無想不観大小乗。非無大小。譬如声聞証涅槃後。[2]大小之乗。更無所観。此声聞人。豈得言入大乗道不。

[3]謹答。所言化佛与化声聞授記者。声聞人為未見法身。及以報身。唯見化身。[4]所以化身授記。正合其理。

又答(22)。准『楞伽経』云。我所説(23)者。分別爾焰識滅。[5]名為涅槃。不言涅槃道。是三乗也。『楞伽経』偈(24)。預流一来(25)果。不還阿羅漢。[6]是等諸聖人。其心悉迷惑。我所立三乗一乗及非乗。為愚夫少智。楽寂諸聖説。[F131bis–b]第一義法門。遠離於三趣。住於無境界。何建立三乗。諸禅及無量無色(26)三摩地。[2]乃至(27)滅受想。唯心不可得。准斯経義理。所説三乗。皆是方便。導(28)引衆生法門。

[3]又『思益(29)経』云。網明菩薩(30)。問思益梵天言。何為行一切行非行。梵天言。若人千万[4]億劫行道。於法性理。不増不減。是故名行一切行非行。我念。過去阿僧祇劫。[5]逢(31)無量阿僧祇(32)劫諸佛如来。承事無空過者。并行苦行(33)。十二頭陀。入山学道。持戒精進。[6]所聞智慧。読誦思惟。問是諸如来。亦不見受記。何以故。依止所行故。以是当知。若[F132a]是菩薩。出過一切諸行。則得授記。拠此道理。法性理中。大乗小乗(34)之見。並是虚妄想。[2]妄想若離妄想。則無大小之見。

又(35)准『楞伽(36)』『密厳経』云。声聞雖離妄想煩悩。[3]処於習気泥。譬如昏酔之人。酒醒然後覚。彼声聞亦然。貪著寂[4]滅楽三昧楽。所酔乃至劫不覚。覚後当成佛。声聞(37)貪著寂滅楽。[5]所以(38)不得入大乗。

又問。所言声聞住無相(39)。得入大乗否。

答。准『楞伽経』云。若住(40)[6]無相。不見(41)大乗。所以不得取無相(42)定。是故「経文」。応無所住。而生其心。

[F132b]第二問。離一切相。名諸佛。是何経説。

謹答。『金剛経』云。離一切諸相。即(43)名諸佛。又[2]『大般若経』『楞伽』『華厳』等経中。亦具廣説。

又再(44)新問。『金剛経』云。若了達諸法。[3]観了然後不観者。是智慧(45)。若具修一切善已。然始無修。為化衆生(46)。[4]生大智。自然成就。言先願力故。為凡夫妄想不生。凡夫本来。不達一[5]切(47)法。猶未具諸功徳。唯滅妄想。不得成佛。以要言之。解一切法是智。修一切善[6](48)法是福。為成就如是一切故。所以経歴多劫。因諸福智力故。三昧無観。[F133a]従此方顗。
又『首(49)楞厳三昧経』云。初習観故。然得此三昧。譬如学射。初射竹篳。[2]大如牛身。已後漸小。由如毛髪。並亦皆
中。従習於観。是漸修行。諸佛所説。[3]皆是漸門。不見頓門。
答第二新問。准『楞伽経』云。佛告大慧(50)[4]菩薩。応莫著(51)文字。随宜説法。我及諸佛。皆随衆生煩悩解故。欲(52)種々[5]不
同。而(53)為開演。令知諸法。自心所現。
又『思益経』云。説法性理。若人千万億劫行道。[6]於法性理。不増不減。若了知(54)此理。是名大智慧(55)。於法性理中。
修以[F133b]不修。皆是妄想。拠法性道理。若離妄想。大智本自然成就。若論福智。更無[2]過(56)法性道理。及以法性三
昧。所言漸(57)頓。皆為衆生心想妄想見。是故[3]「経」(58)云。大慧(59)。是故応離因縁所作和合想中。漸頓生見。若離一切(60)想妄
[4]想。漸頓不可得。若言離妄想。不成佛者。出何経文。所言『首(61)楞厳経』云。学射漸[5]々者。不縁増長心想妄想。祇合
令除妄想。
旧問第三。問(62)。言一切想者。其想[6]云何。
答。想者心念起動。及取外境。言一切者。下(63)至地獄。上至諸佛已下。[F134a]『楞伽経』云。諸法無自性。皆是
妄想心見。
新問第三。上至諸佛下至地獄之想。切要[2]茲長。成就善法。違離悪法。因此而行。若不識佛不知地獄。如説十二因
[3]縁中無明。凡夫中不合修行此法。
新問第三。答。一切衆生。縁無始已[4]来妄想分別。取著妄想善悪法。或長善。或長悪。以是因縁。流浪生死。[5]出離
不得。所以経文。凡所有想。皆是虚妄。若見諸想(64)非想。則見(65)如来。若了[6]知此一(66)念功徳。経無量劫。修習善法(67)。不如
此(68)一念功徳。

又所言[69]凡夫位中。[F134b]不合学此法者。一切諸佛菩薩。無量劫所修習善法。成等正[70]覚。皆留与後2代末法衆生。教令修学。既言凡夫衆生不合学此法。是諸佛法教。留与阿誰。3凡夫不合学此法。出何経文。

旧問。想有何過。

答。想過者。能障4衆生本来一切智。及三悪道。久遠輪廻。故有此過。『金剛経』説。亦令離一5切諸想。則名諸佛。

新問第四。問。或有故令生長之想。或有不令生想。処6凡夫地。初修行時。不得除一切想。

答。諸「大乗経」云。一切衆生。縁有妄想分[F135a]別[71]。取著生不生妄想。是故流浪生死。若能[72]不取著。生不生妄想。便[73]得解脱。凡夫衆2生。不得除想。出何経文。

旧問。云何看心。

答。返照心源看心。心[74]想若動。有無浄3不浄。空不空等。盡皆不思議[75]。不観[76]者亦不思。故『浄名経』中説。不観4是菩提。

新問第五。問。拠『十地経』中。八地菩薩。唯入不観。佛令入修5行。拠此事。凡夫初地猶未得。唯不観如何可得[77]。

答。准『楞伽経』云。八地菩薩。離6一切観。及分別習気。無量劫来。所受善悪業者。如乾闥婆城。如幻化等。[F135b]了知菩薩[78]十地。自心妄想。分別建立。又佛告大慧。於勝義中。無次第。亦無相続。亦『思益経』。及諸「大乗経」云。八地菩薩者。超過一切行。得無生法[79]忍。然後得授記。不聞八地菩薩。教令修行2。経文如[80]何説。只合[81]細尋諸経所説[82]。凡夫未得初地。不合不[83]観者。此義合行3不行。前問説訖。

旧問。作何方便。除得妄想及以習気。

4答。妄想起不覚。名生死。覚竟不随妄想。作業不取不住。念々即是解脱5。『般若』『宝[84]積経』云。不得少法。名無上菩提。

新問第六。問。如前所説。[6]凡夫初学。豈得喩佛。佛是已成就者。

答。凡夫雖(85)不共佛。同諸佛所悟之法。准経文。[F136a]皆留与後代末法衆生。教令修学。若不如是。法教(86)留与阿誰。

又佛(87)言。無有[2]少法可得者。不可執著言説。若無少法可得。無思無観。利益一切者。[3]可不是得否。

答。此義前者已答了。(88)今更重(89)問来。

又再説者。佛従無量[4]劫来。已離得不得心。亦無心無思。猶如明鏡。無心無思。離得不得。[5]但随衆生。応物現形。水喩宝喩。日月等喩。皆亦同等。

又抛『入如来功徳経』[6]云。非是不得少法。是得一切法。与義相違者。

前問所言。凡夫不合学此[F136b]法。所以攀大乗経文時。得如是無量無辺功徳。何況信受修行。因此言故。[2]答如此事。以無所得故。是名為得。於理實(90)不相違。

旧問。六波羅蜜等。[3]及諸法門。要不要。

答。如世諦法。六波羅蜜等為方便。顕勝義故。[4]非是不要。如勝義離言説。六波羅蜜及諸法門。不可説言(91)要[5]与不要。諸経廣説。

新問第七。問。世間及第一義諦。是(92)一是異。

[6]答。不一不異。云何不一。妄想未盡已来。見有世諦。云何(93)不異。離(94)一切妄想習気[F137a]時。一異不可分別。

又問。此方便為顕示第一義故。只為鈍根者。為(95)復利(96)[2]鈍倶要。

答。鈍根不了(97)勝義者要。利根者不論要不要。

[3]又問。六波羅蜜等。及余法門。不可(98)言説要不要者。何為不可説。

答[4]。為法性理。即不可説。拠法性理中。要不要。有無一異。倶不可得。

又[5]問。言経文廣説。如何説為説言要不要。不会。

答。経文廣説者。鈍根説要[6]。利根不論要不要。譬如病人要薬。求渡河人要船。病無之人。不言要不要。[F137b]渡河了。更不要船。

旧問。六波羅蜜等要時。如何修行。

答。修(99)行六波羅蜜者[2]。為内為外。内外有二種。内為自度(100)。外為利益衆生。所修行方便者。拠『般若経[3]』『楞伽』『思益経』云(101)。修六波羅蜜時。於一切法。無思無観。三業清浄。由如陽炎[4]。於一切不取不住。

新問第八。問。所言三業清浄時。六波羅蜜。[5]凡夫未能行。得且修習不観。中間不修行。待三業清浄。然後修習。為復[6]未能浄得三業強修。如何修行。

答。所言六波羅蜜有四種。一世間波羅蜜。[F138a]二出世間波羅蜜。三出世間上六(102)波羅蜜。四内六波羅蜜。准『楞伽経』云。廣説(103)[2]略説時。若得不観不思時。六波羅蜜自然円満。未得不観不思中間。事[3]須行六波羅蜜。不希(104)望果報。

又問云(105)。其野馬陽炎。実是不会。

答[4]。野馬喩妄想心。陽炎喩(106)世間一切法。譬如渇野馬。見陽炎是水[5]。実是(107)非水。若(108)如是了達世間法時。即是三業清浄。

旧問。修此法門。早[6]晩得解脱。

答。如『楞伽』及『金剛経』云。離一切想(109)。則名諸佛。随其根性利鈍。如[F138b]是修習。妄想習気亦歇。即得解脱。

旧問。又行此法義。有何功徳。

答。無観無想[2]之功徳。思及観照。不可測量。佛所有功徳。応如是見。且如此之少分 拠[3]『般若経』云。仮令一切衆生。天人声聞縁覚。盡証無上菩提。不如聞(110)此[4]般若波羅蜜義。敬信功徳。算数所不能及。何以故。人天声聞縁覚。[5]及諸菩薩等。皆従般若波羅蜜出。人天及菩薩等。不能出得般若波羅[6]蜜。

又問。何名般若波羅蜜。

所謂無想無取。無捨無著。是名般若波羅蜜(111)。[F139a]及『入如来功徳経』。或有於三千大千世界微塵数佛所供養。(112)承彼佛滅度後。又以[2]七宝。荘厳其塔。高廣例如大千世界。又経無量劫供養之功徳(113)。不及[3]聞斯法義。生無疑心而聴。所獲福徳。過彼無量百千倍数。

又『金剛経[4]』云。若有人満三千大千世界七宝(114)。已用布施。及以恒河沙数身命布施[5]。不如聞一四句偈。其福甚多。(115)不可比(116)喩。諸「大乗経」中。廣説此義。其福徳。[6]除佛無(117)有知者。

新問第九。問。令一切衆生。盡証無上菩提(118)。由不及此福者。[F139b]此無上菩提。乃成有上。此乃是否。次後説言。無上菩提等。従般若(119)波羅蜜出。無[2]上菩提。不出般若波羅蜜。不出者。説是阿那(120)箇菩薩。若説無上菩提。拠[3]如今(121)現般若波羅蜜。似如此。只(122)此如説者。不可是無上菩提。

[4]答。所言令一切衆生。盡証無上菩提(123)。由不及此福者(124)。前者所言凡夫[5]衆生。不合行此法。所以攀諸大乗経典。及般若波羅蜜。衆生聞此法(125)。生[6]一念浄信者。得如是無量無辺功徳。為比量功徳故。作如是説。現有経[F140a]文説。一切諸佛及諸佛。(126)得阿耨多羅三藐三菩提法。皆従此経出。今再問有上無[2]上。及阿那箇菩薩者。経文現在。請検即知。

旧問。若離(127)相不思不観。[3](128)云何得一切種智。

答。若妄心不起。離一切妄想者(129)。真性本有。及一切種[4]智。自然顕現。如『花厳』及『楞伽経(130)』等云。如日出雲。

濁水澄清。鏡得明浄。[5]如銀離鉱等。

新問第十。問。此言是實。乃是已成就。具勢力者之法。[6]非是(131)凡夫之法者。

答。此義前者已答了。今更再問。譬如蓮花[F140b]出離淤泥。皎潔清浄。離諸塵垢。諸天貴人見之。彌敬阿羅耶識。亦復如是。[2]出習気泥。而得明潔。為諸佛菩薩。天人所重。凡夫衆生。亦復如是。[3]若得出離。無量劫来。三毒妄想。分別習気淤泥。還得成就大力之勢。[4]凡夫縁有三(132)毒。妄想蓋覆。所以不出得大勢之力。

[5]旧問。若不(133)観智。云何利益衆生。

答。不思不観。利益衆生者。『入如来功徳経』[6]中廣説。由如日月光照一切。如意宝珠具出一切。大地能生一切。

[F141a]又問。説執境執識執中論。此三法中。今依何宗。

答。此義是般若波羅蜜。[2]無思大乗禅門。無思義中。何論有三。一亦不立。『般若経』(134)中廣説。

[3]新問第十一。問。此義是般若波羅蜜者。縦令是般若波羅蜜智恵。[4]可得論。禅不相当。佛由自於般若波羅蜜。分別作六種。共智慧(135)。[5]各自別説。

答。所行六波羅蜜者。為求般若波羅蜜。若智(136)慧波羅蜜具者。[6]余五波羅蜜。修(137)与不修亦得。

又(138)答言。所言(139)禅不相似者。如『宝積経』中説。善[F141b]住意天子。白文殊師利云。大士。所言禅行比丘者。何等名為禅行比丘耶。[2]文殊師利言。天子(140)。無有少法可(141)取。是為禅行。又『密厳経』中。[3]若有能修行如来微妙定。善知蘊無我。諸見悉除滅。『思益経』云。於諸法無所住。[4]是名禅波羅蜜。『楞伽経』云。不生分別。不起外道涅槃之見。是則名[5]為禅波羅蜜。及諸大乗経典。皆説如是。拠此道理。末法衆生。教令修学。[6]何以得知。諸「大乗経」云。為末法衆生。智(142)慧狭劣。所以広説。若有人聞此[F142a]法者。即功徳不可量。何況信受奉行。

旧問。義既如此。何為諸経廣説。

答。[2]如諸経所説。祇説衆生妄想。若離妄想。更無法可説。所以『楞伽経』云。一切諸経。[3]祇説衆生妄想。真如不在言説之中。

又問。衆生本来有佛性者。[4]何以得知本来有。如外道言有我。有何差別。

答。本来有佛性者。[5]如日出雲。濁水澄清。鏡磨明浄。如九十五種[143]外道者。以要言之。不知三界唯心所変。[6]鉱中出銀。熱鉄却冷。先已説訖。不同外道有。所言有我等者[144]。見有[145]作[146]者。見[F142b]有時変者。或執[147]有無。観空住[148]著[149]於[150]辺。以此不同。『楞伽経』廣説。

又問。何名為衆生。[2]

答。衆生者。従[151]具足妄想。及五陰三毒故有。

又問。何名二[152]乗人。

答。二乗人[153]者。[3]見一切有。従因縁生。覚一切因縁。和合所生者。無常苦空。厭於苦故。楽[4]於涅槃。住於空寂。縁有取捨。故名二乗。偈言。本無而有生。生已而復滅。[5]因縁有非有。不住我教法。待有故成無。待無故成有。無既不可取。有亦不可説。[6]不了我無我。但著於語言[154]。彼溺於二辺。自壊亦壊他。若能了此事[155]。不毀大道師。[F143a]是名為正観。若随言取義。建立於諸法。以彼建立故。死堕地獄中。

[2]臣沙門摩訶衍言。臣聞人能弘道。非道弘人。頼大聖臨朝。闡揚正法。雖以三乗所化。[3]令帰不二[156]之門。為迷愚蒼生。頻窮勝諦。臣之所説。無義可思。般若真宗。[4]難信難入。非大智能措意。豈小識造次堪聞。当佛啓教之秋。五百比丘[5]起出。如来尚猶不制言。退亦[157]甚[158]住。況臣老耄心風。所説[159]忘前失後。特蒙[6][160]陛下福力加護。理性助宣。実冀廣[161]及慈悲。絶斯争論。即諸天悉皆歓喜。僧[F143b]尼彼我自無。臣拠問而演経。非是信口而虚説。頗依貝葉伝[162]。直啓禅門。若[2]尋文究源。還同説薬而求愈疾。是知。居士黙語。吉祥称揚。心[163]想応名何有。若須[3]詰難。臣有上足学徒。且聡明利根。

復後生可畏。伏望。允臣所請。遣緇俗[4]欽承。兼臣。本習禅宗。謹録如左進上。

准『思益経』云。網[164]明菩薩問[165]。梵天。何為[5]一切行非行。梵天言。若人於千万億劫行道。於法[166]性理。不増不減。又思益梵天[6]白佛。菩薩以何行。諸佛授記。佛言。若菩薩不行。一切諸佛則授[167]記。佛言。我念過去[F144a]逢値無量阿僧祇諸佛如来承事。無空過者。及行六波羅蜜。兼行苦行頭[2]陀。佛惣不授[168]記。何以故。依[169]止所行故。以是当知。若菩薩出過一切諸行。佛則授[170]記。[3]我念過去行。無量苦行。頭陀及六波羅蜜行一切。行不如一念無作功徳。[4]又問。文殊師利。亘有無所行。名為正行否。答言。有。若不行一切有為法。[5]是名正行。不退転菩薩白佛言。所説随法行者。何謂也。佛告天子。随法行者。[6]不行一切法。是名随法行。『楞伽経』中説。大慧菩薩白佛言。修多羅中。説如来[F144b]蔵本性清浄。常恒不断。無有変易。具三十二相。在於一切衆生身中。為蘊界処垢[2]衣所纏。貪著[171]恚癡等妄想分別垢之所传染。如無価宝在垢衣中。并『密厳』『花[3]厳』『金剛三昧』『法華[172]』『普超[173]三昧』及諸一切大乗経[174]。具載此義。抛斯道理。佛性[4]本有。非是[175]修成。但離三毒虚妄。妄想習気。垢衣。則得解脱。如阿頼耶[176]識。出[5]習気泥。諸佛菩薩。悟皆尊重。『思益経』云。若有善男子善女人。能信解如[6]是法義者。当知。是人得解[177]脱諸見。当知[178]。是人得陀羅尼。当知。是人行於正念観。[F145a]当知。是人解達諸法義趣。准『楞伽』『思益』等経。禅宗云。無乗及乗者。無有乗建立。[2]我説為一乗。『法華[179]経』云。十方諸佛国。無二亦無三。唯有一佛乗。除佛方便説。竊[3]以斯見。三乗乃是引導衆生法門。『大佛頂経』云。為迷故説悟。若悟竟迷悟[4]倶不可得。縁衆生迷妄想故。則言離妄想。若迷得醒悟。自無妄想可[5]離。

臣今所[180]対問目。皆引経文。佛為信者施行。使功徳不朽。蹔繁聖徳[181]。永潤[6]黎庶。謹奉表。以聞無任対揚之至。臣沙門摩訶衍。誠歓誠喜。頓首頓首謹[F145b]言。

六月十七日。臣沙門摩訶衍表上。一切法[182]義。雖是[183]無為無思。若鈍根[2]衆生。入此法不得者。佛在世時。此娑婆世界。

鈍根罪重。所以立三乗説。種々方便示。3令莫毀勝義。莫軽少許善法。
(184)C本⇩問。万一或有人言。「十二部経」中説云。4三毒煩悩合除。若不用対治(185)。准(186)用無心想(187)。離三毒煩悩不可得。
『宝積経』5中説。療貪病(188)。用不浄観(189)薬医治。療瞋(190)(191)病。用慈悲薬医治。療愚癡病(192)。6須因縁和合薬医治。如是応病与薬。以対治為薬。各依方薬治(193)。則三毒煩悩始除[F146a]得(194)根本。

又喩有一囚。被枷鎖縛等。開鎖要鑰匙(195)。脱枷須出釘鏁(196)。解縛。須解結。2獄中抜出。須索称上。過(197)大磧(198)。須与粮食(199)。具足如是。方得解脱。開鏁喩解脱貪著(200)。3出釘(201)喩解脱瞋恚(202)。結喩解脱愚癡。獄中称上(203)喩抜出三悪道(204)。粮食(205)喩度脱輪廻4大苦(206)煩悩。具足如是等(207)。則得(208)(209)煩悩除盡。若枷鏁不脱。獄中不抜出。5不与粮食。若枷鏁等。以衣裳覆之。雖目下(210)不見枷鏁。其人終不得(211)解脱。既知如此。6准(212)修無心想。擬除煩悩者。蹔(213)時不見。不能除(214)得根本。有如是説。将何対。

[F146b]答。准『涅槃経』云。有薬名阿伽陀。若有衆生(215)服者。能治(216)一切病。薬喩無思無観(217)。2三毒煩悩妄想。皆従思惟(218)分別変化生(219)。所言縛者。一切衆生無始(220)已来。皆是三3毒煩悩。妄想(221)習気繋縛。非是鉄鏁(222)(223)縄索繋縛。在(224)獄須得縄索粮食等。4此則是第二重邪見妄想。請除却。是故惣不思惟。一切三毒煩悩妄想習気。5一時(225)惣(226)得解脱。

又問。唯用無心想(227)。離三毒煩悩。不可得者(228)。

6答。准『楞伽経』云。佛言。復次大慧(229)。菩薩摩訶薩。若欲了知能取所取分別境(230)[F147a]界。皆是自心之所現者。(231)当離憒吏昏滞睡眠。初中後夜(232)。遠離増聞外道邪論(233)。2通達自心分別境界。遠離分別。亦(234)離妄想心。及生住滅。如是了知。恒住不捨。大慧(235)。3此菩薩摩訶薩。不久当得(236)生死涅槃二種平等。唯用無心想。離三毒煩悩。4不可得者。見経文説。離煩悩妄想分別。此菩薩不久当得生死涅槃二種平5等。唯用無心想。離三毒煩悩。不可得(237)解脱者(238)。出何経文。

又問。看心妄想起覚時6(239)。出何経文。

答。『涅槃経』第十八云。云何名為佛(240)。佛者(241)名覚。既自覚悟。復[F147b]能覚他。善男子。譬如有人。覚知有賊。

賊(242)不能為。菩薩摩訶薩。能覚一切無[2]量煩悩。既覚了已。令諸煩悩。無所(243)能為。是故名佛。是故坐禅看心。妄想念[3]起。覚(244)則(245)不取不住。不順煩悩作業。是名念々解脱(246)。

問。諸「大乗」中説。無(247)二者[4]是實。無二即是智慧。分別即(248)是方便。智(249)慧分別。不可分離(250)。『維摩経』云(251)。分[5]明具説。此二言一要。一不要。無有如此分別。若有如(252)此(253)分別。即有取捨。有如(254)此説[6]。請(255)答者。

答。諸(256)佛如来無量劫(257)已(258)来。離三毒妄想煩悩分別。是故(259)悟得(260)。[F148a]無二無分別智。以此無二無分別智。善能分別諸法相。非是愚癡妄想分別[2]。拠此道理。智(261)慧方便不相離。若(262)言取捨。於無二法中。有何(263)取捨。

問。[3]万(264)一或有人(265)言。諸経中説。四(266)禅天名為大果。彼天無心想。雖然還有所(267)観。還有[4]趣向。得無心想定者。於成就滅心想之人。豈有如(268)此分別。初入無想念之[5]時。初(269)従此分別門。観察知(270)無想念。雖不現如(271)此分(272)別。本従此門入。所以(273)有是分[6]別。此二若箇是。有人(274)問如何対(275)。

答。准『楞伽経』云。諸(276)禅及無量。無色三摩[F148b]地(277)。乃至滅受想。唯心不可得。拠此経文。所問(278)天乗者。皆是自心妄想(279)分別。此問(280)[2]早已両度答了。拠此経文。皆(281)自(282)心妄想。縁有心相(283)妄想分別。生(284)於彼天。是故経[3]言。離一切諸相。則名諸佛。所言若箇是者。於佛法中。若有是非。皆是邪見。

問。[4]万(285)一或有人言。縁初未滅心想時。従此門観。所(286)以有(287)分別者。則『楞伽』七巻中[5]説。従(288)此門観察入頓門。亦入分別(289)非(290)想天。現無心想。若言縁有趣向分別者。即[6]是有心想。不(291)得言無心想。若有人問如何対(292)。

謹(293)答。所言縁初未滅心想時。[F149a]従此門観。所以有分別者。則『楞伽(294)』七巻中説。従(295)此門観察入頓門者。答此義。前文[2]已答了。今更再問者(296)。衆生有妄想分別心。即有若干種。

問。若離妄想分別心。皆[3]物不可得。又言。亦入分別非想(297)天。現無(298)心想。又言縁有趣向分別者(299)。是有心想。不可(300)得言[4]無心想。若有人問。如何対答者。

答。此問同前[301]。天[302]乗有想無[303]想有分別無分別。5 皆是自心妄想分別。是[304]故[305][306]『楞伽経』云。三界唯心。若離心想。皆不可得。

6 又問。万一或[307]有人言。縁住在修行。所以不授記者。非是縁修行不授記。尚在修行[F149b]中。似未合到授記時。『首楞厳三昧経』中説言。分明授記。不。深密授記。如此三授記。2 既処高上[308]。所修行。欲近成就。修行功用漸少者。喩如耕種。初用功多。成熟[309]用人功漸少。3 以此即有喫用功課[310]。或云。非是不要修行者。若為対答[311]。

4 答。『思益経』第二云[312]。梵天白佛言。菩薩以何行。諸佛授記。佛言。若菩薩不行生法。5 不行滅法[313]。不行不善法。不行[314]世間法[315]。不行[316]出世間法[317]。不行有罪法。6 不行無罪法。不行有漏法。不行無漏法。不行有為法。不行[318]無為法[319]。不行涅槃法[320]。不行見法。不行聞[F150a]法。不行覚法[321]。不行知法。不行施法[322]。不行捨法[323]。不行戒法[324]。不行覆。不行忍。不行善[325]。2 不行法。不行精進。不行禅。不行三昧。不行慧[326]。不行行。不行知。不行得[327]。若[328]菩薩如是行者。3 諸佛[329]則[330]授記。授記者[331]。有何義。佛言。離諸法二相。是授記義[332]。2 不分別生滅。是授記義。離身口意業相[333]。是授記義。我念過去無量阿僧祇劫[334]。5 逢値諸佛如来承事。無空過者。惣不授記。何以故。為依止所行故。我於後時[335]。遇6 燃[336]灯佛。得授記者。出過一切諸行。又問文殊師利。頗《モシ》有無所行。為正行不[337]。[F150b]答言。有若不行一切有為法。是名正行。爾時。会中有[338]天子。名不退転白佛言。2 世尊。所説随法行者。為何謂也。佛告天子。随法行者。不行一切法。是名随法行。3 所以者何。若不行[339]諸法。則不分別。是正是邪[340]。准経文勝義如此。若修行[341]4 得授記者。未敢裁。

又問。万一或有人言[342]。2 一切法依自所思。令知所観善事。5 則為功徳。所観悪事。則為罪咎。二俱不観。則是仮説。若有人言。合観善事。則6 為[343]功徳者。若為対答[344]。

不[345]著文字。縁功徳事入者。喩如合字人[346]一口。莫作一[F151a]人[347]口思量。須作和合義思量。

答[348]。所言観善悪仮説。和合離文字等事者。2 皆是衆生自心妄想分別。但離自心妄想分別。善悪仮説。和合一人口思量離文字等。[3]倶不可得。即是和合義。入功徳(349)。亦(350)不可比量。
問。万一(351)或有人言。其法[4](352)雖不離(353)罪福。佛性(354)非但住著法済。亦具無量功徳。喩如三十二相。皆須[5]遍修。然得成就如是(355)果。各有分析(356)。放如是光。於(357)諸衆生。得如是益。承前[6](358)修如是善。得如是果。慧(359)従淳熟中。現其功徳。従(360)積貯然(361)得成就。不得言新[F151b]積貯中無功徳。若有人(362)問。云何以答(363)者。
謹答。准『思益経』云。千万億劫行道。[2]於法性理不増不減。又准『金剛三昧経(364)』。如々之理(365)具一切法。若一切衆生。離三[3]毒自心妄想煩悩習気分別。(366)通達如々之理。則具足一切法。及諸功徳。
[4]又問(367)万一或有人(368)言。説佛法深奥。兼神力変化。凡下雖不能修。猶如無前後。[5]一時示現一切色相於大衆(369)前。并以一切語。説一切法。亦(370)非凡下所能。但示(371)現佛之廣大。[6]令生愛楽。務在聞(372)此(373)⇧C本功徳。若有人問云何答。
又問。万一或有人言。(374)▼縁想後。如上所説。但是聖智。若是無想。非是無二。有人問。如何答。
又問。万一或有人言。凡下不遠離心想者。或有「経」中云。令思量在前。或言。恵先行。或言。亦置如是想中。亦有処分。令生心想。或処分遠離心想。不可執一。所以用諸方便演説。或有人言。何以対如前三段問。
謹答。皆是自心妄想分別。若能離自心妄想分別。如是三段問。皆不可得。准『楞伽』『思益経』云。離一切諸見。名為正見。
又問。万一或有人言。発心覚。不依想念。則各得念々解脱者。出何経文。覚者覚何願答。
答。所言発心覚。不依想念。則各得念々解脱者。出何経文者。其義先以准『涅槃経』具答了。今更重問者。一切衆生無量劫来。為三毒自心妄想分別。不覚不知。流浪生死。今一時覚悟。念々妄想起。不順妄想作業。念々解脱。覚者覚如此事。是故『楞伽経』云。菩薩念々入正受。念々離妄想。念々即解脱。『佛頂』第三云。阿難。汝猶未明一切浮塵。諸幻化当処出生。随処滅盡。幻妄称相。其性真為妙覚妙明体。如是乃至五▲[F153a]蘊六入。従十二処。

至十八界。因縁和合。虚妄有生。因縁別離。虚妄名滅。殊[2]不能知生死去来。本如来蔵。常住妙明。不動周円。妙真如性。性真常中。求[3]於去来。迷悟死生。了無所得。

臣前後所説。皆依経文答。非是本宗。若論本[4]宗者。離言説相(375)。離(376)自心分別相。若(377)論説(378)勝義。即如此。准(379)『法華経』(380)云。[5]十方諸佛国。無(381)二亦無三。唯有一佛乗。除佛方便説。何為方便。三帰五戒。十善一[6]称南無佛(382)。至一(383)合掌。及以小低頭等。乃至六波羅蜜。諸佛菩薩。以(384)此方便。引導(385)[F153b]衆生。令入勝義。此(386)則是方便。夫勝義者。難会難入。

准『善(387)住意天子経』云。佛在[2]世(388)時。文殊師利菩薩。説勝義法時(389)。五百比丘。在衆聴法。聞文殊師利説勝義法[3]時(390)。不信受毀謗。当時地裂。五百比丘堕在阿鼻地獄。是故一味[4]之水。各見不同。一切衆生。亦復如是。知見各々不同。譬如龍王一雲所覆。[5]一雨所潤。一切樹木。及以薬草。随其根機(391)。而得増長。一切衆生。亦復如是。佛以一[6]音演説法(392)。衆生随類。各得解。一切衆生(393)。根機不同。譬如小泉流入大海。

伏望[F154a]聖主。任随根機方便。離妄想分別。令入於無二勝義法海。此亦是諸佛方便。

[2]問。三十七道品法(394)要不要。

答。准『諸法無行経』上巻云。但離心想妄想一切分別思惟。則[3]是自然具足三十七道品法。此問(395)両度答了。今更再問者。若悟得[4]不思不観如如之理。一切法自然具足。修与不修亦得。如未得不思不観[5]如如之理。事須(396)行六波羅蜜三十七(397)助道法。准『金剛三昧経』云。如之理。具足[6]一切法。若論如如之理法。離修不修。

臣沙門摩訶衍言。当沙州降下之日。奉(398)[F154b]賛普恩命。遠追令開示禅門。及至邏娑。衆人共問禅法。為未奉進止。罔敢即[2]説。後追到訟(399)割。屢蒙聖主詰(400)訖。却発遣赴邏娑。教令説禅。復於章蹉。及特便邏[3]娑(401)。使数月盤詰。又於勃礐漫。尋究其源。非是一度。

陛下了知臣之所説。4 禅門宗旨是正。方遣与達摩低[402]。同開禅教。然始勅命[403]領下諸処。令百5姓官寮[404]盡知。

復陛下一覧。具明勝義。洞暁臣之朽昧。縦説[405]人罕依行[406]。6 自今若有疑徒。伏望天恩与決[407]。且臣前後所説。皆依問准経文対之。亦非臣禅[F155a]門本宗。臣之所宗。離一切言説相。離自心分別相。即是真諦。皆黙伝黙授。言語道断。2 若苦論[408]是非得失。却成有諍。三昧如一味之水。各見不同。小大智。能実難等用。3 特望随所楽者。修行自当杜絶法我。則臣栄幸之甚。允衆之甚。4 謹奉表陳情以聞。無任戦汗之至。臣摩訶衍。誠惶誠恐[409]。頓首頓首。謹言。

5 摩訶衍聞奏。為佛法義。寂禅教理。前後頻蒙賜問。余有見解。盡以対答。5 其六波羅蜜等及諸善。要修不修。恩勅屢詰。兼師僧官寮[410][411]。亦論六波羅[F155b]蜜等諸善。自身不行。弟子及余人。亦不教修行。諸弟子亦学如是。復有人2奏聞[412]。但臣所教授[413]弟子。皆依[414]経文指示。臣所行行。及[415]教弟子法門。兼弟子所修3行処。各々[416]具見解進上。

縁凡夫衆生力微。抛修行理。与六波羅蜜。4 亦不相違。其六波羅蜜与諸善。要行不行者。前後所対者。是約勝義。5 不言行不行。論世間法。乃至三帰依一合掌発願大小諸善。6 上下盡皆為説。悉令修行。

衍和[417]上教門徒子弟[418]処。沙門釈衍曰。法性遍言[F156a]説。智所[419]不及。其習禅者令看心。若念[420]起時。不観不思[421]有無等。不思者2亦不思。若心想起時。不覚随順修行。即輪廻生死。若覚不順妄想作業。即念3々解脱。離一切妄想[422]。則名諸佛。於勝義中。離修不修。若論世間法。仮三業清浄。4 不住不着[423]。則是行六波羅蜜。又外持声聞戒。内持菩薩戒[424]。此両種戒。5 則能除三毒習気。所修行者。空言説無益事。須修行[425]。依無取捨。雖説[426]三悪道6天人外道二乗禅。令其知解不遺依行。一切三界衆生。自家業現。猶如[F156b]幻化陽焔[427]。心之所変。若通達真如理性。即是坐禅。若未通達者。即須転経。2[428] 合掌礼拝。修善。凡修功徳。不過教示大乗法門令会。猶如一灯然百千灯。3 事法施以利群生。

摩訶衍一生已来。唯習[429]大乗禅。不是法師。4 若欲聴法相。令於婆羅門法師辺聴。摩訶衍所説。不依疏論。准大乗経5文指示。摩訶衍所修習者。依『大般若』『楞伽』『思益』『密厳』『金剛』『維摩』『大佛頂』6『花厳』『涅槃』『宝積』

『普超(430)三昧』等経。信受奉行。

摩訶衍依止和上(431)。法号降[F157a]魔。小福。張和上(432)。准仰。大福(433)。六和上。同教示大乗禅門。自従聞法已来。経五六十[2]年。亦曾(434)久居山林樹下。出家已来。所得信施財物。亦不曾(435)着積。随時盡皆転[3]施。毎日早朝(436)。為施主及一切衆生。転大乗経一巻。随世間法焚香。皆発[4]願。願四方寧静。万姓安楽。早得成佛。亦曾於京(437)中。已上三処。聞法信受[5]弟子約有五千余人。現令弟子沙彌。未能修禅。已教誦得『楞伽』一部。『維摩』[6]一部。毎日長誦。摩訶衍。向此所教弟子。今者各問所見解。縁布施事。由若[F157b]有人乞身頭目。及須諸物等。誓願盡捨。除十八事外(438)。少有人畜直《ママ》一銭物。当[2]直《ママ》亦有。除声聞戒外。更持菩薩戒。及行十二頭陀。兼忍(439)堅固。復信勝義(440)精[3]進坐禅。仍長習陀羅尼。為利益衆生出家。供養三宝。転誦修禅。

[4]於大乗無観禅中。無別縁事。常習不闊(441)。以智慧(442)。毎誦大乗(443)。取義。[5]信楽般若波羅蜜者甚多。亦為三宝益得衆生時。不惜身命。其[6]願甚多。為他人説涅槃義時(444)。超過言説計度界(445)。若随世間(446)。帰依三宝。漸次[F158a]修[2]善。空学文字。亦無益事。須学(447)修行。未坐(448)禅時。依戒波羅蜜。四無量心[3]等。及修諸善。承事三宝。一切経中所説。師僧所教。聞者。如説修行。但是[4]修諸善。若未能不観時(449)。所有功徳。廻施衆生。皆令成佛(450)。

[6]頓悟(451)大乗政《ママ》理決　一巻

資料二・校勘記

（1）虔＝虎A　（2）染＝深J　（3）衲＝納A　AB　（16）着＝看A、著J　（17）於＝于J
（4）异＝異J　（5）虔＝虎A　（6）倒＝例A　（18）定＋(相無)B　（19）天＝生A、B？　（20）
（9）B本⇩　（10）[離]—A　（11）（12）法＝滅A　相＝想B　（21）[性]—A　（22）答＝問A　（23）
（13）[答]—B　（14）[者]—AJ　（15）諸＋(諸　(所)＋以B　（24）[　]—B　（25）来＝乗J

(26) [無色三摩地]—B (27) 受=授B (28) 導
引=引道B (29) 益+(梵天)B (30) 思=梵A
(31) [無量]—AJ (32) [劫]—B (33) 并=並
J (34) [小乗]—AJ (35) 又+(有)A (36)
伽+(経)B (37) 聞+(人謂)B (38) 以+(以)A
(39) 相=想B (40) 無相=想者B (41) 見+
(於)B (42) 相=想B (43) 即=則BJ (44)
再新=新再B (45) 慧=恵B (46) [生]—B
(47) [法]—AJ (48) [法]—B (49) 首楞厳=
楞伽華厳B (50) 慧=恵B (51) 著=看A
(52) 欲+(諸)B (53) 而=不B (54) [知]—B
(55) 慧=恵B (56) 過+(者)B (57) 漸頓=頓
漸B (58) 云+(佛言)B (59) 慧=恵B (60)
切+(心)B (61) 首楞厳=楞伽華厳B (62) 問+
(所)B (63) 下=不B (64) 想=相A (65)
[見]—B (66) [二]—A (67) 法=業B (68)
[此]—B (69) 言+(所)—A (70) [正]—A
(71) 別+(心)B (72) 不取=取不B (73) [得]
—A (74) [心]—A (75) [議]B (76) 観+
(不思)A (77) 得=観B (78) [十地…八地菩薩]

四〇字—A (79) [法]—B (80) 如何=何如J
(81) [細]—B (82) 説=言B (83) [不]—B
(84) 積+(等)B (85) [不]—B (86) 教+(令
修学若不如是法教)B (87) 佛言=言佛B (88)
今更=又B (89) [問]—A (90) [不]—B
(91) [与]—B (92) [是]—B (93) [何]—A
(94) [離]—A (95) [為]—B (96) [鈍]—B
(97) 了+(了)A (98) [可]—A (99) [修行]—
B (100) 度=渡J (101) [云修]—B (102) 六
=上A (103) 略=備B (104) [希]—B (105)
[云]—B (106) 喩+(一切)A (107) 是非水=非是
B (108) 若+(不)B (109) 想=相B (110)
[如]—B (111) [蜜]—A (112) [承]—B (113)
徳=位B (114) 已=以B (115) 不可=可不B
(116) 比=此B (117) 有=能B (118) 由=猶B
(119) [若]—B (120) [阿]—B (121) 現+(説)B
(122) 此如=如此B (123) 由=猶B (124) [前者]
—B (125) [法]—B (126) [得]—A (127) 相
=想A (128) 何+(顕)B (129) 真+(惟)B
(130) 経等=等経B (131) 凡=非A (132) 三毒妄

想=妄想三毒B　(133)　[不]—A　(134)　[中]—A
(135)(136)　慧=恵B　(137)　[与]—B　(138)　[答]—
B　(139)　[言]—A　(140)　子+(彼比丘)B　(141)
取=得B　(142)　慧=恵B　(143)　[種]—A　(144)
者=如B　(145)　有=為B　(146)　者有=知見為B
(147)　有+(或執)B　(148)　著=看A　(149)　於+
(衆生)B　(150)　[辺以……衆生]一七字—B　(151)
[具足]—B　(152)　二=三B　(153)　者+(因)J
(154)　言+(論)B　(155)　事=法B　(156)　[二]—B
(157)　甚+(亦)B　(158)　住=佳J　(159)　忘=妄B
(160)　陛=階A　(161)　慈=茲B　(162)　直=真B
(163)　想=契相B　(164)　網=罔A　(165)　[問]—A
(166)　法性理=理法性A　(167)(168)　授=受A　(169)
[依]—A　(170)　授=受A　(171)　[著]—B　(172)
華=花B　(173)　超=起?B　(174)　[経]—B
(175)　[是]—B　(176)　[耶]—A　(177)　[解]—B
(178)　知+(当知是人入佛智恵)B　(179)　華=花B
(180)　[所]—B　(181)　徳=聴A　(182)　法義=義法
A　(183)　[無為]—B　(184)　C本⇩　(185)　治=
准C　(186)　准=唯BC　(187)　想=相C　(188)

療=了C　(189)　[観]—C　(190)　療=了AB
(191)　瞋+(恚)C　(192)　療=了AB　(193)　薬+
(療)C　(194)　得=淂C　(195)　[匙]—C　(196)
[㇗]—C　(197)　過=高B　(198)　大=入C　(199)
[食]—AB　(200)　出+(出)A　(201)　釘=打AB
(202)　[瞋恚結喩解脱]—C　(203)　上+(出)C　(204)
道+(与)C　(205)　喩=貧B　(206)　[煩]—C
(207)　[足]—C　(208)　得=淂C　(209)　煩悩除盡=
除盡煩悩B　(210)　[下]—B　(211)　得=淂C
(212)　准=唯C　(213)　時+(問)C　(214)　得=淂C
(215)　生+(□)B　(216)　能=能持C、[能]—A
(217)　思=忍C　(218)　[分別]—C　(219)　[生]—C
(220)　[無始]—AB　(221)　想=相C　(222)　┐=葉
AB　(223)　[縄]—A　(224)　[在獄……除却]二十
二字—C　(225)　時+(無)C　(226)　[得]—C
(227)　心+(妄)C　(228)　得=淂C　(229)　慧=恵C
(230)　[分]—B　(231)　[当]—B　(232)　[中]—B
(233)　邪=耶C　(234)　[亦]—C　(235)　慧=恵BC
(236)　[久]—C　(237)　[得]—B　(238)　[者]—B
(239)　[時出何経文]—C　(240)　[為]—B　(241)　者

+(時出何経)C (242) 賊不＝既無AC (243) [所]─B (244) 則＝即C (245) [不]─A (246) 脱+(唯有無心相離煩悩不可得者見経文説雑煩悩妄想分別此菩薩不久当得生死涅槃二種平等唯用無心想離三毒煩悩不可得出何経文)C (247) [無]─C (248) 即＝則B (249) [智慧分別]─B、[分別]─C (250) 離＝別B (251) 云＝中BC (252) 如＝知C (253) [此]─B (254) 此＝是C (255) [請答者]─C (256) [佛]─B (257) 已来＝来已C (258) 来+(已)B (259) [是]─C (260) 得+(得)A (261) 慧＝恵C (262) 若＝答B (263) 何+(法)C (264) [万二]─A (265) [人]─B (266) 四＝曰A (267) [所観還有]─B (268) [如]─C (269) 初+(夜)C (270) [知]─C (271) [如]─B (272) 別+(如)B (273) 以＝已C (274) [人]─C (275) 対＝答B (276) [諸]─B (277) 地＝提C (278) 天＝大C (279) [分別]─BC (280) 早已＝已早B (281) 自＝是C (282) [妄]─C (283) 相＝想C (284) [生]─C (285) [二]─B (286) [以]─B (287) [分]─B (288) [此]─BC (289) 非＝悲C

(290) [想]─C、想＝相B (291) 不得＝得不J (292) 対+(答)BC (293) [謹]─C (294) 伽+(経)J (295) [此]─BC (296) 者+(縁)C (297) [想]─C (298) [無心想]─A (299) 者+(則)BC (300) [可]─BC (301) 前+(問) (302) 天＝大C (303) [無想]─C (304) [是]─C (305) [故]─B (306) 楞伽経＝維摩経C (307) [或]─A (308) 上＝下C (309) 熟+(即)B (310) [功]─B (311) [答]─C (312) 云+(思益)C (313) 法+(不行善法)C、+(若法)B (314) 行+(出)C (315) [法]─B (316) 行+(不)C (317) [法]─B (318) [不行無為法]─A (319) 法+(不行修道法不行除断法不行生死法)C (320) [法]─B (321) [行]─C (322) [不行施法]─C、[法]─B (323)(324) [法]─BC (325) [行]─B (326) 慧＝恵BC (327) [得]─B (328) [若]─B (329) 諸＝則B (330) 則+(与)C、則＝別B (331) 記+(問曰)C (332) [不分別生滅是授記義]─B (333) [相]─B (334) [劫]─B (335) [時]─B (336) 燃＝然C (337) 名+(為)BC (338) 有+

(一)B (339) [行]—B (340) 邪=耶C (341) 若+(言)BC (342) [法]—B (343) 則=即B (344) 答+(答)J (345) 著=看A (346) 人一=一人A (347) [人]—A (348) 答+(言)A (349) [徳]—C (350) [亦]—BC (351) [或]—A (352) 法+(性)BC (353) 罪+(禅)B (354) 非=性A (355) 果=菓AB (356) 析+(分析)B (357) [諸]—BCJ (358) [修]—A (359) 慧=恵BC (360) 積+(停)B (361) [得]—B (362) [問]—C (363) [者]—B、[者謹答]—C (364) 経+(云)C、[経]—B (365) 理具=理則具足C (366) 通達=則B (367) [万二]—A (368) [人]—C (369) 衆+(中)B (370) [非]—AB (371) [現]—B (372) [此]—B (373) ⇧C本 (374) 縁+(縁)J、▼……▲F152a—b の一葉はA本で落丁。B本二四六〜二五九行にて補う (375) 相=想B (376) [離]—B (377) 若=義B (378) [説]—B (379) 准+(前)B (380) 云=文A (381) 無二=是B (382) 佛+(乃)B (383) [二]—B (384) 以=已B (385) 導=道B (386) 則=即B (387) [住]—B (388) [在世]—B (389) [時]—B (390) [法]—B (391) 機+(性)A (392) 法+(法界)B (393) [生根]—B (394) [法]—B (395) 問+(已)B (396) [須]—B (397) [助]—B (398) [奉賛普……未奉]二四字—B (399) [訟]—A (400) 詰+(問)B (401) [使]—B (402) 摩+(麼B (403) 命=令B (404) 寮=寮B (405) 説+(説)A (406) [行]—B (407) 且=具B (408) [論]—B (409) [誠]—A (410) 僧+(官)B (411) 寮=寮B (412) [人]—B (413) 授+(門徒B (414) 皆=比B (415) [及教弟子法門兼弟子所修行]—B (416) [具]—B (417) 和=知B (418) 子弟=弟子B (419) [所]—B (420) 若+(心)B (421) 思=想B (422) [妄想則名]—A (423) 着=看A (424) [戒]—A (425) [行]—B (426) 三+(要)B (427) 陽=楊B (428) 経+(経B (429) 唯=惟B (430) 超=起?A (431)(432) 和=知B (433) 福+(徳)B (434) 曾=当B (435) 不曾着=曾貯B (436) [早]—A (437) 京=景B (438) [外]—B (439) [忍]—A (440)

[勝]—B　(441) 闊＝闕B　(442) 慧＝恵B　(443) 乗＝義A　(444) 超＝起？A　(445) 度＋(境)B　(446) 若＋(不)B　(447) 学＝教B　(448) 未＝来B

(449) [所]—B　(450) [成]—B　(451) B本尾題無し。別文献一〇行連写。

二　訓読

[F126b]頓悟大乗正理決の叙

前の河西観察判官朝散大夫殿中侍御史・王錫撰す。

釈迦化滅してより、年代は逾遠なり。経編・貝葉の部帙多しといえども、其れ或は真言、意は秘密を兼ねて、理既に深遂なれば、涯津し易きに非ず。是に乃ち、諸部競い興り、邪執紛糺す。ここに小乗の浅智ありて、大義に全く乖《そむ》きて、蛍火の微光をつらね、太陽と耀を争う。それ茲に蕃国にては、俗は邪風を扇り、佛教の伝わること無く、禅宗も測ることなし。

ここに、我が聖神なる賛普は、つとに善本を植え、真筌を頓悟し、万性の以て長く迷うをあわれみて、三乗の奥旨を演ぶ。固より真は言説に違い、**[F127a]**則ち乗は実には乗に非ずして、性は有無を離れ、法を信ずるも法に非ざるを知りたまう。おもうに、世諦に随い、廣く根機をおおわんには、声聞をも捨てず、曲《つぶ》さに文字をも存し、境内にわかち伝え、備に精修せしむ。交ごも隣邦より聘《よ》び、大いに龍象を延《まね》くに、五天竺国よりは婆羅門僧等三十人を請じ、大唐国よりは、漢僧大禅師摩訶衍等三人を請じ、同《とも》に浄域に会し、互いに真宗を説かしむ。我が大師は禅門を密授し、明らかに法印を標《しめ》す。

皇后没盧氏は、一に自ら虔誠にして、劃然として開悟し、紺髪を剃除し、緇衣を被掛し、戒珠を情田に朗にし、禅宗を定水に洞《なが》す。蓮花の染まざるをいえども、猶を未だ喩と為すに足らざるなり。善く能く方便を為して、生霊を化誘す。常に賛普の姨母・悉嚢南氏、及び諸大臣の夫人三十余人の為に大乗の法を説きて、皆、[F127b]一時に出家せり。亦、何ぞ波闍波提が比丘尼の唱首となるに異ならんや。又、僧統大徳宝真あり。俗の本姓は鶂なり。禅師、律は情田に昧からず、経論は備に口海に談ず。佛法を護持し、陪す更に精修す。或は色身を支解されるとも、曾て嬈動するに非ず。並びに禅習の然るなり。又、僧あり。蘇毗王の嗣子の須伽提なり。節操精修にして、戒珠明朗たり。身は百衲を被、心は三空に契う。我が大師に謂て曰く、「恨むらくは、大師の来るや晩くして、早く此の法を聞くを得ざりしのみ」。

首め中年に、我が大師、忽に明詔を奉ずるの日より、婆羅門僧等奏して言わく、「漢僧の教授するところの頓悟禅宗は、並びに金口の所説に非ず。即ち停廃せんことを請う」と。我が禅師、乃ち猶然として笑いて曰く。「異《あや》しき哉。此の土の衆生、あに大乗の種性なくして、魔軍の嬈動に感ずるや。[F128a]我が所説の教法、佛理に契わずと為し、而して自ら殄滅を取るや」と。含霊を悲愍して、泫然として流涙せり。遂に、佛前に恭虔に稽首して言いて曰く。「若し、此の土の衆生、大乗と縁あり、復た開くところの禅法謬たずんば、小乗と論議して是非を商確せんことを請う」と。則ち、法鼓振わば、乾坤を動し、法螺吹かるれば、山岳を倒す。若し、言が理に称《かな》わざれば、則ち密迹金剛の貧道を砕きて、聖主の前に微塵と為らんと願う」。是に於て奏して曰く。「伏して聖上に請う。婆羅門僧より問目を責《もと》め、対して相い詰難し、経義を校勘すれば、須らく指帰有るべし。少しく差違あるに似たれば、便ち停廃されんことを請う」と。帝曰く、「斂《しか》り」と。婆羅門僧等、月を以て年に繫《か》け、経義を捜索して、屢々、問目を奏し、務めて瑕瑕を擿う。我が大師、乃ち心に真筌を湛え、問いに随って便ち答うこと、清風[F128b]の霧を巻きて、豁《ひろ》く遙天を見るが若く、宝鏡以て軒に臨みて、明に衆像を分つに喩う。婆羅門等、言に随って理は屈し、義を約しては詞窮す。己を分ちて鋒を摧《くだ》くも、猶を轍を拒まんことを思う。遂に復た大臣を眩惑して、朋党を結ばんと謀る。吐蕃僧・乞奢彌尸、毗磨羅等二人あり。身は聚沫なるを知り、深く禅枝に契い、法の為に軀を捐《すつ》るに、何ぞ曾て己を顧みんや。或は頭に熾火を燃し、或は身は霜刀に解かるるも、「吾れ、朋党を相い結び、禅法を毀謗するを見るに忍びず」と曰いて、遂に死す。又、吐蕃僧三十余人あり。皆、深く真理を悟る。詞を同じくして奏して曰く、「若し禅法行われずば、吾ら盡く袈裟を脱して、命を溝壑に委《す》てんことを請う」と。婆羅門等、乃ち目を瞠り、舌を巻き、破瞻驚魂す。影を顧み、墻を修め、慙《はじ》を懐き、股戦《おのの》けり。既に小乗の轍乱れ、あに復た能く[F129a]軍わんや。大義の旗揚り、猶然たる賈勇あるを看る。

戊年正月十五日に至りて、大いに詔を宣べて命じて曰く、「摩訶衍の開くところの禅の義は、究めて経文を暢《の》ぶ。一として差錯なし。今より已後、道俗が法に依りて修習するに任す」と。小子非才なれど、大師、徐《おもむろ》に錫に謂て曰く、「公は、文墨の者なり。其の問答するところを、ほぼ題目と為し、兼ねて叙を制せよ」と。因って目して「頓悟大乗正理決」と為せり。

問うて曰く。「看心もて習気を除かしむ」とは何の経文に出ずるや。

謹みて答う。『佛頂経』に准るに云う。「一根既に源に反れば、六根は解脱を成ず」と。『金剛経』及び諸「大乗経」に拠るに、皆云う。「一切の　妄想・習気を離るれば、則ち諸佛と名づく」と。所以に、看心もて一切の心想・妄想・習気を除かしむなり」と。

問う。言う所の「大乗経」とは、何をか大乗の義と名づくや。

答う。『楞伽経』に曰く。「妄想有るに縁りて、則ち[F129b]大乗の有るを見る。若し、妄想無ければ、則ち大小乗を離れ、乗及び乗者無し。乗の建立有ること無きを、我は説いて大乗と為す。

第一に問う。或は、人有りて言う。「佛とは、無量多劫已来、無量の功徳・智聚円に備わりて、然して始めて成佛す。独だ妄想を離れるのみにては成佛を得ず」と。何を以ての故に。若し、只だ妄想を離れるのみにて成佛を得ば、亦、六波羅蜜、十二部経を説くを要さず。只だ、合《まさ》に妄想を滅せしむると説くべきのみ。既に若し是の如くならず。説は理に相違せり。

答う。一切衆生は無量劫已来、常に三毒の煩悩、無始の心想、習気、妄想を得るを離れざるに縁るが所以に、生死に流浪して解脱を得ず。

『諸法無行経』上巻に准るに云う。「若し、一切法中、其の心を除却せば、相を縁ずること不可得なる故に、是の人をば名づけて已得度者と為す」と。[F130a]又、『金剛三昧経』に云う。「佛、言わく。一念の心動かば、五陰倶に生ず。彼の衆生をして心神を安坐し、金剛地に住せしむれば、既に、一念無し。此れ如々の理にして、一切法を具す」と。

又、『金光明経』第二に云う。「一切の煩悩、究竟して滅盡す。是の故に、法は如々なり。如々の智は一切の佛法を摂むなり」と。

又、『楞伽経』第二に云う。「但だ、心の妄想を離れるのみにて、則ち、諸佛如来の法身なり。不思の智慧は、自然に顕現す。又、法身は即ち頓に報身、および化身を現示す」。

又、『諸法無行経』に[云う]。「佛、文殊師利に告げたまわく。若し、人有りて汝に問うに、一切の不善法を断じ、一切の善法を成就せば如来と名づくや、と。汝は、云何に答うや。文殊師利言く。如し佛の道場に坐せば、頗る法の生滅有るを見るや不や。佛、『不なり』と言えり。世尊よ。若し、法が不生不滅ならば、是の法は一切の不善[F130b]法を断じ、一切の善法を成就すると説くを得べきや不や。佛、『不なり』と言えり。世尊よ。若し法が不生不滅ならば、一切の不善法を断ぜず。一切の善法を成就せず。是に、何の見る所、何の断ずる所、何の証する所、何の修するところ、何の得るところあらん。但だ、心想の妄想を離るれば、即ち三十七道品は自然に具足し、一切の功徳は、亦、皆な円備す」と。

経文は廣く述べるも、盡《ことごと》くは説くべからず。自らの検尋に任せ、當に経義を見るべし。理に拠りて問わば、対《こた》うるところ理と相違せず。もし衆生有りて、三毒の煩悩、無始の心想、習気、妄想を得るを離るれば、便ち、解脱を得、亦、成佛を得るなり。是の如き功徳は、比量すべからず。

又、答う。「十二部経」とは、『楞伽経』に准るに云う。「佛の説く所の経は、皆、是の義有り。大慧よ。諸の修多羅は、一切の衆生の心に随順して説き、真実は言中に在るに非ず。譬えば、陽炎の諸[F131a]獣を誑惑して、水想を生ぜしむるも、實には水の無きが如し。衆経の説く所も、亦復、是の如し。諸の愚夫の自ら分別するところに随いて、歓喜を生ぜしむるも、皆、聖智を顕示し、真実の法を証処するに非るなり。大慧よ。まさに義に随順して、言説に着すこと莫るべし」と。

又、「経」に云う。「佛、言く。我れ、某夜に成道し、某夜に涅槃に入る。此の二の中間に於て、一字も説かざるなり。已に説かずして今説き、当に説くべくして説かずとは、是れ佛説なり」と。

又、『涅槃経』に云う。「佛の説法せざるを聞くものは、是の人は多聞を具足するなり」と。

又、『金剛経』に云う。「乃至、少法の得べき有ることなし。是を無上菩提と為すなり」と。

又、「経」に云う。「法の説く可き無し。是れを説法と名づく」と。

此の道理に拠りて、まさに相違せざるべし。

又、問う。天人の妄想を制する有り。妄想を制するを以ての故に無想天に生ず。此等は佛道に至らず。明に想を除くは成佛を得ずと知る［が如何］。

[F131b]謹みて答う。彼の諸の天人に観有り、趣有り。無想定を取るも、此の妄想に因りて彼の天に生ず。若し、能く、無想定を離れば、則ち妄想無く、彼の天に生ぜず。『金剛経』に云う。「一切の諸想を離れば、則ち諸佛と名づく」と。妄想を離れるに成佛せずと言うが若きは、何の経文に出ずるや。

『楞伽経』に准るに云う。「三乗無しとは、五種性を謂う。衆生中に不定性と謂うは仮説なり。まさに是の如く執ずるべからざるなり」。

又、答う。言う所の五種性とは、只、衆生に五種の妄想有りて同じからざるに縁る。所以に五種の名有りと説く。若し、妄想を得るを離るれば、一種性すら亦無し。何処にか、五有りや。豈に更に余の方便を立つるや。

問う。『楞伽経』に云う。「言う所の声聞の与《ため》の授記は、化佛が声聞を化するの授記なり」と。此に拠れば、只、是れ方便なり。衆生を調伏する数箇義中に、涅槃道は是れ[F131bis–a]三乗なり。

「想を離るれば、大小の乗は言う可き無し」の若きは、想無くば大小乗を観ぜざるを謂う。大小無きに非ず。譬えば、声聞が涅槃を証して後は、大小の乗は更に観ずるところ無きが如し。此の声聞人、豈に大乗道に入ると言うを得るや不や。

謹みて答う。言う所の化佛が声聞を化するが与《ため》の授記とは、声聞人は、未だ法身及び報身を見ず、唯、化身のみを見ると為す。所以に化身の授記するは、正に其の理に合すなり。

又、答う。『楞伽経』に准るに云う。「我が説くところは、分別爾焔の識滅すれば、名づけて涅槃と為す」と。涅槃道は、是れ三乗とは言わざるなり。『楞伽経』の　に、「預流、一来果、不還、阿羅漢、是等の諸聖人は、その心、悉く迷惑せり。我れの立つるところの三乗、一乗及び非乗は、愚夫・少智・寂を楽う諸聖の為に説くなり。

[F131bis—b]第一義の法門は、三趣を遠離し、無境界に住するなり。何ぞ三乗を建立せん。諸禅及び無量、無色、三摩地、乃至受想を滅するは、唯心にして不可得なり」と。斯の経の義理に准りて、説くところの三乗は、皆、是れ方便にして、衆生を導引するの法門なり。

又、『思益経』に云う。「網明菩薩、思益梵天に問うて言く。何すれぞ、一切行を行ずるも行ずるに非ずや。梵天言く。若し人、千万億劫に道を行ずるも、法性の理に於て、不増不減なり。是の故に、一切行を行ずるも行ずるに非ずと名づく。我れ念うに、過去阿僧祇劫に無量阿僧祇劫の諸佛如来に逢い、事を承けて空の過なき者は、并に、苦行、十二頭陀、入山学道、持戒、精進、所聞智慧、読誦思惟を行ずるなり。是の諸如来に問うも、亦、授記を見ず。何を以ての故に。行ずる所に依止するが故なり。是を以て、当に知るべし。若し[F132a]是の菩薩、一切の諸行を出過すれば、則ち授記を得るなり」と。此の道理に拠りて、法性理中には、大乗・小乗の見、並に是れ虚妄想なり。妄想、若し妄想を離れれば、則ち大小の見無し。

又、『楞伽』『密厳経』に准るに云う。「声聞は、妄想煩悩を離るといえども、習気の泥に処る。譬えば、昏酔の人、酒醒めて然る後に覚するが如し。彼の声聞も亦然り。寂滅の楽、三昧の楽に貪著し、酔うところ乃ち劫に至るも覚さず。覚して後にまさに佛を成ずべし」と。声聞は寂滅の楽に貪著す。所以に大乗に入るを得ず。

又、問う。言う所の声聞は、無相に住するに、大乗に入るを得るや否や。

答う。『楞伽経』に准るに云う。「若し、無相に住せば、大乗を見ず」と。所以に、無相定を取るを得ず。是の故に、「経文」に「応に住するところ無くして、其の心を生ずべし」と。

[F132b]第二に問う。「一切相を離るれば、諸佛と名づく」とは、是れ何経に説くや。

謹みて答う。『金剛経』に云う。「一切諸相を離るれば、即ち諸佛と名づく」と。

又、『大般若経』『楞伽』『華厳』等の経中に亦具に廣く説くなり。

又、再び新しく問う。『金剛経』に云う。「若し、諸法に了達し、観じ了って然る後に観じず」とは是れ智慧なり。若し、具に一切の善を修し已って、然して始めより修ずる無し。衆生を化さんが為に大智を生じ、自然に成就す。願力を先とすると言うが故に、凡夫の妄想生ぜずと為す。凡夫は本来一切法に達せず、猶ほ未だ諸の功徳を具せず。唯、妄想を滅するのみにては佛を成ずるを得ず。以て之を要言せば、一切法を解するは、是れ智なり。一切の善法を修するは、是れ福なり。是の如きの一切を成就せんが為の故に、所以に多劫を経歴するなり。諸の福智力に因るが故に、三昧して観ずること無きは、[F133a]此れより方《はじ》めて顕るなり。

又、『首楞厳三昧経』に云う。「初めに観を習する故に。然して此の三昧を得る。譬えば射を学ぶが如し。初めに竹篳の大きこと牛身の如きを射る。已後に、漸く小くしてなお毛髪の如くなるも、並に亦皆な中る」と。従って、観を習いて、是れ漸々に修行す。諸佛の説く所は皆な是れ漸門にして、頓門を見ず。

第二の新問に答う。『楞伽経』に准るに云う。「佛、大慧菩薩に告げるに、応に、文字に着すこと莫く、宜しきに随って、法を説くべし。我れ及び諸佛は、皆、衆生の煩悩解に随う故に、種々に同じからずして、為に開演して、諸法の自心の所現なるを知らしめんと欲す」と。

又、『思益経』に云う。「法性の理を説くに、若し人、千万億劫に道を行ずるも、法性の理に於て不増不減なり」と。若し、この理を了知せば、是を大智慧と名づく。法性理中に於て修するも、以て[F133b]修せざるも、皆、是れ妄想なり。法性の道理に拠って、若し妄想を離れば、大智の本は自然に成就す。若し福智を論ずれば、更に、法性道理、及以び法性三昧を過ぐることなし。言う所の漸・頓は、皆、衆生の心想、妄想の見たり。是の故に「経」に云う。「大慧よ。是の故に、まさに、因縁、所作、和合想中に漸頓の見を生ずるを離るべし。一切想の妄想を離るれば漸頓得るべからず。妄想を離るるのみにては佛を成ぜずと言うが若きは、何経の文に出ずるや。言う所の『首楞厳経』に、射を学ぶに漸々なりと云うは、心想妄想を増長するに縁らず、祇《た》だ、合に妄想を除かしむべきことなり。

旧問第三に問う。一切の想と言うは、其の想とは云何。

答う。想とは、心念の起動、及び外境を取ることなり。一切と言うは、下は地獄に至り、上は諸佛已下に至るなり。[F134a]『楞伽経』に云う。「諸法は無自性なり。皆、是れ妄想心の見なり」と。

新問の第三。上は諸佛に至り、下は地獄に至るまでの想は、茲《つね》に長に善法を成就し、悪法を違離することを切要す。此に因りて行ずれば、佛を識らざれば、地獄を知らざるが若し。十二因縁中の無明を説くが如し。凡夫中にまさに此の法を修行するべからず。

新問の第三に答う。一切衆生は無始已来の妄想・分別に縁りて、善悪の法に取著し、妄想す。或は善を長じ、或は悪を長ず。是の因縁を以て、生死に流浪し、出離せんとするも得ず。所以に経文に、「凡そあらゆる想は、皆、是れ虚妄なり」と。若し、諸の想と想に非ざるを見れば、則ち如来を見るなり。若し、此の一念の功徳を了知すれば、無量劫を経て善法を修習するも、此の一念の功徳に如かず。

又、言う所の凡夫位中に、[F134b]此法を学ぶべからざるとは、一切諸佛・菩薩は無量劫に善法を修習し、成等正覚する所なり。皆、留まりて後代の末法の衆生に与に修学せしむ。既に凡夫・衆生に此の法を学ぶべからずと言わば、是れ諸佛の法教の留まるは阿誰の与なるや。凡夫此の法を学ぶべからずとは何経の文に出ずるや。

旧に問う。想に何の過ありや。

答う。想の過とは、能く衆生の本来の一切智を障《ささ》え、三悪道に及び、久遠に輪廻するが故に、此の過あり。『金剛経』に説く。「亦、一切諸想を離れしむれば、則ち諸佛と名づくなり」と。

新問の第四。問う。或は、故《ことさら》に生長せしむるの想あり。或は、生ぜしめざるの想あり。凡夫地に処して、初めに修行するとき、一切想を除くを得ず。

答う。諸の「大乗経」に云う。「一切の衆生は妄想分[F135a]別あるに縁りて、生・不生の妄想に取著す、是故に生死に流浪す。若し、能く生・不生の妄想に取著せざれば、便ち解脱を得る」と。凡夫衆生が想を除くを得ずとは、何経の文に出すや。

旧に問う。云何が看心すとは。

答う。心源を返照し、心を看るなり。心想、若し動ぜば、有無・浄不浄・空不空等あり。盡く皆な思議せず。観ぜざるは亦思わず。故に『浄名経』中に、「不観は是れ菩提なり」と説く。

新問の第五。問う。『十地経』中に拠るに、「八地の菩薩は、唯だ不観に入るのみ。佛は修行に入らしむ」と。此事に拠れば、凡夫は初地すら猶ほ未だ得ず。唯だ不観のみにて如何が得べきや。

答う。『楞伽経』に准るに云う。「八地の菩薩は、一切の観及び分別習気を離る。無量劫よりこのかた受けるところの善悪の業は、乾闥婆城の如く、幻化等の如し。[F135b]菩薩十地にて、自心の妄想分別にて建立するを了知す」。又、「佛、大慧に告ぐ。勝義中にては、次第無く、亦、相続無し」と。亦、『思益経』及び諸の「大乗経」に云う。「八地の菩薩は一切行を超過し、無生法忍を得、然る後に授記を得る」と。八地の菩薩が修行せしむとは聞かず。経文に如何に説くや。只、諸経の説く所を細かく尋ぬべし。凡夫の未だ初地を得ざれば不観すべからずとは、此義行わるべきか、行わざるべきかは、前問に説き訖る。

旧に問う。何の方便を作して、妄想及び習気を得るを除くや。

答う。妄想起こるを覚らざるを生死と名づく。覚し竟るや妄想に随わず。業を作すも取らず、住さず、念々即ち是れ解脱なり。『般若』『宝積経』に云う。「少法たりとも得ざるを無上菩提と名づく」と。

新問の第六。問う。前に説くところの如く、凡夫・初学を豈に佛に喩うるを得るや。佛は是れ已成就者なればなり。

答う。凡夫は、佛と共ならずといえども、諸佛の悟るところの法と同じ。経文に准るに、[F136a]皆な留りて、後代末法の衆生のために修学せしむ。若し、是の如くならずんば、法教の留るは阿誰の与なるや。

[問う]。又、佛言く。「少法の得るべきもの有ること無ければ、言説に執着すべからず」と。若し、少法の得るべき無く、無思・無観なれば、一切を利益するもの是れを得ざるべきや否や。

答う。此の義、前に已に答え了れり。今、更に重ねて問い来る。

又、再び説くは、佛は無量劫より来、已に得・不得の心を離れ、亦、無心・無思なり。猶ほ、明鏡の無心・無思にして、得・不得を離るるが如し。但だ衆生に随い、物に応じて形を現ず。水の喩、宝の喩、日月等の喩は、皆、亦た同じく等し。

又、『入如来功徳経』に拠るに云う。「是れ少法を得ざるに非ず。是れ一切法を得るは、義と相違するものなり」と。

前の問に言うところの、凡夫はまさに、此の[F136b]法を学ぶべからず。所以に、大乗の経文に攀《よ》る時に、是の如きの無量無辺の功徳を得る。何ぞ況や、信受修行するにおいておや。此の言に因るが故に、此の如きの事を答う。得るところ無きを以ての故に、是を名けて得と為す。理に於て實は相違せず。

旧に問う。六波羅蜜等、及び諸の法門は要するや要せざるや。

答う。世諦法の如くんば、六波羅蜜等をば方便と為す。勝義を顕すが故に、是れ不要に非ず。勝義の如きは言説を離る。六波羅蜜及び諸法門は、要と不要を説言すべからず。諸経に廣く説くなり。

新問の第七。問う。世間及び第一義諦は、是れ一なるや、是れ異なるや。

答う。一ならず、異ならず。云何が一ならざるや。妄想、未だ盡きざる已来、世諦有るを見ればなり。云何が異ならざるや。一切の妄想習気を離る**[F137a]**時、一と異とは分別すべからざればなり。

又、問う。此の方便は、第一義を顕示するが為の故なり。只、鈍根の為なりや、また、利・鈍の倶に要する為なるや。

答う。鈍根にして勝義を了せざる者は、要す。利根の者は、要不要を論ぜず。

又、問う。六波羅蜜等及び余の法門は、要不要を言説すべからずとは、何をか不可説と為すや。

答う。法性の理は、即ち不可説と為す。法性の理中に拠れば、要不要、有無、一異、倶に得べからず。

又、問う。「経文に廣く説く」と言うに、如何が説いて要不要を説言するや、会せず。

答う。「経文に廣く説く」とは、鈍根は要するを説き、利根は要不要を論ぜず。譬えば、病の人は薬を要し、河を渡らんと求むる人は、船を要するが如し。病無き人は、要不要を言わず。**[F137b]**河を渡り了れば、更に船を要せず。

旧に問う。六波羅蜜等を要するとき、如何が修行なるや。

答う。六波羅蜜を修行する者は、内の為なると、外の為となり。内と外と二種有り。内は自度の為なり。外は衆生を利益するが為なり。方便を修行するところのものは、『般若経』『楞伽』『思益経』に拠るに云う。六波羅蜜を修する時、一切法に於て、無思・無観・三業清浄なり。なお、陽炎の如く、一切に於て、不取・不住なり。

新問の第八。問う。言うところの三業清浄なる時、六波羅蜜を凡夫は未だ行ず能わず。得て且らく不観を修習する中間にも修行せず。三業清浄を待ちて、然る後に修習す。復た、未だ三業を浄得するあたわざるが為に、強いて修するとは、如何が修行するや。

答う。言うところの六波羅蜜に四種有り。一は、世間波羅蜜。[F138a]二は、出世間波羅蜜。三は、出世間上々波羅蜜。四は、内六波羅蜜なり。『楞伽経』に准るに云う。「廣く説き、略して説く時、若し不観不思を得る時、六波羅蜜は自然に円満す。未だ不観不思を得ざる中間には、事須《すべか》らく、六波羅蜜を行じて果報を希望せざるべし」と。

又、問いて云う。其の野馬・陽炎は、実に是れ会せず。

答う。野馬は妄想心に喩え、陽炎は世間の一切法に喩う。譬えば、渇せる野馬が陽炎は是れ水なりと見るも、實には是れ水に非ざるが如し。若し是の如くば、世間法に了達せる時に、即ち是れ三業は清浄なり。

旧に問う。此の法門を修すれば、早晩、解脱を得るや。

答う。『楞伽』及び『金剛経』に、「一切想を離るれば、則ち諸佛と名く」と云うが如し。其の根性の利鈍に随って、[F138b]是の如く修習せば、妄想習気は亦やみ、即ち解脱を得るなり。

旧に問う。又、此の法義を行ずるに、何の功徳有りや。

答う。無観無想の功徳、思及び観照は測量す可からず。佛のあるゆる功徳は、是の如く見るべし。且つ、此の如きの少分は『般若経』に拠るに云う。「仮令《たとえ》、一切衆生、天人、声聞、縁覚が盡く無上菩提を証するも、此の般若波羅蜜の義を聞くに如かず。敬信の功徳は、算数の及ぶ能わざる所なり」と。何を以ての故に、人、天、声聞、縁覚、及び諸の菩薩等は、皆、般若波羅蜜より出ずるや、人、天、及び菩薩等は般若波羅蜜を出得する能わず。

又、問う。何をか般若波羅蜜と名づくるや。

[答う]。謂うところの無想・無取・無捨・無著、是れを般若波羅蜜と名づく。[F139a]及び、『入如来功徳経』に「或は、三千大千世界に微塵数の佛の供養するところ有り。彼の佛の滅度の後を承け、又、七宝を以て其の塔を荘厳するに、高く廣きこと、例えば大千世界の如し。又、無量劫の供養の功徳を経るも斯の法義を聞くに及ばず。無疑心を生じて聴けば、獲る所の福徳は、彼の無量百千倍数を過ぐ」と。

又、『金剛経』に云う。「若し人有りて、三千大千世界に満つる七宝もて、已《も》って用て布施し、及び、恒河沙の数の身命もて布施するも、一の四句偈を聞くに如かず。其の福甚だ多く、比喩すべからず」と。諸の「大乗経」中に廣く此の義を説く。其の福徳は佛を除きて知る者有ること無し。

新問の第九。問う。一切衆生をして盡く無上菩提を証せしむも、由ほ此の福に及ばざれば、[F139b]此の無上菩提も乃ち有上を成ず。此れ乃ち是なるや否や。

次後に説いて言うらく。無上菩提等は般若波羅蜜より出ず。無上菩提は般若波羅蜜を出でずと。出でざれば、是を阿那箇の菩薩（提?）と説くや。若し、無上菩提を説かんに、今現の如きの般若波羅蜜に拠らば、此の如くに似たり。只、此の如く説かば、是れ無上菩提たる可からず。

答う。言う所の一切衆生をして盡く無上菩提を証ぜしむも、由ほ此の福に及ばずとは、前に言う所の凡夫衆生にして、まさに此の法を行ずべからざるが所以に、諸の大乗経典及び般若波羅蜜に攀る。衆生にして此法を聞き、一念の浄信を生ずる者は、是の如きの無量無辺の功徳を得る。功徳を比量せんが為の故に、是の如きの説を為す。現に経[F140a]文有りて、一切の諸佛及び諸佛の阿耨多羅三藐三菩提法を得るは、皆、此の経より出ずると説く。今、再び、有上・無上及び阿那箇の菩薩（提?）を問うは、経文現に在り。検して即ち知られんことを請う。

旧に問う。若し想を離れ不思不観なれば、云何が一切種智を得るや。

答う。若し妄心起らず、一切の妄想を離るれば、真性本有及び一切種智、自然に顕現す。『花厳』及び『楞伽経』等に、「日の雲より出で、濁水の澄清し、鏡の明浄を得るが如く、銀の鉱《あらがね》を離れる等の如し」と云うが如し。

新問の第十。問う。此の言は是れ実なり。乃ち是れ已に成就して、勢力を具する者の法なり。是れ凡夫の法に非ざるなりとは。

答う。此の義は前に已に答え了れり。今、更に再び問う。譬えば蓮花の[F140b]淤泥を出離し、皎潔清浄にして諸塵垢を離るるが如し。諸天・貴人は之を見て、いよいよ、阿頼耶識を敬うこと、亦復是の如し。習気の泥を出て明潔を得、為に諸の佛・菩薩・天人の重んずる所なり。凡夫衆生も亦復是の如し。若し、無量劫来の三毒・妄想・分別習気の淤泥を出離するを得ば、還た大力の勢を成就するを得る。凡夫は三毒妄想の蓋覆有るに縁るが所以に大勢の力を出得せず。

旧に問う。若し智を観ぜざれば、云何が衆生を利益するや。

答う。不思不観が衆生を利益するとは『入如来功徳経』中に廣く説くらく。「由ほ日月の光りが一切を照らし、如意宝珠が一切を具出し、大地の能く一切を生ずるが如し」と。

[F141a]又、問う。執境、執識、執中論の此の三法を説く中、今は何宗に依るや。

答う。此の義は是れ般若波羅蜜、無思の大乗の禅門なり。無思の義中に何ぞ三あるを論ぜん。一すら亦立たず。『般若経』中に廣説するなり。

新問の第十一。問う。此の義は是れ般若波羅蜜とは、縦令《たとえ》、是の般若波羅蜜の智恵は論ずるを得べきも、禅は相当せず。佛すら由ほ自ら般若波羅蜜に於て分別して六種と作す。智慧を共《おなじ》うすとも、各自に別説するや。

答う。六波羅蜜を行ずる所は般若波羅蜜を求めん為なり。若し智慧波羅蜜を具うれば、余の五波羅蜜は修するも修さざるも、亦得るなり。

又、答う。言う所の禅の相い似ざるところは、『宝積経』中に、「善[F141b]住意天子、文殊師利に白して云く。大士よ。言う所の禅行の比丘とは何等を名づけて禅行の比丘と為すや。文殊師利言く。天子よ。少法も取るべき有ること無し、是れ禅行と為すなり」と説くが如し。

又、『密厳経』中に、「若し能く如来微妙の定を修行し、善く蘊の無我を知る有らば、諸見悉く除滅さる」と。『思益経』に云う。「諸法に於て住する所なし。是を禅波羅蜜と名づく」と。『楞伽経』に云う、「分別を生ぜず。外道の涅槃の見を起さず。是れ則ち名づけて禅波羅蜜と為す」と。

及び諸の大乗経典は、皆、是の如く説く。此の道理に拠りて末法の衆生をして修学せしむ。何を以て知るを得るや。諸の「大乗経」に云う、「末法の衆生の智慧は狭劣なるが為なり。所以に広く説くなり」と。若し人有りて、此の[F142a]法を聞く者は、即ち功徳は量るべからず。何ぞ況や信受奉行するにおいておや。

旧に問う。義、既に此の如くなれば、何為れぞ諸経は廣説するや。

答う。諸経の説く所の如きは、祇だ衆生の妄想を説くのみ。若し妄想を離るれば、更に法の説くべき無し。所以に『楞伽経』に云う、「一切の諸経は、祇だ衆生の妄想を説く。真如は言説の中には在らず」と。

又、問う。衆生は本来佛性を有すとは、何を以て本来有るを知るを得るや。外道の有我を言うが如きと何の差別ありや。

答う。本来佛性有りとは、日の雲より出で、濁水の澄清し、鏡磨かれて明浄なるが如し。九十五種の外道の如きは、以て之を要言すれば、三界は唯だ心の変ずる所、鉱中に銀を出し、熱鉄却た冷るを知らざること、先に已に説き訖る。外道の有と同じからず。言う所の有我等とは、作者あるを見、[F142b]時変者あるを見る。或は有無に執じ、空住を観じて辺に著す。此を以て同じからず。『楞伽経』に廣く説くなり。

又、問う。何をか名づけて衆生と為すや。

答う。衆生とは、妄想を具足するに従り、五陰・三毒故《もと》より有するに及ぶものなり。

又、問う。何をか二乗人と名づくや。

答う。二乗人とは、一切の有は因縁より生ずると見る。一切の因縁和合所生のものは、無常・苦・空なりと覚す。苦を厭うが故に涅槃を楽う。空寂に住し、取捨有るに縁るが故に二乗と名づく。偈に言う。「本と無にして、生あり。生じ已って復た滅す。因縁は有・非有なり。我が教法に住さず。有を待つが故に無を成ず。無を待つがゆえに有を成ず。無は既に取る可からず。有も亦説く可からず。我・無我を了《さと》らずして、但だ語言に著さば、彼れ二辺に溺れて、自ら壊し、亦他を壊すなり。若し能く此の事を了《さと》らば、大道師をこわさず。[F143a]是れを名づけて正観と為す。若し言に随いて義を取り、諸法を建立すれば、彼れ建立するを以ての故に、死して地獄中に堕す」と。

臣沙門摩訶衍の言《もう》す。臣は、人の能く道を弘め、道の人を弘むるに非るを聞く。大聖の朝に臨んで正法を闡揚するに頼り、三乗の所化を以て不二の門に帰せしむといえども、迷愚蒼生の為に頻に勝諦を窮む。臣の説く所は義の思う可き無し。般若の真宗は信じ難く、入り難し。大智に非ずんば能く意をおかんや。豈に小識は造次たりとも聞くに堪えんや。佛が教を啓くの秋《とき》に当たり、五百比丘起出するも、如来は尚猶ほ言を製《つく》らず。しりぞきて亦甚だ住《とどま》る。

況や臣は老耄し、心風《ゆら》ぎ、説きし所、前を忘れ後を失す。特に陛下の福力加護・理性の助宣を蒙り、実に冀《ねがわ》くは廣く慈悲を及ぼして、斯の争論を絶ち、即ち諸天悉く皆な歓喜し、僧[F143b]尼の彼我自ら無からしめんことを。

臣は問に拠りて経を演ぶ。是れ信口（金口？）にして虚説に非ず。頗る貝葉の伝に依りて直ちに禅門を啓く。文を尋ねて源を究めるが若きは、還た薬を説きて疾を愈すを求めるに同じなり。是に知る、居士は黙語し、吉祥は称揚す。心想の名づくべき何か有らん。若し詰難すべくんば、臣に上足の学徒有り。且、聡明にして利根なり。復た後生畏るべし。伏して望むらくは、臣の請う所を允《ゆる》し、緇俗をして欽承せしめんことを。兼ねて、臣、本と習う禅宗、謹みて録するところ左の如く進上するなり。

『思益経』に准るに云う。「網明菩薩問う。梵天よ。何為れぞ一切行を行ぜざるや。梵天言う。若し人、千万億劫に於て道を行ずるも、法性理に於て不増不減なり」と。又、「思益梵天、佛に白す。菩薩の何の行を以て諸佛は授記するや。佛言く、若し菩薩一切を行ぜざれば、諸佛則ち授記す。佛言く。我れ、過去[F144a]に無量阿僧祇の諸佛如来に逢値して事を承けんことを念う。空の過無き者及び六波羅蜜を行じ、兼ねて苦行・頭陀を行ずれば、佛は総じて授記せず。何を以ての故に。所行に依止するが故なり。是を以て当に知るべし。若し菩薩が一切の諸行を出過せば、佛は即ち授記せり。我れ念うに、過去の行、無量の苦行、頭陀及び六波羅蜜の行、一切行は一念の無作の功徳に如かず」と。又、問う。「文殊師利よ。もし所行無きを名づけて正行と為すこと有りや否や」。答うるに「有り」と言う。若し一切の有為法を行ぜざれば、是れを正行と名づく。「不退転菩薩、佛に白して言く。説く所の随法行とは、何の謂なるや。佛、天子に告ぐ。随法行とは、一切の法を行ぜざるなり。是れを随法行と名づく」と。

『楞伽経』の中に説く。「大慧菩薩、佛に白して言う。修多羅中に、如来[F144b]蔵は本性清浄、常恒不断、変易有ること無く、三十二相を具すと説く。一切衆生の身中に在りて、蘊界処の垢衣の纏《まつ》われる所、貪著恚癡等の妄想分別垢の汚染せらる所となる。無価宝の垢衣の中に在るが如し」と。

並びに『密厳』『花厳』『金剛三昧』『法華』『普超三昧』及び諸の一切の「大乗経」に具に此の義を載す。斯の道理に拠って佛性は本と有り。是れ修により成ずるに非ず。但だ、三毒の虚妄、妄想の習気、垢衣を離るれば、則ち解脱を得る。阿頼耶識の習気の泥より出るが如し。諸佛、菩薩は皆な尊重を悟る。

『思益経』に云う。「若し、善男子、善女人有りて、能く是の如きの法義を信解するものは、当に知るべし、是の人は諸見より解脱するを得るを。当に知るべし、是の人は陀羅尼を得ると。当に知るべし、是の人は正念観を行ず。当に知るべし、是の人は諸法の義趣に解達するを」と。

[F145a]『楞伽』『思益』等の経に准れば、禅宗に云う無乗及び乗とは、乗の建立有ること無きを、我れは説いて一乗と為す。

『法華経』に云う。「十方の諸の佛国に二無く、亦、三無し。唯、一佛乗のみあり。佛の方便の説を除く」と。ひそかにこの見を以てすれば、三乗は乃ち是れ衆生を引導するの法門なり。『大佛頂経』に云う。「迷の為なるが故に、悟りを説く。若し悟り竟れば、迷悟倶に不可得なり。衆生、妄想に迷うに縁りての故に、則ち妄想を離れると言う。若し、迷が醒悟を得れば、自ら妄想の離る可き無し」と。

臣の今問目に対うるところは、皆な経文を引くなり。佛は信ずる者の為に施行し、功徳をして朽ちざらしむ。暫く聖徳を繋くして永く黎庶を潤さん。

謹みて表を奉りて、以て対揚の至に任ずる無きを聞す。臣沙門摩訶衍、誠歓、誠喜、頓首頓首して謹みて**[F145b]**言う。

六月十七日、臣沙門摩訶衍表もて上る。

一切の法義は、是れ無為無思なりといえども、鈍根の衆生の若きは、此の法に入るとも得ざるとは、佛在世の時、此の娑婆世界に鈍根は罪重く、所以に三乗を立て、種々の方便を説きて、勝義をこわすこと莫く、少許《そこばく》の善法をも軽ずること莫からしむを示す。

問う。万一に或は人有りて言う。「十二部経」中に説いて云う。「三毒の煩悩は合に除くべし。若し、対治に用いずして、無心想を用うるに准りては、三毒の煩悩を離れることは得べからず」と。

『宝積経』中に説く。「貪の病を療すには、不浄観の薬を用いて医治す。瞋の病を療すには、慈悲の薬を用いて医治す。愚癡の病を療すには、因縁和合の薬を須いて医治す」と。是の如く病に応じて薬を与え、対治を以て薬と為す。各々方に依りて薬治すれば、則ち三毒の煩悩は始めて除かれ、[F146a]根本を得る。

又、喩えば一囚有り。枷鎖の縛等を被る。鎖を開くに鑰匙を要す。枷を脱するに須く釘鐷を出すべし。縛を解くには、須く結を解くべし。獄中より抜出するには、須く梯上を索むべし。大磧を過ぎんには、須く糧を与えるべし。是の如きを具足してはじめて解脱を得る。開鐷は貪著を解脱するに喩う。出釘は瞋恚を解脱するに喩う。結は愚癡を解脱するに喩う。獄中梯上は三悪道を抜出するに喩う。粮食は輪廻大苦煩悩を度脱するに喩う。是の如き等を具足すれば、則ち煩悩の除き盡さるを得る。若し枷鐷より脱せず、獄中より抜出せず、粮食を与えず、枷鐷等の若きは衣装を以て之を覆えば、目下に枷鐷を見ずといえども、其の人は終に解脱を得ず。既に此の如きと知らば、無心想を修するに准って煩悩を除くに擬すは、暫時といえども見ず。根本を除得する能わず。是の如きの説あるに将に何の対あるや。

[F146b]答う。『涅槃経』に准るに云う。「薬あり。阿伽陀と名づく。若し衆生の服する者あらば、能く一切の病を治す」と。薬は無思無観に喩う。三毒の煩悩妄想は皆な思惟分別の変化より生ず。言う所の縛とは、一切衆生の無始已来皆な是れ三毒煩悩妄想習気の繋縛にして、是れ鉄鐷縄索の繋縛に非ず。獄に在って、須く縄索粮食等を得るべし。此れは則ち是れ第二重の邪見妄想なり。除却せんことを請めよ。是れ故に惣じて思惟せざれば、一切の三

毒煩悩妄想習気は、一時に惣じて解脱を得る。

又、問う。唯、無心想を用いるのみにて三毒の煩悩を離るとは、得べからざるなり。

答う。『楞伽経』に准るに云う。「佛、言く。復た次ぎに、大慧よ。菩薩摩訶薩が、若し能取、所取の分別の境[F147a]界は皆な是れ自心の現ずる所なりと了知せんと欲すれば、当に憒閙（＝夾）・昏滞・睡眠を離れ、初中後夜に外道の邪論を増聞するを遠離し、自心の分別の境界に通達すべし。分別を遠離するとは、亦妄想心及び生住滅を離るるなり。是の如く了知せば、恒に不捨に住す。大慧よ。此の菩薩摩訶薩は、久しからずして当に生死涅槃二種の平等を得るべし」と。唯だ、無心想を用いるのみに三毒の煩悩を離る。得べからざれば、経文の説くを見よ。煩悩妄想分別を離るれば、此の菩薩は久しからずして当に生死涅槃二種の平等を得るべし。唯だ無心想を用いるによるのみにて三毒の煩悩を離る。解脱を得るべからずとは、何の経文に出すや。

又、問う。心の妄想を看るは、覚を起こすの時とは、何の経文に出すや。

答う。『涅槃経』第十八に云う。「云何が名づけて佛と為すや。佛とは覚に名づく。既に自ら覚悟し、復た[F147b]能く他を覚す。善男子よ。譬えば、人有りて、賊有るを覚知すれば、賊の能く為さざるが如し。菩薩摩訶薩が、能く一切の無量煩悩を覚し、既に覚し了れば、諸の煩悩をして能く為すところ無からしむ。是の故に佛と名づく」と。是の故に坐禅して心の妄想の念を看じて覚を起せば、則ち不取不住にして煩悩の作業に順わず。是れを念々解脱と名づく。

問う。諸の「大乗［経］」中に説く。「無二とは是れ実なり。無二とは即ち是れ智慧なり。分別とは即ち是れ方便なり。智慧と分別は分離すべからず」と。『維摩経』に云う。「分明に此の二を具説し一は要、一は不要と言うも、此の如きの分別有ること無し。若し此の如きの分別有らば、即ち取捨有り」と。此の如きの説有り。答えを請う。

答う。諸佛如来は無量劫已来、三毒の煩悩妄想の分別を離る。是の故に[F148a]無二無分別の智を悟得す。此の無二無分別の智を以て、善く能く諸法の相を分別す。是れ愚癡妄想の分別に非ず。此の道理に拠って、智慧と方便は相い離れず。若し取捨すると言わば、無二法中に於て何の取捨か有る。

問う。万一に或は人有りて言う。諸経中に説く。四禅天をば名づけて大果と為す。彼の天は無心想なりと。然りといえども還た観ずるところ有り。還た趣向有り。無心想定を得たる者は、滅心想を成就せる人に於て、豈に此の如きの分別有りや。

初め無想念に入るの時、初め此の分別の門より観察して、無想念を知る。此の如きの分別を現ぜずといえども、本と此の門より入る。所以に是の分別有り。此の二は若箇《いずれ》が是なるや。人有りて問うに如何に対うるや。

答う。『楞伽経』に准るに云う。「諸禅及び無量・無色・三摩[F148b]地、乃至滅受想は唯心のみにして得べからず」と。此の経文に拠るに、問うところの天乗とは、皆な是れ自心の妄想の分別なり。此の問は早く已に両度答え了れり。此の経文に拠るに皆な自心の妄想にして、心相の妄想分別有るに縁りて彼の天に生ず。是れ故に経に言う。「一切諸相を離るれば、則ち諸佛と名づく」と。言うところの「若箇が是なるや」とは、佛法中に於て、若し是非あらば皆な是れ邪見なり。

問う。万一に或は人有りて言う。初め未だ心想を滅せざるに縁る時は、此の門より観ず。所以に分別有り。則ち『楞伽』七巻中に説く。「此の門より観察して頓門に入る。亦、分別非想天に入りて無心想を現ず」と。若し趣向有るに縁りて分別と言わば、即ち是れ有心想なり。無心想と言うを得ず。若し人有りて問わば如何に対するや。

謹みて答う。言うところの「初め未だ心想を滅せざるに縁る時は、[F149a]此の門より観ず。所以に分別有り。則ち『楞伽』七巻中に説く。此の門より観察して頓門に入る」とは、此の義に答えるに前の文に已に答え了る。今、更に再び問うなり。衆生に妄想分別の心有り、即ち若干の種有り。

問う。若し妄想分別の心を離るれば、皆な総じて不可得なり。又、言う。亦、分別非想天に入りて無心想を現ず。又、趣向有るに縁りて分別すと言うは、是れ有心想にして、無心想と言うを得るべからず。若し人有りて問わば、如何に対答するや。

答う。此の問いは前に同じ。天乗・有想・無想・有分別・無分別、皆な是れ自心の妄想分別なり。是の故に『楞伽経』に云う。「三界は唯心なり。若し心想を離るれば、皆な不可得なり」と。

又、問う。万一に或は人有りて言う。修行に住在するに縁り、所以に授記せずとは、是れ修行に縁りて授記せざるに非ず。尚ほ修行[F149b]中に在るも、未だ合に授記に到るべからざる時の似し。

『首楞厳三昧経』中に説いて言う。「分明に授記すると、せざると、深密授記との此の三授記の如くんば、既に高上に処す。修行する所、成就に近かんと欲す。修行の功用漸く少しとは、喩えば耕種の如し。初めは功を用いること多く、成熟せば人の功を用いること漸く少し。此を以て即ち喫用功課有り」と。或は云う。是れ修行を要せざるに非ず。若為に対答するや。

答う。『思益経』第二に云う。「梵天、佛に白して言く。菩薩は何の行を以て諸佛は授記するや。佛、言く。若し菩薩が生法を行ぜず、滅法を行ぜず、不善法を行ぜず、世間法を行ぜず、出世間法を行ぜず、有罪法を行ぜず、無罪法を行ぜず、有漏法を行ぜず、無漏法を行ぜず、有為法を行ぜず、無為法を行ぜず、涅槃法を行ぜず、見法を行ぜず、聞[F150a]法を行ぜず、覚法を行ぜず、知法を行ぜず、施法を行ぜず、捨法を行ぜず、戒法を行ぜず、覆を行ぜず、忍を行ぜず、善を行ぜず、法を行ぜず、精進を行ぜず、禅を行ぜず、三昧を行ぜず、慧を行ぜず、行を行ぜず、知を行ぜず、得を行ぜず。若し菩薩にして是の如く行ずれば、諸佛は則ち授記す。授記とは、何の義有るや。

佛、言く。諸法の二相を離る、是れ授記の義なり。生滅を分別せずは、是れ授記の義なり。身口意の業相を離れるは、是れ授記の義なり。我れ過去の無量の阿僧祇劫に諸佛如来に逢値し、事を承けんことを念ず。空過の無きものは惣じて授記せず。何を以ての故に。所行に依止するが為の故なり。我れ後時に於て燃灯佛に逢い授記を得るとは、一切の諸行を出過するなり。又、文殊師利に問う。頗《も》し所行無きこと有らば正行と名づくるや不や。[F150b]答えて言う。若し一切の有為法を行ぜざる有らば、是を正行と名づく。その時、会中に天子あり。不退転と名づく。佛に白して言く。世尊の説く所の随法行とは何の謂と為すや。佛、天子に告げるに、随法行とは、一切法を行ぜず。是れをば随法行と名づく。所以は何ぞや。若し諸法を行ぜざれば、則ち是れ正、是れ邪なりと分別せず」と。経文に准るに勝義は此の如し。若し修行して授記を得れば、未だ敢裁せず。

又、問う。万一に或は人有りて言う。一切法は自ら思う所に依りて、善事を観ずるところをば則ち功徳と為し、悪事を観ずる所をば則ち罪咎と為し、二を倶に観ぜざれば、則ち是れ仮説なりと知らしむと。若し人有りて、合に善事を観ずれば、則ち功徳と為すと言わば、若為に対答するや。

[答う]。文字に着せずして功徳の事に縁りて入るとは、喩えば合字の人一口の如し。一[F151a]人口となして思量を作す莫れ。須く和合の義となして思量すべし。

答う。言う所の善悪を観ずるは仮説なり。和合や離文字等の事は、皆な是れ衆生の自心の妄想分別にして、但だ自心の妄想分別を離るれば、善悪の仮説、和合一人口の思量、離文字等は倶に得べからず。即ち是れ和合の義なり。功徳に入るは、亦、比量するべからず。

問う。万一に或は人有りて言う。其の法は罪福を離れずといえども、佛性は但だ法済に住著するのみに非ず。亦、無量功徳を具す。喩えば三十二相の如し。皆な須く遍修すべし。然れども是の如きの果を成就するを得んには、各々分析有り。是の如きの光りを諸の衆生に放ち、是の如きの益を得る。前に是の如きの善を修するを承け、是の如きの果を得る。慧は淳熟中より、其の功徳を現ず。積貯より然して成就を得る。新[F151b]積貯中に功徳無しと言うを得ず。若し人の問う有らば云何が以て答うるや。

謹みて答う。『思益経』に准るに云う。「千万億劫に道を行ずも、法性の理に於て不増不減なり」。又、『金剛三昧経』に准るに、「如々の理は一切法を具す。若し一切衆生、三毒の自心の妄想煩悩の習気分別を離れて、如々の理に通達すれば。則ち一切法及び諸功徳を具足するなり」と。

又、問う。万一に或は人有りて言う。佛法は深奥にして神力変化を兼ぬと説かば、凡下は修ずる能わずといえども、猶ほ前後無く、一時に一切色相を大衆の前に示現し。并びに一切語を以て一切法を説くが如し。亦、凡下の能くする所に非るなり。但だ佛の廣大を示現し、愛楽を生ぜしめ、努めて此の功徳を聞くに在り。若し人の問う有らば云何に答えん。

又、問う。万一に或は人有りて言う。想に縁って後、上の如く説く所は、但だ是れ聖智なり。若し是れ無想ならば、是れ無二に非ず。人有りて問わば如何に答えん。

又、問う。万一に或は人有りて言う。凡下の心想を遠離せざる者、或は「経」中に云うこと有り。在前に思量せしむと。或は云う。恵をば先ず行うと。或は言う。亦、是の如きの想中に置き、亦、処分して心想を生ぜ令むる有りと。或は処分して心想を遠離し、一に執ずべからざるが所以に、諸方便を用いて演説すと。或は人有りて言う。何を以て前の如き三段の問に対えん。

謹みて答う。皆な是れ自心の妄想分別なり。若し能く自心の妄想分別を離るれば、是の如きの三段の問、皆な得べからじ。『楞伽』『思益経』に准るに云う。「一切の諸見を離るるを名づけて正見と為す」。

又、問う。万一に或は人有りて言う。発心と覚は想念に依らざれば、則ち、各々に念々解脱を得るとは何の経文に出るか。覚とは何を覚すや。答えんことを願う。

答う。言う所の発心と覚は想念に依らず。則ち、各々に念々解脱を得るとは何の経文に出るかとは、その義、先に『涅槃経』に准るを以て具さに答え了れり。今、更に重ねて問うなり。一切衆生、無量劫来、三毒自心妄想分別の為に覚らず知らず。生死に流浪するも、今一時に覚悟すれば、念々に妄想が起るも、妄想の作業に順わず。念々に解脱せん。覚とは此の如き事を覚るなり。是の故に『楞伽経』に云う。「菩薩は念々に正受に入り、念々に妄想を離れ、念々に即ち解脱す」と。『佛頂』第三に云う。「阿難よ。汝は猶未だ一切の浮塵、諸の幻化の当処に出生し、随処に滅盡するに明らかならず。幻妄を相と称し、其の性は真に妙覚・妙明の体と為す。是の如く、乃至五[F153a]蘊・六入、十二処より十八界に至るまで因縁和合すれば、虚妄生ずること有り。因縁別離すれば、虚妄をば滅すと名づく。殊に生死去来を知ること能わず。本と如来蔵は常住妙明にして、不動周円なり。妙真如性にして、性は真にして常中す。去来、迷悟、死生を求むれど得ること無きを了る《さと》」と。

臣の前後の所説は、皆な経文に依りて答うるも、是れは本宗に非ず。若し本宗を論ずれば、言説の相を離れ、自心分別の相を離る。若し論じて勝義を説かば、即ち此の如し。『法華経』に准るに云うに、「十方の諸佛国は、二無く、亦、三無し。唯、一佛乗あり」。佛の方便説を除いて、何をか方便と為さんや。三帰、五戒、十善、一称南無佛より一合掌及び小低頭等、乃至六波羅蜜に至るまで、諸佛菩薩は此の方便を以て[F153b]衆生を引導して勝義に入らしむ。此れは則ち是れ方便なり。夫れ勝義とは、会し難く、入り難し。

『善住意天子経』に准るに云う。「佛在世の時、文殊師利菩薩、勝義の法を説く時、五百比丘衆に在りて法を聴き、文殊師利の勝義法を説くを聞く時、信受せずして毀謗す。時に当りて地裂け、五百比丘堕して阿鼻地獄に在り。

是の故に、一味の水、各々見るところ同じからず。一切衆生も亦復是の如し。知見各々同じからず。譬えば、龍王の一雲もて覆う所、一雨の潤す所の一切の樹木、及以び薬草は、其の根機に随って増長を得るが如し。一切衆生も亦復是の如し。佛は一音を以て法を演説し、衆生は類に随って各々解を得る。一切衆生の根機は同じからず。譬えば、小泉の大海に流入するが如し。

伏して[F154a]聖主に望むらくは、根機・方便に随いて妄想分別を離れ、無二の勝義の法海に入らしむるに任ぜよ。此れは亦是れ諸佛の方便なり。

問う。三十七道法は要するや要さざるや。

答う。『諸法無行経』上巻に准りて云う。「但だ心想・妄想・一切分別・思惟を離るれば、則ち是れ自然に三十七道品法を具足す」と。此の問いは両度答え了る。今、更に再び問うものなり。若し不思不観・如々の理を悟得すれば一切法は自然に具足す。修するも修さざるも亦得る。如し未だ不思不観・如々の理を得ざれば、事須く六波羅蜜・三十七助道品法を行ずべし」と。

『金剛三昧経』に准るに云う。「如々の理は一切法を具足す。若し如々の理法を論ぜば、修・不修を離る」と。

臣沙門摩訶衍言す。

沙州降下の日に当りて、[F154b]賛普の恩命を奉じ、遠く追って禅門を開示せしむ。邏娑に至るに及んで、衆人共に禅法を問う。未だ進止を奉ぜざるが為に敢えて即ち説くなし。後ち追って訟割に到り、屢々聖主の詰を蒙り訖り、却た発遣して邏娑に赴かしめ、禅を説かしむ。復た章蹉、及び特に邏娑に便して数月盤詰せしむ。又、勃碧漫に於て其の源を尋究すること是れ一度に非ず。

陛下は臣の説くところの禅門の宗旨は是れ正なるを了知し、はじめて達摩低と同《とも》に禅教を開かしむ。然して始めて領下の諸処に勅命して百姓官僚をして盡く知らしむ。

復た、陛下一覧して、具に勝義を明し、臣の朽昧を洞暁して、人の行に依ることなしと説くを縦《ゆる》す。今自り若し疑徒有れば、伏して天恩もて決を与えんことを望む。且つ、臣の前後の所説は皆な問に依り、経文に准りて之に対う。亦、臣の禅[F155a]門の本宗に非ず。臣の宗とする所は、一切の言説の相を離れ、自心の分別の相を離る。即ち是れ真諦にして、皆な黙して伝え、黙して授け、言語の道断つ。若し是非・得失を苦論すれば、却って諍い有るを成ず。三昧は一味の水の如くなれども、各々見るところ同じからず。小大の智、能く実に等用し難し。特《ただ》、楽う所に随うを望めば、修行して自ら当に法我を杜絶せん。則ち臣の栄幸の甚なり。衆を允《ゆる》すの甚しきなり。謹みて表を奉りて、情を陳べ、以て聞す。戦汗の至に任《たえ》る無し。臣摩訶衍、誠惶誠恐し、頓首、頓首して謹みて言す。

摩訶衍、聞奏す。

佛の法義、寂禅の教理の為に、前後に頻に賜問を蒙る。余に見解有るは、盡く以て対答せり。其の六波羅蜜等及び諸善は修・不修を要すや、恩勅もて屢々詰す。兼た師・僧・官僚も亦六波羅[F155b]蜜等の諸善を論ずるも自身は行ぜず。弟子及び余人にも亦修行せしめず。諸弟子、亦学ぶこと是の如し。

復、人の奏聞する有り。但だ臣の教授する所の弟子は、皆な経文の指示に依る。臣の行ずる所の行及び弟子に教ふる法門、兼た弟子の修行する所の処は、各々見解を具して進上せり。

凡夫衆生の力は微かなるに縁りて修行の理に拠るも、六波羅蜜と亦相違せず。其れ六波羅蜜と諸善とは行・不行とを要すとは、前後に対える所の者にして、是れ勝義に約すれば、行・不行を言わず。世間法を論ぜば、乃至三帰依・一合掌・発願の大小の諸善は、上下盡く皆な為に説きて悉く修行せしむ。

衍和上の教門の徒子弟の処にて、沙門釈衍曰く。法性は言[F156a]説に遍ねし。智の及ばざる所なり。其の禅を習うものは看心せしむ。若し念の起こる時あらば、有無等を観ぜず思わず。思わざるとは亦思わざるなり。若し心想の起こる時、覚せずして修行に随順せば即ち生死に輪廻す。若し覚して妄想作業に順わざれば、即ち念々解脱し、一切の妄想を離るれば諸佛と名づく。勝義中に於ては修・不修を離る。若し世間法を論ぜば、三業の清浄に仮りて住さず、着さず。則ち是れ六波羅蜜を行ずるなり。又、外に声聞戒を持して、内に菩薩戒を持す。此の両種の戒は則ち能く三毒の習気を除く。修行する所の者は、言説を空しうし、益事なからしめて、須く修行すべし。取捨無きに依らば、三悪道・天・人・外道・二乗の禅を説くといえども、其れをして知解し依行せしめざらしむ。一切三界の衆生は自家の業現われ、猶ほ[F156b]幻化・陽焰の如く、心々の変ずる所なるがごとし。若し真如理性に通達せば、即ち是れ坐禅なり。若し未だ通達せざる者は即ち須く経を転じ、合掌礼拝し、善を修すべし。凡そ功徳を修するは、大乗の法門を教示して会せしむるに過ぎず。猶ほ一灯の百千灯を燃すが如く、法施を事とし、以て群生を利す。

摩訶衍は一たび生じて已来、唯だ大乗の禅を習うも是れ法師ならず。若し法相を聴かんと欲せば、婆羅門法師の辺に聴かしむ。摩訶衍の説くところは疏論に依らず、大乗の経文の指示に准る。摩訶衍の修習する所は『大般若』『楞伽』『思益』『密厳』『金剛』『維摩』『大佛頂』『花厳』『涅槃』『宝積』『普超三昧』等の経に依りて信受して奉行す。

摩訶衍の依止せる和上の法号は、降[F157a]魔、小福、張和上、准仰、大福、六和上なり。同じく大乗の禅門を教示せり。法を聞いてより已来、五、六十年を経る。亦、曾て久しく山林樹下に居り、出家已来得るところの信施財物は、亦、曾て着積せず。随時に盡く皆な転施せり。毎日早朝に施主及び一切衆生の為に大乗経一巻を転じ、世間法に随って香を焚く。皆な発願し、四方寧静、万姓安楽にして、早に成佛を得るを願う。亦、曾て京中の已上の三処に於て、法を聞き信受する弟子の約五千余人有り。現に弟子沙彌の未だ能く修禅せざるものをして、已に『楞伽』一部、『維摩』一部を誦得し、毎日長誦せしむ。摩訶衍、此の所教の弟子に向いて、今各々見解する所を問い、布施事に縁りて、由ほ若し[F157b]人の身頭目を乞い、及び諸物等を須むる有らば、誓願して盡く捨す。十八事を除くの外は、少くも人の一銭に値する物を蓄うる有らば、まさに値《す》つるべし。声聞戒を除くの外、更に菩薩戒を持し、及び十二頭陀を行じ、兼ねて忍堅固有り。復た、勝義を信じ精進坐禅し、なほ陀羅尼を長習す。衆生を利益せんが為に出家し三宝を供養し、転誦し修禅す。大乗無観禅中に於て別の縁事なし。常に不閙を習うに、智慧を以てす。毎に大義を誦し、義を取り、般若波羅蜜を信楽する者は甚だ多し。亦、三宝の為に衆生を益得する時、身命を惜しまず。其の願甚だ多く、他人の為に涅槃の義を説く時、言説計度の界を超過す。若し世間に随い、三宝に帰依すれば、漸次に[F158a:2]修善す。空しく文字を学ぶも、亦、益事なし。須らく修行を学ぶべし。未だ坐禅せざる時、戒波羅蜜・四無量心等及び諸善を修するに依って三宝に承事す。一切経中の所説、師僧の所教、聞く者は、説の如く修行せよ。但だ是れ諸善を修するのみ。若し未だ能く不観ならざる時、所有の功徳もて衆生に廻施し皆な成佛せしむ。

頓悟大乗正理決　一巻

三　『頓悟大乗正理決・長編』　Pch四六二三（一—一三二行）

[1]□□□□恵。応当遠離。言□分別。又□分別。[2](1)愚夫所行禅。観察義相禅。攀縁真如禅。如来清浄禅。[3]修行者在定。観見日月形。波頭摩深険。虚空火及盡。[4]如是種々相。堕於外道法。亦随□声聞。辟支佛境界。[5]捨離此一切。住於無

所縁。是解能□入。如々真実□。[6]□□諸国土。所有無量佛。悉引光明手。而摩是人□。又[7]『楞伽経』云(2)。如王及長者。為令諸子喜。先示相似物。[8]後賜真実法。我命亦復然。先説相似法。後乃為其□。[9]自証実際法。又『楞伽経』云(3)。大恵。化佛説法。但順□[10]所起之見。不為顕示。自証聖智。三昧楽境。又『楞伽経(4)』□。[11]因捐出捐。『楞伽経(5)』第四。某□□正覚。某夜般涅槃。[12]於此二中間。我都無所説。又『□□□』云(6)。本無而有生。[13]生已而復滅。因縁有□□。□□□我法。又『楞伽経』云(7)。[14]若随言取義。建立於諸法。□彼建立故。死堕地獄□。又[15]『楞伽経』云(8)。生滅是識。不生滅是智。堕相無相□。[16]已有無種々相。因是識離相。無相及有無。因是智□[17]界相是智。得相是識。無得相是智恵。能証無相□。[18]又『楞伽経』云(9)。我説二種法。言教及如実。教法是凡人。実為修行者。[19]『楞伽経』第五(10)。大恵。彼人愚癡。不知言説。是生是滅。義□□□。[20]大恵。一切言説。堕於文字。義則不堕。離有離無。又『楞伽経』云(11)。[21]□□□応。不着文字。随宜説法。我及諸佛。皆随衆生。□[22]悩解欲。種々不同。而為開演。令知論法。自心所見。無外境[23]界。又『楞伽経』云(12)。大恵。第一義中。無有次第。亦無相続。遏離一[24]切境界分別。此則名為寂滅之法。無相有何以。又『楞伽経(13)』□。[25]大恵。出世間上々波羅蜜者。謂菩薩摩訶薩。於自二[26]法。了知唯是。分別所現。不起妄想。不生執着。不取色相。[27]為欲利楽。一切衆生。而恒修行。檀波羅蜜。於諸境界。[28]不起分別。是則修行。尸波羅蜜。即於不起。分別之時。[29]忍知能取。所取自性。是則名為。羼提波羅蜜。初□夜。[30]勤修匪懈。随順実解。不生分別。是則名為毗梨[31]耶波羅蜜。不生分別。不起外道。涅槃人見。是則名為禅波羅[32]□。以智観察。心無分別。不堕二辺。転浄所依。□[33]□□理□内証境。是則名為。般若波羅蜜。□[34]『積善住意天子所問経』巻第二(14)。□□□□[35]得聞如是甚深法。無有衆生。及命人□□[36]法忍。是為供養十方佛。於無数劫。行布施□□□[37]□珍。当知彼非解脱因。以有我人衆生□□。[38]『大佛頂経』第十(15)。阿難。是五受陰。五妄想成就。今□知[39]因界浅深。唯色与空。是色辺際。唯触及離。是受[40]辺際。唯記与妄。是想辺識際。唯滅与生。是行辺際[41]。湛入合湛。帰識辺際。此五陰無量畳生。起生因[42]識。有滅従際。理則頓悟。

乗悟併銷。事非頓際。□[43]次第盡。我已示汝。劫波巾何不明再此誰問□□。将[44]此妄想根。無心得開通。伝示将来末法之□。□[45]修行者。令識虚妄。深厭自生。知有涅槃。不恋三界。[46]『大佛頂経』第六[(16)]。於是阿難及諸大衆。身心了然。得□開[47]示。観佛菩提。及大涅槃。猶如有人。因事遠遊。未[48]得帰還。明了其家所帰還。明了其家所□[49]道路『佛華厳入如来徳智不思議境界経』巻下[50]。[(17)]佛告文殊師利。若有善男子善女人。十方諸世[51]界中所。微塵等諸佛及声聞衆。施天百味食[52]。日々放天衣。如是施時。於恒河沙等劫。施彼[53]等。滅度已。為一々如来。遍十方世界。於一々世界中[54]。作十方諸世界微塵等。婆偸波閻浮那陀金為[55]体電灯摩尼宝。為間錯諸光。選摩尼宝欄[56]楯囲繞。摩尼珠懸以荘厳立幢幡蓋鈴細[57]覆上塗以大蛇牢団栴檀那香。以摩尼細覆[58]上彼等婆偸波。以三千大千世界量等天蓋幢雲[59]香雲自在王摩尼宝雲意摩宝雲散以覆[60]散。日日三時。如是供養。於恒河沙等劫供養[61]。復有別異無量無数衆生。亦教住如是供養[62]。文殊師利。若有別異善男子善女人。此説入如[63]来功徳不思境界法本。乃至信解。此過彼無量無[64]数分福徳生。『密厳』第一[(18)]。猶如熱鉄投清□水[65]。故諸菩薩。捨而不証。『思益経』云[(19)]。不証果而□。[66]『密厳』第三[(20)]。如金在礦中。無有能見金。智者善陶□。真[67]金乃明顕。蔵識亦如是。習気之所纏。三昧浄除已。定[68]者常明見。『密厳経』云[(21)]。如有二象。捔力而闘。□一[69]被傷。退而不復。阿頼耶識。応知亦然断。諸□分[70]。更不流転。如蓮華出離淤泥。皎潔清浄。離諸[71]塵垢。諸天貴人。見之弥敬。阿頼耶識。亦復如是[72]。出習気泥。而得明潔。為諸佛菩薩。天人所重。又[73]『密厳経』云[(22)]。諸観行者。証於解脱。其身常住。□衆[74]有蘊。滅諸習気。譬如熱鉄。投之冷水。熱勢雖除[75]。而鉄不壊。此亦如是。又『密厳経』云[(23)]。若有能修行。如[76]来微妙定。善知蘊無我。諸見悉除滅。又『密厳経』云[(24)]。自[77]謂成諦言。善巧説諸法。計着諸法相。自壊亦壊他。又[78]『密厳経』云[(25)]。不見有兎角。触壊於大山。曾無石女児。執箭射於物。未聞欲闘戦。而求兎角弓。誰復須宮室。令[80]石女児造。又『密厳経』云[(26)]。世尊説此識。為除諸習気。了[81]知解脱已。此亦無所得。頼耶有可得。解脱非是常。如[82]是清浄蔵。亦名無垢智。常住無始終。雑四句言説。佛[83]説如来蔵。以為阿頼耶。悪恵不能知。蔵即頼耶識。

如来[84]清浄蔵。世間阿頼耶。

又問。何名頓門漸門。

答[85]。若有人初発心。学法性理。若通達法性理。是名頓[86]門。若学三乗教者。是名漸門。

又問。云何通達法性[87]理。

答。准『大佛頂経』(27)云。観佛菩提。及大涅槃。猶如[88]有人。用事遠行。未得帰還。迷失道路。後得醒悟。明[89]了其家。所帰道路。一切衆生。亦復如是。無量[90]劫来。迷於法性。順妄想流。今得醒不順妄想流[91]。是名頓悟禅。

又問。禅既頓悟。行是漸行頓行。

答[92]。准『思益経』(28)云。問文殊師利。云何行名為正行。答[93]若不行一切。名為正行。若人千万億劫行道。於法[94]性理。不増不減。

又問。云何名正行。

[答]。(29)佛言。若菩薩不[95]行生法。不行滅法。不行善法。不行不善法。不[96]行世間。不行出世間。不行有罪。不行無罪法。不[97]行有漏法。不行無漏法。不行有為法。不行無為[98]法。不行修道。不行除断。不行生死。不行涅槃。不[99]行見法。不行不見法。不行聞法。不行覚法。不行知[100]法。不行施。不行捨。不行戒。不行覆。不行忍。不行発[101]。不行精進。不行禅。不行三昧。不行恵。不行行。不[102]行智。不行得。是名正行。亦名頓行。縁有衆生心[103]想妄想。則説漸頓。若離心想妄想。漸頓不可得[104]。如是行者。一切諸佛。則授阿耨多羅三藐三菩[105]提記。授記者有何義。離法二相。是授記義。所問漸[106]頓行。不行一切行。是名頓行。『思益経』(30)云。梵[107]天問網明菩薩言。汝不行六波羅蜜。然復得[108]授記耶。網明言如々。所説菩薩行六波羅蜜。而[109]得授記者。梵天。若菩薩捨一切煩悩。名檀[110]波羅蜜。於諸法無所起。名尸波羅蜜。於諸法無[111]所得。名羼提波羅蜜。於諸法離相。名毗奈耶[112]波羅蜜。於諸法無所住。名禅波羅蜜。於諸[113]法無戯論。名般若波

羅蜜。『楞伽経』云(31)。大恵問佛。[114]云何知識相。佛言。生滅是識。不生滅是智。随相無[115]相。及已有無。種々相因。是識離相。無相及有。無因是[116]智。着境界相是識。不着境界相是智。三□[117]和合想。応生是識。無礙相応自性相是智。得[118]相是識。無得相是智恵。能証無相者。不取不善。[119]『思益経』云(32)。何謂方便。佛言如来為衆生説。布施得大[120]富。持戒得生天。忍辱得端正。精進得諸功徳。禅[121]定得法喜。智恵捨諸煩悩。多聞得智恵。故行十[122]善道。得人天富楽。故慈悲喜捨。得生梵世。故禅定得[123]如実。智恵得道果。故学地得無学地。故譬辟支佛[124]地。[?]消諸供養。故及説三乗教。方便引一切衆生。令[125]悟法性理。是名方便。『宝積経』云(33)。文殊師利説不思議[126]法。五百比丘。地裂入阿毗獄。舎利弗言。大士莫説此[127]法。文殊師利言。舎利弗。莫作是言。寧聞此法。従阿毗獄[128]出。速得解脱。若不聞此法。無量劫不得解脱。[129]『思益経』云(34)。若身浄無悪。口浄常実語。心浄常行慈。是[130]菩薩遍行。『大佛頂経』云(35)。一根既返源。六根成解脱。[131]見聞如幻翳。三界若空花。聞復翳相除。塵銷覚円浄。浄[132]極光通達。寂照含虚空。却来観世間。猶如夢中事。

(以下、省略。一三三行以下の部分は『頓悟大乗正理決』本文F145b3–151b6に校異を示す)

【引用経文所出場所】

(1)大正一六・六〇二頁a24—b4
(2)大正一六・六〇〇頁c25—28
(3)大正一六・六〇一頁b16—18
(4)大正一六・?
(5)大正一六・六〇八頁c3—4
(6)大正一六・六〇九頁a8—9
(7)大正一六・六一〇頁a27—28
(8)大正一六・六一〇頁b15—24(抄出)
(9)大正一六・六一二頁b27—28
(10)大正一六・六一五頁c20—22
(11)大正一六・六一六頁a2—4
(12)大正一六・六一九頁a2—4
(13)大正一六・六二一頁c28—六二二頁a10
(14)『聖善住意天子所問経』「若聞如是法。無人命丈夫。得彼忍光明。供養如来上。多劫行布施。飲食象馬等。彼非解脱因。以有人想故」(大正一二・一二二頁a2

—5）

(15)大正一九・一五五頁ａ４—12
(16)大正一九・一三一頁ｂ23—25
(17)大正一〇・九二四頁ａ７—22
(18)大正一六・七二四頁ｃ15—16
(19)大正一五・？
(20)大正一六・七四一頁ａ９—12
(21)大正一六・七四一頁ｂ28—ｃ４
(22)大正一六・七四二頁ａ８—10
(23)大正一六・七四二頁ｃ20—21
(24)大正一六・七四三頁ａ11—12
(25)大正一六・七四三頁ｃ４—７
(26)大正一六・七四七頁ａ12—19
(27)大正一九・一三一頁ｂ23—25
(28)大正一五・四九頁ｂ29—ｃ２
(29)大正一五・四五頁ｃ16—四六頁ａ３
(30)大正一五・四五頁ｂ29—ｃ７
(31)大正一六・六一〇頁ｂ15—24抄出
(32)大正一五・四一頁ａ29—ｂ６
(33)大正一一・五八七頁ｃ18—五八八頁ａ11（抄出）
(34)大正一五・三七頁ｃ７—８
(35)大正一九・一三一頁ａ20—25

四　チベット文異本『頓悟大乗正理決』　Pelliot tibétain 823

[1] [...] bskyad pa ste // de bas na lang kar gshegs pa las kyang / chos so chog la rang bzhin myed de kun kyang myi bden ba'i 'du shes kyis mthong ngo zhes 'byung / [2] dris pa / 'du shes la nyes pa ji yod //
smras pa [3] // de'i nyes pa ni sems can thams cad la thams cad mkhyen pa'i ye shes yong nas yod pa / bsgribs shing / ngan song gsum dang / yun ring por 'khor ba'i rgyur gyurd pa la stsogs pas nyes te // rdo rje gcod pa las kyang // 'du shes spong shig ces 'byung ba yin //
[4] dris pa // sems la blta zhes bya ba ji lta bu yin //

smras pa // sgo drug bzlogs ste / slar sems la blta ste ’du shes gyos na / yod pa dang myed pa dang gtsang **[2]** ba dang myi gtsang ba dang / stong ba dang myi stong ba la stsogs pa cir yang myi bsams // myi rtog myi bsam bar yang myi bsams ste // bye ma la kir ti’i nang nas kyang[2] / myi rtog pa ni byang chub ces ’byungo //

dris pa // ’du shes dang bag chags sbyang na thabs ji ltar sbyang //

smras pa / myi bden ba’i ’du shes gyos te tshor[3] na / skye shi tshor te ’du shes bzhin du ma spyad ma bslabs ma chags na / sems thang re yang grol thar re re ste // rdo rje gchod pa dang / dkon mchog brtsegs[4] pa chen po la stsogs pa’i nang nas kyang / chos la chung zad kyang thob pa myed na / bla na myed pa’i byang chub ces bshad do //

dris pa // pha rol du phyin pa **[3]** drug la stsogs pa’i chos kyi sgo gzhan dgos sam myi dgos //

smras pa / kun rdzob ltar pha rol du phyin pa drug kyang / don dam par bstan pa’i phyir thabs su bshad[2] de / myi dgos pa yang ma yin // don dam par smra bsam las ’das pa’i gzhung ltar na / pha rol du phyin pa las stsogs pa chos kyi sgo gzhan dgos sam[3] myi dgos shes smos su yang myed de / mdo sde las kyang rgyas par bshad do //

dris pa / pha rol du phyin pa drug la stsogs pa dgos na thabs ji ltar spyad /

smras[4] pa // pha rol du phyin pa drug la stsogs pa spyad na yang / phyi dang nang gi gnyis yod de / nang gis ni bdag thard / phyis ni sems can la phan gdags ste / **[4]** spyad pa’i thabs ni shes rab kyi pha rol du phyin pa dang lang kar gshegs pa dang / phan sems dpa’ la stsogs pa’i nang nas kyang / pha rol du phyin pa drug las stsogs[2] pa spyod pa na / chos so chog la myi rtog myi sems shing / ’khor sum yongs su dag pa dang / smyug rgyu ba 'dra zhing ci la yang myi sems myi len par[3] spyad do zhes 'byung ngo //

dris pa / chos kyi sgo 'di spyod na / ci tsam zhig na grol thar pa thob //

smras pa / lang kar gshegs pa dang / rdo rje gchod pa las // 'du[4] shes thams cad dang bral na / sangs rgyas so zhes 'byung bas / dbang po rno rtul las 'di bzhin bsgoms te / myi bden ba'i 'du shes dang / bag chags thams [5] cad dang bral ma thag du grol thar thob bo //

dris pa // chos kyi gzhung 'di spyad pas / bsod nams ji yod //

smras pa // myi rtog myi bsam ba'i bsod nams ni[2] / bsam ba dang brtags pas tshad myi gzung ste / sangs rgyas kyi bsam ba ji tsam ba ltos shig // de las cha shas shig smos na // shes rab kyi pha rol du phyin pa[3] las kyang / sems can thams cad lha dang myi dang nyan thos dang / rang sangs rgyas nas bla na myed pa'i byang chub la thug pa'i bar du bkod pa bas ni // shes rab[4] kyi pha rol du phyin pa'i gzhung thos te / yid ches pa'i bsod nams bgrang zhing brtsir myi lang bar che'o // de ci'i phyir zhe na / myi dang lha dang nyan thos [6] dang rang sangs rgyas dang / bla na myed pa'i byang chub la stsogs pa thams cad ni / shes rab kyi pha rol du phyin pa las 'byung gi / byang chub dang mya la stsogs pa grangs su[2] smos pa'i rnams las ni / shes rab kyi pha rol du phyin pa myi 'byung ba'i phyir ro // de la shes rab kyi pha rol du phyin pa ji lta bu yin zhe na / mtshan ma myed pa myi[3] len pa / myi gtong ba chags pa myed pa ni / shes rab kyi pha rol du phyin pa'o zhes bshad pa dang // de bzhin gshegs pa'i yon tan bsam gyis myi khyab pa las[4] // la la zhig gis stong sum gyi stong chen po'i rdul snyed kyi de bzhin gshegs pa la / bskal pa grangs myed par mchod cing yon gsol nas / [7] sangs rgyas de rnams mya ngan las 'das kyi 'og du / yang rin po che sna bdun la stsogs pas bzang du brgyan pa'i mchod rten stong gsum gyi stong chen po [2]tsam she dag byas te / mchod pa bskal pa grangs myed par byas pa bas / bsam du myed pa'i chos kyi gzhung 'di la dogs bzhin du mnyan pa'i bsod nams [3]kyang / grangs brgya stong grangs myed par che'o zhes bshad pa dang // rdo rje gchod pa las kyang // la la zhig gis stong gsum gyi stong chen po rin po che sna bdun [4]bkang ste sbyin ba byin ba dang / chu bo gang 'ga'i bye ma snyed kyi lus yongsu btang ba bas / tshigs bzhi pa'i le'u cig thos pa / bsod nams che ste / **[8]** dpe dang tshad myed do // zhes bshad pa la stsogs pa theg pa chen po'i mdo sde thams cad las kyang rgyas par 'byung ste // bsod nams ni sangs rgyas [2]ma gtogs par gzhan su las kyang myi 'byung ngo zhes kyang bshad do //

dris pa / 'du shes spangs te / myi sems myi rtog pa nas thams cad mkhyen pa'i [3]ye shes ji ltar 'byung //

smras pa / myi bden ba'i sems ma gyos te / 'du shes thams cad spangs na // yang dag pa'i rang bzhin ye nas yod pa / ye [4]shes kyis lhun kyis 'byung ba ni / sdong po brgyan pa dang lang kar gshegs pa las stsogs pa'i nang nas kyang / nyi ma sprin gyi nang nas 'byung ba dang / **[9]** chu rnyog pa dang ba dang / mye long dag pa dang / stang zil las dngul 'byung ba dang / 'dra'o zhes bshad do //

dris pa / myi rtog pa'i ye shes kyis sems can gyi [2]don ji ltar mdzad //

smras pa / ma dgongs ma brtags par sems can gyi don mdzad par ni de bzhin gshegs pa'i yon tan bsam gyis myi [3]khyab par 'jug pa las kyang rgyas par bshad do // dper na nyi ma dang zla bas thams cad du snang ba dang / yid bzhin gyi nor bu las thams cad [4]'byung ba dang / sa chen po las thams cad skye ba dang 'dra bar bshad do //

dris pa / bshad pa la yul 'dzin pa dang / rnam par shes pa 'dzin pa dang // **[10]** dbu ma 'dzin pa gsum yod na / 'di skad du bshad pa'i gzhung gang /

smras pa / 'di ni shes rab kyi pha rol du phyin pa bsam du myed pa theg pa chen po'i [2] gzhung las gsungs pas // gchig du yang gzung du myed de shes rab kyi pha rol du phyin pa las rgyas par bshad do //

dris pa // gzhung de ltar na mdo sde [3] las rnam pa mang por spros pa / gzhan ci'i phyir bshad //

smras pa / mdo sde bshad pa kun kyang / sems can gyi myi bden ba'i 'du shes bshad par [4] zad / 'du shes dang bral na chos bshad pa yang myed do // de bas na lang kar gshegs pa'i nang nas kyang / mdo sde kun ni sems can gyi 'du shes bsad [**11**] de / yang dag pa'i bden ba ni tshig gi nang na myed do zhes 'byung ngo //

dris pa / sangs rgyas kyis sems can gyi 'du shes ji ltar bshad //

smras pa // sangs [2] rgyas thams cad mkhyen pa'i ye shes dang / spyod yul ni bsam gyis myi khyab / dpag gis myi rig ste / rnam par shes pa thams cad kyis tshod myi gzung / [3] shes rab kyis kyang shes par myi rung ste / 'di ltar dgongs shing mdzad do zhes dpag cing tshod myi gzung ngo // theg pa chen po'i mdo sde las 'du shes [4] thams cad dang bral na sangs rgyas so zhes 'byung bas na // sems blta zhing 'du shes dang bag chags thams cad sbyung ngo // gang gis don du dris pa （以下欠）

［補記］ 本文献は、今枝由郎氏が Documents tibétains de Touen–houang concernant le concile du Tibét, *JA* (1975) pp. 142–144 で、本文をローマナイズして発表しているが、本研究における重要性から、ここに再録することとした。
※和訳は本篇二六五―二七〇頁。

資料三　『大乗経纂要義』

【校合諸写本】

A本＝Pch二二九八　B本＝Sch三九六六　C本＝Sch五五三

※　行数はA本による。

[1]大乗経纂要義一巻
[2]敬礼無上一切佛　証於三身天人尊　[3]教法甚深難思議　無為解脱僧和合
[4]是真帰依於三宝　諸佛出世如優曇　[5]如海盲亀遇浮木　人身難得甚希有
[6]従茲一失復難期　於此身中修漸進　[7]永常棄捨於八難　依教修行加精進
[8]善悪之業亦不亡　如因値種果亦然　[9]所以遠離於十悪　精勤修習於十善
[10]須善分別其二諦　常捨輪廻求解脱　[11]勤行正道増智慧　願修聖跡証無為
[12]如是一切衆生。先須帰依(1)三宝。敬事遵仰。
[13]三宝者何。所謂佛法僧宝。言佛宝者。所[14]謂法体報化身。具足三種。名為佛法(2)B本⇩。言法[15]身者。具不思議無分別智。於一切法。自在[16]観察。言報身者。是不思議功徳成就。超過人天[17]。(3)快楽具足。相好殊勝。離於生死。証得究竟盧[18]舎那身。言化身者。成就慈悲。誓願究竟。[19]盡於生死。度脱衆生。随機引道。永離衆苦。[20]入於母胎。誕身出家。降伏魔怨。転正法輪。示[21]涅槃相。具足徳者。超過人天。時乃現耳。是故[22]難遇。世無喩者。所以仮世間宝。顕其法義。令[23]諸衆生。

獲無上果。永離生老。輪廻之苦。少分帰依[24]。即蒙加護。諸悪鬼神。不能(4)侵擾。具斯五義[25]。獲如意宝。於世出世。為人天師。両足中尊。[26](5)真実依故。

言法宝者。所有教法。於真俗諦。説[27]十二分。修八聖道。悟真体性。本来寂静。無住[28]涅槃。号名三宝。所以佛未出世。不能顕其秘要[29]之法。如来出世。甚為希有。所説教法。亦復如是。非[30]余外道。能顕其義。一切諸法。所不能及。以斯法宝[31]。利楽之道。与佛無異。是名法宝。

所言僧者。大[32]菩薩衆。不著生死。不住涅槃。自利利他。具足成就[33]。及諸羅漢。八上人等。住解脱地。凡夫比丘。各々[34]信受。楽於聖位。出家学道。別別解脱。依教修行。雖[35]未証果。而能修行。軌範聖法。佛不出世。亦無[36]僧宝。等同如来。生希有相。一切無上。智徳具足。依[37]聞思修。善漸微妙。世間諸仙。具聖恵者。修安楽地[38]。如是(6)造作。僧宝為勝。

如上三宝。諸功徳力[39]。有大慈悲。最尊最勝。不思議故。能抜衆生。現[40]在苦難。永離生死。長劫輪廻。亦能加護。得解[41]脱楽。応当供養。無上三宝。先須恭敬。作[42]礼帰依。能生一切福徳之芽。永離一切苦悩之事[43]。

諸佛如来。(7)具是功徳。出興於世。甚為希有[44]。与諸群生。同種善根。出現於世。如憂曇花[45]。諸佛出世。伝甚深法。亦復如是。佛出於世[46]。雖有深法。遇人身者。要須具足。善業成就[47]。其難亦爾。譬如大海。於海底中。有一盲亀[48]。寿億万劫。百年一度。昇於水上。或時有人[49]。棄一竅木。置於海中。其亀出水。以頭[50]遇斯。浮木之孔。甚為希有。或得人身。難亦[51]如是。雖得人身。六根具者。得聞正法。身心自在[52]。依教修行。最甚難有。衆生之界。不可[53]思議。其中獲得人身。六根具足。自在受生[54]。極最難故。所以如来及法。現於世間。亦復[55]難遇。人身難得。今乃獲得。大報分故。時乃[56]一現。於前数劫。承善業故。方得人(8)身。特須[57]精勤。勿令虚棄。

増加智慧。及法善根。聖[58]地已来。須求勝行。誓不復堕。地獄餓鬼。畜[59]生之趣。不聞三宝。辺地下賤。雖得人身。

盲[60]聾音啞(9)。長寿大難(10)。或生人中。信邪到見。雖[61]佛出世。佛前佛後。八難之中。種種苦悩。障[62]道之処。不復堕落。永離八難。如来世尊[63]。証大果報。諸修行者。勤加精進。如救頭燃[64]。蠲除八難。大善成就。

然善悪業。纎毫不亡[65]。如昔仙人嬌答摩等。以草刺於鹿蠅遺道[66]。於五百歳。下部之中。受木籤報。後乃致死[67]。昔有童子。以恭敬心。施僧白石。一掬之許。承[68]斯因縁。於無量劫。生豪富家。雨其七宝。具[69]足成就(11)。快楽自在。以善悪業。随類受身。苦[70]楽之果。随業異熟。所以悪業。十不善等。勿[71]令親近。理須遠離。何仮言哉。

十不善者。身有[72]三種。行殺盗婬。口有四種。妄言綺語。悪口[73]両舌。意有三種。謂貪瞋癡。如茲惣結。名為十[74]悪。承此果報。生於三塗。能廻十悪。名為十善[75]。若離殺生。十悪縁等。得生天上。并及人間。生[76]於勝処。従此身上。聖位以来。若能修行。皆得[77]成就。当知十善。応勤修学。

人中修善。知諸[78]法相。名為丈夫。善能校量。真俗二諦。得[79]悟自他。二性之理。此中世諦法相。因縁所生[80]。幻化如夢。如炎如温。界入善与不善。有福無福[81]。世出世間。法相種種。相貌分別。但仮言詮[82]。顕彰表示。一切諸相。有漏之法。皆自然性。無[83]常苦空。無我為相。所言無漏法者。空無我[84]故。如是二諦。知一切法。

輪廻無明行識名色[85]六入触受愛取有生老死。十二因縁。如輪流転。於[86]六道生。受苦温身。

各各随稟。根器利鈍(12)。随類[87]⇧C本得成(13)。所言解脱。聖所依地。其鈍(14)根性。受声[88]聞乗。中根之者。辟支佛果。随根所証。各々差[89]別。無上大乗等為三種。其鈍(15)根者。証於小乗[90]。但能自利。無益他義。厭生死苦。修寂滅楽[91]。捨諸不善。禁根境識。初観四諦。修証預流[92]。八輩等地。無余涅槃。辟支佛者。観四諦法[93]。因縁所生。遂滅生死之原。証於聖道。無余涅[94]槃。具上人智。取向大乗。生死涅槃。不分別二[95]。自利利他。無上菩提。菩薩大慈。修助道法。従極[96]喜地。乃至法雲。次第修行。証菩薩已。仍修六度[97]。布施愛語。利行同事。四摂之法。福[98]智具足。成不思議。無上上智。獲十力四無所畏。具[99]足成就。証於佛地。利楽衆生。盡生死際[100]。不般涅槃。

大乗経纂要義一巻[101]

壬寅年後八月十五日。写畢功記。

[B本]

壬寅年六月。大蕃国有讃普印信并此十善経本伝流諸州流行読誦。後八月十六写畢記。

【補記】 本文献は、拙稿「敦煌出土『大乗経纂要義』攷—八二二年、チベット賛普発布の佛教綱要書—」(『中村瑞隆博士古稀記念論集・佛教学論集』一九八五)に発表したものである。訓読は、本書三一五—三二〇頁に再録。

資料三・校勘記

(1) [依]—C　(2) B本⇩　(3) 快=決ABC
(4) 能=仮AB　(5) 実=宝B　(6) 造=告B
(7) 具+(如)B　(8) 人=身B　(9) 唖=悪A、=亜B、=口悪C　(10) 大=天AB　(11) 快=決ABC　(12) 鈍=純AB　(13) ⇧C本　(14)
(15) 鈍=純AB

資料四　法成訳『般若波羅蜜多心経』

【校合諸写本】　A本＝李五三　B本＝海七七　C本＝始五五　D本＝Pch四八八二　E本＝Sch一二五一　F本＝Sch五四四七

般若波羅蜜多心経

大(1)蕃国大徳三蔵法師沙門法成訳

如是我聞。一時薄伽梵。住王舎城。鷲峯山中(2)。與大苾芻衆。及諸菩薩摩訶(3)倶。爾時世尊(4)。入(5)(6)B本⇩諸法平等。甚深顕(7)了三摩地(8)。復於爾時。観自在菩薩(9)。行深般若波羅蜜多時(10)。照見五蘊(11)(12)(13)体空。時具壽舎利子。承佛威力。白(14)観自在菩薩曰(15)。若善男子善女人(16)。欲修行甚深般若波羅蜜多者(17)。応(18)云何修学。作是語已。観自在菩薩摩訶薩。答具壽舎利子言。若善男子(19)(20)善女人。欲修行甚深般若波羅蜜多時。照見五蘊体空(21)。度一切苦厄(22)。舎利子。色不異空。空不異色。色即是空。空即是色(23)。受想行識。亦復如是(24)。舎利子。是諸法空相(25)。不生(26)不滅(27)。不垢(28)(29)不浄(30)。不増(31)不減。是故(32)空中。無色。無受想行識(33)(34)(35)。無眼耳鼻舌身意(36)(37)(38)(39)(40)。無色声香味触法(41)(42)(43)(44)⇧D本。無眼界。乃至無意識界。無無明。亦無無明盡。乃至無老死。亦無老死盡(45)。無苦集滅道(46)。無智亦無得(47)。以無所得故。菩提薩埵。依般若波羅蜜多故(48)⇧F本。心無罣礙。無罣礙故。無有恐怖。遠離顛倒夢想。究竟涅槃。三世諸佛。依般若波羅蜜多故。得阿耨多羅三藐三菩提。故知般若波羅蜜多。是大神呪。是大明呪。是無上呪。是(49)波羅蜜無等等呪。能除一切苦。真実不虚故。説(50)般若波羅蜜多呪。

即説呪曰。

(51)究竟究竟　到彼究竟　到彼斉究竟　菩提之畢竟　揭帝揭帝　波羅僧揭帝　菩提薩婆訶

舎利子。菩薩摩訶薩。依如是修学甚深般若波羅蜜多。爾時世尊。従三昧起。告観自在菩薩曰。善哉善哉。善男子。応如是修学一切如来。亦當(52)随喜。

時薄伽梵説是語已。具壽舎利子。及観自在(53)菩薩摩訶薩。一切世間天人阿修羅乾闥婆等。聞(54)佛所説。皆大歓喜。⇧C本(55)信受奉行。

般若波羅蜜多心経(56)(57)一巻

[補記]　法成訳のこの本は、はじめ『心経七訳本』北京刻経処輯（一九一九）に紹介された。『大正新脩大蔵経』大正二五五番の法成訳の『般若波羅蜜多心経』はこれによって収録されたものである。しかし、『心経七訳本』はその敦煌本の番号を記しておらず、その根拠が不明である。いまは、「大蕃国大徳三蔵法師沙門法成訳」の記をもつＰch四八八二（Ｄ本）に根拠を求め、それに近い『般若波羅蜜多心経』の写本五点によって校訂収録した。

資料四・校勘記

（1）［大蕃国大徳三蔵法師沙門法成訳］―ＡＣＥＦ　（2）山＋(頂)Ｄ　（3）訶＋(薩)ＡＣＤＦ　（4）尊＋(等)Ｄ　（5）［諸法平等］―Ｄ　（6）Ｂ本⇩　（7）顕＝明Ｄ　（8）地＋(法之異門)Ｄ　（9）薩＋(摩訶薩)Ｄ　（10）時＋(観察)Ｄ　（11）見＝彼Ｄ　（12）蘊＝薄Ｄ　（13）体＋(性皆悉是)Ｄ　（14）白＋(聖者)Ｄ　（15）薩＋(摩訶薩)Ｄ　（16）［善女人］―Ｄ　（17）［多］―Ｂ　（18）応＝彼當Ｄ　（19）⇧Ｅ本　（20）子＋(及)Ｄ　（21）体＋(性皆)Ｄ　（22）［度一切苦厄。舎利子。色不異空。空不異色］―Ｄ　（23）

色＋（色不異空空不異色如是）D　（24）是＋（皆空是故）D　（25）是諸法空相＝一切法空性無相D　（26）（27）（28）不＝無D　（29）垢＋（離）D　（30）不浄＝無成D　（31）［不］―BD　（32）是故空中＝舎利子是故爾時空性之中D　（33）（無）＋想D　（34）（無）＋行D　（35）（無有）＋識D　（36）（無）＋耳D　（37）（無）＋鼻D　（38）（無）＋舌D　（39）（無）＋身D　（40）（無）＋意D　（41）（無）＋声D　（42）（無）＋香D（43）（無）＋味D　（44）（無）＋触D、⇧D本　（45）亦＋（亦）C　（46）［無］―B　（47）得＝徳ACF　（48）⇧F本　（49）［波羅蜜］―C　（50）［説般若波羅蜜多］―B　（51）［究竟究竟到彼究竟到彼斉究竟菩提之畢竟］―BC　（52）當＝応A　（53）［在］―B　（54）［佛］―BC　（55）⇧C本　（56）［一］―B　（57）巻＋（奥書）金光明寺僧福恵経心一巻B

資料五　『大乗四法経』及びその論疏

一　『大乗四法経』

［校合諸写本］

A本＝雨五五　B本＝S ch三一九四　C本＝P ch二三五〇V　D本＝P ch二三五六V

大乗四法経

如是我聞。一時薄伽梵。在(1)舎衛国祇樹給(2)B本⇩孤独園。与大比丘衆。千二百五十人。及(3)諸菩薩摩訶薩倶。

爾時薄伽梵。告(4)諸比丘言。諸比丘菩薩摩訶薩。盡形壽不顧身命。行此四法。云何為四。諸比丘菩薩摩訶薩。盡形壽不顧身命(5)。不(6)捨菩(7)提心。諸比丘菩薩摩訶薩。盡形壽不惜軀(8)命。不(9)捨善知識。諸比丘菩薩摩訶薩。盡形壽不惜身命(10)。不(11)捨忍辱(12)(13)及調善法。諸比丘菩薩摩訶薩。盡形壽不顧身命。(14)(15)常住空(16)閑。是故諸比丘菩薩摩訶薩。盡形壽不顧身命。而此四法。不応遠離。

時薄伽梵。作是語已。善逝大師。復作是言。

不捨正(17)智之心故　有智応発菩提心　善住忍辱(18)調善力　不応而捨善知識

譬如獣王離怖畏　有智常住於空閑　若諸智者住此法　降伏諸魔成等覚

爾時薄伽梵説是経已。諸比丘(19)及諸菩薩摩訶薩。一切大衆。聞佛所説。信受奉行。

大乗四法経(20)一巻

資料五―一・校勘記

(1) 在舎衛国祇樹＝住室羅筏城誓多林C　(2) B本⇩　(3) 諸＝無央数C　(4) [諸比丘言]―D　(5) 命＋(而)C　(6) 捨＋(於)C　(7) 提＋(之)C　(8) 命＋(而)C　(9) 捨＋(於諸)C　(10) 命＋(而)C　(11) 捨＋(於)C　(12) [及]―C　(13) 調善＝栄和C　(14) 常＋(楽)C　(15) 住＋(於)C　(16) 閑＋(之界)C　(17) 智之心故＝故智之心C　(18) 調善＝栄和C　(19) 丘＋(衆)C　(20) [一巻]―A

二　『大乗四法経釈』

【校合諸写本】

A本＝S ch 二七〇七　B本＝S ch 三一九四　C本＝P ch 二三五〇V　D本＝P ch 二三五六V

(1)大乗四法経釈(2)　世親菩薩作(3)

(4)論釈。菩薩摩訶薩。盡形壽不顧身命。行此四法。何故説此経耶(5)。入於大乗。(6)趣無上菩提者(7)。迷於方便。為此説故(8)。令諸放逸。正受持故。諸下劣者。生欣楽故。已正入者。令歓喜故。列四数者(9)。恐於廣大。不楽聞者(10)。捨此見故。若立其数。善憶持故。如下所説。忍辱(11)調善。同一作(12)用。無差別故。入大乗者。雖有多名。挙二名者。有三因縁(13)。信楽加行。及了知也。云何信楽(14)。信楽(15)甚深。所知境故。名為薩埵。楽大威力故。名摩訶薩埵。云何加行。為自(16)勤求無上正等菩提故。一切有情。所有衆苦。能救護故。云何了知。以二種力。了菩提故。所謂恵力。及精進力。為所(17)無知。及(18)少精進。不了菩提故。言盡形行此(19)者。謂(20)顕常修此法故也。言不顧身命者。為恭敬故。何故言四法。而無増減。為有四法。而能障於菩提資糧。対[21]治彼故。故説四也。能障四法。何者是耶。謂不[22]修行。不了方便。[23]不隨有情。楽着於境。復有四種。謂不起行。顚倒[24]修行。放捨於行。散亂行也[25]。有四種法。与菩提資糧。而能相応。為彼因故。故説四也。与菩提資糧。而能相応。四法者何。謂楽[26]言教。及能得彼。彼器修彼。復有四法。謂能發行。了知方便。而能修行。修行有二。成熟有情。及成佛法。復有四法。不捨流伝。彼無染汙。摂受有情。[27]修精進行。復有四[28]法。能超嶮路。謂能趣向。了知其道。[29]而無厭倦。及不放逸。是故能超。流伝嶮路。[30]示彼因故。故有四[31]也。何故[32]住於声聞。及縁覚道者。不[33]名薩埵。為立無上。諸名言故。譬如能明。以要言之。[34]今此経中。佛為顕其諸修大乘。所有随順之業。及云何不失彼果也。

大乘四法経釈[35]　一巻

資料五―二・校勘記

(1)［大乘四法経釈世親菩薩作］—B　(2) 釈＝論C　(3) 作＝造C　(4)［論釈］—AD 論＝経C　(5)（論曰）＋何C　(6) 趣＋(求)C　(7) 提＋(之)C　(8) 此＝正C　(9) 恐＝怖C　(10) 捨＝舎C　(11) 調善＝栄和C　(12) 作用＝所詮C　(13)(14) 信楽＝勝解C　(15) 楽＝解C　(16) 懃＝勤D　(17) 所＝諸CD　(18) 少＝下C 劣D　(19) 此＋(法)C　(20) 謂＝為C　(21) 治＝持D　(22) 修行＝勤求C　(23) 不墮＝卉皆C　(24) 修＝起C　(25) 也＋(復次)C　(26) 言教＝求於教授教戒C　(27) 修精進＝精進練C　(28) 法＝因C　(29) 而無厭倦＝無下劣想而能安受C　(30)［示］—D　(31) 四＋(法)C　(32) 住於＝勤行C　(33) 名＋(菩提)C　(34) 今＝金D　(35) 釈＝論C

三　法成集『大乗四法経論及廣釈開決記』（大正二七八五番未収首部抄録）

【校合諸写本】

A本＝Pch二七九四　B本＝Sch二八一七（大正一五三五番に収録）

※　行数はA本による。

[1]大乗四法経論及廣釈開決記

大蕃国大徳三蔵法師沙門法成集

[2]将釈此経。先以五門料簡。然後解釈経之正文。云何為五。一明造論所以。[3]二立所宗。三解帰乗。四顕帰分。五辯帰蔵。初言明造論所以者。問。何故世[4]親菩薩。而造其論。釈此経耶。答。為饒益他故。謂彼菩薩。作是思惟。[5]云何当令諸有情類。於佛聖教。無倒受持精進思惟籌量観察。由此[6]無量煩悩悪行。不現在前。便得悟入。甚深法性。故造斯論。譬如有人[7]為饒益他故。於黒闇処。燃大明灯。令有目者。見種種色。菩薩亦爾[8]。為饒益他。於佛滅後。制造此論。令有智者。入深法性。又如諸佛。為饒[9]益他。開示演説。十二分教。所以者何。諸有情類。雖有因力。若無縁力。而覚発者[10]。終不能修勝進之行。要遇縁力。乃能修行。譬如池中。雖有種種嗢鉢羅[11]等。衆妙蓮花。若日月光。不照觸者。則不開発。出種種香。要日[12]月光。之所照觸。乃得随類。開発出香。又如闇中。有種種物。若無灯照。終不可[13]見。要仮灯照。乃得見之有情亦爾。雖有因力。若無縁力。廣説如前。如有頌[14]言。譬如闇室中。雖有種種物。無灯闇所隠。有目不能見。如是雖有智。不[15]従他聞法。是人終不能分別善悪義。譬如有智者。因灯見衆色。有智依多聞。能別善[16]悪義。多聞能知法。多聞離不善。多聞捨無義。多聞得涅槃。又如経誤。有[17]二因縁。能生正見。一外聞他。法音二内。如理作意。又契経説。有四法人。多有所作。一[18]親近善友。二従他聞法。三如理作意。四法随法行。故如諸佛為饒益

他。説十二分教[19]。如是菩薩。為饒益他。制造此論。復次為破無明闇故。如灯破闇。能発光明。阿[20]毗達磨。亦復如是。破無明闇。発智慧明。故彼菩薩。制造此論。復次為顕。無[21]我像故。譬如鏡面。極善摩瑩。種種色像。皆於中現。阿毗達磨亦復如是。分[22]別諸法。自相共相。令無我像。分明顕現。故彼菩薩。制造此論。復次為度。生[23]死河故。如窂船筏。百千衆人。依之無畏。従河此岸。度至彼岸。阿毗達磨。亦[24]復如是。無数諸佛。及諸有情。依之無畏。従生死此岸。至涅槃彼岸。故彼菩薩[25]。制造此論。復次為顕。阿毗達磨。諸大論師。不傾動故。如妙高山。路金輪上[26]。一切猛風。揺鼓飃撃。不能傾動。阿毗達磨。諸大論師。亦復如是。住浄尸[27]羅諸悪見者。軽毀邪論。不能権伏。故彼菩薩。制造此論

[28](1)(2)B本⇩二言立所宗者。世間宗見。惣有其二。一外二内、彼外宗見。雖[29]有衆多。不出二種。謂断及常。廣説如論。内宗見者。大師在世。同一師学。無[30]有差別。佛滅度後。大小乗宗分成多部。小乗宗見有二十二。如『宗輪論』。一[31]々廣明。大乗宗見。分為三別。一勝義皆空(3)。二唯識中観。三法性円融。此三宗見[32]。一々廣説。如『中』『廣百』『三十論』等。今此経者。厥有菩薩。名為世親。位階(4)加行。造[33]論釈故。是故当知。唯識中観宗之攝也。

(5)三言解(6)帰乗者。如来大悲。引[34]接群迷。随機設教。有説三五。言説三者。一声聞乗。二縁覚乗。三菩薩乗[35]。言有五者。更加天乗。及人乗也。如是五乗所有行儀。廣如余処経論分別[36]。今此経者。一々唯明菩薩行故。是大非小。是故当知。大乗宗収。

[37](7)四言(8)顕帰分者。諸佛菩薩。及以声聞。所説言教。雖有衆多。以類相従有十二分[38]。謂契経等。一々行相。如余処明。今此経者。無請説故。自説分摂。不捨無[39]上菩提心等。是其菩薩。廣大行故。方廣分摂。有伽他故。応頌分摂。是了義[40]故。論義分摂。具譬喩故。譬喩分摂。是故当知。五分摂也。

[41](9)五言辯帰蔵者。如上所説。十二分教。惣而言之。帰其三蔵。一素怛攬蔵。此云契[42]経。貫穿連綴。所詮恵学(10)。契理

契機。[11]攝益他故。蔵者攝也。二者毗奈耶蔵。此[43]云調伏。所攝戒學。調和三業。制伏悪行。而攝益故。三阿毗達磨蔵。此云対法。所[44]詮定[12]学。対向涅槃。対観四諦。而攝益故。契経等分。云何三蔵。而相攝耶。『対法集』[45]云。契経。応頌。記別。諷頌。自説。此是声聞素怛攬蔵。縁起。譬喩。本事。本[46]生。并加[13]眷属。名舮奈耶蔵。方廣。希法。此是菩薩素怛攬蔵。論[14]議経者。即是彼[47]二阿毗達磨蔵。今此経者。即是素怛攬之所攝也。若准了義。亦[48]阿毗達磨蔵攝。如理応思。

次[49]当[15]解釈経之正文。門分為二。一釈経題。二釈正経。初釈題者。一切聖教夫立名者。皆[50]約四種。而立其名。謂人処法喩。今此経者。約[16]法立也。言大者。有七大[51]義。一所縁『大般若等経』所明。一切難行苦行。廣大境界。[17]是其菩薩所縁境故。二[52]修行大。広修自行及他[18]利故。三智大。能了人法二無我故。四精進大。三無数劫。行[53]難行故。五方便[19]大。不住生死。及涅槃故。六業大。盡生死際。能作諸仏。一切業[54]故。七成就大。而能成就十力無畏不共法等大功徳故。以此七大。而起二乗。故言大[55]也。言乗者。運載之義。有[20]情為此岸。涅槃為[21]彼岸。生[22]死名中流。此経所説。四[56]種法船。運載有情。超生死海。令至涅槃故。名為乗。言四者数也。何故列数[57]。論中自明。言法者。軌持為義。下経所説。四種行法。即是菩薩軌則故也。言[58]経者。梵[23]云素怛攬。乃[24]目四義。謂依従席経。今取従義。[25]及取経義。従[59]穿花。風[26]不能散。以教貫義。邪不能除。如経持律。方織物成。以教攝生。令[60]得聖果故。以教法目乎。従[27]経若『真実論』。説有五義。一曰湧泉。二称縄墨。三名結[61]鬘。四謂出生。五号顕示。若准此方経者。常也。法也。逕也。古今不易故。揩[62]定正邪故。津通物理故。『荘厳経論』云。示処及於相。法義名為経。⇧B本[28]釈題竟。

第[63]二言。釈経正文者。大門分三。初従如是我聞。至不顧身命。行此四法。此則[64]是其教起因縁。説経由致。名為序分。次従云何為四。至降伏衆魔。成等覚聖教所説[65]。正談経体。名正宗分。後従爾時薄伽梵説是経已。至信受奉行[66]。聴法之衆。依教奉行。歓喜知傳。名流通分。且約序分之中。復分為二[67]。一証信序。亦云通序。此段経文。諸経共有。

故名通序。二発起序。亦名[68]別序。爾時薄伽梵已下当部縁。名為別序。言証信序者。世親造[69]論。智威撰釈。但明別序已下。而釈証信。今略明之。三門分別。一起之因由[70]。二説之所以。三正釈其文。言起之因由者。佛化縁畢。将帰涅槃。迦葉菩薩[71]等。啓問佛言。如来在世。以佛為師。世尊滅後。以何為師。如来在世。依佛而住[72]。世尊滅後。

（以下省略。大正二七八五番［Sch二一六］に続く）

資料五―三・校勘記

（1）B⇩　（2）二＝一B　（3）空＋（宗）B
（4）階＝皆B　（5）三＝二B　（6）解＝明B
（7）四＝三B　（8）顕＝明B　（9）五＝四B
（10）恵＝定B　（11）［攝］―B　（12）定＝恵B
（13）加＝伽B　（14）［論議経者即是彼二阿毘達磨蔵
今此経者即是素怛攬］―B　（15）［解］―B　（16）
法立＝立法B　（17）是＋（此）B　（18）利＝行B
（19）［大］―B　（20）有情＝生死B　（21）為＝名
B　（22）生死＝有情B　（23）云＝言B　（24）
［目］―B　（25）［及取経義］―B　（26）能散＝散能
B　（27）［経］―B　（28）⇧B本

資料六　異訳『無量寿宗要経』

一　北京本　雨三四

無量寿経一巻[1]

[2]如是我聞。一時佛在舎衛国祇樹給孤独園。与大比丘無量衆倶。[3]爾時佛告文殊師利童子。上方有世界。名無辺功徳。彼世界有佛。号[4]智寿無量決定威徳王如来。無上正等阿羅訶三藐三佛陀。施佛事廣[5]説法要。佛告文殊師利。諦聴堪忍。世界衆生。寿命短促。唯満百年。[6]其間多有灾横中夭。若有衆生。聞是佛名。讃歎功徳。於此法門。若自書写。[7]教他書写。受持読誦。復以種種。花鬘塗香。末香焼香。而為供養。[8]寿命満足。不遭横夭。文殊師利。若有衆生。聞此智寿無量決定威徳王如来[9]名号者。増益寿命。文殊師利。是故善男子善女人。欲求長寿者。応当称[10]彼佛名一百八遍。若聴聞書写。教他書写。其福如是。

爾時世尊。即説呪曰。

[11]南謨薄伽跋帝。阿波唎蜜多。阿喩紇硯那。須鼻你失只多。帝祖羅左耶。[12]怛他竭多耶。阿囉訶羝。三藐三勃駄耶。怛姪他。唵。薩婆桒塞迦囉。[13]波唎輸駄。達磨羝。伽伽那。娑姆特竭羝。莎皤。蒲可反婆毗秫?提。摩訶那耶。[14]波唎跋餘。莎訶。

[15]文殊師利。若人書写受持此呪。寿命将盡。却満百年。捨此身已。生彼佛国。

南[16]謨薄伽跋帝。阿波唎蜜多。阿喩紇硯那。須鼻你失只多。帝祖囉左耶。怛[17]他竭多耶。阿囉訶羝。三藐三勃駄耶。怛姪他。唵。薩婆桒塞迦囉。波唎輸駄。達[18]磨羝。伽伽那。娑姆特羯羝。莎皤。婆毗秫?提。摩訶那耶。波唎跋餘。莎訶。

又[19]於彼時九十九倶薩。諸佛異口同音。宣説此呪。

南[20]謨薄伽跋帝。阿波唎蜜多。阿喩紇硯那。須鼻你失只多。帝祖囉左耶。怛[21]他栫多耶。阿囉訶羝。三藐三勃駄耶。姐姪他。唵。薩婆桒塞迦囉。波唎輸駄。達[22]磨羝。伽伽那。娑姆特漳羝。莎皤。婆毗秫?提。摩訶那耶。波唎跋餘。莎訶。

又[23]於彼時一百四倶胝。諸佛異口同音。宣説此呪。

南[24]謨薄伽跋帝。阿波唎蜜多。阿喩紇硯那。須鼻你失只多。帝祖囉左耶。怛他栫多耶。阿[25]囉訶羝。三藐三勃駄耶。怛姪他。唵。薩婆桒塞迦囉。波唎輸駄。達磨羝。伽[26]伽那。娑姆特羯羝。莎皤。婆可尼下国婆毗秫?提。摩訶那耶。波唎跋餘。莎訶。

又[27]於彼時七倶胝。諸佛異口同音。演説此呪。

娜[28]謨薄伽跋帝。阿波唎蜜多。阿喩紇硯那。須鼻你失只多。帝祖囉左耶。怛他栫多耶。阿[29]囉訶羝。三藐三勃駄耶。怛姪他。唵。薩婆桒塞迦囉。波唎輸駄。達磨羝。伽伽那。娑[30]姆特羯羝。莎皤。婆毗秫?提。摩訶那耶。波唎跋餘。莎訶。

爾[31]時復有六十五倶胝。諸佛異口同音。宣説此呪。

又[32]於時五十五倶胝。諸佛異口同音。演説此呪。

又[33]於彼時四十五倶胝。諸佛異口同音。宣説此呪。

又[34]於彼時三十六倶胝。諸佛異口同音。演説此呪。

又[35]於彼時二十五倶胝。諸佛異口同音。宣説此呪。

又[36]於彼時百倶胝。殑?伽沙諸佛。異口同音。演説此無量寿陀羅尼。

若[37]有衆生。書写此経。及教他書写。寿命将盡。増満百年。

若[38]有衆生。書写此経。不堕地獄。餓鬼傍生。閻羅王界。及八難中。所生之処。常得宿命。

又[39]於彼時。教他書写。此無量寿陀羅尼。即同書写。四十百千億法蘊。

若[40]自書写教他書。此陀羅尼。即同書写。八万四千法門。建立塔廟。

若[41]教他書写。此陀羅尼。滅除五無間業。

若[42]教他書写。此陀羅尼。罪如須弥。即当弥滅。

若[43]教他書写。此陀羅尼。諸魔眷属。夜叉羅刹。伺求其短。不能得便。

若[44]教他書写。此陀羅尼。臨命終時。得値九十九倶胝。諸佛現前讃歎。摩頂授記。

従[45]一佛国。至一佛国。決定得生。勿懐疑惑。

若[46]教他書写。此陀羅尼。四大天王。常随衛護。

若[47]教他書写。此陀羅尼。必定往生極楽世界。

所[48]在地方書写。此陀羅尼。法宝是処。即成塔廟。応当作礼囲繞。或生[49]傍生。鳥獣之中間。此陀羅尼者。必得無上菩提。

若[50]教他書写。此無量寿陀羅尼。決定不受女人之身。

若[51]復有人。於此法門。能施一銭。即等三千大千世界満中七宝。持用布施。

若[52]復有人。供養此陀羅尼。即同供養一切諸法。

若[53]復有人。以七宝供養七佛。所謂毗婆尸式棄。毗舎倶留殊。倶耶舎牟尼。迦[54]葉釈迦文。所得功徳。尚有限量。受持此呪。福不可量。

若[55]復有人。以妙高山等七宝。持用布施。其所獲福。猶可限量。受持此呪。福不可量。

仮[56]使四大海水。可知満数。此陀羅尼。福不可量。

若[57]教他書写。此陀羅尼。恭敬供養。即同供養十方諸佛。

以[58]施之力佛超勝　施力能生人師子　願入慈悲聚落時　殊勝施力普皆聞

以[59]戒之力佛超勝　戒力能生人師子　願入慈悲聚落時　殊勝戒力普皆聞

以[60]忍之力佛超勝　忍力能生人師子　願入慈悲聚落時　殊勝忍力普皆聞

以[61]勤之力佛超勝　勤力能生人師子　願入慈悲聚落時　殊勝勤力普皆聞

以[62]定之力佛超勝　定力能生人師子　願入慈悲聚落時　殊勝定力普皆聞

以[63]慧之力佛超勝　慧力能生人師子　願入慈悲聚落時　殊勝慧力普皆聞

[64]爾時世尊説此経已。天人阿修羅乾闥婆等。聞佛所説。皆大歓[65]喜。

無量寿経一巻

二　スタイン本　Sch一四七

(前欠)

[1]□□□書写是経。及教他書写。寿命将盡。増満百年。

[2]怛姪他。南謨薄伽薄底。阿波利蜜多。阿喩也那。須毗你只多。[3]囉左耶。怛他栟多耶。唵。薩婆僧塞羯囉。波利。[4]達摩底。摩訶衍那。波利跋餘。莎訶。

[5]若有衆生。写此陀羅尼。不堕地獄。餓鬼傍生。閻羅王界。及八[6]難中。所生之処。常得宿命。

[7]怛姪他。南謨薄伽薄底。阿波利蜜多。阿喩也那。須毗你只多。[8]囉左耶。怛他栟多耶。唵。薩婆僧塞羯囉。波利輸馱。達摩底。[9]摩訶衍那。波利跋餘。莎訶。

又於彼時。教他書写。此無量寿[10]陀羅尼。即同書写。百千四十億法蘊。

[11]怛姪他。南謨薄伽薄底。阿波利蜜多。阿喩也那。須毗你只多。[12]囉左耶。怛他栟多耶。唵。薩婆僧塞羯囉。波利輸馱。達摩底。[13]摩訶衍那。波利。跋餘。莎訶。

[14]若教他書写。無量寿陀羅尼。滅除五無間業。

[15]怛姪他。南謨薄伽薄底。阿波利蜜多。阿喩也那。須毗你只多。[16]囉左耶。怛他栟多耶。唵。薩婆僧塞羯囉。波利輸馱。達摩底。[17]摩訶衍那。波利。跋餘。莎訶。

若教他書写。此無量寿陀羅尼。罪如須弥。即当弥滅。[18]
怛姪他。南謨薄伽薄底。阿波利蜜多。阿喩也那。須毗你只多。囉左耶。怛他柝多耶。唵。薩婆僧塞羯囉。波利輸[19][20]
駄。達摩底。摩訶衍那。波利。跋餘。莎訶。[21]
若教他書写。此無量寿陀羅尼。諸天魔夜叉。伺求其短。不能得便。[22][23]
怛姪他。南謨薄伽薄底。阿波利蜜多。阿喩也那。須毗你只多。囉左耶。怛他柝多耶。唵。薩婆僧塞羯囉。波利輸[24][25]
駄。達摩底。摩訶衍那。波利。跋餘。莎訶。
若教他書写。無量寿陀羅尼。臨命終時。得値九十倶胝諸佛。現前読歎。摩頂授記。従一佛国。至一佛国。決定得[26][27]
生。勿懐疑惑。[28]
怛姪他。南謨薄伽薄底。阿波利蜜多。阿喩也那。須毗你只多。囉左耶。怛他柝多耶。唵。薩婆僧塞羯囉。波利輸[29][30]
駄。達摩底。摩訶衍那。波利。跋餘。莎訶。[31]
若教他書写。此無量寿陀羅。四天大王。常随衛護。[32]
怛姪他。南謨薄伽薄底。阿波利蜜多。阿喩也那。須毗你只多。囉左耶。怛姪他柝多耶。唵。薩婆僧塞羯囉。波利[33][34]
輸駄。達摩底。摩訶衍那。波利。跋餘。莎訶。[35]
若教他書写。此無量寿陀羅尼。必定往生極楽世界。[36]
怛姪他。南謨薄伽薄底。阿波利蜜多。阿喩也那。須毗你只多。囉左耶。怛他柝多耶。唵。薩婆僧塞羯囉。波利輸[37][38]
駄。達摩底。摩訶衍那。波利。跋餘。莎訶。[39]
所在地方。写此陀羅尼法宝。是処即成塔廟。作礼囲繞。或生毀傍。生鳥獣等身。聞此無量寿陀羅尼。得成無上正[40][41]
覚。

怛[42]姪他。南謨薄伽薄底。阿波利蜜多。阿喩也那。須毗你只多。囉[43]左耶。怛他栫多耶。唵。薩婆僧塞羯囉。波利輸馱。達摩底。摩[44]訶衍那。波利。跋餘。莎訶。若[45]教他書写。此無量寿陀羅尼。必定不生女人之身。

怛[46]姪他。南謨薄伽薄底。阿波利蜜多。阿喩也那。須毗你只多。囉[47]左耶。怛他栫多耶。唵。薩婆僧塞羯囉。波利輸馱。達摩底。摩[48]訶衍那。波利。跋餘。莎訶。

若[49]復有人。於此法門。能施一銭。即等三千大千世界満中七宝[50]。持用布施。

怛[51]姪他。南謨薄伽薄底。阿波利蜜多。阿喩也那。須毗你只多。囉左耶。怛[52]他栫多耶。唵。薩婆僧塞羯囉。波利輸馱。達摩底。摩[53]訶衍那。波利。跋餘。莎訶。

若[54]復有人。供養此陀羅尼。即同供養一切諸法。

怛[55]姪他。南謨薄伽薄底。阿波利蜜多。阿喩也那。須毗你只多。囉[56]左耶。怛他栫多耶。唵。薩婆僧塞羯囉。波利輸馱。達摩底。摩[57]訶衍那。波利。跋餘。莎訶。頌[58]曰。

毗婆尸式。棄毗舍倶留殊。倶那舎牟尼。迦葉釈迦文。若以七[59]宝持用。供養七佛。功徳尚有限量。無量寿陀羅尼。福不可量。

怛[60]姪他。南謨薄伽薄底。阿波利蜜多。阿喩也那。須毗你只多。囉[61]左耶。怛他栫多耶。唵。薩婆僧塞羯囉。波利輸馱。達摩底。摩[62]訶衍那。波利。跋餘。莎訶。

仮[63]使四大海水。滴数可知量。無量寿陀羅尼。福不可量。

怛[64]姪他。南謨薄伽薄底。阿波利蜜多。阿喩也那。須毗你只多。囉左耶。怛[65]他栫多耶。唵。薩婆僧塞羯囉。波利輸馱。達摩底。摩訶衍那。波[66]利。跋餘。莎訶。

若[67]教他書写。此陀羅尼。所供養功徳。即成礼敬供養。十方諸佛。

[68]怛姪他。南謨薄伽薄底。阿波利蜜多。阿喩也那。須毗你只多。囉[69]左耶。怛他栫多耶。唵。薩婆僧塞羯囉。波利輸駄。達摩底。摩[70]訶衍那。波利。跋餘。莎訶。即説頌曰。

[71]布施之力佛最勝　人中師子妙能知　善逝慈悲聚落中　檀那之力遍聞響

[72]持戒之力佛最勝　人中師子妙能知　善逝慈悲聚落中　持戒之力遍聞響

[73]忍辱之力佛最勝　人中師子妙能知　善逝慈悲聚落中　忍辱之力遍聞響

[74]精進之力佛最勝　人中師子妙能知　善逝慈悲聚落中　精進之力遍聞響

[75]禅定之力佛最勝　人中師子妙能知　善逝慈悲聚落中　禅定之力遍聞響

[76]般若之力佛最勝　人中師子妙能知　善逝慈悲聚落中　般若之力遍聞響

[77]怛姪他。南謨薄伽薄底。阿波利蜜多。阿喩也那。須毗你只多。囉左耶。[78]怛他栫多耶。唵。薩婆僧塞羯囉。波利。輸駄。達摩底。摩訶衍那。波[79]利。跋餘。莎訶。

[80]爾時世尊。説此経已。天人阿修羅乾闥婆。聞佛所説。皆大歓喜。

[81]無量寿経一巻

資料七　『入無分別総持経』　薑二三

※［　］は筆者による補い。（＝　）は筆者による訂正。

（前欠）

［……[1]……］而為上首［……[2]……］世尊。百千衆会。前後囲遶。猶依諸法無分[3]別。而顕於法。

爾[4]時世尊。観諸菩薩摩訶薩大衆会已。而告之言[5]。汝等善男子。応当受持。入無分別総持[6]。若能持者。彼菩薩摩訶薩。便能速疾証[7]得。円満諸佛殊勝妙法。

爾[8]時無分〔別〕照明菩薩摩訶薩。在大衆中。即従座起[9]。偏覆右肩。右肩（＝膝）著地。合掌向佛恭敬[10]。而白佛言。世尊。唯願世尊。為諸菩薩摩訶[11]薩。説無分別総持。令諸菩薩摩訶薩聞已[12]。受持読誦。如理作意。復為有情。展転宣揚[13]。而当解脱。作是語已。爾時世尊。告無分別照明[14]菩薩摩訶薩言。善男子。諦聴諦聴。善[15]思念之。我当為汝。説無分別総持。根本之法[16]。善哉世尊。彼諸菩薩一心。而聴受之。

爾[17]時世尊。告諸菩薩摩訶薩言。善男子。諸菩[18]薩摩訶薩。聞無分別法已。安住無分別心想[19]。所謂能遍除遣。能取所取之想。此中有漏。体[20]性自性。而有分別之想。有漏体性者。即是五[21]取蘊。所謂色取蘊。受取蘊。想取蘊。行取蘊[22]。識取蘊。云何復能。捨彼相耶。現前諸法。無作[23]意故。彼便次第。能捨分別諸相。彼時有異[24]対治相。分明顕現。現前而行。所謂分別布施[25]想。分別持戒想。分別忍辱想。於精進起分別想[26]。於禅定起分別想。於智慧起分別想。所謂[27]或自性想。或功德想。或堅実之想。彼亦不作意[28]故。能遍除遣。彼能遍遣。彼想之時。有余真[29]実之想。現前而行。彼亦所謂分別空想[30]。於真如起分別想。実際無想。勝義法界中。而起[31]分別之想。所謂或我想。或功德。或堅実之想[32]。於真実中。而起如是。分別之実。彼亦由不[33]作意無念故。遍能除遣。彼若遣除。如是諸想[34]之時。有余証得。分別之想。分明顕現。現前而行[35]。於〔初〕地証得。分別之想。乃至十地証得之想[36]。於無生法忍中。起分別想。於記別想。厳浄佛土[37]想。成熟有情想。灌頂之想。乃至起於証得。一[38]切種智之想。分別行想。所謂我想。功德想。或[39]堅実想。彼証得中。起如是分別之想。彼亦由[40]不作意無念故。能捨如是諸想。菩薩摩訶[41]薩。於如是等。諸分別想。由不作意。而能捨之[42]。是名於無分別。而勤学也。雖即未能触証[43]。無分別界。而得名為令触証此法故。如理作意[44]。勝妙等持。於彼加行。親近脩持。多所作故[45]。如実作意。而相応故。即能無為無加行。円[46]満証無分別界。而漸遍浄。何故無分別界。名無分別[47]耶。起（＝超）過一切。尋思想故。超過能詮。所詮相故。超過[48]以根計度想故。超過以境計度想故。超過計度唯識相[49]故。一切煩悩。及随煩悩。一切障蓋。無依住[50]故。故名無分別。何者無分別。無分別者。無色無対[51]。無依無明。無知無有。所依処故。由諸菩薩摩[52]訶薩。善住無分別界故。於一切所知境界。以智見[53]。猶如虚空。無有差別之想。以無分別後得智[54]。観一切法。猶如幻焔夢影響像水月。変化等[55]故。獲得廣大楽住。及得廣大。心円満等。廣大[56]智慧。於楽説中。而得自在。於一切時。而能利益[57]。一切有情。以無功用。作諸佛事。而無問断。

善[58]男子。譬如有一勝妙。石蔵之下。而有種種。雑宝[59]光色。燦爛異常。所謂金銀流璃赤珠等。諸[60]雑宝蔵。或時有人。欲求宝蔵。来詣彼所。有[61]知宝者。而告之言。咄男子。此勝妙石蔵之下。有[62]大宝蔵。光色燦爛異常。彼下有如意宝珠。汝[63]応最初。掘此石蔵。掘彼蔵已。便見銀石。於（於[64]）彼汝不応。生於金想。識彼相已。而更掘之。此[65]見金石。於彼金上。不応起於大宝蔵想。識彼想[66]已。而更掘之。掘已此見。種種宝石。於彼宝上。不[67]応生於大宝之想。応了彼想。而更掘之。咄男子[68]。汝作如是事。如是掘已。歎然無為。無有加行。見[69]大妙珍。如意宝珠。獲彼宝故。汝即富楽。受

[70]大果報。於自利利他。有大勢力。作是語已。善男子。為[71]了彼義。而作此喩。此中勝妙石蔵者。即是諸[72]行。并諸雑染。喩此二種増語。下有大蔵如[73]意宝珠者。即是無分別増語。求如意宝珠人[74]者。即是菩薩摩訶薩増語。汝不応生於[75]大宝想者。即是如来応正等覚増語。見於[76]石者。即是自性。有分別想之増語。所言掘者。即[77]如理作意増語。見銀石者。即是対治有[78]分別想増語。見金石者。即是空等上。起於分別[79]相（＝想）之増語。見種種雑宝石者。於証得[80]中。起於分別想之増語。如意宝珠。大珍[81]蔵者。即是触証。無分別界増語。善男子。[82]以是譬喩。応知令入。無分別勝義。

復[83]次善男子。如何菩薩摩訶薩。以親観察。分別相[84]故。而能趣入。無分別界耶。如是菩薩摩訶薩。[85]安住無分別界時。若有色相。現起此色相。是則行[86]於分別。若起余色行想。是則行於分別。此色是[87]有。是則行於分別。乃至識滅。染浄無者。是則行於[88]分別。若起無色行想。是則行於分別。若起色性[89]非有。亦非従因。亦非従業。亦非相応。亦非流転[90]。是則行於分別。於色起唯識想。是則行於分別[91]。猶如無色現色。諸識亦非有者。是則行於分別。善男[92]子。若菩薩摩訶薩。雖於色性。無所縁所[93]得。於現色諸識。雖無所得。亦不唐捐。唯識之[94]性。若離於識。更無少法。而可得故。於唯識性。如[95]実不起不見。於唯識外。如実不起無見。於現色諸識[96]。不起無見。於唯識外。如実不起無見。於[97]現色諸識。不起無見。及唯識中。如実不起。一異見[98]故。於唯識無相理中。不起有相無相。一異種種[99]見故。無滅無生。非断非常。無来無去。如実而[100]不起見彼。於如是諸分別中。而不分別。亦不分別[101]。此是無分別界。如実不起。如是諸見。善男子[102]。此名随順趣入無分別界。是名菩薩摩訶薩。極善[103]安住。無分別性。如是受想行識。布施持戒[104]。安忍精進。静慮般若到彼岸等。如是空等。乃至[105]一切種智。皆応廣説。善男子。此中菩薩[106]摩訶薩。於一切種智上。起於如是分別。若我行[107]於一切種智之行。是則行於分別。余人行於。種[108]智之行。是則行於分別。一切種智行者。是則[109]行於分別。起於証得。種智行者。是則行於[110]分別。一切種智。永断煩悩所知障者。是則行於分[111]別。一切種智是清浄者。是則行於分別。一切種[112]智無者。是則行於分別。一切種智。自性亦無。因[113]中亦無。果中亦無。業中亦無。非相応流転亦無[114]。如是行想。是則行於分別。於一切種智。行唯識想[115]。是則行於分別。如於種智非有現。種智之識[116]。亦非有者。是則行於分別。若菩薩摩訶薩[117]。縁念於佛。雖無現佛之識。而亦不唐捐唯識[118]。外無有少法可得。亦不見。唯識非有。除唯識外[119]。不見非無。於現一切種智之識非有。彼及唯識[120]。如実不起。一異差別見故。於唯識無相中[121]。如実不起。無相見故。亦不起。非無相見故。善男子[122]。於一切時処。如是一切分別。若不観察。離於分別[123]。如実不見。無分別性。如是此名入無分別性[124]。善男子。此名菩薩摩訶薩。極善安住無分別界[125]。

善男子。若有受持。此経章句。書写読誦[126]。所生勝福。甚極廣大。非捨恒沙身命[127]。以為校量。亦非捨恒沙世界満中珍宝[128]。亦非供養。満於恒沙世界。一切如来。宝像塔廟[129]。所生之福。

爾時世尊。而説頌曰。

安住無分別[130]　勝法最勝子　超過分別路　漸獲無分別

善寂無動最[131]　自在無等等　於無分別楽　菩薩能獲得

爾時世尊[132]。説此経已。無分別照明菩薩摩訶薩。及諸大会[133]。聞佛所説。皆大歓喜。信受奉行。

入無分別総持経一巻[134]

[補記]　本文献は、拙稿 The Avikalpapraveśa-dhāraṇī: The Dharani of Entering Non-Discrimination（『佛教文化研究所紀要』二二、一九八三）に発表したものを修正して再録したものである。

資料八　『金剛壇廣大清浄陀羅尼経』

【校合諸写本】

底本＝Ｐch三九一八　**Ａ**本＝冬七〇　**Ｂ**本＝宙八五　**Ｃ**本＝宙七〇　**Ｄ**本＝月一〇〇

※**[F1a]**などは底本の頁数。（＝　）は筆者による訂正。

[F1a]佛[1]説金剛壇清浄陀羅尼経　　沙門曇倩於安西訳

如[2]是我聞。一時佛薄伽梵。近大雪山。微妙聚落。殊勝荘厳。七宝厳窟。与大苾芻衆。一千人倶。

爾[3]時世尊。飯食已訖。於宝窟中。結跏趺坐。正念現前。端身而住。如来是時。即入一切法性平等[4]顕示三昧。入三昧已。一切衆会。皆不見佛。互相謂言。如来於今。住在何処。佛神力故。即示色界五浄居天。有[5]三十二殊勝天子。来詣佛所。是時復有欲界天衆。釈提桓因。并色界天。大梵天王。咸作是念。今者世尊。**[F1b]**為在何処。作是念已。則見如来。坐宝窟中。威光赫然。三昧不動。是諸天等。便詣佛所。瞻仰尊顔。黙[2]然而住。及諸色界。浄居天子。皆已黙然。瞻仰而住。於是世尊。以三昧力。現大神通。大神通力故。令此三[3]千大千世界。其中所有。諸衆生類。所謂初発阿耨多羅三藐三菩提心者。諸已成熟。久発心[4]者。初地二地。至于八地。阿鞞跋致。乃至一生補処諸菩薩等。皆共集会。微妙聚落。七宝窟辺。去[5]地七尺。在虚空中。結跏趺坐。爾時曼殊室利法王子菩薩。即入一切衆生心喜三昧。入三**[F2]**昧已。能令大会。一切衆生。身心調柔。踊躍歓喜。爾時一生補処梅怛履耶菩薩。入一切法寂浄三昧。入三昧[2]已。能令大会。一切衆生。諸根寂浄。爾時建立心幢菩薩摩訶薩。与六万二千諸菩薩倶。以其神力。運身[3]空中。亦共往詣。微妙聚落。七宝窟辺。佛神力故。在虚空中。結跏趺坐。

爾時観[4]世音菩薩摩訶薩。与九万二千諸菩薩倶。以其神力。運身空中。亦共往詣。微妙聚落。殊勝宝窟。[5]至如来所処。在虚空中。結跏趺坐。時観世音菩薩。即入能断一切衆生煩悩三昧。入三昧已。能令[F2b]大会。一切衆生。貪瞋癡毒。解脱清浄。爾時法幢菩薩。即便入於大荘厳三昧。入三昧已。於虚空中。[2]自然而有種種妙花。優鉢羅華。波頭摩華。拘物頭華。芬陀利華。而散空中。無不周遍。悉能影蔽。[3]日月光明。

爾時世尊。従七宝窟。以其神力。挙身空中。高一多羅樹。即現微笑。現微笑已。従其口中。放種種光[4]。青黄赤白。紅紫頗梨。微妙雑色。於是曼殊室利法王子菩薩。即於空中。偏袒右肩。合掌恭敬。而白佛言。言有何因縁。忽現微咲（＝笑）。願見解説。[5]断衆疑心。爾時世尊。告曼殊室利。当知如是。虚空衆会。乃是過去十千諸佛。共所宣説。

[F3, 4欠]

[F5a]不応愛着。住衆生外。無所来故。亦不決定。在衆生内。無所住故。如是貪欲。決定[2]在衆生内者。即諸衆生。与煩悩性。和合一体。盡未来際。相続不断。即諸聖道[3]。無時現前。令諸衆生。証得清浄。曼殊室利。是故応知。貪欲之性。[4]無有真実。無有住処。亦無去来。以是義故。此金剛壇。性浄平等。即是清浄陀羅尼[5]印。所行足跡。曼殊室利。嗔煩悩性。与金剛壇陀羅尼印。性浄平等。又復応知。嗔煩[F5b]悩性。与陀羅尼。作所依縁。通路足跡。曼殊室利白佛言。世尊。此嗔煩悩。与金剛[2]陀羅尼印。云何平等。無二無別。佛言曼殊室利。此嗔煩悩。於不可意。相違境界[3]。而得増起。復応観察。不可意境。色香味触等。和合敗壊。空無幻化。[4]念念不住。過去已滅。未来未至。現在非実。過去滅故。滅無其実。当知嗔心。無有起処。[5]譬如薪炷。為火依縁。薪炷若盡。火無依起。未来未有。現在非実。非心所縁。心所縁故。[F6a]以是因縁。当知嗔心。無安足処。曼殊室利。若能於是。初中後際。次第観察。不得一法。坦[2]然平等。当知即是。陀羅尼印。清浄行処。足跡顕現。

復次曼殊室利。愚癡煩悩。当知[3]即是。陀羅尼印。所行足跡。曼殊室利。復白佛言。云何愚癡。即是清浄陀羅尼印。[4]
所行足跡。佛言曼殊室利。当知愚癡。即是無智。無明無了。亦復当知。此無明性。空無所有。[5]究竟帰於無所得故。
復次当知。此愚癡性。亦不与彼他界和合。乃至不与水火[F6b]風空。識界和合。若不与六界和合。即是本際。無垢
無浄。所以者何。無垢無浄。是真清浄[2]。如是浄性。若有垢浄。彼虚空性。亦復応当。有垢有浄。何以故。無有少法。
与彼虚空[3]。共和合故。所以者何。如彼虚空。亦無少法。而能染汙。性自浄故。如是本際。[4]真如浄性。癡暗等法。不
能染汙。性自浄故。曼殊室利。此無明性。亦無少法。[5]而能染汙。性自浄故。此清浄性。不動不変。究竟帰於無我空
故。不可現[F7a]見。無縛無解。不可称。不可量。非自在。非不自在。無実作用。畢竟無物。終帰於空。帰於[2]本際。
染浄差別。佛復告曼殊室利。[4]如是最勝第一義空。初中後際。誰復能得。以無得故。名無所得。曼殊室利[5]。如是空法。
第一義中。不可説言。有染無染。是垢是浄。曼殊室利白佛言。世尊。[3]如是如是。誠如聖説。第一義中。実無如是。
不可有。不可無。不可得。不可見。不可取。不可捨。不錯不乱。無[F7b]有相貌。如是等法。性自浄故。不可説言。
是縛是解。是可覆蓋。曼殊室利。[2]復白佛言。世尊。如是如是。誠如聖説。如是浄(1)D本⇩性。不可縛解。不可覆蓋。所以者
何。明無[3]明性。空無得故。云何説言。無明癡(2)暗。能染浄性。佛言曼殊室利。譬[4]如鑽火。属諸因縁。如是暖(3)性。亦不
決定。在於手木。諸因縁中。如是曼殊室利[5]。貪嗔(5)愚癡。計度妄想(6)。衆生悩熱。属諸因縁。是貪(7)嗔亦不決定。在因縁
[F8a]中。如是悩熱。貪嗔(8)癡性。不在内外。不在中間。住無住故。曼殊室利。以何因縁。名之為[3]癡。一切諸法。性
(9)浄解脱。以癡(10)蔽故。能令衆生。常行顛倒。諸見網中。迷於解脱。名之為癡[3]。曼殊室利。汝復応知。是愚癡性。無所
得処。即是清浄陀羅尼印。所[4]行足跡。爾時曼殊室利法王子。白佛言。世尊。頗有菩薩。入一清浄惣持門中[5]。便能遍
解一切法不。佛言曼殊室利。如是如是。有諸菩薩。入一法門。能以一[F8b]字。方便演説。無量字句。如是一字。
無所増減。(11)又諸菩薩。方便証入。一法門中。亦復能令[2]一切法門。皆現在前。相続説法。弁才無断。具足清浄。梵音

声相。又(12)諸菩薩[3]。方便能於一法句中。入於無(13)量法門。亦復能以無量法門。入一法門。法性[4]円融。虚通無礙。

曼殊室利。天之境界。天之相貌。及一切法。即是清浄陀羅[5](14)尼。所行之跡。曼殊室利白佛言。世尊。云何説言。天之(15)界境。天之相貌。(16)即是[F9a]清浄陀羅尼性。佛言曼殊室利。一切諸法。従無始際。法爾具足。真如浄界。無差別性[2]。(17)能与一切三界六道。為所依縁。以是因縁。天之境界。天之相貌。当知(18)即是。[3]入一切法陀羅尼性。

曼殊室利。龍之境界。龍之相貌。及一切法。即是清浄陀羅尼印[4]。所行足跡。曼殊室利白佛言。世尊。云何説言。龍之境界。龍之相貌。(19)即是清浄陀羅尼性。佛言曼殊室利。一切諸法。性離名字。⇧D本(20)及言説相。要因名字。及諸言説。(21)A本⇩[F9b]而能詮顕。一切法性。当知即是。龍之境界。龍之相貌。入一切法陀羅尼性。

曼殊室利[2]。薬叉境界。薬叉相貌。及一切法。即是清浄陀羅尼印。所行足跡。曼殊[3]室利白佛言。世尊。以何因縁(22)。薬叉境界。薬叉相貌。即(23)是清浄陀羅[4]尼性。佛言曼殊室利。薬叉体相。依於法性。建立差別。無有真実。所以者何。一[5]切法性。本来寂滅。無生処故。無定性故。当知即是。薬叉境界。薬叉相貌。入[6]一切法陀羅尼性。

曼殊室利。健(24)達縛界。健(25)達縛相。及一切法。当(26)知即是。陀(27)羅[F10a]尼印。所行足跡。曼殊室利白佛言。世尊。以何因縁。健(28)達縛界。健(29)達縛相。即是清浄[2]陀羅尼性。佛言曼殊室利。一切諸法。過於(30)算数。不可(31)算数。不可称量。猶如虚[3]空。離分別故。当知即是。健(32)達縛界。健(33)達縛相。入一切法陀羅尼相(34)。

曼[4]殊室利。阿蘇(35)羅界。阿蘇(36)羅相。及一切法。当(37)知即是。陀(38)羅尼印。所行足跡。曼殊[5]室利白佛言。世尊。以何因縁。阿蘇(39)羅界。阿蘇(40)羅相。即是清浄陀羅尼性。佛[F10b]言曼殊室利。一切諸法。無有相貌。亦(41)無名字。無有色声香味触法。乃至(42)亦無佛法僧[2]相。無(43)声相。無縁覚相。無凡夫相。一(44)切無動。無生(45)無起滅故。当知即是。阿蘇羅(46)[3]界。阿蘇(47)羅相。入一切法陀羅尼性。

曼殊室利。揭路(48)荼界。揭路(49)荼相。及一切法[4]。当(50)知即是。陀(51)羅尼印。所行足跡。曼殊室利白佛言。世尊。以何因縁。

掲路(52)茶界[5]。掲路(53)茶相。即是清浄陀羅尼性。仏言曼殊室利。一切諸法。実無来去。而於其中。[F11a]有来去相。無速疾相。無遅緩相。無定来相。無定去相。無生無滅。無有漏失。無住着相。無縛解相。離於嗔(55)恚。不堕愚癡。遠於(56)貪欲。亦復無有。行住[3]坐臥。四威儀相。曼殊室利。一切諸法。猶如虚空。無有繫縛。当知即是[4]。掲路(57)茶界。掲路(58)茶相。入一切法陀羅尼性。

曼殊室利。緊捺(59)羅落界。緊捺(60)羅落相[5]。及一切法。(61)当知(62)即是。(63)陀羅尼印。所行足跡。曼殊[F11b]室利白仏言。世尊。以何因縁。緊捺落界。緊捺落相。即是清浄陀羅尼性。[2]仏言曼殊室利。一切諸法。過於造作。無造作者。求於作者。不可得故。当知即是[3]。緊捺落界。緊捺落相。入一切法陀羅尼性。

曼殊室利。莫呼(64)落[4]迦境界相貌。及一切法。(65)当知即是。(66)陀羅尼印。所行足跡。曼殊室利。白仏言[5]。世尊。以何因縁。莫呼(67)落迦境界相貌。即是清浄陀羅尼性。仏言[F12a 上半不明、A本より補う]曼殊室利。一切諸法。是常是遍。性自浄故。一切垢(68)濁。無能染汙。一切衆生。同[2]於法性。亦無能染。無能浄故。所以者何。一切諸法。常寂滅故。無生無(68bis)起性故。無[3]終始異故。当知即(69)是。莫呼落迦境界相貌。入一切法陀羅尼性。

[4]曼殊室利。当知女相。及一切法。即是清浄陀羅尼印。所行足跡。曼殊室利白仏言。世尊。以何因縁。女之相貌。即是清浄陀羅尼性。仏言曼殊室[F12b 上半不明、A本より補う]利。一切諸法。虚誑不実。同於幻化。無男相。無女相。空無得故。無依住故。無定実故[2]。当知即是。女之相貌。入一切法陀羅尼性。曼殊室利。当知男(70)相。及一切法[3]。即是清浄陀羅尼印。所行足跡。曼殊室利白仏言。世尊。以何因縁[4]。男之相貌。即是清浄陀羅尼性。仏言曼殊室利。一切法中。求於男相[5]。(71)空無所(72)得。過現未来。無住処故。以是因縁。無男女相。但以仮名。因縁[F13a]和合。是男是女。若離仮名。因縁和合。即無男女。所以者何。究境空中。無[2](73)有差(74)別。復次当知。男之色相。女之色相。依因(75)四大之所成就。如是四大。同於法性[3]。無生起故。究境帰(76)於空寂滅故。当知(77)即是。男之相貌。入一切法陀羅[4]尼性。

曼殊室利。(78)那洛迦界。(79)那洛迦相。及一切法。(80)当知即是。(81)陀羅尼印。所行足跡。5 曼殊室利白佛言。世尊。以何因縁。(82)那洛迦界。(83)那洛迦性(84)。(85)即是清浄[F13b]陀羅尼性。佛言曼殊室利。於意云何。(86)那洛迦界。(87)与何等法。曼殊室利。而白佛言。(88)那洛迦界。与虚空等。佛言曼殊室利。於意云何。(89)那洛迦界。為従衆生差別業縁。識心変現。分別而起。為是自性。離衆生外。造作而有。曼殊室利。而白佛言。(90)那落界。皆従衆生差別業縁。自心現起。世尊。是諸衆生。愚癡暗蔽(91)。妄相(92)分別。不了自心。影像虚幻。見有地獄。餓鬼畜生。[F14a–b 欠、A本より補う]便於其中。計着堅執。以為真実。如是衆生。妄想空中。建立地獄。而復於中。輪廻受苦。世尊。我若見有地獄真実。亦見衆生受諸苦悩。我若不見地獄真実。亦不見衆生受苦。世尊。譬如有人。於眠夢中。見諸地獄。縦廣正等。猛炎交熾。鑵湯涌沸。爐炭炎然。刀山劒林。鐵床銅柱。煻煨尿糞。種種苦具。廣大無辺。乃見自身。堕在其中。受無量苦。於是夢中。心懐怖懼。迷悶熱悩。戦汗交流。生於種種苦痛之想。一念之中。怛然驚悟。高声唱言。大苦大苦。悲啼號哭。不能自安。時諸眷属。父母兄弟。妻子近親。及諸隣友。咸共問言。汝今何因有是愁苦。是人聞已。心懐悩恚。告諸人曰。我今現受地獄之苦。云何問言。有何愁苦。是諸親眷。便共報言。汝今不須。自生憂怖。種種悲悩。如向所見。皆是夢中。妄想分別。無有真実。汝乃未曽。離於本処。乃[F15a]至。亦無一念増損。当自安慰。勿生驚懼。是人聞已。方自省(93)覚。(94)還悟本心。了彼夢中。2 都無真実。乃是(95)C本⇩自心。顛倒妄想。見如是事。作是語已。一切愁怖(96)。(97)豁然除滅。3 (98)妄想所迷乱故。於諸境界。随起(99)貪愛。以自纏縛。復不了知。男想(100)女相。4 幻化(101)諂偽。而於其中。更相染着。念念之中。造作無量染汙。不善身口意業。5 而復於中。互相分別。是男是女。耽染愛着。生常楽相。由是(102)猛利。欲[F15b]因縁故。而復追求。受用所須。種種資具。以是因縁。於諸境界。順違紛起。展転能生。2 無量闘諍。従茲即有(103)。猜嫌怨恨。互相讎(104)隙。(105)嗔恚猛威。或相殺(106)害。危身亡家。3 憂怖無量。或復従此。失心狂乱。或復因茲。夭折(107)身命。命終之後。4 (108)乗悪業縁。堕諸地獄。於多劫中。(109)備受衆苦。難可救療。世尊。如彼夢人。妄生憂怖。5 親友(110)眷属。尋共告言。此是夢中。虚妄所見。都無真実。諸佛如来。[F16a]告示衆生。亦復如是。汝等痴盲。四顚倒故。昏眠黒暗。夢想宅中。目翳真明。心馳[2]妄境。分別計度。男女好醜。愛増善悪。不能於中。暁了観照。無(111)(112)男女相。無(113)我無(114)人。無衆生。[3](115)無寿命。無養育。一切皆帰。虚誑不実。一切諸法。因縁似有。従妄(116)相生。空無主宰。[4]無(117)起無住無(118)著。如夢如幻。如水中月。如鏡中像。無可染汙。無貪(119)癡痴。[5]乃至無有一法定相。勿於其中執着迷悶。如有衆生。聞此法已。(120)忽然驚悟。[F16b]方能了知。一切諸法。本際平等。法爾空浄。貪(121)癡痴等。無量煩悩。所不能(122)染。[2](123)復能明見。一切諸法。性自解脱。無有繋縛。無有障礙。亦無所在。無所断滅。世尊。[3]是諸衆生。聞此法門。其心廣大。猶如虚空。展転増進。当漸証入。[4](124)無余涅槃。世尊。我(125)以如是方便智慧。観於地獄。爾時佛告曼殊室利法王子言。善哉善哉。如汝所説。応作是見。応作是解。観於地獄。乃至三[F17a]界一切衆生。及一切法。亦復応作。如是観察。曼殊室利。若有能作。如是観行。皆当証得。[2](126)無生法忍。爾時世尊。説是法時。十千菩薩。一時証(127)入無生法忍。是諸菩薩。同声[3]唱言。希有世尊。希有世尊。(128)奇甚甚特。不可思議。唯有如来。於一切法。[4]得大自在。能因地獄。方便開示。菩提涅槃。甚深境界。

爾時曼殊室利[5]法王子。(129)復白佛言。(130)唯願如来。為諸菩薩。垂慈廣説。不二法門。令諸菩薩。[6]方便証入。甚深諸(131)行。世尊。有諸菩薩摩訶薩。住是甚深不二法門。便[F17b]能発起。決断明智。於一切法。無所沈没。能与無量百千菩薩。宣揚論議。甚深廣大。[2]微妙法門。能(132)以一切諸魔境界。而作道場。能(133)以一切塵労悪法。為菩提種。而於其中。[3]無所分別。具足成就。無礙弁才。於諸法門。演説無滞。世尊。[4]是諸菩薩。修何方便。能入如是。不可思議。不二法門。爾時佛告曼殊室利[5]法王子言。善哉善哉。汝今諦聴。善思念之。我今為汝。敷揚顕説。不二法門。[6]曼殊室利。若諸菩薩摩訶薩等。得聞如是。不二法門。深生領解。則能了(134)[F18a]知。菩提煩悩。無有差別。

曼殊室利。而白佛言。誠如聖説。願楽欲聞。[2]佛言曼殊室利。当知無明。為菩提種。則是清浄陀羅尼門。曼殊室利。復白佛言。世尊。[3](135)云何無明。為菩提種。佛言曼殊室利。無所得処。是無明性。以(136)無所得。[4]無有起滅。無起滅故。無垢無浄[137]故。是菩提種。復次当知。無明空性。無[5][138]住無着。無生無起故[139]。以是義故。如来説言。菩提煩悩。無有差別。曼殊室利[6][140]。当知即是。無明解脱陀羅尼門。諸菩薩等。由是清浄陀羅尼門。[F18b]威徳力故。便能獲得。無量無辺。速疾弁才。猛利弁才。無礙弁才。深妙弁才。曼殊室利[2]。一切諸行。是菩提種。即[141]是清浄陀羅尼門。曼殊室利。復白佛言。云何諸行。為[3]菩提種。佛言曼殊室利。如是諸行。超過算[142]数。不可得[143]故。名[144]無所[4]得。不可秤[145]量。諸行因縁。染汙和合。便受生死。於生死中。亦無来去[146]。当知即是[5][147]。諸行解脱陀羅尼門。曼殊室利。当知識支。是菩提種。曼殊室利。復白佛言[6]。云何識支。為菩提種。佛言曼殊室利。如是諸識。猶如幻化。[F19a]虚誑因縁。而得生起。曼殊室利。汝復応知。如是幻識。因縁建立。思念妄想。和合而生。愚癡衆生[2]。於妄室[148]中。便生種種計度[149]分別。於当来世。決定求成。菩提佛果。神通相好。為世間尊[3]。転大法輪。利楽衆生。如是菩提[150]因縁。和合建立。都無実性。究竟於中。無所[4]得故。同於幻識。分別生故。我従往昔。坐菩提樹。無有少法。成於佛果。亦不見有。縁覚果法。声[5]聞果法。乃至不見。凡夫等法。曼殊室利。当知即[151]是。識支解脱陀羅尼門。

曼殊室利。当知名色[6]。是菩提種。曼殊室利。復白佛言。云何名色。為菩提種。佛言曼殊室利。⇧C本[152][153]B本⇩是名色支。[F19b]因縁幻起。随仮名説。終帰於空。無定実故。如是名色。無造作[154]無来去故。当知即是。名色解[2]脱陀羅尼門。曼殊室利。当知識支。是菩提種。曼殊室利。復白佛言。性亦無作者。亦無我[3][155]想。菩提之性。亦復如是。無我無造。但[156]解名説。空無実故。是名色性。及菩提性[4]。於一切処[157]。乃至十方周遍。推求不可得故。但有名字。如是名字。性復空故[158]。曼殊室利[5]。当知即是。名色解脱陀羅尼門。

曼殊室利。応知六入[159]。是菩提種。曼殊室利[6]。復白佛言。云何六入。為菩提種。佛言曼殊室利。如是六入。因縁六塵。自性空故。無[F20a]和合故。無去来故。眼不自知。我能見色。耳不自知。我能聞声。鼻不自知。我能嗅香。舌不[2]自知。我能嘗味。身不自知。我能覚触。意不自知。我能知法。眼不能知。色之自性。色亦不[3]知。眼之自性。乃至第六意。不能知法之自性。法亦不知。意之自性。亦復如是。曼殊室利。4眼非属色。色非属眼。非差別中。住自性故。乃至意法。亦復如是。無知無5主。自性空故。曼殊室利。以法空故。当知即是。六入解脱陀羅尼門。

曼殊(161)。当知触[F20b]支。(162)是菩提種。曼殊室利。復白佛言。云何触支。為菩提種。佛言曼殊室利。如来説触。有其2六種。所謂眼識。相応生触。乃至意法(163)。相応生触。如是触者。根境識三因縁和合之所生故。3復従無量追求計念。積聚和合之所生故。如是能生触(164)之因縁。空無生(165)故。4所生(166)諸触。亦復如是。猶如幻化。虚誑造作。空無実故。究竟同於寂滅如故。曼殊室利。5当知即是。触支解脱陀羅尼門。

曼殊室利。当知受支。(167)是菩提種。曼殊室利。復[F21a]白佛言。云何受支。為菩提種。佛言曼殊室利。受(168)復有三種。所謂苦受楽受。2(169)不苦不楽受。曼殊室利(170)。如是三受。不在内。不在外。不在中間。曼殊室利。3而白佛言。如是受性。内外中間。住無住故。当知是空。佛告曼殊室利。4一切衆生。云何名為受於諸受。曼殊室利。而白佛言。一切衆生。5癡誑悩熱。失本心故。失正念故。顛倒妄相(171)。現在前故。而便執有。(172)受苦受楽。6不苦不楽。世尊。如是諸受。猶如幻化。虚誑不実。空無定性。[F21b](173)究竟同於寂滅如故。無生起滅(174)。曼殊室利。以是義故。当知即是。2受支解脱陀羅尼門。

曼殊室利。当知愛支。是菩提種。曼殊室利。3復白佛言。云何愛支。為菩提種。(175)佛言曼殊室利。於意云何。譬如有4人。本無男女。生男女愛。如是愛心。為在内外。為在中間。於何起耶。5曼殊室利。(176)復白佛言。如無男女。当知愛心。則無起(177)処。佛言曼[F22a]殊室利。是人或時。(178)遇其女色。欲事和合。産生男女。於是男女。復生貪愛。2曼殊室利。於意云何。(179)如是貪愛。復於何処。而得起耶。為従東方。南西北方。3中間内外。何所来耶。曼殊室利。(180)復白佛言。如是貪愛。不従東方。南西北方。4中間内外。諸処中来。佛言曼殊室利。如是貪愛(181)。(182)空誰為主宰。無造無作。5亦無作者。但以衆生愚癡黒暗。(183)遮蔽慧眼。顛倒狂乱。奔騰境界。6如鹿逐焰。起於貪愛。佛言曼殊室利。於意云何。(185)如是種種貪愛妄想。[F22b]為実有耶。曼殊室利。稽首白言。不也世尊。佛言曼殊室利。如是諸法。究竟空中。[2]可得説言。有染浄不。曼殊室利。而白佛言。不也世尊。佛言曼殊室利。[3]如是空法。東西南北。中間内外。無所得故。無来処故[186]。当知即是。愛支解脱陀羅尼[4]門。

曼殊室利。当知取支。是[187]菩提種。曼殊室利。復白佛言。云何取支。為菩提種。[5]於諸経中。未曾[188]説言[189]。如是深義。佛言曼殊室利。一切衆生。於諸法中。有[6]所取不。曼殊室利。白佛言。如是有所取也[190]。取於色声香味触[191]。五欲[F23a]境界。佛言曼殊室利。於意云何。頗有色法。能取声不。頗有声法。能取色不。[2]此法復能取彼法不。曼殊室利白言。不也世尊。佛言曼殊室利。於意云何。頗有此法。能与彼法。為障礙不。曼殊室利白言。不也世尊。佛言曼殊室[4]利。一切諸法。無起作性。無障礙性。無能所取。無観待故。乃至離於一切名字。[5]言説断故。過心心所。思量[192]境界故。離於明暗。無覚知故。曼殊室利。以是義故。[6]当知即[193]是。取支解脱陀羅尼門。

曼殊室利。当知有支。是菩提[6]種。曼殊室[F23b]利。復白佛言。云何如来。為声聞等。説如是法。滅諸有故。名曰菩提。今復説有。[2]為菩提種。是義云何。佛言曼殊室利。為滅有故。如来説有。非増[194]有故。而説於有。曼殊室利。[3]若有衆生。於一切法。作如是解。作如是見。当知即[195]是。不生不滅。[4]若復有人[196]。能見一切法。猶如虚空。当知是人。於佛菩提。不取不捨。曼殊室利。[5]以是義故。当知即是。有支解脱陀羅尼門。

曼殊室利。当知生支。是菩提種。[6]曼殊室利。復白佛言。如来往昔。説無生法。是菩提道。云何如来。今復[F24a]説生。為菩提種。佛言曼殊室利。諸菩薩等。於一切法。分明照了。始自無生。終則無滅。[2]生滅[197]二法。性自空故。是則菩薩。於諸生法。流転習気。盡滅無余。曼殊室利。[3]以是義故。当知即是。生支解脱陀羅尼門。曼[198]殊室利[199]。若有菩[4][200]薩摩訶薩。能於如是。甚深微妙広大清浄無上法門。深入無畏。便能獲得無量無辺。[5]速疾弁才。猛利弁才[201]。深妙弁才。無盡弁才。

爾時曼殊室利法王子。稽首作礼。重白佛言。世尊。諸菩薩等。修何功徳。住何等地。成就如是。甚深[F24b]境界。通達無礙甚深法門。復能具足。無量無辺。智慧弁才。佛告曼殊室利法王子言。無発心。無進趣。此諸菩薩。乃可得説。住是地中。於諸佛法。及菩提相(202)。無所分別。於諸佛土。亦不顕示。種々差別。不断婬怒。癡不捨世間法。不度脱衆生。於甚深法。離於二相曼殊室利。此諸菩薩。作如是解。乃可得説。住是地中。

爾時曼殊室利法王子。白佛言。世尊。若有衆生。能於如是佛金剛壇廣大清浄陀羅尼[F25a]経。受持読誦。分別演説。乃至極少。一句一偈。於現世中。得幾所福。佛言曼殊室利。若有衆生。能於此経。受持読誦。念念不忘。当知是人。不謗正法。得大無畏(203)。常為一切天龍薬叉健(204)達縛等之所擁護。復能決定。於佛深法。断諸疑心。復能分別。種種法相(205)。第一義中(206)。成就深智。無所動揺。曼殊室利。以要言之。当知此経。具足円満。不可思議。無量無辺。大功徳聚。仮使諸佛。於百劫中。説不能盡。

爾時世尊。説是法時。十千菩薩。一時証入。佛金剛壇陀羅尼印清浄法門。三万二千初発[F25b]心菩薩。得柔順忍。爾時世尊。説是経已。曼殊室利法王子菩薩。歓喜踊躍。及諸菩薩(207)。天龍薬叉(208)健達縛。人非人等。一切大衆。聞佛所説。皆大歓喜。信受奉行。

佛金剛壇(209)廣大清浄陀羅尼経 ⇧A本B本(210)

此金剛壇廣大清浄陀羅尼経。近劉和尚。法諱曇倩。於安西翻訳。至今大唐貞元九年。約[F26a]四十年矣。是諸佛如来大乗秘密了義之勝因。亦乃衆生修行解脱之捷径。于闐安西合国。今見弘持。自此向東。未聞宣布。即有捨官入道比丘僧利貞。俗姓李。字曰孚須。往西州長史兼判前庭県事曰。因遇此経。深生渇仰。作大利益。廣欲流通紙写。恐年祀遷変。法教将虧。遂割減俸料之余資。敬於彼州妙徳寺宝方。像祇園之買地。創造精室。徴召良工。鐫砺貞石。崇写斯経。将伝不朽。彦賓為居。部属見此勝縁。聿来随喜。助写碑経。其経本約有二十

三紙。字数稍廣。欲写恐長短竿[6]料不周。数日憂惶。未能題作。忽於夜夢。有一老人報言。儞若写此石経。毎行
書五十五字。不[F26b]須疑慮。豁然驚悟。尋此夢言。更不計竿。決意便書。至信奉行。唯残両行。題記年月日。
兼[2]及施主名号。亦無一字余剰。信知聖力冥加。善神潜助。捴斯感応。足為徴験。
其経梵本。在[3]于闐蔵中。有一小僧。於蔵取夾。開読不信。毀呰便唾。隔墻抛棄其夾。掛在樹上。其夜洞徹放[4]
光。挙国咸見。其僧悔恨。投於樹下。砕身自戒。求哀懺悔。其時有二百余小乗僧。並捨本業。帰向[5]大乗。自爾
僧俗諷誦弘持。其次有一僧。受持此経。臨終於澡濯。口上正念。結跏而逝。諸如勝境。其数[5]寔繁。不能具載。
其経去年西州頃（＝傾）陥。人心蒼忙。収拾不着。不得本来。乃有同行僧廣林。先日[F27a]受持。昨於沙州。
略有諷誦。僧俗忽聞。欣歓頂戴。咸請留本。相伝受持。今次届甘州。未有聞者。遂請廣林闍[2]梨。附口抄題。将
伝未暁。見聞之者。普願弘持。廣令流布。癸酉歳十月十五日。西州没落官甘州寺戸唐[3]伊西庭節度留後使判官朝
散大夫試大僕卿趙彦賓写。与廣林闍梨審勘校。並無差謬[4]。普願宣通。作大利益。其廣林俗姓田氏也。
乙亥年秋。得向西元本勘。頭辺闕三紙。未不得。余[5]校竟。比丘利貞。此本勘後甚（＝勘）定。受持之者。請
無疑慮。

【補記】　写本Pch三九一八による録文は、拙稿「曇倩訳『金剛壇廣大清浄陀羅尼境』―八世紀安西における未伝漢訳経典―」（『龍谷大学論集』三九九、一九七四）に掲載した。いまは、新たに発見した四写本を加えて校合したものである。

資料八・校勘記

（1）D本⇩　（2）暗＝闇D　（3）暖＝煖D　閇D　（11）（12）又＝有D　（13）（一切）＋無D
（5）嗔＝瞋D　（6）想＝相D　（7）嗔亦＝瞋痴　（14）尼＋（印）D　（15）界境＝境界D　（16）即＝
D　（8）嗔＝瞋D　（9）浄＝自D　（10）蔽＝　則D　（17）性＝相D　（18）（19）即＝則D　（20）

⇧D本　(21)　A本⇩　(22)　縁＋(説言)Ａ　(23)
即＝則Ａ　(24)(25)　健達＝乾闥Ａ　(26)　[当知]—
Ａ　(27)　(清浄)＋陀Ａ　(28)(29)　健達＝乾闥Ａ
(30)(31)　算＝竿Ａ　(32)(33)　健達＝乾闥Ａ　(34)
相＝性Ａ　(35)(36)　羅＝洛Ａ　(37)　[当知]—Ａ
(38)　(清浄)＋陀Ａ　(39)(40)　羅＝洛Ａ　(41)(42)
亦無＝無有Ａ　(43)　声＋(聞)Ａ　(44)　切＋(法)Ａ
(45)　[無]—Ａ　(46)(47)　羅＝洛Ａ　(48)(49)　茶
＝吒Ａ　(50)　[当知]—Ａ　(51)　(清浄)＋陀Ａ
(52)(53)　茶＝吒Ａ　(55)　嗔＝瞋Ａ　(56)　於＝離
Ａ　(57)(58)　茶＝吒Ａ　(59)(60)　[羅]—Ａ
(61)　[当知]—Ａ　(62)　即＝則Ａ　(63)　(清浄)＋
陀Ａ　(64)　落迦＝洛伽Ａ　(65)　[当知]—Ａ
(66)　(清浄)＋陀Ａ　(67)　落迦＝洛伽　(68)　濁＝
触Ａ　(68 bis)　[無]—Ａ　(69)　即＝則Ａ　(70)
男相＝男之相貌Ａ　(71)　[空]—Ａ　(72)　得＋(故)
(73)　[有]—Ａ　(74)　別＋(故)Ａ　(75)　依因＝因
依Ａ　(76)　於＝依Ａ　(77)　即＝則Ａ　(78)(79)
那洛迦＝那勒伽Ａ　(80)　[当知]—Ａ　(81)　(清浄)
＋陀Ａ　(82)(83)　那洛迦＝那勒伽Ａ　(84)　性＝相

Ａ　(85)　即＝則Ａ　(86)　那洛迦＝那勒伽Ａ
(87)　与＝以Ａ　(88)(89)　那洛迦＝那勒伽Ａ　(90)
那洛＝那勒伽Ａ　(91)　蔽＝閇Ａ　(92)　相＝想Ａ
(93)　自省＝便醒Ａ　(94)　還＝咸Ａ　(95)　C本⇩
(96)　怖＝苦ＡＣ　(97)　豁＝赫Ａ　(98)　(踊躍歓
喜。平復如故。世尊。一切衆生痴盲顛倒。亦復如是。為
諸)＋妄ＡＣ　(99)　起＝喜ＡＣ　(100)　想＝相ＡＣ
(101)　諂偽＝虚為ＡＣ　(102)　由是＝猶如ＡＣ　(103)
即＝則ＡＣ　(104)　罅隙＝酬部ＡＣ　(105)　嗔＝瞋Ａ
Ｃ　(106)　殺＝熬ＡＣ　(107)　折＝逝ＡＣ　(108)
乗＝承ＡＣ　(109)　備＝偹ＡＣ　(110)　脊＝眷ＡＣ
(111)　男＋(想)ＡＣ　(112)　女相＝無女想ＡＣ　(113)
我＋(想)ＡＣ　(114)　人＋(想)ＡＣ　(115)　生＋(想)
ＡＣ　(116)　相＝想ＡＣ　(117)　(無生)＋無ＡＣ
(118)　著＝着ＡＣ　(119)　嗔＝瞋ＡＣ　(120)　忽＝豁
ＡＣ　(121)　嗔＝瞋ＡＣ　(122)　染＝汙ＡＣ　(123)
明＝照ＡＣ　(124)　[無余]—ＡＣ　(125)　以＝亦ＡＣ
(126)　得＝入ＡＣ　(127)　入＝得ＡＣ　(128)　奇甚＝
希奇ＡＣ　(129)　[復]—ＡＣ　(130)　言＋(世尊)ＡＣ
(131)　諸行＝法門ＡＣ　(132)(133)　以＝与ＡＣ　(134)

了＋（達）Ｃ　（135）［世尊］—ＡＣ　（136）以＝亦ＡＣ　（137）浄＋（性自浄）ＡＣ　（138）住＝在ＡＣ　（139）［故］—ＡＣ　（140）利＋（是無明性不可得故。名無所得）ＡＣ　（141）即＝則ＡＣ　（142）算＝笇ＡＣ　（143）得故＝笇数ＡＣ　（144）［名無所得］—ＡＣ　（145）秤＝稱ＡＣ　（146）去＋（無来去故）ＡＣ　（147）即＝則ＡＣ　（148）室＝識ＡＣ　（149）度＝着ＡＣ　（150）（亦従）＋因ＡＣ　（151）即＝則ＡＣ　（152）⇧Ｃ本　（153）Ｂ本⇩　（154）［無来去故。当知即是。名色解脱陀羅尼門。曼殊室利。当知識支。是菩提種。曼殊室利。復白佛言］—ＡＢ　（155）想＝相ＡＢ　（156）解＝仮ＡＢ　（157）処＝智ＡＢ　（158）［曼殊室利］—ＡＢ　（159）是＝為ＡＢ　（161）殊＋（室利）ＡＢ　（162）是＝為ＡＢ　（163）法＝識ＡＢ　（164）之＝支ＡＢ　（165）生＝主ＡＢ　（166）諸＝之ＡＢ　（167）是＝為ＡＢ　（168）［復］—ＡＢ　（169）不苦不楽＝捨ＡＢ　（170）利＋（而白佛言）ＡＢ　（171）相＝想ＡＢ　（172）受苦受楽＝苦受楽受捨受ＡＢ　（173）究竟同於寂滅＝順於ＡＢ　（174）滅＝故ＡＢ　（175）［佛言］—ＡＢ　（176）復＝而ＡＢ　（177）起＝去ＡＢ　（178）遇＝語ＡＢ　（179）如＝以ＡＢ　（180）復＝而ＡＢ　（181）愛＋（誰為主宰。誰造誰作。誰為作者。曼殊室利。復白佛言。如是貪愛）ＡＢ　（182）誰為＝無ＡＢ　（183）蔽＝閇ＡＢ　（185）［如是種々貪愛妄想。…究竟空中。可得説言。…而自佛言。不也世尊。佛言曼殊室利］—ＡＢ　（186）処＝去ＡＢ　（187）是＝為ＡＢ　（188）（如来）＋未ＡＢ　（189）［言如］—ＡＢ　（190）也＝耶ＡＢ　（191）触＋（所）ＡＢ　（192）［境］—ＡＢ　（193）即＝則ＡＢ　（194）増＝曽ＡＢ　（195）即＝則ＡＢ　（196）［人］—ＡＢ　（197）［生滅］—ＡＢ　（198）（爾時）＋曼ＡＢ　（199）利＋（法王子白佛言世尊）ＡＢ　（200）菩薩摩訶薩＝衆生ＡＢ　（201）才＋（無碍弁才）ＡＢ　（202）提＝薩ＡＢ　（203）常＝当ＡＢ　（204）健達＝乾闥ＡＢ　（205）（於）＋第ＡＢ　（206）［中］—ＡＢ　（207）［菩薩］—ＡＢ　（208）健達＝乾闥ＡＢ　（209）［廣大清浄］—ＡＢ本　（210）⇧Ａ本、Ｂ本

増補

呉和尚蔵書目録について

はじめに

西紀七八六年より八四八年まで、吐蕃（チベット）は敦煌を占領し、統治した。その間、吐蕃はこの仏教聖地を従前どおり崇敬し保護すると同時に、この地に蓄積されていた人材や設備を、自国の仏教振興政策に必要な写経などの事業のために利用した。この時代に生き、吐蕃の翻訳者（大蕃国大徳三蔵法師）として抜擢され、八四八年に敦煌が唐に復帰してからも、この地で仏教学の講義を行うなど、多大の功績を残した学僧に「法成」があった。かねて筆者は、この法成の伝記や業績を、敦煌出土文書の調査・検討により明らかにすることを試み[1]、ほぼその輪郭を知り得たが、しかしなお、空白の部分や推定に留まる点が少なくなかった。

一九九三年六月二八日、北京図書館（現・中国国家図書館）を訪問した際、方広錩博士は私に、「北新八七六」（後に「効七六」に番号を改める）という番号を与えられた呉和尚に関する写本を示された。博士はこの資料を、北京図書館に保管されている未整理の敦煌写本群のなかより発見されたという。六紙からなる巻子本で二つの違った文献が貼合されており、その前五紙は何らかの蔵経目録で、後部一紙に今の呉和尚に関する文献が貼り継がれている。標題はなく、末尾は破損している。

左 BD 14676-2（第六紙部分）＋右 BD 14676-1（第五紙部分）

この文書（第六紙）は、咸通六年（八六五）正月三日に、節度使から出された処分をうけて、都僧政の法鏡に対して、呉和尚の所蔵していた経論のうち、霊図寺に属す論と文疏を調査し、もと蔵していたところに返却させ、併せて、その他呉和尚が蔵していたチベット文（蕃）や漢文の経・論・抄論を帳面に書き記させた蔵書目録である。

　方広錩氏も推定されるように、列記されている書名や年代から推定して、この「呉和尚」とは、かねて筆者がその伝記を追跡した「法成」その人にほかならない。法成に関する新たな資料の発見である。方広錩氏は、この写本をひとまず録文して発表するが、詳しい検討は、筆者がするようにと期待された。その後まもなく、氏はこの写本の録文を解説を付して『九州学刊』六巻四期（一九九五年三月）に「関於敦煌遺書北新八七六号」の題で発表された。なお本文書は、現在では『国家図書館蔵敦煌遺書』第一三一冊（北京図書館出版社、二〇一〇年）に、番号ＢＤ一四六七六に改められて影像収録されている。

　この新資料は、法成の伝記のいくつかの事項を明確にする上で、きわめて重要な意味をもつところから、ここにコメントを付して紹介するものである。

一　資料の紹介

まず、本資料の全体の構成については次のようである。

〔寸法cm〕

第一紙	(首破損)(34.5)×31.2	一八行	霊図寺蔵経目（図版での擬題）ＢＤ一四六七六-一
第二紙	44.3×31.2	二六行	
第三紙	44.5×31.2	二六行	
第四紙	44.2×31.2	二六行	
第五紙	18.7×31.2	九行	
第六紙	(44.5+5.1)×28.3(尾破損)	二四行	處分呉和尚経論録（図版での擬題）ＢＤ一四六七六-二
	合計	一二九行	

なお、第一紙裏面にチベット文の「雑書」(擬題)四行がある。

〔第六紙「呉和尚蔵書目録」(筆者擬題)録文〕　改行は原写本通り。書名の右頭に添付した数字は所出文献の通番号。

『　』や句読点などは筆者が新加。

咸通六年正月三日。奉　處分呉和尚経論。令都僧政法鏡。點検所是霊図寺蔵論及文疏。令却帰本蔵。諸雑蕃漢経論抄録。以為籍帳者。謹依　處分。具名目如後。

[1]『瑜迦（＝伽）蔵論』壹百巻。[2]『釋論』壹巻。竹綀帙拾枚。又零[3]『瑜迦（＝伽）論』肆拾参巻。[4]『成維（＝唯）識論疏』柒巻。蕃[5]『大寶積経』両夾。共壹部。幷経絹貳。又辛（＝新）寫白紙[6]『瑜迦（＝伽）論』参拾伍巻。幷白布僕壹。又[7]『金剛旨賛』壹巻。又[8]『金剛旨賛抄』伍巻。又[9]『瑜迦（＝伽）論分門図』捌巻。已上経論並霊図寺知蔵僧恒安記。

番[10]（＝蕃）『根本部律攝頌疏』壹夾。又[11]『對法論』幷[12]『律攝頌開提（＝題）』壹夾。[13]『仏地経疏』壹夾重。[14]「法数幷小論」壹夾。又[15]『辨中邊論頌詳疏』参本。共壹夾。幷経絹。又[16]『金剛旨賛』壹夾。幷絹。又[17]『莊嚴論』壹夾。[18]『拾（＝十）地経』。幷[19]『解深蜜（＝密）経』共壹夾。又[20]『別解脱戒疏』壹夾。[21]『寶雲経』壹夾。[22]『尼律疏』壹夾。幷絹。[23]『阿毗（＝毘）達磨集論』幷[24]『釋論』壹夾。幷絹。[25]『迦葉所問釋経』壹夾。[26]『宗倫（＝輪）論』。幷[27]『道幹（＝稲芉）経疏』壹夾。又[28]『仏地経疏』壹夾。[29]『五蘊論釋』等壹夾。[30]『拾地経疏』壹夾。蕃[31]『瑜伽論』肆夾。漢[32]『辨中邊論釋』陸巻。[33]『仏地論』壹部。[34]『成維（＝唯）識論』両巻共成壹部。[35]『大莊嚴論』両巻共壹部。[36]『中観論』肆巻共成

20 壹巻。[37]『攝大乗論釋』壹部。又[38]『攝大乗論釋』両巻共壹
部。上下各五巻。[39]『仏蔵経』壹部。蕃[40]『大寶積経』壹部。共
陸夾。内肆夾有綿絹。[41]『解深蜜（＝密）疏』両夾。内壹夾有白綿絹。
[42]諸雑小蕃経。無頭尾者壹僕。諸雑漢経無頭尾者壹
…………」僕子壹。大木函壹。小函子壹。
…………………………………」前伏　　※咸通六年＝八六五年

二　本文書についての解説

一行目の「奉　處分」の「處分」とは、敦煌文書の用例より、「このように処置したいが、いかがでしょうか」と上層行政府に伺いをたてたことに対して、行政府から出された「そのとおりにせよ」という命令（返答）を意味する。その「處分」が「咸通六年正月三日」に発行されたのである。「處分」の前の空字に入るべき人物としては、時の節度使である張義潮（?～八七二）か管内事務を統率する都僧統の翟法栄の名前が考えられる。(2)

呉和尚の蔵書の点検と本蔵への却帰を命ぜられたのが「都僧政法鏡」である。「都僧政」とは敦煌帰義軍時代に例をみる僧官で、「都僧統」に準じてその次官的地位にあったものであろうと推定されている。(3)この「法鏡」なる人物名は、かつて法成が大中九年より同十三年（八五五～五九）に沙州開元寺で行った『瑜伽師地論』の講筵に連なり、『瑜伽論手記』の講義筆録を遺している法成の弟子の名に一致をみるもの(4)であるが、その当人であると判断できる。

文書の八行目に小字にて「已上経論並霊図寺知蔵僧恒安記」とある。「恒安」の「恒」字を方広錩氏は「愼」と

読むが、原写本では「愼」を「恒」に訂正しているのでそれに従う。恒安もまた法成の『瑜伽師地論』の講義を随聴し、また法成の「邈真讃」（P四六六〇-二五）の題記を行い、「法学弟子比丘恒安」と自署する人物である。(5)「知蔵僧」はその語意から「蔵書を司る僧」、いわゆる図書館長に当たると思われる。この時、恒安が霊図寺のその役目にあり、呉和尚の蔵書の中から、本来霊図寺に属すものを書き出したものが『瑜伽蔵論』壱百巻などの九点である。ちなみに、この文書の前に貼合されている「霊図寺蔵経目」（首部破損）と擬題を与えた文書は、用紙の縦幅に差がある（呉和尚目録二八・三cm、霊図寺目録三一・二cm）が、筆跡も似かよっており、紙質もほぼ同じであるところから、密接な関係をもって作成されたものと思われる。しかし、この「霊図寺蔵経目」（擬題）は、大蔵経目録の形式をもつもので、呉和尚が個人的に借出していた蔵書目録とは見なしがたい。呉和尚文書の前記1〜9の九点をもって、返却すべき「霊図寺蔵論及文疏」であると見なすべきであろう。

そうであるとすると、9以下の書物が「諸雑蕃漢論抄録」（その他いろいろのチベット文や漢文の経典や論疏の抜き書き）に相当する。これらは霊図寺に所属しない呉和尚個人の所蔵品であろう。その名目を書き出すことを命ぜられたわけであるが、それらが何処に保管されていたか、また何処に納められるべきかは記されていない。それについて、それまで法成が大蕃国三蔵法師としての活躍の拠点としていた永寿寺および永康寺が考えられる。ただし、この二寺院は、吐蕃時代を過ぎるとそれぞれ三界寺および浄土寺に寺額を変えて存在したと推定される。そしてその二寺が保存していた経・論などの文書類が約一五〇年後に、蔵経洞に納められることになった（このことについては本書増補論文「敦煌文書封入考」参照）。敦煌出土資料に法成関係の文書が多いことから考慮すると、この目録に掲載されるような法成ゆかりの図書は、この「呉和尚蔵書目録」（複本であろう）も含めて、ひとまずそのまま三界寺あるいは浄土寺に保管されていたのではあるまいか。

なお、法成は晩年数年間にわたって沙州開元寺で『瑜伽師地論』の講義を行っている。その点からみると、これら呉和尚（法成）の蔵書、特に『瑜伽師地論』系統のものが開元寺に備えられていた可能性がある。それらは霊図寺から一時的に借り出されたものであったかもしれない。

さて、経論の題の前に冠する「蕃」は「吐蕃」、すなわち「チベット」の意味で、その経論がチベット文のものであることを示す。

「零」とは「零本」で、欠損のある本、あるいは断片を意味する。「夾」とは、板二枚（夾板）の間に書物を挟む形式で、チベットの書物はこの形式で保存される場合が多い。「帙」は書物（主として巻子本）を包む覆いで、絹や麻布などで作られる。「幷絹」「幷経絹」などの記は、その経論を包んだ「帙」や「夾」の材質を示すものと考えられる。

呉和尚が用いていた「瑜伽蔵論壹百巻」など九点の蔵書が納められる霊図寺は、吐蕃支配時代、および帰義軍期初期に「都司」（都僧統司）のあったところで、敦煌の寺院を管轄する都僧統が居る役所である。

三 〈呉和尚＝法成＝'go Chos grub〉の検証

ちなみに、「大蕃国大徳三蔵法師」の肩書をもつ「法成」なる人物が、「呉和尚」と同一人物であるかどうかがまず疑問であった。はじめ「呉和尚」といえば「洪辯」を指すものと見なされていた。この洪辯についても、現存する資料のどこにも「呉洪辯」であると記されたものはなく、呉和尚が洪辯であると言える理由は、「大蕃国沙州釈門教授和尚洪辯修功徳碑」があり、この碑文を写したP四六四〇の文書に「呉僧統碑」という標題を付していることによる。(6)

一方、法成についても、彼が「呉和尚」すなわち「呉法成」であると両者を結びつけて記したものは漢文文書には存在しない。ただ、チベット訳の訳者名を 'go Chos grub と書いているものがあった。[7] たとえば円暉著『入楞伽経疏』のチベット訳の奥書である。しかし、この 'go については、かつては何の意味か分からず所属寺院の名称か Chos grub の部族名であろうと推定されていた。彼が「呉法成」であることが判明して、はじめて〈'go＝呉〉であると気づいたことである。[8] 呉和尚が洪辯以外にもう一人存在することを推定したのは筆者が初めてであったが、それへの気づきは、P四六六〇-二五「大唐沙州訳経三蔵大徳呉和尚邈真讃」に記される呉和尚の行歴が、洪辯のそれとは合わず、法成のそれと一致することによってであった。この推定に立つと、呉和尚と称される二人の人物が存在することになる。すなわち「呉洪辯」と「呉法成」とである。なお、このことは、P四六四〇の末部に「先代小呉和尚讃　驤撰」なる題記をもつ「邈真讃」があり、少なくとも敦煌で大小の二呉和尚が存在したことを示唆していることによって助証されるとしていた。[9] この度の呉和尚に関する新資料は、〈呉和尚＝法成〉であることを蔵書の内容より確かにするものである。

また、法成が多くの漢文仏典をチベット訳した Chos grub であることも確認されることになった。もともと、〈法成＝Chos grub〉であることはP・ペリオが最初に推定したことであったが、これも同一文書に併記した資料がないので決定的とは言えなかったが、この度の資料はそれを確実なものとした。とくに41「『解深密疏』両夾」は、彼が Chos grub の名前で翻訳した円測著『解深密経疏』に相当すると見なされる。しかも「両夾」という表現は、これがチベット文であることを示唆している。

四　法成逝去の時期

筆者は、法成が晩年の大中九年（八五五）三月頃より沙州の開元寺で開いた『瑜伽師地論』の講義ノートの残存状態より推測して、かれは五十五巻を講義した後まもなくの大中十三年（八五九）五月頃逝去したのであろうと推定した。(10) 今の呉和尚の蔵書の整理は、咸通六年（八六五）正月であるが、それは当然彼の死後になされたことであろうから、年代において矛盾はなく、筆者の推定を裏付けることとなった。また、法成の行歴を記したP四六六〇-二五の「大唐沙州訳経三蔵大徳呉和尚邈真讃」は、讃主の死後約五年くらいを待って作成するのを例とするところから、かつて咸通六、七年頃の作成であることを想定していたが、そのこととも矛盾しない。

五　法成の蔵書と学問内容との関係

本目録に記載される書本のすべてが呉和尚の学問内容に一致するとは限らないが、それらの多くが彼が関心をもち、あるいは翻訳や講義に必要とするために手許において参考にしていたものと考えられる。次に、目録に掲載される書本と彼の学問内容とが、どのような関係をもつか、知るところを指摘しておきたい。書名の頭右に付けた数字は目録に掲載される書本に便宜上付した通番号である。

（1）『瑜伽師地論』関係の書本は、法成が晩年の大中九年（八五五）三月頃より開始した『瑜伽師地論』の講義に関係する資料であると考えられる。講義録の検討によって、法成がすでに翻訳されていたチベット訳の『瑜伽師地論』を参照しつつ講義をしていることが明らかになっているが、(11) いま**31**「蕃『瑜伽論』肆夾」とは、おそらくその講義において参照したチベット訳の『瑜伽師地論』ではないであろうか。**9**「『瑜伽論分門図』捌巻」とは、法成の『瑜伽師地論』の講義が、論の「分門科段」を行うことを趣旨としていたころから考えれば、その分門科段の図式を示したものがあったのではなかろうか。ちなみに、『瑜伽師地論』の講義録のなかに筆者不明のX本と名付けている一本があるが、これが法成自身の分門科段の講義ノートであった可能性が強い(12)。いまの『瑜伽論分門図』がそれに当たる可能性も否定できない。なお、**1**「『瑜伽蔵論』壹百巻」とは、『瑜伽師地論』百巻であろう。

2「『釋論』壹巻」は、最勝子著の『瑜伽師地論釋』ではないであろうか。法成はこの本を『瑜伽師地論』の講義の冒頭に引用している(13)。玄奘はこの本の初めの総説のみを壱巻に訳して、余他は遂に訳さなかったという。いま、目録に「『釋論』壹巻」とするのは、そのことを裏付けているともいえる。

（2）『攝大乗論釋』の名が**37 38**に同名で見える。書名は同じであるが、内容も同じであるかどうかは不明である。「両巻共壹部、上下各五巻」の記がどのようなことを意味するのか知りがたい。法成は『攝大乗論』を著作の中でしばしば引用しており、この書に対する知識をもっていたことは分かっていたが、ここに資料として備えていたことを確認することができた。

（3）**18**「『拾（＝十）地経』」は、現存の法成の『瑜伽師地論』講義録のなかで二回引用されている。

（4）**33**「『仏地経』壹部」や**28**「『仏地経疏』壹夾」は、法成の著作と推定される『六門陀羅尼経論并廣釋開決記』に引用される(14)。

（5）**19**「『解深蜜（＝密）経』共壹夾」は法成が著作中にしばしば引用する経典である。この経に対する円測著の『解深密経疏』は、法成がチベット訳するところである(15)。したがって、**41**「『解深蜜（＝密）経疏』両夾」は円測のチベット訳『疏』と考えて間違いあるまい。

（6）**34**「『成維（＝唯）識論』両巻共成壹部」は現存の法成著作に引用されるところがない。しかし、法成の佛教学の師曇曠は『成唯識論』を重視しており、法成がこの論を座右に置いていた可能性は強い。それに関連して**4**「『成維（＝唯）識論疏』柒巻」も備えていたであろうが、この書が慈恩大師窺基の『成唯識論述記』であるかどうかは不明である。

（7）法成には『寶積経』第七会、第十三会、第四十会のチベット訳がある。**40**「蕃『大寶積経』壹部」はChos grub の訳したそれらチベット訳『寶積経』のいずれかに相当するものか、それとも別訳があったのか、不明である。

（8）**7**「『金剛旨賛』壹巻」は、曇曠の著作『金剛般若経旨賛』である(16)。**8**「『金剛旨賛抄』伍巻」がどのような内容の著作か分からないが、いずれにしても曇曠の著作を手許に置いていたことにより、内容的に法成が曇曠の学問を学び継承しているとした推定(17)が実証されることになった。

（9）「『辨中邊論』の二篇の注釈**15 32**が目録中に見える。法成は『瑜伽師地論』の講義において『辨中邊論』を引用するところがあり、この論を重視していたのであろう。

（10）**17**「『莊嚴論』壹夾」および**35**「『大莊嚴論』両巻共壹部」における題名は『大乗莊嚴経論』を思わせるが、それに一致するものかどうかは不明である。いまのところ法成がこの論を引用している形跡は見あたらない。

（11）大蔵経中には世親造『五蘊論』一巻、安慧造『廣五蘊論』一巻があるが、いまの**29**「『五蘊論釋』等壹夾」が何を意味するか不明である。現在のところ法成の著作中には見あたらない。

（12）目録にはチベット文の疏を含む**10 12 20 22**の四篇の律関係の書本があるが、法成の律に関する著作は今までに知られていない。敦煌写本の中には戒律関係の文献が多く見いだされているが、漢文系では四分律系が多く、チベット写本では「So sor thar pa'i mdo/ Prātimokṣa-sūtra」（別解脱戒本／波羅提木叉経）が占めている。**22**「『尼律疏』壹夾」については不明である。**20**「『別解脱戒疏』壹夾」はそのようなチベット文戒疏と関連するものであろう。また**10**「蕃『根本部律攝頌疏』壹夾」、**12**「『律攝頌開提（＝題）』壹夾」などの「律摂」についても、たとえばチベット大蔵経中に根本説一切有部律に属すVinaya-saṃgraha（北京版No五六〇六）なる大部な律の文献がある。それに関しては敦煌漢文写本S一一八八に、尾題が「律攝巻第四」である律疏の断簡がある。今まで触れられたことのない文献で、性格が不明であるが、少なくとも四巻以上とすれば相当大部であり、チベット文の律疏からの翻訳である可能性もある。現在のところ法成に戒律関係の著作は確認できないが、以上のような書本を座右にしていたとすれば、律の分野にも彼は関心をもち、あるいは翻訳にかかわっていた可能性も浮かび上がってくる。

（13）「阿毘達磨」関係のうち**11**「『對法論』」の名は、法成の著作に見るところである。**23**「『阿毘達磨集論』」（無着造、大正一六〇五）とその**24**「『釋論』壹夾」（＝『阿毘達磨雑集論』安慧造、大正一六〇六）とについては、法成は自著『稲芉経随聴疏』に「又阿毘達磨雑集論云……」（大正八五、五四五C頁）と引用するところである。

（14）**26**「『宗輪論』」（＝『異部宗輪論』）は法成の著作に引用されている。[18]

（15）**27**「『道乾（＝稲芉）経疏』壹夾」は、法成が「集成」（編著）という形式で著作したものである。[19]

（16）**36**「『中観論』肆夾」は、『中論』をはじめとする龍樹の著作に相当すると思えるが、正確には不明。

（17）**39**「『仏蔵経』壹部」、**21**「『寶雲経』壹夾」、**25**「『迦葉所問釋経』壹夾」については、まだ法成の著作への引用のあることを確かめえない。

法成には、筆者が調査した限りにおいて、漢文本よりチベット文への翻訳の著作が二〇点、法成自身の著述が二点、胡語（おそらくサンスクリット）からの漢訳が六点、集成が三点、それに『瑜伽師地論』の講義録がある。その広範な著述活動において参考にした資料や自身の著作の多くを、上記のようにこの蔵書目録の中に見ることができた。たとえば『入楞伽経』に関する文献のように、なお名前の出てこない著作もあるが、ほとんどの法成に関係する書本が列挙されていることによって、本資料は、〈呉和尚＝法成〉の関係を確実にすると同時に、彼が参考にした資料の状況が再現され、当時の学僧の学習状況をリアルに描きだすこととなった。

目録には、その他に次のような記述があり、漢・蕃双方に小品の書本がかなり多くあったようである。

14……法数幷小論壹夾。……
42諸雑小蕃経。無頭尾者壹夾。諸雑漢経無頭尾者壹……」僕子壹。大木函壹。小函子壹。

おわりに

敦煌佛教、特に吐蕃支配時代の敦煌の佛教の実態が、出土資料によって明らかにされていくことが、これまで隠れていた古代チベット仏教（初伝時代）を明らかにする上で重要であることは論じるまでもないが、その中でも法成の行歴は編年的追跡が可能であるところから、研究の座標軸となる性格をもつ。この資料は、その座標軸を一層確実なものにした。それにしても、このような重要な資料が、なお発見される可能性があることに驚きを禁じえない。敦煌資料の更なる精査が求められるところである。

［注記］

（1）本書「第二章　大蕃国大徳三蔵法師沙門法成の人と業績」八四～二四六頁。

（2）都僧統翟法栄の在職は、大中八年（八五四）頃、前任呉洪辯の死去を承けて咸通十年（八六九）まで。竺沙雅章著『中国佛教社会史研究』（一九八二）三三五～三三八頁。
（3）竺沙前掲書、三八〇頁。
（4）本書、二二一～二三八頁。
（5）本書、二一九～二二九頁。
（6）本書、九九頁。
（7）本書、一一四頁。
（8）本書、九五～九六頁。
（9）本書、一〇二頁。
（10）本書、二三〇頁。
（11）本書、二三七～二三八頁。
（12）本書、二二九～二三〇頁。
（13）本書、二三三～二三五頁。
（14）本書、一九五～二〇二頁。
（15）本書、一一七～一一九頁。
（16）本書、三四～三六頁。
（17）本書、一一八頁。
（18）本書、二〇二頁。
（19）本書、二〇九～二一五頁。

敦煌文書封入考

はじめに

敦煌文書[1]が王円籙によって一九〇〇年に発見されて以来、百年以上が経過した。その間、それら文書に対する多くの研究がなされ、次々に新事実が明らかにされてきたが、なお、研究し尽くされることなく、各研究分野においてその資料的価値はますます高まる傾向にある。

しかし、肝腎の敦煌文書が、何時、誰によって、どのような性格のものが、どのような意図で、あの第十七窟を選んで封入されたかということについては、今日まで幾つかの説が提示されてはいるが、決定的なものはなく、依然として謎のままである。敦煌研究の初期、いわゆる「宝物探し」のように珍しい資料を渉猟していた段階ではそれでよかったが、昭和三十年にスタイン収集敦煌文書の全点のマイクロフイルムが日本に将来されて、わが国の敦煌学がその方向を変えはじめ、それら資料が帰納法的に調査されはじめて、研究の目的が敦煌全体の歴史的状況を明らかにする方向をとりはじめた。そうなると、敦煌資料が、どのような範囲の、どのような性格のものが、どのような理由で、何時封入されたのか、という資料の基本的性格が分かっていることが重要になってくる。すなわち、一点ずつを重視する資料の扱いであれば、あまり問題とならなかったが、帰納法的な扱いをする場合には、資料の母集団がどれくらいの範囲のものであるかが分かっていることが重要になるからである。また、それらが特定の寺院のものであったのか、また使用中の文献類であったのかというような内容的な性格も知られる必要がある。ある文書をとりあげて、「こんなものがたくさんあり敦煌では流行していた」といっても、それが例外的な一部寺院の残留品であるとすれば、それをもって敦煌全体の傾向を論じたことにはならないからである。

敦煌文書の性格については、筆者もそれを研究対象としてとり扱ってきたものの一人として、いろいろと思いをめぐらす。未だ決定的な説を提示するにはいたらないが、これまでの研究過程で得た知見をもって、いささか検討を試みてみたいと思う。

一　蔵経洞への文書封入の理由・時期・範囲についての諸説

古写本封入の謎に対して、最近、栄新江氏（北京大学歴史系教授）が今までの諸説を整理して、一つの見解を発表した。(2) そこで氏は、諸説を分類し、「廃棄説」と「避難説」とに分けられるとして、以下のように諸説を紹介した。

A・スタイン説

発現のものが、漢文の砕紙塊、木軸のついた残経、木軸、糸帯、布包皮、糸織品倣的還願物、絹画残片、画幡などであるところから、これらは、敦煌の各寺院の中に堆積していた「神聖廃棄物（sacred waste）」と認めた。蔵経洞は、これらの堆放の処である。廃棄が行われたのは写本と絹画の題記の一番遅い年代より一〇世紀末であるとする。「廃棄説」。（A. Stein, *Serindia*, II, 1921, p.820 より）

P・ペリオ説

蔵経洞に西夏の文書がないこと、蔵されている漢文本、絹画、壁衣、仏像、石碑などが雑然と堆置されていたことから、一〇三五年に西夏が敦煌に侵入してきたとき、それを避けてあわてて倉皇を封鎖した。「避難説」。（P. Pelliot, *Une bibliothèque médiévale retrouver au Kan-sou*, Bulletin de l'Ecole Française d'Extreme Orient, VIII, 1908, p.506 より）

藤枝晃説

中国で版本の佛典が出現し、それまでの巻軸装の佛典にとってかわることになった。敦煌でもそれに対応して図書館の書架を新しい佛典に入れ替えた。そのため不要になったものが廃棄されることになった。その時期は、一〇〇二年以降間もなくである。「廃棄説」。（Akira Fujieda, *The Tun-huang Manuscripts, Essays on the Sources for Chinese History*, Canberra 1973, p.128より）

方広錩説

曹氏政権のある年、敦煌の寺院で蔵書の大清点が行われた。そのとき出た「残破無用の経巻」、その他昔の文書、廃紙、幡画、佛像など、それらを集めて蔵経洞に封入した。「廃棄説」。（方広錩「敦煌蔵経洞封閉原因之我見」（『中国社会科学』一九九一―五）p.213-223）

以上の他に、白濱氏の一〇〇八～一〇一〇年に西夏の侵攻に備えて封鎖したとする説[3]、殷晴氏の一〇九四～一〇九八年に黒韓王朝（カラハン王朝）の脅威に対し避難させたとする説(4)、封鎖の時を宋皇祐五年（一〇五三）以後とする陳垣氏の説(5)がある。また、ずっと遅れて封鎖は元末であったとする張維氏の説（『隴右金石録』巻五）、ジンギスカン西征の時とする関百益氏の説（『敦煌石室考略』）などを紹介する。

これらに対して、栄新江氏は次のように推定する。スタインには「廃棄」の状況に見えたようだが、そうではない。スタインが来るまでに、すでに元《もと》の収蔵状態は乱れていた。スタインは、その状態を描述しているにすぎない。封入されていたものは三界寺の蔵経であるが、画帛も不用品ではない。この三界寺は莫高窟の前にあった。道真は、長興五年歳次甲午（九三四）頃、いろいろの寺から集めて佛典の整備を行った。一〇〇二年以後まもなく、一〇〇六年に于闐国がカラハン王朝に滅ぼされたが、そのカラハン王朝侵略の状況が敦煌にも伝わり、それに備えて蔵経等を避難させた。

以上であるが、なお、栄新江氏が本年（二〇〇〇）六月に来日したとき講演し、蔵経洞封鎖の謎について、最近、ロシア・コレクションなどから封蔵された時の文書を発見したといい、上記説を補ったという(6)。

その他、土肥義和氏は次のように述べている(7)。

宋朝の初代から第三代までの皇帝は、佛教の復興を国家政策の一つとし、九六〇～一〇〇四年にかけて、全国的な規模で大蔵経の整理・編纂を行った。この影響が敦煌にも及び、敦煌の十八寺でも教団の指導のもとに大々的に写経事業と大蔵経の整備が行われた。この時期に、寺々では不用になったが保存していた経典や文書などの堆積を処分するために、第十七窟を選んだのであろう。何時封入したかは最新の文書の年代が一〇〇二年であるので、一〇一〇年前後とみるのが適当であろう。なぜ十七窟が選ばれたのか。その窟主の洪辯は都僧統という高い地位にあったが、八五〇年代の半ばすぎに他界し、すでに一五〇年を経過していて、だんだんその影堂である第十七窟も人々に顧みられなくなっていたので、ここに封入したのであろう。
以上が管見に入った限りではあるが、推定される敦煌文書封入の理由と内容、そして時期に関する諸説である。

二　再検討

筆者は、おおむね土肥氏の説に同調するものであるが、なお不明な点もあり、いま決定的な新説を提示しうるものではない。しかし、筆者としては、かねてよりこの問題を推定するにあたって看過されている二、三の事項が気になっていた。この機会にそれを加えて考えるとどういう可能性が考えられるか、論じておきたいというのが本論考の意図である。

その考慮すべき事項というのは、第一に、封入されていた文書のなかにチベット関係の文書が非常に多いということ、第二に、呉家窟の最重要にして神聖なはずの影堂の中の窟主影像や告身の銘板を外に出して、それによってできた空間に古文書群を封入していたという事実である。

以上の二点を加えて、筆者の結論をあらかじめ述べておき、後、その検証をしていきたいと思う。呉家窟第十七窟に封入された文書は、かつて吐蕃支配時代に永寿寺、永康寺の名でチベット仏教の拠点となっていた三界寺と浄土寺に保管されていた古文書を処分したものである可能性が高い。呉家はかつて吐蕃時代に行政や佛教学の権威であった呉洪辯や呉法成の出た家柄で、永寿寺、永康寺と関係が深かった。また、そこに保管していたチベット時代の古文書は多く彼らが関与して成立したものであった。そのような因縁から、すでに時代が移り没落していた呉家の影堂がその処分場所として選ばれることになった。時代は、早くとも一〇〇六年より以降まもなくであろう、ということである。

第一の点について、姜亮夫『敦煌―偉大的文化宝蔵』（一九五六）によれば、発現したチベット文書は「九四束四〇五斤」であったという。一斤＝五〇〇グラム（標準）あるいは五七二グラム（甘粛の地方度量衡）であるが、甘粛の目方で計算しても四〇五斤は約二三二キログラムである。直接計ってみていないが、スタインやペリオ収拾のチベット文書の分量の合計だけでもそれくらいの目方とは思えないので、この数値は「九四束と四〇五斤」と見るべきかもしれない。これを藤枝晃氏は一〇〇〇キログラムはあったであろうと推定されていた。[8]「河西吐蕃文書簡述」（『文物』一九七八―一二）の報告を見ても、その分量は相当なものである。

いずれにしても、これだけのチベット文書が呉家窟の第十七窟に封入されていたということを、筆者は看過することができない。なぜなら、呉家窟の窟主は呉洪辯であり、彼はかつて吐蕃時代に都教授の要職にあったことを想起するからである。後に触れるが、ここに納められていたチベット文書が敦煌に存在したチベット関係文書の全てではないであろう。しかし、これだけのチベット文書を保存していた寺院があったとすれば、それはある程度特定されるであろう。それに当たって、封入されていた漢文の経典に「浄土寺」あるいは「三界寺」の蔵書印が押されているものが多いことが注目される。おそらく三界寺と浄土寺の所有していた文書類が封入されたのであろう。この点は、ほぼ一致する諸氏の推定である。敦煌発現の経典類に異例に上記二寺の蔵書印が多いことは筆者も認めるところであり、諸氏の説に同調するものである。

ところがこの二寺は、土肥義和氏の研究によると吐蕃時代に存在した永寿寺と永康寺の二寺がそれぞれ改額した可能性が強いという。[9]すなわち、吐蕃時代の十六寺に入っていた永寿寺と永康寺の二寺は、八四〇年代の記録には現われなくなり、代わりにこの頃より三界寺と浄土寺の名が現われだす。永寿寺と永康寺を廃して、新しく三界寺と浄土寺とを創建した可能性も無しとはしないが、おそらく永寿寺と永康寺を改名したのであろうという。二寺のいずれがどの寺に相当するかについては、「永康寺後輩法律比丘福漸受持併兼通稲芉及坐禅並具足義」の識語をもつＰch二二八四「大乗稲芉経随聴疏」（沙門法成集）に「浄土寺蔵経」の蔵書印が見られる例から、永康寺が浄土寺に相当すると考えられる。したがって「永寿寺＝三界寺」の関係であると推定するところである。なお、両寺は名称も似ており、改名したことも同じであるところから、類似した性格をもった寺院であったに違いない。

ところで、その内の永康寺は、かねて明らかにしたように、八三三〜八三八年頃、大蕃国三蔵であった法成がこの寺院を拠点に、『大乗四法経論及廣釋開決記』『六門陀羅尼経廣釋開決記』『大乗稲芉経随聴手鏡記』などを著作したところである。(10) 法成は、専論で明らかにしたように、(11) 呉姓の漢人でその語学力と佛教学の知識を吐蕃にかわれて、折しも進められていた吐蕃の佛典翻訳事業に起用された学僧である。彼は、チベット語と漢語の少なくとも二国語に通じた能力から、インド・チベット系の新着の佛典を漢語に訳して紹介するとともに、漢語の経典をチベット語に訳した。永康寺は、このような彼の翻訳・著作活動の拠点であり、ここは双方の関係文書が集散したところであると考えられる。法成はその後、甘州の脩多寺という吐蕃の翻訳所に移るが、永康寺はその後も少なくとも吐蕃時代は、チベット系の文書が集結したところであったと見なされる。永寿寺については、詳しいことは分からないが、やはり吐蕃時代にチベット佛教の拠点として機能したところではなかったかと推定される。浄土寺および三界寺の古文書が第十七窟に移されたとすれば、その中にチベット時代に蓄積した文書類が多く含まれていた事情がうなずけるのである。

このことに関して、吐蕃時代文書の中に、『無量寿宗要経』や『大般若経』の写経が多く存在することと、法成の関係した著作や講義録などがよく保存されていたことを加えて指摘しておきたい。

『無量寿宗要経』はチベット文のものと漢語のものとがあるが、この経典はその読誦や書写の功徳から、チックデツェン王の時代（八一五〜八四一在位）多数書写された[12]。敦煌文書の中には、筆者の知るかぎりで、チベット文のもの一八九九点、漢語のもの八四二点が存在するが、それが全てではない。書写するのが目的だったので、何枚も重ねて束になって納められていた様子がスタインの写真などで知られる。『大般若経』においても正確に把握していないが、ほぼ同様であると思われる。そうして写経したものを何処に納めたのであろうか。浄土寺や三界寺が、それらの保管場所になっていたのではないかと推定される。

次に法成の関係文書が多いことであるが、特に注目されるのは、晩年の彼が沙州開元寺で講義した『瑜伽師地論』の講義の聴講ノートが、弟子ごとによく保存されていることである[13]。また、法成が漢文系佛教学を学んだ曇曠の著書の写本が多いことも看過できない[14]。後に述べるように、法成関係の文書は他所にも保存されている可能性が否定できないが、ここ浄土寺や三界寺に主として集められていた形跡が濃厚である。この『瑜伽師地論』の講義が行われた八五四〜八五九年のときは、すでに吐蕃の支配は終わり、永康寺も永寿寺も改額した後であったであろうが、前代の影響を残していたのであろう。

三界寺が注目されるもう一つのことに、敦煌文書の中に帰義軍期に都僧統を勤めた「道真」関係の文書が多いことがある。この道真は「三界寺道真」と署名され、三界寺を所属寺院としていた。九三四〜九八七年に名をみる高僧である[15]。もっとも、彼の存在が三界寺の文書整理とどのように関係するかは明らかでない。

次に、敦煌文書が封入されていた第十七窟が呉家窟群に所属していることである。この窟群は、下段の第十六窟（主窟）、第十七窟（耳洞、蔵経洞）、中段の第三六五窟（七佛薬師窟）、第三六二窟（三六五窟の北横。ここに洪辯影像が移されていた）、上段の第三六六窟とから成り立つ。中段の三六五窟には、チベット文の銘文があり、チックデチェン王（八〇六～八四一）壬子（八三二）～甲寅（八三四）のとき建てたと記され、吐蕃との関係の深いことを物語っている。このうちの第十七窟に古文書が封入されていたのであるが、この窟はもともと窟主の呉洪辯の影像と骨灰などが安置されていた影堂であった。ところがその窟主の影像が第三層の第三六二窟に移され、告身の銘板も外に出されて、文書が封入されたのである。この事実は、馬世長氏「関敦煌蔵経洞的幾個問題」（『文物』一九七八―一二）によって報告され明らかになったことである。現在、影像も告身も元のところに戻されているが、影像が他所に移され、古文書が封入された理由については明らかにされていない。

周知のように、窟主である呉洪辯は、吐蕃支配時代は「大蕃沙州釋門教授和尚」であり、唐に復帰してから「都僧統」（告身は大中五年〔八五一〕）となり、大中七年以後まもなく没したと推定されている。[16]すなわち、洪辯は、吐蕃時代に敦煌の佛教界を統率する役目にあったが、張議潮が敦煌を吐蕃から回復したのちの帰義軍時代にも都僧統の職にあった敦煌佛教界の実力者であった。第十六窟を主とする呉家窟はそれにふさわしい大窟であり、その窟主は第十七窟影堂を設けて葬られた。一方、吐蕃時代に大蕃国三蔵として吐蕃佛教の興隆に多大の貢献をした法成もまた呉姓で、活躍年代は八三八年ころより活躍しはじめ、帰義軍に入っての八五九年以降ほどなく逝去したと推定できる学僧である。[17]活躍年代がほぼ重なることもあり、かつては呉洪辯と呉法成の両人は同一人物であるかとの見方もあったが実際は別人であり、呉洪辯は行政的な面で活躍し、呉法成は翻訳や学問で貢献した（両者は同じ呉姓であり、同一族である可能性は強い）。吐蕃時代に活躍した呉姓の二人が関係する呉家窟の一が古文書封入の場所に選ばれたのは、その時代の文書を主に保管する浄土寺（＝永康寺）・三界寺（＝永寿寺）の古文書の封入であったからであろう。

封入されたもの

敦煌文書はすでに不用となった廃棄物が主体を占める。そのことから栄新江氏が採るような「避難説」は認め難い。それにしても、よくぞ長期間にわたり、かなり古い時代のもの、些末な文書類まで保存されていたことである。また、支配民族が変わっても前時代のものを保管している習慣を感じる。土肥義和氏によれば、書き損じの佛典の余白に、「此束諸部袟内、脱落経欠頭尾」とか、「此一紙請於故経処安置」と書かれたものがあるところから、「故経処」というところがあって、そこに不用になった文書や破損した佛典、書き損じの佛典などを保存した形跡があるという。(18) 三界寺、浄土寺の「故経処」に保管されていた不用品が第十七窟への封入という形で処理されたのであろう。寺院関係文書はやはり「聖なるもの」として、焼却したり、不用意に廃棄したりしない理念があったからであろう。

栄新江氏は、封入されていた文書類の中に、不用品と思えない遺品があるので「廃棄品」とは言いきれないと言うが、破損していなければ、廃棄されたものでないと言いきれるかどうか、儀式形態の変化などにより不用となる可能性もあろう。また、寺院そのものが廃寺になり、その所有するものが一括して廃棄されることもありえよう。

なお、第十七窟の古文書群が敦煌全寺院の文書類であるとは思えない。もしそうだとすれば、もっと多量であるはずである。また、吐蕃時代の文書にしても、すべてが収められていたかというとそうは思えない。たしかに浄土寺、三界寺のものが収納の対象になっていると思うが、その他の寺院にも吐蕃時代のもの、あるいは法成関係のものが保管されていた可能性も無いとはいえないからである。次のような資料が近年明らかになり、その事実を示唆した。

この資料は、もともと方広錩博士が発見し、私に研究をゆだねられたもので、北京図書館蔵「北新八七六号」

（効七六号）の番号を与える文書である（現在ではＢＤ一四六七六の新番号を与えて『国家図書館敦煌遺書』に影印出版する）。巻首の部分は次のようである（改行原文のママ）。

咸通六年正月三日。奉　処分。呉和尚経論。令都僧政法鏡。
点検所是霊図寺蔵論及文疏。令却帰本蔵。諸雑蕃漢経
論抄録。以為籍帳者。謹依　処分。具名目如後。

（咸通六年〔八六五〕正月三日、□□の処分を奉じて、呉和尚の経論を都僧政法鏡をして、あらゆる霊図寺に蔵する論及び文疏を点検せしめ、本蔵に却帰せしむ。諸雑蕃漢の経論・抄録は以て籍帳となす。謹んで□□の処分により、名目を具すること後の如し。）

本書収載の専論で紹介するように、[19] これは呉法成の蔵書目録である。法成逝去（八五九年頃）の後、数年を経た咸通六年（八六五）に、法成の蔵書を都司倉であった霊図寺の書庫（本蔵）に戻した時のその書目目録である。この資料は法成が呉姓であるというかねてからの筆者の仮説を証明するものであるが、同時に、この蔵書目録に示すものの全てが第十七窟発現の文書中に存在しないことを証明するものである。例えば、目録中に漢語の佛典では、『瑜伽蔵論』壹百巻、『釋論』壹巻、『瑜伽論』肆拾参巻、『成維（＝唯）識論疏』柒巻などの名を見る。また「蕃」（チベット語）の文献もあり、『大寶積経』両夾、『根本部律攝頌疏』壹夾、『瑜伽論』肆夾、『大寶積経』壹部などの書目を見るが、これに相当する文書はどの敦煌文書蒐集品の中にも見あたらない。霊図寺に納められたまま、風化して失われたのであろうか。なお、第十七窟に入っていた上記目録はおそらく複本であろう。

封入の時期

何時、封入したかということについて、封入されたものの中に宋の咸平五年（一〇〇二）のものがあり、それが年紀の最下限であるところから、封入はそれ以後であろうという点では一致している。しかし、その後、土肥氏は、Sch六二一七「乙巳年・丙午年某寺常住什物計得文書」（擬題）の文書に見える「乙巳」と「丙午」が一〇〇五年と一〇〇六年でなければならないとするところから、封入の最下限を一〇〇六年に修正した。[20]

また、敦煌文書のPch二一五九Vに「妙法蓮華経玄賛科文巻第二燕台憫忠寺沙門詮明科定」の題をもつ文書がある。この詮明なる人物は遼代（九〇七～一一二五）に活躍した学僧で、『順天府志』に「……釈迦太子之殿乃無碍大師詮明創始所建。遼経宗統和八年（九九〇）也」とあり、また山西応県木塔発現の遼刻経の『上生経疏科文』には、経名の下に「燕台憫忠寺沙門詮明改定」および「時統和八年」と記が見られるところより、統和八年（九九〇）ころを中心に活躍した人物であった。その著書がなぜ敦煌にあるかについては、そのころ敦煌を支配していた曹氏が遼と親善関係をもち、九三八には遼に使いを遣わして朝貢し、九八八年には遼より沙州節度使を授けられ、一〇〇九年には賢順が敦煌郡王に封ぜられていることと関係しよう。『遼史・聖宗（九八三～一〇一一）記』の統和二十四（一〇〇五）年の記事に「沙州敦煌王曹寿遣使進大食国馬及美玉于遼。遼以対衣銀器等物賜之」とある。その後も、開泰六（一〇一七）、七、八、九（一〇二〇）年に互いに礼品を交わし、往来が続いている。先述の著作はそうした遼との交流の中で搬入されたと考えなければならない。[21] 年代を特定するものではないが、一一世紀の初頭まで文書が加えられていたことを助証するものである。

なお、封入の動機が貴重な蔵経を避難させる性格のものでないとすれば、封入年代を西夏侵攻やカラハン王朝の侵攻と関連づけて考えることは無意味となるであろう。

なぜ呉家の影堂に

敦煌文書は、三界寺や浄土寺に堆積した不用文書が封入されたものであり、それらを封入した場所として吐蕃時代に活躍した呉家の窟が選ばれたと考え得るとしても、筆者が理解に苦しむのは、呉家窟の窟主である洪辯の影像を中段の第三六二窟に移し、告身までも外に出して古文書を封入した所作である。古文書を窟主の影像より貴重なものとする価値観があり、洪辯の影像を敬して他処に移して、空いたところに窟主も関係していた文書類を封入したと一応は考えられる。しかし、窟主の遺影は何よりも重要である筈である。しかも告身まで外に出すということは、窟主に敬意をもっての行為とは認めがたい。やはり呉家の存在を軽視した結果の処置であったと思わざるをえない。その理由として考えられることはまず呉家の没落である。呉洪辯の影像を安置したときより一五〇年以上経過して、何らかの理由で呉家が疎まれる状態になっており、三界寺および浄土寺を整理新装（あるいは廃寺）する必要を生じたとき、その堆積古文書（チベット文書が多い）と関係の深い呉家窟を廃棄所として選んだということであろうか。

おわりに

以上の論考の多くは、推測を域をでず、敦煌文書封入の次第を完全に説明しうるものではないが、従来の論考に若干の検討要素を加えたことを諒とするものである。

思うに、廃棄すべき古文書は、三界寺、浄土寺に限らなかったであろう。それらはどこに処分されたのであろうか。第二、第三の蔵経洞が存在する可能性もなきにしもあらずである。

ところで、筆者は呉家窟の影堂に対する扱いについて、単なる軽視以上のものを感じる。あえて想像するに、そうした背後に民族的な排斥があったのではないであろうか。思いつくことは、曹氏帰義軍が多分に回鶻（ウイグル）と結びついていたということである。回鶻と吐蕃の反目は、はるかに文成公主降下の経緯にまで遡る。そうした民族的対立感情が依然として続いていたとするならば、吐蕃政権を支えた呉家窟とその文書を排斥する行動がとられたとしても不思議ではないであろう。

【注記】

（1）敦煌の莫高窟第十七蔵経洞から発現した古文書類の遺品を、一般に「敦煌遺書」「敦煌出土写本」「敦煌写本」「敦煌資料」などの呼称で総称してきたが、ここでは「敦煌文書」を用いることとする。一般に「文書」の語は、「経済文書」など俗文書を指す場合が多いが、ここでは仏典類や美術品も含める出土品全体を意味する。

（2）栄新江「敦煌蔵経洞的性質及其封閉原因」、（『敦煌吐魯番研究』第二巻）、一九九六。

（3）白濱「試論敦煌蔵経洞的封閉年代」（『一九八三年全国敦煌学術討論会文集石室芸術編』上）、三四〇～三五七頁、一九八五。

（4）殷晴「敦煌蔵経洞為什磨要封閉」（『文物』一九七九―九）六頁。

（5）陳垣『敦煌劫余録』序。この説は石璋如「関于蔵経洞幾個問題」で莫高窟宋慶暦六年（一〇四六）の題記があるところから支持される。

（6）「発見百周年を記念しシンポ。敦煌文書のなぞを議論」（『朝日新聞』二〇〇〇年六月二〇日号）。

（7）土肥義和「海のシルクロードインタビュー③、不要になったがゆえに今日に残った〝敦煌文書〟の謎を推理」『みつびし』Monthly Mitsubishi, No.264）三〇～三一頁、一九九九、七月一一日。発刊。

（8）Akira Fujieda *The Tunhuang Manuscripts-A General Description,*『Zinvun』No. 9 note 42, 1966。なお、封入されていたチベット文書については、馬世長「関于敦煌蔵経洞的幾個問題」（『文物』一九七八―一二、三二頁）参照。

（9）土肥義和「莫高窟千仏洞と大寺と蘭若と」（『講座敦煌3・敦煌の社会』、三五六～三五七頁）、一九八〇。
（10）上山大峻『敦煌佛教の研究』、一八七頁、一九八九。
（11）上山大峻「大蕃国大徳三藏法師法成の人と業績」（『敦煌佛教の研究』第二章）。
（12）上山前掲書、四三七～四五六頁。
（13）上山前掲書、二一四～二四六頁。
（14）上山前掲書、「西明寺学僧曇曠と敦煌の仏教学」（『敦煌佛教の研究』第一章）。
（15）道真については、竺沙雅章「敦煌の僧官制度」（『東方学報』三一冊、一五八～一五九頁）、一九六一。
（16）上山前掲書、一〇〇～一〇二頁。
（17）上山前掲書、一〇三～一一一頁。
（18）土肥義和「帰義軍時代」（『講座敦煌2、敦煌の歴史』V章、二九三頁）、一九八〇。
（19）本書増補論文「呉和尚蔵書目録について」（本書六四七～六六〇頁）。
（20）前掲土肥論文、二九四頁。
（21）畢素娟「遼僧詮明著作在敦煌蔵経洞出現及有関問題―敦煌遺書P.2159v研究―」「敦煌国際討論会」での発表。一九九〇。
竺沙雅章「宋代における東アジア仏教の交流」（『仏教史学』三一―一、三九～四〇頁）、一九八八。

中嶋敏「西夏支配時代」（『講座敦煌2、敦煌の歴史』Ⅶ章、三五八頁）、一九八〇。

あとがき

私が京都大学人文科学研究所に設けられた敦煌研究班に参加し、はじめて敦煌出土写本なるものを眼にしたのは、昭和三十二年（一九五七）のことである。それより先、昭和三十年（一九五五）に山本達郎、榎一雄教授により我が国に敦煌写本のマイクロ・フィルムが将来され、それからの焼付け写真一式が京都大学人文科学研究所にも設置され、すでにその目録作成を目指してのカード採りが始められていた。各人がそれぞれ分担を決めて大正蔵経と同定することが主な作業の内容である。私もその一員に加わったわけであるが、目ぼしい区域は先輩たちが既に手がけられていたこともあって、そのころ唯識学などの教学佛教に関心をもっていた私は、殆ど未調査のままであった「論疏」の写本群の同定作業を分担した。

ところが、これらの論疏の写本群の中には、私が期待していたような『成唯識論』とか『法華玄義』とかの中国佛教で重視されているような本は殆ど見あたらず、名前も聞いたことがないような曇曠述『大乗起信論廣釈』とか『大乗百法明門論開宗義決』、法成集『大乗稲芉経随聴手鏡記』などの写本が多くを占めているのである。同じ漢文で書かれた中国佛教の資料であるならば、当然同じあり方がそこに見られて然るべきと思っていたのに、予期せぬ状況がそこにあった。これはどういうことであろうか。その事情を説明した論文もなく、ともかく整理の都合上、できるだけ共通する内容の文献や、似通った形の写本を集めてみることとした。そうすると、それらが幾つかのグループに分類でき、特定の人物、すなわち曇曠と法成の著作に集中していることがわかった。写本を集めてみると、奥書その他から、自然にその人物像が浮かび上がってきた。その結果を発表したのが「曇曠と敦煌の佛教学」（一九六四）及び「大蕃国大徳三蔵法師沙門法成の研究」（一九六七～六八）である。これらの論文ははからずも研究者に認められるところとなって、私はいつのまにか敦煌佛教研究の専門家のようになってしまったが、実を言えば、それらの研究成果は、写本整理の作業で採った苦肉の策の副産物にすぎない。

元来、龍谷大学で佛教学を専攻し、教理研究こそ重要であるとする斯界の通念の中で学んできた私にとって、はじめこのような古写本の同定作業は労のみ多き無意味なことのように思われた。すでに立派な大蔵経が整備されているのに、古い経典の切れはしがあったからといってどのような意味があるのか、というのが率直な疑問であった。また、異本や新発見の文献が見つかったからといっても、所詮、敦煌という辺境の一例外にすぎないのではないかという思いに支配されていた。実際、先輩の佛教学者のなかにも、そのように指摘される方もあった。そういう私がはっきりと敦煌佛教研究の重要性と研究のあり方とを納得できるようになったのは、「法成の研究」を終わってからである。敦煌という史料に乏しい佛教都市の歴史と文化を明らかにすること自体に意義があること。それに伴って、未知なる中央アジアの佛教の展開史を明らかにするきっかけができること。同時代の考古学的資料によって一地域ではあるが、佛教の実状を実証的に明らかにする方法論的試行を為しうること。そして、実証的に明らかにされた事実を根拠として、中国やチベットの編纂された歴史の検証や補正が可能であることなどが明瞭になってきたのである。敦煌研究の分野では、従来の常識や確立された前提を無にして、全く発想の異なる方法や理論の実験が行われなければならない。それは往々にして既往の学問より批判を受けるものであるし、危険でもある。しかし、敦煌はそうした実験を試みるに格好の分野であった。そして何よりも私をこの研究に引き付けたのは、敦煌出土古写本の中に、同時代にこの地で興亡した佛教徒たちの信仰生活の息づかいが秘められているということであった。それを聞き出し、明らかにしなければならない。そのような認識が育つにつれ、敦煌佛教の研究は、佛教学にかかわるものとしての私の責務のように思えるようになってきた。

そのような思いから、曇曠や法成の研究を発表して以来、専ら敦煌写本の調査・研究を続けてきたが、今日までにそれらがかなりの分量に達した。それに従って、内容的にも方法的にも敦煌佛教の研究にたいする見通しや輪郭が形作られてきた。勿論、多くの未検討の部分を残すことではあるが、ここで一まずこれまでの研究をまとめて世に問い、より深く廣い敦煌佛教の研究が開かれることを期すことにした。ただし、すでに学術論文として発表した論考については、その後に判明したことや新たな資料の発見などがあるため、このたび新たに書き直して収録した。また、本研究にかかわる重要な文献については、その諸写本を校合して巻末に資料として収載した。

思えば、私のような浅学非才がここまで研究を続けることができたのは、お育ていただいた諸先生方や同僚諸氏の指導、助力のたまものである。殊に恩師である武邑尚邦先生からうけた教導と援助は無量である。先生からは因明学や『大乗起信論』などに関する教えを受けたが、私の研究の方向は先生の学問を継承する方に向かわず、だんだん佛教学としては不確定な敦煌の写本研究に傾いていった。佛教学の専攻に属しながら、はばかることなく敦煌研究を継続することができたのは、先生の本分野への理解と温かい見まもりに負うところ大である。

藤枝晃先生からは敦煌写本同定作業のため人文科学研究所に通いだして以来、三十年以上にわたって懇切な指導を忝うしてきた。その間、学問における実証的歴史的研究の必要性を認識させられ、また、自らの決して妥協を許さない精密な写本観察の実際を、いわば身業説法をもって教えられた。本研究が成れるのは、まったく先生の指導のよろしきによるものである。

また、今は亡きフランス学士院会員のP・ドミエヴィル教授が、私の未熟な前記二論文に対して *T'oung Pao*（1970）誌上にて身にあまる評を与えられ、その後もいろいろと励ましていただいたことは、敦煌研究の意義にとかく迷いがちであった私にとって力強い支えであった。「法成の研究」が江上波夫先生設立の第一回流沙海西奨学賞（一九六八）の栄を受けたことも、その後の研究の継続に大きな励みになったことである。

チベットの分野では、私の未熟な論考に指正をおしまれなかった山口瑞鳳先生があり、禅の分野では柳田聖山先生からの教示がある。また、今枝由郎氏や小畠宏允氏らの研究協力があった。資料実見の求めに応じていただいた、大英図書館、インド省図書館、フランス国民図書館、ソ連科学アカデミー東洋学研究所・レニングラード支部、ドイツ民主共和国科学アカデミー古代史考古学中央研究所には厚く御礼申しあげる次第である。京都大学人文科学研究所、東洋文庫から受けた便宜と好意は計りしれない。また、大谷光照西本願寺前門主からは紫水奨学金の授与を受け、研究への援助を忝くした。深く御恩を思うところである。

井ノ口泰淳先生、竺沙雅章先生はじめ、西域文化研究にかかわる先輩・同僚諸氏ほか、多くの内外の研究者の方々から数かぎりない教示と協力をいただいた。原稿の清書や資料の整理・校訂などにあたっては、赤松孝章、東光爾英、中島比、梶信隆の諸氏に御苦労をおかけした。深く感謝するところである。

最後に、こうした面倒な出版を引受けていただき、且つ怠惰な私を励まし、出版の実現に導いていただいた法藏館社長・西村明氏に心から御礼申しあげたい。なお、本書の出版に当たっては龍谷大学の出版助成からの援助をいただいた。併せて感謝するところである。

平成元年二月二十八日

著　者　識

再刊にあたって

修正・加筆について

本書は、初版（一九八九年）以来二十三年を経過しての再版である。その間、敦煌写本に対する研究はそれぞれの分野で積み重ねられてきた。研究論文の発表もさることながら、格段に進んだことは資料の公開である。まず、一九九四年にInternational Dunhuang Project（IDP）が大英図書館の主導によって設立され、電子媒体で各国に所蔵する敦煌出土の写本や絵画などが見られるようになった。また、敦煌漢文写本が中国の出版社により写真画像にて陸続と出版されるようになり、一九九二年から一九九九年にかけては『敦煌吐魯番文献集成』の題のもとに、各国（フランス、イギリス、ロシア）が所蔵する敦煌写本と中国々内に散在する敦煌写本が出版された。最近（二〇一〇年八月）では、中国国家図書館編『国家図書館蔵敦煌遺書』（全一五〇冊）が出版された。また、日本では故羽田亨博士蒐集の敦煌遺書（現・杏雨書屋蔵）が武田科学振興財団より『敦煌秘笈』（影片冊九冊・目録冊一冊　全一〇冊）の題のもとに出版された（二〇〇九〜一二年）。

これらを精査してみると、本研究の資料として採用した写本と同類の写本断片のいくつかが新たに何点か見つかった。本来ならば本書の再版にあたってそれらを注記などで追記すべきであるが、この度は旧刊と頁が移動するなどの混乱を避けて、単純な文字の誤記などを訂正するにとどめ、増補した二論文を除いては、新資料の追加および研究内容にかかわる修正・加筆は行わないこととした。いずれそれらについて纏めて発表しなければならないと思うところである。

増補の二論文について

右のように、再版にあたっては修正・加筆を行わないこととしたが、次の二論文に限って巻末に増補掲載することにした。一は「呉和尚蔵書目録について」（初出「呉和尚蔵書（効七六）について」『日本西蔵学会々報』四一・四二合併号、一九九七年）である。本書刊行以後に発見された法成の伝記にかかわる重要な資料と判断する故である。いま一つの「敦煌文書封入考」（同題初出『仏教学研究』五六号、二〇〇三年）は、敦煌第十七蔵経洞に、なぜ多くの古文書類が封入されていたのかという謎に対して私見を述べたものである。われわれ敦煌写本の研究者は、それら古写本群がどの範囲より集められたものであるか、どのような性格のものか、またなぜ封入されたのかなどの理由が分からないまま研究を進めている。これまで多くの推定が試みられているが、いまだ筆者を納得させるものを見ない。そのことが明らかになることは敦煌研究にとって最も基礎的なことであるにもかかわらずである。筆者もこれを曖昧にしたまま研究を続けてきたが、これまでの敦煌研究をふまえて、決定的ではないにしても、一定の見解を示しておくべきだと思ったからである。

残されている研究課題

筆者が本書『敦煌佛教の研究』で行った研究は、たまたま敦煌漢文写本調査中に出会った曇曠、法成という従来の中国佛教史に知られない学僧の経歴を敦煌写本中に追跡調査することであった。そしてそれは必然的に両者が遭遇した吐蕃（チベット）支配下の敦煌仏教の世界に入りこむことになったのである。おりしもチベットは、仏教を国教として導入し振興することを目ざしていた。佛教都市敦煌の攻略もそのために計画されたものであったかと思われる。チベットはインド・ネパールから佛教を導入することを主としたが、併せて漢文佛教圏からの導入も図った。それに当たって、彼らは新たに支配下においた佛教都市敦煌を自国の佛教政策に利用しようとした。崇佛の二つの民族が敦煌で同居して、それぞれの立場で佛教を護持したが、それははたしてどのような状況であったであろうか。両者の間に軋轢はなかっただろうか。曇曠や法成、そして「チベット宗論」に参加した摩訶衍禅師などは、いわばそうしたチベットの佛教政策に直接参加させられた漢人学僧であった。筆者の研究は、漢文写本の方から、そうした実情を明らかにすることになった。それはそれで重要な研究課題であるが、見えてくるものはあくまでも漢人側からの風景である。問題は漢文写本に匹敵する分量を有するチベット文写本からの解明である。そのなかに敦煌でのチベットの動向が秘められていると思われる。筆者も、チベットが敦煌で行った写経事業の実態や中国禅とインド佛教との間で起きた熾烈な教学論争の解明のために、いささかチベット文写本の利用を試みたが、それだけでも初期チベット佛教がその導入過程で遭遇した複雑な教学形成の実情をかいま見ることになった。多方面よりのより深い研究の必要性を痛感するものである。

そのような重要な研究課題を秘めながらも、今まで、敦煌出土のチベット文写本にはあまり関心が払われなかったのはなぜか。まず考えられることは、これまで中国・日本の研究者の関心が、漢文写本の研究に偏っていたからである。それにスタインやペリオが蒐集したもの以外に、中国にチベット文写本がなおどれくらい存在するのか、その実情が、杳として分からなかったからである。

ところが最近、中国では敦煌出土のチベット文写本への関心が高まり、「中国蔵学研究中心」が設立され、資料の調査や研究が進んでいると聞く（黄維忠「二〇〇〇年以来中国敦煌蔵文文献研究概要」、二〇一二年一月二三日開催の龍谷大学「仏教文化セミナー」での発表）。その成果の一として『甘粛蔵敦煌蔵文文献叙録』（馬徳主編、甘粛民族出版社、二〇一一年九月刊）が刊行され、中国が保存する敦煌出土チベット文写本の全体像がほぼ判明した。このようにチベット文写本への研究環境が整ったことは大変喜ばしいことである。本書執筆の段階においては充分に果たせなかったチベット文写本の側からの研究が進み、敦煌の佛教、特に吐蕃支配期の敦煌佛教の全容が解明されていくことをひたすら願うところである。

二〇一二年七月三十日

著　者　識

上山大峻（うえやま・だいしゅん）
1934（昭和９）年、山口県生れ。1953年より龍谷大学文学部、同大学院で学ぶ。1979年より龍谷大学教授。1999～2003年龍谷大学学長。文学博士。現在、龍谷大学名誉教授。
著書：『敦煌佛教の研究』（1989）、他。
編著：『敦煌写本本草集注・比丘含注戒本』（1997）。『旅順博物館蔵 新疆出土 漢文仏経選粋』（2006）。
論文：「曇曠と敦煌の仏教学」（1964）、「大蕃国大徳三蔵法師沙門法成の研究」上下（1967、1968）、「敦煌出土チベット文禅資料の研究　―P.tib.116とその問題点―」（1974）、「チベット訳『頓悟真宗要決』の研究」（1976）、「エセイデの仏教綱要書」Ⅰ、Ⅱ、Ⅲ（1977、1981、1990）、「ペーヤン著の大瑜伽（Maha-yoga）文献―P.tib.837について―」（1977）、「敦煌・トルファン出土写本研究の現状と展望」（2006）、「出土文献と仏教史研究―敦煌資料研究からの発言―」（2009）、他。

増補　敦煌佛教の研究

二〇一二年九月一〇日　初版第一刷発行

著　者　上山大峻

発行者　西村明高

発行所　株式会社　法藏館
京都市下京区正面通烏丸東入
郵便番号　六〇〇-八一五三
電話　〇七五-三四三-〇〇三〇（編集）
〇七五-三四三-五六五六（営業）

印刷・製本　中村印刷株式会社

ISBN978-4-8318-7361-3 C3015

索　　引

事項索引（文献名，人名）　(現代の刊行物は除く)

ア　行

カ　行

サ　行

タ　行

ナ　行

ハ　行

マ　行

ヤ　行

ラ　行

敦煌写本索引

[スタイン蒐集漢文写本]

[ペリオ蒐集漢文写本]

[北京図書館蔵敦煌写本]

（北　）は，通番号

[レニングラード科学アカデミー所蔵敦煌写本]

『メンシコフ目録』番号

[その他敦煌漢文写本]

[スタイン蒐集チベット文写本]

[ペリオ蒐集チベット文写本]